Mitteilungen des Beuthener Geschichts- und Museumsvereins

Band 52

MITTEILUNGEN DES BEUTHENER
GESCHICHTS- UND MUSEUMSVEREINS

Band 52

Jan Drabina (Hg.)

DIE OPFER DES STALINISMUS

IN BEUTHEN UND UMGEBUNG IN DEN JAHREN 1945 - 1956

Dokumentation eines Verbrechens

herausgegeben von
Hans-Ludwig Abmeier

unter Mitwirkung von
Andreas Gayda

*Forschungsstelle Ostmitteleuropa
an der Universität Dortmund*

DORTMUND 2002

Teil 1 (S. 1 – S. 282)

Aus dem Polnischen übersetzt von
Theo Mechtenberg
unter Mitwirkung von
Andreas Gayda

Die Originalausgabe erschien unter dem Titel:
Ofiary stalinizmu na ziemi bytomskiej w latach 1945 – 1956
Dokumentacja zbrodni
Bytom 1993

Redaktionelle Betreuung und Bearbeitung von

Andreas Gayda

Teil 2 (ab S. 283)

Redaktionelle Betreuung und Bearbeitung von

Hans-Ludwig Abmeier

Auslieferung:
Forschungsstelle Ostmitteleuropa
44221 Dortmund (Barop), Universität

ISBN 3-923293-72-0

ISSN 0933-4564

Herstellung: Druck Thiebes GmbH, 58097 Hagen

Inhaltsverzeichnis

I.

Jan Drabina (Hg.)	Die Opfer des Stalinismus in Beuthen und Umgebung in den Jahren 1945 - 1956. Dokumentation eines Verbrechens	1
	Vorwort zur deutschen Fassung von Peter Chmiel	2

II. AUFSÄTZE

Jan Drabina	Handschriften des 16. und 17. Jahrhunderts in den Sammlungen des Oberschlesischen Museums in Beuthen	283
Ludwig Igálffy v. Igály	Schlesische Erinnerungen: Von der Liegnitzer Ritterakademie zu Gerhart Hauptmanns Wohnsitz in Agnetendorf	289
Hans-Ludwig Abmeier	Grafschafter und Beuthener: Studienrat Dr. theol. Paul Reinelt	297

III. MISZELLEN

Gerhard Rademacher	Verlusterfahrungen auf dem Prüfstand. Zwei Untersuchungen zur Thematik „Flucht und Vertreibung“ in beispielhafter deutschsprachiger Literatur und Kinder- und Jugendliteratur	315
Ludwig Igálffy von Igály	Die Schmackostern, ein nicht bloß schlesisches Brauchtum	321

IV. JUBILARE, EHRUNGEN

Hans-Ludwig Abmeier	Prof. Dr. Leo Scheffczyk zum 80. Geburtstag	323

Hans-Ludwig Abmeier	Franz-Christian Jarczyk 80 Jahre	325
Werner Clever	Hohe Ehrungen für Akademischen Oberrat Johannes Hoffmann	327

V. NEKROLOGE

Hans-Ludwig Abmeier	Oberstudienrat Heinrich Grüger (1922-1999)	329
Hans-Ludwig Abmeier	Landesmedizinaldirektor Dr. Heinrich Menz (1919-2000)	331
Hans-Ludwig Abmeier	Dr. Elmar Seidl (1939-2001)	335
Hans-Ludwig Abmeier	Pater Dr. Ambrosius Rose OSB (1911-2002)	339

VI. BIBLIOGRAPHIEN

Hans-Ludwig Abmeier	Veröffentlichungen von Dr. theol. Paul Reinelt	341
Hans-Ludwig Abmeier	Ergänzungen zum Verzeichnis der Veröffentlichungen von Gerhard Webersinn	353
Hans-Ludwig Abmeier	Ergänzungen zum Verzeichnis der Veröffentlichungen von Dr. phil. Karl Schindler	357

VII. REZENSIONEN

Engel, Walter u. Norbert Honsza (Hg.): Kulturraum Schlesien	(Gayda)	359
Weber, Matthias u. Carsten Rabe (Hg.): Silesiographia	(Gayda)	362
Werner Clever: Germanen, Slawen und Deutsche in Ostmittel- und Osteuropa (2. Jh. v. Chr. - 16. Jh.)		367
Edward Długajczyk: Grupy Z I N. Polskie przygotowania dywersji wojskowej w Niemczech w latach 1921-1925	(Hein)	369

Matthias Kneip: Die deutsche Sprache in Oberschlesien (Hein) 373

Bernard Linek: „Odniemczanie“ województwa śląskiego w latach 1945-1950 (Hein) 375

De Ecclesia Silesiae. Hg. von Hubert Unverricht u. Gundolf Keil (Abmeier) 377

Ernst Komarek: Die Industrialisierung Oberschlesiens (Abmeier) 379

Ślęzak, Władysława: Bytom za rządów Hohenzollernów i Hencklów von Donnersmarck 1532 – 1742 (Gayda) 380

Franz-Christian Jarczyk (Hg.): Sagen aus dem Neisser Land (Abmeier) 383

Richard Pawelitzki: Meine Heimat ist Oberschlesien (Abmeier) 384

Eugeniusz Klin: Hans Schellbach als Schriftsteller und Zeitkritiker (Abmeier) 385

VIII. HINWEISE

Eine handschriftliche Darstellung der Geschichte des Bistums Breslau (Marschall) 387

Hinweise auf Bücher (Abmeier) 387

Nachtrag zu „Die Schick von Lenke“ in Band 51 dieser Reihe (Igálffy von Igály) 392

IX. VERZEICHNIS DER MITARBEITER 395

Jan Drabina (Hg.)

DIE OPFER DES STALINISMUS

IN BEUTHEN UND UMGEBUNG IN DEN JAHREN 1945 – 1956

Dokumentation eines Verbrechens

Vorwort zur deutschen Fassung

Die Aufarbeitung der jüngsten Geschichte Oberschlesiens ist eine äußerst schwierige Forschungsaufgabe, behaftet mit starken Emotionen, zum Teil auch Vorurteilen und Berührungsängsten. Politisch brisante Fragen, die den kommunistischen Machthabern in Polen und deren Auftraggebern im Kreml gefährlich erschienen, wurden jahrzehntelang von der polnischen Geschichtsforschung und Publizistik entweder verschwiegen, oder tendenziös und verfälscht dargestellt. In den relativ kurzen Perioden eines politischen Tauwetters, nach dem berühmten polnischen Oktober des Jahres 1956, als man im Zuge der Entstalinisierung die sog. Verfehlungen der sozialistischen Ideologie aufzuarbeiten versuchte, oder auch in der bewegten Zeit der "Solidarność" (1980/1981), gab es zwar Bestrebungen, mit bestimmten historischen Tabus zu brechen, diese wurden aber meistens schnell vom politischen Überwachungsapparat unterbunden. Die besondere Schwierigkeit, der man sich in diesem Zusammenhang mehr oder weniger bewußt war, lag auch darin, daß das Aufarbeiten der Ereignisse in Oberschlesien nach 1945 nicht nur in politisch-ideologischen Dimensionen gesehen wurde. Viel mehr ging es hier um den nationalen Aspekt, der unter dem Deckmantel der "polnischen Staatsräson" verschwand, war man doch stets bemüht, Oberschlesien als ein urpolnisches Land darzustellen, das nach jahrhundertelanger Fremdherrschaft dank der siegreichen Sowjetunion in den Schoß des Mutterlandes zurückkehrt sei. In Teilen der westdeutschen Geschichtsforschung hielt man leider auch lange genug an einem einseitigen Bild eines deutschen Oberschlesiens fest und nahm bestimmte Aspekte der historisch gewachsenen, äußerst komplizierten Bevölkerungsstruktur des Landes kaum zur Kenntnis.

In der Volksrepublik Polen hatten sich unangenehme Fragen ganz einfach dieser angeblichen "Staatsräson" unterzuordnen, und auch die Grenzen der Meinungs- und Forschungsfreiheit wurden an den höchsten politischen Stellen festgelegt und vom allgegenwärtigen Sicherheitsapparat überwacht. Zwar waren die elementaren Menschenrechte, zu denen auch die eben genannten Freiheiten als selbstverständlich zählen, in der Verfassung der Volksrepublik Polen formal garantiert, jedoch nie nach demokratischen Maßstäben umgesetzt.

Zu den Tabu-Themen gehörte in erster Linie die Tragik der ersten Monate nach dem Einmarsch der Roten Armee in Oberschlesien. Offiziell wurde der 27. Januar des Jahres 1945 als Tag der Befreiung gefeiert. In fast jeder oberschlesischen Stadt stand bis vor kurzem ein mehr oder weniger imposantes Denkmal des ruhmreichen Rotarmisten, und die Hauptstraßen mußten den Namen der Roten Armee und des 27. Januar tragen. Nach Josef Stalin wurden nicht nur Plätze und Alleen benannt, denn die oberschlesische Hauptstadt Kattowitz hieß sogar in der Zeit zwischen dem Tod des sowjetischen Diktators im März 1953 und der stürmischen Wende im Oktober 1956 "Stalinogród".

Die Begleitumstände der "Befreiung" von 1945 haben sich der betroffenen einheimischen Bevölkerung zwar wie ein Alptraum im Bewußtsein eingeprägt, hinter verschlossenen Türen wurde auch oft darüber gesprochen, für die öffentliche Meinung war dies jedoch kein Thema, weder in den Festreden der Parteifunktionäre noch in der Publizistik und Geschichtsschreibung. Jeder Versuch, den grausamen sowjetischen Terror, der in Massenmord, Vergewaltigung, Deportation und Raub gipfelte, zur Sprache zu bringen, wurde als antisowjetische und konterrevolutionäre Propaganda abgewürgt. Die heranwachsende Generation wurde von Kleinkind auf im Geiste der "ewigen und unerschütterlichen polnisch-sowjetischen Freundschaft" indoktriniert, und was die leidgeprüfte Erlebnisgeneration anbetrifft, so hoffte man mit der Zeit auf Verdrängen und Vergessen sowie letztendlich auf das natürliche Ableben der Opfer und Zeitzeugen. Damit wollte man das Problem wie ein gespenstisches Bild aus der Welt schaffen.

Zum Glück ging diese perfide Rechnung nicht auf. Bereits in den ersten 16 Monaten der von Lech Wałęsa und seiner Gewerkschaft "Solidarność" erkämpften Meinungsfreiheit im immer noch vorherrschenden "real existierenden Sozialismus" begann man vorsichtig mit der Aufdeckung einiger dunkler Kapitel der Nachkriegsgeschichte. Auch über die Greueltaten der Roten Armee in Oberschlesien wurde wieder diskutiert, für eine wissenschaftliche Aufarbeitung der immer noch lebendigen Ereignisse reichte jedoch die kurze Zeit zwischen August 1980 und dem 13. Dezember 1981 nicht. Die Einführung des Kriegszustandes mit dem Verbot der freien Gewerkschaftsbewegung und einer massiven Unterdrückung der öffentlichen Meinung bedeutete auch für die Geschichtsforschung eine erneute Rückkehr zur "Normalität" im Sinne der kommunistischen Machthaber. Erst im Jahre 1990 konnte Polen uneingeschränkt den Weg in die Demokratie mit der Wahrung von Menschenrechten nach den Standards einer pluralistischen Gesellschaft einschlagen. Endlich wurden auch Voraussetzungen für eine wissenschaftlich fundierte Vergangenheitsbewältigung geschaffen. Ideen und Gedanken, die während der kommunistischen Diktatur nur im Untergrund oder im Exil (z. B. in der Pariser Zeitschrift *Kultura* oder in den Rundfunksendern *Free Europe* und *Voice of America)* entwickelt wurden, konnten plötzlich auch freien Einzug in die Universitäten und Forschungsinstitute finden. Nur fehlten anfangs kompetente und unbescholtene Wissenschaftler, die für diese Aufgaben als geeignet erschienen, denn ideologisch vorbelasteten Wendehälsen wollte man verständlicherweise kein Vertrauen schenken. Bevor eine neue Generation von Geschichtswissenschaftlern herangewachsen ist, baute man auf diejenigen nicht allzu zahlreichen von den bereits Etablierten, die zur vor 1989 offiziell vorgegebenen politischen Richtung auf Distanz gingen und ihre Forschungen entweder im Alleingang oder in Verbindung mit der katholischen Kirche betrieben.

Einer der ersten polnischen Historiker, die ohne Berührungsängste mit der Aufarbeitung noch offener Wunden der jüngsten Vergangenheit Oberschlesiens begonnen haben, war der bekannte Krakauer Kirchenhistoriker Jan Drabina. Er wurde 1939 in Teschen geboren und wuchs in Skotschau auf. Eigentlich beschäftigt sich Drabina schwerpunktmäßig seit dem Beginn seiner wissenschaftlichen Laufbahn mit der mittelalterlichen Kirchengeschichte und ist mit mehreren hochgeschätzten Publikationen über die Beziehungen Schlesiens mit dem Heiligen Stuhl hervorgetreten. Wichtige Stufen seiner wissenschaftlichen Reife (Promotion und Habilitation) erklomm er an der Universität Breslau. Zur Zeit ist Drabina Direktor des Instituts für Religionswissenschaften der altehrwürdigen Jagellonen-Universtät zu Krakau, der nach Prag zweitältesten Hochschule nördlich der Alpen, an der er 1960-1964 Geschichte studiert und seinen ersten akademischen Abschluß erlangt hatte. Als überzeugter Christ mußte Drabina vor 1990 viele Benachteiligungen seitens des politischen Apparats in Kauf nehmen, blieb aber stets unbeugsam, souverän und integer und ließ sich nie im Sinne einer bestimmten Staatsideologie instrumentalisieren.

Zum zweiten wissenschaftlichen Betätigungsfeld, neben der Kirchengeschichte, wurde für Jan Drabina die Geschichte Oberschlesiens. Er leitet seit einigen Jahren die Forschungsstelle des Oberschlesischen Museums in Beuthen und koordiniert die wissenschaftlichen Aktivitäten des Beuthener Geschichtsvereins (*Towarzystwo Miłośników Bytomia).*

Drabinas intensive Beschäftigung mit der Geschichte Oberschlesiens brachte in relativ kurzer Zeit vorzeigbare Ergebnisse. Aus seiner Feder stammen u.a. mehrere Gesamtdarstellungen der Geschichte oberschlesischer Städte, wie etwa Beuthen, Königshütte, Gleiwitz und Tarnowitz. Er war Herausgeber der inzwischen leider eingestellten Zeitschrift *Silesia Superior,* für die er mehrere angesehene Oberschlesienforscher gewinnen konnte. Neben anderen Historikern ist auch ihm die allmähliche immer mehr sichtbare Renaissance des Begriffes "Oberschlesien" (*Górny Śląsk)* in der polnischen Geschichtsforschung zu verdanken.
Jan Drabina arbeitet eng und vertrauensvoll mit der deutschen Schlesienforschung zusammen. Seine Beiträge sind sowohl im *Oberschlesischen Jahrbuch,* als auch im *Archiv für schlesische Kirchengeschichte* zu lesen. Gemeinsam mit der Stiftung Haus Oberschlesien in Ratingen veranstaltete Drabina im Jahre 1996 in Teschen eine internationale Tagung zum Thema *Die konfessionellen Verhältnisse im Teschener Schlesien vom Mittelalter bis zur Gegenwart,* deren Materialien in einem ansehnlichen Tagungsband zugänglich sind. Er beteiligte sich auch am Forschungsprojekt der Stiftung Haus Oberschlesien über die Geschichte des Judentums im Herzogtum Teschen von 1740 bis 1918 sowie am von Joachim Köhler (Katholisch-Theologische Fakultät der Eberhard-Karls-Universität Tübingen) geleiteten Projekt *Geschichte des*

christlichen Lebens im schlesischen Raum (anläßlich des 1000jährigen Bestehens des Bistums Breslau). Fruchtbar und weiterhin erfolgversprechend ist Drabinas Zusammenarbeit mit dem *Beuthener Geschichts- und Museumsverein* (Recklinghausen) und mit der Forschungsstelle Ostmitteleuropa an der Universität Dortmund.

Zu den ersten oberschlesischen Publikationen nach der politischen Wende in Polen, die auf Jan Drabina als Herausgeber und Verfasser zurückgehen, gehört der dokumentarische Sammelband über die Opfer des Stalinismus in Beuthen und Umgebung. Die polnische Originalfassung, mit dem Titel *Ofiary stalinizmu na ziemi bytomskiej w latach 1945-1956. Dokumentacja zbrodni* erschien bereits im Jahre 1993. Der Untertitel des erschütternden Buches lautet "Dokumentation eines Verbrechens", die Widmung ist ebenfalls sehr aussagekräftig ("Dem Gedenken an die Ermordeten, Verfolgten, Vergessenen").

Im Zuge der Vorarbeiten zu dieser Publikation konnte noch rechtzeitig mit den wenigen Überlebenden des grausamen Terrors von 1945 Kontakt aufgenommen werden. Aufgearbeitet und fast lückenlos dokumentiert wurden verschiedene Formen des Terrors in Beuthen und Umgebung unter sowjetischer und polnisch-kommunistischer Herrschaft, Erschießung unzähliger Zivilisten, Internierungen, Deportationen nach Rußland, Verfolgung der Geistlichkeit. Zur Sprache kommt auch die fast unmittelbar nach dem Einmarsch der Roten Armee eingesetzte Zwangspolonisierung der Region, die unter der Bezeichnung "Entdeutschung" (*odniemczenie)* in die Tat umgesetzt wurde.

Die Entstehungsgeschichte des Buches sowie dessen Zielsetzung werden im Vorwort des Herausgebers zur polnischen Originalfassung erläutert. Nun freuen wir uns, dem interessierten deutschen Leser eine von Jan Drabina autorisierte Übersetzung zur Verfügung stellen zu können. Die eingetretene bedauerliche Verzögerung ist u.a. auf die Schwierigkeiten mit der Übersetzung des Textes zurückzuführen. Dem tatkräftigen Einsatz von Herrn Andreas Gayda, dem Vorsitzenden des Beuthener Geschichts- und Museumsvereins, ist letztendlich das Erstellen eines druckreifen Manuskripts zu verdanken.

Das Buch richtet sich nicht nur an die in Deutschland lebenden Oberschlesier, darunter auch Vertreter der Erlebnisgeneration, sondern viel mehr an die deutsche zeitgeschichtliche Forschung und an die Medien. Im Einvernehmen mit dem Herausgeber wurden einige wenige Unstimmigkeiten im polnischen Text richtiggestellt.

Dem Beuthener Geschichts- und Museumsverein, der Stadt Recklinghausen, und der Forschungsstelle Ostmitteleuropa an der Universität Dortmund sei an dieser Stelle für die Unterstützung und Förderung, die die Herausgabe der deutsche Fassung erst möglich gemacht haben, aufs herzlichste gedankt. Unser Dank gebührt auch Herrn Dr. Hans-Ludwig Abmeier, dem Herausgeber der *Mitteilungen des Beuthener Geschichts- und Museumsvereins*, der die Umsetzung dieses Vorhabens mit unendlich viel Engagement und Wohlwollen begleitete.

Peter Chmiel
August 2001

Vorwort

Als im Spätherbst des Jahres 1990 auf der Vorstandssitzung der Gesellschaft der Freunde Beuthens die Entscheidung getroffen wurde, die Arbeiten an einem Buch aufzunehmen, das die stalinistischen Verbrechen im Beuthener Land enthüllen sollte, war ich mir der Schwierigkeit dieses Vorhabens durchaus bewußt. Ich war nämlich keineswegs sicher, ob die staatlichen Archive überhaupt die Materialien, die uns vor allem interessierten, verwahrt hatten. Zudem wußte ich, was noch wichtiger war, daß es nicht leicht sein würde, aus einer historisch analysierenden Perspektive heraus sich dieser Problematik zu nähern, eine Problematik, die das Bild einer schließlich noch gar nicht lange zurückliegenden Epoche zu verdunkeln vermag, welche man über viele Jahre euphemistisch eine „Zeit der Fehler und Abweichungen“ nannte.

Eines jedoch wußte ich: daß ich imstande war, für die Thematik eine Gruppe kompetenter Mitarbeiter zu finden, die bereit waren, sich dieser gewaltigen Mühe zu unterziehen. Es genügte nämlich nicht, die staatlichen Archivbestände durchzusehen, insbesondere jene Dokumentensammlungen, die dem Vergessen anheimgefallen waren, es mußte auch in den Pfarr- und Diözesanarchiven geforscht werden. In mehreren Fällen war es zudem notwendig, von der historischen Forschungsmethode zugunsten einer soziologischen abzuweichen, um unter den noch lebenden Zeugen jener Ereignisse, vornehmlich unter den Familien der Opfer, Befragungen durchzuführen. Auf die damit verbundenen Schwierigkeiten gehe ich nicht ein, wenngleich es ihrer viele gab, denn die Aufdeckung der Vergangenheit ist die allererste Pflicht des Historikers, und den Vorhang des Vergessens zu heben, zu dem so zahlreiche Bewohner unserer Stadt verurteilt waren, ist eine der elementaren Erfordernisse der Gerechtigkeit.

Als wissenschaftlicher Herausgeber entschied ich mich dazu vor allem die Dokumente und trockene Fakten sprechen zu lassen, denn ihr Grauen verlangt weder einen Kommentar noch Ausführungen bezüglich ihrer Ursachen und historischen Bedingtheiten. Aus dem gleichen Grund entschloss ich mich, dem Buch Kopien von Dokumenten beizugeben, damit diese mit eigener Stimme, oftmals mit der Stimme damaliger lokaler Behörden, zu Wort kamen.

Die größte Mühe bereitete die Rekonstruktion einer vollständigen Liste der Opfer des Stalinismus in der regionalen Umgebung Beuthens. Hier konnte man sich nämlich nicht auf ungeprüfte Informationen verlassen. Die Autoren hielten es daher für notwendig, bei jedem Namen die Quelle anzugeben, aus der sie schöpften. Denn schließlich ging es bei jedem Einzelfall um menschliches Leben, also um den höchsten Wert. Es ging darum, den bislang Namenlosen und Vergessenen, deren Bestattungsort sehr häufig unbekannt ist, zu einem symbolischen Grab zu verhelfen.

Den Schikanen, denen die Ortsbevölkerung ausgesetzt war, den Verdächtigungen bezüglich ihrer deutschen nationalen Zugehörigkeit, den Anklagen vor den Gerichten der Volksrepublik wegen „umstürzlerischer Tätigkeit und Spionage für ausländische Mächte“, den Aktionen zur Änderung der Straßennamen u.ä. widmeten wir weniger Aufmerksamkeit. Dieser ungemein wichtige Aspekt, der die von den lokalen politischen Behörden und Organisationen angewandten Methoden zur Einschüchterung der Gesellschaft belegt, erfordert weitere Untersuchungen und Veröffentlichungen.

Auch bin ich mir weiterer Forschungsdesiderate bewußt, fehlt doch in dem Buch der Versuch, die stalinistischen Verbrechen in den Stadtteilen Roßberg, Trockenberg, Strossek, Hohenlinde und Bobrek zu analysieren. Ich hoffe, daß durch das Bemühen der Gesellschaft der Freunde Beuthens, die ein vielfältiges Publikationsspektrum zur Beuthener Stadtgeschichte aufzuweisen vermag, nicht nur die Untersuchung dieser Problematik initiiert und finanziert werden kann, sondern auch weitere Publikationen zu diesem immerhin wichtigen Thema erscheinen.

JAN DRABINA

BEUTHEN - JANUAR 1945

Am 12. Januar 1945 begann die Großoffensive der Roten Armee an der Weichsel. Die Russen durchbrachen die deutsche Front und rückten nach Westen vor. Die eingetretene Situation konfrontierte die Wehrmacht mit einer gänzlich neuen Lage, die notwendigerweise den Kampf um Oberschlesien einschloss, und dies unter zwei Aspekten - einem militärischen und einem politischen.

Der erstere betraf Ostoberschlesien, also die Vorkriegs-Woiwodschaft Schlesien, für die der Sieg der sowjetischen Armee die Befreiung von der deutschen Okkupation bedeuten sollte. Die politische Dimension umfaßte auch den Westteil, das Oppelner Schlesien, das sich seit Jahrhunderten unter deutscher Herrschaft befand. Die am weitesten nach Osten vorgeschobene Stadt dieses Gebietes war Beuthen.

Die Deutschen waren sich über die Bedeutung der Verteidigung dieser alten Stadt durchaus im klaren. Bereits am 14. Januar veröffentlichte die hier erscheinende „Ostdeutsche Morgenpost" eine Ansprache von Gauleiter Bracht. Sie war auf dem Marktplatz vor der Beuthener Bevölkerung gehalten worden und enthielt - als Aufruf zum Kampf - bezeichnenderweise für die damalige Situation die geläufige Parole: „Der Endsieg wird unser sein!"

Doch unter der Bevölkerung auf dem Marktplatz befanden sich überwiegend alte und gebrechliche Menschen sowie Frauen und Kinder. Die starken und gesunden Männer kämpften an den Fronten - im Osten wie im Westen, vornehmlich in der Wehrmacht, in Einzelfällen auch in der Polnischen Exilarmee. Viele Bewohner der Stadt, zu Recht als „Hochburg der nationalpolnischen Gesinnung" bekannt, waren mit vielen nationalen Organisationen verbundene Polen. Nicht wenige von ihnen hatten an den schlesischen Aufständen teilgenommen. Trotzdem setzte man nicht nur im Bewußtsein der Wehrmacht und auch der vorrückenden kommunistischen Armee die die Stadt von Polen trennende Grenze immerzu mit einer Nationalitätengrenze gleich. Für die sowjetische Armee bedeutete somit die Einnahme Beuthens die Eroberung eines *feindlichen* Territoriums.

Die Entscheidungsschlacht fand am nördlichen Rand Oberschlesiens statt. Hier erlitt in den Tagen vom 20. bis zum 22. Januar die 17. Armee (der Gruppe „Mitte") unter Führung von General Friedrich Schulz bei dem Versuch, die sowjetischen Truppen aufzuhalten, eine militärische Niederlage. Am 23. Januar stießen diese bis zur Oderlinie vor und schwenkten dann nach Süden. Dies veranlaßte die Deutschen zu weiteren Handlungen. Bereits am 20. Januar mobilisierte man in Beuthen den „Volkssturm" unter Führung von Eugen Michna. Stadtkommandant wurde General Schoener. Zur Aushebung von Panzergräben kam die Zivilbevölkerung zum Einsatz. Der Angriff kam aus Nordosten und Osten. An ihm beteiligt waren die 21. und 50. Armee der I. Ukrainischen Front.

Die Befreiung weiterer besetzter Gebiete nahm ihren Anfang. Eine Befreiung, die nicht auf die Frontkämpfe beschränkt war. Grausam, wie der gesamte damalige Krieg. Blutig, denn blind vor Hass. Widersprüchlich in seinen Inhalten, wie die Geschichte dieser Erde. Die Befreiung war jahrelang von Lügen umgeben, die Wahrheit hinter einem Panzer von Angst verborgen. Bis sich schließlich voller Ratlosigkeit aber auch mit tiefem Sinn die Frage eines der Opfer stellte:

Kann denn der Mensch schon allein deswegen verantwortlich sein, weil er auf dieser und keiner anderen Erde geboren wurde?

Auf eben dieser Erde standen sowjetische Soldaten. Damals stark und siegreich. Jeder mit einer Waffe in der Hand. Im Kopf - primitive Verblendung. Das eine wie das andere vermittelte ein besonderes Gefühl von Herrschaft - besonders über Wehrlose.

Sie überschritten die G r e n z e. J e d e m konnten sie nun das in jenen Tagen schwerwiegende Wort anklagend ins Gesicht schleudern: „Deutsche!"

Miechowitz, zum damaligen Zeitpunkt ein Beuthener Vorort, war von der polnischen Grenze kaum 2,5 km entfernt. Der Legende nach entstand er im Jahre 1041. Hier wurden der Priester Norbert Bontzek und Eva von Tiele-Winckler geboren und wirkten hier. Ein bekannter Kirchenbauer - der Geistliche Johannes Kuboth - war Pfarrer in Miechowitz. Viele der Einwohner waren an den Aufständen beteiligt. Während des Plebiszits hatten sich 72,2% von ihnen für Polen ausgesprochen. In der Zwischenkriegszeit gab es hier polnische Pfadfinder, eine Gruppe des Polnisch-Katholischen Jugendverbandes sowie den polnischen Sportklub „Lutnia"...

Formal wurde Miechowitz am 27. Januar von sowjetischen Truppen besetzt. Auf den Straßen erschienen Soldaten einer Spezialeinheit - der GPU.

Von den Ereignissen jener Tage sind leider nur wenige Berichte überliefert. Sie aufzuzeichnen und aufzubewahren war gefährlich. Angst verschloss die Lippen. Noch bis vor kurzem wahrten viele Zeugen ihre Anonymität. Heute sind von ihnen nur noch wenige am Leben. Mit ihnen überdauerten drastische Bilder, aber auch viele durch Zeit und Schweigen verfestigte Unklarheiten. Die Fülle der Geschehnisse, welche die Geschichte verborgen hält, läßt sich schwerlich rekonstruieren. Auch lassen sich die bis vor kurzem noch feierlich begangenen Jahrestage der Befreiung und die den blutigen Befreiern erwiesene Ehre nicht so leicht aus dem Gedächtnis tilgen.

Im Januar jenes Jahres griffen sich die Rotarmisten die Männer aus den nur einen trügerischen Schutz bietenden Kellern und erschossen sie in den Höfen und auf den Straßen. Unter den Opfern befand sich der 16-jährige Herbert Drzysga. Zu dem tödlich verwundeten Jungen begab sich Kaplan Frenzel. Er kehrte nicht mehr zur Pfarrei zurück. Russische Soldaten hielten ihn an, trieben ihn nach Stillersfeld, und dort wurde er erschossen. Seinen Leichnam fand man am nächsten Tag, unweit des Waldes.

Ein Zeuge dieser Ereignisse - Günter Wagner - berichtet:

Mein Bruder Joachim, Mediziner im 1. Studienjahr, und Sotor, ein 13-jähriger Junge, wurden im Hof bei der Stillersfelder Straße 10 ermordet. Der Schädel war halb zertrümmert. Es mußte sich um eine Spezialmunition gehandelt haben.

Gertrud Cierpka, eine Einwohnerin von Stillersfeld, erinnert sich an Rotarmisten, die hier am 28. Januar auftauchten. Sie kamen zu ihr ins Haus, verlangten Wodka und schossen in die Decke. Dann fiel ein zweiter Schuß. Ihr Mann lag hilflos und halb gebeugt über einer Kohlenkiste. Noch für Augenblicke verstand sie nicht...

Der Kopf war halb zertrümmert, ein Auge und das Gehirn waren an die Decke gespritzt.

In Miechowitz hinterließen die Ermordeten hunderte Witwen. Einen Teil der Opfer begrub man im Wald sowie in einem Massengrab bei der Klosterstraße. Viele - in Familiengräbern. Der Jüngste der Erschossenen zählte 13, der älteste - 75 Jahre.

Auch in Stillersfeld fielen zahlreiche Schüsse. Die Tragödie dieses Sterbens wird noch durch den Umstand verstärkt, daß die Leichen aus Ermanglung an Särgen tagelang in der Allee vor der Friedhofskapelle lagen. Und nicht für alle gab es für die letzte Ruhe Holzkisten. Manche Angehörige mußten, in Zellstoff gewickelt, bestattet werden. Diejenigen, die dem Morden entgangen waren, verließ über einen langen Zeitraum hinweg nicht mehr die Angst. Nach dem 15. Februar meldeten sich jene Männer, die verschont geblieben waren, bei der Karsten-Zentrum-Grube. Sie traf das Los der Deportation zur Zwangsarbeit in den Bergwerken Rußlands und der Ukraine. Viele kehrten von dort nicht wieder heim.

Nach den Januarereignissen blieben Schweigen, kommunistische Jahresfeiern, geflüsterte Gespräche in den Familien und Jahresämter für die „gefallenen Männer“. Und noch, für einige Jahre, die an die blutigen Befreier erinnernden Straßennamen.

Die an den Beuthenern verübten stalinistischen Verbrechen bilden weiterhin eine schwere Hypothek. Ihre Dunkelheit resultiert nicht nur aus der jahrelangen, aufgezwungenen Lüge, sondern aus einer ganzen Reihe von Problemen.

Erstens kann das, was geschah, und was jahrelang - ähnlich wie die Geschehnisse in Katyń - als Tabu behandelt wurde, nicht losgelöst vom Maß des Verbrechens betrachtet werden. Von einem Maß, das ohne Diskussion überall dort anzulegen ist, wo Wehrlose ermordet werden. Doch das Problem des e i g e n t l i c h e n Maßes besitzt, gegen den Anschein, einen bedeutend breiteren Aspekt und kann nicht allein das Urteil über die Bluttaten betreffen. Zweitens stehen die Januarereignisse mit der verwickelten Geschichte dieser Erde und der mit ihr schicksalhaft verbundenen Menschen in einem engen Zusammenhang. Und drittens - nach Jahren entlarven die öffentlichen Enthüllungen den im Bewußtsein spukenden Mythos der von „Feinden“

trennenden G r e n z e n, es wachsen die Vorbehalte gegenüber Hassgefühlen, es werden Erinnerungen an die Naziverbrechen wach...

Wahr ist, daß der letzte Krieg viele tragische Wunden hinterlassen hat. Wahr ist aber auch, daß die Enthüllung der Geschichtslüge Faschismus und Stalinismus einander angenähert hat. Das Recht auf Selbstverteidigung ist ein Menschenrecht. Vieles, was im Rahmen der sogenannten Befreiung während der tragischen Januarereignisse des Jahres 1945 in Beuthen geschah, war ein Verbrechen.

Das sind Aspekte, die nicht nur eine faktengetreue Aufzeichnung, sondern eine breite Aufhellung erfordern. Nicht ohne Grund übten die wenigen Publizisten, die sich mit dieser Problematik befaßten, Zurückhaltung und sicherten sich gegenüber dem Verdacht der „Parteilichkeit" ab. Und nicht ohne Grund wurde ihren Artikeln vorgeworfen, Hass zu säen.

All dies betrifft die delikate Materie menschlicher Gefühle und ein dichtes Geflecht historischer Ereignisse. In dem Augenblick, in dem dies alles öffentlich gemacht wurde, war bereits ein Teil der Fakten in Vergessenheit geraten und viele Stereotypen hatten sich verfestigt. Inzwischen existiert der kommunistische Koloss nicht mehr. Die enthumanisierende Ideologie ist in sich zusammengebrochen. Die Schuldigen leben wahrscheinlich in ihrer Mehrheit nicht mehr. Das Problem besteht also nicht im Wecken von Hass, sondern in der Wiederherstellung der Gerechtigkeit und im Aufweis der Wahrheit. Und dies vor allem, weil der Krieg den Menschen selbst destruierte. Er erweckte im Menschen das, was Goethe einen „moralischen Abgrund" nannte. Er verwischte die Grenze zwischen dem Täter und seinem Opfer.

Die größte Sünde unserer Zeit ist die Gleichgültigkeit Unrecht und Verbrechen gegenüber. Das bestätigen immer neue Ereignisse. Etwas zu verschweigen, würde somit bedeuten, diese Schuld der Gegenwart anzulasten.

Menschliches Leid läßt sich nicht systematisieren, es ist auch nicht unter einem rein geographischen Aspekt zu betrachten. Die Opfer des Beuthener Januars sind ganz einfach Opfer von Kriegsverbrechen. Jedoch mit dem Unterschied, daß die Opfer bislang der breiten Öffentlichkeit nicht bekannt waren.

BARBARA POREMBA-WOLKOWA

Journalistin des „Gość Niedzielny"

I. Verbrechen in Miechowitz und Umgebung

Es ist nicht leicht, nach 46 Jahren den Ablauf der tragischen Ereignisse vom Januar 1945 in Miechowitz zu rekonstruieren. Das Thema ist sehr breit und gleichzeitig notwendigerweise begrenzt. Eine Reihe von Aspekten muß man leider übergehen oder am Rande behandeln. Die Mehrzahl der Personen, die viele Details zu den Geschehnissen jener Tage beitragen könnten, leben nicht mehr.
Ich zählte damals gerade 11 Jahre, und trotzdem erinnere ich mich an viele Fakten jener Tragödie. Ich wohnte damals mit Mutter und Schwester in einem Mietshaus in der Stillersfelder Straße 8a, wo auch zwei Personen ermordet wurden. Im Umkreis unserer Wohnung wurden in einer Entfernung bis zu 150 Metern Dutzende umgebracht, darunter eine Frau und etliche halbwüchsige Kinder.
Nur wenige ältere Leute, die sich dieser Ereignisse erinnern, sind bereit, über sie zu reden. Viele Personen verweigern sich einem solchen Gespräch, denn es würde ihre eigene tragische Familiengeschichte berühren.
Als Chronist mit fast 30-jähriger Berufserfahrung und in den 10 Jahren, in denen ich im Büro der Corpus-Christi-Pfarrei in Miechowitz tätig war, hatte ich des öfteren die Möglichkeit, mit mir bekannten Leuten über dieses Thema zu sprechen.
Ich möchte mich nicht allein auf die eigenen Erinnerungen und auf Berichte mir bekannter Personen stützen, denn das menschliche Gedächtnis ist trügerisch.
Um sachlich und objektiv jene zurückliegenden Fakten zu rekonstruieren, unterzog ich mich der Mühe, die Akten des Standesamtes in Beuthen, einige Akten des Beuthener Staatsarchivs sowie des Stadtmuseums in Hindenburg, des weiteren Taufbücher, Chroniken und andere Archivalien der Corpus-Christi-Pfarrei und der Gemeinde zum Heiligen Kreuz in Miechowitz sowie der Christkönigs-Pfarrei in Stillersfeld und der Herz-Jesu-Pfarrei in Birkenhain durchzusehen. Darüber hinaus erhielt ich einige Informationen über den Postweg, unter anderem von der leiblichen Schwester des ermordeten Kaplans Johannes Frenzel sowie vom Pfarrer der Liebfrauenpfarrei in Friedersdorf. Gewisse Details ließen sich auch den Tagebüchern des früheren Steigers der Steinkohlenzeche in Miechowitz, Friedrich Biegon, entnehmen. In den letzten zwei Jahren erschienen zu diesem Thema auch verschiedene Presseveröffentlichungen, die eine über 40-jährige Barriere des Schweigens durchbrachen.
Vielleicht bringt der nachfolgende Beitrag den Lesern auf eine sehr nachdrückliche Weise die Miechowitzer Tragödie nahe.
Allen Personen, die mir den Zugang zu den Taufbüchern und Archivalien ermöglicht haben, sowie denen, die mir wertvolle Informationen zukommen ließen, sage ich auf diesem Wege herzlich Dank.

JOSEF BONCZOL
Diözesanarchivar des Bischöflichen Ordinariats Gleiwitz

1. Kriegshandlungen und Erschiessungen der Zivilbevölkerung

Der Januar 1945 war lausig kalt, und Schnee fiel reichlich. Im Verlauf der Januaroffensive drangen die sowjetischen Truppen am 23. Januar bis Friedrichswille vor und eroberten am nächsten Tag Stillersfeld. Nach Einnahme der dortigen deutschen Flakstellung und nach Ermordung der gesamten jugendlichen Geschützstaffel eroberten die Sowjets das Dorf sowie die zu dieser Stellung gehörenden Bunker.

Von dort aus führten sie die nächste Attacke gegen das 4 km entfernte Miechowitz. Am 25. Januar erreichten die sowjetischen Truppen das westliche und nordwestliche Vorfeld von Miechowitz. Die Infanterie grub sich in Richtung Stillersfeld und Rokittnitz am Waldrand ein, ungefähr 400 Meter westlich der Corpus-Christi-Pfarrei. Noch heute kann man entlang des Waldrandes, hinter der ul. A. Felińskiego, Spuren der Gräben finden. Eine Batterie der sowjetischen Artillerie bezog im Wald Stellung und zwar hinter dem Westschacht der Preussengrube, später in Grube Miechowitz umbenannt.[1] Bereits am 23. und 24. Januar beschossen Tiefflieger die Zivilbevölkerung mit Bordkanonen.[2] In der Nacht vom 24. zum 25. Januar sah man den Schein brennender Häuser in der Region von Wieschowa.

Die deutsche Verteidigung konzentrierte sich am östlichen und nordöstlichen Rand von Miechowitz, also in Richtung Städtisch Dombrowa (später Beuthen Stadtwald), da man von dort den sowjetischen Angriff erwartete.

Völlig entblößt war dagegen das westliche Vorfeld von Miechowitz, und von eben dieser Seite her attackierten die sowjetischen Truppen den Ort erfolgreich.

Während die Sowjets am 27. Januar das Zentrum von Beuthen fast im Handstreich eroberten, dauerten die Kämpfe um Miechowitz beinahe drei Tage und zwar am 25., 26. und 27. Januar.

Am 25. Januar, einem Donnerstag, drangen um die Mittagsstunde aus Richtung Rokittnitz die ersten sowjetischen Panzer in Miechowitz ein. Hinter ihnen rückte die Infanterie vor. Während der dreitägigen Kämpfe zerstörten die Deutschen vier sowjetische Panzer, davon drei im Bereich der Corpus-Christ-Pfarrei.[3]

Die sowjetische Infanterie beherrschte schnell die Straßen am Rande von Miechowitz, und zwar die Stillersfelder Straße, die Kubothstraße, die Fasaneriestraße sowie die

---

[1] Aus dem Tagebuch des Fahrsteigers der Steinkohlenzeche Miechowitz, Fryderyk Biegoń; vgl. T. Dybel und J. Hebliński, Kronika Kopalni Miechowice, Bytom 1988, S. 185-188.

[2] Dies habe ich persönlich auf dem Weg zu meiner Großmutter erfahren. Zusammen mit anderen Passanten suchte ich Schutz hinter der Mauer des heutigen Zentrums des Roten Kreuzes am Valeskaplatz.

[3] 1. an der Rokittnitzerstraße, nahe des Zentrums des Roten Kreuzes;
2. an der Stillersfelder Straße 38;
3. an der Lazarettstraße 2;
4. an der Hindenburgstraße 11, in der Nähe des Marktplatzes.

Lazarettstraße, und von Süden her die Braustraße. Ein älterer Mann aus unserem Haus, Karl Nierychlo, verließ den Schutz des Kellers, um die Russen höflich zu begrüßen. Wenig später kehrte er gesund und heil zurück - allerdings ohne Uhr.

An diesem Tag ermordeten die Russen in Miechowitz über 20 Zivilpersonen, darunter seine Frau, Emma Rudek, sowie vier polnische Zwangsarbeiter aus der Gegend von Wieluń.

Die sog. Pazifizierung begann jedoch bereits gegen 14.30 Uhr im Haus der Kubothstraße 13, das ihren Schützengräben am nächsten lag. Aus dem Keller dieses Hauses führten sie sechs Männer heraus, darunter zwei 16-jährige Jungen. Es handelte sich um:

1. Robert Kusch geb. am 6. 08. 1901;
2. Paul Schikora geb. am 23. 06. 1911;
3. Valentin Drzysga geb. am 12. 02. 1901;
4. Herbert Drzysga geb. am 4. 12. 1928 (Sohn von Valentin);
5. Peter Thomalla geb. am 4. 12. 1901;
6. Karl-Heinz Klatzek geb. am 21. 04. 1928.

Man führte sie über die Stillersfelder Straße, an unserem Haus vorbei, in Richtung des Valeskaplatzes. In dem Augenblick, als diese Gruppe in Höhe der Stillersfelder Straße 4 angelangt war, kamen aus dem gegenüberliegenden Haus, Fasaneriestraße 2, einige betrunkene sowjetische Soldaten. Sie befahlen, die abgeführten sechs Männer zu erschießen, obgleich es dazu keinen ersichtlichen Grund gab.[4] Gegen 14.30 Uhr wurden die sechs Männer auf dem Bonkschen Gehöft, Stillersfelder Straße 2, erschossen. Dies war die erste Exekution in Miechowitz und eine der ersten Massenerschießungen nach Überschreiten der alten deutsch-polnischen Vorkriegsgrenze durch die sowjetischen Truppen, nur 200 Meter von der Corpus-Christi-Pfarrei entfernt. Die Sowjets wußten sehr wohl, daß sie zwischen Tarnowitz, Repten und Stillersfeld die Staatsgrenze überquerten und sich dann schon auf dem Territorium des verhassten Deutschen Reichs befanden. Dies war der Hauptgrund für die barbarische Behandlung der dortigen Zivilbevölkerung. Von nun an stand es ihnen frei, sich in jeder Hinsicht auszuleben, also die Zivilbevölkerung ohne Rücksicht auf Alter und Geschlecht zu ermorden, Frauen zu vergewaltigen und Häuser niederzubrennen.

Unmittelbar nach der Erschießung der Männer aus der Kubothstraße mußten sich die Russen aus diesem Teil von Miechowitz zurückziehen, allerdings nur für kurze Zeit.

Von den genannten Männern starben drei auf der Stelle, und zwar Robert Kusch, Paul Schikora und Valentin Drzysga. Sein Sohn, Herbert Drzysga, wurde tödlich

---

[4] Dies sah Frau Czempiel, die damals in dem heute nicht mehr existierenden Haus in der Stillersfelder Straße 9 wohnte, von ihrem Fenster aus.

verwundet. Karl-Heinz Klatzek[5] gelang es, mit einem Lungenschuß nach Hause zu kommen, ebenso wie dem nur leicht verletzten Peter Thomalla. Dies beobachtete vom Dachfenster der Fasaneriestraße 2 aus Franz Kurtz, der gegen 15.30 Uhr den tödlich verwundeten Herbert Drzysga zu seiner Mutter in den Keller der Kubothstraße 13 brachte. Dort rief man Kaplan Johannes Frenzel zu dem sterbenden Jungen, von dort aus begann dann auch der Leidensweg des Priesters, von dem in einem eigenen Kapitel die Rede sein wird.

Am 26. Januar eroberten die sowjetischen Truppen ein zweites Mal Miechowitz und erschossen ein weiteres gutes Dutzend Zivilpersonen. Noch vor Einbruch des Abends wurden die Sowjets wieder aus Miechowitz herausgedrängt.

Am Morgen des 27. Januar, einem Sonnabend, wurde Miechowitz endgültig von der Roten Armee eingenommen. Bis zu 20 deutsche Soldaten, die in Miechowitz Widerstand leisteten, fielen im Umkreis der Gemeinde.[6] Für Miechowitz und seine Bewohner war dies der Jüngste Tag.

Unter den Eroberern gab es viele Angehörige der asiatischen Sowjetrepubliken, besonders brutale und grausame Menschen.

Sie betraten eine andere, ihnen bislang unbekannte Welt. Miechowitz war damals eine relativ wohlhabende Arbeitergemeinde mit etwa 16 000 Einwohnern. Der Besitz eines Rundfunkgeräts, eines Fahrrades und ähnlicher Gegenstände war hier etwas völlig Normales. Die Sieger konnten nicht begreifen, daß ein Arbeiter derlei Dinge besitzen konnte. Sie brachten darüber ihre Verwunderung, ja ihre Empörung zum Ausdruck. Begehrt waren Uhren, Wecker und Schuhe, besonders Schachtstiefel. Für Uhren und Schuhe mordeten sie. Ich sah mit eigenen Augen, wie sie einem Toten die Schuhe auszogen. „Dawaj" war eine immer wieder zu hörende Aufforderung. Wenn jemand das Gewünschte nicht hatte oder sich weigerte, es herauszugeben, starb er.

Die Massenerschießungen nahmen ihren Anfang. Bezeichnend war, daß mit besonderer Verbissenheit Menschen mit sichtbaren Behinderungen ermordet wurden. Man verdächtigte sie nämlich, sich diese an der Ostfront zugezogen zu haben, was natürlich nicht der Wahrheit entsprach. Personen mit Lähmungserscheinungen, die sie sich aufgrund verschiedener Krankheiten zugezogen hatten, sowie Arbeitsinvaliden wurden wegen ihrer Behinderung erschossen. Invaliden besaßen kein Lebensrecht. In einem Umkreis von 50 Metern von dem Haus aus, in dem ich wohnte, wurden etliche Invaliden umgebracht.

Im Haus in der Fasaneriestraße 2 wurden sechs Personen getötet, darunter zwei Invaliden sowie zwei Söhne von Franz Kurtz (Heinrich, 14 Jahre, und Franz, 30

---

[5] Er wohnt heute in der Bundesrepublik Deutschland.

[6] Sie wurden neben dem ehemaligen Feld für die Opfer des Ersten Weltkriegs in einem kleinen Massengrab auf dem Miechowitzer Friedhof beigesetzt.

Jahre). Neben diesem Haus ermordete man zudem weitere Personen aus der Fasaneriestraße.

Vor unserem Mietshaus wurde der Invalide Paul Kwiotek mit Gewehrkolben erschlagen und sein 15-jähriger Sohn drei Meter vor der Haustür mit einer Salve aus einer Maschinenpistole erschossen.

Nach der Ermordung von Paul und Helmut Kwiotek begaben sich die Täter zu unserer Wohnung. Dort zerschlugen sie unseren Radioapparat und feierten. Den mitgebrachten Wodka tranken sie aus Weingläsern. In der Wohnung blieben eine leere Flasche sowie ein Taschenmesser zurück, mit dem sie den Speck geschnitten hatten. Dann führten drei der Sowjets alle Hausbewohner in den Hof. Man ließ uns um den in einer Blutlache liegenden Helmut Kwiotek einen Halbkreis bilden. Über 40 Frauen und Kinder standen einem betrunkenen asiatischen Rotarmisten gegenüber, der den Lauf seiner Maschinenpistole auf uns gerichtet hielt. In diesem Augenblick zeigte sich in der Haustür ein Russe und schrie: „Ihr Germanskis hörtet Radio Gitler! Na?“ Damals wagte die in meiner Nähe stehende 64-jährige Hedwig Thorz sich dem asiatischen Rotarmisten zu nähern. Mit ausgestreckten Händen sagte sie flehend: „Söhnchen, was willst du uns antun?“ Als Antwort stieß er sie mit der Maschinenpistole in die Reihe zurück. Unter dem Schlag torkelte die Frau. Auf das Schreien der Kinder und das Lamentieren der Frauen hin lief aus der Straße ein sowjetischer Offizier mit weißem Umhang herbei. Mit scharfen Worten rief er den Asiaten zur Ordnung und erlaubte uns in den Keller zurückzukehren.

Während der „Befriedung“ von Miechowitz wurden auch einige Frauen ermordet, von denen fünf im Totenbuch des Standesamtes verzeichnet sind, und zwar:

Valeska Dittmann	- 68 Jahre
Emma Rudek	- 49 Jahre
Edeltraud Nosek	- 38 Jahre
Franziska Karch	- 48 Jahre
Agnes Kostorz	- 46 Jahre

Unter den Terroropfern waren auch in der Braustraße einquartierte polnische Zwangsarbeiter; es handelte sich um:

1. Eugeniusz Mandat	- 18 J., aus der Gegend um Wieluń
2. Jan Kotynia	- 24 J., aus der Gegend um Wieluń
3. Ignacy Szyiński	- 36 J., aus Kłobuck
4. Szczepan Bocąga	- 23 J., aus Działoszyn
5. Adam Myrta	- 26 J., aus Biała Górna
6. Jan Myrta	- 20 J., aus Biała Górna
7. Józef Kogus	- keine Datenangabe
8. Zygmunt Bednarek	- 26 J., aus Mokra
9. Stanisław Bednarek	- 24 J., aus Mokra

Auch die Ukrainer, die sich hier zur Zwangsarbeit aufhielten, blieben nicht verschont. Ihre Leichen sind nirgendwo verzeichnet. Mit 76 Jahren war Thomas Rosa aus der Braustraße der älteste unter den erschossenen Miechowitzern; die jüngsten waren zwei 14-jährige Jungen: Bernhard Marek aus der Rokittnitzerstraße und Heinrich Kurtz, Fasaneriestraße 2. Darüber hinaus gab es unter den ermordeten Jugendlichen neun Fünfzehnjährige und sechs Sechzehnjährige. Unwahr ist, daß der Jüngste der Erschossenen 10 Jahre alt gewesen wäre. Hans Kensy (denn um den handelt es sich) zählte 17 Jahre. Geboren wurde er am 25. 09. 1927.[7]

Infolge des Artilleriebeschusses starb, von einem Splitter getroffen, ein Kleinkind - Heinz Blase. Seine Mutter, Klara Blase, starb am 15. 02. 1945 an den erlittenen Verletzungen. Durch ein Artilleriegeschoss kam auch Leopold Schulik ums Leben. Diese drei Personen wurden aus einsichtigen Gründen nicht in das Verzeichnis der Opfer sowjetischen Terrors aufgenommen. Es kam auch vor, daß die Russen aufgrund von Denunziationen sich konkrete Personen herauspickten und dann erschossen.

Die Liste ermordeter Personen ist sehr umfangreich, doch weitgehend unvollständig, denn nicht alle wurden im Bereich von Miechowitz erschossen. Vor allem aber wurden nicht sämtliche Umgekommenen notiert, weder im Register des Standesamtes, noch in den Annexen der pfarrlichen Sterbeverzeichnisse. Schon aus diesem Grunde weichen die Angaben über die Opfer des Januarterrors stark voneinander ab. Häufig spricht man von 700 Opfern, und eine deutsche Broschüre[8] gibt sogar eine Zahl von 860 Personen an. Für die letztere Größe spricht einiges, wenn man zur Zahl der Erschossenen noch die Opfer der Deportation nach Rußland hinzuzählt.

Registerangaben, zugängliche Archivalien sowie festgestellte Fakten legen jedoch eine Zahl von ungefähr 380 Personen nahe, die in Miechowitz als Opfer sowjetischen Terrors ihr Leben einbüßten. Die damit verbundenen Einzelheiten werden in dem Kapitel besprochen, welches das Verzeichnis der Erschossenen enthält.

An dieser Stelle sei noch erwähnt, daß nach den Kampfhandlungen das unbestätigte Gerücht umging, das Pogrom in Miechowitz sei ein Racheakt für den Tod eines Majors gewesen, den angeblich ein Hitlerjunge erschossen hat. Ein sowjetischer Major kam tatsächlich im Bereich des Spielplatzes an der Ecke Stillersfelder Straße 20 und Holteistraße, gegenüber der Schule Nr. 3, ums Leben, doch nicht am 25. Januar, und man weiß auch nicht, ob tatsächlich durch einen Hitlerjungen.[9] Das Blutbad von über

---

[7] Vgl. das Sterberegister des Standesamtes Miechowitz, AZ 359/1945, 424/1945 u.a. sowie den Annex des Sterbeverzeichnisses der Corpus-Christi-Pfarrei, Pos. 120 und 87. „Wieści Górnośląskie" Nr. 1, Oktober 1991, sowie Nr. 3, Dezember 1991, geben in den Beiträgen zu „Śląska Golgota" an, Jan Kensy sei 10 Jahre alt gewesen, was den Urkunden nach nicht stimmt. Aufgrund der schlechten Lesbarkeit der Handschrift von Herrn Wagner (Sütterlinschrift) wurden dort vom Lektor leider auch viele Namen verdreht. Es muß heißen „Larisch" und nicht „Lorisch", „Czarnecka" und nicht „Czerniecko", „Bock" und nicht „Boch", „Ledwon" und nicht „Ledworz", „Janta" und nicht „Jonta" etc.

[8] Das Massaker von Mechtal. Bericht von Augenzeugen. (1936 wurde Miechowitz in Mechtal umbenannt.)

[9] Nirgends ist vermerkt, daß die Sowjets diesen Hitlerjungen gefunden haben, und unter den Namen der Erschossenen läßt sich ein solcher auch nicht ausmachen. Der angebliche Hitlerjunge kann eine Fiktion sein,

40 Personen aus der Kuboth-, Lazarett- und Braustraße, teilweise auch aus der Hindenburgstraße, sowie die Ermordung von Kaplan Johannes Frenzel fanden noch vor dem Tod jenes Majors statt.

Es ging auch das Gerücht um, die schwangere Verlobte des gefallenen Majors habe ihre Waffengenossen zu dem Pogrom an den Miechowitzern am 27. Januar 1945 gedrängt.[10]

Für ihren Major nahmen die sowjetischen Soldaten an den in unmittelbarer Nähe des Todesortes bzw. der Begräbnisstätte wohnenden Männern furchtbare Rache.

Am 27. Januar wurden von den Sowjets erschossen:

13 Männer aus dem Haus Holteistr. 3;
8 Männer aus dem Haus Stillersfelder Straße 16;
9 Männer aus dem Haus Stillersfelder Straße 20;
3 Männer aus dem Haus Stillersfelder Straße 21
sowie Dutzende Personen aus der weiteren Nachbarschaft.

Der Major wurde im Sandkasten des Kinderspielplatzes, Stillersfelder Straße 20, beerdigt. Den Sarg nahm man aus dem Bestattungsinstitut von Eusebius Pajonczyk, Valeskaplatz 3. Die Männer, die den Sarg brachten und dann den Major begruben, wurden später erschossen.

In den letzten Januartagen begann man damit, die Leichen der im Bereich von Miechowitz ermordeten Zivilisten zu sammeln. Dies erwies sich als schwierig, denn in der Zwischenzeit war viel Schnee gefallen. Die Gebeine mancher Personen konnten häufig erst nach Tagen unter einer dicken Schneeschicht geborgen werden. Noch im Sommer 1945 wurden im Miechowitzer Wald weitgehend verweste Leichen aufgefunden. Häufig war ihre Identifizierung schon äußerst schwierig oder geradezu unmöglich. In den Jahren 1948 und 1949 registrierte das Standesamt noch den Tod von Leuten, deren Leichen später entdeckt worden waren. Man versah diese Fälle mit dem Zusatz: „verstorben infolge der Kriegshandlungen im Januar (oder Februar) 1945."

Die Ende Januar oder in den ersten Februartagen des Jahres 1945 gefundenen Leichen der Ermordeten brachte man auf den Friedhof der Miechowitzer Pfarrei. Hier legte man die Gebeine beiderseits der Hauptallee, mit den Beinen zur Mitte der Allee hin,

---

um das Blutbad in Miechowitz zu rechtfertigen. Es drängt sich die Frage auf: Warum wurden Zivilpersonen bereits am 25. und 26. Januar ermordet, wenn der Major erst am 27. Januar umkam? Warum wurden alte Frauen umgebracht, die schließlich keine Mitglieder der HJ sein konnten? Hier, im Umkreis der Corpus-Christi-Pfarrei, tobten reguläre, schwere Kämpfe, und es ist nichts Verwunderliches, wenn unter diesen Umständen ein Major auf dem Schlachtfeld fällt. Auch Prälat Dr. Johannes Sossalla, der damalige Pfarrer der Corpus-Christi-Kirche, glaubt nicht an die Existenz jenes angeblichen Mörders aus den Reihen der HJ. Er hat mir persönlich seine Zweifel sowie seine Ansicht zu dieser Frage übermittelt. Bis zu seinem Tode war ich in vielen Dingen ein Vertrauter des Prälaten und glaube seinen Worten.

[10] Diese Frau war dem gefallenen Major unterstellt und hat an den Kämpfen um Miechowitz, wahrscheinlich als Sanitäterin, teilgenommen.

unterhalb der Friedhofskapelle, nahe des heutigen Friedhofkreuzes und des unteren Wasserbehälters.

Es zeigte sich dann, daß es auf dem Friedhof nicht genügend Grabstätten gab. In dieser Situation entschloss man sich gezwungenermaßen dazu, hinter dem Friedhof, bei der Klosterstraße, ein riesiges Massengrab auszuheben, in dem in zwei Reihen ungefähr 100 Personen bestattet wurden. Die übrigen Opfer des sowjetischen Terrors wurden in Familiengräbern beigesetzt oder erhielten ihre letzte Ruhe in noch freien Grabplätzen.

Mit der Bestattung der Leichen auf dem Miechowitzer Friedhof begann man bereits am Montag, dem 29. 01. 1945, und sie dauerte bis zum 9. 02. 1945. Die Bestattung der Opfer in dem Massengrab fand dagegen am 4. Februar 1945 statt, einem Sonntag. Die Leichen wurden in Decken oder Bettlaken beigesetzt, denn Särge gab es keine.

Miechowitzer, die in Stillersfeld erschossen worden waren, wurden auf dem Stillersfelder Friedhof, neben der dortigen Leichenhalle, in einem Massengrab bestattet sowie in einem weiteren Massengrab auf der Wiese am Neuen Weg[11], unweit des sowjetischen Befehlsbunkers dieses Frontabschnittes.

Im Sommer 1945 wurde nach Fertigstellung des sowjetischen Soldatenfriedhofs an der Klosterstraße in Miechowitz der Sarg mit den sterblichen Überresten des Majors aus dem Sandkasten bei der Stillersfelder Straße exhumiert und auf diesen Friedhof gebracht.[12]

Gleichsam als Ironie des Schicksals wurde dieser Friedhof neben dem Massengrab der Januaropfer des sowjetischen Terrors angelegt, und die Hauptstraße von Miechowitz erhielt die Bezeichnung „Straße der Roten Armee“.

Im März 1969 ordneten die Behörden der Stadt Bytom (Beuthen) die Liquidierung des Massengrabs hunderter Zivilisten an, das auf diese Weise spurlos verschwand.[13] Zur

---

[11] Entsprechend den Eintragungen im Sterberegister der Stillersfelder Pfarrei, AZ 20/1945 sowie 27/1945, wurden in diesen beiden Massengräbern 20 Personen aus Miechowitz beerdigt, darunter 11 nichtidentifizierte Leichen. Die Gebeine aus dem Massengrab beim Neuen Weg, der späteren ul. Przyjemna, wurden später exhumiert und auf den Stillersfelder Friedhof übertragen. Von beiden Massengräbern gibt es auf diesem Friedhof keinerlei Spur mehr.

[12] Ein wenig links vom Massengrab der Zivilisten bei der Klosterstraße hatte man etliche sowjetische Gefallenen begraben. Im Sommer 1945 beschlossen die Behörden, an dieser Stelle einen Heldenfriedhof einzurichten, mit einem entsprechenden Denkmal der Dankbarkeit. Zu diesem Zweck trieb man Dutzende von Personen aus Miechowitz, überwiegend junge Frauen, zusammen. Ihre Aufgabe war es, die dort im Februar bestatteten sowjetischen Soldaten zu exhumieren, sie in Särge zu legen und - nach dem Plan des in Entstehung befindlichen Friedhofs - erneut zu bestatten. Genau in der Mitte wurde der Major beigesetzt. Wegen des schrecklichen Geruchs arbeiteten die Frauen in deutschen Gasmasken. Bei dieser Gelegenheit übertrug man auch auf diesen Friedhof die Gebeine anderer sowjetischer Soldaten, die ihr Grab im Bereich der Gemeinde Miechowitz gefunden hatten, u.a. bei der Tiele-Winckler-Straße, dem Weg gegenüber, der zum Elektrizitätswerk führt. Dort hatte man im Frühjahr 1945 einige Russen begraben, die ebendort durch unvorsichtige Arbeiten umgekommen waren. Dort gab es nach 1969 einen sowjetischen Soldatenfriedhof. Aus dem leeren Platz machte man 1988 für Friedhofsbesucher einen Parkplatz. Die den Platz umgebenden Bäume zeugen von der ursprünglich anderen Bestimmung dieses Ortes.

[13] Den Vorwand für die Liquidierung des Massengrabes bildete wahrscheinlich der Plan einer Straßenbahnlinie entlang der einstigen Klosterstraße. Seit der Beseitigung des Massengrabes sind 23 Jahre vergangen, doch eine Straßenbahnlinie wurde bislang nicht gebaut.

selben Zeit wurden auch sowjetische Soldaten exhumiert, doch ihre sterblichen Reste übertrug man auf den kommunalen Friedhof bei der ul. Piekarska (Poststr.) in Bytom (Beuthen). Dort wurden sie in einem eigenen Gräberfeld sorgsam in Einzelgräbern beigesetzt.

Nur wenige sterbliche Überreste der Zivilpersonen wurden aus dem Massengrab auf den Miechowitzer Friedhof übertragen und in Familiengräbern beigesetzt, soweit Anverwandte sich der Sache annahmen. Doch zum größten Teil wurden die Leichen des Miechowitzer Blutbades außerhalb von Miechowitz an einen nicht näher bezeichneten und mir unbekannten Ort geschafft.

Ich muß auch noch Bezug nehmen auf die zweifelhafte Information von Tadeusz Dybeł in „Kronika Kopalni Miechowice“[14], daß „im Bereich der Stillersfelder Straße das Feldlazarett der Roten Armee vorübergehend den Deutschen in die Hände fiel. Die Deutschen ermordeten etliche schwer verwundete Soldaten.“ Keiner der einstigen Bewohner der Stillersfelder Straße bestätigt diese Information, denn ein solches Lazarett gab es dort gar nicht.

Tatsache dagegen ist, daß die Sowjets in dem bebauten Teil der Stillersfelder Straße über 30 Zivilisten erschossen und an ihrem Ende, in der Nähe des Waldes (hinter der heutigen Betonfabrik) weitere Dutzende Männer, die aus verschiedenen Richtungen dorthin gebracht worden waren.

Eine Hinrichtungsstätte war auch der Hof des früheren Hegerhauses an der Stillersfelder Straße, wo sich heute das Restaurant „Panorama“ befindet.

Zu den Orten der Massenerschießungen muß man auch die Region des Nordschachts der Preussengrube, das Gebiet des heute nicht mehr vorhandenen Nimptschschachts sowie das an den evangelischen Friedhof angrenzende Terrain zählen.

Über 60 Personen wurden im Bereich ihrer Hauswesen, vor ihren Wohnungen oder innerhalb ihrer Wohnungen, erschossen, in einem Fall sogar im Bett.

JOSEF BONCZOL

2. LISTE DER OPFER DES SOWJETISCHEN TERRORS

Eine genaue Angabe der Zahl der von der sowjetischen Armee im Rahmen des Januarterrors in Miechowitz ermordeten Personen ist aus vielerlei Gründen unmöglich. Die Hauptursache ist darin zu sehen, daß auf Geheiß von oben das Standesamt in Miechowitz diese Toten nicht sogleich registriert hat. Die folgende kleine Tabelle mag

[14] T. Dybel, J. Heblinski, Kronika Kopalni Miechowice, Bytom 1988, S. 106.

verdeutlichen, wie viele der im Januar Erschossenen in den einzelnen Monaten des Jahres 1945 erfaßt wurden:

im Februar	1945	2 Opfer
im März	1945	2 Opfer
im Mai	1945	3 Opfer
im September	1945	49 Opfer
im Oktober	1945	87 Opfer
im November	1945	17 Opfer
im Dezember	1945	28 Opfer

zusammen: 190 im Jahr 1945 registrierte Erschießungsopfer.

Weitere Tote registrierte man in den folgenden Jahren. Wie aus dem Obigen hervorgeht, erfaßte man die Toten, um dieses Verbrechen zu verschleiern, mit einer mehr als halbjährigen Verspätung und überdies abwechslungsweise mit natürlichen Todesfällen in jedem dieser Zeiträume. Die im Mai 1945 registrierten Opfer wurden erst im Juli 1945 ins Register eingetragen.

Lediglich in vier Fällen wurde die Todesursache amtlich angegeben, z.B. gefallen, verblutet, Schädelbruch.

Von den 190 registrierten erschossenen Opfern fügte in 125 Fällen ein Standesbeamter später am unteren Rand in kleiner Schrift hinzu: „erschossen". Man weiß jedoch, daß die übrigen Personen gleichfalls erschossen oder auf andere Weise ermordet wurden, z.B. durch Bajonettstiche oder Gewehrkolben.

Seit 1946 fügte man in die Register den Begriff „Staatsangehörigkeit" ein. Allen im Januar 1945 erschossenen und nach dem 1. 01. 1946 registrierten Personen schrieb man (mit zwei Ausnahmen) die deutsche Staatsangehörigkeit zu.

Bei den Ende Dezember 1948 und später registrierten Toten trug man in die Rubrik „Todesfolge" die lakonische Wendung ein: „an Orten von Kriegshandlungen verstorben", wobei in der Mehrzahl der Fälle ein fiktives Todesdatum angegeben wurde, z.B. 9. 05. 1946 oder 9. 05. 1948. Es gibt 77 Fälle dieser Art. Ich habe diese Namen in einer gesonderten Liste erfaßt, denn einige Positionen betreffen internierte bzw. von Miechowitz verschleppte, vielleicht in die UdSSR deportierte Personen.

Es stellt sich die Frage, warum das Standesamt in Miechowitz mit so großer Verspätung die erschossenen Personen erfaßt hat, während diese Fälle in Stillersfeld bereits am 1. 02. 1945 registriert wurden?

Erwähnenswert ist auch, daß in vielen Fällen die Schreibweise der Januaropfer in den Registern der Standesämter sehr verunstaltet wurde.

Glaubwürdiger sind die von den Pfarrämtern erstellten Opferverzeichnisse. Auch diesen war es untersagt, die Opfer der Erschießungen in den entsprechenden Registern zu erfassen. Daher entstanden sowohl in der Corpus-Christi-Gemeinde als auch in der

Heilig-Kreuz-Pfarrei nur Opferverzeichnisse als Anhang zu den Sterbebüchern. Das Verzeichnis der im Bereich der Corpus-Christi-Gemeinde wohnhaften Opfer umfaßt 127 Namen und wurde in deutscher Sprache angefertigt. Das Verzeichnis der Heilig-Kreuz-Gemeinde besitzt einen etwas anderen Charakter, denn es umfaßt 188 Einwohner von Miechowitz aus beiden katholischen Gemeinden, die im Januar und Februar 1945 auf dem Friedhof der Heilig-Kreuz-Gemeinde bzw. in einem Massengrab bestattet worden waren. Beide Größen lassen sich nicht summieren, da sich die Namen wiederholen.

Keine dieser Listen ist jedoch vollständig und spiegelt auch nicht die Miechowitzer Tragödie völlig wider. In der evangelisch-augsburgischen Pfarrei wurde zu dieser Zeit keine Registrierung der Toten vorgenommen, denn dort gab es keinen Pastor. Man weiß jedoch, daß eine Reihe von Opfern evangelischer Konfession war.

Unter Berücksichtigung obiger Fakten habe ich eine auf folgende Eintragungen beruhende Liste zusammengestellt:

1. Eintragungen des Standesamtes in Miechowitz
2. Eintragungen des Standesamtes in Stillersfeld
3. Eintragungen der Corpus-Christi-Pfarrei in Miechowitz
4. Eintragungen der Pfarrei zum Heiligen Kreuz in Miechowitz
5. Eintragungen der Christkönigs-Pfarrei in Stillersfeld.

Diese Daten habe ich um die Namen mir bekannter Opfer ergänzt, die in den Januartagen des Jahres 1945 ermordet, aber amtlich nicht registriert wurden.

Auf dieser Grundlage läßt sich vermuten, daß es sich bei den im Januar Ermordeten ungefähr um 380 Opfer handelt.

Diese Zahl stützt sich auf folgende Feststellungen:

207 im Miechowitzer Standesamt in den Jahren 1945-1949 registrierte Personen;

21 in den Büchern des Miechowitzer Standesamtes nicht enthaltene Personen wurden im Sterberegister der Stillersfelder Pfarrei registriert[15];

6 in den Büchern des Miechowitzer Standesamtes nicht enthaltene Personen finden sich im Anhang der Sterberegister beider Miechowitzer Pfarreien;

7 mir mit Nach- bzw. Vornamen bekannte Personen wurden nirgends registriert. Diese Namen bilden das Ende der Liste;

[15] Von den 21 in Stillersfeld beerdigten Miechowitzern wurden 10 Leichen identifiziert und die Namen dieser Personen später in das Pfarrregister eingetragen. Ursprünglich lauteten die Eintragungen: „12 unbekannte Miechowitzer" bzw. „8 unbekannte Miechowitzer". Im Sterberegister des Stillersfelder Standesamtes sind dagegen von den obigen 21 Opfern nur sechs Namen verzeichnet.

76 in den Jahren 1949-1955 vom Standesamt Miechowitz registrierte Personen, bei denen in der Rubrik für die Todesfolge „unbekannt“ bzw. „an Orten von Kriegshandlungen“ angegeben wurde.

Die Summe der registrierten Personen beträgt 317.

Darüber hinaus wurden in Miechowitz ein gutes Dutzend verkohlter, nicht identifizierter Leichen bestattet.[16]

Es fragt sich, um wie viele Personen diese Zahl zu niedrig angesetzt ist. Wie viele nicht registrierte Fälle, außer denen, um die ich weiß, gibt es noch? Meine Zweifel können durch folgende Tatsache ein wenig erhellt werden:

Im Anhang zum Sterberegister der Corpus-Christi-Pfarrei finden sich 127 Namen verzeichnet, doch der damalige Gemeindepfarrer, Dr. Johannes Sossalla, schreibt u.a. in einem etwas später verfaßten historischen Abriß der Pfarrei[17]: „Zur Zeit der Kampfhandlungen im Januar 1945 wurden Kirche und Pfarrhaus schwer beschädigt, wobei Dächer und Fassaden fast gänzlich zerstört wurden. Während der Frontkämpfe verloren an die 250 im Bereich der Pfarrei wohnhafter Männer ihr Leben, unter ihnen auch der Kaplan der Pfarrkirche.“

Wenn somit Dr. Sossalla offiziell 127 Namen eintrug, später aber die Zahl der Opfer mit ungefähr 250 angibt, dann ist zu vermuten, daß beinahe die Hälfte der Opfer in den Pfarrregistern keine Eintragung fand.

Äußerst aussagekräftig ist auch die Statistik der registrierten Toten. Nach Angaben des Standesamtes und der Corpus-Christi-Pfarrei gestaltet sich diese wie folgt (zum Vergleich die Daten von 20 Jahren):

Jahr	Gesamtzahl der Toten nach Standesamt	1945 erschossen	Internierte	verstorben an unbek. Orten u. außerhalb der Staatsgrenzen	Zahl d. Toten n. d. Sterberegister der Corpus-Christi-Pfarrei
1936	152				70
1937	148				66
1938	139				60
1939	151				62
1940	163				57
1941	160				60
1942	181				55
1943	227				59
1944	196				42
1945	585	190			254

[16] Dieses kleine Massengrab befand sich im Bereich des Friedhofs, rechts von der Kapelle, im heutigen Gräberfeld für Kinder.
[17] Maschinenschriftlicher Text „Errichtung der Pfarrei“.

1946	348	7	134		52
1947	347	3	158		50
1948	223	1	44	8	49
1949	341	6	23	119	52
1950	173		6	22	43
1951	157		1	6	57
1952	182		1	6	46
1953	182			4	58
1954	191				45
1955	171		1	2	45
	zus.:	207	368	167	

Zur nachfolgenden Liste sind noch die dort verwandten Kürzel zu verdeutlichen sowie die Quellen der in den einzelnen Kolumnen verzeichneten Daten anzugeben:

Name, Vorname, Beruf und Wohnort werden aufgrund von Eintragungen in Büchern des Standesamtes angegeben, wobei sich die korrekte Schreibweise der Namen auf Annexe der Pfarrbücher stützt, denen auch manche inhaltliche Ergänzungen der Liste entnommen wurden.

Todestag und Todesstunde ergeben sich aus Eintragungen in Büchern des Standesamtes.

Der Todesort wird jeweils aufgrund von Eintragungen im Annex des Beerdigungsbuches der Miechowitzer Pfarrei zum Heiligen Kreuz angegeben. Dem selben Quellendokument entstammen auch die Beerdigungsdaten.

Die Daten der Registrierung der Opfer wurden den Büchern des Standesamtes entnommen.

Die Reihenfolge der Namen gründet sich auf die Reihenfolge der Seiten in den Büchern des Standesamtes, was mit geringen Abweichungen der laufenden Nummerierung der Signatur der Akten des Standesamtes entspricht.

In der letzten Rubrik wird die Signatur des Akts pfarrlicher Eintragung angegeben, wobei das Kürzel „K“ die Gemeinde zum Heiligen Kreuz, das Kürzel „CP“ die Corpus-Christi-Pfarrei und das Kürzel „Stil“ die Stillersfelder Pfarrei bezeichnet.

Der Buchstabe „M“ in derselben Kolumne bedeutet, daß die angegebene Person in einem Massengrab bestattet wurde, wobei die Zahl hinter dem Buchstaben für die Grabnummer sowie für die Massengrabreihe steht.

Das Kürzel „E“ meint ein Einzelgrab auf dem Friedhof.

In manchen Fällen sind die die Terroropfer betreffenden Eintragungen nicht komplett, weil aus Mangel an Quellendaten eine vollständige Information nicht gegeben werden konnte. Dies betrifft insbesondere Eintragungen des Standesamtes, die aufgrund amtlicher Meldungen der Heilig-Kreuz-Pfarrei Ende 1945 vorgenommen wurden.

Die nachfolgende rekonstruierte Liste der Opfer ist die erste von vielen in diesem Buch enthaltenen Tabellen. Bei ihrer Lektüre darf man nicht vergessen, daß sich hinter einem jeden Namen eine Tragödie, das Leid der Angehörigen und das Waisenschicksal der Kinder verbirgt. Denkt man daran, dann ist die Zahl sowjetischer Terroropfer noch ungleich höher. Hinzu kommt, daß diese Tabellen nicht alle Namen von Opfern enthalten.

Lauf. Nr.	Name, Vorname, Wohnort	Geburtsdatum u. -ort, Vornamen d. Eltern	Datum, Stunde u. Ort des Todes	Datum u. Ort des Begräbnisses, Datum d. standesamtl. Registr. u. AZ	AZ d. Pfarramtes, Art u. Nummer d. Grabes
1	2	3	4	5	6
1	SEEMANN Karl Schlosser Miechowitz Brucknerweg 3	8.01.1921 Neuhaus Karl Auguste	28.01.1945, 1.15 Miechowitz zu Hause verblutet	4.02.1945 Miechowitz 23.02.1945 Standesamt AZ 23/1945	K-72 M/64/2
2	NOWAK Rudolf Rentner Miechowitz Hindenburg- str. 56	27.03.1873 Sterna Franz Margarethe	28.01.1945 22.00 Miechowitz zu Hause verblutet	4.02.1945 Miechowitz 26.02.1945 Standesamt AZ 28/1945	K-63 M/49/1
3	LISCHKA Edmund Wachmann Miechowitz Blücherstr. 4	1.01.1887 Lohnia Kr. Cosel Josef Pauline	20.02.1945 10.00 Miechowitz zu Hause an Schädelbruch	unbekannt Miechowitz 2.03.1945 Standesamt AZ 37/1945	K unbekannt
4	GREINER Viktor Schlosser Orzegow	23.09. 1887 Konstantin Julia	25.01.1945 16.00 Miechowitz	unbekannt 23.03.1945 Standesamt AZ 53/1945	unbekannt
5	SCHITTEK Klemens Feuerwehrmann Miechowitz Lazarettstr. 27	16.11.1897 Miechowitz Thomas Maria	25.01.1945 16.00 beim Nordschacht	4.02.1945 Miechowitz 18.05.1945 Standesamt AZ 102/1945	CP-44 M/34/1
6	BOCK Vinzenz Bergmann Miechowitz Stillersfelder Str. 16	4.04.1904 Sausenberg Vinzenz Monika	27.01.1945 16.30 Miechowitz am Waldrand	4.02.1945 Miechowitz 25.05.1945 Standesamt AZ 107/1945	CP-34 M/16/1

7	WATZLAW-CZYK Florian Arbeiter Miechowitz Schlageterstr. 1	30.10.1903 Wierchlesch Josef Marianne	25.01.1945 16.00 Miechowitz vor seiner Wohnung	3.02.1945 Miechowitz 10.07.1945 Standesamt AZ 110/1945	K-79 E
8	SCHENDZIE-LORZ Richard Dreher Miechowitz Stillersfelder Str. 14	18.03.1893 Schwientochlo-witz Josef Emilie	28.01.1945 weitere Daten unbekannt	3.02.1945 Miechowitz 20.07.1945 Standesamt AZ 124/1945	CP-126 E
9	ROGON Konrad Bergmann Miechowitz Braustr. 16a	17.02.1910 Lipine Heinrich Bronisława	27.01.1945 ? Miechowitz Hindenburgstr.	4.02.1945 Miechowitz Standesamt AZ 151/1945	K-66 M/20/1
10	SEGETH Johann Bergmann Miechowitz Gartenstr. 24	5.11.1899 Bittkow Johann Juliane	27.01.1945 ? Miechowitz vor dem Haus	3.02.1945 Miechowitz 10.09.1945 Standesamt AZ 243/1945	K-85 E
11	KOWOLL Karl Steiger Miechowitz Lazarettstr. 16	1.09.1900 Königshütte Johann Olga	26.01.1945 Miechowitz 7.30 vor dem Haus	3.02.1945 Miechowitz 11.09.1945 Standesamt AZ 247/1945	CP-71 E
12	SYGA Johann Bergmann Miechowitz Hindenburg-str. 82	22.06.1893 Kadlub-Turawa Franz Rosalie	27.01.1945 ? Miechowitz ?	3.02.1945 Miechowitz Standesamt AZ 249/1945	CP-80 E
13	KUSCH Robert Bergmann Miechowitz Kubothstr. 13	6.08.1901 Miechowitz Johann Franziska	25.01.1945 14.15 Miechowitz vor dem Anwesen Bonk	4.02.1945 Miechowitz 13.09.1945 Standesamt AZ 251/1945	PC-41 M/28/1
14	MITULLA Reinhold Bergmann Miechowitz Reptener Str. 38	7.01.1900 Miechowitz Paul Anna	27.01.1945 10.00 Miechowitz am Waldrand	3.02.1945 Miechowitz 17.09.1945 Standesamt AZ 256/1945	PC-102 E

15	GARBACZIOK Max Bergmann Miechowitz Wikarekstr. 11a	3.09.1913 Miechowitz Johann Florentine	27.01.1945 10.00 Miechowitz ?	3.02.1945 Miechowitz 17.09.1945 Standesamt AZ 257/1945	PC-69 E
16	KSOLL Emanuel Bergmann Miechowitz Hindenburg- str. 82	3.03.1897 Stillersfeld Karl Agnes	31.01.1945 10.00 Miechowitz beim Nimptschschacht	4.02.1945 Miechowitz 18.09.1945 Standesamt AZ 260/1945	PC-20 M/66/2
17	GRUN Paul Bergmann Miechowitz Holteistr. 3	15.02.1905 Miechowitz Thomas Katharina	27.01.1945 14.00 Miechowitz Am Waldrand	4.02.1945 Miechowitz 20.09.1945 Standesamt AZ 267/1945	PC-109 E
18	BIENEK Franz Arzthelfer Miechowitz Holteistr. 3	27.05.1896 Alt-Repten Johann Elisabeth	27.01.1945 15.00 Miechowitz Am Waldrand	4.02.1945 Miechowitz 21.09.1945 Standesamt AZ 270/1945	PC-49 M/102/2
19	JENDRY- SCHIK Konrad Bergmann Miechowitz Reptener Str. 38	6.11.1914 Miechowitz Lorenz Pauline	27.01.1945 10.30 Miechowitz ?	3.02.1945 Miechowitz 21.09.1945 Standesamt AZ 272/1945	PC-9 E
20	BENNA Dominik Aufseher Miechowitz Holteistr. 3	4.08.1890 Pawonkau Johann Maria	27.01.1945 15.00 Miechowitz Am Waldrand	4.02.1945 Miechowitz 21.09.1945 Standesamt AZ 247/1945	PC-49 M/100/2
21	HABERLA Anton Bergmann Miechowitz Stillersfelder Str. 20	16.10.1907 Groß Strehlitz Franz Veronika	27.01.1945 16.00 Miechowitz Am Waldrand	4.02.1945 Miechowitz 22.09.1945 Standesamt 276/1945	CP-110 E
22	PLONKA Hermann Miechowitz Friedhofstr. 4	12.11.1903 Psaar Bruno Maria	27.01.1945 10.00 Miechowitz Am Waldrand	4.02.1945 Miechowitz 24.09.1945 Standesamt AZ 278/1945	CP-4 M/18/1

23	POPCZYK Ignaz Bergmann Miechowitz Schillerstr. 3	28.07.1901 Miechowitz Josef Olga	27.01.1945 10.00 Miechowitz Am Waldrand	4.02.1945 Miechowitz 24.09.1945 Standesamt AZ 277/1945	CP-7 M/22/1
24	SMUDA Josef Bergmann Miechowitz Friedhofstr. 4	16.09.1902 Karf Eduard Karoline	27.01.1945 10.00 Miechowitz Am Waldrand	4.02.1945 Miechowitz 24.09.1945 Standesamt AZ 280/1945	PC-51 M12/1
25	PYKA Theodor Bergmann Miechowitz Stillersfelder Str. 20	25.10.1890 Pniow Josef Maria	27.01.1945 10.00 Miechowitz am Waldrand	5.02.1945 Miechowitz 24.09.1945 Standesamt AZ 279/1945	PC-75 E
26	CZICHO- ROWSKI Georg Fleischer Miechowitz Braustr. 13	2.10.1902 Miechowitz Emil Otilie	25.01.1945 15.00 Miechowitz Braustraße	4.02.1945 Miechowitz 24.09.1945 Standesamt AZ 281/1945	K-8 E
27	BRICH Johann Arbeiter Miechowitz Friedhofstr. 4	23.02.1915 Miechowitz Wilhelm Josefine	27.01.1945 16.00 Miechowitz am Waldrand	4.02.1945 Miechowitz 24.09.1945 Standesamt AZ 282/1945	PC-5 M/10/1
28	CZECH Max Bergmann Miechowitz Holteistr. 3	22.01.1907 Miechowitz Nikolaus Juliane	27.01.1945 16.00 Miechowitz am Waldrand	3.02.1945 Miechowitz 24.09.1945 Standesamt AZ 283/1945	CP-103 E
29	HEISIG Alfons Bergmann Miechowitz Friedhofstr. 4	6.03.1899 Kreuzenort Franz Maria	27.01.1945 10.30 Miechowitz am Waldrand	4.02.1945 Miechowitz 24.09.1945 Standesamt AZ 278/1945	CP-50 M/7/1
30	SKALETZ Josef Bergmann Miechowitz Reptener Str. 38	8.03.1906 Schwientochlo- witz Paul Pauline	27.01.1945 10.30 Miechowitz bei Pasternak	4.02.1945 Miechowitz 25.09.1945 Standesamt AZ 288/1945	CP-60 E

31	STARZINSKI Adolf Bergmann Miechowitz Blücherstr. 4	26.03.1910 Miechowitz Thomas Viktoria	27.01.1945 10.00 Miechowitz im Hof	3.02.1945 Miechowitz 25.09.1945 Standesamt AZ 287/1945	K-70 E
32	WYCISK Ignaz Maurer Miechowitz Braustr. 16b	24.10.1906 Gregorsowitz Karl Elisabeth	27.01.1945 15.00 Miechowitz Hindenburgstr.	4.02.1945 Miechowitz 25.09.1945 Standesamt AZ 289/1945	K-90 M/19/1
33	JARZOMBEK Emil Bergmann Miechowitz Fasaneriestr. 20	10.01.1929 Miechowitz Johann Klara	27.01.1945 13.00 Miechowitz auf der Fasaneriestr.	29.01.1945 Miechowitz 25.09.1945 Standesamt AZ 292/1945	CP E
34	JARZOMBEK Johann Bergmann Miechowitz Fasaneriestr. 20	22.04.1903 Miechowitz Johann Klara	27.01.1945 13.00 Miechowitz Fasaneriestr. 2 beim Geschäft Nowara	29.01.1945 Miechowitz 25.09.1945 Standesamt AZ 291/1945	CP-62 E
35	KUCZERA Franz Hilfssteiger Miechowitz Lazarettstr. 16	13.09.1907 Zabrze Johann Franziska	26.01.1945 8.00 Miechowitz im Hof der Lazarettstr.	4.02.1945 Miechowitz 26.09.1945 Standesamt AZ 296/1945	CP-28 M/23/1
36	SPERLING Karl Wachmann Miechowitz Hermannstr. 41	26.01.1891 Miechowitz Karl Josefa	27.01.1945 10.00 Miechowitz am Waldrand	4.02.1945 Miechowitz 26.09.1945 Standesamt AZ 300/1945	CP-12 M/15/1
37	SPERLING Emil Bergmann Miechowitz Hermannstr. 41	20.11.1913 Miechowitz Karl Martha	27.01.1945 10.00 Miechowitz am Waldrand	4.02.1945 Miechowitz 26.09.1945 Standesamt AZ 299/1945	CP-11 M/3/1
38	KINTZER Erich Schlosser- lehrling Miechowitz Holteistr. 3	5.07.1929 Miechowitz Alois Juliane	27.01.1945 15.30 Miechowitz am Waldrand	4.02.1945 Miechowitz 27.09.1945 Standesamt AZ 302/1945	CP-26 M
39	KINTZER Alois Wärter Miechowitz Holteistr. 3	25.08.1945 Miechowitz Josef Albertine	27.01.1945 15.30 Miechowitz am Waldrand	4.02.1945 Miechowitz 27.09.1945 Standesamt AZ 301/1945	CP-25 M

40	GÖRLICH Dominik Bergmann Miechowitz Stillersfelder Str. 20	25.06.1903 Rokittnitz Valentin Agnes	27.01.1945 17.00 Miechowitz in Waldnähe	6.02.1945 Miechowitz 27.09.1945 Standesamt AZ 304/1945	CP-76 E
41	WOITALLA Alfons Bergmann Miechowitz Hindenburg- str. 49a	17.08.1945 Miechowitz Wilhelm Valeska	27.01.1945 Miechowitz ? in Waldesnähe	4.02.1945 Miechowitz 28.09.1945 Standesamt AZ 306/1945	CP-21 M/11/1
42	GRÜNER Johann Bergmann Miechowitz Hermannstr. 41	23.10.1945 Karf Johann Johanna	27.01.1945 10.00 Miechowitz am Waldrand	4.02.1945 Miechowitz Standesamt AZ 305/1945	CP-54 M/2/1
44	LASCZYK Stefan Bergmann Miechowitz Holteistr. 3	31.08.1945 Miechowitz Johann Maria, geb. Steuer	27.01.1945 16.00 Miechowitz am Waldrand	6.02.1945 Miechowitz 28.09.1945 Standesamt AZ 308/1945	CP-99 E
45	SZCZUDLIK Josef Bergmann Miechowitz Holteistr. 3	17.09.1894 Miechowitz Josef Franziska	27.01.1945 16.00 Miechowitz Stillersfelder Str.	3.02.1945 Miechowitz 28.09.1945 Standesamt AZ 309/1945	CP-97 E
46	SZCZUDLIK Roman Schlosser Miechowitz Holteistr. 3	4.08.1921 Miechowitz Josef Maria	27.01.1945 16.00 Miechowitz am Waldrand	6.02.1945 Miechowitz 28.09.1945 Standesamt AZ 310/1945	CP-98 E
47	SIKORA Heinrich Bergmann Miechowitz Blücherstr. 14	12.01.1913 Miechowitz Franziska Hedwig	27.01.1945 17.00 Miechowitz Kurfürstenstr.	2.02.1945 Miechowitz 28.09.1945 Standesamt AZ 311/1945	K-67 E
48	KOLASSA Alois Bergmann Miechowitz Lazarettstr. 27	1.06.1910 Miechowitz Valentin Klara	27.01.1945 8.00 Miechowitz im Hof	4.02.1945 Miechowitz 28.09.1945 Standesamt AZ 312/1945	CP-45 M/?
49	LABUS Rufin Arbeiter Miechowitz Reptener Str. 11	4.04.1914 Miechowitz Vinzenz Veronika	27.01.1945 7.00 Miechowitz ?	? 28.09.1945 Standesamt AZ 313/1945	?

50	JAROSCH Heinrich Bergmann Miechowitz Braustr. 23	22.10.1905 Bujakow Josef Johanna	27.01.1945 ? Miechowitz beim Nordschacht	4.02.1945 Miechowitz 28.09.1945 Standesamt AZ 315/1945	K-32 M
51	MIGURA Konrad Bergmann Miechowitz Neue Pfarrstr. 1	13.11.1908 Miechowitz Philipp Elisabeth	26.01.1945 7.00 Miechowitz in seiner Wohnung	6.02.1945 Miechowitz 28.09.1945 Standesamt AZ 316/1945	CP-94 E
52	CZAJA Peter Wächter Miechowitz Kuhnastr. 10	30.05.1893 Ellguth- Guttentag Florian Maria	26.01.1945 18.00 Miechowitz Kuhnastr.	4.02.1945 Miechowitz 28.09.1945 Standesamt AZ 318/1945	K-8 M/40/1
53	CZAJA Heinrich Bäcker Miechowitz Kuhnastr. 10	1.05.1893 Miechowitz Peter Berta	27.01.1945 11.00 Kuhnastr.	4.02.1945 Miechowitz 28.09.1945 Standesamt AZ 319/1945	K-9 M/41/1
54	WIKAREK Peter Elektriker Miechowitz Hindenburg- str. 79	5.09.1945 Miechowitz Cyprian Maria	30.01.1945 18.00 Miechowitz vor seinem Haus	4.02.1945 Miechowitz 28.09.1945 Standesamt AZ 317/1945	CP-105 E
55	FURMANEK Nikolaus Bergmann Stillersfelder Str. 20	6.12.1898 Miechowitz Karl Maria	27.01.1945 ? Miechowitz am Waldrand	6.02.1945 Miechowitz 29.09.1945 Standesamt 320/1945	CP-81 E
56	REINHOLD Emil Bergmann Miechowitz Hermannstr. 41	12.11.1903 Miechowitz Paul Anna	27.01.1945 10.30 Miechowitz in Waldesnähe	4.02.1945 Miechowitz 29.09.1945 Standesamt AZ 322/1945	CP-8 M/4/1
57	SKRZYPULETZ Viktor Bergmann Miechowitz Braustr. 16	19.07.1892 Alt-Tarnowitz Josef Pauline	27.01.1945 ? Miechowitz auf dem Weg nach Stillersfeld	4.02.1945 Miechowitz 29.09.1945 Standesamt AZ 324/1945	K-75 M/38/1
58	DZIERZAWA Stanislaus Grubenlampen- wart Miechowitz Stillersfelder Str. 22	13.11.1904 Suchau, Kr. Groß Strehlitz Thomas Maria	27.01.1945 17.00 Miechowitz beim evgl. Friedhof	4.02.1945 Miechowitz 29.09.1945 Standesamt AZ 323/1945	CP-72 E

59	SPIEWOK August Maschinist Miechowitz Stillersfelder Str. 20	26.08.1901 Koppinitz Wilhelm Mathilde	27.01.1945 16.30 Miechowitz am Waldrand	4.02.1945 Miechowitz 1.10.1945 Standesamt AZ 326/1945	CP-40 M/31/1
60	GRUTZA Stefan Installateur Miechowitz Neue Pfarrstr. 1	19.12.1902 Rokittnitz Josef Philomena	4.02.1945 Miechowitz im Haus Neu Pfarrstr. 1	4.02.1945 Miechowitz Standesamt AZ 327/1945	CP-30 M/48/1
61	GRYSKA Johann Bergmann Miechowitz Stillersfelder Str. 16	20.06.1903 Miechowitz Vinzenz Agnes	27.01.1945 16.00 Miechowitz in Waldesnähe	4.02.1945 Miechowitz 1.10.1945 Standesamt AZ 328/1945	K-22 M/18/1
62	FRÖHLICH Franz Bergmann Miechowitz Friedhofstr. 4	12.11.1906 Miechowitz Johann Pauline	27.01.1945 11.00 Miechowitz am Waldrand bei der Stillersfelder Str.	4.02.1945 Miechowitz 2.10.1945 Standesamt AZ 329/1945	CP-6 M/9/1
63	HERMA Oskar Bergmann Miechowitz Hindenburg- str. 17a	17.12.1906 Michalkowitz Daniel Anna	27. 01. 1945 10.00 Miechowitz vor dem Haus	4.02.1945 Miechowitz 2.10.1945 Standesamt AZ 331/1945	K-26 M/33/1
64	GAIDAS Emanuel Bergmann Miechowitz Hindenburg- str. 11a	23.03.1889 Beuthen Anton Agnes	27.01.1945 10.00 Miechowitz am Waldrand	4.02.1945 Miechowitz 2.10.1945 Standesamt AZ 332/1945	K-15 M/32/1
65	MACALLA Franz Grubenaufseher Miechowitz Stillersfelder Str. 20	23.03.1893 Miechowitz Thomas Maria	27.01.1945 19.00 Miechowitz am Waldrand	6.02.1945 Miechowitz 3.10.1945 Standesamt AZ 334/1945	CP-37 M/103/2
66	REIER Oswald Bergmann Miechowitz Reptener Str. 38	16.12.1898 Bobrek Peter Felixa	27.01.1945 10.00 Miechowitz am Waldrand	4.02.1945 Miechowitz 3.10.1945 Standesamt AZ 335/1945	CP-42 M/6/1

67	MÜCKE Josef Bergmann Miechowitz Stillersfelder Str. 16	6.03.1910 Miechowitz Josef Franziska	27.01.1945 16.00 Miechowitz am Waldrand	4.02.1945 Miechowitz 3.10.1945 Standesamt AZ 336/1945	CP-95 E
68	LARISCH Emil Steiger Miechowitz Stillersfelder Str. 16	7.07.1902 Lipine Paul Viktoria	27.01.1945 15.15 Miechowitz am Waldrand	4.02.1945 Miechowitz 3.10.1945 Standesamt AZ 337/1945	CP-92 E
69	GARBACZIOK Eugen Bergmann Miechowitz Fasaneriestr. 1	15.12.1911 Miechowitz Johann Florentine	27.01.1945 ? Miechowitz ?	3.02.1945 Miechowitz 4.10.1945 Standesamt AZ 343/1945	CP-70 E
70	WIENCH Paul Maurer Miechowitz Stillersfelder Str. 20	10.11.1910 Massow, Kr. Oppeln - Franziska	27.01.1945 16.30 Miechowitz beim Wald	6.02.1945 Miechowitz 5.10.1945 Standesamt AZ 348/1945	CP-77 E
71	KONIETZNY Thomas ? Miechowitz Reptener Str. 9	11.09.1905 Miechowitz Andreas Monika	27.01.1945 18.00 Miechowitz beim Nimptschschacht	4.02.1945 Miechowitz 5.10.1945 Standesamt AZ 349/1945	CP M/21/1
72	NOWARA Richard Kaufmann Miechowitz Fasaneriestr. 2	26.03.1915 Miechowitz Stefan Martha	27.01.1945 11.00 Miechowitz in seiner Wohnung	3.02.1945 Miechowitz 6.10.1945 Standesamt AZ 350/1945	CP-58 E
73	SOTOR Wilhelm Invalide Miechowitz Stillersfelder Str. 10	21.04.1887 Miechowitz Johann Maria	27.01.1945 ? Miechowitz im Haus Herzschlag	4.02.1945 Miechowitz 6.10.1945 Standesamt AZ 351/1945	CP M/58/2
74	SOTOR Johann Malermeister Miechowitz Fasaneriestr. 2	24.06.1918 Miechowitz Wilhelm Martha	27.01.1945 11.00 Miechowitz Fasaneriestr. 2 auf dem Flur	4.02.1945 Miechowitz 6.10.1945 Standesamt AZ 352/1945	CP-56 M/57/2

75	SOTOR Josef Schuster Miechowitz Stillersfelder Str. 10	28.07.1928 Miechowitz Wilhelm Maria	27.01.1945 11.30 Miechowitz im Hof bei der Stillersfelder Str. 10	4.02.1945 Miechowitz 6.10.1945 Standesamt AZ 353/1945	CP-55 M/59/2
76	JARZOMBEK Alois Grubenaufseher Miechowitz Holteistr. 3	25.11.1945 Miechowitz Johann Klara	27.01.1945 17.00 Miechowitz im Hof des Bonkschen Anwesens	4.02.1945 Miechowitz 6.10.1945 Standesamt AZ 354/1945	CP-57a M/56/2
77	KAFCZYK Johann Schachtsignal- geber Miechowitz Hindenburg- str. 82	24.08.1902 Miechowitz Anton Josephine	27.01.1945 18.00 Miechowitz beim Nimptsch- schacht	3.02.1945 Miechowitz 6.10.1945 Standesamt AZ 357/1945	CP-90 E
78	GROBOSCH Paul Bergmann Miechowitz Hindenburg- str. 82	16.04.1913 Miechowitz Peter Agathe	27.01.1945 18.00 Miechowitz am Waldrand	4.02.1945 Miechowitz 6.10.1945 Standesamt AZ 357/1945	CP-48 M/79/2
79	KURTZ Franz Bergmann Miechowitz Fasaneriestr. 2	29.09.1914 Salesche Franz Josephine	27.01.1945 12.00 Miechowitz Fasaneriestr. 2 auf dem Flur	3.02.1945 Miechowitz 6.10.1945 Standesamt AZ 360/1945	CP-86 E
80	KURTZ Heinrich Schüler Miechowitz Fasaneriestr. 2	18.05.1930 Miechowitz Franz Katharina	27.01.1945 12.00 Miechowitz Fasaneriestr. 2 auf dem Flur	3.02.1945 Miechowitz 6.10.1945 Standesamt AZ 359/1945	CP-87 E
81	WATZLAWSKI August Bergmann Miechowitz Stillersfelder Str. 29	12.08.1909 Miechowitz Peter Martha	27.01.1945 11.30 Miechowitz beim Stillers- felder Wald	3.02.1945 Miechowitz 8.10.1945 Standesamt AZ 364/1945	CP-74 E
82	RESPONDEK Hubert Schlosser- lehrling Miechowitz Fasaneriestr.20	8.01.1928 Miechowitz Josef Emilie	27.01.1945 16.00 Miechowitz im Hause von Czok, Fasaneriestr. 2	3.02.1945 Miechowitz 8.10.1945 Standesamt AZ 363/1945	CP-91 E

83	SPACHOWSKI Willibald Steiger Miechowitz Lazarettstr. 27	3.12.1910 Beuthen Karl Franziska	27.01.1945 7.30 Miechowitz im Hof der Lazarettstr.	4.02.1945 Miechowitz 8.10.1945 Standesamt AZ 366/1945	CP-4M/73/1
84	WRODARCZYK Franz Abwiegemeister Miechowitz Grytzbergstr. 7	4.10.1893 Radzionkau Hieronymus Therese	27.01.1945 12.30 Miechowitz vor seiner Wohnung	4.02.1945 Miechowitz 8.10.1945 Standesamt AZ 368/1945	K-83 E
85	WRODARCZYK Karl Invalide Miechowitz Grytzberstr. 7	26.01.1920 Miechowitz Franz Gertrud	27.01.1945 12.30 Miechowitz vor seiner Wohnung	4.02.1945 Miechowitz 8.10.1945 Standesamt AZ 369/1945	K-84 E
86	DRZYMALLA Roman Elektriker Miechowitz Holteistr. 3	9.08.1914 Miechowitz Peter Maria	27.01.1945 11.00 Miechowitz im Bonkschen Anwesen Valeskaplatz	3.02.1945 Miechowitz 8.10.1945 Standesamt Az 370/1945	CP-66 E
87	MUSCHOL August Zimmerhäuer Miechowitz Hindenburg- str. 90	26.04.1887 Stillersfeld Karl Therese	27.01.1945 13.00 Miechowitz im Hof seines Hauses	4.02.1945 Miechowitz 8.10. 1945 Standesamt AZ 372/1945	CP-88 E
88	ZUBER Alois Bergmann Miechowitz Hindenburg- str. 90	21.01.1905 Miechowitz Konstantin Agnes	27.01.1945 13.00 Miechowitz vor seiner Wohnung	4.02.1945 Miechowitz 8.10.1945 Standesamt AZ 371/1945	CP-89 E
89	SCHIKORA Paul Bergmann Miechowitz Kubothstr. 13	23.06.1911 Miechowitz Franz Hedwig	25.01.1945 15.00 Miechowitz beim Bonkschen Garten	4.02.1945 Miechowitz 9.10.1945 Standesamt AZ 373/1945	CP-13 M/30/1
90	DRZYSGA Georg Eisenbahner Miechowitz Hindenburg- str. 88	14.05.1914 Miechowitz Josef Maria	27.01.1945 12.30 Miechowitz auf eigenem Grund Hindenburg- str. 90	4.02.1945 Miechowitz 9.10.1945 s Standesamt AZ 374/1945	CP-16 M/72/2

91	DRZYSGA Valentin Abwiegemeister Miechowitz Kubothstr. 13	12.02.1902 Miechowitz Karl Maria	25.01.1945 15.00 Miechowitz im Bonkschen Anwesen	4.02.1945 Miechowitz 8.101945 Standesamt AZ 373a/1945	CP-82 E
92	DRZYSGA Herbert Schüler Miechowitz Kubothstr. 13	4.12.1928 Miechowitz Valentin Philomena	26.01.1945 Miechowitz im Bonkschen Anwesen	4.02.1945 Miechowitz 8.10.1945 Standesamt 374a/1945	CP-83 E
93	DRZESGA Richard Bergmann Miechowitz Hindenburgstr. 88	5.03.1910 Miechowitz Josef Maria	27.01.1945 12.30 Miechowitz auf eigenem Grund Hindenburg- str. 90	4.02.1945 Miechowitz 9.10.1945 Standesamt AZ 378/1945	CP-15 M/73/2
94	DRZESGA Josef Invalide Miechowitz Hindenburg- str. 88	19.02.1880 Neu-Repten Lambert Josephine	27.01.1945 12.30 Miechowitz auf eigenem Grund Hindenburgstr. 90	4.02.1945 Miechowitz 9.10.1945 Standesamt AZ 377/1945	CP-14 M/71/2
95	KAWCZYK Franz Arbeiter Miechowitz Braustr. 16	21.11.1910 Miechowitz Emanuel Sophie	27.01.1945 14.00 Miechowitz Braustr.	4.02.1945 Miechowitz 12.10.1945 Standesamt AZ 380/1945	K-35 M
96	SCHÜLLER Johann Invalide Miechowitz Fasaneriestr. 20	1.12.1871 Bismarckhütte Karl Anna	27.01.1945 16.00 Miechowitz Fasaneriestr. (Bajonett)	4.02.1945 Miechowitz 9.10.1945 Standesamt AZ 379/1945	CP-31 M/65/2
97	SZCZERBA Vinzenz Büroarbeiter Miechowitz Reptener Str. 31	13.07.1889 Stillersfeld Franz Franziska	27.01.1945 9.00 Miechowitz Stillersfelder Str.	4.02.1945 Miechowitz 10.10.1945 Standesamt AZ 38/1945	CP-38 M/44/1
98	CZEKA Rudolf Steiger Miechowitz Reptener Str. 31	24.01.1899 Kauthen Kr. Ratibor - Antonie	27.01.1945 11.00 Miechowitz Stillersfelder Str.	3.02.1945 Miechowitz 10.10.1945 Standesamt AZ 383/1945	CP-68 e
99	GÖRLICH Viktor Elektriker Miechowitz Holteistr. 3	13.09.1903 Rokittnitz Alois Agnes	27.01.1945 16.00 Miechowitz am Waldrand	4.02.1945 Miechowitz 11.10.1945 Standesamt AZ 385/1945	CP-93 E

100	SCHELIGA Anton Aufseher Miechowitz Fasaneriestr. 20	17.01.1900 Miechowitz Peter Agnes	27.01.1945 16.30 Miechowitz beim Wald	4.02.1945 Miechowitz 11.10.1945 Standesamt AZ 386/1945	CP-93 E
101	MUSIOL August Bergmann Miechowitz Stillersfelder Str. 36	5.06.1909 Mikultschütz August Franziska	27.01.1945 9.00 Miechowitz Stillersfelder Str.	4.02.1945 Miechowitz 11.10.1945 Standesamt AZ 338/1945	CP-33 M/68/2
102	WYLENSEK Franz Zimmerhäuer Miechowitz Stillersfelder Str. 20	6.04.1906 Beuthen Stanislaus Josephine	31.01.1945 18.00 Miechowitz beim Nimptsch- Schacht	4.02.1945 Miechowitz 11.10.1945 ?	CP-19 M/67/2
103	WYWIOL Josef Maschinist Miechowitz Braustr. 16	6.04.1903 Miechowitz Valentin Pauline	27.01.1945 14.00 Miechowitz auf dem Weg nach Rokittnitz	5.02.1945 Miechowitz 11.10.1945 Standesamt AZ 390/1945	K-95 E
104	MUREK Theodor Fleischer Miechowitz Braustr. 16	23.05.1897 Blaschowitz Anton Franziska	27.01.1945 14.00 Miechowitz auf dem Weg nach Rokittnitz	5.02.1945 Miechowitz 11.10.1945 Standesamt AZ 391/1945	K-54 E
105	MUREK Josef Schüler Miechowitz Braustr. 16	1.11.1929 Miechowitz Theodor Therese	27.01.1945 14.00 Miechowitz auf dem Weg nach Rokittnitz	5.02.1945 Miechowitz 11.10.1945 Standesamt AZ 392/1945	K-55 E
107	ROSSA Thomas Rentner Miechowitz Braustr. 16	12.12.1868 Laskowitz, Kr. Rosenberg O.S. Anton Rosalie	27.01.1945 14.00 Miechowitz auf dem Weg nach Rokittnitz	5.02.1945 Miechowitz 11.10.1945 Standesamt AZ 394/1945	K-64 E
108	ROSSA Franz Maschinist Miechowitz Braustr. 16	9.10.1894 Laskowitz, Kr. Rosenberg Thomas Pauline	27.01.1945 14.00 Miechowitz Hindenburg- str. 80	5.02.1945 Miechowitz 12.10.1945 Standesamt AZ 396/1945	K-62 E

109	JEZIORSKI Roman Elektriker Miechowitz Braustr. 16	21.01.1900 Scharley Johann Franziska	27.01.1945 14.00 Miechowitz auf der Straße nach Rokittnitz	5.02.1945 Miechowitz 11.10.1945 Standesamt AZ 395/1945	K-27 E
110	WYPPLER Alois Tischler Miechowitz Reptener Str. 34	18.07.1921 Miechowitz Peter Valerie	27.01.1945 5.00 Miechowitz auf dem Weg nach Repten	5.02.1945 Miechowitz 12.10.1945 Standesamt AZ 398/1945	CP-67 E
111	GROCHOL Franz Bergmann Miechowitz Kuhnastr. 3	17.04.1907 Miechowitz Franz Johanna	27.01.1945 14.00 Miechowitz im Hof Kuhnastr. 3	2.02.1945 Miechowitz 13.10.1945 Standesamt AZ 400/1945	K-22 E
112	FRITSCH Josef Monteur Miechowitz Reptener Str. 4	1.03.1905 Miechowitz Franz Martha	26.01.1945 19.30 Miechowitz vor dem Haus	4.02.1945 Miechowitz 13.10.1945 Standesamt AZ 402/1945	CP-2 M/51/2
113	DRZYMALLA Wilhelm Zimmerhäuer Miechowitz Reptener Str. 41	29.03.1909 Miechowitz Peter Maria	27.01.1945 11.00 Miechowitz im Hof Reptener Str. 41	3.02.1945 Miechowitz 13.10.1945 Standesamt AZ 404/1945	CP-65 E
114	JANTA Alois Maschinist Miechowitz Reptener Str. 4	29.07.1906 Tarnowitz Vinzenz Anna	26.01.1945 19.30 Miechowitz vor dem Haus	4.02.1945 Miechowitz 13.10.1945 Standesamt AZ 403/1945	CP-3 M
115	LEDWON Stefan Grubenaufseher Miechowitz Reptener Str. 4	23.12.1891 Miechowitz Josef Sophie	26.01.1945 19.30 Miechowitz vor dem Haus	4.02.1945 Miechowitz 15.10.1945 Standesamt AZ 405/1945	CP-1 M/52/2
116	MIERZOWSKI Oskar Mechaniker Miechowitz Grytzbergstr. 5	18.01.1879 Czerwionka Adrian Maria	27.01.1945 12.30 Miechowitz vor seiner Wohnung	4.02.1945 Miechowitz 15.10.1945 Standesamt AZ 406/1945	K-45 E
117	KWIOTEK Franz Maschinist Miechowitz Reptener Str. 10	4.10.1883 Miechowitz Norbert Maria	27.01.1945 10.00 Miechowitz am Waldrand	4.02.1945 Miechowitz 15.10.1945 Standesamt AZ 408/1945	CP-47 M/93/2

118	HERDA Paul Feuerwehrmann Miechowitz Reptener Str. 45	18.11.1901 Rudy-Piekar Josef Franziska	27.01.1945 17.00 Miechowitz beim Nordschacht	4.02.1945 Miechowitz 15.10.1945 Standesamt AZ 410/1945	K-25 M/14/1
119	KORUS Paul Bergmann Miechowitz Reptener Str. 41	12.11.1913 Miechowitz Emil Agnes	27.01.1945 17.00 Miechowitz beim Wald	4.02.1945 Miechowitz 14.10.1945 Standesamt AZ 411/1945	CP-36 M/14/1
120	SZCZYGLOW- SKI Wilhelm Schlosser Miechowitz Reptener Str. 22	23.09.1889 Bobrownik Franz Florentine	26.01.1945 19.00 Miechowitz in seiner Wohnung	4.02.1945 Miechowitz 15.10.1945 Standesamt AZ 412/1945	CP-78 E
121	KALIGA August Rentner Miechowitz Reptener Str. 41	19.02.1879 Ptakowitz Emanuel Marianne	27.01.1945 9.00 Miechowitz vor seiner Wohnung	4.02.1945 Miechowitz 15.10.1945 Standesamt AZ 413/1945	CP-118 E
122	NOWAK Richard Fleischer Miechowitz Reptener Str. 36	8.01.1902 Beuthen Karl Mathilde	27.01.1945 10.00 Miechowitz im Hof seines Hauses	3.02.1945 Miechowitz 15.10.1945 Standesamt AZ 414/1945	CP-79 E
123	HOROBA Franz Bergmann Miechowitz Friedhofstr. 4	22.07.1889 Dramatal Anton Hedwig	27.01.1945 15.00 Miechowitz beim Wald	3.02.1945 Miechowitz 16.10.1945 Standesamt AZ 415/1945	K-54 M
124	MANDAT Eugeniusz poln. Zwangsarbeiter Miechowitz Braustr. 13	2.09.1926 Zalesiaki, Kr. Wieluń Franciszek Franciszka	25.01.1945 15.00 Miechowitz ?	4.02.1945 Miechowitz 16.10.1945 Standesamt AZ 416/1945	K-54 M
125	KOTYNIA Jan poln. Zwangsarbeiter Miechowitz Braustr. 13	26.01.1920 Sadowice, Kr. Wieluń Franciszek ?	25.01.1945 16.00 Miechowitz ?	4.02.1945 Miechowitz 16.10.1945 Standesamt AZ 418/1945	K-43 M/90/2

126	MATEJA Antoni Tischler poln. Zwangsarbeiter Miechowitz Braustr. 13	8.06.1913 Sadowice, Kr. Wieluń Franciszek Wiktoria	25.01.1945 15.00 Miechowitz ?	4.02.1945 Miechowitz 16.10.1945 Standesamt AZ 419/1945	K-56 M/97/2
127	KAWCZYK Emanuel Bergmann Miechowitz Braustr. 14	14.03.1913 Miechowitz Emanuel Sophie	27.01.1945 16.00 Miechowitz beim evgl. Friedhof	4.02.1945 Miechowitz 16.10.1945 Standesamt AZ 419/1945	K-36 M
128	KÖNIG Johann Feuerwehrmann Miechowitz Friedhofstr. 4	8.04.1892 Landsberg O.S. Alexander Hedwig	27.01.1945 16.00 Miechowitz Schillerstr.	4.02.1945 Miechowitz 15.10.1945 Standesamt AZ 420/1945	CP-10 M
129	MICZKA Stefan Bergmann Miechowitz Reptener Str. 24	26.12.1901 Miechowitz Johann Klara	27.01.1945 ? Miechowitz Reptener Str. (Kroj)	4.02.1945 Miechowitz 17.10.1945 Standesamt AZ 422/1945	CP-17 M/27/1
130	ROZEK Johann Straßenbahner Miechowitz Kuhnastr. 3	4.06.1901 Miechowitz Konstantin Karoline	27.01.1945 15.30 Miechowitz im Hof	4.02.1945 Miechowitz 16.10.1945 Standesamt AZ 421/1945	K-70 M/27/1
131	KENSY Hans Schlosserlehrling Miechowitz Braustr. 16	25.09.1929 Miechowitz Franz Franziska	27.01.1945 11.00 Miechowitz beim evgl. Friedhof	4.02.1945 Miechowitz 17.10.1945 Standesamt AZ 424/1945	K-30 E
133	DUDA Thomas Invalide Miechowitz Kirchstr. 10	14.09.1876 Neu-Repten Johannes Elisabeth	27.01.1945 8.30 Miechowitz Kirchstr. bei Strzebin	3.02.1945 Miechowitz 17.10.1945 Standesamt AZ 435/1945	K-15 E
134	STARZINSKI Alfons Bergmann Hindenburgstr. 11	31.07.1915 Miechowitz - Margarethe Starzinski	27.01.1945 11.00 Miechowitz ?	? 17.10.1945 Standesamt AZ 428/1945	?

135	SCHLESIONA Johann Gymnasial- schüler Miechowitz Kirchstr. 2b	23.12.1926 Królewska Huta (Königshütte) Josef Klara	26.01.1945 15.00 Miechowitz zwischen Wald u. Ziegelei	3.02.1945 Miechowitz 18.10.1945 Standesamt AZ 434/1945	K-68 E
136	DITTMANN Valeska Hausfrau Miechowitz Valeskaplatz 3a	16.05.1877 Hugohütte bei Tarnowitz Hans Maria	27.01.1945 18.00 Miechowitz in ihrer Wohnung	2.02.1945 Miechowitz 20.10.1945 Standesamt AZ 435/1945	CP-123 E
137	KWIOTEK Paul Bergmann Miechowitz Stillersfelder Str. 42	25.08.1905 Miechowitz Anton Griselda	27.01.1945 11.00 Miechowitz Stillersfelder Str. 8	4.02.1945 Miechowitz 23.10.1945 Standesamt AZ 437/1945	CP-52 M/61/2
138	KWIOTEK Helmut Gymnasial- schüler Miechowitz Stillersfelder Str. 42	14.04.1929 Miechowitz Paul Gertrud	27.01.1945 11.00 Miechowitz Stillersfelder Str. 8a	4.02.1945 Miechowitz 23.10.1945 Standesamt AZ 438/1945	CP M/62/2
139	MAINKA Richard Bergmann Miechowitz Hermannstr. 41	9.05.1912 Miechowitz Josef Hedwig	27.01.1945 ? Miechowitz beim Wald	4.02.1945 Miechowitz 25.10.1945 Standesamt AZ 442/1945	K-89 E
140	SKUPIN Georg Bergmann Miechowitz Braustr. 16	29.04.1914 Rokittnitz Theodor Emilie	27.01.1945 15.00 Miechowitz auf dem Weg nach Rokittnitz	4.02.1945 Miechowitz 29.10.1945 Standesamt AZ 448/1945	K-74 M/70/2
141	MITULLA Valentin Bergmann Miechowitz Hindenburg- str. 7	11.09.1909 Miechowitz Paul Anna	25.01.1945 ? Miechowitz beim Nimptsch- schacht	4.02.1945 Miechowitz 29.10.1945 Standesamt AZ 447/1945	K-48 E
142	GOSCHÜTZ Hubert Invalide Miechowitz Kubothstr. 11	14.07.1873 Miechowitz Josef Josephine	26.01.1945 11.00 Miechowitz ?	6.02.1945 evgl. Friedhof Miechowitz 29.10.1945 Standesamt AZ 449/1945	CP-115 ?

143	BORSCHT Wenzel Invalide Miechowitz Fasaneriestr. 6	23.09.1915 Miechowitz Franz Karoline	27.01.1945 12.00 Miechowitz Fasaneriestr.	3.02.1945 Miechowitz 30.10.1945 Standesamt AZ 451/1945	CP-100 E
144	MEISNER Paul Grubenaufseher Miechowitz Stillersfelder Str. 26	20.02.1906 Miechowitz Karl Franziska	26.01.1945 12.00 Miechowitz auf dem Weg nach Stillersfeld	6.02.1945 Miechowitz 31.10.1945 Standesamt AZ 452/1945	CP-108 E
145	CZERNECKA Konrad Bergmann Miechowitz Stillersfelder Str. 16	6.05.1912 Miechowitz Ludwig Agnes	27.01.1945 15.00 Miechowitz beim Stillers- felder Wald	3.02.1945 Miechowitz 31.10.1945 Standesamt AZ 454/1945	CP-101 E
146	SZYIŃSKI Ignacy Maurer poln. Zwangsarbeiter Miechowitz Braustr. 13	26.07.1908 Kłobuck, Kr. Częstochowa Walenty Marianna	25.01.1945 15.00 Miechowitz Braustr.	4.02.1945 Miechowitz 2.11.1945 Standesamt AZ 455/1945	K-88 M
147	BOCK Herbert Schüler Miechowitz Stillersfelder Str. 16	13.04.1929 Miechowitz Vinzenz Maria	27.01.1945 16.30 Miechowitz am Waldrand	4.02.1945 Miechowitz 2.11.1945 Standesamt AZ 158/1945	cp-35 M/18/1
148	LISCHKA Theodor Schlepper Miechowitz Lazarettstr. 16	12.04.1916 Miechowitz Hans Pauline	26.01.1945 9.00 Miechowitz im Haus Lazarettstr. 16	4.02.1945 Miechowitz 3.11.1945 Standesamt AZ 461/1945	CP-107 E
149	RUDEK Emma geb. Herden Miechowitz Braustr. 7	11.10.1896 Rotzung i. Ostp. (Rusewo) ernst Anna	25.01.1945 16.00 Miechowitz vor ihrer Wohnung	4.02.1945 Miechowitz 6.11.1945 durch die Pfarrei Standesamt AZ 470/1945	K-65 E
150	BOCIĄGA Szczepan poln. Zwangsarbeiter Miechowitz ?	27.03.1920 Zalesianki, b. Działoszyna Julian ?	25.01.1945 16.00 Miechowitz ?	4.02.1945 Miechowitz 6.11.1945 pfarrl. Meldung Standesamt AZ 471/1945	K-5 M

151	MYRTA Adam Schlepper poln. Zwangsarbeiter Miechowitz ?	15.01.1919 Biała Górna Paweł Marianna	27.01.1945 16.00 Miechowitz beim Wald	4.02.1945 Miechowitz 7.11.1945 pfarrl. Meldung AZ 472/1945	K-60 M/60/2
152	MYRTA Jan Schlepper poln. Zwangsarbeiter Miechowitz ?	4.08.1924 Biała Górna Paweł Marianna	27.01.1945 16.00 Miechowitz ?	4.02.1945 Miechowitz 7.11.1945 pfarrl. Meldung AZ 473/1945	K-61 M/99/2
153	WAGEN- KNECHT Theophil Kaufmann Miechowitz Reptener Str. 5	25.03.1877 ? ? ?	27.01.1945 18.00 Miechowitz hinter seinem Haus	4.02.1945 Miechowitz 7.11.1945 pfarrl. Meldung AZ 474/1945	K-89 M/76/2
154	KOZLIK Alfred Bergmann Miechowitz Stillersfelder Str. 16	21.04.1909 Biskupitz Hippolyt Pauline	27.01.1945 16.00 Miechowitz am Waldrand	4.02.1945 Miechowitz 7.11.1945 Standesamt AZ 475/1945	CP-22 M/17/1
155	HYLLA Wilhelm Bergmann Miechowitz Reptener Str. 38	1.01.1911 Miechowitz Josef Sophie	27.01.1945 10.00 Miechowitz am Waldrand	4.02.1945 Miechowitz 8.11.1945 Standesamt AZ 481/1945	CP-43 M/8/1
156	KÜHNHARDT Alfred Zimmerhäuer Miechowitz Stillersfelder Str. 12	30.07.1913 Miechowitz Franziska Ottilie	26.01.1945 11.00 Miechowitz vor seiner Wohnung	4.02.1945 Miechowitz 9.11.1945 ?	CP-84 E
157	MALEK Ernst Schlosser Miechowitz Stillersfelder Str. 12	12.01.1898 Radzionkau Josef Anna	26.01.1945 11.00 Miechowitz vor seiner Wohnung	4.02.1945 Miechowitz 8.11.1945 Standesamt AZ 484/1945	CP-85 E
158	MERKEL Johann Straßenbahner Miechowitz Stillersfelder Str. 16	20.10.1903 Karf Josef Johanna	27.01.1945 15.30 Miechowitz am Waldrand	4.02.1945 Miechowitz 14.11.1945 Standesamt AZ 489/1945	CP-18 M/63/2

159	JAHN Alois Bergmann Miechowitz Stillersfelder Str. 16	8.02.1903 Leobschütz Josef Josefa	27.01.1945 16.00 Miechowitz im Haus	4.02.1945 Miechowitz 14.11.1945 Standesamt AZ 492/1945	CP-27 M/42/1
160	ZUREK Peter Hilfsarbeiter Miechowitz Fasaneriestr. 20	31.01.1929 Miechowitz Ignatz Hedwig	27.01.1945 12.00 Miechowitz Fasaneriestr.	4.02.1945 Miechowitz 22.11.1945 Standesamt AZ 508/1945	CP-106 E
161	NOSSEK Edeltraud, geb. Gwóźdź Miechowitz Braustr. 12	24.06.1907 Karf Peter Katharina	24.01.1945 16.00 ? ? (Zusatz - erschossen)	? ? 24.11.1945 Standesamt AZ 509/1945	keine Eintragung
162	KUBERCZYK Heinrich Beamter Miechowitz Hohenzollern- str. 1	2.08.1905 Michalkowitz Klemens Pauline	27.01.1945 18.00 Miechowitz (Zusatz - erschossen)	? ? 26.11.1945 Standesamt AZ 510/1945	keine Eintragung
163	SCHYMURA Heinrich Bergmann Miechowitz Blücherstr. 5	31.05.1913 Miechowitz Hans Martha	27.01.1945 16.00 Miechowitz Kurfürstenstr.	4.02.1945 Miechowitz 3.12.1945 Standesamt AZ 519/1945	K-75 E
164	KONTNY Emil Baumeister Miechowitz Felixstr. 5	2.09.1883 Sadzawska, Kr Kattowitz Anton Pauline.	31.01.1945 ? ? ?	? Miechowitz 4.12.1945 Standesamt AZ 523/1945	CP-125 E
165	MULARCZYK Johannes Invalide Miechowitz Kuhnastr. 14	15.12.1898 Dembio, bei Oppeln Hans Magdalene	25.01.1945 17.00 Miechowitz in seiner Wohnung	3.02.1945 Miechowitz 10.12.1945 Standesamt AZ 532/1945	K-52 E
166	ADAMEK Paul Ingenieur Miechowitz Hohenzollern- str. 2	28.02.1893 Kattowitz Albert Hedwig	27.01.1945 13.00 Miechowitz Hohenzollernstr.	3.02.1945 Miechowitz 12.12.1945 Standesamt AZ 536/1945	K-1 E

167	MAXISCH Josef Bergmann Miechowitz Fasaneriestr. 20	19.02.1900 Brzezowitz Ignatz Genovefa	27.01.1945 ? Miechowitz beim Nordschacht	4.02.1945 Miechowitz 13.12.1945 Standesamt AZ 539/1945	CP-32 M/45/1
168	BEZIA Reinhold Arbeiter Miechowitz Hermannstr. 40	3.12.1928 Miechowitz Josef Agnes	26.01.1945 ? Miechowitz beim Nimptsch- schacht	4.02.1945 Miechowitz 19.12.1945 Standesamt AZ 546/1945	CP-112 E
169	BOBER Vinzenz Arbeiter Miechowitz Wikarekstr. 4	25.01.1906 Miechowitz Franz Mathilde	25.01.1945 ? Miechowitz auf der Wikarekstr.	3.02.1945 Miechowitz 19.12.1945 Standesamt AZ 545/1945	CP-59 E
170	SCHECZOK Gerhard Steiger Miechowitz Friedhofstr. 6	30.04.1913 ? Stefan Franziska	27.01.1945 ? Castellengo Grube	3.02.1945 Miechowitz 19.12.1945 Standesamt AZ 548/1945	K-71 E
171	BURCZYK Richard Konstrukteur Miechowitz Stillersfelder Str. 21	4.07.1913 ? Robert Agnes	27.01.1945 ? im Wald bei Stillersfeld	3.02.1945 Miechowitz 19.12.1945 pfarrl. Meldung AZ 547/1945	CP-73 E
172	KRAJCZY Walter Maschinen- steiger Miechowitz Kirchstr. 33	1.04.1902 ? Josef Auguste	29.01.1945 ? Miechowitz vor dem Haus	4.02.1945 Miechowitz 19.12.1945 pfarrl. Meldung AZ 550/1945	K-45 M/8/2
173	GAWENDA Peter Bergmann Miechowitz ?	18.04.1914 Miechowitz Felix Florentine	25.01.1945 ? Miechowitz vor dem Geschäft Spak	4.02.1945 Miechowitz 19.12.1945 pfarrl. Meldung AZ 594/1945	K-17 M/69/2
174	WAGNER Joachim Medizinstudent Miechowitz Stillersfelder Str. 10a	23.02.1921 Miechowitz Franz Klara	27.01.1945 ? Miechowitz auf dem Hof Stillersfelder Str. 10a	3.02.1945 Miechowitz 19.12.1945 pfarrl. Meldung AZ 552/1945	CP-124 E

175	GAJOWCZYK Stanislaus Rentner Miechowitz Hindenburg- str. 25	14.10.1889 Königshütte Franz Franziska	30.01.1945 11.00 ? ?	4.02.1945 Miechowitz 19.12.1945 pfarrl. Meldung AZ 554/1945	K-16 M/83/2
176	BERGMANN Reinhold Steiger Miechowitz Braustr. 23	29.10.1911 ? Oskar Mathilde	27.01.1945 ? Miechowitz beim Nordschacht	4.02.1945 Miechowitz 19.12.1945 pfarrl. Meldung AZ 553/1945	K-2 M/25/11
177	MISCZYK Alexander Bauer Miechowitz Hindenburgstr. 25	26.02.1877 Miechowitz Peter Thekla	27.01.1945 11.00 Miechowitz in der Wohnung	4.02.1945 Miechowitz 20.12.1945 Standesamt AZ 559/1945	K-50 E
178	MISCZYK Adolf Invalide Miechowitz Hindenburg- str. 25	6.11.1910 Miechowitz Alexander Veronika	27.01.1945 11.00 Miechowitz beim Nordschacht	4.02.1945 Miechowitz 20.12.1945 Standesamt AZ 560/1945	K-49 E
179	FIKUS Josef Bergmann Miechowitz Hindenburg- str. 25	? ? ? ?	27.01.1945 11.00 Miechowitz beim Nordschacht	4.02.1945 Miechowitz 31.12.1945 Standesamt AZ 561/1945	K-17 E
180	ROHNER Alfons Bergmann Miechowitz Reptener Str. 38	21.01.1905 Lipine Albert Franziska	27.01.1945 11.00 Miechowitz beim Wald	4.02.1945 Miechowitz 31.12.1945 Standesamt AZ 574/1945	CP-29 M/1/1
181	SLOTTA Max Bergmann Miechowitz ?	11.06.1906 Karf Konstantin Anna	27.01.1945 ? Miechowitz Braustr. 13	4.02.1945 Miechowitz 31.12.1945 pfarrl. Meldung AZ 576/1945	K-69 E
182	KARCH Franziska, geb. Weimer Miechowitz Braustr. ?	13.01.1897 ? ? ?	28.01.1945 ? Miechowitz im Keller- schutzraum	3.02.1945 Miechowitz 31.12.1945 pfarrl. Meldung AZ 577/1945	K-28 E

183	KUCHARCZYK Herbert Malerlehrling Miechowitz Blücherstr. ?	16.05.1929 Miechowitz Franz Gertrud	27.01.1945 ? Miechowitz bei der St. Barbarakapelle	4.02.1945 Miechowitz 31.12.1945 pfarrl. Meldung AZ 578/1945	K-34 E
184	KOSTORZ Agnes, geb. Pogrzeba Miechowitz Mittelstr. ?	13.01.1899 Schlesien, Grube Johannes Rosalie	27.01.1945 ? Miechowitz Lazarettstr. 16 bei ihrer Tochter	4.02.1945 Miechowitz 31.12.1945 pfarrl. Meldung AZ 579/1945	K-36 E
185	KOSTORZ Josef Arbeiter Miechowitz Mittelstr. ?	12.03.1897 Rokittnitz Konstantin Maria	27.01.1945 ? Miechowitz Lazarettstr. 16 bei seiner Tochter	4.02.1945 Miechowitz 31.12.1945 pfarrl. Meldung AZ 580/1945	K-35 E
186	KOSLOWSKI Alfons Bergmann Miechowitz Hindenburg- str. 81	21.03.1909 Bittkow Wilhelm Anna	26.01.1945 ? Miechowitz in seiner Wohnung	31.01.1945 Miechowitz 31.12.1945 pfarrl. Meldung AZ 581/1945	CP-61 E
187	NIERLE Josef Bergmann Stillersfeld ?	19.03.1910 ? Franz ?	27.01.1945 ? Miechowitz vor der Schule Nr. 31	9.02.1945 Miechowitz 31.12.1945 pfarrl. Meldung AZ 582/1945	K-56 E
188	PIETZKA Wilhelm Bergmann Miechowitz Hindenburg- str. 83	2.04.1901 Miechowitz Josef Margarethe	27.01.1945 ? Miechowitz beim Nimptsch- schacht	3.02.1945 Miechowitz 31.12.1945 pfarrl. Meldung AZ 584/1945	CP-96 E
189	OLCZYK Josef Schüler Miechowitz Hermannstr. 40	25.11.1928 Miechowitz Alfons Hedwig	26.01.1945 ? Miechowitz beim Nimptsch- schacht	3.02.1945 Miechowitz 31.12.1945 pfarrl. Meldung AZ 583/1945	CP-111 E
190	KOGUS Józef Zwangsarbeiter ? ?	27 Jahre Ukrainer ? ?	27.01.1945 ? ? ?	27.01.1945 Miechowitz 31.12.1945 pfarrl. Meldung AZ 585/1945	K-32 E

191	KALETTA Johann Bergmann Miechowitz Hindenburg- str. 82	27.03.1886 Larischhof Wilhelm Maria	27.01.1945 Miechowitz die Leiche wurde am 1.02.1945 beim Wald gefunden	? 26.02.1946 Standesamt AZ 39/146	keine Eintragung
192	KALETTA Heinrich Arbeiter Miechowitz Hindenburg- str. 82	? ? Johannes Gertrud	27.01.1945 Miechowitz die Leiche wurde am 1.02.1945 beim Wald gefunden	? 26.02.1946 Standesamt AZ 40/1946	keine Eintragung
193	LIS Theodor Bergmann Miechowitz Gartenstr. 16	29.11.1873 Schlesiengrube Matthias Franziska	6.02.1945 ? Miechowitz im Haus	? 2.04.1946 Standesamt AZ 71/1946	keine Eintragung
194	WYGAS Konstantin Invalide Miechowitz ?	8.01.1945 Miechowitz Konstantin Pauline	5.02.1945 Miechowitz im Haus	? 2.04.1946 Standesamt AZ 72/1946	keine Eintragung
195	SKRZYBALLA Bruno Miechowitz Bontzekstr. 14	9.08.1904 Königshütte Anton Josephine	21.02.1945 ? Miechowitz ?	? 24.02.1946 Standesamt AZ 120/1946	keine Eintragung
196	ZAWISLOK Karl Betriebs- assistent Miechowitz Braustr. 6	21.01.1886 Stillersfeld Karl Pauline	26.01.1945 ? Miechowitz im Hause Braustr. 6	4.02.1945 Miechowitz 23.07.1945 Standesamt AZ 168/1946	K-97 M/74/2
197	HALOR Josef Filmvorführer Miechowitz Hindenburg- str. 80b	21.03.1903 Kalinow Ludwig Philippine	27.01.1945 ? Miechowitz im Hause Hindenburg- str. 80b	4.02.1945 Miechowitz 21.08.1946 Standesamt AZ 199/1946	K-28 M/29/1
198	BEDNAREK Zygmunt Ostarbeiter Maurer Mokra ?	2.04.1918 Izbicka Józef Antonina	25.01.1945 ? Miechowitz Braustr.	4.02.1945 Miechowitz 23.01.1947 Standesamt AZ 33/1947	K-6 M/88/2

199	BEDNAREK Stanisław Ostarbeiter Maurer Izbicka ?	12.01.1921 Izbicka Józef Antonina	25.01.1945 ? Miechowitz Braustr.	4.02.1945 Miechowitz 23.01.1947 Standesamt AZ 34/1947	K-7 M/85/2
200	SCHOLZ Alois Maschinist Miechowitz Kubothstr. 11	1.06.1891 Königshütte August Franziska	27.01.1945 ? Stillersfeld beim sowj. Befehlsbunker	3.02.1945 Stillersfeld 22.03.1947 Standesamt Miechowitz AZ 97/1947	Stillersfeld 39/M/1945 CP-113
201	MENTZIK Hubert Bergmann Miechowitz ?	26.10.1906 Miechowitz Paul Franziska	5.02.1945 ? Beuthen ?	? 24.06.1948 Standesamt AZ 111/1948	?
202	GALLUS Ewald Bergmann Miechowitz Reptener Str. 36b	24.08.1920 Hohenlinde Wilhelm Katharina	Januar 1945 „infolge von Kriegshandlg."	? 17.03.1949 Standesamt AZ53/1949	?
203	KLIN Josef Bergmann Miechowitz Hindenburg- str. 33a	13.08.1905 Miechowitz Paul Pauline	Februar 1945 „im Gebiet von Kriegshandlg." fiktives Todes- datum: 31.12.1948	? 18.03. 1949 Standesamt AZ 70/1949 aufgrund eines Gerichts- beschlusses	?
204	WENZEL Paul Beamter Miechowitz Wiesenstr. 9	10.03.1908 Volksmannsdorf b. Neisse Ernst Maria	Januar 1945 „a. d .Gebiet von Kriegshandlg" fiktives Todes- datum: 9.05.1946	? 24.03.1949 Standesamt AZ 74/1949 (Gerichts- beschluß)	?
205	ANDRATZEK Erich Bergmann Miechowitz Gartenstr. 24b	2.07.1911 Miechowitz Franz Pauline	Januar 1945 „auf dem Gebiet von Kriegshandlg." fiktives Todes- datum: 9.05.1946	? 24.03.1949 Standesamt AZ 75/1949 Gerichts- beschluß)	?
206	KALETKA Franz Bergmann Miechowitz Kirchstr. 10	8.10.1898 Schewkowitz Josef Maria	Januar 1945 „im Gebiet von Kriegshandlg." fiktives Todes- datum: 9.05.1946	? 24.03.1949 Standesamt AZ 78/1949 (Gerichts- beschluß)	?

207	LIPP Gerhard Bergmann Miechowitz Mittelstr. 3	11.01.1913 Miechowitz Alois Brigitte	Januar 1945 „im Gebiet von Kriegshandlg.“ fiktives Todes-datum: 9.05.1946	? 24.03.1949 Standesamt AZ 79/1949 (Gerichts-beschluß)	?
208	NICKEL Josef Maschinist Miechowitz Kubothstr. 11	13.04.1898 Grottkau Hugo Antonia	26.01.1945 Stillersfeld b. sowj. Befehlsbunker	3.02.1945 Stillersfeld 1.02.1945 Standesamt Stillersfeld AZ 34/1945	Stillersfeld 39/M/1945 sowie CP-114
209	POSPIECH Werner Schornstein-fegerlehrling Miechowitz Lazarettstr. 29	13.04.1929 Miechowitz Viktor Helene	27.01.1945 ? Stillersfeld ?	2.02.1945 Stillersfeld ?	Stillersfeld 24/1945 sowie CP-116
210	NOBIS Norbert Aufseher Miechowitz Friedhofstr. 8	3.11.1904 Miechowitz Ignatz Johanna	27.01.1945 ? Stillersfeld ?	2.02.1945 Stillersfeld 1.02.1945 Standesamt Stillersfeld AZ 27/1945	Stillersfeld 32/M/1945
211	BRICH Waldemar Arbeiter Reptener Str. 41	1.11.1912 Miechowitz Wilhelm Josephine	26.01.1945 ? Stillersfeld ?	? (wahrscheinl. als Nichtidentifi. am 2.02.45)	Stillersfeld/M CP-119
212	MAREK Franz Schlosser Miechowitz Rokittnitzer Str.1	20.10.1928 Miechowitz Franz Anna	28.01.1945 ? Stillersfeld ?	? (wahrscheinl. als Nichtidentif. am 2.02.45)	Stillersfeld/M CP-120
213	MAREK Bernhard Schüler Miechowitz Rokittnitzer Str. 1	15.07.1930 Miechowitz Franz Anna	28.01.1945 ? Stillersfeld ?	? (wahrscheinl. als Nichtidentifi. am 2.02.45)	Stillersfeld/M CP-121
214	KALEJA August Invalide Miechowitz Hindenburg-str. 84	4.11.1903 ? Johannes Sophie	27.01.1945 ? Stillersfeld ?	2.02.1945 Stillersfeld ?	Stillersfeld 32/M/1945 CP-122

215	SCHEJA Julius ? Miechowitz Kubothstr. 11	42 Jahre geb. in Karf ?	27.01.1945 ? Stillersfeld b. sowj. Befehlsbunker	3.02.1945 Stillersfeld Standesamt Stillersfeld AZ 28/1945	Stillersfeld 39/M/1945
216	KACHEL Herbert Bergmann Miechowitz ?	32 Jahre geb. in Bittkow ?	27.01.1945 Stillersfeld b. sowj. Befehlsbunker	3.02.1945 Stillersfeld 1.02.1945 Standesamt Stillersfeld AZ 29/1945	Stillersfeld 39/M/1945
217	GALETZKA Josef Bergmann Miechowitz ?	34 Jahre geb. in Schlesiengrube ?	27.01.1945 ? Stillersfeld ?	? 1.02.1945 Standesamt Stillersfeld AZ 35/1945	?
218	SCHIKORA Franz Bergmann Miechowitz ?	58 Jahre geb. in Jawornitz ?	27.01.1945 ? Stillersfeld b. sowj. Befehlsbunker	3.02.1945 Stillersfeld 1.02.1945 Standesamt Stillersfeld AZ 36/1945	Stillersfeld 39/M/1945
219	FRENZEL Johannes Priester Miechowitz	29.08.1907 Scharley Karl Anna	26.01.1945 Stillersfeld b. sowj. Befehlsbunker	3.02.1945 Stillersfeld exhumiert am 4.02.1945 erneut bestattet 9.02.1945 Birkenhain Standesamt Birkenhain AZ 12/1945	Stillersfeld 33/1945 Birkenhain 21/1945 E
220	GÖRLICH Ludwig ? Miechowitz ?	?	25.01.1945 ? Stillersfeld ?	2.02.1945 Stillersfeld ?	Stillersfeld 39/M/1945
221	SCHOLZ Egon ? Miechowitz ?	?	27.01.1945 ?	3.02.1945 ?	Stillersfeld 39/M/1945
222	LASCZYK Stefan Steiger Miechowitz ?	2.09.1902 ? Wilhelm Juliane	31.01.1945 bei der Castellengogrube	23.02.1945 Miechowitz ?	K-41

223	KOWOLL Alois Tischler Miechowitz ?	21.06.1927 Miechowitz Johannes Maria ?	27.01.1945 Miechowitz Schloßstr.	3.02.1945 Miechowitz ?	K-86
224	KALUZA Emanuel ? Miechowitz Valeskaplatz 3		27.01.1945 ? Miechowitz Valeskaplatz 3	unbestattet in seinem Haus verbrannt	?
225	LITZBA Günter Miechowitz ?	?	Januar 1945 Beuthen	?	?
226	? Roman ukrain. Zwangsarbeiter	?	27.01.1945 ? Miechowitz Stillersfelder Str. 2	?	?
227	FABRY ? Fahrsteiger Miechowitz Tiele-Winckler- Str. ?	?	Januar 1945 Selbstmord nach Vergewaltigung seiner Frau durch sowj. Soldaten	? Miechowitz Standesamt AZ ?	?
228	FABRY ? Frau d. Obigen Miechowitz Tiele-Winckler- Str. ?	?	Januar 1945 nach Vergewaltigung durch sowj. Soldaten durch ihren Mann erschossen	? Miechowitz Standesamt AZ ?	?
229	FABRY Karin Miechowitz Tiele-Winckler- Str. ?	? Tochter d. Obigen	Januar 1945 vom Vater aus obigem Grund erschossen	? Miechowitz Standesamt AZ ?	?
230	FABRY Gerlinde Miechowitz Tiele-Winckler Str. ?	? siehe oben	siehe oben	siehe oben	?

ANDERE FORMEN SOWJETISCHEN TERRORS

Der 27. Januar 1945 haftet tief im Gedächtnis der Miechowitzer nicht nur als ein Tag von Massenerschießungen, sondern gleichfalls als Tag voller Vergewaltigungen, Brand und Raub.

Unter Androhung von Waffengewalt oder Erschießungen der Hausbewohner wurden u.a. in der Blücher- und Kuhnastraße sowie auch in der Stillersfelder Straße viele Frauen vergewaltigt.

Äußerst tragisch endete eine Vergewaltigung, die in einem von Steigern bewohnten Haus in der Tiele-Winckler-Straße verübt wurde. Die im achten Monat schwangere Frau des Fahrsteigers Fabry wurde dort mehrfach vergewaltigt. Die auf diese Weise entehrte Frau bat ihren Mann, sie zu erschießen. Steiger Fabry entsprach der Bitte seiner Frau, versah sich mit einer Pistole und erschoss sie, anschließend ihre beiden Kinder Karin und Gerlinde und am Ende sich selbst.[18]

Diese vier Todesfälle sind in keinem Register verzeichnet, weder in einem zivilen noch in einem kirchlichen.

In der Euphorie des Sieges legten die Eroberer Brände.

Sie brannten das neugotische Schloss der Familie Tiele-Winckler nieder, wodurch sein mittlerer Teil sowie der östliche Flügel völlig zerstört wurden.

Außer dem Schloss fielen auch einige stattliche Bürgerhäuser dem Feuer zum Opfer, wobei die sowjetischen Brandstifter zuvor die sich dort befindlichen Geschäfte und Restaurants plünderten.

Folgende Gebäude wurden niedergebrannt:

1. das große Eckhaus Valeskaplatz 3. Dort befanden sich vier Geschäfte:
   a) die Drogerie Hildebrandt;
   b) das Radio- und Fahrradgeschäft Skorupa;
   c) der Papier- und Glasladen Dittmann;
   d) das Beerdigungsinstitut Pajonczyk.

Bevor die Sowjets dieses Haus niederbrannten, nahmen sie aus dem Beerdigungsinstitut den Sarg zur Bestattung ihres Majors und erschossen zwei Hausbewohner - Valeska Dittmann sowie den in seinem Bett schlafenden Emanuel Kaluza. Seine Leiche verbrannten sie zusammen mit dem ganzen Gebäude. Emanuel

[18] Tadeusz Dybel vermerkt in seiner Chronik der Zeche „Miechowitz" unter Berufung auf Fryderyk Biegon unter dem 29. 01. 1945 auf Seite 188: „Der Fahrsteiger Fabry hat sich heute nicht gemeldet! Aufgrund eines Nervenzusammenbruchs verübte er um 23.00 Uhr Selbstmord." Der Autor versäumt es, den Grund für diesen Nervenzusammenbruch anzugeben. Eine Person, welche die Einzelheiten dieses tragischen Geschehens kennt, lebt noch heute und wohnt in Miechowitz.

Kaluza blieb so ohne Grab und taucht auch in keinem der Register auf. Nach dem Krieg wurde dieses Haus wieder aufgebaut, doch nur mit zwei Geschäften.[19]

2. das mehrstöckige Gebäude Hindenburgstraße 64, in dem sich das Lebensmittelgeschäft Czakanski sowie der Papier- und Buchladen Janek befanden.[20] In diesem Haus verbrannten gleichfalls einige Personen.
3. das Deutsche Haus, Hindenburgstraße 54; dort befanden sich:
   a) eine Kneipe;
   b) zwei Restaurants (höherer und geringerer Kategorie);
   c) eine Fleischerei;
   d) ein Fotogeschäft;
   e) ein großer Veranstaltungssaal.

Die Ruine dieses Gebäudes bezeugte am längsten die schrecklichen Ereignisse in Miechowitz.[21]

4. Das mehrstöckige Gebäude Hindenburgstr. 52 mit der Bäckerei Spak und dem Lebensmittelgeschäft Figar.[22]
5. das Restaurant Schefzick, Hindenburgstraße 44.[23]
6. die einstöckige Villa Kaul, Feldstraße 5.[24]
7. das zweistöckige Gebäude Kuhnastraße 11, in dem sich die Fleischerei Datko sowie eine Eisdiele befanden.[25]

Aus dieser Aufstellung ergibt sich, daß die Sowjets in Miechowitz das Schloss sowie sieben stattliche Gebäude mit einem guten Dutzend Geschäften und Restaurants niederbrannten. Demgegenüber meldete der nach dem Krieg eingesetzte Gemeindevorsteher von Miechowitz an das Landratsamt in Beuthen, daß in Miechowitz infolge der Kriegseinwirkungen lediglich zwei Gebäude Schaden litten, und zwar die Hindenburgstraße 62 sowie die Neuviktoriastraße 3.[26]

---

19 Einige Jahre nach dem Krieg stürzte während eines Sturms der obere Teil des Giebels dieses einst niedergebrannten Gebäudes auf das Häuschen der Familie Broja. Er durchschlug das Dach und verletzte einige Personen.

20 Von der Hindenburgstraße aus befindet sich zwischen der Bontzek- und Kuhnastraße ein leerer Platz.

21 An dieser Stelle wurde viele Jahre nach dem Krieg ein Geschäftspavillon errichtet, der jedoch im Vergleich zum einstigen Gebäude nicht einmal halb so groß war.

22 An dieser Stelle befindet sich heute eine Grünanlage mit einem Zeitungskiosk.

23 Dieses Haus wurde bis auf die Errichtung einer Schlosserwerkstatt nicht wieder aufgebaut.

24 Dieses Haus wurde wieder aufgebaut, allerdings in einer anderen Form.

25 Der Eigentümer dieses Hauses hatte in mühevoller Arbeit die beiden Stockwerke nach dem Krieg wieder aufgebaut. Es wurde 1992 abgerissen. Während der Brandschatzung durch die Sowjets geschah hier folgendes: Nach Plünderung von Parterre und erstem Stock begab sich eine Gruppe betrunkener sowjetischer Soldaten in den zweiten Stock. Währenddessen drang eine andere Gruppe von Soldaten in das Haus ein, und weil sie dort nichts für sie Wertvolles fanden, übergossen sie die Parterre und die Holztreppe mit Benzin und legten Feuer. Die betrunkenen Plünderer im zweiten Stock bemerkten dies nicht, und als die Flammen den zweiten Stock erreichten, war es für eine Rettung bereits zu spät.

26 Staatsarchiv Kattowitz, Kreisamt Beuthen, Ablage Nr. 436, „Szkody wojenne" („Kriegsschäden"). Dieser verlogene und tendenziöse Bericht über die Kriegsschäden erwähnt die von den Sowjets niedergebrannten Gebäude mit keinem Wort.

Diese beiden vom Gemeidevorsteher erwähnten Gebäude erlitten während der Kämpfe um Miechowitz überhaupt keinen Schaden und sind auch nicht von den Sowjets niedergebrannt worden. Sie wurden vielmehr ausgeplündert und demoliert, weil sich in der Hindenburgstraße 62 die deutsche Polizeistation befand und in den oberen Stockwerken Polizeibeamte wohnten. Das Haus Neuviktoriastraße 3 dagegen stand nach der Flucht der dort wohnenden deutschen Zollbeamten leer.

Bezeichnend ist, daß sich neben dem „beschädigten" Haus, Hindenburgstraße 62, die sowjetische Militärkommandantur befand, die für ihre Zwecke das Postamt[27], Hindenburgstraße 60, beschlagnahmte. Das Gebäude Nr. 62 wurde somit unter den Augen des Wachpostens vor der sowjetischen Militärkommandantur geplündert und demoliert.

Zu den durch Artillerie- und RaketenbeSchuß sowie durch Bombardement schwer beschädigten Häusern zählten folgende Gebäude: Hindenburgstraße 56 (Scholich), Fasaneriestraße 3, Wiesenstraße, Reptener Straße, Stillersfelder Straße 38, 40 und 42, Kirche und Pfarrhaus der Corpus-Christi-Gemeinde sowie ein paar andere Gebäude. Diese Schäden ließ der Gemeindevorsteher in seinem Bericht an das Beuthener Kreisamt unerwähnt.

Die vielen geraubten Güter, insbesondere Uhren, Fotoapparate sowie andere Dinge lassen sich hier unmöglich aufzählen. Einige drastische Beispiele sollen indes erwähnt werden.

Ausgeraubt wurden Geschäft und Wohnung von Emma Rudek, Braustraße 7. Während der Plünderung wurde die achtundvierzigjährige Frau erschossen.

Weil die Sieger an den Schachtstiefeln des 73-jährigen Invaliden Johannes Schüller Gefallen fanden, wurde dieser auf bestialische Weise ermordet. Dem Alten wurde mehrmals ein Bajonett in den Bauch gestoßen. Dem vor Schmerz stöhnenden Mann zog man unter Schreien und Lärmen die Schuhe von den Beinen. Niemand getraute sich, dem schwer Verwundeten zu helfen, so daß Johannes Schüller verblutete und mitten auf der Straße starb. Von den schrecklichen Todesqualen zeugt die Stellung der Leiche mit unter dem Bauch zusammengezogenen Knien.

In vielen Fällen schossen die Sowjets den Männern gezielt in die Genitalien. Diese Personen verstarben nach ein paar Tagen. Daher die voneinander abweichenden Todesdaten in den Registern.[28]

Nicht bekannt ist mir der Name eines Mannes, der deswegen erschossen wurde, weil er seine Nähmaschine retten wollte.

---

[27] Infolge der Beschlagnahme der Post und ihrer Zweckbestimmung als sowjetische Militärkommandantur wurde das Postamt in das Restaurant Broll, in das heute nicht mehr existente Gebäude Hindenburgstraße 78 verlegt. Jetzt befindet sich an dieser Stelle ein Parkplatz. Die Kommandantur der Bürgermiliz bezog in dem Wohnhaus, Hindenburgstraße 71, neben dem Rathaus, Quartier.

[28] In den Pfarrregistern nahm man den Tag der Verwundung als Todesdatum, z.B. 27. Januar; in den Büchern des Standesamtes begegnen spätere Daten, oder auch umgekehrt.

Die betrunkenen Befreier vernichteten oftmals sinnlos Hab und Gut, das sie nicht mitnehmen konnten.

Aber es gab auch andere, an Dummheit grenzende Beispiele. In der Corpus-Christi-Kirche schnitten die Sowjets aus dem größten, stattlichen Teppich zum Schmuck des Presbyteriums ein Stück von 1 mal 1,5 Metern heraus. Mit diesem Fetzen statteten sie eine erbeutete und von ihnen genutzte Kutsche aus.[29] Noch jahrelang war in der Corpus-Christi-Pfarrei der Teppich mit dem Loch auf der rechten Seiten in Gebrauch.

Während der 1969 erfolgten Exhumierung der Leichen sowjetischer Soldaten in Miechowitz fand man Skelette mit etlichen bereits verrosteten Uhren an beiden Unterarmen.[30] Dieses Beispiel belegt die Raffgier der Befreier.

JOSEF BONCZOL

3. LISTE ANDERER VOM STANDESAMT MIECHOWITZ REGISTRIERTER KRIEGSOPFER

Das Verzeichnis umfaßt Personen, die infolge des sowjetischen Terrors an unbekannten Orten verstarben.

Während der Kampfhandlungen oder kurz danach führten die Sowjets eine Reihe Personen aus Miechowitz mit unbekanntem Ziel fort.[31] Ein Teil der hier erwähnten Personen könnte außerhalb von Miechowitz erschossen worden sein.

Wegen der mageren, in den Registern enthaltenen Informationen ist es nicht ausgeschlossen, daß sich unter den in dieser Liste verzeichneten Opfern auch Personen befinden, die in die UdSSR deportiert wurden, oder solche, die auf andere Weise während der Kriegswirren umkamen.

Von den 76 hier aufgeführten Opfern waren 23 Personen über 40 Jahre, eine über 59 Jahre alt.

Aufgrund rechtsgültiger Feststellungen des Gerichts, das diese Personen für tot erklärte, registrierte das Standesamt alle späteren Fälle.

Das Zeichen „M“ bei der Signatur des Aktes steht für das Standesamt Miechowitz.

---

[29] Trümmer dieses Gefährts fand man nach dem Krieg im Wald zwischen Miechowitz und Stillersfeld.

[30] Während der Exhumierung war dieses Terrain abgezäunt und nicht zugänglich. Zur Besichtigung zugelassen waren allerdings Personen in Uniform, die später ihre Beobachtungen berichteten.

[31] Z.B. Theodor Sojka. Aus dem Tagebuch des Steigers Friedrich Biegon, in: T. Dybel, J. Hebliński, „Kronika Kopalni Miechowice, S. 192: „Kurz darauf wird der Bürger Sojka als Parteigenosse verhaftet. Er kehrte nicht wieder nach Hause zurück.“ Zuvor hatte Theodor Sojka die 520 Meter tiefe Miechowitzer Steinkohlengrube vor dem Absaufen gerettet.

Zur Anfertigung der von mir hier präsentierten Liste mußte ich sehr aufmerksam alle deponierten Bücher im Beuthener Standesamt, dem Miechowitz 1951 unterstellt wurde, durchforsten.

Lauf Nr.	Name Vorname Beruf	Wohnort	Geburtsort und -datum	Todesort und -datum	standesamtl. AZ
1	2	3	4	5	6
1	WODILSCH Alfred Maurer	Miechowitz Schloßstr. 4	20.07.1913 Türmitz	9.05.1946 im Gebiet von Kriegshandlg.	43/M/1949
2	JANITZKI Pius Bergmann	Miechowitz Lazarettstr. 26b	11.07.1908 Miechowitz	9.05.1946 im Gebiet von Kriegshandlg.	218/M/1948
3	KAWCZYK Hubert Bergmann	Miechowitz Kronprinzen-str. 12	17.10.1910 Miechowitz	siehe oben	44/M/1949
4	KASCHITZA Ewald Bergmann	Miechowitz Parkstr. 8	22.06.1920 Bittkow	siehe oben	84/M/1949
5	SCHMIDT Hermann Bergmann	Miechowitz Bontzekstr. 14	2.02.1898 Berlin	siehe oben	85/M/1949
6	SCHEJA Stefan Signalgeber	Miechowitz Reptener Str. 19	1.08.1906 Karf	siehe oben	88/M/1949
7	PIETZKA Peter Bergmann	Miechowitz Kirchstr. 23	31.07.1911 Miechowitz	siehe oben	94/M/1949
8	SPIEWOK Hubert Bergmann	Miechowitz Braustr. 14	29.10.1909 Miechowitz	siehe oben	99/M/1949
9	GRÖGER Alfred Bergmann	Miechowitz Mühlstr. 1	3.07.1914 Deutsch Piekar	siehe oben	117/M/1949
10	SOPA Johann Zimmermann	Miechowitz Grünstr. 6	23.03.1904 Norok	siehe oben	125/M/1949

11	KUTSCHA Georg Bergmann	Miechowitz Klosterstr. 16	25.05.1911 Miechowitz	siehe oben	129/M/1949
12	PIETREK Alexander Arbeiter	Miechowitz Schillerstr. 3	7.12.1909 Miechowitz	siehe oben	130/M/1949
13	OPARA Stanislaus Postbeamter	Miechowitz Klosterstr. 19	8.05.1909 Karf	siehe oben	132/M/1949
14	POGO-RZALEK Georg Bergmann	Miechowitz Kirchstr. 23a	24.04.1920 Miechowitz	siehe oben	134/M/1949
15	KASCHNY Friedrich Angestellter	Miechowitz Kronprinzen-str. 13	3.04.1911 Miechowitz	? im Kriegsgebiet	139/M/1949
16	LABUS Wilhelm Techniker	Miechowitz Reptener Str. 26	7.12.1901 Miechowitz	9.05.1946 im Kriegsgebiet	154/M/1949
17	HEIDER Georg Schlosser	Miechowitz Wiesenstr. 13	27.09.1906 Königshütte	siehe oben	163/M/1949
18	KREBS Josef Bergmann	Miechowitz Hermannstr. 40	9.02.1907 Miechowitz	siehe oben	172/M/1949
19	SKRZYPIETZ Laurentius Bergmann	Miechowitz Kronprinzen-str. 4	5.08.1901 Friedrichswille	siehe oben	192/M/1949
20	KRÖMER Karl Bergmann	Miechowitz Schloßstr. 3	7.11.1885 Schieroth	siehe oben	193/M/1949
21	GROSS Wilhelm Bergmann	Miechowitz Braustr. 4	25.03.1913 Miechowitz	siehe oben	198/M/1949
22	NEUENDORF Wilhelm Maler	Miechowitz Grünstr. 6	15.06.1913 Miechowitz	siehe oben	205/M/1949
23	KOKOTT Josef Angestellter	Miechowitz Hindenburg-str. 11a	8.02.1913 Jezowa	siehe oben	207/M/1949

24	DOBIOSCH Viktor Bergmann	Miechowitz Braustr. 8	16.10.1912 Pniow	siehe oben	211/M/1949
25	LIHS Hubert Aufseher	Miechowitz Reptener Str. 31	26.10.1910 Karf	siehe oben	214/M/1949
26	GRUTZKA Stanislaus Schweißer	Miechowitz Hindenburg-str. 92	6.05.1912 Rokittnitz	siehe oben	217/M/1949
27	MANKA Johann Bergmann	Karf ?	11.07.1899 Miechowitz	siehe oben	218/M/1949
28	LIHS Josef	Miechowitz Feldstr. 14	20.03.1909 Wieschowa	siehe oben	222/M/1949
29	BIALASCHIK Karl Angestellter	Miechowitz Schlosstr. ?	14.07.1902 Miechowitz	siehe oben	224/M/1949
30	BÖHM Herbert Angestellter	Miechowitz Kirchstr. 32	30.06.1907 Miechowitz	siehe oben	225/M/1949
31	KRATOFIEL Paul Tischler	Miechowitz Stillersfelder Str. 11	3.12.1909 Habicht	siehe oben	237/M/1949
32	LABUS Viktor Arbeiter	Beuthen ?	6.09.1905 Miechowitz	siehe oben	240/M/1949
33	LUKOSCH-CZYK Franz Bergmann	Miechowitz Sonnenplatz 3	28.01.1896 Groß Wilkowitz	siehe oben	243/M/1949
34	PACH Johann Bergmann	Miechowitz Schloßstr. 6	23.12.1901 Groß Lagiewnik	siehe oben	245/M/1949
35	WALTER Paul Arbeiter	Miechowitz Verbindungs-Str. 1	12.12.1911 Petersheide	siehe oben	249/M/1949
36	SLIWA Paul Arbeiter	Miechowitz Friedenshort-str. 4	11.02.1904 Dobieszowice	siehe oben	267/M/1949

37	PAPROTNY Edmund Schlosser	Miechowitz Am Graben 1	26.10.1907 Miechowitz	siehe oben	282/M/1949
38	SCHIKORA Konrad Bergmann	Miechowitz Stillersfelder Str. 40	16.11.1914 Miechowitz	siehe oben	283/M/1949
39	MARON Alois Bergmann	Miechowitz Grünstr. 7	4.06.1901 Georgenberg O. S.	siehe oben	287/M/1949
40	KASCHUBA August Bergmann	Miechowitz Bontzekstr. 7	21.07.1916 Bobrek	9.05.1946 während der Kriegshandlg.	198/M/1949
41	KOTZYBA Josef Kaufmann	Miechowitz Lazarettstr. 29	11.02.1903 Miechowitz	9.05.1946 im Kriegs- gebiet	307/M/1949
42	OKAS Karl Beamter	Miechowitz Hermannstr. 14	8.05.1895 Breslau	siehe oben	327/M/1949
43	WIECZOREK Josef Techniker	Miechowitz Hindenburg- str. 75a	13.02.1901 Tarnowitz	siehe oben	328/M/1949
44	SKRZYP- CZYK Franz Schneider	Miechowitz Stillersfelder Str. 11	21.11.1906 Repten	siehe oben	330/M/1949
45	KLICHTA Viktor Maler	Miechowitz Albertstr. 2	17.10.1921 Karf	siehe oben	333/M/1949
46	KUMMER Gotthard Bergmann	Miechowitz Lazarettstr. 30	29.03.1904 Breslau	siehe oben	339/M/1949
47	LIHS Johann Schlosser	Miechowitz Schloßstr. 22	23.10.1908 Wieschowa	siehe oben	12/M/1950
48	WOJCZYK Felix Bergmann	Miechowitz Hindenburg- str. 30	20.05.1907 Miechowitz	siehe oben	20/M/1950
49	HOROBA Richard Bergmann	Miechowitz Stillersfelder Str. 10	25.08.1922 Miechowitz	siehe oben	22/M/1950

50	HEINRICH Paul Angestellter	Miechowitz Reptener Str. 2	7.10.1889 Cossmannsdorf	siehe oben	30/M/1950
51	HAUKE Max Aufseher	Miechowitz Sonnenplatz 1	30.01.1894 Miechowitz	9.05.1946 im Gebiet von Kriegshandlg.	40/M/1950
52	GOLLA Erich Kaufmann	Miechowitz Hindenburg- str. 76	9.04.1907 Blumenau	siehe oben	68/M/1950
53	WROBEL Anna	Miechowitz Hindenburg- str. 30	31.01.1905 Miechowitz	9.05.1946 infolge von Kriegshandlg. Krankenhaus in Leschnitz	69/M/1950
54	STRUBE Walter Elektriker	Miechowitz Gartenstr. 18b	18.07.1910 Sandersdorf	9.05.1946 Ort nicht festgestellt	72/M/1950
55	MICHALIK Leo Kraftfahrer	Miechowitz ?	12.06.1920 Nordenham	siehe oben	73/M/1950
56	MEIHSNER Bernhard Maurer	Miechowitz Karfer Str. 10	2.04.1916 Maxdorf	siehe oben	74/M/1950
57	GORELL Eduard Aufseher	Miechowitz Reptener Str. 22	8.12.1911 Karf	siehe oben	77/M/1950
58	KUCHAR- CZYK Alfreda ?	Miechowitz Reptener Str. 30	2.11.1916 Stasilas, Kr. Pultusk	siehe oben	78/M/1950
59	SOWISLOK Roman Schlosser	Miechowitz Engestr. 6	21.02.1910 Miechowitz	siehe oben	86/M/1950
60	KAISER Rudolf Schneider	Miechowitz ?	24.08.1917 Miechowitz	siehe oben	94/M/1950
61	BEEG Paul Arbeiter	Miechowitz ?	1.04.1908 Beuthen	siehe oben	96/M/1950
62	SOJKA Theodor Bergmann	Miechowitz Tiele-Winckler- Str. ?	4.04.1902 Solarnia	9.05.1948 Ort nicht festgestellt	151/M/1950

63	GALLA Alois Arbeiter	Miechowitz ?	16.06.1922 Miechowitz	9.05.1946 Ort nicht festgestellt	45/M/1951
64	SCHWEI- NOCH Alois Bergmann	Miechowitz Karfer Str. 5	3.06.1911 Schwientoch- lowitz	9.05.1948 Ort nicht festgestellt	84/M/1951
65	HOINISCH Rufin Schneider	Miechowitz Stillersfelder Str. 3	5.11.1909 Rokittnitz	9.05.1946 Ort nicht festgestellt	144/M/1951
66	ZIENTEK Paul Arbeiter	Miechowitz ?	28.12.1917 Rokittnitz	siehe oben	3/M/1952
67	SCHMIDT Bernhard Bergmann	Miechowitz Lazarettstr. 3	17.02.1897 Peterswaldau b. Reichenbach	9.05.1948 Ort nicht festgestellt	17/M/1952
68	KLINGBERG Hans Polizist	Miechowitz Stillersfelder Str. 8a	17.06.1913 Mikultschütz	9.05.1946 Ort nicht festgestellt	28/M/1952
69	KATTERWE Wilhelm Kraftfahrer	Miechowitz Tiele-Winckler- Str. ?	24.04.1901 Groß Graben	siehe oben	41/M/1952
70	FASKA Johann Lokomotiv- führer	Miechowitz ?	3.03.1898 Janow	siehe oben	90/M/1952
71	BIRNBACH Josef Schlosser	Miechowitz Wiesenstr. 17	9.01.1920 Ober Lahnstein	siehe oben	182/M/1952
72	BLASE Johann Maler	Miechowitz Teichstr. 11	15.12.1906 Miechowitz	siehe oben	57/M/1953
73	PISCHKA Josef Angestellter	Miechowitz Lazarettstr. 17	2.07.1921 Miechowitz	siehe oben	106/M/1953
74	BROJA Roman Bergmann	Miechowitz Wikarekstr. 8	2.06.1923 Michalkowitz	siehe oben	111/M/1953
75	POLOCZEK Herbert Kraftfahrer	Miechowitz Stillersfelder Str. 12	24.11.1918 Beuthen	siehe oben	116/M/1953

76	DSIUBA Johann Angestellter	Miechowitz ?	20.12.1914 Miechowitz	siehe oben	28/M/1955

IN DEN STRAFLAGERN JAWORZNO UND MYSLOWITZ VERSTORBENE PERSONEN

1	FÖRSTER Josef Polizist	Miechowitz Hindenburgstr. 65	5.11.1900 Kadlub	Januar 1945	228/1947
2	BÖHNISCH Johann Polizist	Miechowitz Stillersfelder Str. 8a	fehl. Daten	1945 Myslowitz	fehl. Daten

4. HANDLUNGEN DER SOWJETISCHEN ARMEE HINTER DER FRONT

Nach Verschiebung der Front quartierte sich die sowjetische Militärkommandantur im Miechowitzer Postamt, Hindenburgstraße 60, ein.

In einige Häuser der Kronprinzen- und Hohenzollernstraße sowie der Tiele-Winckler-Straße[32] logierten Dutzende sowjetischer Soldaten. Ihr Befehlshaber war Oberst Silberstein. Aufgabe dieser Gruppe war es, den Abtransport der gewaltigen Kohlenhalden der Preussengrube zu organisieren und zu überwachen, vor allem aber die Demontage des damals fast fertigen Miechowitzer Kraftwerks. Dieses sollte eines der größten im einstigen Reich sein, mit einer Leistung von 4 mal 55, also 220 Megawatt.

Drei bereits seit März 1945 betriebene Turbinen wurden gänzlich demontiert und in die Sowjetunion verfrachtet. Das gleiche Los traf die Hochdruckkessel sowie zusätzliche Anlagen.[33] Nach der Demontage des Miechowitzer Kraftwerks verblieben nur die nackten Fundamente und leere Hallen.

[32] Die Offiziere wohnten in Villen, so u.a. im Gebäude des heutigen Kindergartens in der Tiele-Winckler-Straße sowie im Haus der Steiger in der Hohenzollernstraße.

[33] Ebenso verfuhr man mit einem Teil der Anlagen des Kraftwerks Schomberg und mit dem Kraftwerk in Hindenburg.

Zu den Demontagearbeiten wurden fast alle Miechowitzer Frauen zwischen 16 und 50 Jahren zwangsverpflichtet.

Ein Teil junger Frauen und erwachsener Männer wurde nach Blechhammer bei Kandrzin geschafft, dort interniert und zu Demontagearbeiten in dortigen koksverarbeitenden Betrieben herangezogen. Viele Personen kehrten aus Blechhammer nicht mehr zurück. Erschöpfung und Krankheiten waren die Todesursache.[34]

Das Miechowitzer Kraftwerk demontierten Frauen unter Aufsicht und aktiver Hilfe sowjetischer Soldaten. Dort arbeitete auch meine Mutter, die durch die Unvorsichtigkeit eines Russen ein Stück des Fingers ihrer rechten Hand verlor.

Zu dieser Zeit gab es in Miechowitz kaum Männer, denn wer im Januar 1945 nicht erschossen worden war, den hatte man in die UdSSR deportiert.

Die Demontagearbeit wurde nicht entlohnt. Die dort tätigen Frauen erhielten lediglich Suppe, die sie für ihre Kinder mit nach Hause nehmen durften. Kinderreiche Mütter besaßen das Privileg, nachts zu arbeiten, wenn die schlafenden Kinder keiner Fürsorge bedurften.

Während der Demontagearbeiten kamen einige Personen, darunter auch Russen, ums Leben.

Bei Schweißarbeiten an einer Konstruktion, auf der Sowjets saßen, fielen diese samt der Konstruktion in die Tiefe. Zwei sowjetische Soldaten stürzten zudem aus großer Höhe durch eine von ihnen nicht gesicherte Montageluke.

Nach dem Unfall meiner Mutter wurde mir erlaubt, zum Kraftwerk zu gehen und die ihr zustehende Suppe zu holen. Der sowjetische Kommandant des Kraftwerks gab dazu seine Einwilligung.

Ich erinnere mich, daß der Wachtposten vor dem Kraftwerk ohne Schuhe war. Er hatte die Füße mit Lappen und Lumpen umwickelt. Er begann mit mir ein Gespräch und bedrängte mich, ihm die Schuhe meines bereits verstorbenen Vaters zu bringen. Das wiederholte sich mehrmals, und daher war ich bemüht, die Suppe nicht an den Tagen zu holen, an denen dieser Mann Wache stand.

Zur gleichen Zeit befaßten sich die Sowjets im Bereich der Grube mit der von den Deutschen geförderten und auf Halde gebrachten Kohle. Mein Schwiegervater, Franz Schenk, war damals Steiger und für die Renovierung des Sortierraums dieser Grube verantwortlich.[35] Am 13. Februar 1945 begab er sich auf Befehl der Sowjets zu dem bei der „Karsten-Zentrum-Grube" eingerichteten Internierungslager. Vor dem Lagertor angelangt, sah er, wie die Sowjets die eingetroffenen Männer als erstes schlugen. Er beschloss, nach Hause zurückzukehren und sich erst am nächsten Tag zu melden. Er

---

[34] U.a. Gerhard Knejski, Fasaneriestraße 2.

[35] Franz Schenk war einer von denen, die während und unmittelbar nach den Kampfhandlungen die Grube gerettet haben. Er hat mir wiederholt Einzelheiten über den Verlauf dieser Rettungsaktion erzählt.

tat dies auf Zureden seiner Frau, die ihn auch begleitete. Auf diese Weise entging er der Internierung, denn am Abend desselben Tages erschienen Sowjets in seiner Wohnung. Sie stellten ihm ein paar Fragen, befahlen ihm, am nächsten Tag seinen bisherigen Arbeitsplatz wieder einzunehmen und brachten an der Wohnungstür einen Zettel mit der Information an, daß er ihnen unentbehrlich und daher unantastbar sei. Der für die Demontage des Kraftwerks und den Abtransport der Kohle zuständige Oberst Silberstein fragte meinen Schwiegervater, wie lange es dauern kann, die vier Kilometer des Gleisabschnittes, der Grube und Kraftwerk mit dem staatlichen Bahnnetz in Biskupitz verbindet, entsprechend des russischen Standards zu erweitern. Seine Antwort lautete: drei Wochen unter Einsatz von 50 Gleisarbeitern. Darauf entgegnete Oberst Silberstein: Du bekommst 150 Frauen, und die Arbeit muß nach einer Woche beendet sein. Unter Aufsicht meines Schwiegervaters und einiger qualifizierter Männer erweiterten 150 Frauen das Gleis. Die Schienen wurden vorschriftsmäßig nur an den Weichen mit Schrauben befestigt, auf den geraden Abschnitten dagegen lediglich an jeder dritten Schwelle mit sog. Schienennägeln.

Nach einer Woche fuhr tatsächlich der erste Zug mit dem roten Stern in die Grube ein und brachte von der riesigen Halde die erste Kohle nach Osten. Die Haldenvorräte wurden abtransportiert und später auch die laufende Förderung. Ich sah viele dieser Züge und hörte häufig den schrillen Ton ihrer Sirenen. Später vervollständigten Grubenarbeiter die Befestigung der Schienen auf den Schwellen.

Bald darauf begann man auch mit dem Abtransport der demontierten Anlage des Miechowitzer Kraftwerks. Später versuchte man, diese Demontage den Deutschen anzulasten. 1949 begann dann der Wiederaufbau des Kraftwerks. Es war einer der ersten „Bauten des Sozialismus“ in der Volksrepublik Polen. Davon, daß dieses Kraftwerk bereits vor 1945 stand und in Betrieb war, durfte nicht gesprochen werden.[36]

Die Sowjets beschlagnahmten auch die Miechowitzer Dominium und bezogen aus diesem Grund einen stattlichen Teil des Miechowitzer Schlosses. Im Sommer 1945 verursachten sie dort eine weitere Feuersbrunst, der noch ein Teil dieses Bauwerks zum Opfer fiel.

JOSEF BONCZOL

---

[36] Deswegen hatte ich persönliche Schwierigkeiten.

5. INTERNIERUNG UND DEPORTATION

Miechowitz hatte sich noch nicht von den blutigen Repressionen des Januars 1945 erholt, als es zu einem weiteren, in seinen Folgen tragischen Ereignis kam - zur Internierung der Männer.

Friedrich Biegon, der bereits erwähnte Schichtsteiger der Preussengrube, fasste dies in seinem Tagebuch in die Worte: „Am Montag, dem 12. 02. 1945, traf uns ein schwerer Schlag. - Es war der Tag der Internierung aller Männer zwischen 17 und 50 Jahren. Unserm Bergwerk gestand man 50 gesunde Männer zum Erhalt der Grube zu, die in der Rettungsstation der Grube kaserniert wurden. Ihnen war es nicht erlaubt, den Bereich der Grube zu verlassen.“[37]

Zum Sammelpunkt wurde das frühere Lager für sowjetische Gefangene neben der Karsten-Zentrum-Grube in der Saarlandstraße bestimmt.

Die Männer, die sich zu diesem Lager begaben, waren überzeugt, Ziel ihrer Internierung sei es, im Bereich Oberschlesiens hinter der Front Aufräumungsarbeiten zu verrichten. In Furcht vor anderen und schlimmeren Repressionen und eingedenk des blutigen Januars gingen sie in Gruppen zu diesem Sammelplatz. Die Frauen und Mütter dachten, ihre Männer und Söhne würden bis zum Frühjahr zurückkommen.

Es kam anders, denn alle wurden ohne Rücksicht auf ihren Gesundheitszustand weit in die Sowjetunion deportiert, vom Ural bis zum Kaukasus. Bereits auf dem Sammelplatz erlebten die Internierten Brutalität und Erniedrigung.[38] Viele von ihnen gelangten gar nicht bis in die Sowjetunion, weil sie infolge von Krankheiten bereits unterwegs in den Viehwaggons starben. Unter den Internierten gab es auch Invaliden. Selbst einäugige Invaliden entgingen der Deportation nicht.[39]

Niemand weiß, wie viele Personen interniert und tief nach Rußland deportiert wurden. Eine entsprechende Liste gibt es nicht (zumindest nicht in Polen). Was es dagegen gibt, ist ein Ende 1946 vom Generalbevollmächtigten der Republik Polen für die Rapatriierung angefertigtes Verzeichnis in die UdSSR deportierter Personen, das die Repatriierung mancher noch lebender Personen nach Polen zum Ziel hatte.[40] Das

[37] T. Dybel, J. Hebliński, a.a.O., S. 193.

[38] Mein Schwiegervater sah, wie man den Internierten mit Schlägen und Fußtritten die Disziplin beibrachte.

[39] Obwohl mein Nachbar Josef Mulka einäugig war, gelangte er bis in den Kaukasus. Von dort kehrte er nach ein paar Jahren heim. Mein Onkel, Alexander Bilaschik, war nach einem Grubenunfall Invalide. Er wurde nach Rußland geschafft und kam aus der Deportation nicht wieder zurück. Weder der eine noch der andere findet sich auf der Liste der nach Rußland Deportierten. Gleiches gilt für meinen Nachbarn Robert Pytlik.

[40] „Spis polskich obywateli-górników, wywiezionych do ZSSR z początkiem 1945 r. z terytorium Górnego i Opolskiego Śląska, sporządzony przez Generalnego Pełnomocnika Rzeczypospolitej do Spraw Repatriacji“ („Verzeichnis polnischer Bürger, die als Bergleute Anfang 1945 aus dem Gebiet Oberschlesiens und des Oppelner Schlesiens in die UdSSR deportiert wurden, angefertigt vom Generalbevollmächtigten für Angelegenheiten der Repatriierung“). „Zestaw polski składano i tłoczono w drukarni św. Wojciecha pod Zarządem Państwowym w Poznaniu“ (Polnische Auflistung, gesetzt und gedruckt in der Druckerei zum hl. Adalbert unter staatlicher Verwaltung in Posen“). Das Verzeichnis befindet sich in Buchform im Städtischen Museum in Zabrze (Hindenburg), pl. Krakowski 9.

Verzeichnis umfaßt 9 877 Namen aus ganz Oberschlesien, wobei sich (wegen der unterschiedlichen Schreibweise der Namen) Dutzende von Namen wiederholen. Es beinhaltet nur die Personen, die bis Mitte 1946 nicht aus der Deportation zurückkehrten.[41] Zu dieser Zeit in der Deportation verstorbene Personen sind in der Regel in diesem Verzeichnis nicht enthalten. Gleiches gilt für Personen, die bis Mai 1946 aus der Deportation zurückkamen. Dies betrifft auch aus Miechowitz internierte Personen. Daher kann auch die nachfolgende Liste internierter Miechowitzer als unvollständig erscheinen.

Es ist kein großer Fehler, wenn man annimmt, daß die Zahl der nach Rußland deportierten Personen mindestens doppelt so hoch ist wie die Zahl der in dem erwähnten Verzeichnis aufgeführten Personen.[42] Diskutabel ist möglicherweise, ob sich nur die polnischen Gruben oder auch die Gemeinden durch Vermittlung des Polnischen Westverbandes um die Rückführung der in die UdSSR Deportierten bemühten. Es ist wohl kein Zufall, daß jene Liste in Posen, dem Sitz des Polnischen Westverbandes, gedruckt wurde. Quellendokumente zu dieser Liste, die durch einzelne Gemeinden des Kreises Beuthen angefertigt worden sind, wurden schließlich zunächst dem Beuthener Kreisverband des Polnischen Westverbandes zugeleitet.[43]

Die Verzeichnisse einzelner Gemeinden, die dem Polnischen Westverband in Beuthen zur Verfügung gestellt wurden, umfassen:

1. Stadt Beuthen	216 Personen, darunter zwei Personen aus Miechowitz;
2. Dramatal	46 Personen, darunter eine Frau;
3. Wieschowa	319 Personen, darunter neun Frauen, eine davon 16-jährig;
4. Rokittnitz	502 Personen;
5. Miechowitz	575 Personen, davon 104 auf einer Zusatzliste.[44]

[41] Das Wochenblatt „Górnik“ vom 4. 07. 1990 erläutert als Nachsatz des publizierten Verzeichnisses: „Wie wir bereits informierten, wurde das von uns publizierte „Verzeichnis“ 1946 auf der Grundlage damals in den Bergwerken erstellter Listen angefertigt. In ihnen sind somit Personen, die 1945 und 1946 entlassen wurden, nicht enthalten, und durch Fehler der Beamten blieben auch andere Namen unberücksichtigt.“

[42] Ich begründe dies u.a. damit, daß von sieben Internierten aus unserem Haus nur zwei auf dieser Liste stehen.

[43] Staatsarchiv Kattowitz, Kreisamt Beuthen, Ablage Nr. 13, PZZ (Polnischer Westverband) Beuthen, Titel: „Spis osób wywiezionych do Rosji z gmin Zbroslawice, Miechowice, Rokotnica i Karb“ („Verzeichnis der nach Rußland deportierten Personen aus den Gemeinden Dramatal, Miechowitz, Rokittnitz und Karf“). Für eine Stadt mit damals 100 000 Einwohnern ist diese niedrige Zahl unglaubwürdig. Einzelne im Mai 1946 angefertigte Listen wurden am 6. 06. 1946 dem Polnischen Westverband in Beuthen zugeleitet.

[44] Die Miechowitz betreffende Hauptliste mit 471 Namen hat zum Titel: „Wykaz wywiezionych osób cywilnych do Rosji w 1945 r.“ („Verzeichnis nach Rußland im Jahr 1945 deportierter Zivilpersonen“). Titel der Zusatzliste mit 104 Namen ist: „Wykaz osób przebywających w obozach pracy“ („Verzeichnis der sich in Arbeitslagern befindlichen Personen“). In der überwiegenden Mehrzahl handelt es sich um Bergleute. Zudem befindet sich in der erwähnten Ablage ein Manuskript mit Namen von 92 Personen unter dem Titel: „Prace przymusowe w ZSRR“ (Zwangsarbeiten in der UdSSR“). Die Namen dieser Personen sind überwiegend weder in der Haupt- noch in der Zusatzliste vertreten. Über 60% sind Bergleute. Keine der von der Gemeinde Miechowitz erstellten Listen enthält Namen von nach Rußland deportierter Frauen. Zwei Frauen sind allerdings in der Aufstellung des Generalbevollmächtigten der Republik Polen verzeichnet (Pos. 6195 und 6527). In keinem Verzeichnis begegnet die 18-jährige Gertrud Wojcik.

Es ist unwahrscheinlich, daß aus Miechowitz nur 575 Personen in die UdSSR deportiert wurden, denn dort verstarben beinahe 450 Personen, doch fast zweimal so viele sind nach drei, ja vier Jahren von dort zurückgekommen.

Als eine Sache, die keines Kommentars bedarf, bleibt, daß die von der Gemeinde Miechowitz erstellte Liste nur 575 Namen umfaßt, während das sich im Städtischen Museum in Zabrze (Hindenburg) befindliche „Verzeichnis der Bergleute" 549 Namen enthält. Wohin man auch blickt, überall gibt es Unklarheiten, welche die stalinistischen Verbrechen jener Zeit gut vertuschen.

In dem von mir erarbeiteten Verzeichnis bezüglich der Gemeinde Miechowitz habe ich als Ordnungszahl jeweils die der Liste des Generalbevollmächtigten der Republik Polen von 1946 entnommene laufende Nummer angegeben.

JOSEF BONCZOL

Lfd. Nr.	Nr. des Verzeichnisses des General bevollmächtigten	Name u. Vorname	Geburtsjahr	Anmerkungen Standesamt AZ
1	2	3	4	5
1	60	AUGUSTIN Bruno	1922	
2	63	AUGUSTIN Wilhelm	1919	
3	64	AUGUSTYN Hermann	1909	
4	65	AUGSTYN Josef	1906	
5	89	BADURA August	1908	
6	134	BANASZ Paul	1901	
7	153	BYRYSZ Alfons	1911	
8	181	BARTOSZ Max	1915	+ außerh. Polens, AZ 71/49
9	205	BASISTA Roman	1909	
10	217	BAUMELT Heinrich	1907	
11	259	BIES Franz	1914	
12	264	BYWALEC Richard	1900	
13	296	BISON Franz	1906	
14	310	BLASE Ernst	1905	
15	311	BLASE Peter	1904	
16	337	BŁASZCZYK Michael	1895	
17	361	BOBIEC Franz	1912	

18	366	BOBER Emil	1909	
19	375	BOGDON Alois	1908	
20	389	BOK Franz	1914	
21	409	BĄK Paul	1904	
22	446	BOROWIEC Paul	1912	
23	470	BOCK Johannes	1904	
24	484	BRAMOWSKI Bruno	1909	
25	514	BRONDER Alois	1909	+ außerh. Polens, AZ 140/49
26	531	BROJA Raphael	1906	
27	561	BUGLOWSKI Josef	1897	
28	562	BUGLOWSKI Paul	1899	
29	584	BULOK August	1903	
30	606	BURCZYK Adolf	1903	
31	607	BURCZYK Maximilian	1911	x
32	616	BUSEK Viktor	1915	
33	648	BIALAS Rudolf	1903	
34	709	BERGMANN Thomas	1904	
35	719	BEYER Paul	1901	
36	727	WAWRZYNEK Robert	1897	x
37	748	WADOWSKI Alfons	1906	
38	761	WAJS Paul	1905	
39	764	WALACH Anton	1915	
40	772	WALISKO Heinrich		
41	805	WALERUS Richard	1903	x
42	830	WARWAS Leopold	1906	
43	838	WASNER Robert	1907	+ außerh. Polens, AZ 250/49
44	839	WASNER Karl	1909	
45	840	WASNER Josef	1899	+ außerh. Polens, AZ 286/49
46	863	WASZEK Johannes	1900	
47	867	WIĘCEK Julius	1905	
48	894	WIECZOREK Paul	1903	
49	901	WIECZOREK Theodor	1903	
50	902	WIECZOREK Franz	1906	
51	903	WIECZOREK Hubert	1928	16 Jahre
52	908	WIECZOREK Georg	1904	+ außerh. Polens, AZ 87/50

53	931	WIECHOCZEK Georg	1906	
54	932	WIECHOCZEK Rufin	1908	
55	971	WIDERA Stefan	1903	
56	973	WIDERA Reinhold	1911	
57	998	WIKAREK Josef	1907	
58	1001	WILDNER Arthur	1900	
59	1002	WILDNER Otto	1908	
60	1049	WYLENZEK Paul	1902	außerh. Polens, AZ 291/49
61	1077	WYPYCH Eduard	1926	
62	1078	WYPYCH Paul	1899	
63	1128	WYCISK Nikodemus	1914	
64	1176	WOZNY Konrad	1909	
65	1177	WOZNY Theodor	1906	
66	1189	WOJAK Paul	1901	
67	1214	WOJCIK Paul	1901	
68	1216	WOJTECZEK Anton	1903	+ außerh. Polens, AZ 51/50
69	1263	WOCŁAWSKI Anton	1917	
70	1283	WRÓBEL Anton	1905	
71	1284	WRÓBEL Karl	1906	
72	1318	WEJDA Johannes	1907	
73	1328	WEIS Georg	1907	
74	1332	WEIS Adolf	1905	
75	1437	GAWENDA Paul	1905	
76	1438	GAWENDA Franz	1899	
77	1439	GAWENDA August	1895	
78	1442	GAWĘDA Paul	1909	
79	1443	GAWĘDA Vinzenz	1911	
80	1473	GAJDZIK Alfons	1901	
81	1476	GAJDZIK Alois	1895	+ außerh. Polens, AZ 210/46
82	1480	GAJDZIK Wilhelm	1904	
83	1481	GAJDZIK Alfons	1901	
84	1489	GAJECKI Karl	1913	
85	1490	GAJETZKI Paul	1912	
86	1491	GAJECKI Johannes	1900	
87	1537	GARBAS Heinrich	1908	

88	1607	GZEL Paul	1906	
89	1639	GRZESIK Philipp	1906	
90	1649	GRZESIK Franz	1906	
91	1684	GLAGLA Walter	1915	
92	1708	GŁOWKA Emanuel	1903	
93	1709	GŁOWKA Viktor	1912	
94	1710	GŁOWKA Karl	1907	+ außerh. Polens, AZ 50/50
95	1731	GMYREK Johannes	1897	
96	1747	GNOT Johannes	1903	
97	1757	GOGOLIN Franz	1911	
98	1795	GOLA Anton	1912	
99	1822	GOLY Hermann	1903	
100	1856	GONSIOR Vinzenz	1913	
101	1900	GOTWALD Herbert	1915	
102	1909	GOERLICH Kurt	1903	
103	1912	GARBARA Eduard	1916	+ außerh. Polens, AZ 228/49
104	1935	GRABOWSKI Ernst	1907	
105	1954	GRINER Anton	1897	
106	1959	GRIENER Paul	1899	
107	1937	GRÜTZNER Theodor	1902	
108	1997	GRONDZIOK Johannes	1912	
109	2003	GROHS Franz	1906	
110	2011	GROCHOL Alois	1905	
111	2020	GRUCKA Konrad	1905	
112	2047	GÓRA Bruno	1899	
113	2052	GUROWIEC Nikolaus	1907	
114	2059	GUTWINSKI Konrad	1909	
115	2060	GUTWINSKI Hubert	1919	
116	2090	GERSTENBERGER Franz	1903	+ außerh. Polens, AZ 90/49
117	2124	DWORACZEK Johannes	1896	
118	2132	DRZYMAŁA Reinhold	1907	
119	2137	DRZYSGA Peter	1899	
120	2141	DRZEZGA Michael	1899	
121	2186	DZIATZKO Gerhard	1919	
122	2187	DZIACKO Franz	1919	

123	2188	DZIACKO Johannes	1909	
124	2222	DYLONG Josef	1898	
125	2228	DYMARCZYK Karl	1904	
126	2248	DITTRICH Martin	1908	
127	2259	DOBCZYK Josef	1911	+ außerh. Polens, AZ 168/49
128	2260	DOBEK Heinrich	1902	
129	2267	DOMIN Alfons	1907	
130	2273	DĄBEK Johannes	1895	
131	2274	DONER Wilhelm	1904	
132	2290	DRAGON Franz	1902	
133	2330	DREGER Josef	1905	
134	2369	DUDA Isidor	1899	
135	2370	DUDA Theophil	1906	
136	2408	DEBER Richard	1909	
137	2418	DEMBIŃSKI Georg	1914	
138	2549	JOJKO Karl	1904	
139	2553	JOKSEL Norbert	1929	16 Jahre
140	2562	JOHNA Anton	1899	
141	2578	JONCZYK Josef	1909	
142	2590	JOCHYM Wilhelm	1909	
143	2634	KAZUCH Johannes	1913	+ außerh. Polens, AZ 133/49
144	2642	KAJZER Paul	1907	
145	2546	KAIZER Paul	1901	
146	2649	KAINTOCH Erwin	1913	
147	2651	KAINTOCH Johannes	1911	
148	2659	KALEKA Hubert	1905	
149	2664	KALUS Adolf	1904	
150	2665	KALUS August	1905	
151	2691	KALEJA Alfons	1911	
152	2705	KAŁUŻA Alexander	1903	
153	2714	KALIGA Erich	1916	
154	2715	KALIGA Ignaz	1908	
155	2716	KALIGA Josef	1902	
156	2720	KAŁCZAK Josef	1914	+ außerh. Polens, AZ 100/49
157	2756	KANDZIORA Oswald	1909	

158	2782	KAPLON Viktor	1902	
159	2786	KAPUSCIOK Eduard	1916	
160	2790	KARCH Paul	1907	
161	2824	KASCZYK Wilhelm	1911	
162	2829	KASPRZYK Robert	1913	
163	2859	KACZMARCZYK Anton	1916	
164	2860	KACZMARCZYK Paul	1905	
165	2867	KACZMARCZYK Johannes	1901	
166	2868	KACZMARCZYK Peter	1903	
167	2871	KACZMARCZYK Wilhelm	1914	
168	2875	KACZOR Ludwig	1909	
169	2876	KACZMARCZYK Johannes	1910	
170	2881	KASZUBA Franz	1904	
171	2883	KASZYCA Wilhelm	1903	
172	2887	KWAPULINSKI Alfred	1906	x
173	2894	KWITZALLA Paul	1905	
174	2898	KWIOTEK Alois	1902	
175	2899	KWIOTEK August	1899	
176	2900	KWIOTEK Josef	1904	
177	2902	KWIOTEK Rudolf	1911	
178	2916	KIECKA Richard	1900	
179	2935	KRZYKAWSKI Ernst	1912	
180	2941	KRZON Peter	1908	
181	3001	KYCIA Alois	1916	
182	3034	KLEIN Josef	1902	
183	3036	KLEIN Josef	1900	
184	3037	KLEIN Johannes	1909	
185	3040	KLEPEK Wilhelm	1909	
186	3072	KLIMSA Ernst	1905	x
187	3073	KLIMEK Karl	1899	
188	3083	KLIN Josef	1902	
189	3086	KLIN Vinzenz	1914	+ außerh. Polens, AZ 144/49
190	3118	KLOSEK Emil	1912	
191	3167	KLATZKA Hubert	1905	
192	3193	KNEJSKI Paul	1919	

193	3194	KNEPPEL Stanislaus	1905	
194	3211	KNOP Maximilian	1911	
195	3229	KOBYŁKA Hubert	1905	
196	3235	KOWALSKI Johannes	1902	
197	3262	KOWALSKI Paul	1900	
198	3264	KOWALSKI Herbert	1900	
199	3274	KOWACEK Georg	1911	
200	3277	KOWACZEK Engelbert	1906	
201	3312	KOŻLIK Alfred	1909	
202	3339	KOZIOŁ Stefan	1915	
203	3340	KOUIOŁ Anton	1905	
204	3553	KOJDA Ludwig	1905	
205	3368	KOKOSZKA Wilhelm	1910	
206	3382	KOLASINSKI Florian	1902	
207	3415	KOLLOCH Richard	1899	
208	3416	KOLLOCH Paul	1902	
209	3420	KOŁODZIEJ Richard	1902	
210	3437	KOŁOCZEK Alois	1911	
211	3453	KOMPALIK Georg	1907	
212	3528	KONOPKA Paul	1909	+ außerh. Polens, AZ 28/49
213	3536	KOPIEC Paul	1908	
214	3561	KORNEK Peter	1905	+ außerh. Polens, AZ 236/49
215	3567	KORTYKA Johannes	1902	
216	3572	KORTYKA Wilhelm	1900	
217	3574	KORNAS Johannes	1896	
218	3577	KORTYKA Heinrich	1895	
219	3579	KORTYKA Peter	1896	
220	3587	KOSTRZEWA Paul	1896	
221	3593	KOSUBEK Franz	1909	
222	3612	KOSTRZEWA Wilhelm	1903	
223	3613	KOSTRZEWA Adalbert	1897	
224	3626	KOTERBA Paul	1900	
225	3627	KOTISZ August	1901	
226	3678	KORUS Franz	1904	
227	3689	KOCUREK Thomas	1897	

228	3690	KOTZEK Paul	1899	
229	3708	KOSZ Richard	1901	
230	3710	KOSZYK Johannes	1899	
231	3711	KOSZYK Anton	1903	
232	3713	KOSZYK Peter	1912	+ außerh. Polens, AZ 149/49
233	3776	KRAWCZYK Roman	1913	
234	3777	KRAWCZYK Valentin	1896	
235	3785	KRAUSE Johannes	1908	
236	3806	KROEMER Felix	1916	+ außerh. Polens, AZ 148/49
237	3809	KROEMER Vinzenz	1899	
238	3817	KREBS Hyazinth	1906	
239	3830	KRONFEL Vinzenz	1900	
240	3851	KROCZEK Rudolf	1903	+ außerh. Polens, AZ 72/49
241	3898	KRÓL Johannes	1901	
242	3900	KRÓL Alois	1912	+ außerh. Polens, AZ 92/49
243	3929	KUBERCZYK Alfred	1909	
244	3939	KUBICA Alfons	1899	
245	3979	KURIOK Franz	1900	
246	3981	KURZAC Johannes	1921	
247	4017	KULCZAK Paul	1906	x
248	4032	KULIK Engelbert	1905	
249	4051	KUHNA Franz	1905	
250	4074	KURC Heinrich	1908	
251	4129	KUCHARCZYK Theodor	1902	
252	4133	KUCHARCZYK Michael	1909	
253	4140	KUTZOB Theophil	1910	
254	4155	KUCZA Emil	1904	
255	4170	KUSZ Hubert	1903	
256	4172	KUSZ Alois	1899	
257	4174	KUSZ Peter	1906	
258	4179	KUSCH Hubert	1927	
259	4186	KUSCH Vinzenz	1914	
260	4204	KEMPA Emanuel	1906	
261	4213	KENSY Wilhelm	1900	
262	4225	KOENIK Josef	1907	

263	4226	KENSY Hans	1929	15 Jahre, dieser Name u. Vorname findet sich auch auf der Liste erschossener Personen
264	4248	LABUS Josef	1910	
265	4254	LABUS Walter	1925	
266	4256	LABUS Erich	1923	
267	4258	LAGON Josef	1908	
268	4259	LAGON Peter	1897	
269	4272	LAMPKA Josef	1905	
270	4273	LAMPKE Anton	1909	
271	4274	LAMPKE Eduard	1906	
272	4325	LASZCZYK Adolf		
273	4328	LASZCZYK Stefan	1900	
274	4331	LASZCZYK Max	1921	
275	4333	LASZCZYK Richard	1898	
276	4355	LACHETTE Heinrich	1903	
277	4379	LESWON Wilhelm	1908	
278	4416	LESIOK Heinrich	1911	
279	4418	LESZ Ernst	1918	
280	4419	LESZ Josef	1905	
281	4449	LIZUREK Georg	1909	+ außerh. Polens, AZ 23/49
282	4472	LIS Alfons	1901	
283	4475	LIS Wilhelm	1905	
284	4489	LIS Richard	1917	
285	4492	LIS Stefan	1912	
286	4495	LYSY Felix	1902	
287	4511	LISZKA Heinrich	1915	
288	4604	ŁUKASZCZYK Alfons	1912	
289	4607	ŁUKASZCZYK Emanuel	1903	
290	4642	LUPCZYK Paul	1911	
291	4667	MAGIERA Alexander	1899	
292	4681	MADEJA Hubert	1908	
293	4688	MAJERCZYK Leopold	1896	
294	4692	MAJERCZYK Theophil	1896	
295	4713	MAICHERCZYK Paul	1909	

296	4724	MAINKA Franz	1895	
297	4726	MAINKA Paul	1911	x
298	4770	MALEK Theodor	1906	
299	4855	MANDLA Viktor	1907	
300	4856	MANDEL Max	1908	
301	4857	MANN Leo	1896	
302	4858	MANDLA Leopold	1901	
303	4861	MANKA Peter	1900	
304	4862	MANKA Paul	1911	x
305	4876	MARELI August	1909	
306	4905	MARKUCIK Emanuel	1911	
307	4906	MARKUCIK Karl	1901	
308	4928	MASELI Georg	1901	
309	4932	MASHATY Adalbert	1907	
310	5033	MACIOSEK Stefan	1902	
311	5071	MRZIGOD Karl	1903	
312	5078	MIZDZIOL Anton	1907	
313	5105	MIKOSZ Alois	1905	
314	5131	MILER Paul	1913	+ außerh. Polens, AZ 203/49
315	5133	MILLER Paul	1897	
316	5134	MILLER Paul	1910	
317	5176	MITULA Theodor	1903	
318	5183	MICHALIK Josef	1896	
319	5231	MICZKO Richard	1912	
320	5232	MICZKA Johannes	1908	
321	5234	MICZKA Paul	1907	
322	5240	MISZOK Erich	1908	
323	5259	MYŚLIWCZYK Georg	1921	
324	5272	MŁOTEK Heinrich	1919	
325	5273	MNICH Franz	1908	
326	5284	MOC Rufin	1904	
327	5293	MOJZYSZ Friedrich	1900	+ außerh. Polens, AZ 73/49
328	5304	MONCIWODA Josef	1909	
329	5321	MORAWIN Josef	1898	
330	5322	MORAWIEC Josef	1904	

331	5358	MROSEK Georg	1916	
332	5361	MROSEK Richard	1914	
333	5369	MROZEK Robert	1899	
334	5370	MROZEK Hubert	1908	
335	5374	MROZEK Paul	1912	
336	5385	MROZIK Theodor	1903	
337	5433	MUSIOŁ Hubert	1907	
338	5441	MUSKALA Franz	1903	
339	5447	MUCHA Paul	1910	
340	5452	MUCHALLA Paul	1910	
341	5460	MUC Josef	1904	
342	5478	MUSZALIK Adolf	1915	
343	5487	MEDIAS Josef	1911	+ außerh. Polens, AZ 306/49
344	5494	MEJZNER Franz	1914	
345	5497	MEJNER Peter	1896	
346	5516	MENCZYK Roman	1910	
347	5518	MENCEL Bernhard	1903	
348	5521	MERKLA Johannes	1902	
349	5575	NIEDBALA Felix	1911	
350	5591	NIEMCZYK Konrad	1904	
351	5598	NIERYCHŁO Paul	1911	
352	5603	NIEROBISZ Anton	1904	
353	5637	NIETZER Richard	1906	
354	5644	NIKAŁAJCZYK Robert	1899	
355	5652	NICZKE Franz	1913	
356	5657	NICER August	1897	
357	5676	NOWAK Georg	1902	
358	5681	NOWAK Karl	1903	
359	5683	NOWAK Kurt	1909	
360	5689	NOWAK Peter	1913	
361	5712	NOWARA Theodor	1914	
362	5713	NOWARA Florian	1908	
363	5716	NOWARA Emil	1913	
364	5757	NOSIADEK Maximilian	1911	
365	5792	OGOREK Edmund	1898	

366	5807	OLCZYK Viktor	1913	
367	5813	OLEK Josef	1897	
368	5815	OLEKS Karl	1898	
369	5869	OROWSKI Adolf	1904	
370	5877	ORSZEWSKI Stefan	1921	
371	5882	OSIG Herbert	1921	
372	5887	OSOSIŃSKI Alois	1913	
373	5899	OTTO Paul	1905	
374	5909	OTLIK Max	1909	
375	5911	OTRZONSEK Karl	1909	
376	5974	PAWUSZ Dominik	1904	
377	6002	PACK August	1904	
378	6035	PLENGA Alexander	1899	
379	6050	PANHIRSCH Konrad	1908	
380	6052	PARHESZ Konrad	1916	
381	6055	PANEL Alois	1902	
382	6059	PAPIOREK Anton	1907	
383	6089	PASTERNAK Wilhelm	1901	
384	6102	PATEROK Theophil	1905	
385	6105	PACH Bernhard		
386	6110	PASZKA Josef	1897	
387	6145	PIERAS Valentin	1905	
388	6166	PIETRAS Adolf	1903	
389	6179	PIETRUSZKA Michael	1902	x
390	6195	PIECKA Gertrud	1903	
391	6196	PIECKA Johannes	1908	
392	6197	PIECKA Konrad	1906	
393	6198	PIECKA Franz	1903	
394	6201	PIECKA Peter	1910	
395	6204	PIECKA Anton	1904	
396	6227	PIECHOTA Georg	1900	x
397	6232	PIECHURA Josef	1914	
398	6262	PYKA Peter	1901	
399	6267	PYKA Viktor	1901	
400	6331	PISKOREK Roman	1899	

401	6343	PYTLIK Richard	1907	
402	6368	PISZCZYK Ceslaus	1906	
403	6378	PLACHTA Franz	1898	
404	6384	PLICHTA Johannes	1910	
405	6396	PLOCH Valentin	1901	
406	6398	PLOCH Michael	1904	
407	6409	PLUTA Leo	1909	+ außerh. Polens, AZ 142/49
408	6420	PLENERT Paul	1927	
409	6434	POGRZEBA Johannes	1900	
410	6437	POGORZAŁEK Stefan	1896	
411	6444	PODKOWA Franz	1909	+ außerh. Polens, AZ 95/49
412	6448	PODZIMSKI Georg	1898	+ außerh. Polens, AZ 151/49
413	6451	POZIMSKI Paul	1909	
414	6526	POPCZYK Franz	1916	
415	6527	POPCZYK Genovefa	1908	
416	6529	POPCZYK Viktor	1909	
417	6556	POSPIECH Viktor	1905	
418	6569	POSPIECH Alfons	1900	außerh. Polens, AZ 157/49
419	6595	POETE Alfred	1906	
420	6597	POETE Theophil	1901	
421	6598	PRADY Johannes	1902	
422	6682	PUZIK Paul	1914	
423	6683	PUZIK Josef	1912	
424	6763	RAIK Emanuel	1906	
425	6776	RAITER Josef	1908	
426	6836	RIEDEL Anton	1906	
427	6842	RIENOW Wilhelm	1906	
428	6854	RYPAŁA Richard	1907	+ außerh. Polens, AZ 16/49
429	6860	RYSZKA Silvester	1907	
430	6865	RODE Paul	1900	
431	6868	ROGACKI Peter	1910	
432	6875	ROGOWSKI Alfons	1910	
433	6882	RÓŻANKA Karl	1903	
434	6887	ROŻEK Wilhelm	1901	
435	6888	RÓJ Peter	1899	

436	6909	ROST Paul	1907	
437	6969	REWIG Josef	1910	
438	6971	REDEL Emanuel	1910	
439	6977	REINHOLD Heinrich	1920	
440	6980	REITER Heinrich	1907	
441	6985	REICHEL Rufin	1905	
442	7008	RESPONDEK Josef	1899	
443	7040	SAPICH Alois	1903	
444	7041	SAPICH Vinzenz	1891	53 Jahre
445	7045	SATERNUS Michael	1895	
446	7054	SACHER Alfons	1912	
447	7135	SIDLAK Adolf	1908	
448	7170	SIKORA Paul	1910	+ außerh. Polens, AZ 248/49
449	7178	SITEK Franz	1895	
450	7181	SYGA Konrad	1908	
451	7208	SKIBA Anton	1909	
452	7222	SKLORZ August	1899	
453	7261	SKORUPA Franz	1906	
454	7297	SKUPIN Ludwig	1905	
455	7307	SKRZYPIEC Johannes	1906	
456	7344	SŁAWENSKI Josef	1904	
457	7381	SŁODCZYK Konrad	1905	
458	7385	SŁODCZYK Georg	1908	
459	7401	SŁOTA Georg	1906	
460	7472	SOBALA Peter	1901	+ außerh. Polens, AZ 211/49
461	7476	SOBALA Edmund	1902	
462	7520	SOWIG Paul	1899	
463	7521	SOWIK Josef	1900	
464	7526	SOWKA Reinhold	1914	
465	7527	SOWKA Franz	1908	
466	7535	SOJKA Josef	1916	
467	7546	SOJKA Emanuel	1920	
468	7566	SONSALA Heinrich	1905	
469	7574	SORYCHTA Michael	1900	
470	7575	SORYCHTA Richard	1912	

471	7603	SPANDEL Anton	1911	
472	7674	STANEK Felix	1897	
473	7677	STANEK Roman	1899	
474	7696	STAŚ Hubert	1912	+ außerh. Polens, AZ 329/49
475	7730	STYSZ Eduard	1906	
476	7736	STOLARSKI Paul	1908	
477	7739	STOLARSKI Viktor	1904	
478	7750	STOEPEL Bernhard	1909	
479	7757	STROLKA Reinhold	1900	
480	7780	STRZEBIN Walter	1910	
481	7824	SUKOWSKI Konrad	1911	
482	7839	SUCHANEK Johannes	1928	
483	7840	SUCHANEK Maximilian	1904	
484	7888	TARNOWSKI Karl	1904	
485	7943	TOMA Ewald		
486	7955	TOASSEK Josef	1914	
487	7990	TROCHA Vinzenz	1908	
488	7991	TROCHA Franz	1909	
489	7993	TROCHA Johannes	1896	
490	8079	FALKA Konrad	1898	
491	8128	FLAK Walter	1918	
492	8142	FLORIAN Johannes	1882	62 Jahre
493	8145	FLORENSKI Erich	1907	
494	8256	FRANCEK Peter	1899	
495	8258	FRIDEK Johannes	1901	
496	8263	FRICZ Josef	1904	+ außerh. Polens, AZ 169/49
497	8270	FROEHLICH Albert	1908	
498	8271	FROEHLICH Bruno	1909	
499	8280	FREIER Johannes	1905	
500	8303	FELDER Georg	1909	
501	8311	FELIKS Josef	1912	
502	8352	HAJDA Richard	1907	
503	8355	HAJDA Georg	1918	
504	8356	HAJDA Peter	1910	
505	8359	HAJDUK Wilhelm	1898	

506	8381	HAIN Oskar	1909	
507	8426	HANNIK Alois	1895	
508	8443	HANZLIK Nikolaus	1891	53 Jahre
509	8444	HANECOK Wilhelm	1909	+ außerh. Polens, AZ 219/48
510	8445	HAPARTA Richard	1908	
511	8466	HANKE Alfons	1910	
512	8486	HYLA Hubert	1919	
513	8489	HYLA Florian	1908	
514	8530	HOJKA Peter	1918	
515	8539	HOJCZYK Ignaz	1902	
516	8548	HOLUSZA Reinhold	1906	
517	8584	HORIBA Adolf	1920	
518	8624	HUKMANN Anton	1902	+ außerh. Polens, AZ 138/48
519	8630	HUTKA Konrad	1911	+ außerh. Polens, AZ 37/49
520	8694	HEPNER Bernhard	1912	
521	8706	HERMAN Ludwig	1898	
522	8708	HERMAN Richard	1923	
523	8721	HESSE Karl	1899	
524	8729	CWIELONG Alfons	1912	
525	8758	CIOLEK Ignaz	1904	
526	8759	CIOLEK Theophil	1906	
527	8771	CICHON Alfons	1921	
528	8782	CICHON Richard	1928	
529	8814	COGIEL Robert	1909	
530	8861	CEMPULIK Heinrich	1905	
531	8863	CEPALLA Georg	1913	
532	8864	CEPOK Hubert	1906	
533	8866	CZABON Ernst	1914	
534	8868	CZAJA Paul	1901	
535	8880	CZAJA Johannes	1903	x
536	8938	CZEPALA Max	1912	
537	9000	SZAFFARCZYK Johannes	1895	
538	9019	SCHWEINOCH Roman	1912	+ außerh. Polens, AZ 153/49
539	9020	SCHWEINOCH Rudolf	1909	
540	9044	SZEGA Alois	1879	65 Jahre

541	9140	SZIKORA Georg	1903	
542	9179	SZINDLER Paul	1907	
543	9192	SZITEK Franz	1901	
544	9200	SZÜCE Alois	1900	
545	9227	SCHLOSARCZYK Josef	1896	
546	9228	SZLOSARCZYK Rudolf	1927	
547	9245	SCHMIDT Johannes	1905	
548	9254	SZMIESZEK Erich	1899	
549	9265	SZNEIDER Emil	1904	
550	9268	SCHNEIDER Theodor	1895	
551	9326	SZOŁTYSEK Heinrich	1905	
552	9346	SZOPA Paul	1909	
553	9408	SZUBERT Rudolf	1904	
554	9409	SZUBERT Friedrich	1907	
555	9449	SZCZENDZINA Josef	1897	+ außerh. Polens, AZ 67/49
556	9488	SZCZYGIOŁ Josef	1927	
557	9517	JURASZEK Paul	1909	
558	9555	JARZOMBEK Eduard	1907	
559	9556	JARZOMBEK Richard	1898	
560	9562	JAKUBCZYK Peter	1907	
561	9563	JAKSY Ernst	1915	
562	9572	JANOSZKA Georg	1914	
563	9594	JANICZEK Vinzenz	1904	
564	9596	JANICZEK Robert	1906	
565	9597	JANYGA Eduard	1899	
566	9603	JANTA Karl	1903	x
567	9619	JANIK Roman	1897	
568	9621	JANEK Erich	1907	
569	9632	JANICEK Paul	1905	
570	9649	JAREK Georg	1907	+ außerh. Polens, AZ 232/49
571	9659	JASNY Paul	1908	
572	9660	JASNY Ignaz	1896	
573	9663	JASIOK Erich	1906	x
574	9665	JASNY Stanislaus	1910	
575	9679	JASZCZYK Wilhelm	1911	

576	9682	EBERT Georg	1897	
577	9689	EISERMAN Walter	1907	
578	9690	EICHLER Wilhelm	1918	+ außerh. Polens, AZ 227/49
579	9710	ENNIG Maximilian	1912	
580	9715	ERNEST Karl	1909	
581	9716	ERNEST Josef	1902	
582	9752	ZACHER Thomas	1896	
583	9767	ZDRZAŁEK Georg	1900	
584	9768	ZDRZAŁEK Paul	1897	
585	9777	ZIELONKA Emil	1914	
586	9804	ZYLAK Emil	1910	
587	9806	ZIMINSKI Ernst	1907	
588	9814	ZIOB Ernst	1903	
589	9838	ZOWER Robert	1896	
590	9851	ZORYCHTA Alfons	1903	
591	9852	ZORYCHTA Alois	1902	
592	9873	ZEMELKA Alfons	1903	
593	9874	ZEMELKA Erich	1908	
594	9875	ZEMELKA Georg	1899	

Ein Punkt bedarf hier noch der Erläuterung:

Das Verzeichnis wurde um die Rubrik „Anmerkungen“ ergänzt, um eine weitere Tarnung aufzudecken, die darauf beruht, daß man seit Dezember 1948 in den Standesamtsbüchern den konkreten Todesort der Deportationsopfer nicht notierte, sondern es bei der lakonischen Feststellung „außerhalb der Staatsgrenzen verstorben“ beließ. In solchen Fällen vermerke ich in den Anmerkungen das standesamtliche Aktenzeichen.

Bei manchen Personen verzeichnete das Standesamt „verstorben im Gebiet der Kriegshandlungen“, obwohl die betreffenden Personen während der Deportation in der UdSSR umkamen.

Das Zeichen „x“ verweist auf doppelt auftretende Namen. Bei Personen, die im Augenblick der Internierung das 17. Lebensjahr noch nicht vollendet hatten oder über 50 Jahre alt waren, gab ich dies an, um das Alter dieser Personen hervorzuheben.

Das Verzeichnis folgt dem russischen Alphabet.

JOSEF BONCZOL

6. LISTE INTERNIERTER PERSONEN AUS MIECHOWITZ, DIE IN DER DEPORTATION VERSTARBEN

Diese Liste wurde im Dezember 1991 auf der Grundlage von Eintragungen in die Sterberegister des Standesamtes der Gemeinde Miechowitz erarbeitet[45], die dort in den Jahren 1946 bis 1952 sowie im Jahr 1955 vorgenommen wurden. Weitere gesonderte Register des Standesamtes Miechowitz gibt es nicht, da man seit 1956 die den Stadtteil Miechowitz betreffenden Todesfälle in das gemeinsame Buch des Standesamtes Beuthen eingetragen hat.

Sämtliche Eintragungen in den Standesamtsbüchern bezüglich in der Deportation verstorbener Personen gehen auf rechtsgültige Beschlüsse des Kreisgerichts in Beuthen zurück. 1945 sowie in den Jahren 1953 und 1954 gab es keine derartigen Meldungen und Eintragungen.

Das Verzeichnis ist nicht alphabetisch geordnet, sondern entspricht der Reihenfolge der Meldungen dieser Todesfälle.

Erwähnt sei auch, daß die folgende Liste unvollständig ist, denn sie enthält nicht jene Deportationsopfer, die von Eltern und Verwandten dem Gericht mit dem Ziel einer amtlichen Bestätigung nicht gemeldet wurden.[46] Zudem wurde in bezug auf internierte Personen mit dem 18. 12. 1948 anstelle der Angabe des konkreten Todesortes eine neue Form von Eintragung praktiziert: „verstorben außerhalb der Staatsgrenzen" bzw. „an Orten von Kriegshandlungen verstorben". In einigen Fällen wurden diese Eintragungen auf Wunsch der Familie später berichtigt. Die Namen der Personen, bei denen das Standesamt den konkreten Todesort nicht bezeichnete, habe ich in zwei getrennten Listen erfaßt.

Vorbehalte kann auch die Schreibweise der Namen und der Todesorte wecken, doch wurden diese in den einzelnen Verzeichnissen entsprechend der Schreibweise in den Standesamtsbüchern erfaßt.[47]

Unter den Bezeichnungen der Todesorte finden sich auch in Polen bzw. in der früheren Sowjetischen Besatzungszone gelegene Ortschaften. Dies ergibt sich daraus, daß manche Personen auf dem Transport in die UdSSR bzw. (häufiger) auf dem Rückweg verstarben. Eine Person verstarb sogar bereits im Sammellager, in Laband (Pos. 102).

Hier muß man den Mechanismus der Sammelpunkte und des Transports in die UdSSR sowie des Rücktransports verdeutlichen. Zur Internierung bestimmte Personen, die in

---

[45] Diese Bücher befinden sich gegenwärtig im Standesamt Beuthen. Um sie von den sonstigen Registern der Stadt Beuthen zu unterscheiden, habe ich bei der Signatur der Akten als Unterscheidungsmerkmal ein Miechowitz bezeichnendes „M" eingeführt.

[46] Als Beispiel können hier mein Onkel Alexander Bialaschik sowie einige andere mir bekannte Personen dienen. Die Liste umfaßt auch keine Personen, die gleich nach ihrer Heimkehr an Erschöpfung starben, z.B. der Sohn meines früheren Nachbarn, Paul Nierychlo.

[47] Es muß z.B. Kadiejewka und nicht Kadiewka, Makwiejewka und nicht Makiefka oder Makiewka heißen etc.

dem damaligen Kreis Beuthen wohnten, hatten ihre Sammelpunkte in dem in Beuthen in der Saarlandstraße gelegenen früheren Gefangenenlager bei der Karsten-Zentrum-Grube. Von dort wurden die Männer in eskortierten Marschkolonnen nach Laband bei Gleiwitz getrieben, wo sich das Sammellager für diesen Teil Schlesiens befand.

Von hier aus wurden die Internierten Ende März 1945 weit in die UdSSR transportiert. Der Weg eventueller Rückkehr war ein anderer und sehr unterschiedlich, doch zumeist führte es über Deutsch Eylau i. Ostpr. und Posen nach Frankfurt/Oder. Zumeist erst hier kamen die internierten Personen völlig frei. Man gab ihnen die Möglichkeit, im besetzten Deutschland zu bleiben oder nach Hause, nach Schlesien, zurückzukehren. Aus diesem Grund stößt man in dem Verzeichnis auf Todesorte wie Deutsch Eylau i. Ostpr., Posen, Frankfurt/Oder und andere. Zumeist wurden erst hier die internierten Personen umstandlos freigelassen, wobei man es ihnen anheimstellte, in der Sowjetischen Besatzungszone Deutschlands zu bleiben oder nach Hause, nach Schlesien, zurückzukehren. Auch aus diesem Grund finden sich im Verzeichnis die Todesorte Deutsch Eylau i. Ostpr., Posen, Frankfurt/Oder und andere.

Die folgende Liste belegt gleichfalls die Unwahrheit der Behauptung, es seien nur Personen im Alter zwischen 17 und 50 Jahren interniert worden, denn in der Liste der in der Deportation Verstorbenen finden sich Namen beträchtlich älterer Personen, sogar sechsundsechzigjährige (Pos. 33).

1946 führte man in die Standesamtsbücher den Begriff „Staatsangehörigkeit" ein. In 17 Fällen (Pos. 4 und 5 sowie 56 - 69 sowie 75 dieser Liste) gab das Standesamt in Miechowitz unter den Signaturen der Akten 54/46, 57/46 sowie 209 - 225/46 und 237/46 die Staatsangehörigkeit der Deportationsopfer mit polnisch an. In den übrigen hunderten von Fällen lautet die Eintragung „deutsche Staatsangehörigkeit".

In den Positionen 56 - 69, in denen die Staatsangehörigkeit mit polnisch angegeben wurde, nahm vertretungsweise der Beamte Szafarczyk die Eintragungen vor. Alle übrigen Eintragungen stammen vom Miechowitzer Gemeindebeamten Stanienda und wurden auch von ihm unterschrieben. Ihm muß man auch die Einführung verdrehter Schreibweise von Vor- und Zunamen anlasten.[48]

JOSEF BONCZOL

[48] Der Beamte Stanienda änderte eigenmächtig und häufig gegen den Willen der Betroffenen die Vornamen sowie die Schreibweise der Familiennamen. Wo der Vorname „Stefan" lautete, schrieb er „Szczepan", und in der Mehrzahl der Fälle änderte er „Albert" in „Wojciech" um. Sehr häufig ersetzte er in den Namen „sch" durch „sz" und „en" durch „ę".

Lfd. Nr.	Name, Vorname, Beruf	Wohnort	Geburtsort und -datum	Todesort und -datum	Standes- amt AZ
1	2	3	4	56	6
1	SCHULZE Erich Schmied	Miechowitz Kurfürstenstr. 4	5.11.1901 Königshütte	28.07.1945 Borzum (Kaukasus)	22/M 1945
2	GRABOWSKI Ernst	Miechowitz Lazarettstr. 29	10.10.1907 Miechowitz	30.11.1945 im Repatriierungs- zug in Posen	42/M 1945
3	SPINCZYK Johann Bauer	Miechowitz Reptener Str. 2	26.06.1887 Miechowitz	1.05.1945 Truchyskan b. Stalino	43/M 1946
4	ŻUREK Ignaz Bergmann	Miechowitz Fasaneriestr. 20	28.07.1897 Boguschütz	29.05.1945 Donezbecken	54/M 1946
5	KOLOCZEK Emanuel	Miechowitz Stillersfelder Str. 31	24.03.1898 Miechowitz	16.11.1945 Lenino	57/M 1946
6	SLANIA Franz Bergmann	Miechowitz Hindenburg- str. 82a	2.03.1900 Rudy-Piekar	11.11.1945 Makiefka b. Stalino	66/M 1946
7	KUBERCZYK Klemens Bergmann	Miechowitz Parkstr. 3	11.05.1902 Sackenhoym, Kr. Cosel	14.11.1945 Makiefka b. Stalino	67/M 1946
8	MIZDZIOŁ Anton Bergmann	Miechowitz Stillersfelder Str. 12	13.05.1917 Hindenburg	Oktober 1945 Krzywy Róg	69/M 1946
9	ZOWISŁO Theophil Bergmann	Miechowitz Reptener Str. 11a	11.11.1896 Stillersfeld	13.01.1946 Woroszylow	74/M 1946
10	COLGA Robert Bergmann	Miechowitz Teichstr. 6	27.03.1909 Karf	Mai 1945 Woroszylowgrad	81/M 1946
11	OLESZKO Adolf Bergmann	Miechowitz Reptener Str. 9	18.09.1903 Miechowitz	November 1945 Donezbecken	82/M 1946
12	PARYS Paul Bergmann	Miechowitz Wiesenstr. 17	11.02.1899 Ruda	26.09.1945 Trudnoskaja Donezbecken	85/M 1946

13	SIEDLACZEK Johann Bergmann	Miechowitz Stillersfelder Str. 40	22.07.1902 Miechowitz	28.08.1945 Borzum	86/M 1946
14	PIECZKA Alois Schlosser	Miechowitz Stillersfelder Str. 31	4.09.1901 Miechowitz	16.09.1945 Donezbecken	87/M 1946
15	TOMCZYK Kurt Bergmann	Miechowitz Kurfürsten- str. 8	30.04.1907 Bobrek	16.09.1945 Woroszylow	89/M 1946
16	DRZEZGA Peter Bergmann	Miechowitz Schloßstr. 11	29.04.1899 Miechowitz	25.09.1945 Woroszylow	92/M 1946
17	BORONOWSKI Rudolf Bergmann	Miechowitz Kurfürsten- str. 8	19.04.1910 Bobrek	10.12.1945 Woroszyłowsk	94/M 1946
18	WOJTYNEK August Bergmann	Miechowitz Friedhofstr. 8	15.03.1896 Miechowitz	18.09.1945 Woroszylowsk	95/M 1946
19	WISNIEWSKI Richard Bergmann	Miechowitz Karfer Str. 15	11.08.1898 Roßberg	7.10.1945 im Repatriierungs- zug	102/M 1946
20	KACZMAR- CZYK Bruno Maschinist	Miechowitz Reptener Str. 30a	6.10.1901 Miechowitz	13.07.1945 Woroszyłowgrad	106/M 1946
21	JANICZEK Roman Bergmann	Miechowitz Reptener Str. 45	27.02.1904 Miechowitz	September 1945 Donezbecken	107/M 1946
22	BIEGON Adolf Bergmann	Miechowitz Wiesenstr. 15	31.05.1907 Miechowitz	25.06.1945 Stalino	111/M 1946
23	SOSNA Adolf Bergmann	Miechowitz Stillersfelder Str. 11	4.06.1907 Mikultschütz	Juli 1945 Donezbecken	112/M 1946
24	ABERT Josef Tischler	Miechowitz Wikarekstr. 8	16.04.1910 Karf	September 1945 Donezbecken	113/M 1946
25	SWIERZY Wilhelm Schlosser	Karf Miechowitzer Str. 26	5.01.1907 Miechowitz	Januar 1946 auf dem Eisenbahntransport aus der UdSSR nach Polen	117/M 1946

26	KALYTA Alois Zimmermann	Miechowitz Reptener Str. 28	19.06.1897 Stillersfeld	28.07.1945 auf dem Eisenbahntransport aus Woroszyłow	118/M 1946
27	MIEMCZYK Thomas Schlosser	Miechowitz Hindenburg- str. 32	14.09.1901 Miechowitz	15.10.1945 auf dem Eisenbahntransport aus der UdSSR nach Polen	121/M 1946
28	GRYCZYK Josef Bergmann	Miechowitz Kronprinzen- str. 13	15.11.1904 Miechowitz	15.08.1945 Makiewka b. Stalino	123/M 1946
29	BIALASCHIK Paul Maschinist	Miechowitz Mittelstr. 9	29.10.1895 Miechowitz	29.10.1945 Czajkina b. Stalino	124/M 1946
30	CHWOLKA Viktor Bergmann	Miechowitz Schlageter- str. 9	23.12.1904 Karf	24.06.1945 Nikodor b. Woroszyłowgrad	128/M 1946
31	KUCHARCZYK Theodor Bergmann	Miechowitz Kirchstr. 24	7.11.1900 Miechowitz	4.09.1945 Woroszyłowsk	129/M 1946
32	KRONTAL Vinzenz Bergmann	Miechowitz Skaletzstr. 1	21.01.1900 Boroschau	24.06.1945 Woroszyłowsk	130/M 1946
33	KONIECZNY Maximilian Gastwirt	Miechowitz Hindenburgstr. ?	12.07.1879 Kattowitz	15.04.1945 Kursk, auf dem Transport in die UdSSR	131/M 1946
34	WIKAREK Valentin Bergmann	Miechowitz Friedhofstr. 6	14.02.1900 Miechowitz	10.10.1945 Woroszyłow	132/M 1946
35	MARON Thomas Bergmann	Miechowitz Stillersfelder Str. 24	12.04.1892 Lissowitz	Juni 1945 Sibirien	133/M 1946
36	GUBALLA Wilhelm Bergmann	Miechowitz Gartenstr. 22	12.08.1903 Kuczki, Kr. Lublinitz	19.12.1945 Kowel, während des Transports aus der UdSSR	134/M 1946
37	MUC Josef Bergmann	Miechowitz Schillerstr. 3	14.01.1910 Hindenburg	31.12.1945 auf dem Transport aus der UdSSR nach Polen	135/M 1946

38	KANIA Paul Straßenbahn- führer	Miechowitz Brucknerweg 3	16.08.1901 Roßberg	Juli 1945 Czelabinsk	136/M 1946
39	DZIUK Emanuel Bergmann	Miechowitz Braustr. 17	24.12.1905 Lipine	26.06.1945 Erdmanowo b. Stalingrad	139/M 1946
40	KACZMAR- CZYK Philipp Bergmann	Miechowitz Kirchstr. 27	21.04.1905 Miechowitz	23.07.1945 Donezbecken	141/M 1946
41	HEPPNER Adolf Arbeiter	Miechowitz Braustr. 15	30.05.1909 Miechowitz	November 1945 auf dem Transport aus der UdSSR nach Polen	142/M 1946
42	FLEISCHER Paul Bergmann	Miechowitz Sonnenplatz 4	25.04.1908 Zellin	August 1945 Ekonomia. Krasnaja Armia	143/M 1946
43	OWCZAREK Johann Schmied	Miechowitz Parkstr. 6	3.03.1903 Miechowitz	23.10.1945 Makiewka b. Stalino	144/M 1946
44	NOWAK Josef Bergmann	Miechowitz Braustr. 6	5.07.1899 Miechowitz	5.06.1945 Parkamona b. Stalino	147/M 1946
45	MOLINEK Josef Bergmann	Miechowitz Reptener Str. 16	20.12.1901 Kesling	24.10.1945 b. Woroszylow	148/M 1946
46	KRUSCHINSKI Josef Fleischer	Miechowitz Stillersfelder Str. 3	10.03.1890 Miechowitz	November 1945 auf dem Transport aus Rußland nach Polen	149/M 1946
47	GASCH Josef Bergmann	Miechowitz Stillersfelder Str. 36	16.09.1906 Miechowitz	Oktober 1945 b. Woroszyłow	150/M 1946
48	NOWAK Alois Bergmann	Miechowitz Skaletzstr. 1	17.05.1896 Stillersfeld	18.08.1945 Borzum im Kaukasus	151/M 1946
49	GAWRON Johann Schlosser	Miechowitz Brucknerweg 1	2.10.1899 Karf	1.07.1945 Parkamona b. Stalino	152/M 1946

50	RAIMAN Theodor Arbeiter	Miechowitz Wiesenstr. 13	1.07.1905 Miechowitz	14.06.1945 Woroszyłow	153/M 1946
51	DITTRICH Heinrich Elektriker	Miechowitz Braustr. 6	30.01.1909 Miechowitz	20.07.1945 Woroszyłowgrad	161/M 1946
52	CWIELONG Johann Bergmann	Miechowitz Friedhofstr. 2	3.03.1902 Karf	10.07.1945 Makiewka b. Stalino	176/M 1946
53	WASEREK Karl Maschinist	Miechowitz Hindenburg- str. 74	15.04.1904 Miechowitz	1945 b. Woroszyłowgrad	177/M 1946
54	NIESTROJ Paul Arbeiter	Miechowitz Kirchstr. 9	28.06.1914 Schwientoch- lowitz	3.10.1945 Rostow	178/M 1946
55	KOWALSKI Johann Bergmann	Miechowitz Hindenburg- str. 22	22.10.1902 Radlau	16.09.1945 Sosna, UdSSR	184/M 1946
56	BROMM Johann Bergmann	Miechowitz Reptener Str. 41	7.02.1900 Beuthen	11.04.1945 Borzum im Kaukasus	209/M 1946
57	JANITZKI Paul	Miechowitz Reptener Str. 4	7.01.1902 Miechowitz	15.09.1945 b. Stalino	210/M 1946
58	MIEMCZYK Alfons Bergmann	Miechowitz Karfer Str. 26	31.01.1905 Miechowitz	20.05.1945 Woroszyłow	211/M 1946
59	HOLUSCHA Richard Bergmann	Miechowitz Reptener Str. 41	14.07.1896 Miechowitz	22.09.1945 b. Stalino	212/M 1946
60	KACZMAR- CZYK Julius Bergmann	Miechowitz Neue Pfarrstr. 1	11.04.1903 Miechowitz	15.11.1945 Parkamona	213/M 1946
61	ORLOWSKI Johann Bergmann	Miechowitz Karfer Str. 1	2.05.1900 Miechowitz	10.08.1945 Borzum im Kaukasus	214/M 1946
62	LASZCZYK Franz Schlosser	Miechowitz Sonnenplatz 6	28.01.1904 Miechowitz	4.09.1945 Borzum im Kaukasus	215/M 1946

63	SCHENKIEL Stephan Bergmann	Miechowitz Kirchstr. 26	24.12.1903 Gleiwitz	31.07.1945 b. Stalino	216/M 1946
64	ALEKSOWITZ Franz Bergmann	Miechowitz Stillersfelder Str. 28	15.09.1909 Miechowitz	28.08.1945 b. Woroszyłowgrad	217/M 1946
65	WILCZEK Paul Bergmann	Miechowitz Kurfürsten- str. 7	28.05.1900 Orzegow	8.09.1945 b. Woroszyłow	218/M 1946
66	GRUN Josef Schlosser	Miechowitz Stillersfelder Str. 36	7.03.1904 Miechowitz	27.07.1945 b. Stalino	219/M 1946
67	SCHNEIDER Franz Bergmann	Miechowitz Stillersfelder Str. 36	10.03.1899 Rokittnitz	16.06.1945 Borzum im Kaukasus	220/M 1946
68	WASCHEK Johann	Miechowitz Mühlstr. 1	17.12.1900 Karf	19.05.1945 Woroszyłowgrad	224/M 1946
69	SCHMIDT Josef Bergmann	Miechowitz Kurfürsten- str. 8	3.11.1897 Wilcza	1.01.1946 im Transport aus Rußland nach Polen	225/M 1946
70	MIEMCZYK Paul Bergmann	Miechowitz Kirchstr. 14	1.01.1900 Miechowitz	25.09.1945 b. Stalino	229/M 1946
71	BONK August Bergmann	Miechowitz Schloßstr. 9	17.08.1903 Miechowitz	15.07.1945 b. Woroszyłow	232/M 1946
72	GAWRON Josef Bergmann	Miechowitz Kirchstr. 27	21.02.1906 Groß- Droniowitz	15.01.1945 Kriwojrog	233/M 1946
73	MIEMCZYK Theophil Bergmann	Miechowitz Reptener Str. 8	21.04.1904 Miechowitz	10.09.1945 Woroszyłowgrad	235/M 1946
74	BLAUTH Viktor Schmied	Miechowitz Kuhnastr. 9	22.07.1904 Beuthen	3.10.1945 b. Woroszyłow	236/M 1946
75	RAIK Emanuel Bergmann	Miechowitz Tiele-Winckler-Str. 9	23.03.1906 Miechowitz	6.04.1945 Borzum im Kaukasus	237/M 1946

76	URBAŃCZYK Alois Maschinist	Miechowitz Bontzekstr.	14.06.1905 Miechowitz	20.10.1945 b. Stalino	239/M 1946
77	DRABANT Theodor Bergmann	Miechowitz Lazarettstr. 22	24.05.1896 Hansdorf	19.06.1945 Kadiewka b. Woroszyłowgrad	240/M 1946
78	MARKUCTZK Richard Bergmann	Miechowitz Mittelstr. 16a	3.04.1899 Miechowitz	8.05.1945 Dniepropietrowsk	241/M 1946
79	SEHLKE Ernst Schmied	Miechowitz Wiesenstr. 13	19.02.1899 Göritz	25.10.1945 Borzum	242/M 1945
80	DRZYMALLA Reinhold Schlosser	Miechowitz Grünstr. 7	6.01.1907 Orzegow	20.09.1945 Borzum	243/M 1945
81	TROCHA Vinzenz Bergmann	Miechowitz Hindenburg- str. 28	13.07.1905 Miechowitz	Oktober 1945 Woroszylowgrad	245/M 1946
82	PIETZKA Felix Bergmann	Miechowitz Holteistr. 3	8.05.1902 Siemianowitz	12.07.1945 Parkomona	247/M 1946
83	SKUPIN Wilhelm Bergmann	Miechowitz Kubothstr. 11	24.11.1900 Miechowitz	24.11.1945 Borzum (Kaukasus)	248/M 1946
84	THAUT Paul Kesselwart	Miechowitz Lazarettstr. 13	19.06.1898 Groß Rauden	20.08.1945 Lenin b. Stalino	249/M 1946
85	URBAŃCZYK Anton Maschinist	Miechowitz Friedhofstr. 6	11.06.1897 Miechowitz	30.07.1945 Lenin b. Stalino	250/M 1946
86	SIKORA Alois Schlosser	Miechowitz Schloßstr. 5	11.05.1909 Miechowitz	20.12.1945 Borzum (Kaukasus)	251/M 1946
87	SZCZEPONEK Wilhelm Bergmann	Miechowitz Hindenburg- str. 11	4.04.1897 Suchau, Kr. Groß Strehlitz	18.07.1945 Woroszyłow	252/M 1946
88	MLYNEK Thomas Bergmann	Miechowitz Hindenburg- str. 58	3.09.1895 Jezowa	7.10.1945 Markiefka	253/M 1946

89	PASCHKA Gregor Bergmann	Miechowitz Mittelstr. 6	23.11.1903 Roßberg	14.10.1945 Borzum	254/M 1946
90	SOWISLO Johann Bergmann	Miechowitz Karfer Str. 12	2.05.1900 Miechowitz	8.10.1945 auf dem Rücktransport aus Rußland	255/M 1946
91	WASEREK Alois Maschinist	Miechowitz Schloßstr. 7	2.05.1900 Miechowitz	16.05.1945 Kamerow	256/M 1946
92	POPCZYK Viktor Bergmann	Miechowitz Braustr. 21	17.08.1900 Bittkow	20.10.1945 Parkamona	257/M 1946
93	GAWENDA Emil Invalide	Miechowitz Schloßstr. 4a	28.04.1896 Miechowitz	30.05.1945 Woroszyłowgrad	258/M 1946
94	STANEK Roman Bergmann	Miechowitz Feldstr. 4	9.08.1899 Broslawitz	20.11.1945 Kriwojrog	261/M 1946
95	JEROMINEK Bernard Bergmann	Miechowitz Kirchstr. 13	3.08.1906	31.05.1945 Dnieprodzierżyńsk	264/M 1946
96	KATZE Thomas Bergmann	Miechowitz Schloßstr. 17	20.12.1901 Kocianowice	24.04.1946 Makiewka	265/M 1946
97	NOWAK Karl Bergmann	Miechowitz Friedhofstr. 6	2.01.1903 Tarnowitz	12.06.1945 Kadiefka	267/M 1946
98	SIMONIOK Franz Bergmann	Miechowitz Hermannstr. 40	7.10.1896 Miechowitz	7.10.1945 Makiewka	268/M 1946
99	RAICHEL Alfred Bergmann	Miechowitz Reptener Str. 19	26.07.1909 Miechowitz	24.02.1946 Borzum	270/M 1946
100	ULFIK Paul Bergmann	Miechowitz Hermannstr. 40	12.09.1906 Miechowitz	3.10.1945 Turnoskaja	271/M 1946
101	JUST Urban Bergmann	Miechowitz Wiesenstr. 13	26.05.1896 Trockenberg	31.08.1945 Borzum	274/M 1946

102	JANITZEK Johann Bergmann	Miechowitz Kirchstr. 14	23.06.1898 Miechowitz	19.03.1945 Laband (b. Gleiwitz)	275/M 1946
103	BRADEL August Bergmann	Miechowitz Stillersfelder Str. 6	20.09.1908 Miechowitz	15.10.1945 Deutsch Eylau	276/M 1946
104	URBANCZYK Johann Bergmann	Miechowitz Kirchstr: 4	16.05.1900 Miechowitz	20.10.1945 Woroszyłow	277/M 1946
105	TKOCZ Theodor Wächter	Miechowitz Hindenburg- str. 86	26.04.1898 Ruda	8.09.1945 Kemurow	278/M 1946
106	WATZLAW- CZYK Thomas Bergmann	Miechowitz Kurfürsten- str. 7	28.09.1899 Wierchlesch	20.07.1945 Woroszyłowgrad	279/M 1946
107	BROMM Felix Bergmann	Miechowitz Stillersfelder Str. 26	31.10.1899 Beuthen	10.09.1945 Donezbecken	280/M 1946
108	BAUMELT Heinrich Bergmann	Miechowitz Neue Pfarrstr.	31.10.1898 Bittkow	15.09.1945 Woroszylowgrad	285/M 1946
109	DZIERŻAN Johann Oberhäuer	Miechowitz Bobreker Weg 1	23.08.1898 Kocianowice	31.07.1945 Cintina	286/M 1946
110	KURZATZ Johann Bergmann	Miechowitz Fasaneriestr. 19	19.11.1895 Miechowitz	31.08.1945 Borzum	291/M 1946
111	GAWENDA Paul Bergmann	Miechowitz Am Graben 2	20.01.1905 Miechowitz	27.04.1945 Borzum	292/M 1946
112	DZIADEK Karl Angestellter	Miechowitz Kronprinzen- str. 12	4.10.1901 Miechowitz	15.08.1945 Parkamona	296/M 1946
113	PLICHTA Johann Bergmann	Miechowitz Schloßstr. 11	6.12.1910 Bittkow	15.08.1945 Trudnowskaja	297/M 1946
114	KARMAŃSKI Adolf Bergmann	Miechowitz Schlageterstr. 2	3.12.1909 Miechowitz	10.10.1945 Krzywyróg	302/M 1946

115	JANKE Theophil Bergmann	Miechowitz Kirchstr. 15	15.04.1905 Miechowitz	10.09.1945 Borzum	306/M 1946
116	KALIGA Konrad Bergmann	Miechowitz Reptener Str. 41	11.02.1913 Miechowitz	28.06.1945 Woroszyłowgrad	311/M 1946
117	HAJDUK Wilhelm Bergmann	Miechowitz Lazarettstr. 32	30.12.1898 Beuthen	9.06.1945 Kadiewka	317/M 1946
118	SATERNUS Michael Bergmann	Miechowitz Felixstr. 4	1.09.1895 Karf	15.09.1945 Dwiry b. Borzum	318/M 1946
119	ANDRATZEK August Bergmann	Miechowitz Verbindungs- str. 6	28.08.1903 Tarnowitz	13.08.1945 Deutsch Eylau	319/M 1946
120	PIERAS Edward Bergmann	Miechowitz Florianstr. 3	5.10.1898 Miechowitz	31.08.1945 Jaszkowa	320/M 1946
121	MAGIERA Alexander Bergmann	Miechowitz Fasaneriestr. 19	24.02.1899 Miechowitz	11.09.1946 Kristoforow	323/M 1946
122	LUBOS Reimund Bergmann	Miechowitz Hindenburg- str. 75	31.08.1896 Radzionkau	15.07.1946 Kriwojrog	325/M 1946
123	STANICZEK Josef Bergmann	Miechowitz Reptener Str. 24	22.11.1901 Miechowitz	26.08.1946 Kadiewka	328/M 1946
124	KRAUSE Johann Bergmann	Miechowitz Gartenstr. 24b	24.11.1908 Ottmuth	4.07.1946 Kadiewka	329/M 1946
125	DZIATZKO Gerhard Bergmann	Miechowitz Braustr. 21	28.01.1919 Miechowitz	20.04.1946 Dnieprodzierżyńsk	331/M 1946
126	SIMINIOK Valentin	Miechowitz Feldstr. 4	2.02.1900 Miechowitz	26.08.1945 Kadiewka	333/M 1946
127	WIDERA Stephan Angestellter	Miechowitz Kurfürsten- str. 4	28.08.1903 Broslawitz	5.08.1946 Kadiewka	334/M 1946

128	BAUCH Edward Polizist	Miechowitz Wiesenstr. 7	6.09.1881 Hindenburg	16.05.1945 Kemerow	335/M 1946
129	OCHMANN Konrad Elektriker	Miechowitz Lazarettstr. 17	13.02.1902 Pilzendorf	16.09.1945 Maksimołka	335/M 1946
130	KORTYKA Heinrich Elektromonteur	Miechowitz Karfer Str. 12	14.07.1895 Miechowitz	10.09.1945 Kadiewka	339/M 1946
131	KUTSCHA Paul Bergmann	Miechowitz Lazarettstr. 13	22.06.1908 Miechowitz	30.11.1945 Parkamona	342/M 1946
132	HILSCHER Thomas Arbeiter	Miechowitz Reptener Str. 3	8.08.1896 Miechowitz	26.07.1945 Kriwojrog	343/M 1946
133	JASIONEK Theophil Bergmann	Miechowitz Hindenburg- str. 11a	19.04.1895 Beuthen	12.09.1945 Makiewka	344/M 1946
134	KANDSIORA Oswald Arbeiter	Miechowitz Schloßstr. 5	2.06.1909 Miechowitz	7.09.1946 Woroszyłowgrad	345/M 1946
135	MROSEK Robert Bergmann	Miechowitz Hindenburg- str. 22	6.06.1899 Miechowitz	17.09.1946 b. Charkow	1/M 1947
136	BASAN Karl Arbeiter	Miechowitz Blücherstr. 9	3.09.1897 Jeltsch	31.10.1945 Szutena	11/M 1947
137	HAPARTA Richard Bergmann	Miechowitz Stillersfelder Str. 24	18.08.1908 Miechowitz	8.03.1946 Woroszyłow	12/M 1947
138	JOLMA Josef Maurer	Miechowitz Wiesenstr. 7	17.09.1899 Schwientoch- lowitz	11.08.1945 Woroszyłow	13/M 1947
139	LAGON Johann Bergmann	Miechowitz Hermannstr. 40	11.12.1908 Bobrek	31.03.1946 Irmina	14/M 1946
140	MANDLA Viktor Bergmann	Miechowitz Grünstr. 7	17.02.1907 Lubetzko	15.09.1946 Woroszyłowgrad	15/M 1947

141	WIECZOREK Franz Bergmann	Miechowitz Braustr. 17	3.12.1906 Kraskau	14.02.1946 Kipucza	16/M 1947
142	NOWAK Kurt Bergmann	Miechowitz Lazarettstr. 28	16.11.1900 Tarnowitz	31.10.1945 Kadiewka	20/M 1947
143	JOKISCH Richard Bergmann	Miechowitz Hindenburg- str. 91	30.08.1902 Szleibice	20.10.1945 Lombardo	21/M 1947
144	GOTTWALD Josef Bergmann	Miechowitz Lazarettstr. 27	6.02.1883 Gabel (Tschechoslo- wakei)	28.08.1945 Kopejsk (Ural)	25/M 1947
145	MONTZI- WODA Josef Bergmann	Miechowitz Braustr. 19	4.02.1909 Miechowitz	3.11.1945 Parkamona	26/M 1947
146	KOSCHYK Anton Maschinist	Miechowitz Hindenburg- str. 29	1.05.1903 Miechowitz	1.04.1946 Lisyszańsk	27/M 1947
147	PIETZKA Hubert Bergmann	Miechowitz Reptener Str. 26	1.02.1900 Miechowitz	30.06.1945 Nowa Dziurzynka	41/M 1947
148	LESCH Josef Bergmann	Miechowitz Kronprinzen- str. 9	21.12.1905 Miechowitz	15.10.1945 Parkamoma	46/M 1947
149	SCHAFAR- CZYK Johann Aufseher	Miechowitz Hindenburg- str. 71	10.10.1895 Lipine	26.01.1946 Delta II Parkamona	47/M 1947
150	KORONOWSKI Franz Bergmann	Miechowitz	3.12.1899 Miechowitz	15.07.1945 Makiewka	48/M 1947
151	PIECHUTA Georg Bergmann	Miechowitz Friedhofstr. 8	23.06.1900 Staude	31.08.1945 Woroszyłowgrad	49/M 1947
152	KUSIOR Johann Bergmann	Miechowitz	16.05.1904 Karf	15.12.1945 Kristoforów	50/M 1947
153	RABUS Georg Beamter	Miechowitz Stillersfelder Str. 16	16.03.1900 Kramatoskaja b. Charkow	31.12.1945 im Eisenbahntrans- port b. Warschau	51/M 1947

154	LASCZYK Richard Bergmann	Miechowitz Parkstr. 2	2.02.1898 Miechowitz	14.08.1946 Nowa Labajanka b. Kriwojrog	52/M 1947
155	ROZEK Adam Bergmann	Miechowitz Reptener Str. 19	15.12.1901 Miechowitz	15.06.1945 im Lager Iljicz b. Kadiewka	56/M 1947
156	MENZEL Richard Schlosser	Miechowitz Kronprinzen- str. 5	20.08.1903 Miechowitz	25.05.1945 Kadiewka	65/M 1947
157	MANN Leo Bergmann	Miechowitz Kronprinzen- str. 11a	17.12.1896 Rosmierz	10.10.1945 Czułczina	70/M 1947
158	BRADEL Josef Schmied	Miechowitz Wiesenstr. 11a	13.02.1899 Miechowitz	8.09.1946 Lombardo	71/M 1947
159	SCHOLTYS- SEK Heinrich Bergmann	Miechowitz Kirchstr. 14	11.01.1905 Karf	7.01.1946 Tritribis	73/M 1947
160	SCZUDLIK Alois Arbeiter	Miechowitz Braustr. 15	12.10.1895 Rokittnitz	20.02.1946 Szmakuwa b. Kriwojrog	74/M 1947
161	WIECZOREK Paul Bergmann	Miechowitz Reptener Str. 11	6.12.1903 Beuthen	20.11.1946 auf dem Transport aus Rußland	77/M 1947
162	POGORZALEK Stephan Bergmann	Miechowitz Hindenburg- str. 81	14.12.1896 Beuthen Stadtwald	29.03.1946 Makimowka	78/M 1947
163	KIETZKA Richard Bergmann	Miechowitz Wikarekstr. 16	5.04.1900 Siemianowitz	5.12.1946 auf dem Transport in Frankfurt/O.	79/M 1947
164	HULIN Alois Revisor	Miechowitz Schlageterstr. 1	16.02.1901 Beuthen	30.10.1945 Kipucza	80/M 1947
165	KACZMAR- CZYK Peter Bergmann	Miechowitz Mühlstr. 1	26.06.1903 Miechowitz	15.10.1946 b. Woroszyłow- grad	81/M 1947
166	FRANETZKI Peter Bergmann	Miechowitz Reptener Str. 11	23.06.1899 Miechowitz	18.08.1945 Czutina	82/M 1947

167	JANTA Karl Arbeiter	Miechowitz Hindenburg- str. 72	29.10.1903 Miechowitz	15.06.1945 Borzum	83/M 1947
168	DWORATZEK Johann Bergmann	Miechowitz Hindenburg- str. 38a	3.11.1896 Świnowice	27.1.1946 Krumke b. Osterburg	84/M 1947
169	KUS Alois Bergmann	Miechowitz Kurfürsten- str. 4	13.04.1899 Miechowitz	31.10.1945 Czuczina	87/M 1947
170	OTRZONSEK Karl Bergmann	Miechowitz Albertstr. 8	12.09.1909 Miecowitz	2.09.1946 Kadiewka	88/M 1947
171	OLESCH Paul Bergmann	Miechowitz Hermannstr. 2	1.01.1896 Piassetzna	10.11.1945 Kadiewka	91/M 1947
172	WOTZLAWSKI Anton Bergmann	Miechowitz Stillersfelder Str. 11	10.05.1917 Miechowitz	30.12.1945 auf dem Transport aus Rußland	92/M 1947
173	PALENGA Alexander Bergmann	Miechowitz Lazarettstr. 28	20.03.1899 Bobrek	26.11.1946 auf dem Transport aus Rußland	93/M 1947
174	POWUSCH Dominik Bergmann	Miechowitz Blücherstr. 4	25.07.1904 Gonschiorowitz	7.11.1946 Lisiszańsk	98/M 1947
175	DYMARCZYK Karl Bergmann	Miechowitz Braustr. 16a	11.04.1904 Beuthen	30.09.1945 Jaszkowa b. Kiemerowa	99/M 1947
176	REICHEL Maximilian Arbeiter	Miechowitz Kirchstr. 14	12.10.1912 Miechowitz	30.06.1946 Kadiewka	100/M 1947
177	STRZOLKA Reinhold Beamter	Miechowitz Karfer Str. 20	29.05.1900 Beuthen	12.08.1946 Parkamona	101/M 1947
178	JARZOMBEK Richard Bergmann	Miechowitz Wikarekstr. 16	19.04.1898 Miechowitz	10.09.1945 Woroszylowgrad	102/M 1947
179	PISKOREK Roman Bergmann	Miechowitz Kirchstr. 8a	1.03.1899 Karf	31.10.1945 Kadiewka	104/M 1947

180	MANKA Peter Bergmann	Miechowitz Karfer Str. 18	22.02.1900 Miechowitz	21.03.1946 Kadiewka	105/M 1947
181	PAPIOREK Anton Bergmann	Miechowitz Gartenstr. 18b	15.01.1900 Karf	31.07.1945 Czuczina	106/M 1947
182	KOWATZEK Engelbert Bergmann	Miechowitz Schulstr. 4	3.06.1906 Scharley	5.05.1946 Maksymon b. Woroszyłowgrad	114/M 1947
183	DSIURZIK Josef Arbeiter	Miechowitz Tiele-Winckler- Str. 7	2.03.1905 Miechowitz	30.11.1945 b. Kowel	115/M 1947
184	BYWALETZ Richard Bergmann	Miechowitz Wikarekstr. 8	12.09.1900 Lipine	25.10.1946 Kadiewka	116/M 1947
185	HANSLIK Nikolaus Bergmann	Miechowitz Bontzekstr. 9	1.12.1897 Miechowitz	31.10.1946 Irmina b. Woroszyłowgrad	117/M 1947
186	JASNY Ignatz Heizer	Miechowitz Feldstr. 4	29.07.1896 Miechowitz	13.12.1945 Kriwojrog	120/M 1947
187	WISNIOWSKI Franz Bergmann	Miechowitz Blücherstr. 8	8.10.1895 Roßberg	15.08.1945 Dzwiry	124/M 1947
188	HOLUSCHA Josef Arbeiter	Miechowitz Lazarettstr. 17	3.11.1907 Miechowitz	9.09.1945 Makiewka	132/M 1947
189	STEINERT Theodor Bergmann	Miechowitz Feldstr. 10	1.01.1913 Miechowitz	10.07.1945 Krasnodrodz	133/M 1947
190	BALBIERZ Viktor Arbeiter	Miechowitz Schloßstr. 15	20.04.1897 Miechowitz	8.07.1945 Borzum	139/M 1947
191	KIMZA Ernst Bergmann	Miechowitz Hindenburg- str. 22	17.04.1905 Birkenhain	15.02.1947 Kriwojrog	140/M 1947
192	MAMOK Paul Steiger	Miechowitz Feldstr. 14	15.11.1892 Beuthen	25.08.1945 Kopejsk	141/M 1947

193	MUTZ Josef Bergmann	Miechowitz Fasaneriestr. 8	2.07.1904 Rosmierz	15.05.1946 Irmina	142/M 1947
194	STAWNY Ignaz Arbeiter	Miechowitz Friedhofstr.	20.07.1902 Wielki Sierki	30.11.1946 auf dem Transport aus Rußland	143/M 1947
195	STRYSCH Edward Bergmann	Miechowitz Reptener Str. 4	2.09.1906 Karf	23.02.1947 auf dem Transport aus Rußland	150/M 1947
196	OROWSKI Adolf Bergmann	Miechowitz Lazarettstr. 13	6.06.1904 Miechowitz	10.02.1947 Tritribis	156/M 1947
197	WIECHOTZEK Rufin Elektriker	Miechowitz Hindenburg- str. 32	18.06.1908 Miechowitz	10.12.1947 auf dem Eisenbahntransport in Charkow	162/M 1947
198	COLGA Hermann Arbeiter	Miechowitz Klosterstr. 14	23.09.1912 Karf	30.10.1945 Surzyna	163/M 1947
199	JANITZEK Vinzenz Bergmann	Miechowitz Kirchstr. 11	10.07.1904 Miechowitz	14.02.1947 Kadiewka	165/M 1947
200	KLIMEK Karl	Miechowitz Klosterstr. 18	2.11.1899 Beuthen	30.11.1945 Kadiewka	166/M 1947
201	KOSTRZEWA Albert Bergmann	Miechowitz Kirchstr. 26	13.07.1897 Miechowitz	13.12.1946 Parkamona	167/M 1947
202	MASSELI Georg Bergmann	Miechowitz Stillersfelder Str. 26	13.01.1901 Schlesien, Grube	23.01.1946 Trytrybis	168/M 1947
203	MROSEK Paul Bergmann	Miechowitz Reptener Str. 3	27.06.1912 Miechowitz	15.12.1946 Kadiewka	169/M 1947
204	SLAWENSKI Josef Arbeiter	Miechowitz Klosterstr. 14	8.06.1900 Miechowitz	10.09.1945 Kadiewka	170/M 1947
205	SCHITTEK Franz Maschinist	Miechowitz Hindenburg- str. 71	10.06.1896 Miechowitz	10.07.1945 Karbanit	172/M 1947

206	SCHUBERT Rudolf Bergmann	Miechowitz Lazarettstr. 28	10.07.1904 Miechowitz	9.11.1945 Kadiewka	173/M 1947
207	MUSKALLA Franz Maschinist	Miechowitz Lazarettstr. 17	9.10.1903 Skrzidlowitz	25.02.1947 auf dem Transport aus Rußland	177/M 1947
208	DOMBEK Johann Bergmann	Miechowitz Kronprinzen- str. 4	26.06.1895 Miechowitz	10.07.1945 Krasnowocz	178/M 1947
209	KRUPPA Karl deutscher Beamter	Miechowitz Reptener Str. 16	14.03.1894 Koschentin	30.05.1945 im Arbeitslager Nr. 222 b. Aktibińska	185/M 1947
210	LAGON Peter Bergmann	Miechowitz Sonnenstr. 54	20.02.1897 Bobrek	1.03.1947 Breść Litewski	186/M 1947
211	POPCZYK Franz Arbeiter	Miechowitz Mittelstr. 3	10.02.1908 Bittkow	21.02.1947 auf dem Transport aus Rußland	189/M 1947
212	BROJA Rafael	Miechowitz Lazarettstr. 30	25.03.1906 Rokittnitz	9.02.1947 Kadiewka	190/M 1947
213	MARKUTZIK Karl Bergmann	Miechowitz Schulstr. 1	9.02.1901 Miechowitz	22.02.1947 Kriwojrog	192/M 1947
214	RESPONDEK Josef Bergmann	Miechowitz Fasaneriestr. 20	4.12.1899 Miechowitz	20.02.1947 Kriwojrog	194/M 1947
215	KUPKA Wilhelm Bergmann	Miechowitz Am Graben 1	28.01.1902 Ptakowitz	5.04.1947 auf dem Transport aus Rußland	195/M 1947
216	STELLER Georg Schlosser	Miechowitz Wiesenstr. 17	15.06.1919 Bismarckhütte	24.02.1947 ? Borowka	196/M 1947
217	WASNER Karl Bergmann	Miechowitz Lazarettstr. 26	16.08.1909 Biskupitz	1.11.1945 Irmina	197/M 1947
218	BISON Franz Bergmann	Miechowitz Schulstr. 3	12.12.1906 Miechowitz	17.01.1947 Smyczek	201/M 1947

219	BRICH Wilhelm Bergmann	Karf	16.02.1907 Miechowitz	26.02.1946 Kadiewka	202/M 1947
220	BUHSEK Viktor Arbeiter	Miechowitz Bontzekstr. 14	14.01.1915 Miechowitz	28.03.1947 Dnieprodzierżyńsk	203/M 1947
221	POGRZEBA Johann Bergmann	Miechowitz Fasaneriestr. 20	11.12.1900 Karf	10.01.1947 Kaganowicz	204/M 1947
222	SOWKA Franz Bergmann	Miechowitz Kronprinzen- str. 6	22.09.1908 Miechowitz	20.01.1947 Woroszyłowgrad	206/M 1947
223	LYSY Felix Arbeiter	Miechowitz Karfer Str. 14	28.05.1902 Beuthen	26.03.1947 auf dem Eisenbahntransport aus Rußland	207/M 1947
224	LACHMAN Josef Arbeiter	Miechowitz Kirchstr. 9	12.08.1903 Mangszyce	20.09.1945 Borzum	208/M 1947
225	JAWOREK Emil Bergmann	Miechowitz Schlageterstr. 12	24.03.1910 Miechowitz	6.04.1947 auf dem Eisenbahntransport	209/M 1947
226	GLOWKA Viktor Bergmann	Miechowitz Schulstr. 2	5.02.1912 Miechowitz	10.02.1947 Nikonor	211/M 1947
227	LIS Richard Bergmann	Miechowitz Lazarettstr. 17	2.02.1917 Karf	15.02.1947 Dnieprodzierżyńsk	212/M 1947
228	BOCK Johann Bergmann	Miechowitz Blücherstr. 9	27.10.1904 Blechowka	27.10.1946 Parkamona	213/M 1947
229	KISTELLA Franz Heizer	Miechowitz Kirchstr. 14a	11.01.1897 Zembowitz	15.02.1947 Dembalczewo	214/M 1947
230	KOSCH Richard Bergmann	Miechowitz Karfer Str. 10	8.08.1901 Karf	1.04.1947 auf dem Eisenbahntransport	215/M 1947
231	BAJER Paul Bergmann	Miechowitz Kirchstr. 27	25.07.1901 Alt Wilmsdorf	20.02.1947 Dnieprodzierżyńsk 5.02.1946	216/M 1947

232	WAWRZYNEK Robert	Miechowitz Lazarettstr. 26	27.03.1897 Hindenburg	Szutnia	217/M 1947
233	MROSEK Johann Bergmann	Miechowitz Kirchstr. 14a	28.05.1901 Miechowitz	10.02.1947 Kadiewka	223/M 1947
234	GATZKI Wilhelm Arbeiter	Miechowitz Grünstr. 2	16.09.1898 Birkenhain	26.02.1947 Dnieprodzierżyńsk	225/M 1947
235	STIER Dominikus Bergmann	Miechowitz Schloßstr. 15	4.09.1898 Siemianowitz	8.08.1945 Makiewka	226/M 1947
236	DRAGON Franz Bergmann	Miechowitz Hindenburg- str. 80	5.09.1902 Albrechtsdorf	5.03.1947 Dnieprodzierżyńsk	228/M 1947
237	MALAJKA Viktor Bergmann	Miechowitz Wikarekstr. 7	16.07.1909 Miechowitz	18.02.1947 Dnieprodzierżyńsk	229/M 1947
238	WATZLAWSKI Philipp Bergmann	Miechowitz Klosterstr. 12	1.05.1913 Miechowitz	24.08.1945 Nikonor	230/M 1947
239	PIETRAS Adolf Bergmann	Miechowitz Mittelstr. 3	31.05.1903 Miechowitz	28.02.1947 auf dem Eisenbahntransport	231/M 1947
240	WYTZYSK Nikodemus Bergmann	Miechowitz Fasaneriestr. 7	16.09.1914 Miechowitz	10.02.1947 Dnieprodzierżyńsk	232/M 1947
241	ORLOWSKI Stephan Bergmann	Miechowitz Lazarettstr. 26	24.12.1912 Miechowitz	15.11.1946 Tritribis	233/M 1947
242	MALEK Josef Elektriker	Miechowitz Skaletzstr. 3	27.08.1902 Radzionkau	10.07.1946 Parkamona	234/M 1947
243	GROCHOL Alois Arbeiter	Miechowitz Parkstr. 6	13.04.1905 Miechowitz	28.03.1947 Nikanor	236/M 1947
244	DANISCH Peter Bergmann	Miechowitz Skaletzstr. 3	4.12.1904 Kobilla	18.02.1947 Dnieprodzierżyńsk	237/M 1947
245	WIECHOTZEK Georg Arbeiter	Miechowitz Fasaneriestr. 19	2.02.1906 Miechowitz	30.10.1945 Parkamona	242/M 1947

246	RIEDEL Anton Bergmann	Miechowitz Kronprinzen- str. 13	1.11.1906 Neu Repten	15.08.1945 Krasnowodzk	243/M 1947
247	ERNST Josef Arbeiter	Miechowitz Reptener Str. 22a	27.03.1902 Steinau Kr. Neustadt	15.11.1945 Karbanit	252/M 1947
248	PASTERNOK Johann Schuster	Miechowitz Fasaneriestr.	13.05.1911 Miechowitz	28.02.1947 Karbanit	253/M 1947
249	BARON Robert Bergmann	Miechowitz Felixstr. 7	14.04.1903 Miechowitz	15.02.1947 Kriwojrog	262/M 1947
250	KASCHUBA Franz Bergmann	Miechowitz Hindenburg- str. 80a	10.09.1904 Bobrek	23.12.1946 Lombardo	263/M 1947
251	WIENTZEK Julius Bergmann	Miechowitz Stillersfelder Str. 27	4.04.1905 Miechowitz	31.07.1946 Kriwojrog	264/M 1947
252	ERNST Karl Bergmann	Miechowitz Reptener Str. 2	31.07.1909 Steinau	2.01.1946 Karbanit	265/M 1947
253	GUTWINSKI Georg Bergmann	Miechowitz Wiesenstr. 21	15.11.1902 Miechowitz	15.02.1947 Dnieprodzierżyńsk	266/M 1947
254	JERGAS Alfred Gemeinde- inspektor	Miechowitz Sonnenstr. 54	15.11.1900 Miechowitz	21.03.1947 in Rußland	267/M 1947
255	KLATZEK Franz Bergmann	Miechowitz Feldstr. 16	14.06.1904 Karf	1.03.1947 Nikanor	268/M 1947
256	PASTERNOK Wilhelm Bergmann	Miechowitz Reptener Str. 36a	29.04.1901 Zawada	15.02.1947 Kadiewka	269/M 1947
257	SOJKA Josef Bergmann	Miechowitz Braustr. 4	7.04.1910 Rosmierz	15.04.1947 Szutina b. Kadiewka	270/M 1947
258	SDRALEK Paul Zimmerhäuer	Miechowitz Lazarettstr. 13	10.01.1897 Miechowitz	18.12.1946 Irmina b. Kadiewka	271/M 1947

259	TROCHA Vinzenz Arbeiter	Miechowitz Gartenstr. 22	10.07.1908 Miechowitz	28.02.1947 Delta	272/M 1947
260	KOSTRZEWA Wilhelm Bergmann	Miechowitz Hindenburg- str. 79a	2.07.1903 Miechowitz	12.12.1945 Brandenburg	274/M 1947
261	SCHNEIDER Emanuel Bergmann	Miechowitz Grünstr. 5	25.03.1903 Miechowitz	25.05.1947 Dniepropietrowsk	275/M 1947
262	BLASE Peter Schlosser	Miechowitz Lazarettstr. 24	31.07.1904 Miechowitz	10.04.1947 auf dem Eisenbahntransport aus Rußland	278/M 1947
263	BULLOK August Klempner	Miechowitz Hindenburg- str. 11a	9.05.1903 Miechowitz	15.04.1947 Delta	279/M 1947
264	KUCHARCZYK Theodor Arbeiter	Miechowitz Wiesenstr. 19	20.04.1902 Miechowitz	10.07.1945 Kadiewka	280/M 1947
265	MUSCHALIK Ignaz Schmied	Miechowitz Albertstr. 1	28.01.1903 Stillersfeld	1.12.1946 Karbanit	288/M 1947
266	KLEPPEK Wilhelm Bergmann	Miechowitz Stillersfelder Str. 11	6.02.1909 Gieschewald	11.03.1946 Nikanor	289/M 1946
267	MORAWIETZ Josef Bergmann	Miechowitz Hermannstr. 4	9.09.1904 Miechowitz	17.12.1946 Makiewka	290/M 1947
268	BULLA Georg Hauer	Miechowitz Verbindungs- str. 3	22.09.1905 Pohlom	8.03.1947 Karbanit	291/M 1947
269	FLEISCHER Josef Maurer	Miechowitz Kronprinzen- str. 11	11.05.1911 Zellin	20.01.1947 Irumino	292/M 1947
270	SOBALLA Emanuel Bergmann	Miechowitz Kronprinzen- str. 6	25.12.1902 Biskupitz	3.02.1947 Nikanor	293/M 1947
271	GASSE Johann Beamter	Miechowitz Gartenstr. 6	31.05.1913 Scharley	31.12.1946 Brest Litowsk	295/M 1947

272	REICHEL Johann Schuster	Miechowitz Kirchstr. 14a	15.05.1901 Miechowitz	3.02.1947 Malowiska	301/M 1947
273	GLAGLA Walter Bergmann	Miechowitz Stillersfelder Str. 11	4.06.1915 Miechowitz	15.01.1947 Kadiewka	302/M 1947
274	PUSIK Josef Bergmann	Miechowitz Braustr. 15	25.02.1912 Miechowitz	30.10.1946 Nikanor	303/M 1947
275	MEISNER Franz Eisenbahner	Miechowitz Blücherstr. 9	8.10.1914 Miechowitz	8.02.1947 Kadiewka	304/M 1947
276	KOLOCZEK Alois	Miechowitz Holteistr. 4	23.01.1911 Miechowitz	3.08.1946 Szutina	305/M 1947
277	CIOLEK Ignatz Schlosser	Miechowitz Wikarekstr. 3	24.07.1904 Miechowitz	28.02.1947 b. Woroszyłowgrad	306/M 1947
278	DERBER Richard Bergmann	Miechowitz Braustr. 14	2.04.1909 Miechowitz	17.03.1947 Nikanor	308/M 1947
279	SCHMIDT Johann Schlosser	Miechowitz Bontzekstr. 6	22.11.1905 Miechowitz	10.08.1945 Parkamona	309/M 1947
280	WOJTZIK Paul Bergmann	Miechowitz Kirchstr. 27	25.04.1901 Guttentag	30.05.1947 Arnsdorf	311/M 1947
281	MERKLA Johann Bergmann	Miechowitz Tiele-Winckler- str. 5	26.05.1902 Miechowitz	15.08.1946 Nikanor	312/M 1947
282	PATEROK Theophil Bergmann	Miechowitz Karfer Str. 11	24.04.1905 Karf	28.02.1947 Michnikow (UdSSR)	313/M 1947
283	HAJDA Richard Bergmann	Miechowitz Hindenburg- str. 25a	3.08.1907 Miechowitz	30.04.1947 Melnikow	314/M 1947
284	KOSIOL Anton Bergmann	Miechowitz Gartenstr. 18a	14.01.1905 Miedar	16.06.1947 Kistrzyn (UdSSR)	315/M 1947
285	MANDLA Leopold Bergmann	Miechowitz Stillersfelder Str. 24	14.11.1901 Lubetzko	15.02.1947 Nikanor	316/M 1947

286	ANDRATZEK Hermann Bergmann	Miechowitz Wikarekstr. 11	28.11.1904 Tarnowitz	19.06.1945 Krupske	317/M 1947
287	KUCZNIK Maximilian Bergmann	Miechowitz Sonnenstr. 13	16.01.1906 Miechowitz	15.03.1947 Szutnia	318/M 1947
288	KUSNIK Karl Bergmann	Miechowitz Teichstr. 7	4.02.1896 Kattowitz	3.10.1945 Woroszylowgrad	322/M 1947
289	JANITZEK Alois Bergmann	Miechowitz Gartenstr. 7	2.05.1904 Miechowitz	20.01.1946 Borzum	323/M 1947
290	SOWIK Josef Arbeiter	Miechowitz Engestr. 3	25.02.1902 Miechowitz	3.12.1946 auf dem Transport in Frankfurt/O	324/M 1947
291	BONK Paul Maurer	Miechowitz Schlageterstr. 6	27.06.1904 Lipine	3.03.1947 Brest Litowsk	332/M 1947
292	MACHATE Albert Schmied	Miechowitz Holteistr. 3	12.11.1907 Lipa	15.02.1947 Karbanit	334/M 1947
293	CIEŚLIK Franz Bergmann	Miechowitz Neuviktoria- str. 3	11.09.1900 Bobrek	24.05.1947 Odessa	10/M 1948
294	KNOP Maximilian Bergmann	Miechowitz Kuhnastr. 9	7.10.1911 Karf	18.01.1947 Nikower	11/M 1948
295	MUCHALA Paul Bergmann	Miechowitz	31.12.1910 Zawodzie	29.03.1947 Izwienowataja	12/M 1948
296	SCHELIGA Josef Maschinist	Miechowitz Braustr. 8	24.11.1910 Miechowitz	18.09.1946 Kriwojrog	14/M 1948
297	KOLODSIEJ Richard Bergmann	Miechowitz Hindenburg- str. 46	16.09.1902 Miechowitz	Makiewka	16/M 1948
298	BUGLOWSKI Paul Bergmann	Miechowitz Braustr. 15	29.12.1899 Miechowitz	5.12.1945 Szutina	18/M 1948
299	MITULLA Theodor Bergmann	Miechowitz Blücherstr. 9	17.02.1903 Miechowitz	27.02.1947 Kriwojrog	19/M 1948

300	SCHINDLER Georg Bergmann	Miechowitz Hindenburg-str. 70	17.04.1912 Miechowitz	2.02.1946 Frankfurt/O.	20/M 1948
301	HANICH Alois Maschinist	Miechowitz	18.11.1895 Moschen	7.09.1945 Aktiubińsk	31/M 1948
302	SKIBA Anton Maschinist	Miechowitz Kubothstr. 9	12.01.1909 Pawonkau	15.02.1947 Szutina	39/M 1948
303	KWICZALLA Paul Bergmann	Miechowitz Klosterstr. 12	17.11.1905 Michalkowitz	20.10.1946 Brest Litowsk auf dem Transport	45/M 1948
304	MACIOSCHEK Stephan Bergmann	Miechowitz Hindenburg-str. 10	24.12.1902 Wischnitz Kr. Gleiwitz	22.12.1946 Rudnik	47/M 1948
305	MARKEFKA Heinrich Uhrmacher	Miechowitz Hindenburg-str.	4.03.1903 Miechowitz	20.07.1945 Dybalcewo	57/M 1948
306	WINGERT Anton Restaurator	Miechowitz Hindenburg-str. 18	11.04.1896 Thurze	1.05.1946 Kandalesza	65/M 1948
307	KUTZOP Valentin Bergmann	Miechowitz Gartenstr. 19a	25.11.1903 Beuthen	12.09.1947 Jeromina	68/M 1948
308	PODSIMSKI Paul Bergmann	Miechowitz Schloßstr. 18	22.12.1909 Miechowitz	1.01.1947 Nikanor	70/M 1948
309	LUDWIG Adolf Bergmann	Miechowitz Kurfürsten-str. 9	15.12.1914 Miechowitz	3.08.1946 Stalino	85/M 1948
310	GESERICH Wilhelm Arbeiter	Miechowitz Lazarettstr. 3	20.08.1900 Lenartowitz	15.12.1945 Łysystroj	86/M 1948
311	JASCZYK Wilhelm Bergmann	Miechowitz Gartenstr. 18b	6.01.1911 Miechowitz	15.10.1946 Karbanit	87/M 1948
312	ZELAWSKI Viktor Schlosser	Miechowitz Schlageterstr. 15	14.10.1908 Bobrek	15.09.1947 Łysystroj	89/M 1948

313	KWAPULINSKI Alfred Bergmann	Miechowitz Stillersfelder Str. 6	1.12.1906 Lipine	17.11.1947 Irmina	92/M 1948
314	BOBER Emil Elektriker	Miechowitz Wikarekstr. 7	21.05.1907 Miechowitz	15.03.1947 Łysystroj	93/M 1948
315	WOJTZIK Josef Angestellter	Miechowitz Klosterstr. 16	21.05.1907 Miechowitz	20.04.1946 Minsk	94/M 1948
316	BOGDON Alois Bergmann	Miechowitz Saarlandstr. 15	7.10.1908 Bauerwitz	15.08.1945 Kadiewka	97/M 1948
317	CEMPULIK Heinrich Dachdecker	Miechowitz Lazarettstr. 15	15.07.1905 Miechowitz	22.08.1947 Kadiewka	118/M 1948
318	POETE Theophil Bergmann	Miechowitz Kurfürsten- str. 5	15.12.1901 Zaborz	29.06.1947 Odessa	124/M 1948
319	SCHIGULLA Josef Maschinist	Karf	21.01.1889 Miechowitz	21.10.1945 Kryzostan	154/M 1948
320	KRZYKAWSKI Ernst Bergmann	Miechowitz Schlageterstr. 6	2.12.1912 Miechowitz	14.06.1947 Frankfurt/O.	155/M 1948
321	CIOLEK Theophil Bergmann	Miechowitz Schillerstr. 3	9.04.1906 Miechowitz	16.06.1947 Artioma	160/M 1948
322	WALERUS Richard Maschinist	Miechowitz Kronprinzen- str. 12	9.03.1903 Miechowitz	27.08.1946 Makiewka	161/M 1948
323	SCHWEINOCH Roman Bergmann	Miechowitz Schulstr. 3	7.08.1912 Schwientochlo- witz	10.06.1947 Arszoma	166/M 1948
324	GRZESCHIK Franz Hauer	Miechowitz Fasaneriestr. 20	21.08.1906 Karf	31.01.1946 Karbonit	167/M 1948
325	ŻYLKA Emil Bergmann	Miechowitz Feldstr. 16	31.05.1910 Miechowitz	15.08.1947 Nikanor	169/M 1948
326	KLACZKA Hubert Bergmann	Miechowitz Kirchstr. 23	30.10.1905 Miechowitz	5.10.1957 Delta (Donezbecken)	172/M 1948

327	KAINTOCH Erwin Bergmann	Miechowitz Stillersfelder Str. 22	19.08.1913 Miechowitz	23.08.1947 Nikanor	174/M 1948
328	BACHEN Wilhelm Bergmann	Miechowitz Gartenstr. 20b	9.12.1916 Miechowitz	9.05.1946 Samostje	182/M 1948
329	KOPIETZ Paul Arbeiter	Miechowitz Blücherstr. 8	29.06.1908 Groß Lassowitz	30.09.1947 Woroszyłowgrad	186/M 1948
330	MICZKA Richard Bergmann	Miechowitz Friedhofstr. 6	6.04.1912 Miechowitz	22.08.1947 Kriwojrog	187/M 1948
331	PICHURA Josef Bergmann	Miechowitz Kuhnastr. 1	17.02.1914 Miechowitz	29.09.1947 Kriwojrog	188/M 1948
332	SCHELIGA Viktor Schmied	Miechowitz Schlageterstr. 10	11.05.1905 Miechowitz	15.10.1947 Dibalcewo UdSSR	189/M 1948
333	FRÖHLICH Alfred Bergmann	Miechowitz Kronprinzen- str. 4	6.07.1908 Miechowitz	15.06.1947 Artiomach	191/M 1948
334	KREBS Hyazinth Bergmann	Miechowitz Hindenburg- str. 11a	8.09.1906 Karf	13.10.1945 Krupsko	200/M 1948
335	GRZESCHIK Philipp Bergmann	Miechowitz Wiesenstr. 19	10.06.1906 Ellguth Turawa	17.04.1948 Kriwojrog	205/M 1948
336	BILERT Richard Arbeiter	Miechowitz Skaletzstr. 19	30.10.1898 Königshütte	31.03.1947 auf dem Eisenbahntransport in der UdSSR	217/M 1948
337	SCHELIGA Paul Bergmann	Miechowitz Felixstr. 4	6.03.1905 Miechowitz	31.07.1945 Krasnowodzk	12/M 1949
338	PAPIOREK Franz Bergmann	Miechowitz Hindenburg- str. 30	1.04.1898 Karf	30.04.1947 Lesirzańsk	21/M 1949
339	KORNEK Peter Bergmann	Miechowitz Bontzekstr. 11	17.01.1905 Miechowitz	20.12.1945 Borzum	22/M 1949

340	FELDER Peter Bergmann	Miechowitz Sonnenstr. 3	27.06.1883 Nikolai	15.08.1945 Kopejsk hinter d. Ural	36/M 1949
341	FREIER Josef Schlosser	Miechowitz Hermannstr. 2	1.03.1910 Karf	25.09.1945 Charków	48/M 1949
342	HOLUSCHA Reinhold Bergmann	Miechowitz Brucknerweg 3a	12.07.1906 Karf	30.11.1945 Frankfurt/O.	68/M 1949
343	LAMPKE Anton Bergmann	Miechowitz Braustr. 8	29.04.1909 Miechowitz	10.03.1947 Brześć Lit.	77/M 1949
344	MISERA Josef Bergmann	Miechowitz Sonnenstr. 8	7.10.1904 Miechowitz	9.05.1946 Kriegsgebiet Kandrzin O.S.	82/M 1949
345	ZWIELONG Alfons Bergmann	Miechowitz Hindenburg- str. 24	27.07.1912 Miechowitz	15.01.1947 Frankfurt/O.	89/M 1949
346	URBANCZYK Paul Bergmann	Miechowitz Kirchstr. 4	26.06.1902 Miechowitz	2.12.1945 Frankfurt/O.	101/M 1949
347	HEIN Oskar Schmied	Miechowitz Stillersfelder Str. 3b	9.10.1909 Miechowitz	14.07.1948 Delta	104/M 1949
348	EBERT Georg Bergmann	Miechowitz Hindenburg- str. 24	4.10.1897 Beuthen	20.12.1946 Nikanor	131/M 1949
349	KABUS Ernst Bergmann	Miechowitz Hindenburg- str. 11	13.07.1903 Mühlhof	9.05.1946 Mohilewo	135/M 1949
350	BROLL Karl Bergmann	Miechowitz Wiesenstr. 21	17.07.1903 Miechowitz	9.05.1946 Tachta b. Woroszyłowsk	136/M 1949
351	KUSCH Josef Bergmann	Miechowitz Verbindungs- str. 5	23.03.1912 Miechowitz	9.05.1946 Donieck	138/M 1949
352	WEISS Herbert Konditor	Miechowitz Tiele-Winckler-Str. 5	10.09.1900 Beuthen	12.05.1946 Kandelaszka	141/M 1949

353	SYGA Konrad Bergmann	Miechowitz Hermannstr. 41	29.01.1908 Miechowitz	31.12.1948 verbessert auf 6.01.1950 Nikanor	145/M 1949
354	GUROWIEC Nikolaus Schlosser	Miechowitz Kuhnastr.	6.12.1907 Miechowitz	31.03.1947 Makiewka	170/M 1949
355	MROSEK Richard Bergmann	Miechowitz Hindenburg- str. 24	2.09.1914 Miechowitz	15.03.1946 Krzystoforow	261/M 1949
356	BOGACZ Erich Bergmann	Miechowitz Fasaneriestr. 16	14.04.1904 Miechowitz	28.03.1947 Donezbecken	277/M 1949
357	ENNIG Maximilian Bergmann	Miechowitz Friedenshort- str. 4	2.12.1912 Groß Strehlitz	30.05.1947 Nikanor	281/M 1949
358	GRITZNER Paul Bergmann	Miechowitz Skaletzstr. 29	1.06.1899 Lipine	30.04.1945 Krasnowodzk	292/M 1949
359	KACZMAR- CZYK Paul Bergmann	Miechowitz Tiele-Winckler- Str. 9	23.09.1905 Miechowitz	30.10.1946 Pakamona	300/M 1949
360	ROTER Maximilian Beamter	Miechowitz Hindenburg- str. 6	26.08.1893 Lipine	18.05.1945 Remerow	23/M 1950
361	FLEMMING Josef	Miechowitz Kronprinzen- str. 8	11.12.1907 Miechowitz	10.04.1947 Odessa	70/M 1950
362	RÖSNER Richard Arbeiter	Miechowitz Lazarettstr. 2	5.04.1923 Miechowitz	24.10.1949 UdSSR	140/M 1950
363	PACH Bernhard Bergmann	Miechowitz Lazarettstr. 7a	20.05.1900 Hohenlinde	30.04.1946 Kadejewka	145/M 1950
364	THOMA- SCHEK Josef Bergmann	Miechowitz	22.09.1914 Miechowitz	20.12.1947 UdSSR	152/M 1950
365	BAJER Walter Beamter	Miechowitz	14.06.1902 Königshütte	5.03.1947 Makiejewka	162/M 1950

366	KOLASINSKI Florian Arbeiter	Miechowitz Reptener Str. 6	4.05.1902 Ptakowitz	31.07.1947 Krzymatorówka	71/M 1951
367	KUPSKI Karl Baumeister	Miechowitz Felixstr. 5	7.09.1901 Beuthen	6.10.1945 Jasskòw	22/M 1952
368	MADEJSKI Felix Bauer	Miechowitz Kirchstr. 35	18.05.1902 Miechowitz	1.06.1948 Zongajt b. Baku	133/M 1955

JOSEF BONCZOL

7. ZUSATZLISTE DER DEPORTATIONSOPFER

Bei dem folgenden Verzeichnis handelt es sich um eine Ergänzung der Liste internierter Personen aus Mięchowitz, die als Deportierte in der UdSSR verstarben.

Das Hauptverzeichnis umfaßt mit genauer Angabe des Todesdatums und des Todesortes die Namen von 368 Personen, die während ihrer Deportation in die UdSSR ums Leben kamen.

Die folgende Aufstellung erfaßt dagegen nur die Namen, bei denen das Standesamt fiktive Todesdaten angab und sich darüber hinaus in der Rubik „Todesort" die Eintragung „an Orten von Kriegshandlungen verstorben" bzw. „außerhalb der Staatsgrenzen verstorben" oder auch „Ort unbekannt" findet. Im Prinzip wiederholen sich drei vom Standesamt angenommene Todesdaten: 9. 05. 1946 oder 9. 05. 1948 bzw. 31. 12. 1948.

Über die Hälfte der hier erwähnten Personen kommen auch in dem Ende 1946 vom Generalbevollmächtigten der Republik Polen angefertigten Verzeichnis internierter Personen vor, so daß man die Formulierung „außerhalb der Staatsgrenzen verstorben" oder eine ähnliche Umschreibung interpretieren kann - verstorben in der UdSSR.

Die Methode, den Todesort nicht eigens anzugeben, wurde vom Standesamt seit Mitte September 1948 angewandt.

Allen in der nachfolgenden Liste genannten Personen schrieb das Standesamt eine deutsche Staatsangehörigkeit zu.[49]

[49] Diese Bestimmung der Staatsangehörigkeit steht nicht im Einklang mit dem Titel des vom Bevollmächtigten der Republik Polen angefertigten Verzeichnisses. Dort heißt die Aufstellung „Verzeichnis polnischer Bürger, die als Bergleute in die UdSSR deportiert wurden..."

Das Zeichen „x“ in der Rubrik „Name“ bedeutet, daß die entsprechende Person auch im Verzeichnis des Generalbevollmächtigten der Republik Polen vorkommt.[50] Das Zeichen „M“ bei der Signatur der Akten bezeichnet das Standesamt Miechowitz.

Lfd. Nr.	Name Vorname Beruf	Wohnort	Geburtsort u. -datum	Todesort u. -datum	AZ Standes-amt
1	2	3	4	5	6
1	HUKMAN x Anton Bergmann	Miechowitz Wiesenstr. 13	24.09.1902 ?	9.05.1946 im Kriegsgebiet	138/M/ 1948
2	STRZELCZYK Hugo Aufseher	Miechowitz Kronprinzen-str. 13	29.03.1895 Miechowitz	9.05.1948 außerhalb von Polen	209/M/ 1948
3	KUNA Franz	Miechowitz Tiele-Winckler-Str. 7	29.01.1905 Bobrownik	9.05.1948 außerhalb von Polen	210/M/ 1948
4	SOBALLA x Peter Bergmann	Miechowitz Kurfürsten-str. 8	28.06.1904 Beuthen	siehe oben	211/M/ 1948
5	BOLDT Theodor Schlosser	Miechowitz Stillersfelder Str. 11	20.07.1899 Świbia Kr. Kempen	siehe oben	215/M/ 1948
6	DOBEK Heinrich Bergmann	Miechowitz Bobreker Weg	24.09.1902 Königshütte	siehe oben	216/M/ 1948
7	HANECZOK x Wilhelm Bergmann	Miechowitz Kronprinzen-str. 10	30.03.1909 Miechowitz	siehe oben	219/M/ 1948
8	GOSCHYTZ Ernst Maschinist	Miechowitz Reptener Str. 29	25.03.1907 Miechowitz	9.05.1948 im Gebiet von Kriegshandlungen	14/M/ 1949

[50] Man weiß jedoch, daß dieses Verzeichnis nicht sämtliche Namen der Internierten enthält. Also kann man in den Fällen, in denen beim Namen das Zeichen „x“ fehlt, vermuten, daß diese Personen gleichfalls in die UdSSR deportiert wurden. Andererseits mag die Tatsache verwundern, daß das Standesamt in Miechowitz bei den Personen, die fraglos in die UdSSR deportiert worden waren und um deren Heimkehr sich der Generalbevollmächtigte der Republik Polen bemühte, den Todesort mit „an Orten von Kriegshandlungen“ bzw. „während der Kriegshandlungen“ umschrieb und als Todesdatum den 9. 05. 1946 oder den 31. 12. 1948 angab (Pos. 1, 17, 23, 30 und 51 des folgenden Verzeichnisses).

9	KROLL Richard Bergmann	Miechowitz Kuhnastr. 3	26.09.1907 Karf	9.05.1946 Ort nicht festgestellt	15/M/ 1949
10	RYPALLA x Richard Maschinist	Miechowitz Blücherstr. 8	4.04.1907 Bobrek	9.05.1948 außerhalb der Staatsgrenzen	16/M/ 1949
11	LISUREK x Georg Bergmann	Miechowitz Schillerstr. 3	26.09.1909 Miechowitz	31.12.1948 außerhalb der Staatsgrenzen	23/M/ 1949
12	KONOPKA x Paul Bergmann	Miechowitz Hindenburg- str. 79a	21.04.1909 Miedar	siehe oben	28/M/ 1949
13	KOZIOL Johannes Bergmann	Miechowitz Reptener Str. 2	27.08.1905 Miechowitz	31.12.1948 während der Kriegshandlungen	31/M/ 1949
14	MARKIEFKA Franz Bergmann	Miechowitz Karfer Str. 20	16.09.1907 Frei Pipa	31.12.1948 außerhalb der Staatsgrenzen	32/M/ 1949
15	PIERSINKA Rudolf Bergmann	Miechowitz Karfer Str. 20	7.09.1904 Oppeln	siehe oben	33/M/ 1949
16	FLORJAN Hermann Beamter	Miechowitz Klosterstr. 13	28.05.1898 Kratzkau	9.05.1946 im Gebiet von Kriegshandlungen	35/M/ 1949
17	HUTKA x Konrad Bergmann	Miechowitz Kirchstr. 6a	6.02.1911 Wieschowa	31.12.1948 während der Kriegshandlungen	37/M/ 1949
18	KASPRZYK Robert Bergmann	Miechowitz Parkstr. 6a	21.02.1913 Miechowitz	31.12.1948 außerhalb der Staatsgrenzen	55/M/ 1949
19	TSCHAMPEL Johannes Bergmann	Miechowitz Tiele-Winckler- Str. 48	2.07.1904 Karf	siehe oben	56/M/ 1949
20	HOROK Ernst Maschinist	Miechowitz Skaletzstr. 21	16.08.1897 Roßberg	siehe oben	57/M/ 1949
21	KOSTORZ Anton Bergmann	Miechowitz Wiesenstr. 15	11.12.1904 Miechowitz	siehe oben	64/M/ 1949

22	MAJERCZYK Leopold Bergmann	Miechowitz Kirchstr. 9a	14.11.1896 Schomberg	siehe oben	66/M/ 1949
23	SCZENDZINA x Josef Bergmann	Miechowitz Stillersfelder Str. 3b	4.03.1897 Miechowitz	31.12.1948 im Gebiet von Kriegshandlungen	67/M/ 1949
24	BARTOSCH x Josef Bergmann	Miechowitz Lazarettstr. 32	24.03.1915 Bobrek	31.12.1948 außerhalb der Staatsgrenzen	71/M/ 1949
25	KROCZEK x Rudolf Schlosser	Miechowitz Bontzekstr. 10	15.06.1903 Woiska	5.01.1947 außerhalb der Staatsgrenzen	72/M/ 1949
26	MOJSISCH x Friedrich Bergmann	Miechowitz Parkstr. 3	29.11.1900 Grecz Kr. Oppeln	31.12.1948 außerhalb der Staatsgrenzen	73/M/ 1949
27	KLASCHIK August Bergmann	Miechowitz Braustr. 4	31.08.1911 Miechowitz	9.05.1946 außerhalb der Staatsgrenzen	87/M/ 1949
28	GERSTBERGER Franz Bergmann	Miechowitz Kurfürsten- str. 8	21.12.1903 Miechowitz	31.12.1948 außerhalb der Staatsgrenzen	90/M/ 1949
29	JANUSCHx Johann Steiger	Miechowitz Rokittnitzer Str. 3	23.12.1901 Roßberg	siehe oben	91/M/ 1949
30	KROLL x Alois Bergmann	Miechowitz Tiele-Winckler- Str. 9	20.06.1912 Miechowitz	9.05.1946 im Kriegsgebiet	92/M/ 1949
31	PANDZIOCH Zyprian Bergmann	Miechowitz Reptener Str. 19	25.09.1895 Radzionkau	31.12.1948 außerhalb der Staatsgrenzen	93/M/ 1949
32	PODKOWA x Franz Bergmann	Miechowitz Felixstr. 6	2.12.1909 Miechowitz	siehe oben	95/M/ 1949
33	PYKA Viktor Bergmann	Miechowitz Schlageterstr. 10	17.10.1901 Bielschowitz	siehe oben	96/M/ 1949
34	SACHER Alfons Bergmann	Miechowitz Reptener Str. 3	18.10.1912 Miechowitz	siehe oben	97/M/ 1949

35	SKORUPA Franz Bergmann	Miechowitz Kronprinzen- str. 4	22.06.1906 Orzegow	siehe oben	98/M/ 1949
36	KALCZOK x Josef Schlosser	Karf	10.03.1914 Karf	31.12.1948 außerhalb der Staatsgrenzen	100/M/ 1949
37	KASUCH x Johann Bergmann	Miechowitz Hindenburg- str. 11	10.05.1913 Karf	siehe oben	133/M/ 1949
38	MUCHA Paul Arbeiter	Miechowitz Schloßstr. 13	30.04.1910 Miechowitz	siehe oben	137/M/ 1949
39	BRONDER x Alois Bergmann	Miechowitz Braustr. 15	28.09.1904 Bzinitz	siehe oben	140/M/ 1949
40	PLUTA x Leo Maschinist	Miechowitz Blücherstr. 10	7.04.1900 Zawodzie	siehe oben	142/M/ 1949
41	PIETZKA Johannes Bergmann	Miechowitz Schlageterstr. 2	4.10.1908 Miechowitz	siehe oben	143/M/
42	KLIN x Vinzenz Bergmann	Miechowitz Am Graben 2	19.07.1914 Miechowitz	siehe oben	144/M 1949
43	SCHNEIDER Julius Bergmann	Miechowitz	12.04.1912 Miechowitz	siehe oben	146/M/ 1949
44	KRÖMER x Felix Bergmann	Miechowitz Schlageterstr. 2	14.05.1916 Mikultschütz	siehe oben	148/M/ 1949
45	KOSCHYK x Peter Bergmann	Miechowitz Hindenburg- str. 38	21.07.1912 Miechowitz	siehe oben	149/M/ 1949
46	PODSIMSKI x Georg Bergmann	Miechowitz Kuhnastr. 9	24.04.1898 Lipine	siehe oben	151/M/ 1949
47	JANITZEK Theodor Bergmann	Miechowitz Lazarettstr. 26	3.01.1899 Miechowitz	31.12.1948 außerhalb der Staatsgrenzen	152/M/ 1949

48	SWEINOCH x Roman Bergmann	Miechowitz Schulstr. 3	7.08.1912 Schwientoch- lowitz	siehe oben	153/M/ 1949
49	TISCHBIEREK Josef Bergmann	Miechowitz Hindenburg- str. 2	13.03.1897 Barglowka	siehe oben	155/M/ 1949
50	CIOLEK Franz Bergmann	Miechowitz Wikarekstr. 5	24.09.1909 Miechowitz	siehe oben	156/M/ 1949
51	POSPIECH x Alfons Bergmann	Miechowitz Lazarettstr. 24	24.02.1900 Miechowitz	31.12.1948 in der Region	157/M/ 1949
52	KANDZIA Paul Bergmann	Miechowitz Lazarettstr. 26	10.01.1907 Bittkow	31.12.1948 außerhalb der Staatsgrenzen	158/M/ 1949
53	BRUMMA Josef Bergmann	Kattowitz	3.07.1900 Miechowitz	9.05.1946 Ort nicht festgestellt	159/M/ 1949
54	GATZKI Richard Eisenbahner	Miechowitz Hindenburg- str. 27	30.05.1893 Larischhof	31.12.1948 außerhalb der Staatsgrenzen	162/M/ 1949
55	CZEPALA Johann Arbeiter	Miechowitz Hermannstr. 14	20.10.1878 Studzienna	siehe oben	167/M/ 1949
56	DOBCZYK x Josef Maschinist	Miechowitz Schloßstr. 13	25.04.1911 Schomberg	siehe oben	168/M/ 1949
57	FRITSCH Josef Bergmann	Miechowitz Reptener Str. 1	11.01.1904 Kleindom- browka	siehe oben	169/M/ 1949
58	MÜLLER x Paul Bergmann	Miechowitz Kuhnastr. 10	8.05.1913 Miechowitz	31.12.1948 außerhalb der Staatsgrenzen	203/M/ 1949
59	WOSCH Josef Bergmann	Miechowitz Gartenstr. 21a	18.03.1905 Miechowitz	siehe oben	204/M/ 1949
60	SOWODNIK Nikolaus Arbeiter	Miechowitz Grünstr. 7	6.12.1900 Brynek	siehe oben	206/M/ 1949

61	GAJDZIK x Alois Bergmann	Miechowitz Lazarettstr. 26	2.07.1895 Rokittnitz	siehe oben	210/M/ 1949
62	MÜLLER Konrad Schlosser	Miechowitz Blücherstr. 10	21.11.1913 Karf	siehe oben	215/M/ 1949
63	JENDRYCH Paul Maschinist	Miechowitz Gartenstr. 2a	23.08.1886 Breslau	siehe oben	216/M 1949
64	PAULUS Felix Schweißer	Miechowitz Reptener Str. 3	20.11.1920 Kopienica	siehe oben	220/M/ 1949
65	EICHLER x Wilhelm Bergmann	Miechowitz Lazarettstr. 3	31.07.1918 Tarnowitz	siehe oben	227/M/ 1949
66	GRABARA x Edward Bergmann	Miechowitz Schloßstr. 9	13.10.1916 Miechowitz	siehe oben	228/M/ 1949
67	HAUKE Alfons Bergmann	Miechowitz Klosterstr. 12	5.09.1909 Miechowitz	siehe oben	230/M/ 1949
68	IMIOLCZYK Josef Schmied	Miechowitz Teichstr. 6	12.07.1899 Miechowitz	siehe oben	231/M/ 1949
69	JAREK x Georg Schlosser	Miechowitz Feldstr. 20	9.04.1907 Miechowitz	31.12.1948 außerhalb der Staatsgrenzen	2232/M/ 1949
70	JANOCHA Peter Angestellter	Miechowitz Hindenburg- str. 10	22.02.1899 Hindenburg	siehe oben	233/M/ 1949
71	KORNEK x Peter Bergmann	Miechowitz Bontzekstr. 11	17.01.1905 Miechowitz	siehe oben	236/M/ 1946
72	KUCHARCZYK Paul	?	12.06.1896 Miechowitz	siehe oben	239/M/ 1949
73	ROTER Robert Bergmann	Miechowitz Gartenstr. 12b	13.05.1907 Miechowitz	siehe oben	246/M/ 1949
74	SCHIROKA x Paul Arbeiter	Miechowitz Kirchstr. 6	16.01.1910 Miechowitz	siehe oben	248/M/ 1949

75	WASNER x Robert Bergmann	Miechowitz Blücherstr. 5	22.05.1907 Simmenau	siehe oben	250/M/ 1949
76	BRODA Konrad Bergmann	Miechowitz Gartenstr. 5	8.02.1904 Miechowitz	siehe oben	276/M/ 1949
77	WASNER x Josef Bergmann	Miechowitz Lazarettstr. 26	16.02.1899 Kozłowice	siehe oben	286/M/ 1949
78	PESCHKE Adolf Maschinist	Miechowitz Wiesenstr. 7	23.08.1899 Seget	siehe oben	288/M/ 1949
79	WYLENZEK x Paul Bergmann	Miechowitz Kronprinzen- str. 6	12.11.1902 Repten	siehe oben	291/M/ 1949
80	MEDIJAS x Josef Elektriker	Miechowitz Kuhnastr. 10	10.02.1911 Hohenlinde	31.12. 1948 Ort nicht festgestellt	306/M/ 1949
81	STASCH x Hubert Bergmann	Miechowitz Grünstr. 1	8.10.1912 Miechowitz	31.12.1948 außerhalb der Staatsgrenzen	329/M/ 1949
82	PISCHKA Alfons Angestellter	Miechowitz Stillersfelder Str. 4	21.05.1912 Miechowitz	siehe oben	38/M/ 1950
83	GLOWKA x Karl	Miechowitz Kronprinzen- str. 9a	19.04.1907 Alt Cosel	siehe oben	50/M/ 1950
84	WOJTECZEK x Anton Bergmann	Miechowitz Kronprinzen- str. 12	2.12.1903 Tarnowitz	siehe oben	51/M/ 1950
85	WIECZOREK x Georg Bergmann	Miechowitz Schloßstr. 9	17.11.1904 Königshütte	9.05.1946 Ort nicht festgestellt	97/M/ 1950
86	JAROMIN Edmund Bergmann	Miechowitz Lazarettstr. 13	27.11.1911 Hamborn	31.12.1948 Ort nicht festgestellt	108/M/ 1950
87	OCHMAN Josef Arbeiter	Miechowitz	24.10.1894 Kadlub Kr. Rosenberg O.S.	siehe oben	141/M/ 1950

88	SCZENDZINA Johann Arbeiter	Miechowitz Skaletzstr. 3	31.10.1899 Guttentag	siehe oben	48/M/ 1951
89	KALEJA Robert Bergmann	Miechowitz Reptener Str. 4	7.05.1903 Miechowitz	siehe oben	50/M/ 1951
90	SCHMIALA Wilhelm Klempner	Miechowitz Schillerstr. 4	24.08.1912 Siemianowitz	siehe oben	64/M/ 1951
91	STROZIK Edmund	Miechowitz	12.09.1896 Beuthen	siehe oben	140/M/ 1951

JOSEF BONCZOL

8. DIE GEFANGENENLAGER IN MIECHOWITZ

Während des Krieges gab es in Miechowitz einige Kriegsgefangenenlager, so u.a. in der Kronprinzen- und Hohenzollernstraße sowie auf dem Terrain des Westschachtes der Preussengrube. Die Chronik dieser Zeche enthält hierzu viele Details.[51]

Verschwiegen wurde jedoch die Tatsache, daß nach dem Krieg in den Lagerbaracken in der Hohenzollernstraße deutsche Gefangene untergebracht waren. Im Januar 1948 gab es in diesem Lager noch 516 in der Zeche Preussen beschäftigte Gefangene.[52] Nach Pflasterung der Tiele-Winckler-Straße durch die Gefangenen wurde das Lager 1949 aufgelöst. Bis dahin starben viele Gefangene.

Die genaue Zahl der verstorbenen Gefangenen läßt sich nicht ermitteln, weil die Registrierung der Toten durch das Standesamt erst nach mehr als einem Jahr vorgenommen wurde und zwar auf der Grundlage verspäteter, schriftlicher Meldungen seitens der Preussengrube. Im Sterberegister des Standesamtes Miechowitz aus dem Jahr 1947 sind lediglich fünf Namen in den Jahren 1945 und 1946 verstorbener Gefangener verzeichnet, während auf dem evangelischen Friedhof in Miechowitz bis heute sieben Gräber von Gefangenen existieren, von denen nur drei vom Standesamt registriert wurden. Somit wurden nicht alle Toten vom Standesamt erfaßt.

Unter Beachtung dieser Abweichungen läßt sich schlußfolgern, daß die zahlenmäßige Erfassung der Gefangenen, ihres Ablebens und ihrer Begräbnisstätte nicht mit der nötigen Sorgfalt vorgenommen wurde.

---

[51] T. Dybeł, J. Hebliński, a.a.O., S. 181-183.

[52] Staatsarchiv Kattowitz, Kreisamt Beuthen, AZ 394, Situationsbericht der Gemeinde Miechowitz, 1948.

Es ist unbekannt, wie viele Gefangene, deren Tod dem Standesamt nicht mitgeteilt wurde, an anderen, nicht ermittelten Orten bestattet wurden, selbst im Bereich des evangelischen Friedhofs. Die Grabkreuze wurden vor Jahren entfernt, und viele Gräber sind zugewachsen.

Die folgende Liste verstorbener deutscher Gefangener wurde teils aufgrund zugänglicher Daten aus Standesamtsbüchern, teils aufgrund von Inschriften heute nicht mehr existierender Grabkreuze erstellt.[53]

Lfd. Nr.	Name Vorname	Geburtsdatum u. -ort	Todesdatum u. -ort	Begräbnisstätte	Standesamtl. Registr.Datum u. AZ
1	2	3	4	5	6
1	EIMLER Artur	13.09.1900 Prenzlau	2.05.1946 Gefangenenlager Miechowitz	Miechowitz evangelischer Friedhof	24.01.1947 35/1947
2	BUCHAU Kurt	23.05.1902 Darrkemen	15.12.1945 Gefangenenlager Miechowitz	Miechowitz evangelischer Friedhof	24.01.1945 36/1947
3	BECKER Wilhelm	24.11.1909 Argenthal	2.11.1945 Gefangenenlager Miechowitz	unbekannt	24.01.1947 37/1947
4	ZUBROD Rudolf	28.09.1905 Kronberg	18.12.1945 Gefangenenlager Miechowitz	Miechowitz evangelischer Friedhof	24.01.1947 38/1947
5	FRÖSER Hans	9.12.1904 ?	18.12.1945 Gefangenenlager Miechowitz	unbekannt	24.01.1947 39/1947
6	HER-SCHER Ernst	fehlende Daten	7.12.1945 Gefangenenlager Miechowitz	Miechowitz evangelischer Friedhof	Nicht registriert
7	PIETRU-SZINSKI Wilhelm	28.12.1928 ?	22.04.1948 Gefangenenlager Miechowitz	Miechowitz evangelischer Friedhof	Nicht registriert

[53] Die Fotographie von der Gruppe der Kriegsgräber mit Kreuzinschriften habe ich 1970 aufgenommen. Auf die Gräber hat mich der damalige Totengräber, Herr Sterczyk, hingewiesen. Auf einem anderen Teil des Friedhofs, wo es Gräber ohne Kreuze gab, habe ich keine Aufnahmen gemacht. Die Grabkreuze mit den Inschriften wurden später wieder ergänzt und stehen bis heute.

8	WENGLER Richard	17.06.1911 ?	2.07.1946 Gefangenenlager Miechowitz	Miechowitz evangelischer Friedhof	Nicht registriert
9	THIEL Willi	1904 ?	18.07.1945 Gefangenenlager Miechowitz	Miechowitz evangelischer Friedhof	Nicht registriert

JOSEF BONCZOL

9. IM EVANGELISCHEN PFLEGEHEIM VERSTORBENE PERSONEN

Die in dem seit 1890 bestehenden evangelischen Pflegeheim in Miechowitz wohnenden Schwestern und schutzbedürftigen Kinder wurden überwiegend vor der heranrückenden Front ins Innere Deutschlands evakuiert. Im „Friedenshort" blieben nur einige Dutzend Personen zurück, die aus Alters- und Gesundheitsgründen oder wegen ihrer Funktion nicht evakuiert werden konnten oder wollten.

Sechs Personen starben im Laufe von zwei Wochen nach Durchzug der Front, weitere acht (darunter zwei Kinder) während der nächsten Monate.

Im „Friedenshort" herrschte nämlich Hunger.

Kräftigere Personen traten so weit wie möglich ihre bescheidenen Lebensmittelrationen an Schwache und Kranke ab.[54]

In sechs Fällen gab das Miechowitzer Standesamt als Todesursache Altersschwäche an. Man kann nicht ausschließen, daß Altersschwäche der Hauptgrund ihres Todes war, doch der im Heim von Mutter Eva herrschende Hunger hat hier wohl nachgeholfen. In den übrigen Fällen wurde keine Todesursache angegeben.

Das Standesamt registrierte diese Todesfälle aufgrund von Meldungen durch die damalige Leitung des „Friedenshorts". Sie wurden unmittelbar nach Eingang der Meldung standesamtlich registriert.

Die auf der folgenden Liste als letzte verzeichnete Frau wohnte zwar in der Hindenburgstraße 60 und nicht im „Friedenshort", aber sie war mit der evangelischen

[54] Nach dem Bericht von Diakonissen, die diese Hungerperiode überstanden und nach ihrer Aussiedlung in der Sowjetischen Besatzungszone unterkamen. Manche dieser Schwestern leben noch, sind um die 80 Jahre alt und wohnen in Heiligengrabe bei Wittstock. Ihre Erlebnisse und die Beschwerden ihrer Irrfahrt nach der Aussiedlung sind zum Teil in der Chronik des dortigen Diakonissenheims verzeichnet. 1975 hatte ich Gelegenheit, diese Aufzeichnungen zu lesen.

Pfarrei verbunden, und dieser Todesfall wurde daher von dieser dem Standesamt gemeldet.[55]

Name Vorname	Geburtsort u. -datum	Todesort u. -datum	Begräbnisort	Standesamtl. Registr.Datum u. AZ
1	2	3	4	5
KROLL Olga	24.10.1871 Wesolla	5.02.1945 Miechowitz Friedenshort	Miechowitz	24.02.1945 25/1945
WARMULLA Luise	1.01.1861 Friedrichsgrätz Kr. Oppeln	7.02.1945 Miechowitz Friedenshort	Miechowitz	24.02.1945 26/1945
BÖTTGER Auguste	16.03.1877 Seifersbach	7.02.1945 Miechowitz Friedenshort	Miechowitz	24.02.1945 27/1945
PUHLMANN Wilhelm	2.12.1890 Berlin	13.02.1945 Miechowitz Friedenshort	Miechowitz	27.02.1945 32/1945
STOLL Minna	7.12.1866 Kolberg	13.02.1945 Miechowitz Friedenshort	Miechowitz	27.02.1945 33/1945
HERZIG Klara	30.10.1933 Weisstein	27.02.1945 Miechowitz Friedenshort	Miechowitz	28.02.1945 36/1945
PUHLMANN Augusta	27.08.1863 Landsberg a. W.	29.05.1945 Miechowitz Friedenshort	Miechowitz	1.06.1945 111/1945
KRISZKO Maria	1875 Süßenrode Kr. Oppeln	26.07.1945 Miechowitz Friedenshort	Miechowitz	30.07.1945 182/1945
POL Martha	13.10.1906 Liegnitz	22.08.1945 Miechowitz Friedenshort	Miechowitz	24.08.1945 216/1945
DORN Renate	24.05.1944 Bendzin O.S.	15.08.1945 Miechowitz Friedenshort	Miechowitz	24.08.1945 217/1945

[55] Das Ableben dieser Frau steht wahrscheinlich mit der Übernahme des Hauses Hindenburgstraße 60 durch die sowjetische Militärkommandantur in Zusammenhang. Der Todesfall wurde mit fast einer dreijähriger Verspätung gemeldet und registriert. Der Standesbeamte vermerkte bei dieser Position: „Aufgrund einer Meldung der Polnischen Evangelischen Pfarrei vom 5. 12. 1947“.

POL Maria Kanzlistin	10.01.1925 Miechowitz	29.08.1945 Miechowitz Friedenshort	Miechowitz	30.08.1945 227/1945
PRILWITZ Sophie Diakonisse	8.02.1857 Berlin	10.09.1945 Miechowitz Friedenshort	Miechowitz	11.09.1945 269/1945
FEY Wilhelm Invalide	27.04.1878 Gola Kr. Namslau	20.09.1945 Miechowitz Friedenshort	Miechowitz	21.09.1945 269/1945
DEESLER Hedwig	7.04.1882 Ostrau Kr. Schrimm	3.02.1945 Miechowitz	Miechowitz	15.12.1947 343/1947

JOSEF BONCZOL

10. REPRESSIONEN IN DEN NACHKRIEGSJAHREN

Die Mehrzahl repressiver Handlungen gegenüber der einheimischen Bevölkerung in Oberschlesien beruhte auf einer Anweisung des damaligen Woiwoden, General Aleksander Zawadzki[56] und zusätzlich im Kreis Beuthen auf Entscheidungen des Kreisvorsitzenden Dr. Nantka-Namirski.

In dem vom stellvertretenden Beuthener Kreisvorsitzenden Władysław Czechowicz an die Gemeinden des Kreises Beuthen gerichteten Schreibens vom 13. 07. 1945 bezüglich der Feststellung von Personenverlusten findet sich folgende Formulierung: „Die Registrierung soll Personenverluste während der Okkupation erfassen, nicht aber solche bereits nach der Befreiung durch sowjetische und polnische Truppen.“[57] Diese Wendung macht genügend deutlich, warum die Registrierung der im Januar 1945 erschossenen Personen nachlässig vorgenommen wurde und warum man damals keine konkrete Zahl der von den Sowjets ermordeten Personen angab.

Zu den repressiven Handlungen kann man auch die von vielen Personen erzwungene Änderung der Schreibweise ihrer Familiennamen sowie die ihnen oft gegen ihren Willen verliehenen Vornamen zählen.

Der Gemeindevorsteher von Miechowitz schreibt in seinem Bericht vom März 1948 an das Beuthener Kreisamt[58]: „Angeordnet wird die Umschreibung deutscher Familien-

[56] Staatsarchiv Kattowitz, Kreisamt Beuthen, Zarządzenie Wojewody nr. 88 z dnia 18. 06. 1945r. (Anweisung des Woiwoden Nr. 88 vom 18. 06. 1945)
[57] Staatsarchiv Kattowitz, Kreisamt Beuthen, Heft Nr. 435.
[58] Ebd., Heft Nr. 394, S. 4.

und Vornamen von Mitarbeitern der Selbstverwaltung sowie gleichfalls die Umschreibung deutscher Grabinschriften."

In seinem Übereifer änderte der Gemeinderat von Miechowitz nicht nur die Familien- und Vornamen von Mitarbeitern der Selbstverwaltung. Man tat dies auch gegenüber sehr vielen Personen, besonders dann, wenn jemand um die Erteilung einer Urkunde oder Bescheinigung nachsuchte sowie in Sachen der Rente, der Sozialhilfe etc. Wenn die entsprechende Person der Änderung ihres Vornamens oder des ihres Kindes nicht zustimmte, verweigerte der Gemeinderat die Ausstellung der gewünschten Dokumente. Zu den von den Gemeindebeamten, insbesondere seitens des Standesamtes, nicht tolerierten Vornamen gehörten: Adolf, Albert, Günter, Konrad, Oskar, Reinhold, Rudolf, Stefan, Wendelin, Werner, Wilhelm und viele andere. Dies galt gleichfalls für weibliche Vornamen. Diese unrühmliche Praxis wirkt bis heute nach, besonders bei der Erledigung von Erbschaftsangelegenheiten.[59]

Auch Angehörige der damaligen Miechowitzer Miliz hatten keine sauberen Hände. Sie tauchten unverhofft bei Familien auf, bei denen einzelne Glieder während des Krieges zur Wehrmacht einberufen worden waren und forderten unter Androhung von Sanktionen die Herausgabe der Garderobe dieser Personen. Sie requirierten auch Möbel und andere Utensilien. Aufgrund verschiedener Interventionen gab man später den geschädigten Personen einen Teil ihrer Möbel zurück, doch die Garderobe blieb verschwunden.

Es mehrten sich Raubüberfälle auf Anwesen von Schlesiern, doch die Organe der Miliz verweigerten Hilfe und intervenierten in Fällen solcher Art nicht.

Im Sommer 1945 konfiszierte man bei allen Schlesiern sämtliche Rundfunkgeräte. An bestimmten Tagen mußte man das Radio zum Rathaus bringen.

Auf Befehl von General Aleksander Zawadzki beseitigte man die deutschen Grabinschriften. Hunderte von Grabsteinen unterlagen im Rahmen dieser Aktion der Verunstaltung oder wurden geradezu vernichtet. Es kam vor, daß manche Familien die Grabsteine ins Haus nahmen, sofern sie Platz für die Aufbewahrung hatten. Hier und dort stößt man noch auf Grabsteine mit Familien- und Vornamen in deutscher Schreibweise, die man auf eben diese Weise gerettet hatte.

Es ist bezeichnend, daß auf dem Friedhof der Miechowitzer Pfarrei bis heute noch einige stattliche Grabsteine von vor hundert Jahren stehen, und zwar mit Inschriften in polnischer Sprache, u.a. das Grabdenkmal der Familie des Geistlichen Bontzek. Selbst die Nazis ließen diese Gräber unangetastet.

Dem Haupteingang der Heilig-Kreuz-Kirche gegenüber stand bis 1945 ein gewaltiges, schönes Denkmal zu Ehren der Opfer des Ersten Weltkriegs. Das in Sandstein

[59] Der Großvater meiner Frau hieß mit Vornamen Albert. In der vom Standesamt ausgestellten Erbschaftsurkunde heißt es jedoch Wojciech. Der zuständige Beamte erklärte dazu: „Albert ist ein von Adalbert abgeleiteter deutscher Vorname, der seine polnische Entsprechung hat - Wojciech."

ausgeführte Denkmal hatte seinen Ort am Rand des Parks bei der Hindenburgstraße. Seine Einweihung fand am 23. August 1925 statt. Auf einigen Säulen dieses Denkmals gedachte man der Namen hunderter in den Jahren 1914 - 1918 gefallener Miechowitzer. Während in anderen benachbarten Gemeinden diese Art Denkmäler bis heute überdauerten (u.a. in Karf, Bobrek und Wieschowa), wurde das Miechowitzer Denkmal im Sommer 1945 von einigen Übereifrigen gesprengt.[60] Dieses Denkmal besaß absolut keine nazistischen Merkmale. Die an der Sprengung des Denkmals beteiligten Personen erhielten zum Lohn jeder einen Liter Wodka. Die Trümmer des Denkmals blieben auf diesem Platz noch für eine Reihe von Jahren liegen. Auf diese Weise kamen einige Miechowitzer der Anordnung des Woiwoden Aleksander Zawadzki um etliche Jahre zuvor, der 1948 u.a. befahl: „Allerspätestens bis zum 31. Juli dieses Jahres übersenden die Kreisvorsitzenden und Stadtpräsidenten zu meinen Händen Kurzberichte, aus denen insbesondere hervorgeht, daß jedes an den Aufenthalt der Deutschen auf unserem Gebiet erinnernde Symbolik unwiederkehrbar vernichtet wurde.“[61]

Nicht anders verfuhr man mit dem ausgebrannten Teil des Miechowitzer Schlosses. Im Dezember 1954 begann eine Pionierkompanie der Polnischen Armee mit Vorbereitungsarbeiten, und die Ruine des Schlosses wurde dann am 31. 12. 1954 und am 1. 01. 1955 gesprengt.[62]
Repressionen besonderer Art hatte man sich für Priester ausgedacht. Dies erfuhren die Pfarrer der Pfarrei zum Heiligen Kreuz, Johannes Lerch[63] und Anton Nierobisch[64].
Als man um die Jahreswende 1945/46 die Verifizierung der Bevölkerung durchführte, erhielt Pfarrer Johannes Lerch seitens der Verifizierungskommission der Gemeinde die Anerkennung als Pole. Gegen diesen Beschluß erhob der Beuthener Kreisvorsitzende, Dr. Nantka-Namirski, Einspruch. In einem an das Woiwodschaftsamt in Kattowitz gerichteten Schreiben hob dieser die Feststellung der Gemeinde auf, indem er u.a. darlegte, Pfarrer Lerch verdiene es nicht, Pole zu sein, weil er seinen polnischen Namen Skowronek in Lerch abgeändert habe.[65] Diese Erklärung des Kreisvorsitzenden ist eine perfide Lüge, denn Pfarrer Lerch hieß von Geburt an Lerch. Weder er noch

---

60 Mir sind diese Personen namentlich bekannt, doch beschränke ich mich hier lediglich auf die Angabe der ersten Buchstaben ihrer Nachnamen, u.a.: Sz, Bi, Wo. Die Kinder und Enkel dieser Personen wohnen heute in der Bundesrepublik Deutschland.

61 Staatsarchiv Kattowitz, Kreisamt Beuthen, AZ 413, K. 6.

62 Am 2. 01. 1955 fotographierte ich den nach der Sprengung übriggebliebenen Schutthaufen. Die Pionierkompanie der Polnischen Armee war noch dabei, das Terrain nach der Sprengung in Ordnung zu bringen. Unter dem Vorwand, ich hätte ein militärisches Objekt fotographiert, wollte mir ein Unteroffizier dieser Gruppe den Fotoapparat konfiszieren. Er lief 150 Meter hinter mir her. Es begleiteten mich jedoch ein paar Personen, die mich umgaben und den Sergeanten nicht an mich heranließen. Fluchend zog sich dieser schließlich zurück.

63 Johannes Lerch wurde am 6. 03. 1883 in Friedersdorf bei Cosel geboren und am 17. 06. 1909 zum Priester geweiht.

64 Anton Nierobisch wurde am 18. 09. 1907 in Wieschowa geboren und am 10. 07. 1932 in Breslau zum Priester geweiht. Er verstarb am 10. 05. 1974 in Aachen.

65 Staatsarchiv Kattowitz, Kreisamt Beuthen, Heft 411. Das Schreiben des Beuthener Kreisvorsitzenden an das Woiwodschaftsamt ist auf den 1. 02. 1946 datiert, AZ Sp. 20/142/46.

seine Vorfahren hießen jemals Skowronek.[66] Zudem erhob der Beuthener Kreisvorsitzende Pfarrer Lerch gegenüber schleierhafte und zweifelhafte politische Vorwürfe. Aufgrund der Entscheidung des Kreisvorsitzenden wurde Pfarrer Lerch 1946 im Alter von 63 Jahren aus Miechowitz ausgesiedelt. Auf einem offenen Lastwagen transportierte man den kranken Pfarrer in die damalige Sowjetische Besatzungszone. Er starb am 15. August 1947 in Hartenstein bei Zwickau in der Verbannung.[67] Dort wurde er auch beerdigt. Die Pfarrei zum Heiligen Kreuz war fast ein halbes Jahr ohne Pfarrer und wurde in dieser Zeit durch Administratoren verwaltet.
Am 23. 11. 1947 wurde der bisherige Pfarrer der Gemeinde in Golschowitz bei Oberglogau, Anton Nierobisch, zum Pfarrverweser der Pfarrei zum Heiligen Kreuz ernannt.[68] In der Pfarrchronik findet sich eine Eintragung folgenden Inhalts: „Pfarrer Nierobisz nahm seine Tätigkeit in der Pfarrei (zum Heiligen Kreuz) in einer schwierigen Zeit auf, denn damals herrschte zwischen dem Staat (der Volksrepublik Polen) und der Kirche ein „kalter Krieg". Den Priestern wurde die Erteilung des Religionsunterrichts in Schulräumen unmöglich gemacht, und die weltlichen Lehrer gaben schon keinen Religionsunterricht mehr. Aus diesem Grunde wurden nahe der Kirche in einem zum Johanna Schacht gehörenden Privathaus Räume angemietet. Dort fand der Religionsunterricht statt, allerdings nur für kurze Zeit, denn die Miete für diese Lokale wurde so erhöht, daß man sie verlassen mußte."[69]

Die Kirche zum Heiligen Kreuz hatte durch Kohleförderung unter dem Gotteshaus erheblichen Schaden genommen. Pfarrer Nierobisch bemühte sich vergeblich um eine Renovierung der Kirche im Rahmen verursachter Bergschäden. Erst nachdem zwei Personen durch herunterfallenden Innenputz verletzt worden waren, wurde nach dem 6. 02. 1948 das Gewölbe abgestützt, das gesamte Innere der Kirche eingerüstet und durch ein Holzgewölbe abgesichert. 1950 begann man in siebenjähriger Arbeit mit der Renovierung der Kirche.

Die damaligen Behördenvertreter rechneten damit, daß die Kirche in der Zwischenzeit zur Ruine wurde.

Pfarrer Anton Nierobisch wurde für die Behörden unbequem. Nach einer Durchsuchung des Pfarrhauses wurde Pfarrer Antoni Nierobisz am 2. 10. 1952 zeitweilig verhaftet. Die Anklagepunkte gegen ihn lauteten:

„1. Vom 1. Juli 1946 bis zum 2. Oktober 1952 verwahrte er in Golschowitz und Miechowitz ein „Tagebuch aus der sowjetischen Okkupation", das falsche Informationen enthält, die den Interessen des Polnischen Staates wesentlichen Schaden zufügen können.

---

[66] Die Taufurkunde der Pfarrei Maria Himmelfahrt in Friedersdorf bei Cosel, AZ 1883/18, S. 3, bestätigt, daß Pfarrer Lerch zu keiner Zeit seinen Namen geändert hat.

[67] Chronik der Pfarrei zum Heiligen Kreuz in Miechowitz, S. 25, sowie „Vom Sterben schlesischer Priester", Verlag der Kirchlichen Hilfsstelle, München 1950, S. 119.

[68] Rocznik kościelny Śląska Opolskiego (Kirchliches Jahrbuch des Oppelner Schlesiens), 1968, S. 151.

[69] Chronik der Pfarrei zum Heiligen Kreuz in Miechowitz, S. 28.

2. Seit Ende 1951, das genaue Datum ist nicht feststellbar, bis zum 2. 10. 1952 verwahrte er auf dem Gebiet von Miechowitz ein Manuskript mit dem Titel „Die Jugend in der Pfarrei", das falsche Informationen enthält, die den Interessen des Polnischen Staates wesentlichen Schaden zufügen können."[70]

Dekan Nierobisch verbrachte seine Haft als Untersuchungshäftling im Gefängnis in Kattowitz. Nach einem Jahr wurde er am 2. 10. 1953 präventiv auf freien Fuß gesetzt, ihm aber die Rückkehr in seine Pfarrei nicht erlaubt. Die folgenden drei Jahre wohnte er im Provinzialhaus der Elisabethschwestern in Kattowitz. Seinen Lebensunterhalt bestritt er aus Meßstipendien, die ihm Miechowitzer zukommen ließen.

Die Pfarrangehörigen kannten seine apolitische Einstellung und sein loyales Verhalten dem Staat gegenüber. Man glaubte nicht an die Pfarrer Nierobisch vorgeworfenen fiktiven Verbrechen.

Nach dem Oktober 1956 wurde Pfarrer Nierobisch rehabilitiert und konnte am 15. Februar 1957 erneut seine Tätigkeit in seiner Pfarrei aufnehmen.

Beim Miechowitzer Kloster der Elisabethschwestern Unserer Lieben Frau gab es ein von den Elisabethschwestern geleitetes Kinderheim „St. Georg".

Am 15. 12. 1961 wurde das Kinderheim zusammen mit den im Diözesanbesitz befindlichen Baulichkeiten von der Schulbehörde übernommen und den Schwestern die Arbeit verboten.[71] Dieser Aktion gingen viele andere Schikanen voraus, u.a. die Entfernung der Kreuze aus den Räumen des Kinderheims. Wenig später verteilte man die Kinder auf andere Heime, wobei die Geschwister, abhängig von Geschlecht und Alter, getrennt wurden. Obgleich die Gebäude von der Schulbehörde übernommen worden waren, kümmerten sich die staatlichen Stellen nicht um die verlassenen Baulichkeiten des katholischen Kinderheims. Auch Bergschäden hinterließen hier ihre Spuren. Nach ein paar Jahren kam es zum Abriß dieser Gebäude.

Erwähnenswert ist noch, daß aufgrund von Artikel 39 des Gesetzes über die territoriale Bewirtschaftung in Städten und Siedlungen sämtliche kirchlichen Immobilien in den Wiedergewonnenen Gebieten als Eigentum des Fiskus betrachtet wurden. Eingaben der Miechowitzer Pfarreien beim Ministerrat blieben ohne Antwort. Die Pfarreien waren also gezwungen, für die Benutzung der (eigenen) Immobilien Miete zu zahlen.

Die Eigentumsverhältnisse der einzelnen Pfarreien wurden teilweise in den siebziger Jahren geregelt. Bis heute blieben jedoch in manchen Fällen die Eigentumsverhältnisse von Grund und Boden, die vor 1945 Eigentum der Pfarrei waren, ungeregelt; dies betrifft u.a. auch Parzellen, die der Corpus-Christi-Pfarrei gehören und noch vor ihrer Errichtung für den Pfarrfriedhof bestimmt waren.[72] Über andere Schikanen gegenüber Kirche und Klerus wird noch ausführlich im IV. Kapitel berichtet.

JOSEF BONCZOL

---

[70] Ebd., S. 29.

[71] Ebd., S. 49.

[72] Akte der Corpus-Christi-Pfarrei in Miechowitz, Friedhof. Es geht um das als Friedhof dieser Gemeinde vorgesehene Terrain entlang der Neuviktoriastraße.

II. HERSTELLUNG DER NEUEN „ORDNUNG" IN BEUTHEN UND DEN UMLIEGENDEN GEMEINDEN

In den ersten Monaten nach Einnahme Beuthens durch die Rote Armee gab es in der Stadt eine doppelte Administration - Militärkommandanten im Rahmen dieser Armee sowie einen Kreisvorsitzenden und Gemeindevorsteher, die polnischen Behörden unterstanden. Man darf auch nicht übersehen, daß bis zur Konferenz der Großen Drei in Potsdam im August 1945 das Problem der Zugehörigkeit der bis dahin deutschen Gebiete definitiv noch nicht entschieden war.

Neben der Übertragung sowjetischer Erfahrungen auf die Verwaltung von Städten und Gemeinden, also auch auf den Ausbau der „Ordnungsdienste", nämlich Miliz und Sicherheitsorgane, kam es zu einer breit angelegten Aktion der „Säuberung" des Beuthener Landes von national fremden und feindlichen Elementen.

1. DIE NEUE SITUATION IN DER STADT

Ich zitiere hier Dokumente des Kreisamtes in Beuthen, die bis heute in den Sammlungen des Beuthener Staatsarchivs vorhanden sind. Diese Aktensammlung geht auf die Jahre 1945 - 1951 zurück. Es überwiegen monatliche Berichte der Gemeindevorsteher an den Kreisvorsitzenden und des Kreisvorsitzenden an den Woiwoden. Diese Dokumente wurden bislang noch nicht publiziert. Allerdings blieb nur ein verschwindender Teil erhalten. Es fehlen auch Materialien zu den Bevölkerungsverhältnissen in der Stadt selbst.

Außer den für diese Jahre so typischen Bemühungen um Festigung der „Sicherheit" (d.h. um Ausbau der Milizkräfte) schimmert in den zitierten Dokumenten das Drama vieler Familien durch, die von den Deportationen in die UdSSR betroffen waren. Man kann auch auf neue Probleme stoßen, so auf die Suche nach Arbeitskräften (Mangel an Fachleuten) und die Migration der Bevölkerung aus den von der UdSSR in Besitz genommenen Ostgebieten.

Ich lasse hier die Aktion zur Verifizierung der Bevölkerung unter nationalem Aspekt sowie die Aussiedlung der deutschen Bevölkerung außer acht, denn davon wird noch später die Rede sein. Mit einem Wort - man kann nicht die Konzentration und Kumulation dieser vielen tragischen Ursachen für die Menschen im Umkreis von Beuthen vergessen. Das Leben dieser Menschen in der Stadt und in den Nachbargemeinden war überaus schwer.

Nun lasse ich die Dokumente sprechen, die ich unter Wahrung der originalen Schreibweise Bewußt chronologisch angeordnet habe.

ZDZISŁAW JEDYNAK
Wissenschaftlicher Leiter
des Staatsarchivs von Kattowitz

DOKUMENT Nr. 1[73]

1945 Beuthen - Bericht des Beuthener Kreisvorsitzenden[74] an das Woiwodschaftsamt (Selbstverwaltungsabteilung) in Kattowitz für die Zeit vom 5. 04. - 15. 04.[75]

(...)

Die Überprüfung des Kreises zeigt in einzelnen Gemeinden einen empfindlichen Mangel an Fachkräften. Die Arbeiten in den einzelnen Referaten des hiesigen Kreisamtes wie auch der Kreisabteilung verlaufen zu 70% normal.

2. Die Situation im Bereich der Sicherheit.

Meine letzte Überprüfung im Kreis ergab, daß die Situation des Kreises hinsichtlich der Sicherheit viel zu wünschen übrig läßt.

In der Mehrzahl der Gemeinden zeigt sich, daß die städtischen Milizabteilungen keine Garantie für die Sicherheit der polnischen Bevölkerung sind, sondern geradezu umgekehrt - eine Garantie der Unsicherheit. Ursache ist, daß vor Übernahme der Verwaltung durch die polnischen Behörden in den Gemeinden, die Administration von örtlichen Abteilungen der Miliz ausgeübt wurde, die unter der Ägide einzelner russischer Kommandanten aus Mitgliedern des so genannten „Freies Deutschland“[76] gebildet wurden, aus Leuten, die für Deutschland optierten[77], polnische Namen in deutsche umänderten, solche von der Volksliste Nr. 1 etc. Sie alle treten gegenwärtig als Kommunisten auf, ohne sich zur Nationalität zu bekennen, und dank der Unterstützung russischer Kommandanten sind sie weiterhin Milizangehörige und halten sich für ein Organ, das dem Gemeindevorsteher nicht unterstellt ist. Diese Leute terrorisierten die seitens der polnischen Behörden delegierten Gemeindevorsteher. Es kam in Karf, Bobrek und Miechowitz vor, daß diese Leute mir gegenüber erklärten, ihnen nichts zu sagen zu haben, da sie für den NKWD arbeiten. Diese Leute mißbrauchen ihre Macht so weit, daß sie sich des polnischen Elements entledigen, indem man es zu verhaften befiehlt oder es zur Arbeit für die Rote Armee entsendet, während man die Deutschen schont. Das ist eine gezielte Diversion des

---

[73] Staatsarchiv Kattowitz, Kreisamt Beuthen, AZ 384, k., 15. Kopie, Maschinenschrift.

[74] Die Berichte sollten gemäß einer Anordnung des Woiwoden alle zwei Wochen von den Kreisvorsitzenden an das Woiwodschaftsamt sowie von den Gemeindevorstehern an die Kreisvorsitzenden gerichtet werden.

[75] Eine Inkonsequenz; der Bericht stammt vom 14. 04., bezieht sich aber auf den Zeitraum bis zum 15. 04.

[76] Die Organisation „Freies Deutschland“ entstand 1943 in der UdSSR; ihre Gründer waren Otto Grotewohl und Wilhelm Pieck. Ziel dieser Organisation war es, auf deutschem Gebiet einen kommunistischen Staat zu schaffen. Bekanntlich war die Frage der Westgrenze Polens vor dem Beschluß der Potsdamer Konferenz (2. August 1945) noch nicht entschieden.

[77] Es handelt sich offenbar um Personen, die sich nach 1922 entschlossen hatten, aus dem polnischen Teil Schlesiens in den deutschen überzuwechseln.

„Freien Deutschlands". Einige Kommandanten der örtlichen Miliz habe ich auf der Stelle entlassen und bemühe mich, sie durch polnische Sicherheitskräfte zu verhaften.

Ich erachte es als eine Angelegenheit, die keinen Aufschub zuläßt, daß die Woiwodschaftskommandantur der (Bürger)Miliz und die Sicherheitsabteilung einen entsprechenden Sicherheitsdienst im Kreisgebiet organisiert. Erste Bedingung dazu ist die Ernennung eines Kreiskommandanten der Miliz. Seitens der Woiwodschaftskommandantur der Bürgermiliz wurde nichts zur Organisation der Miliz im Kreis unternommen und dies trotz mehrfacher Intervention in der Woiwodschaftkommandantur der Bürgermiliz. Die moralischen und politischen Qualifikationen der Milizangehörigen wären im einzelnen zu untersuchen. All das bietet dem Kreiskommandanten ein dankbares Betätigungsfeld. Ich möchte den Abteilungsleiter in dieser Sache um Intervention beim Woiwoden bitten.[78]

3. Politische Bewegung

Ihre politische Tätigkeit im Kreisgebiet haben aufgenommen: 1. Die Polnische Arbeiterpartei und dann 2. Die Polnische Sozialistische Partei.

Was die Aktivitäten dieser Parteien betrifft, so sollten ihre Woiwodschaftskomitees darauf achten, ihre Delegierten in den Kreisen zu instruieren, daß die zur Gründung von Organisationszellen in die einzelnen Gemeinden entsandten Leute enge Kontakte mit den Gemeindevorstehern knüpfen, sie sollen sich zuallererst an den Gemeindevorsteher wenden und eng mit ihm zusammenarbeiten. Die Gemeindevorsteher kennen zumeist das alte polnische Element in den Gemeinden sehr gut. Das Resultat eines abweichenden Verhaltens mußte ich leider in einzelnen Gemeinden feststellen. So z.B. in Rokittnitz, wo die Organisation einer Zelle der Polnischen Arbeiterpartei von einem Mann übernommen wurde, der Volksliste Nr. 1 besitzt!!![79] Diese Angelegenheit habe ich an die Sicherheitsabteilung weitergeleitet. Ich kann diesen Mann nicht auf der Stelle verhaften, weil es in der Gemeinde keine Miliz gibt, auf die ich mich verlassen könnte, denn den Milizkommandanten mußte ich gleichfalls entlassen, weil er ganz einfach den Gemeindevorsteher terrorisierte und ich ihn (den Kommandanten) in Verdacht habe, ebenfalls für „Freies Deutschland" zu arbeiten. Auch seine Sache habe ich an die Sicherheitsabteilung weitergeleitet.

In Pilzendorf verbreitet eine Gruppe unter der Ortsbevölkerung insgeheim die Absicht, eine Zelle der Polnischen Arbeiterpartei zu bilden, die konspirativ für „Freies Deutschland" arbeitet, denn ich kann ja doch nicht annehmen, die Polnische Arbeiterpartei bediene sich ehemaliger Mitglieder der Hitlerjugend, Menschen ohne Personaldokumente bezüglich ihrer einstigen Mitgliedschaft bei „Freies Deutschland". Diese neunköpfige Bande mußte ich höchstpersönlich mit meinen engsten Mitarbeitern in ihrem Lokal festnehmen und aus Mangel an einem vertrauenswüdigen polnischen Sicherheitsdienst dem NKWD überstellen. Ich bin überzeugt, daß ich mehr solcher Vorfälle aufdecke. Ich meine, dies sind genügend aussagekräftige Beweise, die nochmals meine Forderung nach Organisation eines Sicherheitsdienstes im Kreis belegen. (...)

5. Zusammenarbeit von Kreis und Gemeindeverwaltungen mit den Militärkommandanten und der Bürgermiliz

Meine letzte Überprüfung im Kreis hat gezeigt, daß die Zusammenarbeit mancher Militärkommandanten und der Bürgermiliz mit den Gemeindeverwaltungen viel zu wünschen übrig läßt. Wie bereits erwähnt, haben sich viele Diversanten des „Freien Deutschlands" in die

---

[78] Damaliger Woiwode war Aleksander Zawadzki.

[79] So im Text.

Reihen der Bürgermiliz eingeschlichen. Mit Bedauern mußte ich feststellen, daß die Militärkommandanten im allgemeinen eben diesen Elementen mehr Gehör schenken als unseren Gemeindevorstehern. Auf solche Fälle stieß ich in Miechowitz, Karf und Rokittnitz .[80] Bei Besuchen einzelner Militärkommandanten nahm ich auf sie in dem Sinne Einfluß, daß sich ihr Verhältnis zu unseren Gemeindevorstehern bessert. Unabhängig davon würde ich in dieser Angelegenheit eine Intervention des Woiwoden bei den zuständigen sowjetischen Stellen für geboten halten. Mit Freude konnte ich eine sehr zuvorkommende Einstellung des Militärkommandanten zu den polnischen Behörden in Miedar feststellen, ein wirklich von offenherziger Freundschaft geprägtes Verhalten, und das nicht allein in Worten, sondern auch in Taten.

Wenn es um die Beziehung der Bürgermiliz zu den Gemeindevorstehern geht, dann läßt auch sie, wie ich bereits sagte, viel zu wünschen übrig. Eine vorbildliche Zusammenarbeit der Bürgermiliz mit den Gemeindevorstehern fand ich eigentlich nur in zwei Gemeinden vor, in Miedar und Stillersfeld. In anderen Gemeinden ist eine genaue Selektion und Säuberung der Reihen der Bürgermiliz unbedingt erforderlich, denn statt Kooperation mußte ich ganz einfach Terrorisierung und Erpressung der Gemeindevorsteher durch die Bürgermiliz feststellen. (...)

6. Verhältnis zur Roten Armee

Die Einstellung der Roten Armee zum polnischen Element ist im allgemeinen eigentlich positiv. Nur daß man trotz allem in den Militärkommadanturen auf die deutsche Bevölkerung zu sehr hört, weckt unter der polnischen Bevölkerung Unzufriedenheit.

Was die letzte Mobilisierung von Arbeitskräften für die Rote Armee betrifft, so muß ich feststellen, daß sich diese Maßnahme sehr negativ auf die landwirtschaftliche Bewirtschaftung ausgewirkt hat. In den Gemeinden gibt es fast keine Männer mehr, denn diese sind bereits alle von der Roten Armee in Beschlag genommen. Es blieben nur Frauen und Kinder, die als die einzigen Arbeitskräfte die Last der Feldbestellung zu tragen haben. Von den verbliebenen Männern nahm man sich nochmals durchschnittlich 30%, in manchen Gemeinden noch mehr. Es droht die ernste Gefahr, daß große Feldflächen, besonders die der Gutshöfe, unbestellt bleiben.

Eine unverzügliche Intervention der Woiwodschaftsbehörden bei der Frontkommandantur zur Freistellung dieser verpflichteten Arbeitskräfte halte ich für unbedingt notwendig. Im gegenteiligen Fall kann ich einfach nicht die Verantwortung für die vollständige Bestellung der Felder im Kreisgebiet auf mich nehmen. Meine Interventionen bei den örtlichen Kommandanten waren wenig erfolgreich. (...)

DOKUMENT Nr. 2[81]

Beuthen, 18. Juni 1945 - Bericht des Beuthener Kreisvorsitzenden an das Woiwodschaftsamt betreffs der Sicherheit sowie der gesellschaftlichen und politischen Bewegung - Gesellschaftspolitisches Referat in Kattowitz.

In Erledigung des Rundschreibens Nr. 31 vom 18. April 1945 erstatte ich nachfolgenden Bericht[82]:

---

[80] Amtsvorsteher in Rokittnitz war der am 7. 11. 1896 geborene Franciszek Musiol.

[81] Staatsarchiv Kattowitz, Kreisamt Beuthen, AZ 411, k. 2-3, Original und Kopie, Maschinenschrift.

[82] Das Rundschreiben Nr. 31 wurde annulliert und der nachfolgende Bericht daher nicht verschickt; die monatlichen Berichte blieben in Kraft.

1. Aus dem Bereich öffentlicher Sicherheit:
In jüngster Zeit trägt die deutsche Bevölkerung den Kopf immer höher und wurde wiederholt aktiv. In der Nacht vom (...) zum (...)[83] rissen in der Gemeinde Mikultschütz unbekannte Täter das Staatswappen vom Postamt und aus dem Gebäude, in dem die Polnische Sozialistische Partei ihren Sitz hat. Eine unverzügliche Untersuchung zur Feststellung der Täter wurde angeordnet. Der Gemeinderat von Mikultschütz setzte eine Prämie von 1000 Zł. für Hinweise zur Ermittlung der Täter aus.

Bezüglich der deutschen Ortsbevölkerung wurden Repressionen verfügt, und zwar: die Bestimmung von täglich 125 Deutschen zur Zwangsarbeit ohne Honorierung und ohne Bezahlung sowie die Verpflichtung für ortsansässige Deutsche, sich täglich zu bestimmten Stunden beim örtlichen Posten der Bürgermiliz zu melden.

Die deutsche Diversion zeigt sich auch in der Verbreitung verschiedener Gerüchte und zwar durch Vermittlung der Stadtbevölkerung, die sich zum Erwerb von Nahrungsmitteln in die umliegenden Dörfer des Kreises begibt. Sie erzählen, daß:

a) in nicht langer Zeit die polnische Administration durch eine deutsche Verwaltung ersetzt wird;
b) Gottesdienste in den Kirchen in deutscher bzw. in lateinischer Sprache gehalten werden;
c) deutsche Schulen neu erstehen werden;
d) deutsches Geld zum alten Kurs wieder in Umlauf kommt;
e) das Oppelner Schlesien Teil eines sog. „Freien Deutschlands“ wird;
f) die Kinder in den Schulen nicht die polnische Sprache lernen sollen, dafür aber die deutsche bzw. die russische.

Es gab Fälle, in denen Diversantinnen auf frischer Tat ertappt und den Sicherheitsbehörden übergeben wurden. Ich möchte anmerken, daß die polnische Ortsbevölkerung mit dieser Art Diversion zurecht kommt, fürchte jedoch die Intervention russischer Soldaten, da diese bereits mehrfach zugunsten von Deutschen interveniert haben.

Fälle von Raub und Diebstahl werden noch immer notiert. Einzelne sowjetische Soldaten nehmen weiterhin der polnischen Ortsbevölkerung das Vieh weg (Pferde bzw. Kühe) und verkaufen es auf eigene Rechnung in anderen Ortschaften.

2. Aus dem Bereich der Bewegung politischer Parteien:
Im Berichtszeitraum wurde keine speziell neue Aktivität polnischer Parteien festgestellt. In letzter Zeit befaßt sich die Polnische Arbeiterpartei mit der Kontrolle der Verifizierungskommission (in der Gemeinde Karf)

(...)
3. Die Landbevölkerung ist weiterhin über den Mangel an Arbeitskräften beunruhigt. Es sollten alle Anstrengungen unternommen werden, um die seinerzeit von den sowjetischen Behörden arrestierten Polen schnellstmöglichst aus den Arbeitslagern zu befreien.

Kreisvorsitzender
Nantka-Namirski[84]

---

[83] Auslassung der Datumsangabe.
[84] Fehlende Unterschrift.

DOKUMENT Nr. 3

Beuthen, 5. Dezember 1945 - der Beuthener Kreisvorsitzende wendet sich an das Woiwodschaftsamt, Gesellschaftspolitisches Referat, in Kattowitz bezüglich des Verhaltens gegenüber der Sekte der Zeugen Jehowas.

Die Gemeindevorsteher von Bobrek[85], Schomberg und Mikultschütz berichten mir von der Existenz der Sekte der „Zeugen Jehowas" in ihrem Kreisgebiet.

Beiliegend übersende ich die Abschrift des Berichts mit der Bitte um Mitteilung, ob diese Sekte bestehen darf und wie mit den Personen zu verfahren ist, die zweifelsfrei polnischer Nationalität sind, aber keinen Antrag auf Verifizierung stellten.

2 Anlagen

Kreisvorsitzender

Anlage Nr. I

25. November 1945 - Kopie des Schreibens des Gemeindevorstehers von Bobrek-Karf bezüglich des Zeugen Jehowas Anton Trojan.

In der hiesigen Ortschaft stieß man auf eine religiöse Sekte (Zeugen Jehowas - Reich Gottes), zu der sich der hiesige Bürger Anton Trojan zählt, wohnhaft Bontzekstr.1/4 Der Erwähnte verweigert hartnäckig jedes Bekenntnis zu einer Nationalität und bemüht sich auch nicht um die polnische Nationalität, obwohl er dazu aufgefordert wurde. Er erklärte, keine weltliche Herrschaft anzuerkennen - dies verbiete ihm die Religion.

Weil er sich hartnäckig weigert, weitere Anhänger dieser religiösen Sekte anzugeben und ihre Tätigkeit auf hiesigem Gebiet nicht erkennbar ist, bittet das hiesige Amt um weitere Entscheidungen in dieser Richtung. Ein spezielles Schreiben eben dieser Sekte in Form eines maschinenschriftlichen Durchschlags, das von Trojan freiwillig ausgehändigt wurde, füge ich im Original bei.

Gemeindevorsteher
Rzepka

Anlage Nr. II[86]

23. November 1945 - Kopie der Erklärung des Zeugen Jehowas Anton Trojan.

Ich erkläre meine Loyalität und meinen Gehorsam allen Gesetzen des Staates gegenüber, die mit den Gesetzen Gottes, so wie sie in der Heiligen Schrift zum Ausdruck kommen, in Einklang stehen. Ich tue dies nicht unter Zwang, sondern weil es Recht ist.

Als Zeuge Jehowa, dessen Name ich durch göttliche Gnade trage, erkläre und bekenne ich, daß Jehowa der einzig wahre Gott ist und es außer ihm keinen anderen gibt. Jesus Christus ist der wahre Herr der Welt und der ehrbarste Beamte des Reiches Gottes. Der Herr vom Zion verlieh ihm die Gnade der Macht, indem er sprach: „Herrsche über deine Feinde" (Psalm 110, 2). Jehowa, Gott und Christus sind die höchsten Vorsteher der Nationen (Apostel Paulus an die Römer, 13, 1)[87], denen der geweihte Christ in erster Linie Gehorsam und Vertrauen entgegen

---

[85] Das Schreiben dieses Gemeindevorstehers siehe Anlage Nr. I.

[86] Staatsarchiv Kattowitz, Kreisamt Beuthen, AZ 411, k 7-8, Original und Kopie, Maschinenschrift.

[87] Dieser Vers lautet: „Jeder leiste den Trägern der staatlichen Gewalt den schuldigen Gehorsam. Denn es gibt keine staatliche Gewalt, die nicht von Gott stammt; jede ist von Gott eingesetzt."

bringen muß, denn davon sind sein ewiges Leben und Glück abhängig. In allen meinen Unternehmungen halte ich mich eng an die Bibel als Autorität.

Ich bin frei von allen Abspaltungen, Parteien und weltlichen Organisationen. Ich stehe ganz und rückhaltlos für das Reich Gottes ein. Sämtliche Konsequenzen, die aus meinem Bekenntnis folgern, nehme ich auf mich und betone, daß ich mich zu keiner Nationalität bekenne und dies bekannte ich bereits während der nationalsozialistischen Zeit, so daß ich nicht als Deutscher gelten kann.

DOKUMENT Nr. 4[88]

Schomberg, 4. Januar 1946 - Liste[89] der im Gemeindebereich wohnhaften Männer, die zur Zwangsarbeit in die UdSSR deportiert wurden, verfertigt vom Gemeinderat für das Kreisamt.

Beiliegend übersende ich ein Verzeichnis von Bürgern polnischer Nationalität aus der hiesigen Gemeinde, die laut Befehl Nr. 2 durch die Rote Armee deportiert wurden.

Gemeindevorsteher: Korus

Liste der durch die Rote Armee in ein Arbeitslager fortgeschafften Männer

Ld. Nr.	Name Vorname	Geburtsdatum	Beruf	Datum der Verhaftung	Vermutlicher Aufenthalt
1	2	3	4	5	6
1.	STRUZIK Edward	25.X.1911	Grubenarbeiter	22.II. 1945	unbekannt
2.	KOMINEK August	4.VIII.1901	„	„	„
3.	PIONTEK Viktor	1.IV.1919	„	„	„
4.	PRUCHNIK Georg	22.III.1909	Schlosser		
(...)					
16.	FAZAR Johann	3.VII.1906	Maschinist	„	„
17.	KALKA August	26.VIII.1911	Grubenarbeiter	„	„
(...)					
87.	NOWAK Heinrich	8.VI.1896	Dreher	„	„
(...)					
90.	GIELZOK Josef	2.VII.1896	Schmied	„	„
(...)					
106.	ZACHS Richard	12.IX.1896	Büroangestellter	„	„
(...)					
403.	CEGLARSKI Georg	1.X.1898	Bergmann	„	„
(...)					

[88] Staatsarchiv Kattowitz, Kreisamt Beuthen, AZ 412, k. 2-9, Original, Maschinenschrift.

[89] Die Gemeindevorsteher waren verpflichtet, Listen von Männern ihrer Gemeinde, die durch die Rote Armee deportiert worden waren, dem Kreisamt, Gesellschaftspolitisches Referat, vorzulegen. Diese Liste ist lediglich ein auszugsweiser Beleg. Die volle Liste umfaßt 8 Seiten und befindet sich im Staatsarchiv Kattowitz, Kreisamt Beuthen, AZ 412, 2-9, Original, Maschinenschrift.

410	BREWKO Viktor	17.X.1907	Wärter	„	„
(...)					
427	ŚWIERCZEK Felix	27.XII.1906	Bergmann	„	„
(...)					
442	SOPA Johann	7.VIII.1910	Grubenarbeiter	„	„

DOKUMENT Nr. 5[90]

Beuthen, 15. Januar 1946 - Protokoll Nr. I des Kreiskomitees für die Ansiedlung in Beuthen bezüglich der aktuellen Ansiedlungsmöglichkeiten im Beuthener Kreisgebiet.

Aufgrund der Instruktion des Woiwodschaftskomitees für die Ansiedlung zur Anordnung Nr. 3 des Ministeriums für die Westgebiete vom 9. Januar ds. J. wurde planmäßig zum 15. Januar 1946 eine Sitzung des Kreiskomitees im Saal des Kreisamtes in Beuthen einberufen. An ihr nahmen teil:

1. der stellvertretende Kreisvorsitzende, Mgr. Puchalski[91];
2. der Vertreter des Amtes für die Repatriierung[92] in Beuthen, Major Mikiewicz, in Begleitung der Inspektorin für die Ansiedlung, Ślepowroński Stanisława;
3. als Vertreter des Landkreisamtes Beuthen der Bürger Wieruszewski;
4. der Kreisinspektor für die Ansiedlung, der Bürger Jaklewicz Stefan;
5. der Leiter der treuhänderischen Gebietsverwaltung, Abteilung Immobilien, für den Kreis Beuthen.

Die Sitzung ... eröffnete der stellvertretende Kreisvorsitzende ... und erteilte dem Vertreter des Kreisamtes für die Repatriierung, Major Mikiewicz, das Wort. Major Mikiewicz ... legte statistische Daten bezüglich der Besiedlung des Kreises Beuthen vor:

Bevölkerungszahl vor dem Krieg - 96 383;
Bevölkerungszahl am 31. Dezember 1945 - 75 764;
Zahl der Wohnungen vor dem Krieg - 57 270;
Zahl der zerstörten Wohnungen - 3 757.
Der Bevölkerungsrückgang beträgt somit ca. 20 000 Personen.

Unter Berücksichtigung von ca. 400 nach Rußland deportierter Personen, mit deren Rückkehr zu rechnen ist, sowie unter Hinzuzählung von ca. 6 000 auf die zerstörten Wohnungen entfallenden Personen, bestünde die Möglichkeit, noch ungefähr 10 000 Personen anzusiedeln, allerdings unter dem Vorbehalt, daß das Kreisamt für Repatriierung aufgrund seiner Registrationsverzeichnisse über die erwähnten Zahlen verfügt.

Eine große Zahl von Personen kommt der Registrierungspflicht nicht nach, und es wohnen viele Menschen im Kreisgebiet, die sich weder beim Kreisamt für die Repatriierung noch bei der Gemeinde melden, was sich aus den sich aus der Arbeit des Kreisamtes für die

[90] Staatsarchiv Kattowitz, Kreisamt Beuthen, AZ 286, k. 2-5, Kopie, Maschinenschrift.

[91] Aleksander Puchalski übte die Funktion eines stellvertretenden Kreisvorsitzenden in Beuthen vom 9. 11. 1945 bis zum 10. 08. 1946 aus. Geboren wurde er am 14. 05. 1915 in Wien. Sein Jurastudium beendete er an der Jan-Kazimierz-Universität in Lemberg. Puchalskis Vorgänger in dieser Funktion war Ignacy Zawadzki, der von hier als Kreisvorsitzender nach Leobschütz versetzt wurde.

[92] Das Kreisamt für Repatriierung wurde am 7. 10. 1944 berufen und 1950 aufgelöst.

Repatriierung ergebenden technischen Schwierigkeiten und einem unzureichendem Personal erklärt...

DOKUMENT Nr. 6[93]

Schomberg, 16. Februar 1946 - Situationsbericht des Gemeindevorstehers an den Kreisvorsitzenden für den Zeitraum vom 16. 01. - 15. 02. 1946.

1. Allgemeine und politische Situation

a) Im Organisationsbereich der Gemeinde kam es im Berichtszeitraum zu keinerlei Veränderungen. Die Arbeit in der Gemeinde ist weiterhin aufgrund der Armut und fehlender Einkünfte für den Lebensunterhalt für eine größere Zahl der Ortsbevölkerung sehr schwierig. Nur ein kleiner Teil der Rentner erhält geringe Rentenabschläge, und wiederum erhielt der größere Teil der Rentenempfänger bislang keine Zahlungen. Es fehlen in der Gemeinde immer noch ungefähr 600 Familienväter, die entweder, durch die sowjetische Armee deportiert[94], aus den sowjetischen Arbeitslagern noch nicht zurückkamen oder, zur deutschen Armee eingezogen, bis heute nicht heimgekehrt sind. Ein bestimmter Teil dieser Männer verstarb in den Arbeitslagern, und ein größerer Teil der Rückkehrer ist krank und im Augenblick zu einer Erwerbsarbeit unfähig. Wegen des Ausfalls ihrer Ernährer leben diese Familien in schlimmer Not, und die Gemeinde ist wegen fehlender Mittel nicht in der Lage, allen Familien eine ausreichende materielle Hilfe zukommen zu lassen.

DOKUMENT Nr. 7[95]

Schomberg, 15. März 1946 - Situationsbericht des Gemeindevorstehers von Schomberg an den Kreisvorsitzenden

(...)

3. Wirtschaftliche Situation

a) Bei der Versorgung der Bevölkerung gibt es keine grundsätzliche Verbesserung. Besonders spürbar ist der Mangel an Mehl, Fetten und Hülsenfrüchten. Dieser Zustand schlägt sich besonders negativ auf die Gesamtversorgung der Bevölkerung nieder, weil die Ortsbevölkerung zu 96% keine Anbaufläche besitzt und lediglich auf die Kartenzuteilung und den Einkauf von Lebensmitteln auf dem freien Markt angewiesen ist. Die Preise für Lebensmittel des primären Bedarfs sind jedoch zu hoch, als daß die verarmte Bevölkerung ihre Bedürfnisse auch nur im bescheidenen Maße befriedigen könnte. Die armen Familien, die ohne Ernährer dastehen (diese befinden sich in Arbeitslagern in Rußland oder waren Angehörige der deutschen Wehrmacht) verkaufen aus ihrem Besitz einen Teil ihrer Kleidung, ihrer Bettwäsche

---

93 Staatsarchiv Kattowitz, Kreisamt Beuthen, AZ 402, k. 2, Original, Maschinenschrift.

94 Am 22. Februar 1945 deportierte die sowjetische Armee 442 Männer, wie das unter Nr. 4 dieser Dokumentensammlung enthaltene Verzeichnis belegt. Bis zum 15. April 1946 waren ungefähr 100 Männer zurückgekehrt.

95 Staatsarchiv Kattowitz, Kreisamt Beuthen, AZ 402, k. 14, Original, Maschinenschrift.

und ihrer hauswirtschaftlichen Geräte, um dem Hungertod zu entgehen. Zudem macht sich ein Mangel an Kartoffeln bemerkbar.[96]

DOKUMENT Nr. 8[97]

Beuthen, 31. Mai 1946 - Monatlicher Situationsbericht des Beuthener Kreisvorsitzenden Nantka-Namirski an das Woiwodschaftsamt - Präsidialabteilung in Kattowitz.

Teil I

1. Allgemeine und politische Situation

a) Veränderungen im Organisationsbereich der Gemeinden und Charakteristik der Arbeit im Kreisgebiet

Im Organisationsbereich gab es im Kreis keinerlei Veränderungen. Wegen der großen Not unter der Bevölkerung ist die Arbeit in den Gemeinden weiterhin schwierig. Fast alle Gemeinden arbeiten mit Defizit.

b) Organisatorischer Zustand der Nationalräte und ihr Verhältnis zum Woiwodschaftsamt und zum Kreis

Bis jetzt wurde auf Kreiseben ein Nationalrat geschaffen; sonst gib es im Kreis keine weiteren Nationalräte.

(...)

d) Verhältnis der Bevölkerung zur Roten Armee

Das Verhältnis der Bevölkerung zur Roten Armee unterlag keiner Verbesserung. Die Bevölkerung verhält sich überwiegend ablehnend und feindlich den Soldaten der Roten Armee gegenüber.

e) Tätigkeit politischer Parteien

Die politischen Parteien veranstalten Versammlungen, Referate und Kundgebungen. Die Bevölkerung interessiert ich für politische Parteien nur wenig.

(...)

i) Presse und Propaganda

Die Bevölkerung liest gerne polnische Zeitungen und Bücher, kann sie aber wegen der Preiserhöhungen nicht kaufen.

(...)

3. Wirtschaftliche Situation

a) Versorgungslage

Gegenüber dem Vormonat hat sich die Versorgungslage nicht verbessert. Die Zuteilungen sind so gering, daß sie nicht einmal die Versorgung auf Karten decken. Fett und Fleisch wurden seit Monaten nicht geliefert. Ebenso spürbar ist ein Mangel an Kartoffeln. Unzufriedenheit und Verzweiflung der Bevölkerung sind groß. (...)

---

[96] Derselbe Text wiederholt sich in den Berichten vom 15. April (k. 8) sowie vom 15. Mai (k. 20). Er fehlt dagegen in den Juni- und Juliberichten.

[97] Staatsarchiv Beuthen, Kreisamt, AZ 384, k. 107-110, Kopie, Maschinenschrift.

f) Finanzielle Situation der Selbstverwaltungsorgane

Die finanzielle Situation der Gemeinden verschlechtert sich wegen der von ihnen zu tragenden großen Lasten wie Unterhalt zahlreicher Familien der Internierten, Unterhaltskosten der Krankenhäuser, Unterhalt der Kinder etc. (...)

4. Umsiedlungsaktion

(...)

b) Die Hilfsaktion für Repatriierte und Umsiedler wurde auf eine Summe von 40 Millionen Zł. veranschlagt sowie auf eine große Menge an Baumaterial.

5. Verschiedenes

In den letzten beiden Wochen meldeten sich viele Frauen im Kreisamt und baten um Passierscheine zur Ausreise nach Deutschland. Als Grund gaben alle ihre sehr schwierige materielle Lage an. Aufgrund der Anhörung jeder einzelnen stellte ich fest, daß sich diese Frauen, die allesamt mehrere unmündige Kinder zu versorgen haben, in einer extremen Notlage befinden, in einer ausweglosen Situation. Ihre Männer befinden sich entweder in russischer Zwangsarbeit, worüber diese Frauen keinerlei Informationen besitzen, oder sie wurden seinerzeit zur deutschen Wehrmacht einberufen, fielen an der Front oder befinden sich irgendwo in Gefangenschaft und geben von sich gleichfalls kein Lebenszeichen. Sofern diese Frauen noch etwas besaßen, haben sie dieses bereits verkauft, um nur irgendwie ihre Kinder und sich durchzubringen. „Wir haben schon alles verkauft - berichten sie unter Weinen - und besitzen absolut nichts mehr zum Verkaufen. Trotz starker Bemühungen können wir nirgendwo Arbeit finden. Gebt uns einen Passierschein nach Deutschland, denn wir haben gehört, daß die Lebensbedingungen dort besser sind." Wenn ich ihnen erkläre, daß es keinerlei Passierscheine gibt, sagen sie resigniert, sie könnten schon nicht mehr länger auf ihre schlecht gekleideten und hungrigen Kinder blicken und seien einfach gezwungen, zunächst sie und dann sich selbst umzubringen. Ich betone mit Nachdruck, daß dies eine äußerst beunruhigende und ungemein ernste Erscheinung ist. Alle diese Frauen sind verifizierte Polinnen sowie gegenwärtig bereits polnische Staatsbürgerinnen und ihre Kinder künftige polnische Staatsbürger. Diese Angelegenheit darf absolut nicht mehr länger hinausgezögert werden, sie ist im Gegenteil so dringend, daß sofort eine Lösung gefunden werden muß. Es ist nämlich keine Lösung des Problems, wenn eine der Frauen Sozialhilfe in Höhe von 30 - 50 Zł. oder auch 100 Zł. erhält, wobei ich in Klammern hinzufüge, daß es wegen mangelnder Mittel für die Sozialhilfe wenige solcher Glücklichen gibt.

Es ist noch eine weitere Kategorie von Frauen vorhanden, die sich in einer ähnlichen materiellen Lage befinden, gleichfalls hiesige Polinnen, verifiziert und auch mit Kindern. Diese Frauen haben ihre gleichfalls aus diesem Gebiet stammenden Männer gefunden, die sich in Deutschland aufhalten, dort arbeiten, nicht nach hier zurückkehren wollen und ihre Frauen und Kinder zu sich rufen.

(...) In Verbindung mit den bevorstehenden Volkswahlen[98] organisieren die einzelnen Parteien und Gewerkschaften Informationsveranstaltungen. Die Referenten erläutern den Versammelten das Ziel der Volkswahlen und wie sie sich zu verhalten haben. Die Bevölkerung befaßt sich nur wenig mit politischen Fragen, sondern mehr mit Versorgungsproblemen und beklagt, daß bei der Zuteilung von Nahrungsmitteln keine Gerechtigkeit herrscht - dem einen gibt man zu viel, der andere stirbt vor Hunger.

Auch bezüglich der Kohlepreise gibt es eine große Unzufriedenheit, denn für diese Preise ist niemand in der Lage Kohlen zu kaufen. Das gleiche betreffe den Tarif für die Fuhrleute zum

---

[98] Es handelt sich um das Referendum vom 20. 06. 1946.

Transport von Kohle und anderen Lebensmitteln, denn die Preise für die Anfuhr sind übermäßig hoch. Der Tageslohn eines Arbeiters beträgt 50 bis 80 Zł., und für die Anfuhr der Kohle muß man 200 - 300 Zł. (...) bezahlen.

DOKUMENT Nr. 9[99]

Beuthen, 30. November 1946 - Situationsbericht für den Monat November 1946 des Kreisvorsitzenden, Ansiedlungsreferat, in Beuthen an das Woiwodschaftsamt.

1. Allgemeine Situation

Der Kreis Beuthen ist weitgehend industrialisiert und besitzt kaum drei kleine Dörfer mit einem überwiegend landwirtschaftlichen Charakter. Die Kreisbevölkerung unterscheidet sich so hinsichtlich des Wohlstandes wie auch bezüglich beruflicher Vorbereitung; es überwiegen Bergleute der Kohlengruben.

Der Bevölkerungszustrom im Kreis beträgt annähernd 15%, und daher ist es gemäß dem Dekret über die Ansiedlung erforderlich, einen Teil weiter nach Westen zu verschieben. In Verbindung damit kommt es zu Mißverständnissen und Antagonismen zwischen den Autochthonen und der einströmenden Bevölkerung. Besonders können viele nicht verstehen, warum Mitglieder der NSDAP und anderer verbrecherischer Organisationen verifiziert werden und häufig den Namen eines polnischen Repatriierten beleidigen, wobei eine Meldung bei den Behörden ohne Folgen bleibt. Die zuziehende Bevölkerung ist hieran auch nicht schuldlos, insofern sie keine Zurückhaltung übt und nur herkam, um sich fremdes Gut anzueignen. Die Bevölkerung, insoweit sie auf Dauer bleibt, besitzt einen hohen moralischen, patriotischen und fachlich-wirtschaftlichen Wert. Die Autochthonen sehen in ihr jedoch überflüssige Eindringlinge.

Zwei Parteien rivalisieren um den Vorrang - die Polnische Arbeiterpartei und die Polnische Sozialistische Partei, während die Bauernpartei gegenwärtig nur eine schwache propagandistische Tätigkeit entfaltet. Zahlenmäßig und hinsichtlich ihrer Aktivität überwiegt jedoch die Polnische Arbeiterpartei.

Die sich neu ansiedelnde Bevölkerung - man muß dies verantwortungsbewußt anerkennen - ist tiefer von der Beständigkeit unserer heutigen Grenzen überzeugt als das Gros der Autochthonen, die äußerlich zustimmen, doch unter sich Vorbehalte äußern. Lassen wir hier einmal die wahren Polen außer Acht, die diese Zeit seit Jahren herbeisehnten und für Polen ihr Blut vergossen. Sie machten allerdings kaum 40% aus. An dem Rest muß man arbeiten, und das verschwindende Prozent an deutscher Diversion muß man, wo es sich zeigt, sofort vernichten, was die Repolonisierung des Oppelner Landes beschleunigt. Denn die aus Deutschland gezielt hergeschickten Leute verbreiten Panik und mangelndes Vertrauen in die Regierung und gegenüber den Behörden.

(...)

---

[99] Staatsarchiv Kattowitz, Kreisamt Beuthen, AZ 281, k. 96, 101, Kopie, Maschinenschrift.

4. Gesundheitszustand

Der Gesundheitszustand im Kreis läßt viel zu wünschen übrig. Tuberkulose und Geschlechtskrankheiten sind weit verbreitet, die letzteren besonders unter der autochthonen Bevölkerung, vor allem unter Frauen - nach ärztlichem Befund bis zu 45%. Der Mangel an entsprechenden Spitälern für Infektionskrankheiten erschwert ihre Bekämpfung ebenso wie die geringe Zahl an Ärzten im Vergleich zur Bevölkerungsdichte.

Das Fehlen entsprechender Mittel für Beratungsstellen und sanitäres Fachpersonal beeinflußt die Bekämpfung der Krankheiten negativ.

Die im Vergleich zu den Einkommen unverhältnismäßig hohen Preise für Medikamente ist ein weiterer Grund für die Unmöglichkeit, diese Krankheiten zu überwinden.

Die Kinder leiden als Folge schlechter Ernährung überwiegend an Anämie, und es kommt sogar recht häufig zu Fällen von Skorbut. Nach einer vorläufigen Statistik weisen bis zu 45% der Kinder Mangelerscheinungen bei den Zähnen auf. (...)

DOKUMENT Nr. 10[100]

Beuthen, 4. November 1947 - Situationsbericht des Beuthener Kreisvorsitzenden an das Woiwodschaftsamt für den Zeitraum vom 1. 10. - 31. 10. 1947.

1. Allgemeine Situation

Das Beuthener Kreisgebiet ist mit Ansiedlern ausgelastet - freie Höfe gibt es keine mehr. In Verbindung mit der erneuten Verifizierung wurden keine neuen landwirtschaftlichen Betriebe ausfindig gemacht.

Die Anzahl an Grubenarbeitern ist unzureichend: auf die Heimkehrer aus Frankreich, Belgien und Rumänien warten vorbereitete und während der Sommerzeit bislang nicht bezogene Wohnungen.

Die Umsetzung von bereits 1945 angesiedelten, damals aber nicht verifizierten Heimkehrern, die heute im Besitz der Staatsbürgerschaft sind, verursacht Verbitterung, zumal ihre Umsetzung im Winter und auf weitgehend zerstörte Wirtschaften erfolgte.

Eines großen Interesses erfreut sich die Aktion städtischer Ansiedlung, über die man häufig in der Tagespresse und in den Periodika berichtet.

DOKUMENT Nr. 11[101]

Mikultschütz, 11. November 1947 - Der Gemeinderat von Mikultschütz legt ein nach Gruppen unterteiltes Verzeichnis der Personen vor, die im Kreisgebiet in Betrieben beschäftigt sind.

In Befolgung der Anordnung vom 5. 11. 1947 Nr. des Armeeerlasses 14/47 teile ich[102] nachfolgend mit:

---

[100] Ebd., k. 73.

[101] Ebd., AZ 416, k. 43, Original, Maschinenschrift.

[102] Gemeindevorsteher Tkocz als Unterzeichner.

1. Auf dem Gebiet der hiesigen Gemeinde befindet sich:

a) die „Abwehrgrube" - die Belegschaft umfaßt 4 018 Personen; sie setzt sich zusammen aus:

Autochthonen	2 393
Repatriierte aus dem Westen	124
Repatriierte aus dem Osten	312
Ausgemusterte Soldaten	16
Angestellte	200
Kriegsgefangene	774
Berufsschüler	199

DOKUMENT Nr. 12[103]

Miechowitz, 5. Januar 1948 - Verzeichnis der Trauungen, Geburten und Sterbefälle der Einwohner von Miechowitz im Jahr 1947, erstellt durch das Standesamt in Miechowitz für das Kreisamt in Beuthen.

Kurze Auflistung der Tätigkeit des Standesamtes für das Jahr 1947:

Im Standesamt registrierte Trauungen	120
Geburten	206
Männliche Geburten aus Ehen	83
Uneheliche männliche Geburten	22
Männliche Geburten durch untypische Entbindung	1
Gesamtzahl männlicher Geburten	106
Weibliche Geburten aus Ehen	80
Uneheliche weibliche Geburten	19
Weibliche Geburten durch untypische Entbindung	-
Gesamtzahl weiblicher Geburten	99

Sterbefälle:

Männer	238
davon in Rußland	178
Selbstmorde	1
Unglücksfall	1
deutsche Kriegsgefangene	5
normale Todesfälle	53
Frauen	65
davon 64 normale Todesfälle und ein Selbstmord	
Kinder unter 14 Jahren	44

Gesamtzahl der Todesfälle 347

Unterschrift: Standesamt
i. Vertr. Stanienda

Runder Amtsstempel mit Staatswappen und Randbemerkung: Standesamt - Miechowitz, Kreis Beuthen.

[103] Staatsarchiv Kattowitz, Kreisamt Beuthen, AZ 411, k. 26, Original, Maschinenschrift.

DOKUMENT Nr. 13[104]

Schomberg, 1. April 1949 - Verzeichnis verstorbener Einwohner der Gemeinde (Männer) im ersten Quartal 1949[105], vom Gemeinderat dem Kreisamt übersandt - Standesamt in Schomberg

Tagebuchnummer II - 6 - 4/

Gemäß einer Anordnung des Kreisamtes in Beuthen vom 6. 09. 1945 - Amtsgerichtsnummer 1/8/4/45 - legt das hiesige Amt in zwei Exemplaren ein Sterbeverzeichnis für die Zeit vom 1. - 31. 03. 1949 vor.

Standesamt
i. Vertr. - Stolorz

Lfd. Nr.	Name und Vorname	Geburtsort und Alter	Wohnort	Datum, Stunde u. Ort des Todes	Familien-stand
1	2	3	4	5	6
42	MATURA Paul	Roßberg 23.III.1906	Schomberg	31.XII.1948 nicht festgestellt	verheiratet
43	PITTEL Wilhelm	Roßberg 23.I.1912	Schomberg	31.XII.1948	verheiratet
44	SABISCH Franz	Woiska 20.III.1907	„	31.12.1948 nicht festgestellt	verheiratet
45	HOFMAN Karl	Marków 7.IV.1912	„	9.V.1946 nicht festgestellt	verheiratet
46	GOLDA Franz	Godullahütte 9.VIII.1933	„	9.III.1949 Schomberg 3.30	
47	WODARKA Alfred	Schomberg 18.VIII.1921	„	14.III.1949 Schomberg 18.30	ledig
48	ZALSKI Stanislaus	Krzepice 10.V.1929	„	16.III.1949 Schomberg 1.30	ledig
49	SACHER Alois	Beuthen 12.XI.1879	„	15.VII.1946 Kadelaszka UdSSR	verheiratet
50	MANIURA August	Godullahütte 14.VII.1902	„	9.X.1946 nicht festgestellt	verheiratet

[104] Ebd., AZ 401, k. 56-57, Original, Maschinenschrift.
[105] Frühere Seiten des Verzeichnisses sind nicht erhalten.

51	KOZIK Josef	Schomberg 15.III.1921	„	7.II.1944 Staroje Selo	ledig
52	GAJEK Richard	Schomberg 8.III.1911	„	31.XII.1948 nicht festgestellt	verheiratet
53	GMYREK Stanislaus	Hohenlinde 20.VII.1914	„	21.XII.1948 nicht festgestellt	verheiratet
54	OPIŁA Leo	Vernelles (Frankreich) 10.II.1930	„	23.III.1949 Schomberg 12.00	ledig
55	SŁOTA Johann	Bobrek 3.III.1917	Deutsch Piekar	24.III.1949 14.30	verheiratet
56	MOKRSKI Anton	Beuthen 17.V.1902	Schomberg	9.V.1946 nicht festgestellt	verheiratet
57	MALIK Emanuel	Kottenlust-Tworog 25.III.1897	„	27.III.1949 Schomberg 8.00	verwitwet

2. UMBENENNUNGEN DER STRASSEN IN BEUTHEN (1945-1956)

Nach der „Befreiung" Beuthens durch die Rote Armee und der Machtübernahme durch die polnischen Verwaltungsbehörden bestand eine der ersten Maßnahmen der neuen Administration in der Umwandlung aller deutschen Straßennamen in polnische Bezeichnungen.

Dies geschah im Frühjahr 1945. Urheber der neuen Bezeichnungen waren Władysław Studencki (der spätere bekannte Polonistikprofessor) sowie, in Zusammenarbeit mit ihm, Włodzimierz Markowski.[106]

Nur in wenigen Fällen kam es zu einer korrekten Übersetzung deutscher Namen ins Polnische. Die übergroße Mehrzahl bildeten völlig neue, ganz willkürlich gewählte Bezeichnungen. Es gab hier keinerlei logische Konzeption; man nahm einfach die Namen von Patrioten und verlieh diese willkürlich ausgewählten Straßen.

Beide Namensgeber kannten die Vorkriegsspezifik Beuthens überhaupt nicht, welche durch eine in der Stadt herrschende Koexistenz deutscher und polnischer Kulturelemente geprägt war.

---

[106] W. Studencki, Wieczory bytomskie (Beuthener Abende), Wrocław 1967, S. 161.

Altpolnische Bezeichnungen (Wielka und Mała Błotnica, Dyngos), die von den Nationalsozialisten in den dreißiger Jahren getilgt worden waren, kehrten an ihren einstigen Ort nicht zurück. Die Autoren der Umbenennungen verfügten lediglich über einen Stadtplan aus dem Jahr 1941 und wußten gar nichts von früheren Plänen.

Unter den neuen Patronen dominierten Gestalten, die sich um Polen und die polnische Kultur verdient gemacht haben, doch in ihrer Mehrzahl hatten sie mit Beuthen und seiner Geschichte nichts gemein. Wurden hiesige schlesische verdienstvolle Persönlichkeiten und Kulturschaffende berücksichtigt, dann handelte es sich ausschließlich um Personen, die mit dem Polentum verbunden waren. Man wollte um jeden Preis beweisen, daß Beuthen eine urpolnische Stadt ist und die vergangenen 400 Jahre Zugehörigkeit zu Österreich, Preußen und Deutschland nur eine Übergangsepoche darstellten. Aus diesem Grund beseitigte man die Namen von Menschen, die sich um die Stadt verdient gemacht hatten (z.B. Gramer - Beuthens erster Chronist, Brüning und Stephan - Bürgermeister, Eichendorff - großer schlesischer Schriftsteller). Man entfernte auch viele mittelalterlich-historische Namen (ul. Farna, Szpitalna, Klasztorna, Krupnicza, Tarnogórska) und ersetzte sie durch völlig zufällige Namen. Schon damals (Frühjahr 1945!) wurde der ehemalige Adolf Hitler Platz in „Plac Marszałka Stalina“ umbenannt. Der Markt wurde zum „Plac Inwalidów Wojennych“ (Platz der Kriegsinvaliden). Es lassen sich eine ganze Reihe ähnlicher Beispiele zitieren.

All das beweist, daß der Prozess der Zerstörung historischer Namensgebung in Beuthen bereits 1945 begann, aber mit diesem Jahr keineswegs endete.

Infolge der eingetretenen politischen Veränderungen der Jahre 1950-1951 gefielen auch Namen des Jahres 1945 den Behörden nicht mehr. Beuthen erreichte Direktiven bezüglich „Straßennamen, welche Namen ideologisch fremder Personen glorifizieren“ sowie solche „trauriger Erinnerungen an die faschistisch-kapitalistische Epoche“ hervorriefen.

Selbstverständlich wurden diese Direktiven schnell umgesetzt. Bereits einen Monat später kam es zur Umbenennung einzelner Straßen. Św. Jacek, ksiądz Bończyk, Paderewski oder Korfanty waren nicht mehr akzeptabel. Nebenbei gesagt, den Antrag auf Umbenennung unterzeichnete ein Mann, der heute selbst Patron einer Straße im Zentrum von Beuthen ist (vgl. Dokument Nr. 2 vom 12. 11. 1951, S. 125).

Auch Einzelpersonen stellten Anträge. Nachfolgend zitiere ich ein besonders kurioses Beispiel (Dokument Nr. 3). Interessant wäre die Erforschung der Motive, die dieser Eingabe zugrunde lagen. Dieser Antrag war so abwegig, daß selbst die damalige Behörde über ihn zur Tagesordnung überging. Ich zitiere auch ein vertrauliches Schreiben aus dem Jahr 1954 (Dokument Nr. 4). Es ist ein Beweis dafür, daß die damaligen Umbenennungen vor allem auf Anordnungen von oben zurückgingen, hauptsächlich auf solche der Parteiinstanzen.

Die stalinistische Epoche hat unauslöschliche Spuren hinterlassen. Zwar hat man 1956 die schmerzlichsten Bezeichnungen beseitigt (z.B. plac Stalina, ul. Stalinogradzka), doch ein Rest geisterte weiterhin durch Beuthens Straßen. Erst die letzten Jahre ermöglichten eine Auseinandersetzung mit diesen „traurigen Erinnerungen", in diesem Falle eine Auseinandersetzung mit der kommunistischen Vergangenheit. Möge dieser Prozess nur konsequent und vernünftig verlaufen.

PRZEMYSŁAW NADOLSKI

Verzeichnis der deutschen Straßenbezeichnungen in Beuthen und ihre 1945 erfolgte polnische Umbenennung

Tabellenförmige Aufführung

Chełmońskiego	Schaffgotschstr.	Piekarska	Poststr.
Chrobrego	Gräupnerstr.	Pl. Słowiański	Wilhelmplatz
Czarnieckiego	Wilhelmstr.	Pl. Sobieskiego	Moltkeplatz
Fredry	Zeppelinstr.	Pl. Strzelców Bytomskich	Reichspräsidentenplatz
Grottgera	Gabelsbergerstr.	Polna	Feldstr.
Gwarecka	Knappenstr.	Północna	Nordweg
Smolenia	Kasernenstr.	Prusa	Redenstr.
Kwiatowa	Ludwigsfreudeweg	Rudzkiego	Langemarckstr.
Mickiewicza	Friedrichstr.	Słoneczna	Kapellenweg
Oświęcimska	Gustav-Freytag- Str.	28 Stycznia	Donnersmarckstr.
Towarzyska	Kameradschaftsweg	Przemysłowa	Industriestr.
Wolności	Bismarckstr.	Pułaskiego	Holteistr.
Żeromskiego	Breite Straße	Rajska	Immelmannweg
Zielona	Hedwigsweg	Reja	Kleinbahnstr.
Żołnierza Polskiego	Straße der SA	Siemaradzkiego	Wermundstr.
Akacjowa	Akazienweg	Sienkiewicza	Heinrich-Schultz-Str.
Axentowica	Kalidestr.	Składowa	Lagerplatzstr.
Celna	Zollstr.	Słowackiego	Goethestr.
Dworska	Neuhofstr.	Solskiego	Schillerstr.
Fałata	Stephanstr.	Stalmacha	Ludendorffstr.
Górnicza	An der Beuthener Grube	Staszica	Günther-Wolf-Str.
Grabowa	Birkenweg	Szopena	Schubertstr.
Graniczna	Grenzstr.	Towarowa	Buddestr.
Hajdy	An der Rudolfgrube	Wallisa	Kleinfeldstr.
Jaworowa	Rotdornweg	Wrocławska	Hindenburgstr.
Klonowa	Ahornweg	Wyczółkowskiego	Johann-Georg-Str.
Kopernika	Schlageterstr.	Wyspiańskiego	Wermundstr.
Krasińskiego	Jahnstr.	Żwirki i Wigury	Richthofenweg
Kraszewskiego	Hakubastr.	Łużycka	Saarlandstr.
Leśna	Am Walde	Bernardyńska	Bernhardistr.

Ligonia	Schirmeisenstr.	Browarniana	Braustr.
Wieczorka	Lindenstr.	Dworcowa	Bahnhofstr.
Magdaleny	An der Magdalenengrube	Gliwicka	Gleiwitzer Str.
1-go Maja	Großfeldstr.	Józefczaka	Langestr.
Miejska Dąbrowa	Stadtwaldstr.	Jainty	Tarnowitzer Str.
Nawrata	Solgerstr.	Miarki	Hubertusstr.
Powstańców Warszawskich	Gartenstr.	Katowicka Kościelna	Kattowitzer Str. Kirchstr.
Owocowa	Galuschkeweg	Kościuszki	Blücherweg
Poznańska	Ostlandstr.	Koziołka	Pfarrstr.
Roosevelta	Kurfürstenstr.	Krakowska	Krakauer Str.
Sportowa	Am Stadion	Krawiecka	Schneiderstr.
Strażnicza	Grenzwachstr.	Królewiecka	Kaiserstr.
Tarnogórska	Alter Tarnowitzer Weg	Krótka	Hintergasse
Topolowa	Pappelweg	Krzyżowa	Kreuzstr.
Wesoła	Karlstr.	Łagiewnicka	Hohenlinder Landstr.
Pl. Bandurskiego	Kardinal-Kopp-Platz	Małgorzatki	Am Margaretenhügel
Węglowa	An der Viktoriengrube	Mariacka	Marienstr.
Batorego	Virchowstr.	Młyńska	Beuthener Mühle
Chłopska	Kindermannweg	Moniuszki	Gymnasialstr.
Chrzanowskiego	Parkstr.	Murarska	Mauerstr.
Curie-Skłodowskiej	Körnerstr.	Paderewskiego	Schießhausstr.
Estreichera	Kantstr.	Pl. Sikorskiego	Braunauerplatz
Św. Jacka	Schlachthofstr.	Pl. Grunwaldzki	Friedrich-Wilhelm-Ring
Janasa	Opitzstr.	Pl. Klasztorny	Klosterplatz
Kasprowicza	Damaschkeweg	Pl. Stalina	Adolf-Hitler-Platz
Kolejowa	Humboldtstr.	Pl. Wolskiego	Am Bahnhof
Lompy	Fichtestr.	Pokoju	Verbindungsstr.
Malczewskiego	Hermann-Löns-Weg	Przechodnia	Schwiboggengasse
Myśliwca	Rückertweg	Rostka	Iserbachstr.
Obozowa	Major-Wieck-Weg	Różana	Rosengasse
Olejniczaka	Eichendorffstr.	Rycerska	Ritterstr.
Orzeszkowej	Uhlandweg	Rynek	Ring
Parkowa	Parkstr.	Rzemieślnicza	Bäckerstr.
Piastowska	Dietrich-Eckart-Str.	Rzeźnicza	Fleischerstr.
Pilotów	Boelckeweg	Sądowa	Gerichtstr.
Powstańców Śląskich	Gutenbergstr.	Strażacka	Hospitalstr.
Szymanowskiego	Klosterstr.	Sokoła	Neuestr.
Targowa	Marktstr.	Spokojna	Friedhofweg
Wałowa	Wallstr.	Stawowa	Teichstr.
Webera	Gräupnerstr.	Szczęść Boże	Glückaufstr.
Jagiellońska	Hohenzollernstr.	Tramwajarzy	Gramerstr.
Zabrska	Pilkermühle, Schombergerstr.	Ułańska	Keithweg
Żółkiewskiego	General-Höfer-Weg	Wileńska	Sedanstr.

Bema	Werterweg		
Brzezińska	Birkenhainerstr.	**Heute tragen manche dieser Straßen andere Namen**	
Cicha	Faustweg		
Głęboka	Tiefegasse		
Królowewj Jadwigi	Lückerstr.	Pl. Strzelców Bytomskich	Pl. Akademicki
Kochanowskiego	Gieschestr.	Polna	Cybisa
Kopalniana	Grubenstr.	28 Stycznia	Orląt Lwowskich
Korfantego	Friedenshütterstr.	Górnicza	integriert in die Strzelców Bytomskich
Łączna	Hermannweg	Kopernika	Woźniaka
Łukasiewicza	Heinitzweg	Krasińskiego	Olimpijska
Matejki	Küperstr.	Wieczorka	Woźniaka
Mikołaja	Dorotheenweg	1-go Maja	Odrzańska
Miodowa	Götzweg	Poznańska	Strzelców Bytomskich
Osiedle	Gosslerweg	Roosevelta	Al. Legionów
Pszczyńska	Plesserstr.	Sportowa	Piłkarska
Reymonta	Fortunastr.	Strażnicza	Sosnowa
Siemianowicka	Laurahütter Landstr.	Pl. Bandurskiego	Pl. Rodła
Sienna	Flurstr.	Św. Jacka	Chłodna
Staromiejska	Altestr.	Lompy	Ligęzy
Szkolna	Schulstr.	Piastowska	Kazimierza Wielkiego
Wiejska	Egmontweg	Sienkiewicza	Kasperka
Witczaka	Scharleyerstr.	Słowackiego	Didura
Zawadzkiego	Königshütter Landstr.	Stalmacha	Okulickiego
Alojzjanów	Elsterbergstr.	Kościuszki	Jodłowa
Bończyka	Reitzensteinstr.	Królewiecka	Piastów Bytomskich
Damrota	Glückaufstr.	Krzyżowa	Kwietniewskiego
Floriańska	Florianstr.	Paderewskiego	Podgórna
Gallusa	Rococostr.	Pl. Stalina	Pl. Kościuszki
Kędzierzyńska	Heydebreckstr.	Pokoju	Lwowskich Dzieci
Św. Kingi	Barbarastr.	Łukasiewicza	Arki Bożka
Konopnickiej	Paul-Keller-Str.	Zawadzkiego	Chorzowska
Kossaka	Haldenstr.	Bończyka	Szafranka
Kruszcowa	Fiedlersglückstr.	Damrota	Szczęść Boże
Lwowska	Sadowastr.	Lwowska	Krucza
Muszalika	Roßberger Str.	Spokojna	Staffa
Pl. Św. Barbary	Barbaraplatz	Wileńska	Sandomierska
Jaronia	Siedlungstr.		
Rodziewiczówny	Urbanekstr.		

DOKUMENT Nr. 1[107]

Präsidium
des Volksrats
der Woiwodschaft
in Kattowitz
Nr. O.P.T.9/3/51

Kattowitz, 19. 10. 1951

zu eigenen Händen

In Verbindung mit dem Schreiben des Präsidiums des Ministerrats, Abteilung II, vom 2. März 1951, Nr. 01/688/51, das auf die Tatsache aufmerksam macht, daß in einer Reihe von Städten Bezeichnungen von Straßen, Plätzen und Parkanlagen existieren, welche die Namen uns ideologisch fremder, ja feindlicher Personen glorifizieren, sowie Bezeichnungen, die traurige Erinnerungen an die unrühmliche Vergangenheit der faschistisch-kapitalistischen Epoche wecken, hat das Präsidium des Volksrats der Woiwodschaft die Präsidien der Volksräte der Städte und Kreise mit Schreiben vom 31. März ds. Js. angewiesen, im Falle der Existenz solcher Bezeichnungen auf der nächsten Sitzung des örtlichen Nationalrats einen Antrag auf Änderung dieses Zustandes zu stellen. (...)

(-) J. Babczyk
Sekretär des Präsidiums

DOKUMENT Nr. 2

Auszug aus dem Protokoll der am 12. November 1951 stattgefundenen Sitzung der Kommission für Öffentliche Ordnung beim Städtischen Volksrat in Beuthen.

Die Kommission wendet sich an das Präsidium des Städtischen Volksrats mit dem Antrag auf Umbenennung folgender Straßen im Stadtgebiet von Beuthen, und zwar:

Ul. Św. Jacka - in ul. Chłodna
Ul. ks. Bończyka - in ul. Józefa Szafranka
Ul. Paderewskiego - in ul. Podgórna
Ul. Korfantego - in ul. Armii Ludowej
Ul. Daszyńskiego - in ul. Przyjaźni Polsko-Radzieckiej

Kommissionsvorsitzender
(-) Kwietniewski Józef

---

[107] Die hier angeführten vier Dokumente entstammen dem Staatsarchiv in Kattowitz, Kreisamt. Beuthen (Sammlung: Präsidium des Städtischen Volksrats in Beuthen, AZ 630).

DOKUMENT Nr. 3

Beuthen, den 1. September 1954

An das Präsidium des Städtischen Volksrats
in BEUTHEN

Es naht der Monat der Vertiefung der Polnisch-Sowjetischen Freundschaft, für die die Große Sowjetische Nation der Polnischen Nation bereits zahlreiche Beweise geliefert hat. In Verbindung damit schlage ich vor:

1. Nachdem der General-Sikorski-Platz in Beuthen in Ordnung gebracht ist, soll ihm der Name „POLNISCH-SOWJETISCHE FREUNDSCHAFT" verliehen werden.
2. Auf dem Sockel, auf dem verbogene Stäbe die Warschauer Syrena darstellen sollen, möge man ein Denkmal LENINS, des Großen Schöpfers der Oktoberrevolution, errichten. (...)

Adam Maguder
BYTOM
Pl. Sikorskiego 2/3

DOKUMENT Nr. 4

Stalinogród, 2. Januar 1954

Vertraulich

Präsidium
des Volksrats der Woiwodschaft
in Stalinogród
Nr. Or. IV-12/17/53

Präsidien der Städtischen Volksräte

Das Woiwodschaftsamt für Pressekontrolle machte darauf aufmerksam, daß in zahlreichen Ortschaften der Woiwodschaft Stalinogród trotz diesbezüglicher Anweisungen manche Straßen weiterhin Bezeichnungen tragen, welche die Namen uns ideologisch fremder, ja feindlicher Personen glorifizieren (Korfanty, Daszyński, Paderewski etc.) oder traurige Erinnerungen an die unrühmliche Vergangenheit der faschistisch-kapitalistischen Epoche wecken wie die Peowiaków[108] etc.

In Verbindung damit bittet das Präsidium des Volksrats der Woiwodschaft um die Untersuchung, ob es im Stadtgebiet dergleichen Straßennamen gibt. Sollte dies der Fall sein, dann ist auf der Sitzung des Städtischen Volksrats ein Antrag zu stellen auf Abänderung dieses Zustandes durch Verleihung von Straßenbezeichnungen, die unserer Epoche entsprechen.

Zu betonen ist dabei, daß die entsprechenden Anträge vorher mit dem Stadtkomitee der Polnischen Vereinigten Arbeiterpartei abzustimmen sind.

Über die vollzogenen Abänderungen der Straßennamen muß die Organisationsabteilung durch Angabe sowohl der bisherigen wie der neuen Bezeichnungen den Volksrat der Woiwodschaft informieren.

Sekretär des Präsidiums des Volksrats der Woiwodschaft
(St. Stańczyk)

---

[108] Es handelt sich um Mitglieder polnischer Militärorganisationen.

3. DIE „ENTGERMANISIERUNGS“-AKTION

Das Wort „Entgermanisierung“ begegnet in Dokumenten des besprochenen Zeitraums. Es bezeichnete sämtliche Aktivitäten mit dem Ziel, deutsche Vor- und Nachnamen nicht nur aus Straßen und von Gebäuden, sondern auch von Grabsteinen zu verbannen. Natürlich war damit auch die Verifizierung - die „Rehabilitation“, wie man damals sagte - der Ortsbevölkerung gemeint - derer, welche die Volksliste unterschrieben hatten, sowie die Aussiedlung aller, die zur deutschen Bevölkerung gezählt wurden.

Bei der Analyse dieses letzteren Problems darf man einerseits nicht die komplizierte nationale Zusammensetzung in Beuthen und den Nachbargemeinden außer Acht lassen (in dieser Hinsicht muß man sich die Ergebnisse der Volksbefragung von 1921 vor Augen halten, die das Nebeneinander von Polen und Deutschen verdeutlichte - in der Mehrzahl der Gemeinden im Beuthener Land bildeten die ersteren die Mehrheit), andererseits aber muß man wissen, daß sich die Aussiedlung der Deutschen kraft des Beschlusses der Potsdamer Konferenz vom August 1945 vollzog. Er lautet: „Die drei Regierungen haben die Frage unter allen Gesichtspunkten beraten und erkennen an, daß die Überführung der deutschen Bevölkerung oder Bestandteile derselben, die in Polen, der Tschechoslowakei und Ungarn zurückgeblieben sind, nach Deutschland durchgeführt werden muß. Sie stimmen darin überein, daß jede derartige Überführung, die stattfinden wird, in ordnungsgemäßer und humaner Weise erfolgen soll.“

Hier ist nicht der Ort für eine polemische Auseinandersetzung mit dieser Entscheidung, die schließlich „hinter dem Rücken“ von Volkspolen, dem damaligen Vasallen der Sowjetunion, getroffen wurde, auch nicht für eine Erinnerung an die Argumentation der Großmächte, die befürchteten, die Deutschen könnten in Zukunft die nationalen Minderheiten für ihre Zwecke ausnutzen, wie Hitler dies getan hatte. Ich schlage dagegen vor, sich den zitierten Dokumenten zuzuwenden, um den böswilligen Eifer der Behörden bei der „Entgermanisierung“ in diesem Gebiet zu erfassen, das bis zum Januar 1945 innerhalb der Grenzen des deutschen Staates lag.

ZDZISŁAW JEDYNAK

DOKUMENT Nr. 1

Polnischer Westverband
Kreis Miechowitz 4/45

Miechowitz, 8. September 1945

An den hochwürdigsten päpstlichen Administrator
Dr. Kominek
in Kattowitz

Der Polnische Westverband in Miechowitz bittet höflich darum, in unseren Pfarreien Heilig-Kreuz und Corpus Christi polnische Priester zu entsenden, damit diese in der Muttersprache die Pfarrangehörigen geistig versorgen können, statt daß durch eine deutschsprachige Seelsorge jetzt noch, wo wir in einem freien Vaterland leben, Voreingenommenheiten, ja Provokationen geweckt werden.

Zur Unterstützung unserer Bitte verweisen wir auf einige Fakten prodeutscher Einstellung des Geistlichen Cichon, Vikar der Pfarrgemeinde vom Heiligen Kreuz, der nicht nur die polnische Sprache schwach beherrscht, sondern durch seine feindliche Einstellung die Pfarrangehörigen gegen die kirchliche Behörde aufbringt. Nicht nur daß Vikar Cichon sich in kirchlichen Angelegenheiten ständig der deutschen Sprache bedient, er vermeidet die polnische Sprache auch in der Kirche, indem er statt polnischer lateinische Gesänge einführt, so bei den Vespern, die stets lateinisch gesungen werden, was die polnische Bevölkerung besonders schmerzt. Auf das „Gelobt sei Jesus Christus" der Schulkinder in polnischer Sprache antwortet er auf Deutsch, und überhaupt betont er auf Schritt und Tritt sein deutsches Bestreben. Seit Monaten wird überhaupt nicht mehr gepredigt, um die polnische Sprache nicht in die Kirche einzuführen, doch flechtet er bei jeder Gelegenheit die deutsche Sprache ein. Wo immer man sich der polnischen Sprache hätte bedienen müssen, führt er das Latein ein, doch zur deutschen Zeit tat er dies nicht, und die Gesänge waren ausschließlich deutsch. Pfarrer Lerch ist alt und widersetzt sich dem nicht; wir wissen nicht, aus welchen Gründen. Wenn man sich bei den Gebühren für Begräbnisse an ihn in deutscher Sprache wendet, ist er mitleidsvoll und erläßt diese den Armen, doch denen gegenüber, die polnisch sprechen, ist er rücksichtslos und sagt, sie sollten etwas verkaufen, um das Begräbnis zu bezahlen.

Es sollte schnellstmöglichst nach Miechowitz wenigstens ein polnischer Priester entsandt werden, um sich unserer Pfarrangehörigen anzunehmen, denn in der Corpus-Christ-Pfarrei ist es auch nicht besser.

In der Hoffnung auf eine baldige Erledigung unserer Bitte verbleiben wir hochachtungsvoll

Vorstand des Polnischen Westverbandes in Miechowitz

DOKUMENT Nr. 2[109]

Beuthen, 20. Dezember 1945 - Bericht bezüglich der Verifizierungen im Kreis Beuthen.

I. Bevölkerungsstand
   1. Ende 1944 betrug der Bevölkerungsstand im Kreis Beuthen - 82 502 Personen.
   2. Aufgrund durchgeführter Untersuchungen betrug er am 5. Juni 1945 - 62 982 Personen.
   3. Im Februar des laufenden Jahres mobilisierten die russischen Behörden zur Zwangsarbeit und deportierten nach Rußland (nicht mitgezählt Mitglieder der NSDAP, der SS und SA) - 7 000 Personen.
   4. Nach Berichten der Gemeinderäte flohen Deutsche (darunter auch eine gewisse Anzahl polnischer Bevölkerung) vor der Front - 11 550 Personen.
   5. Am 1. 11. 1945 betrug der Bevölkerungsstand im Kreis zusammen mit Repatriierten und Ansiedlern - 76 662 Personen.

II. 1. Verifizierungsanträge reichten ein - 41 203 Personen. (Personen über 14 Jahren machen 54% der allgemeinen Einwohnerzahl aus - unter normalen Bedingungen beträgt der Anteil der Kinder bis zu 14 Jahren 27,5%; keiner Verifizierung unterliegen polnische Bürger, Repatriierte und Ansiedler.)
   2. Durch die Verifizierungskommissionen der Gemeinden wurden als Polen anerkannt - 36 717 Personen.
   3. An die Verifizierungskommission des Kreises zur Prüfung, Begutachtung und Weiterleitung wurden übersandt - 4 486 Fälle.
   4. Es bleiben zur Prüfung:
      a) durch das Woiwodschaftsamt - 30 Fälle;
      b) durch die Plenar-Verifizierungskommission des Kreises - 440 Fälle.
   5. Bis zum 20. 12. ds. Js. wurden an vorläufigen Bestätigungen des Polentums ausgestellt - 39 000 Bescheinigungen.
   6. Abgewiesene Anträge - Anerkennung als Deutsche - 467 Fälle.
   7. Als Deutsche anerkannte Personen, die eine neuerliche Prüfung beantragen - 150.
   8. Ausgereiste bzw. ausgesiedelte Familien oder alleinstehende Personen (nicht mitgezählt Kinder unter 14 Jahren) - 440 Personen.
   9. Zur Aussiedlung verbleiben bereits Verifizierte und als Deutsche anerkannt - 139 Familien.

DOKUMENT Nr. 3[110]

Beuthen, 22. Januar 1946 - Brief von Henryk Wegener, Pfarrer der polnischen evangelischen Pfarrei, an den Kreis in Beuthen bezüglich der Gläubigen aus dem Dorf Larischhof

Im Zusammenhang meines Eintreffens in Beuthen und meiner Amtsübernahme als Pfarrer der polnischen evangelischen Pfarrei in Beuthen befaßte ich mich auch mit der mir anvertrauten Verwaltung des Dorfes Larischhof (Gemeinde Miedar). Dieses Dorf ist, nebenbei gesagt, ein Muster an Ordnung und Sauberkeit; bewohnt ist es mehrheitlich von evangelischen Polen. Es handelt sich um Leute, die bereits vor Jahrhunderten entweder aus dem Inneren Polens oder aus dem Teschener Schlesien nach Larischhof kamen. Sie haben überwiegend polnische Namen; zu Hause lesen sie die polnische Bibel und die von den Vätern auf die Söhne

---

[109] Staatsarchiv Kattowitz, Kreisamt Beuthen, AZ 286, k. 1, Kopie, Maschinenschrift.

[110] Ebd., AZ 411, S. 14-15, Original, Maschinenschrift.

überlieferten Gebetbücher. Sogar zur deutschen Zeit sprachen sie trotz Drohungen und Schikanen polnisch. Dieser Umstände wegen übernahm ich mit Freuden die pastorale Versorgung dieses Dorfes und die Aufsicht über das dortige Kirchlein.

(...) Ich übermittle diese Einzelheiten dem Kreis in der Hoffnung, daß meine in jenem Gebiet im christlichen und polnischen Geist durchgeführte Arbeit im Kreis volles Verständnis und, falls nötig, volle Unterstützung findet.

(Runder Amtsstempel mit Kreuz und Randbemerkung: Polnische Evangelische Pfarrei in Beuthen.)

Henryk Wegener, Pfarrer der
Polnischen Evangelischen Pfarrei in Beuthen,

ehemals für sechs Jahre Häftling
deutscher Konzentrationslager.

DOKUMENT Nr. 4[111]

Beuthen, 1946 (vor dem 26. Januar) - Offener Brief von H. Wegener, Pfarrer der Polnischen Evangelischen Pfarrei, an die polnischen Einwohner von Beuthen.

Immer häufiger treffe ich auf Klagen meiner Pfarrangehörigen, daß sie in den Ämtern oder auch im öffentlichen wie privaten Leben auf großes Mißtrauen stoßen, ja selbst mit offener Feindschaft behandelt werden, und das aus dem einzigen Grund, daß sie evangelisch sind. Ursache dafür ist die allgemeine Meinung der polnischen Gesellschaft, daß ein Pole nur römisch-katholisch sein kann und ein Evangelischer ein Deutscher sein muß. (...)

Die gewaltige Mehrheit der Polen ist in der Tat römischen Bekenntnisses, wenn nicht aus Überzeugung, dann aufgrund des Taufscheins. Aber es gibt eine gewisse Anzahl von Polen, die meinen, daß der Papst zumindest kein unfehlbarer Vertreter Christi ist und daß die katholische Kirche heute in sich mehr menschliche als göttliche Elemente hat. Diese Polen glauben, daß der einzige Wegweiser des Menschen im Leben das Evangelium sein soll. Diese Menschen nennen sich Evangelische.

(...) Ich gebe zu, daß die Situation in Beuthen in dieser Hinsicht eine spezielle ist. Bewußte Polen, die evangelisch sind, gibt es hier wenige, doch auch die hiesigen Evangelischen sind kein bereits so stark germanisiertes Element, wie es scheint. Fanatische Deutsche, die es übrigens auch unter Katholiken gibt, sind bereits fast alle geflohen. Die geblieben sind, bilden überwiegend ein Element, dessen Verbundenheit mit den heimischen Örtlichkeiten in relativ kurzer Zeit entsprechend genutzt werden kann, wenn man mit ihm auf polnische Weise arbeitet. (...)

Ein bedeutender Prozentsatz bediente sich auch zur deutschen Zeit im vollem Bewußtsein nationaler Eigenart der polnischen Sprache. Wie sehr die polnische Sprache trotz einer Überflutung durch das Deutschtum auch in Beuthen in Gebrauch war, bezeugt die Tatsache, daß in der evangelischen Kirche in Beuthen ständig polnische evangelische Gottesdienste stattfanden.

(...) Selbst die Deutschen erkannten somit in Beuthen die Existenz evangelischer Christen polnischer Sprache an. Erst in den ersten Hitlerjahren wurden zusammen mit den

---

[111] Ebd., S. 16-17.

polnischen katholischen Gottesdiensten auch die polnischen evangelischen Gottesdienste untersagt.

(...) Diesem Volk muß man großmütig entgegenkommen, damit dieses polnische Herz des evangelischen Volkes im Oppelner Schlesien wieder laut und vernehmlich schlägt. Die Polnische Evangelische Pfarrei, deren Pfarrer ich bin, nimmt sich neben der rein pastoralen Arbeit zum Ziel, eben dieses in den Seelen dämmernde Polentum aufzuwecken.

Ganz allgemein wende ich mich an die Polen in Beuthen mit der Bitte: Hindert uns nicht bei diesem Werk, sondern im Gegenteil helft uns.

DOKUMENT Nr. 5[112]

Stillersfeld, 15. Februar 1946 - Situationsbericht des Gemeindevorstehers an das Kreisamt.

1. Allgemeine und politische Situation

(...)

d) Die Zivilbevölkerung der hiesigen Gemeinde verhält sich der Roten Armee gegenüber sehr ablehnend. Der Grund sind weiterhin Raubüberfälle (überwiegend in der Nacht).[113]

(...)

f) Das Problem nationaler Minderheiten in diesem Raum ist für uns noch ungelöst, denn immer noch werden Anträge auf polnische nationale Zugehörigkeit von Personen gestellt, die von der Roten Armee zur Zwangsarbeit verpflichtet wurden, sowie von Jugendlichen über 14 Jahren.

g) Im hiesigen Gemeindegebiet waren die sog. Volkslisten nicht in Gebrauch, so daß in unserer Gemeinde kaum ein paar Personen Volksdeutsche sind. Ein zugezogenes Element.

(...)

Teil III

(...)

2. Zwangsaussiedlungen von Deutschen gab es keine. Allerdings reisten 56 Personen freiwillig aus, denen das Kreisamt in Beuthen Passierscheine für die Ausreise ausgestellt hatte. Vermutlich werden noch ungefähr 31 Personen des hiesigen Gemeindegebiets ausgesiedelt.
3. Als der polnischen Nation zugehörig wurden 3 774 Personen verifiziert, doch erhielten bislang 3 367 vorläufige Bestätigungen vom Kreisamt in Beuthen, die den hiesigen Einwohnern gegen Entrichtung von 25 Zł. ausgehändigt wurden. Es verbleiben 60 noch nicht erledigte Anträge, zu denen im weiteren Verlauf noch Anträge von Personen kommen, die aus der Zwangarbeit in Rußland heimkehren, sowie von Jugendlichen über 14 Jahren.

---

[112] Ebd., AZ 401, Original, Maschinenschrift.

[113] Das belegt ein Situationsbericht vom März 1946 (a.a.O., k. 6): „(...) Arbeiter des hiesigen Gemeindegebiets beklagen sich, weil sie zu Fuß oder mit dem Fahrrad auf dem Weg zur Zeche oder auf dem Heimweg ihres Lebens nicht sicher sind. Wie sie feststellen, werden sie ständig von Soldaten der Roten Armee in sowjetischer oder polnischer Uniform überfallen und ihrer Fahrräder sowie ihrer Kleider beraubt.
Jüngst kam es dazu, daß ein von der Grubenarbeit heimkehrender Arbeiter unterwegs von einem Soldaten der Roten Armee überfallen wurde, der ihn zusammenschlug und ihm die Hand durchschoss, weil er ihm das Fahrrad nicht geben wollte.“

4. Auf einen landwirtschaftlichen Hof wurde ein Major der polnischen Armee angesiedelt, doch wurde dieser Hof gegenwärtig dem Eigentümer zurückgegeben, der eine vorläufige Bestätigung polnischer Nationalität erhielt. Auf andere Wirtschaftsbetriebe wurden 6 Familien angesiedelt.[114]
5. Im Gemeindegebiet wurde die Landwirtschaftsreform bislang nicht durchgeführt.

Amtsstempel der Gemeinde
Gemeindevorsteher:
Poloczek

DOKUMENT Nr. 6[115]

Beuthen, 28. Februar 1946 - Situationsbericht des Kreisvorsitzenden in Beuthen für die Präsidialabteilung des Woiwodschaftsamtes in Kattowitz für den Zeitraum vom 15. 01. - 15. 02. 1946.

(...)

f) nationale Minderheiten
Bei der nationalen Minderheit handelt es sich überwiegend um Deutsche, die gegenwärtig ausgesiedelt werden. Es befinden sich hier auch einige Bürger Schweizer Nationalität.

Die Verifizierungen im Kreis gestalten sich wie folgt:

1) Antragstellungen 43 118
a) davon positiv entschieden 41 946

b) zur Prüfung verbleiben:
I. durch die Verifizierungskommission des Kreises 150 - 411 Personen, die nach einem negativen Bescheid Berufung einlegten
II. durch das Woiwodschaftsamt 70 Vorgänge - 90 Anträge

c) negativ entschieden 978 Vorgänge - 1 621 Personen

2) Ausgestellte Dokumente 41 906
3) Abgelehnte Anträge (die nicht der Verifizierung unterlagen) 104

4) Priester und Ordensleute
Die Verifizierungskommissionen der Gemeinden erkannten als Polen an:

a) 24 Priester
b) 45 Ordensschwestern

Die Verifizierungskommission des Kreises prüfte 5 Anträge von Priestern mit folgendem Ergebnis:

2 Anträge - als Polen anerkannt
2 Anträge abgelehnt
1 Antrag abgelehnt (der Antragsteller ist niederländischer Nationalität)
2 Anträge von Ordensschwestern - als Polinnen anerkannt

(...)

---

[114] Zunächst war dieser Bauer als Deutscher eingestuft worden, und man hatte ihm die Wirtschaft genommen und dem Major übertragen. Nach der Verifizierung erhielt sie dann der ursprüngliche Eigentümer zurück.

[115] Staatsarchiv Kattowitz, Kreisamt Beuthen, AZ 384, Kopie, Maschinenschrift.

DOKUMENT Nr. 7[116]

Beuthen, 11. Juli 1947 - Information des Kreisvorsitzenden in Beuthen bezüglich der Juden im Kreis für das Gesellschaftspolitische Referat des Woiwodschaftsamtes in Kattowitz.

In Erledigung des Schreibens des dortigen Amtes vom 26. 06. ds. Js., Nr. SP 38/47/geheim teile ich mit, daß es auf dem Beuthener Kreisgebiet keine deutschen Juden gibt, die sich um einen Aufenthalt bemühen.

Ich teile ergänzend mit, daß eine Jüdin mit Namen Wilk Luiza freiwillig am 17. 12. 1946 nach Deutschland ausgereist ist.

Kreisvorsitzender

i. Vertr.. (Sł. Rayski) Vizewoiwode

DOKUMENT Nr. 8

Nr. T. Polnischer Westverband W/34/47

Miechowitz, 11. 08. 1947

An den
Bezirksvorstand des Polnischen Westverbandes
in Beuthen

Entsprechend dem Schreiben vom 10. 08. 47, Tagebuchnr. 2473/47, übermittelt der Kreisvorstand die Registrierung von Naziverbrechen sowie der Opfer deutscher Verbrechen. Die Registrierung läßt sich nicht nach dem im Schreiben vom 11. 03. 47, Tagebuchnr. 1197/47, angegebenen Muster vornehmen, weil in diesen Vorlagen die entsprechenden Rubriken für eine nähere Beschreibung fehlen.

1) Kaczmarczyk Jan, geb. am 16. 11. 1909, zuletzt wohnhaft in Miechowitz, Feldstr. 17, war Mitglied der polnischen Minderheit im Oppelner Schlesien. Am 1. 08. 1939 wurde ihm auf der Castellengogrube gekündigt. Als er beim Direktor nach dem Grund fragte, sagte dieser ihm, er sei Pole und stehe in Kontakt mit der Familie Prajer. Beschuldigt hatte den Genannten sein im selben Haus wohnende Onkel Kaczmarczyk. Als er sich auf der Suche nach Arbeit beim Arbeitsamt meldete, verschwand er nach 5 Wochen spurlos.
2) Der Bürger Markucik Józef, wohnhaft in Miechowitz, Feldstr. 13, meldete, sein Bruder Markucik Roman, geb. am 11. 08. 1913, wohnhaft in Karf, Weisstr., wurde durch sein Frau Agnieszka, geborene Bernat, angezeigt. Aus diesem Grund wurde er am 3. 12. 1939 verhaftet und in das Konzentrationslager Oranienburg eingeliefert, wo er am 24. 12. 1939 an Erschöpfung starb. Seine Frau Agnieszka Markucik heiratete ein zweites Mal und zwar Ulrich, der auf der Preussengrube arbeitet. Die Genannte besitzt die polnische Nationalität.
3) Die Bürgerin Kaczmarek Agnieszka, wohnhaft in Miechowitz, Platz Powstańców, meldete, ihr Bruder Pradelski Alojzy, wohnhaft Grünstr. 4, sei von seiner Frau Maria Pradelski, geborene Skrzypczyk, gegenwärtig wohnhaft Grünstr. 6, bei der Gestapo wegen Sabotage auf der Castellengogrube (wo er arbeitete) angezeigt worden. Aus diesem Grund wurde er am 2. 12. 1940 nach Auschwitz gebracht, wo er am 1. 12. 1941 starb.

---

[116] Ebd., AZ 416, k. 11, Kopie, Maschinenschrift.

4) Der Bürger Grabowy Konrad, wohnhaft in Miechowitz, Gartenstr. 26, wurde als Gegner des Hitlerregimes von der Gestapo am 27. 04. 1942 nach Auschwitz gebracht, wo er am 22. 06. 1942 starb.
5) Der Ortsgruppenleiter und Bürgermeister von Miechowitz, J a u s l y Emil (gegenwärtig soll er sich als Steiger in Salzgitter aufhalten) schickte die Bürger Szulik Wilhelm, Drobczyk Emanuel, Piszka Ignacy, Weingart Józef, Frajer Jan, Lasczyk Józef ins Lager, wo Lasczyk Józef starb.

Für den Vorstand
Präses
Gołąbek Paweł

DOKUMENT Nr. 9

Veteranenverband der
Schlesischen Aufständischen
Nr. T. W/40/4
Polnischer Westverband, Kreis Miechowitz
Nr. T. P. Z. Z../W/ 41/47

Miechowitz, 12. 09. 1947

An die
Direktion der Zeche Miechowitz[117]
in M i e c h o w i t z

Durch Beauftragung und Anordnung des Woiwoden Zawadzki obliegt die Durchführung der Repolonisierung auf dem Gebiet unserer Woiwodschaft in erster Linie den örtlichen Kreisen des Polnischen Westverbandes sowie den Gruppen des Veteranenverbandes Schlesischer Aufständischer. Wir ersuchen Sie daher, für die gesamte Belegschaft eine Reihe von Anordnungen zu erlassen.

1) Alle Beschäftigten, die deutsche Nach- bzw. Vornamen besitzen, sollen (unter Androhung des Verlusts ihrer Arbeit) diese in polnische umändern. (Die Änderung von Nach- und Vornamen erledigen die Kreise kostenlos.)
2) Uns sind alle Deutschen anzugeben, die sich auf irgendeine Weise um die polnische Staatsangehörigkeit bemühen, aber bis auf den heutigen Tag die deutsche Sprache in der Arbeit, auf der Straße und daheim in der Familie benutzen, die andere provozieren und zum Nachteil des Demokratischen Volkspolens arbeiten. Solche Personen sollen ohne Rücksicht aus der Arbeit entlassen und ausgesiedelt werden.
3) Die Aufforderung an die gesamte Belegschaft zum ausschließlichen Gebrauch der polnischen Sprache, ob in der Arbeit, auf der Straße, in der Familie oder sonstwo, betrifft gleichfalls die aus Frankreich etc. heimgekehrten Repatriierten.
4) Im Falle der Arbeitseinstellung von Personen der ortsansässigen Bevölkerung bitten wir darum, vom Arbeitssuchenden die Vorlage der von der örtlichen Gruppe des

[117] Es handelt sich um die ehemalige Preussengrube, die 1947 in Zeche Miechowitz umbenannt wurde.

Veteranenverbandes Schlesischer Aufständischer bzw. des Polnischen Westverbandes ausgestellte Beglaubigung zu verlangen.

Für den Vorstand
Sekretär des Polnischen Westverbandes
(-) Batowska Lineta
Sekretär des Veteranenverbandes
(-) Wilczek Paweł

Präses:
(-) Gołąbek Paweł

DOKUMENT Nr. 10

Nr. T. Poln. Westverband/W/12/47

Miechowitz, 15. 09. 1947

An den
Gemeinderat
in M i e c h o w i t z

Die Vorstände des Polnischen Westverbandes und der Veteranen der Schlesischen Aufstände beschlossen auf ihrer Sitzung vom 10. 01. 47 sich an den Gemeinderat bezüglich der Entlassung aller Deutschen zu wenden, insoweit diese noch beschäftigt sind, sowie auch derer, die sich der deutschen Sprache bedienen. Zudem sollen die bei der Gemeinde Beschäftigten auf dem Amtsweg veranlaßt werden, rein deutsche Nach- und Vornamen in polnische umzuändern. Im gegenteiligen Fall werden wir dafür sorgen, daß sie aus der Arbeit entlassen werden, denn in polnischen Ämtern darf es keine Personen mit germanischen Namen geben.

Für den Vorstand
Sekretär des Poln. Westverbandes
(-) Batowska Lineta
Sekretär der Veter.
(-) Wilczek Paweł

Präses
(-) Gołąbek Paweł

DOKUMENT Nr. 11

Beuthen, 9. 09. 1947

Polnischer Westverband
Bezirk Beuthen
Tagebuchnr. 3130/47

An die
Ortsvorstände des
Polnischen Westverbandes

Wir erteilen folgende Informationen:

1) Aktion der Entgermanisierung. Alle Ortsgremien und jedes einzelne Mitglied ist persönlich verpflichtet, die Reste des Deutschtums in Form von deutschen Inschriften, des Gebrauchs der deutschen Sprache, deutscher Reklame etc. aus unserem Gebiet zu entfernen und auf Unbedachte belehrend einzuwirken, doch Widerspenstige der Miliz bzw. den Gesellschaftspolitischen Referaten der Gemeinden oder der Kreise zu melden. Man muß auf das Polnische verunstalteter Vor- und Zunamen hinwirken.
Entsprechende Hinweise erhalten die Ortsverbände in Form von Referaten.

2) Gibt es im Bereich eines örtlichen Verbandes verdienstvolle Aktivitäten des Verbandes der Polen in Deutschland und wurden diese bislang durch keine Auszeichnung erfaßt, dann sollen sie durch Gemeinden und Kreise zur Auszeichnung vorgeschlagen werden, wobei der Antrag in drei Exemplaren auszufertigen ist; zwei davon bitten wir, in der Gemeinde abzugeben, den dritten möge man dem Sekretariat des Bezirksverbandes zuleiten.

Sekretär
J. Kwietniewski

DOKUMENT Nr. 12

Nr. T. P. Z. Z./W/67/47

Miechowitz, 23. 12. 1947

An den
Bezirksvorstand
des Polnischen Westverbandes
in K a t t o w i t z
über den
Bezirksvorstand
in B e u t h e n

Entsprechend dem Schreiben vom 5. 12. 47, Tagebuchnr. 5010/IV-47, bezüglich einer Auskunft über den Geistlichen Gutsfeld Deokar, geb. am 16. 09. 1905 in Miechowitz, teilt der Ortsvorstand mit:

Aufgrund verfügbarer Information sowie der Feststellung im hiesigen Referat für Evidenz und Kontrolle der Volksbewegung wohnt der oben Genannte nicht auf dem Gebiet der hiesigen Gemeinde, sondern ständig bei seiner Mutter in Beuthen. Die nähere Adresse ist unbekannt. In der Zeit, in welcher der Geistliche Szmid in der hiesigen Pfarrgemeinde die Funktion eines Pfarrers ausübte, kam der oben Genannte zur Aushilfe von Beuthen in diese Pfarrei.

Am 20. 11. ds. Js. wurde Pfarrer Szmid versetzt, und auch der Geistliche Gutsfeld kommt nicht nach Miechowitz.

Was die feindliche Einstellung zum Polentum betrifft, so können die unten erwähnten Personen entsprechende Auskünfte geben. Anlaß war eine Sammlung zum Wiederaufbau Warschaus durch die Lehrer: 1) Graca Józef, 2) Bieniek Jan, 3) Latowski Józef, 4) Dulasowa Józefa.

Für den Vorstand

Sekretär — Präses

(Batowska Lineta) — (Gołąbek Paweł)

ü

DOKUMENT Nr. 13

Polnischer Westverband
Bezirk Beuthen
Tagebuchnr. 3198/47

Beuthen, 16. 09. 1947

An den
Ortsvorstand des
Polnischen Westverbandes
in ....

Im Folgenden geben wir zur örtlichen Information und Anwendung die Richtlinien bezüglich der Entgermanisierungsaktion bekannt. Die Ergebnisse im örtlichen Bereich sind dem Büro in Beuthen bis zum 1. eines jeden Monats zuzusenden.

In letzter Zeit beobachten wir im Gebiet des Oppelner Schlesien in besonderer Intensität eine Belebung der deutschen Sprache und überhaupt des Deutschtums. Wir stoßen immer häufiger auf derlei Erscheinungen, und oft ist die Gesellschaft selbst schuld, denn sie geht immer wieder bezüglich dieses Phänomens zur Tagesordnung über, diskutiert, beklagt, verwendet jedoch keine Aufmerksamkeit darauf, daß sie mit ihrem häufig passiven Verhalten immer wieder unbewußt das Versuche nach Ausweitung des nachwachsenden Deutschtums unterstützt. Es steckt also mehr dahinter als nur die äußere Form in Gestalt des Gebrauchs der deutschen Sprache. Die Quelle muß man tiefer suchen, in der feindlichen deutschen Propaganda, einer vom Westen zu uns dringenden Flüsterpropaganda. Die Intensität des Deutschen zeigt sich in unserem Raum vor allem im Gebrauch der deutschen Sprache, weiter im Verhältnis zu den Kriegsgefangenen.

Und wir helfen selbst dadurch zu einer Verstärkung des Deutschen, daß wir die Reste des Deutschtums nicht beseitigen in Form von Aufschriften auf Mauern und Säulen etc., deutschen Büchern, Aufschriften auf verschiedenen Fabriken bis zu solcher Inkonsequenz wie „Pelikan Füllhaltertinte", ein polnisches Produkt.

Wir verbreiten weiterhin Drucke mit deutschen Aufschriften. Ich will gar nicht an die Fälle erinnern, bei denen die deutsche Sprache von Leuten gebraucht wird, die sie gar nicht kennen, sich ihrer aber mit wenig Sinn im Kontakt mit der Ortsbevölkerung oder sogar provokativ bedienen.

Diesen Erscheinungen muß man sich wirkungsvoll widersetzen.

Man muß:

1) auf Personen Obacht geben, die sich im öffentlichen und privaten Leben der deutschen Sprache bedienen. Auf diese Personen ist vernünftig und belehrend einzuwirken, doch bei Feststellung ihres schlechten Willens sind solche Personen den Milizposten zuzuführen.
Der deutschen Sprache dürfen sich nur zur Aussiedlung bestimmte Deutsche bedienen oder solche, die mit Erlaubnis der Behörden in Polen bleiben und durch den grünen Erlaubnisschein legitimiert sind. Aber auch hier kann keine Rede von einem provokativen Gebrauch der deutschen Sprache sein.

2) besonders jene Frauen zurechtweisen, die den deutschen Kriegsgefangenen Lebensmittel reichen. Die Gefangenen haben es in Polen nicht schlecht, uns dagegen hat man in den Lagern von außen nichts gegeben, Barmherzigkeit ist hier fehl am Platz, und der Wächter erfüllt hier nicht seine Pflicht. Sie können somit Sabotage, Fluchtversuche etc. decken.
3) überall an öffentlichen Orten, in den Wohnungen, Geschäften und Schaufenstern die Reste deutscher Schrift liquidieren.
4) auf eine Abänderung deutscher Vor- und Nachnamen hinwirken. Die Verwaltungsbehörden sind beauftragt, unbürokratisch und kostenlos die entsprechenden Änderungen durchzuführen. Ein wichtiges Moment sind auch die Grabinschriften - persönlicher Einfluß und Personenbelehrung können mit der Zeit eine Spurenbeseitigung auch auf Friedhöfen bewirken.
5) auf aus Deutschland zurückkehrende Personen Obacht geben, auf ihre Beziehungen, auf den Einfluß der Korrespondenz aus Deutschland und nach Deutschland.
6) sich sorgfältig die Personen ansehen, welche in jüngster Zeit aus dem Westen, aus Deutschland, repatriiert wurden, wie auch auf 1945/46 ausgesiedelte Rückkehrer.
7) nach versteckten deutschen Überbleibsen forschen, speziell nach deutschen Soldatengräbern, die von bestimmten Personen, von Sympathisanten des Deutschtums unter manchem Vorwand sorgfältig gepflegt werden.
8) auf die heranwachsende Jugend ein Auge haben, auf Halbwüchsige beiderlei Geschlechts, die noch durch die HJ und den BDM gegangen sind, denn am schwierigsten läßt sich das jugendliche Element im Alter von 13 - 18 Jahren repolonisieren. Hier ist das Gift am tiefsten eingedrungen, hier haben sich die prodeutschen trügerischen Hoffnungen verfestigt, während dieses Element die Grausamkeit des Krieges nicht am eigenen Leibe erfahren hat.
9) besonders auf deutsche Bücher im Besitz eines unsicheren Elements achten, auf deutsche Verpackungen in den Schaufenstern, auf deutsche Makulatur und deutsche Druckerzeugnisse, denn auch diese können durchsickern. Diese Erscheinungen tragen nämlich im großen Maße zur Schaffung von Hilfen für das Deutschtum bei.
10) auf das Abhören deutscher Rundfunkanstalten achten, denn auch das gibt es.
11) in den Kirchen auf die Gebetbücher achtgeben, die man immer noch weitgehend in jedem Gottesdienst und in jeder Pfarrei antrifft. Wir müssen uns dem widersetzen, denn sonst kann es leicht geschehen, daß die westlichen Gebiete zur Oder hin rein polnisch werden, aber sich die deutsche Hydra über das uralte piastische Land erhebt, daß wir hier neue

Nationalitätenprobleme bekommen, was niemand sich wünscht und in Polen nicht sein darf. Volkspolen kann nur ein Polen mit rein polnischer Nationalität sein.
Dem müssen wir entschieden und ernsthaft, ohne unnötigen Lärm, entgegenwirken.

a) Alle Personen, die auf frischer Tat ertappt werden, sind den Sicherheitsorganen zuzuführen.
b) Die Schuldigen und die aufgedeckten Fakten sind unter Angabe des konkreten Verstoßes, der Zeugen und Beweise dem gesellschaftspolitischen Referat zu melden.
c) Bei geringem Verschulden und bei Aussicht auf Besserung bleibt es bei einer Belehrung.

Dies ist deswegen notwendig, weil nur der Stadtpräsident bzw. der Kreisvorsitzende über Strafen und Vorgehen gegenüber Personen entscheiden kann, die eines prodeutschen Verhaltens verdächtigt sind.

Eine bewußtseinsbildende Aktion ist dort anzuwenden, wo kein spezieller böser Wille herrscht und wir es mit Unbedachtheit oder schlechter Gewohnheit zu tun haben.

Strafsanktionen sind auf der Stelle in Fällen festgestellten bösen Willens und einer Handlung zum Schaden der polnischen Nation und des polnischen Staates durch betontes prodeutsches Verhalten zu verhängen. Es ist der Wunsch des Woiwoden, daß diese Aktion ohne besonderen Lärm, Massenveranstaltungen, Presseecho etc. verläuft.

Wer soll an dieser Aktion teilnehmen? Alle Polen; es muß dies eine Aktion einheitlichen polnischen Geistes sein, eine Aktion von staatlicher Bedeutung - jede Organisation durch ihre Mitglieder, jede Institution durch ihre Mitarbeiter, jeder einzelne unserer Gesellschaft, Junge und Alte, denn es geht schließlich um Polen. In jedem Bereich gesellschaftlicher Arbeit muß diese Aktion jedes Haus erreichen und die Familienmitglieder sollen bewußt unter der Losung handeln:

Der Pole ist dem Polen ein Bruder und
in Polen nur Polen.

Zur Mitarbeit sind alle aufgerufen. In den Ämtern, den staatlichen Institutionen, den Vereinigungen sowie in den privaten und staatlichen Betrieben ist durch interne Anordnungen dafür Sorge zu tragen, daß die deutsche Sprache nicht benutzt wird. Im Falle eines Verstoßes gegen diesen Grundsatz ist mit Sanktionen einschließlich einer Entlassung zu drohen sowie damit, daß man zur Verantwortung gezogen wird. Die Überprüften sind dem gesellschaftspolitischen Referat zu melden.

Handlungsbereiche - hier müssen polnische Vor- und Nachnamen dominieren. Diesem Beispiel sollen somit alle anderen Ämter und Büros folgen, die auf sehr zugängliche und freundliche Weise auf eine Entgermanisierung von Vor- und Nachnamen hinwirken können.

Mit vereinten Kräften, konsequent und lautlos, durch eine sichere und entschiedene Haltung reinigen wir Beuthen und den Kreis von allem Deutschen, beseitigen wir die Reste des Deutschtums.

Der Appell ergeht an alle Mitglieder, an den Vorstand:

In der Aktion zur Entgermanisierung arbeiten Westverband und der Verband der Aufständischen mit allen zusammen, mit Parteien, Ämtern, Organisationen etc. und übernehmen die Initiative.

Kreisförmiger Stempel des Polnischen Westverbandes
Bezirk Schlesien Bezirksvorstand

Unterschrift des Vorstandsvorsitzenden (unleserlich)

Unterschrift des Sekretärs (J. Kwietniewski)

DOKUMENT Nr. 14[118]

Kattowitz, 29. Mai 1948 - Anordnung des Woiwoden bezüglich der Beseitigung deutscher Inschriften, gerichtet an die Kreisvorsitzenden und Stadtpräsidenten.

In der Anlage übersende ich eine Anordnung des Ministeriums für Öffentliche Verwaltung vom 4. Mai ds. Js., Tagebuchnr. II P 1544/48, sowie einen Runderlaß des Ministeriums für die Wiedergewonnenen Gebiete Nr. 18, geheim, vom 26. 04. 1948, Tagebuchnr. II/Sp/180/48/Tj.[119]

(...) Als letzten Termin für die Beseitigung verbliebener deutscher Inschriften auf Grabmälern deutscher Friedhöfe bestimme ich[120] den 22. Juli 1948. Spätestens zum 31. Juli ds. Js. übersenden die Kreisvorsitzenden und Präsidenten zu meinen Händen zusammenfassende Berichte, in denen speziell zu betonen ist, daß jegliche an den Aufenthalt der Deutschen auf unserem Gebiet erinnernde Symbolik unwiderruflich verschwunden ist.

Woiwode:
A. Zawadzki (Divisionsgeneral)

DOKUMENT Nr. 15[121]

31. Juli 1948 - Information des Kreisvorsitzenden an den Woiwoden bezüglich der Beseitigung deutscher Inschriften,

Betrifft Nr. Sp II-49/75/48

Ich teile mit, daß ich persönlich sämtliche Friedhöfe im Kreis kontrolliert und dabei festgestellt habe, daß die deutschen Grabinschriften auf Friedhöfen sowie alle deutschen Inschriften auf öffentlichen Plätzen entfernt wurden. Alle Zeichen und religiösen Symbole, die an den Aufenthalt der Deutschen in den hiesigen Gebieten erinnern, sind verschwunden.

stellvertr. Rayski Sł. - Vizevorsitzender
des Kreisamtes

---

118 Ebd., AZ 413, k. 6, Kopie, Maschinenschrift.

119 Die Kopien beider Anordnungen befinden sich dort unter k. 1 - 3.

120 In der Anordnung des Ministeriums für die Wiedergewonnenen Gebiete ist reichlich enigmatisch vom Verbleib deutscher Inschriften auf Kulturdenkmälern die Rede: „... Die Aktion zur Beseitigung deutscher Inschriften soll Kirchen, Kapellen, Friedhöfe, Wegkreuze, Objekte des religiösen Kults etc. umfassen, es sei denn, das betreffende Objekt ist von einem bedeutenden denkmalpflegerischen Charakter, was in jedem Zweifelsfall eine kompetente Behörde feststellen muß." Die Gemeindevorsteher erstatteten dem Kreisvorsitzenden zu dieser Aktion Bericht, so z.B. am 21. 05. aus Bobrek (Jochymczyk), dort unter k. 12: „An Grabdenkmälern mit deutschen Inschriften beseitigte der hiesige Gemeinderat 122 Stück, die im Magazin der Gemeinde aufbewahrt werden.

121 Staatsarchiv Kattowitz, Kreisamt Beuthen, AZ 413, k. 13, Kopie, Maschinenschrift.

4. VOR GERICHTEN DER VOLKSREPUBLIK POLEN

Ich bin mir bewußt, ein äußerst schmerzliches Kapitel zu berühren und es zugleich mit einer schwierigen Materie zu tun zu haben: mit politischen Prozessen, die sich damals vor den Gerichten abspielten. Die Strafen, die in jenen Jahren im Namen der Volksrepublik Polen verhängt wurden, waren angesichts der angewandten Kategorie des „Verbrechens" und der Dürftigkeit des Beweismaterials erstaunlich hoch. Dennoch nahmen viele Verurteilte damals mehrjährige Haftstrafen mit Erleichterung auf, fürchteten sie doch die in jener Zeit gar nicht selten verhängte Todesstrafe.

In der Hoffnung, daß uns die nach dem Juni 1989 gegebene Zeit die Rehabilitierung ungerecht Verurteilter sowie die Wiedergutmachung des ihnen zugefügten Unrechts erlaubt und daß übereifrige und ergebene Ankläger und Richter zur Verantwortung gezogen werden, begnüge ich mich hier mit der Erinnerung an lediglich einen Strafgerichtsprozeß, der 1953 in Stalinogród (wie drei Jahre lang, bis 1956, Kattowitz genannt wurde) vor dem dortigen Militärgericht verhandelt wurde. Er endete am 24. November 1953 mit der Verurteilung eines damals 25-jährigen angeklagten Mannes zu 10 Jahren Haft für Beihilfe zur Spionage.

Ich habe mich dazu entschieden, in den zitierten Dokumenten die Personalien des Verurteilten auszulassen, der am 18. 01. 1991 vom Obersten Gericht/Militärkammer rehabilitiert wurde und für das erlittene Unrecht eine Entschädigung erhielt. Er konnte sie nicht nutzen, da er ein halbes Jahr darauf in Beuthen verstarb - vier Monate nach seiner Frau, die nach der Verhaftung ihres Mannes jahrelang ihren minderjährigen Sohn erziehen und ihn vor der Infamie bewahren mußte, mit der in der Regel die Familie eines politisch Verurteilten bedacht wurde.

Die Auslassung der Personaldaten soll darüber hinaus jedem von uns vor Augen führen, daß es tatsächlich viele derartige Verfahren in Beuthen und Umgebung gegeben hat. Die Art der Untersuchung war ähnlich, die Beweisführung – und analog die Urteilsbegründung - oftmals identisch. So mag es sein, daß ehemalige politische Häftlinge die folgenden Akten wie ihre eigenen lesen.

Die von mir vorgelegten Dokumente habe ich nicht in Gerichtsarchiven kopiert. Sie wurden mir von der Familie des Verurteilten zur Verfügung gestellt, die sie als ein Relikt eigenen Schmerzes und als Beweis für die Verhärtung jener Epoche aufbewahrt haben. Zu beachten sind die Daten der zitierten Seiten, besonders die nach 1956. Denn der Polnische Oktober hat seine Probleme nicht gelöst.

JAN DRABINA
Jagiellonen-Universität

DOKUMENT Nr. 1

Das Regionale Militärgericht
in Stalinogród

Stalinogród, 1. 07. 1954
Sr. 377/53

Ich gebe bekannt, daß der an den Staatsrat gerichteten Bitte um Begnadigung vom 16. 04. 1954 mit Beschluß vom 30. 04. 1954 nicht weiter verfolgt wurde.

Ein erneutes Gnadengesuch des oben Genannten kann nicht vor Ablauf von 6 Monaten eingereicht werden.

Gegen obigen Beschluß kann keine Berufung eingelegt werden.

Chef des Regionalen
Militärgerichts Stalinogród

DOKUMENT Nr. 2

24. 01. 1955

Das Oberste Militärgericht
Nr. Ko 129/55

In Beantwortung des Schreibens vom 10. 01. 1955 gebe ich bekannt, daß ich keine Veranlassung sehe, beim Berufungsgericht eine Revision des Urteils des Regionalen Militärgerichts in Stalinogród zu beantragen.

Präses

DOKUMENT Nr. 4

Das Oberste Militärgericht
Nr. Ko. 534/55

7. 05. 1955

In Verbindung mit Ihrer an den Präses des Ministerrates gerichteten Bitte vom 7. 01. 1955 gebe ich bekannt, daß ich keine Veranlassung für eine Klage beim Berufungsgericht des Regionalen Militärgerichts zu Gunsten des Verurteilten sehe.

Präses

DOKUMENT Nr. 5

25. 11. 1955

An den Staatsrat in Warschau

Ich wende mich an Sie mit der Bitte um Anwendung des Gnadenaktes und Strafnachlaß. Mein Mann ... wurde am 24. 11. 1953 durch das Militärgericht in Stalinogród zu 10 Jahren Haft für Beihilfe zur Spionage verurteilt. Das Verbrechen beruhte auf einer legalen Beförderung von Briefen zur Post, über deren Inhalt mein Mann durch seinen Schwiegervater, der sie ihm ausgehändigt hatte, nicht informiert war. Eine paarmalige Beförderung von Briefen sah er als bescheidenen Dienst für seinen Schwiegervater an, der sein Unwissen ausnutzte....

Ich bitte um Hilfe für meinen Mann, weil ich nicht in der Lage bin, mein Kind selbst zu unterhalten und daher meinen Schwiegereltern zur Last fallen muß. Die Trennung zu ertragen, fällt uns schwer, und das Kind fragt täglich nach der Rückkehr seines Vaters. Geduldig tragen wir die Mühen des Alltags, denn wir lieben über alles unser Vaterland und glauben, daß unser Los dem Staatsrat nicht gleichgültig sein wird, daß Sie uns als Landsleute nicht zurückstoßen und meinem Mann eine frühere Rückkehr in die Freiheit erlauben werden.

Wollte mein Mann tatsächlich Beihilfe zur Spionage leisten, was ihm das Militärgericht um jeden Preis beweisen wollte, dann hätte er zweifellos seinem Schwiegervater für einen Spion wertvolle Informationen aus dem Bereich der Versorgung der Betriebe in Polen mit strategischen Gütern mitgeteilt. Das hat mein Mann jedoch nicht getan, was deutlich seine Loyalität als Bürger beweist. Jedes Verlangen nach Spionage war ihm fremd (...)

In dieser Situation erscheint es uns an der Gerechtigkeit gemessen als lächerlich, im Einwerfen einiger, ihm inhaltlich nicht bekannter Briefe in den Briefkasten eine Beihilfe zur Spionage zu sehen. Dafür meinen Mann zu verurteilen, erscheint mir als sehr unbillig und ungerecht. (...) Ich glaube stark daran, daß meine Bitte vom Staatsrat mit vollem Ernst behandelt und er ihr gegenüber nicht gleichgültig sein wird, um in diesem Fall der Gerechtigkeit Genüge zu tun.

DOKUMENT Nr. 6

Kanzlei des Staatsrates
Sejmbüro
Tagebuchnr. 415/BS/56

Warschau, 28. 04. 1956

Das Sejmbüro teilt mit, daß das Schreiben vom 18. 04. ds. Js. bezüglich eines teilweisen Straferlasses Ihres Mannes an den Obersten Militärstaatsanwalt weitergeleitet wurde.

Vizedirektor des Büros

DOKUMENT NR. 7

Oberste Militärstaatsanwaltschaft
Tagebuchnr. IV. Pn. Rew. 898/56

Warschau, 8. 06. 1956

Als Antwort auf die Bitte der Bürgerin vom 25. 11. 1955 in der Sache ... - teile ich mit, daß die Militär-Generalstaatsanwaltschaft bei der Richterkammer des Höchsten Militärgerichts die Revision zu seinem Gunsten beantragt hat.[122]

Staatsanwalt
Oberste Militärstaatsanwaltschaft

DOKUMENT Nr. 8

Ministerium der Justiz
Tagebuchnr. M.I. 10/13567/R/56

Warschau, 6. 12. 1956

Als Antwort auf die Bitte der Bürgerin erklärt die Abteilung Klagen und Beschwerden:

Eine Wiederherstellung der Bürgerrechte[123] vor Ablauf der Zeit, für die ihr Verlust aufgrund eines Urteils verfügt wurde, ist nur auf dem Gnadenweg möglich.

Einen begründeten Antrag in dieser Sache kann der Bürger durch Vermittlung der Generalstaatsanwaltschaft der Volksrepublik Polen, Büro für Begnadigungen, an den Staatsrat richten.

Gerichtsvorsitzender

---

[122] Die intensiven Bemühungen der Frau des Verurteilten hatten Erfolg. Der Militärstaatsanwalt der Garnison in Kattowitz entschied, auf ihn die Amnestie vom 5. Mai 1956 anzuwenden, und setzte die am 20. 09. 1953 (AZ Sn - 377/53) verhängte Strafe von 10 Jahren Gefängnis und den Verlust öffentlicher und bürgerlicher Ehrenrechte auf 5 Jahre herab.

Jetzt kürzte man ihm die Strafe um die Hälfte, also auf fünf Jahre Gefängnis und auf zweieinhalb Jahre Verlust der öffentlichen und bürgerlichen Ehrenrechte (Akte Pr. II. 152/53).

Nach Bekanntgabe dieses Beschlusses beantragte die Oberste Militärstaatsanwaltschaft bei der Richterkammer des Obersten Militärgerichts eine Revision zu seinem Gunsten. (Die diesbezügliche Information stammt, wie oben angegeben, vom 8. Juni 1956.)

Diesem Antrag wurde seitens des Obersten Militärgerichts entsprochen und die Strafe ein weiteres Mal gemildert: auf drei Jahre Gefängnis und Verlust der öffentlichen und bürgerlichen Rechte auf ein Jahr.

Damit endete am 21. August 1956 für den Verurteilten die Verbüßung der Strafe, und er verließ das Gefängnis in Sieradz.

[123] Die Verkürzung der Gefängnisstrafe und das Verlassen der Gefängnismauern stellten dem Verurteilten die öffentlichen und bürgerlichen Ehrenrechte, deren er fast noch für ein Jahr aufgrund des letzten Urteils beraubt sein sollte, nicht wieder her. Zu bedenken ist, daß dies bereits nach den Oktoberereignissen von 1956 war, also nach Machtantritt von W. Gomulka und dem sog. Tauwetter.

DOKUMENT Nr. 9

Oberste Militärstaatsanwaltschaft
Tagebuchnr. IV. Pn. Rew. 898/56

Warschau, 9. 01. 1957

Ich teile mit, daß die an den Staatsrat gerichtete Bitte um Wiederherstellung der öffentlichen und bürgerlichen Ehrenrechte vom 14. 12. 1956 ablehnend entschieden wurde.

Staatsanwalt
Oberste Militärstaatsanwaltschaft

DOKUMENT Nr. 10

Oberste Militärstaatsanwaltschaft
in Warschau
Tagebuchnr. IV. Pn. Rew. 898/56

Warschau, 15. 12. 1959

Ich teile mit, daß die an die Generalstaatsanwaltschaft der Volksrepublik Polen gerichtete Bitte um Annullierung der Strafe[124] mit dem heutigen Tag zuständigkeitshalber an das Militärgericht der Garnison in Kattowitz weitergeleitet wurde.

Staatsanwalt
Oberste Militärstaatsanwaltschaft

DOKUMENT Nr. 11

An den Generalstaatsanwalt
der Volksrepublik Polen
Büro für Begnadigungen
in Warschau

Der Unterzeichner wendet sich an Sie mit der höflichen Bitte um Annullierung der Verurteilung. Die Bitte ist wie folgt begründet:

Am 20. 11. 1953 wurde ich vom Regionalen Militärgericht in Stalinogród im Verfahren Nr. 377/53 für ein Verbrechen nach Art. 15/§ 2 in Verbindung mit Art. 28 KKWP in Verbindung mit Art. 7 MKK zu 10 Jahren Haft und zusätzlich zum Verlust der Bürgerrechte für 5 Jahre verurteilt.

---

[124] Es handelt sich hier um die Annullierung der Strafe in den Akten. Diese Angelegenheit zieht sich über ein Dutzend Jahre hin (vgl. die folgenden Dokumente)

Aufgrund der oben erwähnten Artikel und Rechtsvorschriften, die mich schwer belasteten, saß ich als großer Verbrecher der damaligen Zeit auf der Anklagebank, obwohl ich immer ein loyaler Bürger Volkspolens war und bin.

Worauf beruhte also das von mir verübte Verbrechen? Mein ganzes Verbrechen vom Charakter der Spionage beruhte darauf, daß ich einige ins Ausland (nach England) adressierte Briefe auf legale Weise im Postamt abgab. Diese Briefe hatte mein Schwiegervater geschrieben (wie er mir sagte, an seine Kollegen). Der Inhalt dieser Briefe war mir gänzlich unbekannt, und ich hatte mich für ihn gar nicht interessiert. Ich erwies meinem Schwiegervater, bei dem ich gemeinsam mit meiner Frau und dem Kind wohnte, nur einen normalen Dienst.

Während der dreimonatigen Untersuchung redete man mir ein, ich sei ein Verbrecher, weil ich bei Spionage geholfen habe. Selbst wenn ich darum nicht gewußt hätte, so sollte ich es doch wissen, denn das gehört zu den Pflichten eines jeden Bürgers. Man ließ außer acht, daß ich keineswegs ein Feind Volkspolens war, daß ich mich mit solchen Dingen niemals befaßt habe; man beachtete nicht, daß ich schließlich weder ein Untersuchungsoffizier noch ein Jurist war, folglich fiel es mir angesichts meiner Volksschulbildung schwer die Sache zu verstehen; schließlich sah man auch darüber hinweg, daß ich außer der mechanischen Abgabe der Briefe im Postamt (im Sinne einer normalen menschlichen Dienstleistung) niemals an irgendeinem Verbrechen beteiligt war.

Die dreimonatige Untersuchung, d.h. vom 21. 08. 1953 bis zum 20. 11. desselben Jahres, tat jedoch das ihre, und das für mich so schmerzhafte Ziel wurde erreicht - ich wurde zu 10 Jahren Haft verurteilt, ein Urteil, das um nichts milder ausfiel als Urteile, die über wirkliche Verbrecher sowie erbitterte Feinde Volkspolens verhängt wurden. Im Gefängnis verbrachte ich 3 Jahre, davon 2 Jahre in der Zentralen Haftanstalt in Sieradz, wo ich in der dortigen Kleiderfabrikation Nr. 2 arbeitete.

Aufgrund zahlreicher sowohl von mir als auch von meiner Frau (...) eingereichter Gesuche kam ich nach dreijähriger Haft frei. Kaum einen Monat nach Erlangung der Freiheit, d.h. am 13. 09. 1956, nahm ich als Fahrdienstleiter meine Arbeit bei der Polnischen Staatsbahn auf, und als ein Jahr des Verlustes meiner Bürgerrechte vergangen war, dachte ich, ich würde gemäß der in dieser Sache geltenden Bestimmungen wieder ein vollberechtigter Bürger Volkspolens, und daß ich wie jeder andere Bürger ein Recht auf angemessene Arbeit entsprechend meiner Qualifikationen habe. Ich hatte und habe keine anderen Wünsche als lediglich den Wunsch nach Recht auf ein ruhiges Leben, das durch die Verfassung sowie durch andere Gesetze garantiert ist und die mir eine Rückkehr in die Gesellschaft ohne Makel im Alltag garantieren.

Leider ist dies nur meine persönliche Ansicht bzw. mein falsches Verständnis der Gesetze, denn in meinem Alltagsleben, besonders in meiner beruflichen Arbeit bei der Polnischen Staatsbahn, hängt mir der gespenstische Makel des Gefängnisses weiterhin an, und diese 3 Jahre in Freiheit lebe ich in der Angst, was mit mir weiter wird und wann ich auf der Straße liege. Bis jetzt halten mich nur ein starker Wille und der Wunsch nach ehrlicher Arbeit zum Wohle Volkspolens und meiner Familie aufrecht und bewahren mich vor einem psychischen Zusammenbruch. Obwohl bereits seit der Zeit, als ich das Gefängnis verließ und meine Arbeit aufnahm, drei Jahre vergangen sind, kann ich wegen meiner Straffälligkeit immer noch nicht zu einem etatmäßigen Arbeiter der Polnischen Staatsbahn ernannt werden.

Seit Juli 1958 erfülle ich die Funktion eines Stationsvorstehers der Kleinbahn, kann aber weder zu dieser Position ernannt noch bestätigt werden, weil ich gerichtlich verurteilt wurde, und obwohl ich meinen Pflichten in gebührender Weise nachkomme (was die beiliegende Beurteilung meiner Arbeitsstelle belegt), so sagt mir doch die Leitung, daß ich aus meiner Position entlassen werde; der Grund - Verurteilung für ein politisches Verbrechen. Demzufolge gestaltet sich die Perspektive meines weiteren Schicksals sowohl für mich als auch für meine

Familie sehr tragisch, denn nach dreijähriger Haft ist mein Gesundheitszustand ruiniert und erlaubt mir nicht, irgendeine physische Arbeit aufzunehmen.

Die Arbeit in meiner jetzigen Position verschafft mir volle Befriedigung, und dies vor allem, weil ich meinem Betrieb dienen und die durch eine Reihe von Jahren gewonnenen Qualifikationen für die Polnische Staatsbahn entsprechend nutzen kann. Nicht um der Karriere willen und auch nicht wegen des Ansehens oder aus materiellen Gründen möchte ich in dieser Position verbleiben, sondern um mein Wissen und meine Fähigkeiten voll und ganz in den Dienst der Bahn zu stellen, bei der ich seit meinem fünfzehnten Lebensjahr arbeite. Um der Bahn noch mehr von mir zu geben und in der Arbeit noch tauglicher zu sein, besuche ich das Eisenbahner-Technikum, um meine Qualifikationen weiter zu erhöhen.

Doch mein und meiner Familie weiteres Los hängt jetzt von der Generalstaatsanwaltschaft ab, die ich herzlich um Gnade und Annullierung des Urteils bitte, was mir eine weitere Zukunft und Existenz eröffnet sowie das volle Recht zu einem ehrlichen und ruhigen Leben. Falls mein Urteil annulliert wird, fällt der Makel der Haft von mir und ich kann zu einem etatmäßigen Arbeiter ernannt werden sowie in der von mir eingenommenen Funktion verbleiben. Dann schwinden Angst und Furcht um den morgigen Tag, ich gewinne mein psychisches Gleichgewicht und höre auf, ein Individuum zu sein, das kein vollwertiger Bürger ist und mit dem man nichts anzufangen weiß.

Mit dem Moment, in dem das Joch von mir abfällt, das für mich eine zweite Haft und Strafe bedeutet, erreiche ich meine Lebensziel und gewinne einen größeren Arbeitseifer.

Nochmals bitte ich herzlich die Generalstaatsanwaltschaft, das Büro für Begnadigungen, um eine umfassende Erwägung meiner Bitte um Begnadigung und Annullierung meines Urteils.

3. 11. 1959

....
Unterschrift

DOKUMENT Nr. 12

Garnison-Militärgericht
in Kattowitz
Nr. Sr. 377/53

14. Januar 1960

Ich teile mit, daß die Bitte des Bürgers vom 3. 11. 1959 um Annullierung des Urteils durch Beschluß des Garnison-Militärgerichts in Kattowitz vom 13. 1. 1960 nicht weiter verfolgt wurde.

Richter am Garnison-Militärgericht

in Kattowitz

DOKUMENT NR. 13

Garnison-Militärgericht
in Kattowitz
AZ Sn - 377/53

Beuthen, 25. 03. 1969

Antrag auf Annullierung des Urteils

Aufgrund eines Urteils des Garnison-Miliärgerichts in Kattowitz vom 20. 11. 1953 wurde ich in dem Verfahren unter dem AZ Sn -377/53 zu einer Strafe von 10 Jahren Haft und Verlust der öffentlichen und bürgerlichen Ehrenrechte für eine Zeit von 5 Jahren verurteilt.

(...)

Da nach Verbüßung der Strafe 12 Jahre und 6 Monate vergangen sind, bitte ich um Annullierung des erwähnten Urteils (Art. 90 § 1 kk und Art. 496 kpk).

Mit dem Gesuch um Annullierung des Urteils möchte ich darauf verweisen, daß ich seit meiner Entlassung aus der Haft ein tadelloses Leben führe und in dieser Zeit weder gerichtlich noch verwaltungsmäßig ein weiteres Mal bestraft wurde. Auch während meiner Strafverbüßung im Gefängnis verhielt ich mich vorbildlich, was im Entlassungszeugnis der Haftanstalt in Sieradz, das sich in meinem Besitz befindet, bestätigt wurde.

Unmittelbar nach meiner Haftentlassung nahm ich meine Arbeit bei der Polnischen Staatsbahn auf. Ich übte dort nacheinander die Funktionen eines Fahrdienstleiters, eines Stationsvorstehers der Kleinbahn in Neu-Beuthen[125] und gegenwärtig die eines Transportleiters bei der Regionalbahnverwaltung in Beuthen aus. Meine Arbeit und die mir übertragenen Pflichten erfülle ich äußerst gewissenhaft.

In der Zeit nach meiner Haftentlassung verrichtete ich nicht nur meine Berufsarbeit, sondern ergänzte auch meine Ausbildung durch den Besuch des fünfjährigen Eisenbahner-Technikums in Gleiwitz, das ich mit positivem Ergebnis und Erlangung des Reifezeugnisses 1963 beendete.

+

Obige Umstände finden ihren Niederschlag in meinen Personalakten, die sich in der Verwaltung der Kleinbahn in Beuthen befinden. Ich bitte daher höflich das Gericht, falls notwendig, um Einsichtnahme in meine Personalakten sowie um die Anforderung eines Dienstzeugnisses meines Arbeitgebers.

Angesichts der beschriebenen Situation bitte ich um Berücksichtigung meiner Eingabe zur Annullierung des Urteils.

....
Unterschrift

---

[125] Vor 1922 Friedenshütte, heute ein Ortsteil von Ruda Śląska.

III. VERBRECHEN IN STILLERSFELD UND FRIEDRICHSWILLE

1. INTERNIERUNG UND DEPORTATION IN DIE UdSSR

Der Mechanismus der Internierung und Deportation in die UdSSR war der gleiche wie in den anderen Gemeinden des ehemaligen Kreises Beuthen. Auch in diesem Fall gibt es kein umfassendes Verzeichnis der internierten Personen. Es existiert lediglich eine Liste der in die UdSSR deportierten Personen, die 1946 vom Generalbevollmächtigten der Republik Polen angefertigt wurde und die Repatriierung mancher Personen nach Polen zum Ziel hatte.[126]
Das Verzeichnis umfaßt lediglich die Personen, die bis Mitte 1956 aus der Deportation nicht heimkehrten. Auch in der Deportation verstorbene Personen sind in dieser Liste (überwiegend) nicht enthalten.
In der nachfolgenden, sich ausschließlich auf die Gemeinden Stillersfeld und Friedrichswille beziehenden Tabelle entspricht die Nummerierung den laufenden Nummern des Verzeichnisses des Generalbevollmächtigten der Republik Polen.
Das „F“ in der Rubrik „Anmerkungen“ bezeichnet die Einwohner von Friedrichswille.
Das Zeichen „x“ bezieht sich auf zweimal auftauchende Namen.
Das Verzeichnis der Namen wurde in der Reihenfolge des russischen Alphabets erstellt. Fehler in der Schreibweise der Namen haben ihren Grund im Verzeichnis des Generalbevollmächtigten.

Liste der Personen, um deren Repatriierung der Generalbevollmächtigte der Republik Ende 1946 nachsuchte:

Lfd. Nr.	Nr. d. offiziel. Verzeich.	Name Vorname	Geburts-jahr	Anmerkungen
	2	3	4	5
1	40	ALBRECHT Erich	1906	
2	82	BAGSIK Alfons	1901	
3	334	BLASZCZYK Wilhelm	1902	
4	364	BOBER Josef	1910	
5	398	BOMBOL Wilhelm	1907	
6	401	BONK Alois	1913	
7	521	BROJA Anton	1909	
8	523	BROJA Erna	1907	F

[126] „Verzeichnis polnischer Bürger, die als Bergleute Anfang 1945 vom Territorium Oberschlesiens sowie des Oppelner Schlesiens aus in die UdSSR deportiert wurden, erstellt vom Generalbevollmächtigten der Republik für Fragen der Repatriierung.“ Das Verzeichnis befindet sich in Buchform im Stadtmuseum von Hindenburg. Unter den aus Stillersfeld und Friedrichswille stammenden Personen tauchen auch die Namen von drei Frauen auf (Nr. 8, 94 und 238).

9	528	BROJA Johann	1912	F
10	529	BROJA Johann	1913	F
11	532	BROJA Roman	1907	
12	533	BROJA Roman	1911	
13	546	BREGULLA Alois	1898	
14	569	BUJOK Paul	1898	
15	583	BULIK Paul	1912	
16	599	BURDA Johann	1910	
17	603	BURON Johann	1910	F
18	620	BUCHTA Anton	1901	F
19	642	BIADACZ Alfons	1894	F
20	649	BIALAS Rudolf	1911	
21	655	BIALASCHIK Robert	1897	F
22	701	BER Paul	1903	
23	712	BERNACISKO Dominik	1899	
24	724	WAWRZYNOSEK August	1908	
25	747	WADOWSKI Robert	1905	
26	792	WALTER Erich	1912	
27	815	WANIEK Robert	1909	F
28	852	WATZLAWSKI Johann	1904	
29	880	WIESCHALKA Franz	1905	
30	881	WIESZALKA Rudolf	1907	F
31	899	WIECZOREK Theodor	1902	
32	996	WISNER Paul	1900	
33	1063	WINKLER Leopold	1896	F
34	1076	WIPER Georg	1912	
35	1083	WYRWOL Paul	1891	
36	1103	WIT Edmund	1900	x (vgl. lfd. Nr. 29)
37	1131	WISZALKA Franz	1905	X
38	1228	WOLNY Richard	1903	X
39	1229	WOLNY Richard	1903	
40	1247	WOŁOWSKI Robert	1905	
41	1255	WOLLEK Ignatz	1915	F
42	1264	WOTZLAWSKI Johann	1904	X
43	1282	WROBEL Johann	1902	X
44	1285	WRÓBEL Johann	1902	
45	1434	GAWENDA Franz	1898	
46	1468	GAJDA Ignatz	1911	
47	1472	GAJDZIK Wilhelm	1910	
48	1510	GALUS Alfons	1911	
49	1590	GIEBER Robert	1911	
50	1603	GIEMULA Paul	1903	F
51	1655	GRZECHCA Johann	1901	
52	1660	GIZA Franz	1904	
53	1693	GLACZKA Gerhard	1905	F (vielleicht Klaczka?)
54	1695	GLOGOWSKI Robert	1905	
55	1707	GLOWKA Alois	1909	
56	1754	GOWIN Josef	1895	
57	1775	GOJDA Rudolf	1899	
58	1871	GORA Rudolf	1906	x (vgl. lfd. Nr. 63)
59	1905	GOCYLA Siegfried	1913	

60	1992	GRODZKI Bruno	1900	
61	2014	GRUND Josef	1910	x
62	2015	GRUND Josef	1910	x
63	2044	GORA Rudolf	1906	x (vgl. lfd. Nr. 58)
64	2045	GORA Anton	1908	F
65	2053	GUROWIECTZ Theodor	1908	
66	2082	GERKE Albert	1895	
67	2153	DZIUBA Konrad	1914	
68	2164	DZIURZYK August	1913	
69	2179	DZIONSKO Eduard	1911	
70	2189	DZIATZKO Joachim	1910	
71	2212	DYLA Theodor	1907	
72	2253	DLUGOSCH Theodor	1907	
73	2296	DRYŻYK August	1913	
74	2324	DRIZIK Viktor	1918	
75	2337	DRESCHER Fritz	1900	
76	2342	DREYER Josef	1910	
77	2356	DUDA Karl	1914	F
78	2357	DUDA Max	1904	
79	2363	DUDA Paul	1906	
80	2366	DUDA Robert	1917	F
81	2375	DUDA Georg	1908	
82	2491	JERGLA Wilhelm	1899	
83	2565	JONAS Josef	1914	F
84	2566	JONAS Florian	?	
85	2588	JONIEL Johann	1910	
86	2600	JOSCHONEK Johann	1898	
87	2604	ITTNER Johann	1906	
88	2764	KANIA Kasper	1905	
89	2772	KAPICA Heinrich	1918	
90	2780	KAPINOC Alois	1921	
91	2834	KAWCZYK Stanislaus	1913	
92	2864	KACZMAREK Karl	1910	
93	2921	KREMIEŃ Viktor	1897	
94	2922	KREMIEŃ Gertrud	1910	
95	2976	KIRSCHNIOK Theodor	1898	
96	2979	KIRSCHNIOK Theodor	188?	x
97	3152	KLATZKA Valerian	1909	
98	3168	KLATZKA Gerhard	1905	
99	3203	KNOPEK Theodor	1910	F
100	3206	KNOPEK Theodor	1910	x
101	3228	KOBITZ Heinrich	1906	x
102	3291	KOWALSKI Richard	1918	
103	3409	KOLOCZEK Richard	1913	
104	3448	KOMANDER Rufin	1906	F
105	3590	KOSTKA Karl	1896	
106	3614	KOSTYROK Paul	1903	x
107	3616	KOSTKA Karl	1896	x
108	3634	KOTT Josef	1901	
109	3671	KOTZEK Rudolf	1905	F, x
110	3676	KOCYBA Franz	1904	F

111	3683	KOCA Richard	1916	
112	3684	KOCJAN Alois	1910	
113	3702	KOTZEK Rudolf	1905	F, x (vgl. Pos. 109)
114	3735	KRAWCZYK Nikodemus	1902	
115	3747	KRAWCZYK Max	1899	
116	3771	KRAWCZYK Eduard	1911	
117	3783	KRAFCZYK Roman	1909	
118	3843	KROCEK Richard	1913	x
119	3849	KROCZEK Richard	1913	x
120	3911	KSOL Albert	1903	
121	3912	KSOL Josef	1901	
122	3934	KUBETZKI Viktor	1903	x
123	3943	KUBETZKI Viktor	1903	x
124	3944	KUBICA Franz	1906	
125	4016	KULPOK Engelbert	1910	
126	4096	KUS Franz	1901	
127	4131	KUCHARCZYK Rafael	1917	F
128	4205	KEMPA Georg	1907	
129	4215	KENSY Robert	1907	
130	4216	KENSY Johann	1907	
131	4220	KENSY Franz	1913	
132	4221	KEMPNY Josef	1899	
133	4237	KESY Paul	1905	
134	4255	LABUS Stephan	1898	
135	4287	LAWNIK Josef	1908	
136	4303	LANGER Karl	1897	
137	4477	LIS Johann	1905	F
138	4483	LIS Nikolaus	1906	
139	4487	LIS Reimund	1910	F
140	4520	LIHS Anton	1901	
141	4637	LUPA Ernst	1913	
142	4689	MAJER Alois	1904	
143	4690	MAJER Benno	1900	
144	4705	MAI Paul	1917	
145	4735	MAINKA Robert	1914	
146	4753	MAKOWSKI Johann	1902	x
147	4763	MAKOS Ernst	1927	
148	4764	MAKOWSKI August	1913	
149	4766	MAKOWSKI Johann	1902	x (vgl. Pos. 146)
150	4812	MAKICH Anton	1906	
151	4871	MARSCHALEK Paul	1906	
152	4904	MAREK Alois	1900	
153	4984	MATUSCHEK Josef	1898	
154	4999	MATUSZEK Viktor	1910	F
155	5088	MICKA Franz	1895	
156	5143	MINKUS Wilhelm	1907	
157	5211	MICHALIK Karl	1898	
158	5212	MICHNIK Vinzenz	1899	
159	5220	MICHALCZYK Richard	1896	
160	5236	MICZKA Franz	1895	x
161	5237	MICZKA Franz	1895	x

162	5260	MYSLIWCZYK Anton	1901	
163	5309	MURGOT Alfred	1902	
164	5356	MROSEK Hermann	1905	
165	5401	MULARCZYK Vinzenz	1901	
166	5404	MURA Paul	1906	x
167	5406	MURGOT Alfred	1902	x (vgl. Pos. 163
168	5407	MURA Paul	1906	x (vgl. Pos. 166)
169	5410	MUSIOL Paul	1897	
170	5426	MUSIOL Josef	1911	
171	5427	MUSIOL Richard	1912	
172	5429	MUSIOL Franz	1912	
173	5431	MUSIOL Konrad	1899	
174	5432	MUSIOL Josef	1911	x (vgl. Pos. 170)
175	5536	NAWRAT Ignaz	1910	
177	5568	NIEWIADOMSKI ?	1911	
178	5590	NIEMCZYK Karl	1905	
179	5616	NIESLONY Viktor	1909	
180	5662	NOWAL Anton	1907	
181	5678	NOWAL Ludwig	1902	
182	5703	NOWAK Emil	1899	
183	5708	NOWARA Peter	1906	
184	5754	NORTMAN August	1899	
185	5759	NOSCHKA Johannes	1904	
186	5769	OBIOLGA Ignaz	1910	
187	5787	OGIALKA Reinhold	1905	
188	5793	ODZIMEK Emil	1913	
189	5797	ORZECH Erwin	1911	
190	5839	OPIELA Josef	1903	
191	5845	OPIELKA Paul	1902	
192	5846	OPIELKA Reinhold	1925	F
193	5857	ORDON Erich	1910	F
194	5859	ORDON Erich	1910	x
195	5862	ORYSEK Wilhelm	1897	x
196	5863	ORLIK Emil	1907	
197	5953	PAWLETTA Konrad	1902	
198	5972	PAWUS Wilhelm	1909	
199	6031	PALUSCHIK Alfons	1909	
200	6039	PANDZIOCH Emil	1912	
201	6073	PARYS Kasper	1908	
202	6075	PAROL August	1903	F
203	6101	PATUSIK Alfons	1909	
204	6175	PIETROWSKI Peter	1896	
205	6181	PIERTUSCHKA Wilhelm	1910	
206	6200	PIETZKA Richard	1896	
207	6264	PYKA Georg	1911	
208	6271	PYKA Anton	1898	
209	6274	PYKSA Bruno	1899	
210	6297	PIONTEK Johannes	1904	
211	6298	PIONTEK Klemens	1912	
212	6366	PISCHKA Richard	1902	
213	6367	PISCHKA Franz	1908	

214	6505	POLOCZEK Karl	1912	
215	6543	PORTZ Ewald	1914	F
216	6596	POETE Georg	1906	
217	6614	PROLUS Georg	1905	
218	6630	PROFUS Hermann	1905	
219	6632	PROCZEK Richard	1913	
220	6648	PRUSKI Johann	1906	
221	6652	PRESCHER Viktor	1906	
222	6656	PSIUK August	1898	
223	6742	PENKALLA Joachim	1912	
224	6746	PETY Alois	1910	F
225	6770	RADOSCH Paul	1903	
226	6786	RAKOCZY Maximilian	1905	
227	6798	RATEJCZAK Stephan	1909	
228	6982	REICHEL Georg	1907	
229	7013	RESPONDEK Albert	1912	
230	7033	SAPIJA Alois	1906	
231	7034	SAPIA Alois	1906	x
232	7035	SAPIJA Johann	1910	x
233	7036	SAPIA Johann	1910	F, x
234	7037	SAPIA Richard	1904	F, x
235	7158	SIWEK Richard	1900	
236	7159	SIWEK Heinrich	1917	F
237	7198	SKABALTEK Josef	1909	F
238	7223	SKLORZ Elisabeth	1904	
239	7225	SKLARZ Ignaz	1899	
240	7226	SKLORZ Anton	1904	
241	7228	SKOWRON Viktor	1907	F
242	7229	SKOWRON Emil	1902	x
243	7231	SKOWRON Emil	1902	x
244	7233	SKOWRONEK Georg	1902	
245	7283	SKUBATZ Josef	1909	x
246	7286	SKUBACZ Josef	1909	x
247	7318	SKRZYPULEC Theodor	1901	
248	7341	SLAWNIK Theophil	1895	
249	7366	SLENCZEK Johannes	1901	
250	7400	SLOTA Ignaz	1907	
251	7470	SOBALLA Josef	1912	
252	7511	SOWA Johannes	1913	
253	7512	SOWA Karl	1907	
254	7518	SOWADA Heinrich	1907	
255	7523	SOWISLO Viktor	1906	
256	7524	SOWISLO Thomas	1902	
257	7525	SOWISLO Bernhard	1906	F
258	7576	SOREK Alois	1908	F
259	7580	SOSINKA Georg	1916	
260	7636	STAWINOGA Anton	1909	F
261	7637	STAWINOGA Wilhelm	1913	F
262	7644	STAWINOGA Maximilian	1911	F
263	7662	STANICZEK Josef	1901	
264	7714	STASCHIK Vinzenz	1903	F

265	7722	STYLETY Konrad	1904	x
266	7723	STYLETY Konrad	1904	x
267	7741	STOLOT Alois	1903	
268	7837	SUTOR Paul	1900	F
269	7856	SEBESTA Josef	1906	
270	7902	THIERING Helmut	1913	
271	7903	THIERING Helmut	1912	x
272	7952	TOMANEK Josef	1911	x
273	8012	TEIRING Helmut	1913	F, x (vgl. Pos. 270)
274	8276	FRONCZEK Anton	1899	
275	8268	FRONCZEK Roman	1909	
276	8276	FREJ Josef	1903	F
277	8337	HADZIK Roman	1903	
278	8348	HAJDA Adolf	1912	
279	8349	HAJDA Walter	1909	F
280	8350	HAJDA Lorenz	1900	
281	8586	CHOROBA Hubert	1902	
282	8590	HOSTKA Karl	1896	
283	8592	HOFMAN Florian	1902	
284	8605	CHRIST Ernst	1911	
285	8625	HUNGA Ernst	1925	
286	8627	HUNGER Wilhelm	1899	
287	8640	HEIDA Walter	1908	
288	8669	HELIOSCH Alois	1912	
289	8717	HERTEL Wilhelm	1915	
290	8730	CIESLA Johannes	1912	
291	8737	CIESLIG Robert	1907	
292	8766	CICHY Eduard	1907	
293	8776	CICHON Richard	1906	
294	8777	CICHON Richard	1896	
295	8863	CEMPULIK Paul	1899	F
296	9004	SCHAFRANEK Josef	1910	
297	9013	SCHWEDA Johann	1905	
298	9064	SCHELIGA Paul	1908	
299	9071	SCHEMBOR Richard	1908	
300	9087	SCHENDZIELORZ Josef	1913	F
301	9098	SCHEFER Ludwig	1902	x
302	9104	SCHÖFER Ludwig	1902	x
303	9149	SCHYMALLA Franz	1902	
304	9159	SCHYMIK Viktor	1914	
305	9203	SZKREPULEC Theodor	1901	x (vgl. Pos. 247)
306	9262	SCHNEIDER Johannes	1908	
307	9304	SCHOLZ Paul	1911	
308	9310	SCHOLZ Karl	1901	
309	9350	SCHOPKA Stephan	1906	
310	9372	SCHREIBER Georg	1904	
311	9380	SCHROT Paul	1895	
312	9417	SCHUDEJA Josef	1897	x
313	9418	SZCHUDEJA Josef	1897	x
314	9428	SCHULZ Johannes	1913	
315	9455	SCHUTZ Paul	1910	F

316	9492	SCZUREK Peter	1908	x
317	9495	SCZUREK Peter	1908	x
318	9571	JANUSCH Max	1896	
319	9573	JANETZKI Johannes	1903	
320	9593	JANAS Anton	1906	
321	9602	JANUS Max	1896	x
322	9620	JANUS Max	1896	x
323	9805	ZYLKA Gerhard	1921	
324	9810	SIMON Richard	1919	
325	9821	ZIONKO Peter	1912	F
326	9849	SORICHTA Johann	1913	
327	9863	SIOLKO Johann	1903	F
328	9869	ZELOSKO Franz	1905	F

JOSEF BONCZOL

2. LISTE DER VERSTORBENEN HÄFTLINGE UND INTERNIERTEN AUS STILLERSFELD

Die nachfolgende Liste wurde auf der Basis eines Anhangs zum Totenverzeichnis der Christkönigs-Pfarrei in Stillersfeld erstellt. Diesen Annex, der außerhalb der Pfarrei verstorbene Personen betrifft, erstellte der damalige Stillersfelder Pfarrer Johannes Wycisk.[127]

Es ist anzumerken, daß die Liste der Opfer unvollständig ist, denn sie umfaßt nicht jene Personen, die - wohl aufgrund einer anderen Konfession - von den Familien dem katholischen Pfarramt nicht gemeldet wurden.

Sowohl der Annex zum pfarramtlichen Totenverzeichnis als auch die nachfolgende Liste wurden in der Reihenfolge der gemeldeten Todesfälle sowie unter Wahrung der originalen Schreibweise der Vor- und Nachnamen erstellt.

Manche Personen verstarben auf dem Transport, vor allem auf dem Rückweg. Daher begegnen in manchen Fällen Ortsnamen der ehemaligen Sowjetischen Besatzungszone Deutschlands.

Das „A" in der Rubrik für die Aktensignatur meint, daß es sich bei dem Quellendokument um den Annex des Totenverzeichnisses der Pfarrei Stillersfeld handelt.

[127] Die von Pfarrer Johannes Wycisk angefertigte Zusammenstellung umfaßt 433 außerhalb der Gemeinde verstorbene Personen, darunter 175, die in der Deportation und in Lagern umkamen. Gegen Ende der Liste änderte Pfr. Wycisk die Numerierung: nach Nr. 424 folgt die Nummer 165, so daß die Liste mit der Nummer 173 statt mit 433 schließt. Zwei Nummern (305 und 391) sind doppelt, so daß die Liste mit Nr. 173 statt mit 175 endet. Absicht des Autors dieser Liste war eine möglichst einfache Erstellung der Zahl der in der Deportation verstorbene Personen, d.h. mit Hilfe der Ordnungszahl.

Lfd. Nr.	Name Vorname	Alter	Todesdatum	Todesort	Pfarramtl. AZ
1	2	3	4	5	6
1	REISCH Alfred	?	29.04.1945	Myslowitz (Lager)	A/258
2	GERLITZ Johann	?	15.07.1945	Kriwoj Rog	A/259
3	SIEGEL Max	33	10.04.1945	Kriwoj Rog	A/260
4	GOLATOWSKI Paul	37	3.07.1945	UdSSR	A/261
5	KENSY Vinzent	41	9.07.1945	UdSSR	A/262
6	DRINDA Theodor	50	9.07.1945	Schwientochlowitz (Lager)	A/263
7	PÜHLER Friedrich	53	25.05.1945	Blechhammer	A/264
8	GARCORZ Theodor	46	14.07.1945	UdSSR	A/265
9	PIPA Bruno	38	15.05.1945	UdSSR	A/266
10	LYSCHIK Leonhard	43	3.07.1945	UdSSR	A/267
11	SOSINKA Viktor	43	28.07.1945	UdSSR	A/268
12	TWYRDY Richard	42	20.05.1945	UdSSR	A/269
13	PIGULLA Heinrich	33	7.07.1945	UdSSR	A/270
14	KASPRZINSKI Ignaz	43	28.05.1945	UdSSR	A/271
15	KLACZKA Adolf	31	16.07.1945	UdSSR	A/272
16	GOLLA Philipp	58	29.4.1945	Ośna in den Beskiden	A/273
17	HAIDA Lorenz	45	28.06.1945	UdSSR	A/276
18	KOSSEK Richard	45	16.10.1945	auf dem Rückweg aus der UdSSR vor Krakau	A/277
19	PASTERNOK Vincent	39	27.09.1945	UdSSR	A/278
20	GOLLA Max	43	7.06.1945	UdSSR	A/279
21	JANITZEK Stephan	39	25.08.1945	UdSSR	A/280
22	LIER Karl	50	13.05.1945	UdSSR	A/281
23	MATUSCHEK Josef	16	11.04.1945	bei Berlin	A/282
24	WITT Wenzel	47	13.05.1945	auf dem Rückweg aus der UdSSR	A/283
25	KENSY Florian	40	3.08.1945	UdSSR	A/284
26	KENSY Konrad	36	27.07.1945	UdSSR	A/285
27	HULLIN Josef	39	4.08.1945	UdSSR	A/286
28	PATTON Paul	47	25.08.1945	UdSSR	A/287
29	OCHMANN Emil	50	16.11.1945	UdSSR	A/288
30	MOKROS Paul	38	3.06.1945	UdSSR	A/289
31	ZELOSKO Stefan	44	3.06.1945	UdSSR	A/290
32	HATLAPPA Eduard	39	6.11.1946	UdSSR	A/292
33	GRYTTA Paul	40	VII.1945	UdSSR	A/293
34	SCHÄFER Franz	40	VII.1945	UdSSR	A/294
35	WIESCHALKA Vinzent	46	VI.1945	UdSSR	A/295
36	PORWOL Emanuel	38	25.11.1945	UdSSR	A/296
37	SIOREK Theodor	40	X.1945	UdSSR	A/297
38	SCHLOZ Johann	47	XI.1945	UdSSR	A/298
39	SCHUBERT Josef	42	X.1945	UdSSR	A/299
40	WILCZEK Paul	45	X.1945	UdSSR	A/300
41	KLACZKA Deotim	33	VII.1945	UdSSR	A/301

42	WILCZEK Adolf	46	XI.1945	UdSSR	A/302
43	KACZMARCZYK Valentin	41	XI.1945	UdSSR	A/303
44	ŻUREK Felix	47	XI.1945	UdSSR	A/304
45	HELIOSCH Anton	43	20.08.1945	UdSSR	A/305
46	KLACZEK Theophil	44	28.08.1945	UdSSR	A/305a
47	KOZIK Johann	38	23.05.1945	UdSSR	A/306
48	MARUSCZYK Rudolf	25	IX.1945	UdSSR	A/307
49	HOIKA Karl	37	VI.1945	UdSSR	A/308
50	NORDMAN August	46	5.08.1945	UdSSR	A/309
51	SCHAUDER Richard	51	XII.1945	UdSSR	A/310
52	KARAS Franz	48	20.06.1945	UdSSR	A/311
53	KROL Ludwig	39	VIII.1945	UdSSR	A/312
54	KANDZIA Josef	38	XII.1945	UdSSR	A/313
55	SORYCHTA Adolf	40	VIII.1945	UdSSR	A/314
56	GNOT Johann	45	X.1945	UdSSR	A/315
57	SCHYDLO Josef	44	IX.1945	UdSSR	A/316
58	KONIECZNY Paul	49	1945	UdSSR	A/317
59	DZIACKO Hermann	46	XI.1945	UdSSR	A/318
60	DZIURZIK Paul	50	28.10.1945	a. d Rückweg a UdSSR in Niederschlesien	A/319
61	JARZOMBEK Alois	40	X.1945	UdSSR	A/320
62	BUCHTA Josef	47	X.1945	UdSSR	A/321
63	MICHEL Otto	39	VII.1945	UdSSR	A/322
64	WINKLER Josef	50	IX.1945	UdSSR	A/323
65	OBLONG Josef	50	X.1945	UdSSR	A/325
66	MANDRYSCH Egon	43	VIII.1945	UdSSR	A/326
67	GASCH Emil	39	VIII.1945	UdSSR	A/327
68	RUDZKI Edmund	37	23.08.1945	UdSSR	A/328
69	SLOTTA Peter	38	27.08.1945	UdSSR	A/329
70	SCHWEINOCH Franz	45	XI.1945	UdSSR	A/330
71	TOMALA Georg	27	IX.1945	UdSSR	A/331
72	GOLOMBEK Placidus	48	VII.1945	UdSSR	A/332
74	GAIDZIK Wilhelm	35	IX.1945	UdSSR	A/333
74	NOWAK Wilhelm	47	IX.1945	UdSSR	A/334
75	KANSY Richard	36	XII.1945	UdSSR	A/335
76	MIOSGA Jakob	47	21.09.1945	UdSSR	A/336
77	KLAMA Ludwig	39	15.08.1945	UdSSR	A/337
78	KAWCZYK Theodor	45	25.07.1945	UdSSR	A/338
79	GAIDZIK Georg	42	VIII.1946	UdSSR	A/339
80	LISS Richard	50	VIII.1945	UdSSR	A/340
81	MUCHA Heinrich	35	17.10.1946	auf dem Rückweg aus der UdSSR, in Finsterwalde (DDR)	A/341
82	DUDA Johann	44	1946	UdSSR	A/342
83	BROJA Vinzent	49	17.10.1946	auf dem Rückweg aus der UdSSR, in Torgau	A/343
84	KOZA Richard	30	17.04.1946	UdSSR	A/344
85	FRONTZEK Anton	49	18.09.1946	auf dem Rückweg aus der UdSSR	A/345
86	NIEMCZYK Karl	40	3.11.1945	UdSSR	A/346

87	GLOWKA Alois	36	5.09.1945	UdSSR	A/347
88	KUSCH Robert	44	19.11.1945	UdSSR	A/348
89	GEHRKE Albert	50	I.1946	UdSSR	A/349
90	DAVID Josef	43	18.11.1945	UdSSR	A/350
91	TERASA Gottfried	45	VI.1946	UdSSR	A/351
92	KALETTA Roman	42	II.1946	UdSSR	A/352
93	MICZKA Franz	51	28.09.1945	UdSSR	A/353
94	SCHÄFER Ludwig	44	19.09.1946	UdSSR	A/354
95	ŻUREK Johann	46	11.04.1946	UdSSR, Ukraine	A/355
96	LISS Viktor	44	16.09.1945	UdSSR	A/356
97	JERGLA Wilhelm	45	X.1945	UdSSR	A/357
98	BREGULA Alfons	48	III.1946	UdSSR	A/358
99	PLASCZYK Wilhelm	44	25.09.1946	UdSSR	A/359
100	NOWAK Ludwig	45	IX.1945	UdSSR	A/360
101	CZICHON Robert	42	11.09.1945	UdSSR	A/361
102	PISAREK Josef	32	X.1945	UdSSR	A/362
103	DOMBROWA Hermann	48	X.1945	UdSSR	A/363
104	WOLLNY Richard	43	XII.1945	UdSSR	A/364
105	MICHNIK Vinzent	48	X.1946	UdSSR	A/365
106	HADZIK Roman	43	2.02.1947	UdSSR	A/366
107	KRUPPA Georg	34	XI.1945	UdSSR	A/367
108	KOBLITZ Heinrich	40	VIII.1946	UdSSR	A/368
109	LANGER Karl	50	I.1946	UdSSR	A/369
110	BAGSIK Alfons	44	VIII.1946	UdSSR	A/370
111	LISS Johann	42	X.1946	UdSSR	A/371
112	SOSINSKA Albert	38	13.10.1946	UdSSR	A/372
113	PISCHKA Franz	38	1.11.1946	UdSSR	A/373
114	PROFUS Georg	42	II.1947	auf dem Rückweg aus der UdSSR	A/374
115	MROWIETZ Paul	41	28.10.1945	UdSSR	A/375
116	PAWELKA Vinzent	44	20.11.1945	UdSSR	A/376
117	KOLOCZEK Richard	34	15.01.1947	UdSSR	A/377
118	NOWAK Erich	29	28.09.1945	UdSSR	A/378
119	RESPONDEK Adalbert	34	10.02.1947	UdSSR	A/379
120	SIOREK Alois	38	XII.1946	UdSSR	A/380
121	SKOWRON Emil	44	1946	UdSSR	A/381
122	SUTOR Paul	46	23.02.1947	auf dem Rückweg aus der UdSSR	A/382
123	WIESCHALKA Rudolf	39	3.03.1947	UdSSR	A/383
124	MASELI August	38	XII.1946	UdSSR	A/384
125	DZIACKO Joachim	37	8.01.1947	UdSSR	A/385
126	PIONTEK Jan	43	III.1947	auf dem Rückweg aus der UdSSR	A/386
127	NIESKONY Viktor	37	XI.1946	UdSSR	A/387
128	PYRLIK Richard	40	XII.1946	UdSSR	A/388
129	OGIOLDA Robert	42	XII.1946	UdSSR	A/389
130	REICHEL Maximilian	34	VI.1946	UdSSR	A/390
131	LABUS Stefan	47	XI.1945	UdSSR	A/391
132	JOKIEL Johann	47	I.1947	UdSSR	A/391a
133	PRZYBYCIN Andreas	37	XII.1945	UdSSR	A/392

134	MUSIOL Paul	50	V.1947	UdSSR	A/393
135	LUPPA Ernst	34	6.06.1947	auf dem Rückweg aus der UdSSR, in Cottbus	A/394
136	BROJA Ludwig	48	22.05.1947	auf dem Rückweg aus der UdSSR, in Leipzig	A/395
137	MINKUS Wilhelm	40	IV.1947	auf dem Rückweg aus der UdSSR, in Polen	A/396
138	KOMPALKA Peter	41	20.03.1947	UdSSR	A/397
139	SKUBACZ Josef	38	28.04.1946	UdSSR	A/398
140	MICHALCZYK Richard	51	V.1945	UdSSR	A/399
141	STOLOT Alois	44	I.1947	UdSSR	A/400
142	WALISKO Wilhelm	46	17.12.1945	UdSSR	A/401
143	LISS Anton	46	9.03.1947	a. d Rückweg a. UdSSR, i. Hoyerswerda	A/402
144	KUBECKI Viktor	44	5.08.1946	UdSSR	A/403
145	SORYCHTA Adolf	40	30.03.1947	UdSSR	A/404
146	PIETZKA Richard	49	IX.1945	UdSSR	A/405
147	MUSCHALIK Ignaz	45	XII.1946	UdSSR	A/406
148	JANETZKI Jan	44	5.02.1947	UdSSR	A/407
149	MICHALSKI Josef	31	13.02.1947	UdSSR	A/408
150	SOWISŁO Thomas	44	V.1947	UdSSR	A/409
151	KRAFCZYK Roman	38	I.1947	UdSSR	A/410
152	RATAJCZAK Stefan	40	I.1947	UdSSR	A/411
153	DRESCHER Friedrich	46	7.06.1946	UdSSR	A/412
154	BONK Alois	33	I.1947	UdSSR	A/413
155	SAPIA Józef	42	II.1947	UdSSR	A/414
156	SOWISLO Viktor	40	I.1947	UdSSR	A/415
157	ORDON Erich	36	21.02.1947	UdSSR	A/416
158	JANAS Anton	41	IV.1947	UdSSR	A/417
159	GORETZKI Felix	46	X.1945	UdSSR	A/418
160	MUSIOŁ Józef	36	II.1946	UdSSR	A/419
161	SAPIA Johannes	42	VII.1945	UdSSR	A/420
162	ŻYŁKA Johannes	50	VII.1945	UdSSR	A/421
163	KRAWCZYK Nikodem	45	XII.1946	UdSSR	A/422
164	SZELIGA Paul	38	II.1947	UdSSR	A/423
165	PIONTEK Alojzy	35	16.10.1945	UdSSR	A/424
166	JARZOMBEK Józef	43	16.05.1947	UdSSR	A/165
167	STAWINOGA Wilhelm	34	IV.1947	UdSSR	A/166
168	OPIELKA Paul	47	1945	UdSSR	A/167
169	KOCYBA Roman	47	2.03.1947	UdSSR	A/168
170	KRZYWANEK Hubert	49	28.02.1947	UdSSR	A/169
171	MURA Paul	42	22.02.1947	UdSSR	A/170
172	OGIOLDA Emanuel	48	17.09.1945	UdSSR	A/171
173	JANICEK Otto	35	17.02.1946	UdSSR	A/172
174	MATUSZEK Józef	50	4.07.1945	UdSSR	A/173

JOSEF BONCZOL

3. OPFER SOWJETISCHEN TERRORS

Die Registrierung der Opfer des sowjetischen Terrors verlief in Stillersfeld und Friedrichswille anders als in Miechowitz.
Im Stillersfelder Standesamt registrierte man die Ermordeten bereits am 1. Februar 1945[128], während in Miechowitz diese Eintragungen mit einer über halbjährigen Verspätung vorgenommen wurden.
Aber auch hier wurden nicht sämtliche Terroropfer registriert.
Glaubwürdiger sind Eintragungen im Totenverzeichnis der Stillersfelder Christkönigs-Pfarrei.[129] Die Eintragungen wurden hier im Kirchenbuch vorgenommen.[130]
Die Zahl der im Verzeichnis des Standesamtes erfaßten Opfer ist bedeutend niedriger als die Zahl der bestatteten und im pfarramtlichen Totenverzeichnis registrierten Personen, denn hier notierte man auch die Zahl nichtidentifizierter und in Massengräbern bestatteter Opfer.
Von diesen Gräbern gab es im Bereich der Stillersfelder Pfarrei sechs, und zwar:
1. Bei der Friedhofskapelle wurden 12 unbekannte Männer aus Miechowitz beigesetzt. Ein Teil von ihnen wurde während der Bestattung identifiziert (Robert Nobis, Ludwig Görlich und August Kaleja).
2. Auf dem Wiesenpfad der ul. Przyjemna (Neuer Weg), nahe des sowjetischen Befehlsbunkers, wurden 8 unbekannte Männer begraben, von denen man später 6 Personen identifizierte (Josef Nickel, Julius Scheja, Herbert Kachel, Egon Scholz, Alois Scholz, Franz Schikora - alle aus Miechowitz).
3. Auf der Anhöhe bei der ul. Ptakowicka wurden 8 junge, unbekannte deutsche Flaksoldaten beerdigt.
4. Auf dem Friedhof in Friedrichswille wurden in einem zwischen Einzelgrabstätten gelegenen Massengrab 11 Zivilpersonen beigesetzt, die im pfarramtlichen Begräbnisverzeichnis namentlich erwähnt sind (Pos. 45 - 55).
5. Links vom Friedhofstor in Friedrichswille bestattete man 47 Personen, darunter 12 unbekannte Zivilpersonen sowie einen Franzosen.
6. Nahe der Grundschule in der Siedlung (früher Nr. 2) begrub man 12 Personen, darunter zwei unbekannte Zivilpersonen.

---

[128] Das Registrierungsdatum der Opfer im Standesamt (1. 02. 1945) ist, einheitlich für alle Terroropfer, zweifelhaft, ja unglaubwürdig. Ein evidentes, diese These bestätigendes Beispiel ist der Tod von Thomas Krebs (AZ 26/1945) unter dem 1. 02. 1945, da seine Leiche bedeutend später gefunden wurde. Thomas Krebs wurde am 15. Februar 1945 bestattet, was aus der Eintragung ins Begräbnisverzeichnis der Pfarrei Stillersfeld (AZ 56b/45) hervorgeht. Es ist auch zweifelhaft, daß Thomas Krebs erst 15 Tage nach Registrierung seines Todes beerdigt wurde.

[129] Eine Reihe vom im Standesamt registrierter Todesdaten weicht um Jahre von den Eintragungen im pfarramtlichen Begräbnisverzeichnis ab. Die Daten im Pfarregister stimmen mit den Daten der Kriegshandlungen in den einzelnen Bereichen der Stillersfelder Pfarrei überein.

[130] In Miechowitz notierte man die Terroropfer in Listen, die den pfarramtlichen Totenverzeichnissen nur als Anlage beigefügt wurden.

Man kann annehmen, daß es unter den in Stillersfeld und Friedrichswille bestatteten Zivilpersonen über 30 Miechowitzer gab, unter ihnen 9 namentlich im Begräbnisbuch der Stillersfelder Pfarrei registrierte Personen, aber nur 6 davon wurden standesamtlich erfaßt.

Die Differenz zwischen den Eintragungen im Standesamtverzeichnis und denen im pfarramtlichen Begräbnisverzeichnis ist beachtlich, denn im Standesamt registrierte man 35 Todesfälle identifizierter Personen, die von den Sowjets ermordet wurden, im Pfarramt dagegen 47 identifizierte Terroropfer und darüber hinaus die Bestattung weiterer 25, hauptsächlich nicht identifizierter Zivilpersonen. Zwei identifizierte Personen sind im Pfarregister nicht verzeichnet. Im Unterschied zu den eines natürlichen Todes gestorbenen Personen, bei denen das Alter immer peinlich genau verzeichnet wurde, notierte man in der Pfarrei das Alter der Terroropfer nicht.

Aussagekräftig ist auch die Statistik der in Stillersfeld und Friedrichswille in den Jahren 1942 - 1948 beigesetzten Personen, die aufgrund von Daten aus dem Begräbnisbuch der Pfarrei Stillersfeld erstellt wurde.

Auf den Friedhöfen in Stillersfeld und Friedrichswille wurden in den Jahren 1942 - 1948 bestattet:

1942 - 75	Personen,	darunter	31	Kinder
1943 - 69	„	„	20	„
1944 - 67	„	„	17	„
1945 - 283	„	„	45	„
1946 - 74	„	„	20	„
1947 - 59	„	„	16	„
1948 - 63	„	„	14	„

Unter den 1945 in der Stillersfelder Pfarrei beerdigten 283 Personen waren 74 Opfer des sowjetischen Terrors. Zusätzlich wurden dort in dieser Zeit 13 sowjetische Soldaten, 45 deutsche Soldaten sowie 7 Volkssturmmänner[131] beigesetzt. Die übrigen Personen starben eines natürlichen Todes.

[131] Die zum Volkssturm einberufenen Männer wurden auf dem Schienenweg Richtung Front in die Nähe von Lubliniec transportiert. Der Zug mit den Männern wurde am 16. 01. 1945 nahe Lubliniec (Lublinitz) von der sowjetischen Luftwaffe bombardiert. Unter den vielen Toten befanden sich auch 7 Personen aus Stillersfeld: Wilhelm Soballa, Felix Pradella, Wilhelm Sowa, August Michlik, Silvester Stelmach, Thomas Solga und Paul Serzisko. Die Beisetzung dieser Personen fand in Stillersfeld statt.

Das Verzeichnis der Terroropfer[132]:

Lfd. Nr.	Name, Vorname Beruf, Wohnort	Datum und Ort der Geburt	Datum und Ort des Todes	Datum u. Ort der Bestattung, standesamtl. Registrierung u. AZ	pfarramtl. AZ Art des Grabes
1	2	3	4	5	6
1	SCZESNY Josef Tischler Stillersfeld	28.10.1893 Stillersfeld	25.01.1945 Stillersfeld	2.02.1945 Stillersfeld 1.02.1945 3/1945	13/45 Einzelgrab
2	JENDRYSCZYK Heinrich Elektriker Stillersfeld	23.11.1918 Stillersfeld	25.01.1945 Stillersfeld	2.02.1945 Stillersfeld 1.02.1945 4/1945	14/45 Einzelgrab
3	OTREMBA Anton Bergmann Stillersfeld	38 Jahre Schomberg	25.01.1945 Stillersfeld	2.02.1945 Stillersfeld 1.02.1945 5/1945	15/45 Einzelgrab
4	KLINK Franz Bergmann Stillersfeld	17.02.1897 Königshütte	25.01.1945 Stillersfeld	2.02.1945 Stillersfeld 1.02.1945 6/1945	16/45 Einzelgrab
5	PROTYGA Johann Bergmann Stillersfeld	13.05.1907 Mikultschütz	25.01.1945 Stillersfeld	2.02.1945 Stillersfeld 1.02.1945 7/1945	17/45 Einzelgrab
6	KRZEMIEŃ Adolf Bergmann Stillersfeld	16.05.1912 Stillersfeld	25.01.1945 Stillersfeld	2.02.1945 Stillersfeld 1.02.1945 8/45	18/1945 Einzelgrab
7	DUDA Ludwig Bergmann Stillersfeld	22.08.1885 Stillersfeld	25.01.1945 Stillersfeld	2.02.1945 Stillersfeld 1.02.1945 9/45	19/1945 Einzelgrab
8	HATLAPPA Alfred Bergmann Stillersfeld	11.02.1912 Stillersfeld	25.01.1945 Stillersfeld	2.02.1945 Stillersfeld 1.02.1945 10/1945	20/1945 Einzelgrab

[132] Zwölf in dieser Aufstellung erwähnte Personen (Nr. 25, 26, 27, 32, 33, 34, 36, 37, 45, 46, 47 und 48) kommen auch in dem Miechowitz betreffenden Verzeichnis der Terroropfer vor. Die Erfassung dieser Namen in dem Stillersfeld betreffenden Verzeichnis erklärt sich aus der Notwendigkeit, die Zahl der im Gebiet von Stillersfeld in Massengräbern bestatteten nichtidentifizierten Personen zu ermitteln.

9	MISZOK Konrad Bergmann Stillersfeld	25.11.1913 Trockenberg	25.01.1945 Stillersfeld	2.02.1945 Stillersfeld 1.02.1945 11/1945	21/1945 Einzelgrab
10	GRZYB Albin Arbeiter Stillersfeld	15 Jahre fehlende Daten	25.01.1945 Stillersfeld	2.02.1945 Stillersfeld 1.02.1945 12/1945	22/1945 Einzelgrab
11	MUSIOŁ Roman Bergmann Stillersfeld	20.11.1905 Stillersfeld	25.01.1945 Stillersfeld	2.02.1945 Stillersfeld 1.02.1945 13/1945	23/1945 Einzelgrab
12	SCHINKE Rudolf Bergmann Stillersfeld	6.12.1911 Krojewice	25.01.1945 Stillersfeld	2.02.1945 Stillersfeld 1.02.1945 14/1945	25/1945 Einzelgrab
13	BORNER Paul Bergmann Stillersfeld	37 Jahre Dramatal	25.01.1945 Stillersfeld	2.02.1945 Stillersfeld 1.02.1945 15/1945	26/1945 Einzelgrab
14	JANUS Alfons Bergmann Stillersfeld	35 Jahre Stillersfeld	25.01.1945 Stillersfeld	2.02.1945 Stillersfeld 1.02.1945 16/1945	29/1945 Einzelgrab
15	SLOTA Josef Bergmann Friedrichswille	28.11.1903 Stillersfeld	23.01.1945 Friedrichswille	30.01.1945 Friedrichswille 1.02.1945 17/1945	50/1945 Massengrab Friedrichs- wille
16	BIALAS Peter Bergmann i. R. Friedrichswille	75 Jahre Ptakowitz	24.01.1945 Friedrichswille	30.01.1945 Friedrichswille 1.02.1945 18/1945	51/1945 Massengrab Friedrichs- wille
17	BIALAS Georg Bergmann	18.12.1899 Friedrichwille	24.01.1945 Friedrichswille	30.01.1945 Friedrichswille 1.02.1945 19/1945	19/1945 Massengrab Friedrichs- wille
18	KENSY Josef ohne Beruf Stillersfeld- Siedlung	17 Jahre Stillersfeld	24.01.1945 Stillersfeld	2.02.1945 Stillersfeld 1.02.1945 20/1945	25/1945 Einzelgrab
19	PÓŻNY Karl Bergmann Friedrichswille	31.10.1912 Wieschowa	23.01.1945 Friedrichswille	2.02.1945 Friedrichswille 1.02.1945 21/1945	56/1945 Einzelgrab

20	SIMNIOK Karl Bergmann Stillersfeld	15.05.1900 Giesdorf	24.01.1945 Stillersfeld	fehlende Daten 1.02.1945 22/1945	nicht registriert
21	KIELBASSA Georg Bergmann Stillersfeld	17.06.1908 Bismarckhütte	25.01.1945 Stillersfeld	2.02.1945 Stillersfeld 1.02.1945 23/1945	30/1945 Einzelgrab
22	KASIBORSKI Ladislaus Bergmann Stillersfeld	1.07.1914 Kłobuck	25.01.1945 Stillersfeld	2.02.1945 Stillersfeld 1.02.1945 24/1945	27/1945 Einzelgrab
23	DUDA Leonhard Bergmann Stillersfeld	30.10.1914 Czarnowanz	25.01.1945 Stillersfeld	2.02.1945 Stillersfeld 1.02.1945 25/1945	28/1945 Einzelgrab
24	KREBS Thomas Bergmann Karf	45 Jahre Karf	25.01.1945 Stillersfeld	15.02.1945 Stillersfeld 1.02.1945 26/1945	59/b/45 Massengrab
25	NOBIS Robert Bergmann Miechowitz	40 Jahre Miechowitz	25.01.1945 Stillersfeld	2.02.1945 Stillersfeld 1.02.1945 Stillersfeld/27/1945	32/45 Massengrab
26	SZEJA Julius Bergmann Miechowitz	42 Jahre Karf	27.01.1945 Stillersfeld	2.02.1945 Stillersfeld 1.02.1945 Stillersfeld/28/1945	39/1945 Massengrab auf der Wiese
27	KACHEL Herbert Bergmann Miechowitz	32 Jahre Bittkow	27.01.1945 Stillersfeld	2.02.1945 Stillersfeld 1.02.1945 Stillersfeld/29/1945	
28	KACZMARCZYK Felix Bergmann Friedrichswille	Miedar	27.01.1945 Friedrichswille n. d. Pfarrregister 25.01.1945	30.01.1945 Friedrichswille 1.02.1945 Stillersfeld/30/45	48/1945 Massengrab
29	SCHLIWA Johann Bergmann Friedrichswille	16.05.1883 Pilzendorf	27.01.1945 Friedrichswille n. d. Pfarrregister 25.01.1945	30.01.1945 Friedrichswille 1.02.1945 Stillersfeld/31/45	45/1945 Massengrab
30	GOLOR Josef Invalide Friedrichwille	16.08.1861 Radum	27.01.1945 Friedrichswille n. d. Pfarrregister 25.01.1945	30.01.1945 Friedrichswille 1.02.1945 Stillersfeld/32/45	40/1945 Massengrab

31	PROCZEK Rudolf Bergmann Stillersfeld	28.09.1913 Miechowitz	27.01.1945 Stillersfeld n. d. Pfarrregister 25.01.1945	2.02.1945 Stillersfeld 1.02.1945 Stillersfeld/33/45	31/1945 Einzelgrab
32	NICKEL Josef Bergmann Miechowitz	47 Jahre Grottkau	27.01.1945 Stillersfeld	3.02.1945 Stillersfeld 1.02.1945 34/45	39/1945 Massengrab auf der Wiese
33	GALETZKA Josef Bergmann Miechowitz	34 Jahre Schlesien, Grube	27.01.1945 Stillersfeld	3.02.1945 Stillersfeld 1.02.1945 35/45	nicht registriert
34	SCHIROKA Franz Bergmann Miechowitz	58 Jahre Jawornitz	27.01.1945 Stillersfeld	3.02.1945 Stillersfeld 1.02.1945 36/45	39/1945 Massengrab auf der Wiese
35	OCIEPKA Karl Bergmann Stillersfeld	1.05.1888 Siemianowitz	2.02.1945 Tarnowitz	5.02.1945 Stillersfeld fehlende Registrierdaten Stillersfeld/45/45	37/1945 Einzelgrab
36	POSPIECH Werner Schornsteinfeger- lehrling Miechowitz	15 Jahre Miechowitz	27.01.1945 Stillersfeld	2.02.1945 Stillersfeld keine standesamtl. Registrierung	24/1945 Einzelgrab
37	FRENZEL Johannes Priester Miechowitz	29.08.1907 Scharley	27.01.1945 Stillersfeld nach anderen Dokumenten 26.01.1945	3.02.1945 Stillersfeld 4.02.1945 exhumiert und begraben 9.02.1945 in Birkenhain, Birkenhain AZ 12/1945	33/1945 Einzelgrab und in Birkenhain 21/1945
38	MASUR Marie Stillersfeld	fehlende Daten	25.01.1945 Stillersfeld	2.02.1945 Stillersfeld keine standesamtl. Registrierung	35/1945 Einzelgrab
39	MISCHOK Beate Stillersfeld	fehlende Daten	25.01.1945 Stillersfeld	2.02.1945 Stillersfeld keine standesamtl. Registrierung	36/1945 Einzelgrab
40	BUCHHORN Stanislaus Friedrichswille	fehlende Daten	25.01.1945 Friedrichswille	30.01.1945 Friedrichswille keine standesamtl. Registrierung	46/1945 Massengrab Friedrichs- wille

41	BUCHHORN Maria Friedrichswille	fehlende Daten	25.01.1945 Friedrichswille	30.01.1945 Friedrichswille keine standesamtl. Registrierung	47/1945 Massengrab Friedrichs- wille
42	CAPAR Gustav Friedrichswille	fehlende Daten (evangelisch)	25.01.1945 Friedrichswille	30.01.1945 Friedrichswille keine standesamtl. Registrierung	53/1945 Massengrab Friedrichs- wille
43	CIESLIK Emanuel Friedrichswille	fehlende Daten	25.01.1945 Friedrichswille	30.01.1945 Friedrichswille keine standesamtl. Registrierung	54/1945 Massengrab Friedrichs- wille
44	FRONZEK Valentin Friedrichswille	fehlende Daten	25.01.1945 Friedrichswille	30.01.1945 Friedrichswille keine standesamtl. Registrierung	55/1945 Massengrab Friedrichs- wille
45	GÖRLICH Ludwig Miechowitz	fehlende Daten	25.01.1945 Stillersfeld	2.02.1945 Stillersfeld keine standesamtl. Registrierung	32/1945 Massengrab Stillersfeld
46	KALEJA August Miechowitz	fehlende Daten	25.01.1945 Stillersfeld nach anderen Eintragungen 27.01.1945	2.02.1945 Stillersfeld keine standesamtl. Registrierung	32/1945 Massengrab Stillersfeld
47	SCHOLZ Egon Miechowitz	fehlende Daten	27.01.1945 Stillersfeld	3.02.1945 Stillersfeld keine standesamtl. Registrierung	39/1945 Massengrab Stillersfeld auf d. Wiese
48	SCHOLZ Alois Maschinist Miechowitz	1.06.1891 Königshütte	27.01.1945 Stillersfeld	3.02.1945 Stillersfeld keine standesamtl. Registrierung	39/1945 Massengrab Stillersfeld auf d. Wiese
49	ein namentlich nicht festgestellter Franzose	fehlende Daten	25.01.1945 Friedrichswille	31.01.1945 Friedrichswille keine standesamtl. Registrierung	59/1945 Massengrab Friedrichs- wille

25 nichtidentifizierte Zivilpersonen wurden am 31. Januar sowie am 2. Februar 1945 in Stillersfeld und Friedrichswille in vier verschiedenen Massengräbern beigesetzt (32/1945; 39/1945; 59/1945; 35a/1945)

JOSEF BONCZOL

IV. DAS VERHÄLTNIS ZUM ORTSKLERUS

Die Kontakte des „befreiten" Klerus mit der Roten Armee endeten in zwei Fällen tragisch: diese Priester teilten das Los vieler ihrer Pfarrangehörigen. Ob Abneigung oder vielleicht gar Hass gegenüber dem Klerus, der den Bewohnern im Land der Sowjets anerzogen wurde, hier das einzige Motiv war, läßt sich schwer sagen.
Wir haben dagegen keinen Zweifel, warum man nach Beendigung der Kampfhandlungen den Klerus schikanierte. Aus ideologischen Gründen zählte er zu den Gegnern des neuen Systems, und so war er einem ausgeklügelten System von Verfolgungen ausgesetzt. Von den Sicherheitsorganen bedrängt und durch sie verhört, landeten die Priester oft im Gefängnis, was die damaligen Gerichte bereitwillig unterstützten.
Die Situation der Kirche wurde durch das Faktum verkompliziert, daß das Oppelner Schlesien, dem Beuthen zugeschlagen wurde, keine neue Diözese bildete. (Der Apostolische Stuhl war nicht bereit, unter Hinweis auf den fehlenden Friedensvertrag gleich nach dem Krieg in den Wiedergewonnenen Gebieten eine neue Administration zu errichten.) Der Apostolische Administrator für dieses Gebiet, Dr. Bolesław Kominek (der spätere Breslauer Bischof und Kardinal), wurde aufgrund einer Intervention staatlicher Behörden am 26. 01. 1951 aus seinem Amt entfernt und durch den der Volksrepublik Polen gegenüber loyalen Kapitelsvikar Emil Kobierzycki ersetzt.
Dieser Zustand dauerte bis 1956. Bis zu diesem Jahr wurden viele Priester aus ihren Pfarreien verwiesen und ins Landesinnere versetzt. 169 Frauenklöster wurden aufgehoben und die Schwestern ausgesiedelt.
Die unter § 3 zitierten Dokumente sind nur ein kleiner Beitrag zur Erhellung jener Nacht der Unfreiheit, in die man die Kirche - auch in Beuthen - hineinzustürzen versuchte.

1. DAS MARTYROLOGIUM DES GEISTLICHEN JOHANNES FRENZEL

Geboren wurde er am 29. August 1907 in Scharley (heute ein Stadtteil von Deutsch-Piekar). Der Ort gehörte damals zur Erzdiözese Breslau und ist nun Teil der Diözese Kattowitz. Die Eltern des Geistlichen waren Karl Frenzel und Anna Frenzel, geb. Kretek.[133]

[133] Totenbuch der Pfarrei in Birkenhain, 1945, S. 65, Pos. 21.

Kaplan Frenzel hatte einige Geschwister.[134] Seine Priesterweihe empfing er mit 32 Jahren am 30. Juli 1939. Seine Primizmesse feierte er am 1. August 1939 in der Herz-Jesu-Pfarrei in Rokittnitz. Seine erste Seelsorgestelle war Langenbielau bei Reichenbach in Niederschlesien.

Am 24. 07. 1941 wurde er als Kaplan[135] in die Corpus-Christi-Pfarrei in Miechowitz versetzt; der damalige Pfarrer dieser Gemeinde war Josef Cichon.

In Zusammenhang mit der Versetzung von Pfarrer Cichon nach Walzen übernahm Kaplan Frenzel vertretungsweise vom 21. 07. 1942 bis zum 10. 10. 1942 die Verwaltung der Corpus-Christi-Pfarrei, d.h. bis zur Einsetzung von Dr. Johannes Sosalla als Pfarrer dieser Gemeinde.[136]

Laut Dekret des Erzbischöflichen Ordinariats in Breslau vom 25. Februar 1944 sollte Kaplan Frenzel nach Klosterbrück versetzt werden. Dazu kam es jedoch nicht, denn die Februarentscheidung wurde am 3. 03. 1944 telefonisch widerrufen.[137]

Somit blieb Kaplan Johannes Frenzel in Miechowitz, wo er in Ausübung seines Seelsorgedienstes am 25. 01. 1945 von Soldaten der Roten Armee angehalten, nach Stillersfeld gebracht und dort ermordet wurde.

Warum in Stillersfeld?

Vom Stillersfelder Vorwerk verläuft der Weg über den Neuen Weg zum südlichen Teil der Siedlung Friedrichswille. Westlich dieser Straße erstrecken sich die großen Felder des einstigen Dominiums. Auf der höchsten Erhebung dieses hügeligen Terrains errichteten die Deutschen während des Krieges eine Flakbatteriestellung. Einer der Mannschaftsbunker existiert bis heute. Unterhalb des Hügels, nahe des Neuen Wegs, befand sich in einem kleinen Waldstück der Befehlsbunker dieser Flakeinheit. Gleich daneben stand eine große Scheune. Mit einer Angriffsbewegung von Tarnowitz aus eroberten die Rotarmisten diese Bunker, und nachdem die junge deutsche Geschützstaffel[138] bis auf den letzten Mann niedergemacht worden war, bezogen sie diese Befestigungen.

Der Bunker in dem Waldstück diente dem sowjetischen Befehlshaber als Unterkunft, und von hier aus leitete er den Angriff auf Miechowitz.

Deutsch Piekar, Radzionkau, Stillersfeld und später auch Miechowitz wurden vom 118. Korps des Generals Aleksander Naumanow eingenommen.[139] Diesen Fakten zufolge kann man vermuten, daß wie sehr viele andere Miechowitzer, die nahe dieses

---

[134] Seine Schwester Luzia Frenzel wohnt in der Bundesrepublik Deutschland.

[135] Kirchliches Amtsblatt des Erzbischöflichen Ordinariats in Breslau, Stück 12, 8. 08. 1941, S. 98, Nr. 228, sowie die Pfarrakte der Corpus-Christi-Pfarrei in Beuthen 8 - Miechowitz.

[136] Erzbischöfliches Generalvikariat Breslau, Dekret Nr. 11288 vom 21. 07. 1942.

[137] Pfarrakte der Corpus-Christi-Pfarrei Miechowitz, Anstellung der Kapläne.

[138] Die Mannschaft der sog. Heimatflak bestand aus Jugendlichen, die man rigoros zur Erfüllung dieses Dienstes einberufen hatte. Es handelte sich um 16- bis 17-jährige Jungen, die sicher nicht aus der Gemeinde Stillersfeld stammten, denn Pfarrer Wycisk schrieb unter Pos. 28/1945 ins pfarramtliche Totenbuch: „8 nicht identifizierte Flaksoldaten - Massengrab an der Chaussee nach Friedrichswille“.

[139] T. Dybel, J. Hebliński, Miechowice - historia i kronika kopalni, Kopalnia „Miechowice“ (Miechowitz - Geschichte und Chronik der Zeche „Miechowitz“), Bytom 1988, S. 106, sowie P. Kachel, Dziennik Zachodni, Januar 1990.

Bunkers erschossen und anschließend im Bereich von Stillersfeld namenlos in Massengräbern bestattet wurden, auch Kaplan Frenzel diesem Befehlshaber zugeführt wurde.[140] Von dem erwähnten Hauptbunker ist bis heute kaum eine Spur geblieben. Die Stelle liegt ungefähr 500 Meter vom Stillersfelder Vorwerk und etwa 5 km von der Miechowitzer Corpus-Christi-Pfarrei entfernt.

Mit großem Ernst und in Hochachtung beuge ich mich über den dokumentarischen Nachlaß von Kaplan Johannes Frenzel. Ich hielt es auch für angebracht, mündliche Zeugenberichte zu sammeln. Aus der in meinem Besitz befindlichen Dokumentation ergibt sich, daß Kaplan Johannes Frenzel seinen Tod vorausgeahnt hat.

Einige Tage vor seinem Sterben besuchte er Mutter und Geschwister in Birkenhain. Diese Begegnung hatte den Charakter eines Abschieds.

Eine gute, damals in Langenbielau, später im Elsass wohnhafte Bekannte der Familie Frenzel schrieb am 10. 09. 1947 an Lucia Frenzel, der Schwester des Verstorbenen, einen Brief, in dem es u.a. heißt: „Von ihm erhielt ich den letzten ausführlichen Brief vom 17. 1. Es war ein Abschiedsbrief. Er schrieb auch vom Abschied bei Ihnen daheim und daß er glaubte, es sei ein letztes Abschiednehmen." Dieser Brief enthält auch die folgenden Worte: „Ich sterbe gern, wenn ich nur die Meinen in Sicherheit wüßte".[141]

Am Sonntag, dem 21. Januar 1945, sprach Kaplan Johannes Frenzel im Wissen um die nahe Front in seiner Predigt den bezeichnenden Satz: „Hüten wir uns, den Märtyrertod zu erleiden, ohne die Märtyrerkrone zu erlangen."[142]

Einige Tage später starb Kaplan Johannes Frenzel den Märtyrertod. Und dies sind die Fakten:

Am Donnerstag, den 25. Januar 1945, um 15.30 Uhr, eilte Eleonora Maschinska ins Pfarrhaus der Corpus-Christi-Gemeinde, um einen Priester zum sterbenden Herbert Drzysga in die Kubothstraße 13 zu rufen. In Begleitung des Küsters Johannes Gajda begab sich Kaplan Johannes Frenzel dorthin. Im Keller dieses Hauses erteilte er dem sterbenden Jungen die Sterbesakramente. Als er diesen seelsorglichen Dienst beendet hatte und noch den im Keller sitzenden Hausbewohnern die Beichte abnahm, erschienen in diesem Unterschlupf zwei sowjetische Soldaten. Sogleich traten die Rotarmisten auf Kaplan Frenzel zu, stießen und schlugen ihn, rissen ihm die Stola ab und warfen sie in die Kiste mit Löschsand. Mit den Worten „geh zum Teufel" trieben sie den Priester aus dem Keller und führten ihn in unbekannter Richtung ab.[143]

---

[140] In den Nachkriegsjahren zerstörte ein gebürtiger Einwohner von Friedrichswille (Cz.) permanent die am Weg gelegenen Massengräber. Diese Profanierung beendete die Exhumierung der Leichen, die dann auf dem Stillersfelder Friedhof beigesetzt wurden.

[141] Diese Worte sind in einem an mich adressierten Brief von Lucia Frenzel vom 23. 10. 1991 enthalten.

[142] Die heute in Bayern wohnende Tante meiner Frau, Luzia Hermann (geb. 1904), sagte mir am 25. 02. 1987: „Bis an mein Lebensende werde ich diese Worte von Kaplan Frenzel in der letzten Predigt seines Lebens am 21.01.1945 nicht vergessen."

[143] Nach dem Bericht von Ewa Staroń (geb. 1900), einer Mieterin dieses Hauses. Während der Exekution der Männer dieses Hauses kam auch ihr erster Mann, Robert Kusch, ums Leben.

Wie sich später zeigte, führte man Kaplan Frenzel über die Stillersfelder Straße in Richtung Stillersfeld.[144] Unterwegs entriß man Kaplan Frenzel die Burse; sie wurde später von jemandem an die Klinke des Bäckerladens Wötzker, Stillersfelder Straße 16, gehängt.[145] Die wiedergefundene Patene war, wahrscheinlich von Kolbenschlägen, stark verbeult. Es stellt sich die Frage, warum die Russen keinen Blick in die Burse taten und die vergoldete Patene nicht an sich nahmen, während sie doch sonst den Leuten alle glänzenden Gegenstände raubten.

Die Täter schleppten Kaplan Frenzel zum Bunker in Stillersfeld zu ihrem Kommandeur. Bei der Scheune mißhandelte man den Priester.

Nach schrecklichen Quälereien, höchstwahrscheinlich auf ausdrücklichen Befehl des Kommandeurs, wurde Kaplan Frenzel durch einen Schuß ins linke Auge getötet.

Dies geschah, ungefähr 30 Meter von dem besagten Bunker entfernt, unter einem Baum, der bis heute dort steht.

Ein Dutzend Meter weiter erschossen die Sowjets einen deutschen Deserteur, den sie bei einer Familie in Stillersfeld aufgegriffen hatten.

Kaplan Frenzel hatte einen Nasenbeinbruch, sein Mund war schmerzverzerrt, beide Arme und das Schulterblatt waren durchschossen, die linke Brustwarze war (von einem Bajonett) weggestochen, seine Beine hatte man zerschlagen, und seine blutenden Hände waren mit Stacheldraht gefesselt.[146]

Die Sowjets rissen Kaplan Frenzel Oberbekleidung, Schuhe und Strümpfe vom Leib. Als am 2. Februar 1945 die Gebeine geborgen wurden, erkannte man nur am Kolar, daß es sich um den Leichnam des Priesters handelte; er wurde daher nicht in einem Massengrab beigesetzt. Am Sonnabend, den 3. Februar 1945, wurde Kaplan Johannes Frenzel auf dem Stillersfelder Friedhof beerdigt.

Nach langen Nachforschungen traf die Schwester des Verstorbenen am folgenden Tag in Stillersfeld ein, wo sie erfuhr, daß ihr Bruder bereits beerdigt worden war.[147] Eingedenk des Auftrags ihrer Mutter - „Komm mir nicht ohne Johannes nach Hause" - erbat sie sich beim Stillersfelder Pfarrer Johannes Wycisk die Erlaubnis zur Exhumierung der Leiche ihres Bruders, um den Leichnam ins elterliche Birkenhain zu bringen. Mit Hilfe eines ihr unbekannten Mannes grub Lucia Frenzel die Gebeine ihres

[144] Der Küster Johannes Gajda berichtete später, Kaplan Frenzel wäre den Russen nicht in die Hände gefallen, hätte er gemeinsam mit ihm den Keller verlassen (nach dem Bericht der Tochter des Küsters, Frau Kucharzyk). Der priesterliche Eifer gebot jedoch Kaplan Frenzel, in dem Haus zu bleiben und den Bewohnern die Beichte abzunehmen, denn vier der Hausbewohner waren bereits schon ermordet worden.

[145] Nach dem Bericht der heute in Bayern wohnhaften Magda Hermann.

[146] Luzia Frenzel, die Schwester des Verstorbenen, bestätigte in ihrem Brief vom 23. 10. 1991 sowie in der Korrespondenz vom September 1991 den Umfang der Verletzungen und Wunden ihres Bruders, wobei sie hinzufügte, daß die tödliche Kugel ins linke Auge traf, den Hinterkopf durchschoss und dort eine große Öffnung riß.

[147] Totenbuch der Stillersfelder Pfarrei, Jahrg. 1945, Nr. 33. Die Eintragung weist zwei Ungenauigkeiten auf: 1) Als Todesdatum wird dort der 27. 01. 1945 angegeben. Es ist aber wenig wahrscheinlich, daß Kaplan Frenzel die Qualen mehr als zwei Tage ausgehalten hat. Bei der Mehrzahl der in Stillersfeld Ermordeten findet sich als Todesdatum der 25. bzw. 26. 01. 1945. 2) Die zweite Ungenauigkeit betrifft den dort angegebenen zweiten Begräbnisort; es muß Birkenhain und nicht Großdombrowka heißen.

Bruders aus. In dem Augenblick, als sie seine Hand sah, wurde sie ohnmächtig.[148] Nach der Exhumierung brachte man den gemarterten Leib des Priesters in die Friedhofskapelle nach Miechowitz. Hier wuschen die Elisabethschwestern aus dem nahegelegenen Kloster die Gebeine des Kaplans und bekleideten sie mit den priesterlichen Gewändern. Aus Kistenbrettern imitierte man einen Sarg, in den der Leichnam gelegt wurde. Auf einem Handwagen transportierte Lucia Frenzel ihren toten Bruder in das 15 km entfernte Birkenhain. Einige hiesige Frauen begleiteten diesen sonderbaren Leichenzug bis zur Ortsgrenze von Miechowitz.[149]

Am Freitag, den 9. Februar 1945, also exakt zwei Wochen nach seinem Tod, wurde Kaplan Johannes Frenzel in Birkenhain vom damaligen Pfarrer der Herz-Jesu-Pfarrei und späteren Ordinarius der Diözese Kattowitz, Dr. Herbert Bednorz, beigesetzt.[150]

Im bürgerlichen Register wurde dieser Todesfall im Standesamt von Birkenhain unter dem 7. 02. 1945, AZ 12/1945 notiert.[151]

Registriert wurde dieser Todesfall in den Kirchenbüchern von Stillersfeld und Birkenhain.

Kaplan Johannes Frenzel wurde im sechsten Jahr seines Priestertums ermordet. Als seinen Todestag nimmt man den 26. Januar 1945 an.[152]

Der Heldentaten der Roten Armee vom Januar 1945 in Miechowitz gedachte man im April 1945 durch Umbenennung der Miechowitzer Hauptstraße (der früheren E 22a) in ul. Armii Czerwonej - Straße der Roten Armee.

1991 erhielt diese Straße im Rahmen der Straßenumbenennungen in der Stadt Beuthen den Namen Jan Frenzel, des Priesters, der ein Symbol für alle Terroropfer in Miechowitz geworden ist.

JOSEF BONCZOL

2. DER TOD DES PRIESTERS PETER LERCH

Geboren wurde er 1905 in Deutschland. Er studierte in Valkenburg und trat dann in den Jesuitenorden ein. Er träumte von der Mission in Japan und lernte daher in den Jahren 1925 - 1928 eifriger die japanische und englische Sprache als Theologie und Philosophie. Er wurde jedoch enttäuscht, denn statt nach Japan schickte man ihn nach Litauen. Trotzdem machte er sich mit Eifer an die Arbeit, um das Litauische zu beherrschen. In erstaunlich kurzer Zeit meldete er sich beim Ministerium für Kultur

---

148 Nach dem Brief von Lucia Frenzel vom 23. 10. 1991.

149 Diesen Leichenzug begleiteten einige heute noch lebende Frauen, darunter auch Luzia Hermann, die Tante meiner Frau.

150 Totenbuch der Herz-Jesu-Pfarrei in Birkenhain, Jahrg. 1945, S. 65, Pos. 21.

151 Eine Kopie dieser Registrierung ist diesem Beitrag als Dokument beigefügt.

152 Auf seinem Grabstein ist allerdings der 27. 01. 1945 als Todesdatum vermerkt, was mit den übrigen Feststellungen nicht in Einklang steht.

und Kunst zur Ablegung des Examens, das den Stoff aus acht Gymnasialklassen umfaßte, und bestand es besser als mancher gebürtige Litauer. Leider wurde er erneut enttäuscht, denn statt in Litauen tätig zu sein, gebot man ihm, nach Schlesien zu gehen. Er arbeitete in Glatz sowie in Breslau und wurde schließlich Vikar bei der Marienkirche in Beuthen. Hier nahm er sich mit dem ihm eigenen Eifer der Jugend an. Als Katechet leitete er die männlichen und weiblichen Jugendgruppen. Er beteiligte sich an der Organisation von Wallfahrten und veranstaltete Bibelstunden für die Jugend und Jugendabende. Er leitete Theateraufführungen und gründete einen Jugendchor und ein Orchester. Es war Krieg, und es fehlte an allem. Vikar Lerch kümmerte sich um alles selbst. Er brachte anderen bei Geige, Kontrabass und Orgel zu spielen. Er hatte ständig zu tun. War er nicht im Kreis der Jugend, dann besuchte er Pfarrangehörige. Dank seines großen Engagements hatte er hervorragende Erfolge und hätte noch viele Jahre tätig sein können, wäre er nicht auf so unerwartete Weise umgekommen.

Das Ende des Januarmonats 1945 nahte. Die Rote Armee war bereits in Beuthen eingerückt. Als der Gemeindepfarrer Hrabowski für einen Moment das Pfarrhaus verlassen hatte und nurmehr Vikar Lerch sowie eine schwerhörige Schwester zusammen mit einer Aushilfe zur Stelle waren, klopfte es an der Tür. Vikar Lerch öffnete. Herein trat ein sowjetischer Soldat und forderte eine „zegaro". In der Annahme, es handle sich um eine Zigarre, griff der Vikar in die Innentasche seiner Soutane. Der Rotarmist dachte offenbar, er suche nach einer Waffe und schoß ihn nieder.

Kurz darauf kehrte der Pfarrer zurück. Beim Eintritt in das dunkle Vorzimmer stieß er mit dem Fuß an etwas auf dem Boden Liegendes. Im Schein seiner Taschenlampe sah er dann mit Entsetzen seinen leblosen Vikar in einer Blutlache liegen. Neben ihm die unglückselige „zegaro" - die Uhr.

Tags darauf, an einem eisigen Januartag, wurde Vikar Lerch ohne Sarg, lediglich in ein Laken gewickelt, zu Grabe getragen.[153]

WŁADYSŁAWA ŚLĘZAK
Vorsitzende der Gesellschaft für Denkmalspflege,
Zweigstelle Beuthen

3. VERFOLGUNGEN DES KLERUS IN DEN JAHREN 1945 - 1956

Die Nachkriegsgeschichte der katholischen Kirche in Polen ist reich an dramatischen Spannungen. Doch ähnlich wie die gesamte historische Reflexion der Vergangenheit

---

153 Diese Informationen verdanke ich dem Hinweis von Frau Irena Turos auf den Beitrag von W. Greefrath, P. K. Lerch gestorben am 28. Januar in Beuthen O/S, in: Mitteilungen aus den deutschen Provinzen der Gesellschaft Jesu, Bd. 17, Heft 1, Nr. 113, S. 88.

der Gesellschaft nach 1945, ihrer Institutionen, des Herrschaftssystems sowie der Rolle der Ideologie, ist die Zeit immer noch nicht reif, voll aufgearbeitet zu werden. Gegenwärtig greifen wir immer häufiger auf bestimmte Abschnitte dieser Geschichte zurück. Die Veröffentlichung von sieben ausgewählten Dokumenten des Diözesanarchivs in Oppeln, die schwierige kirchliche Probleme in Beuthen während der Jahre des Stalinismus beleuchten, bildet nach Absicht des Herausgebers ein erstes Signal, die Aufmerksamkeit der Historiker auf diesen zweifellos komplizierten Zeitraum unserer Geschichte zu lenken.

I.

Die organisatorische Struktur der katholischen Kirche in Beuthen und Umgebung stand in Kontinuität mit ihrer älteren Vorkriegsstruktur. Das Überrollen durch die Front im Winter 1945 bedeutete eine schmerzliche Konfrontation mit der neuen Realität.[154] Infolge der Nachkriegsveränderungen, vor allem durch die Angliederung Beuthens an Polen, änderte sich die demographische und konfessionelle Zusammensetzung. Sehr deutlich wurde dies in der Stadt - hier bewirkte die Aussiedlung der deutschen Bevölkerung (etwa 17 000 Personen) einen einschneidenden Wandel in der Zusammensetzung der Bevölkerung; verifiziert wurden insgesamt über 68 000 Personen. Ihre Stelle nahm die Bevölkerung aus den Ostgebieten der einstigen Republik ein. All das führte zu einer Zerschlagung der Geschlossenheit der städtischen Gesellschaft.[155] In den vorstädtischen Gebieten verliefen diese Prozesse nicht so drastisch, und in ihrer Masse verblieb dort die autochthone Bevölkerung.

Innerhalb der Stadt und in den Vorstadtpfarreien blieben auch die Seelsorger - mit Ausnahme des Stadtpfarrers von St. Marien, Alfred Hrabowski, der sich nach Deutschland begeben mußte, weil er die Verifizierung nicht erhielt. Bei den Kaplänen gab es einen Wechsel, und in den Ordensstationen waren bestimmte personelle Umsetzungen unumgänglich - übrigens ein Thema für eine gesonderte Behandlung. Tatsache war, daß die verbliebenen Pfarrer die Verifizierung erhielten, sie hatten sich nämlich bemüht, an ihrer bisherigen Stelle zu bleiben. Dies bildete jedoch für die staatlichen Behörden einen Angriffspunkt zur Erzeugung einer Atmosphäre der Unsicherheit.[156]

Die Probleme, vor denen die katholische Kirche in Beuthen stand, waren eigentlich nicht nur dieser Stadt eigen. Zu erinnern ist an die umfassend verstandene, für einen längeren Zeitraum vorgesehene systematische Aktion einer Eliminierung der Religion und Aufhebung der Handlungsfreiheit der Kirche im kommunistischen Staat.[157] Das

---

[154] Darüber schreiben andere Autoren in diesem Sammelband.

[155] Vgl. A. Sulik, Wyzwolenie i początki władzy ludowej i nowej społeczności miejskiej (Befreiung und Anfänge der Volksherrschaft und der neuen Stadtgesellschaft), in: Bytom - Zarys rozwoju miasta (Beuthen - Abriß der Stadtentwicklung), Hg. W. Długoborski, Warszawa-Kraków 1979, S. 544-546.

[156] Vgl. Dokument Nr. 2.

[157] Bis heute verfügen wir nicht über eine umfassende Synthese dieses Zeitraums. Als Hintergrundinformation über jene Jahre verweise ich auf: W. Roszkowski (Andrzej Albert), Historia Polski 1914-1990 (Geschichte

System als solches war in seinen Grundlagen dieser Lebenssphäre gegenüber feindlich eingestellt, also gab es viele Formen sie einzuschränken. Man wahrte zwar den Anschein der Rechtstaatlichkeit, doch zielte alles von vornherein darauf ab, der Selbständigkeit und Bewegungsfreiheit der Kirche in allen öffentlichen Belangen enge Grenzen zu ziehen.

Zu den hauptsächlichen Erscheinungsformen diskriminierender Einstellung des Staates der Kirche gegenüber gehörten:

- die Behandlung der Kirche unter ausschließlich politischen Kategorien, eine Beschwörung ständiger Gefahr des amerikanischen und deutschen Imperialismus, dessen Diener der Vatikan war, also jeder polnische Bischof und die Seelsorger;
- den Zugang der Kirche zur Öffentlichkeit konsequent einzuschränken, katholische Zeitschriften zu verbieten, die Kirche von Rundfunksendungen auszuschließen, kirchliche Vermögen zu konfiszieren etc.;
- die Verdrängung der Kirche aus erzieherischen, schulischen und karitativen Einrichtungen - bis zur Aufhebung der kirchlichen „Caritas" im Januar 1950; weiter die staatliche Übernahme der sog. Güter der toten Hand (1950) und der zu den Pfarreien gehörenden landwirtschaftlichen Nutzflächen (1953);
- der Eingriff in die innere kirchliche Verwaltung durch das Dekret vom 9. 02. 1953 über die Besetzung geistlicher Stellen[158];
- der Versuch, den Klerus durch die Schaffung prostaatlicher Organisationen (patriotische Priester, staatliche „Caritas", Priesterkommission beim Verband der Kämpfer für Freiheit und Demokratie [ZBOWiD]) zu spalten;
- Schikanen, Prozesse, Verhaftungen[159] - bis zur physischen Vernichtung von Priestern durch Verhängung von Todesurteilen sogar ohne formelle Prozesse.

In den sog. Wiedergewonnenen Gebieten, also besonders im Oppelner Schlesien, gab es zusätzliche Möglichkeiten für Schikanen und Schwierigkeiten, indem der gesamte, auch kirchliche, Besitz als deutsches Gut erklärt und als solches der Kirche zum Gebrauch zur Verfügung gestellt wurde, wofür diese Steuern entrichten sollte. Besonders einschneidend war die Ausnutzung der Nationalitätenfrage, deren Opfer die Autochthonen wurden, unter ihnen auch die Geistlichen; dies führte zur Ausweisung von 20 Priestern in zentralpolnische Diözesen, zum Verbot, sich im Gebiet ihrer Diözese aufzuhalten sowie zur Schließung von 169 Häusern weiblicher Orden und die

---

Polens 1914-1990), Warszawa 1991; P. Kądziela, Kościoł a państwo w Polsce 1945-1965 (Kirche und Staat in Polen 1945-1965), Wrocław 1990; viel Material aus die Kirche betreffenden Publikationen enthält: Historia Kościoła w Polsce (Geschichte der Kirche in Polen), Bd. II, Teil 2, Hg. B. Kumor/Z. Obertyński, Poznań-Warszawa 1979; darin: Kościoł katolicki w Polsce w latach 1944-1976 - Kronika wydarzeń (Katholische Kirche in Polen in den Jahren 1944-1976 - Chronik der Ereignisse), erarb. K. Dola, S. 192-254. Für das Gebiet des Oppelner Schlesiens vgl. A. Sitek, Organizacja i kierunki działalności Kurii Administracji Apostolskiej Śląska Opolskiego w latach 1945-1965 (Organisation und Handlungsrichtlinien der Kurie der Apostolischen Administration des Oppelner Schlesiens in den Jahren 1945-1965), Wrocław 1986; J. Kopiec, Dzieje Kościoła katolickiego na Śląsku Opolskim (Geschichte der katholischen Kirche im Oppelner Schlesien), Opole 1991.

[158] Vgl. Dokument Nr. 6.

[159] Vgl. Dokument Nr. 7.

Einweisung von 687 Schwestern in Arbeitslager oder in ihre Provinzialhäuser im Sommer 1954.[160] Der Staat scheute auch nicht vor konfessionellen Reibereien zurück, was angesichts der Umsiedlung eines bedeutenden Teils von Protestanten und die Besiedlung dieses Gebiets durch eine katholische Bevölkerung nicht schwer war. Dies mag die Übergabe der sich seit dem 19. Jahrhundert in protestantischer Hand befindlichen, ursprünglich franziskanischen Nikolauskirche (heute dem hl. Adalbert geweiht) an die Katholiken durch die städtischen Behörden von Beuthen illustrieren.[161] Ausmaß und Umfang der Bespitzelung des Klerus durch die Sicherheitsorgane lassen sich kaum genau bestimmen. Dadurch wurde eine Atmosphäre der Angst und Unsicherheit geschaffen.[162] Vorwände für plötzliches Auftauchen und Beunruhigung ließen sich immer reichlich finden.[163] Dies alles zusammengenommen bildete keine sonderlich optimistische Prognose für die Zukunft und schwächte den Willen und den Eifer, sich in ruhiger und langfristiger Arbeit an den Aufbau einer neuen Ordnung und Gesellschaft zu machen. An dieser Stelle soll nicht unerwähnt bleiben, daß die verschiedenen, mit ganzer Rücksichtslosigkeit zerschlagenen Zentren katholischer Laien von dieser Unterdrückung nicht minder betroffen waren.

II.

Seit 1821 gehörte Beuthen zur Diözese Breslau und befand sich 1945 innerhalb der Grenzen der frisch errichteten Apostolischen Administration für das Oppelner Schlesien, die 1972 in die vollrechtliche Diözese Oppeln umgewandelt wurde. Im Oppelner Diözesanarchiv befindet sich einiges an Material, das dieses schwierige Ringen um die Identität der Kirche verdeutlicht. Man darf nicht vergessen, daß in jenen unruhigen Jahren viele anstehenden Fragen nicht dokumentiert, sondern - aus Gründen der Sicherheit - mündlich erledigt wurden, da man sonst Untersuchungen und Schikanen befürchtete. Als darüber hinaus seit Januar 1951 in den gesamten sog. Wiedergewonnenen Gebieten eine vom Staat aufgezwungene Leitung die kirchliche Verwaltung übernahm, besaß diese nicht das volle Vertrauen des Klerus, woraus sich bis Dezember 1956 die Zurückhaltung in den Berichten der Geistlichen an ihre Oberen erklärt. Es ist daher nichts Verwunderliches, daß sich nach den Veränderungen im Oktober 1956 viele Geistliche entschlossen, als Autochthone nach Deutschland auszureisen.

---

[160] Dies beschreibt A. Sitek a.a.O., S. 106-124; vgl. auch Dokument Nr. 5; zur Ausweisung der Ordensschwestern siehe M. Blok, Wysiedlenia sióstr zakonnych z terenu Śląska Opolskiego w roku 1954 (Ausweisung der Ordensschwestern aus dem Gebiet des Oppelner Schlesiens im Jahr 1954), Opole 1989 (Maschinenschriftliche Magisterarbeit im Theologisch-Pastoralen Institut - Filiale der Katholischen Universität Lublin [KUL] in Oppeln).

[161] Vgl. A. Sitek, Przejmowanie kościołów ewangelickich na Śląsku Opolskim (Übernahme evangelischer Kirchen im Oppelner Schlesien), Opole 1985, S. 76-79.

[162] Vgl. die Dokumente Nr. 1 und Nr. 3.

[163] Vgl. Dokument Nr. 4.

Trotz des fragmentarischen Charakters der dem Kirchenhistoriker in den kirchlichen Sammlungen zur Verfügung stehenden Quellen (eine bedeutende Ergänzung bilden Nachforschungen in staatlichen Archiven) vermag die Veröffentlichung von sieben aus den Jahren 1948 - 1957 ausgewählten Dokumenten bereits jetzt schon weitgehend unser Wissen um die Vergangenheit unserer Stadt für die Zeit nach dem Zweiten Weltkrieg zu bereichern.

Weihbischof JAN KOPIEC
Direktor des Diözesanarchivs
in Oppeln

DOKUMENT Nr. 1

Der Pfarrer der Pfarrei in Schomberg, L. Augustin, schreibt vertraulich an den Apostolischen Administrator über seine Belästigung durch den Sicherheitsdienst.

ADOp. Personalmappe ohne AZ.

Chruszczów[164], 9. 03. 1948

Seine Exzellenz, der Apostol. Adminstrator
Dr. Kominek
Oppeln

Ich wende mich heute in einer ungewöhnlichen Angelegenheit an Ihre Exzellenz, die in der hiesigen Situation unverzügliches Handeln erfordert: Bereits seit einem Jahr werde ich systematisch vom „UB" (Sicherheitsdienst) verfolgt. Nicht weniger als siebenmal waren sie schon hier. Ich bin heute überzeugt, daß mich „gewisse Leute" aus der hiesigen Pfarrei systematisch denunzieren und entschlossen sind, damit nicht aufzuhören, bis sie ihr Ziel, d.h. meine Entfernung, erreicht haben. Die Situation ist äußerst gefährlich und ernst. All das liegt wie ein Alpdruck auf meiner Arbeit. Ich kann nicht alles schreiben. Weil ich keinen anderen Ausweg sehe, entschloss ich mich zu einem Wechsel meiner Seelsorgestelle.

Ich bitte höflich Ihre Exzellenz um eine persönliche Audienz.

Mit tiefer Hochachtung
Pfr. Augustin[165]

DOKUMENT Nr. 2

Herr Józef Śruba aus Beuthen schreibt in der Angelegenheit des Entzugs der Bestätigung nationaler Verifizierung für den Geistlichen Robert Niechoj an den Apostolischen Administrator B. Kominek.

ADOp. Personalmappe ohne AZ.

Beuthen, 9. 04. 1949

[164] Seit 1948 in Szombierki (Schomberg) umbenannt.

[165] Ludwig Augustin (1903-1985), 1927 in Breslau geweiht, seit 1937 Pfarrer in Schomberg, das er 1957 verließ und nach Deutschland ausreiste, wo er 1985 starb.

Exzellenz!

Ich bestätige den Erhalt des Briefes Ihrer Exzellenz vom 5. ds. Mts. und teile höflich mit, daß ich im Stadtrat in Beuthen den Entzug der Anerkennung polnischer Nationalität für Pfarrer Niechoj[166] nach erfolgreicher Intervention persönlich vorgenommen und sie Pfr. Niechoj ausgehändigt habe. Im Stadtrat verwies ich auf die Rechtlosigkeit des Vorgehens durch den betreffenden Beamten.

Die Angelegenheit ist jedoch nicht bedrohlich. Es gibt keinerlei Denunziation. Es geht um die Behebung formaler Mängel in den Verifizierungsakten der Anfangszeit. Nach neuerlicher Begutachtung durch den Polnischen Westverband aufgrund einer protokollarischen Feststellung des Polentums durch zwei Zeugen auf umgeschriebenen Formularen und persönlichem Erscheinen des Interessenten zusammen mit den Zeugen im Büro des Polnischen Westverbandes sowie nach Ergänzung des Verifizierungsakts um die Meinung der Bürgermiliz erfolgt die Rücknahme des bisherigen Zertifikats bezüglich der polnischen Nationalität seitens des Kreisstadtamts (Stadtrat) bei gleichzeitiger Aushändigung des neuen Dokuments.

In dem gegebenen Fall handelte der betreffende Beamte rechtswidrig, als er grundlos, weil ohne schriftliche Entscheidung des Kreisvorsitzenden bzw. des Stadtpräsidenten eine gültige Bestätigung polnischer Nationalität entzog, wodurch unnötigerweise Pfarrer Niechoj beunruhigt wurde. Vor Abgabe des Gutachtens durch den Polnischen Westverband spreche ich noch mit der maßgeblichen Person. (...) Ich stehe immer gerne Ihrer Exzellenz zu Diensten und verbleibe

Józef Śruba

DOKUMENT Nr. 3

Schreiben des Geistlichen Jan Szymała an die Apostolische Administration in Verbindung mit einer gefährlichen Verschärfung der politischen Situation.[167]

Vertraulich

Gleiwitz, 3. 05. 49

An die Hochwürdigste Apostolische Administration in Oppeln

Da mit sämtlichen Möglichkeiten wie Festhalten im sicheren Gewahrsam, Hausdurchsuchung etc. gerechnet werden muß, bezeuge ich für alle Fälle im Folgenden:

1. Ich besitze keine einzige Waffe. Ich kam nach Polen ohne Waffe und erwarb auch keine im Lande.

---

[166] Robert Niechoj (1894-?), 1918 in Breslau geweiht, in den Jahren 1935-1958 Pfarrer der Sankt-Josephs-Gemeinde in Beuthen. Danach Ausreise nach Deutschland.

[167] Der Autor dieses Briefes ist ein bekannter Militärgeistlicher der Diözese Kattowitz noch aus der Zeit vor 1939. Vgl. die Biographie von J. Szymała aus der Feder des Geistlichen J. Sossalla, „Wiadomości Urzędowe Kurii Biskupiej Śląska Opolskiego" (Amtliche Mitteilungen der Bischöflichen Kurie des Oppelner Schlesien), Jhrg. 18, 1963, S. 213-216. Geboren wurde er 1889 in Groß Döbern. Er widmete sich der Militärseelsorge und verbrachte in dieser Eigenschaft einige Zeit im Ausland. 1946 kehrte er nach Polen zurück und übernahm die Allerheiligen-Pfarrei in Gleiwitz. 1954 wurde er als Pfarrer der Hyazinth-Gemeinde nach Beuthen versetzt. Er starb am 31. 12. 1962. Dieser Brief stammt zwar aus der Gleiwitzer Zeit, doch weil sein Autor später mit Beuthen verbunden war und dieses Schreiben darüber hinaus den wenig dokumentierten psychischen Terror jener Jahre widerspiegelt, entschied ich mich dazu, den Brief im Rahmen dieser Materialien zu veröffentlichen.

2. Ich unterhalte keinerlei Korrespondenz mit dem Ausland, noch in Polen mit Personen, die auch nur den geringsten politischen Anschein oder zweideutige Aussagen dieser Art aufweisen würden.

3. In der Vorkriegszeit, in den Jahren des Krieges und nach Kriegsende habe ich mir weder im Ausland noch in der Heimat etwas Politisches, Parteiliches etc. vorzuwerfen.

4. Ich unterhalte zu keinerlei Personen spezielle Kontakte und besuche in Gleiwitz einfach keine Familie, und dies schon deswegen nicht, um bei ihnen keine klerikale Meinung zu erzeugen, denn auch das ist heute gefährlich.

Ich bezeuge Obiges, denn gegenüber einem ehemaligen Militärangehörigen, dazu noch einem, der aus dem Ausland kam, können bestimmte Kräfte bemüht sein, einen vergleichbaren Vorwurf zu erheben.

Pfr. [J.] Szymała

DOKUMENT Nr. 4

Wilhelm Porwoll, Pfarrer der St.-Barbara-Gemeinde in Beuthen wendet sich in Verbindung mit einem Beschluß des Kollegiums beim Präsidium des Städtischen Nationalrates in Beuthen mit einer Beschwerde an den Präses des Ministerrates.

ADOp. lokale Akten der St.-Barbara-Pfarrei in Beuthen, ohne AZ.

Beuthen, 25. Oktober 1952

An den
Präses des Ministerrates
in W a r s c h a u

Betrifft: Beschwerde des Pfr. Wilhelm Porwoll, wohnhaft in Beuthen, ul. Chełmońskiego 18, und Gesuch um Aufhebung des Beschlusses des Kollegiums beim Präsidium des Städtischen Nationalrates in Beuthen auf dem Kontrollweg.

Gemäß Art. 43, Titel 1 des Gesetzes vom 15. 12. 1951 über das verwaltungsstrafrechtliche Beschlußwesen (Amtsblatt der Republik Polen Nr. 66, Pos. 454 von 1952) wende ich mich an den Präses des Ministerrates mit der Bitte, den Beschluß des Kollegiums beim Städtischen Nationalrat in Beuthen vom 20. 06. 1952, Nr. S. A. II - 29/a 808/52, bestätigt durch Beschluß des Kollegiums beim Präsidium des Nationalrates der Woiwodschaft Kattowitz vom 15. 09. 1952, Nr. Sp. A. IV 23a/969/52, auf dem Kontrollweg aufzuheben.

B e g r ü n d u n g

Am 16. Mai 1952 meldete der Unterzeichner, Pfarrer der Römisch-Katholischen Pfarrei St. Barbara in Beuthen, dem Präsidium des Städtischen Nationalrates, Abtl. Verwaltung, in Beuthen, daß an den Tagen 19., 20. und 21. Mai die jährliche Bittprozession aus Anlaß der „Kreuztage" stattfindet. Obige Meldung erfolgte gemäß geltender Vorschriften drei Tage vor der beabsichtigten Prozession, und bereits am gleichen Tag, also am 16. 05. 52, forderte mich das Referat für Glaubensangelegenheiten in Folge des von mir beim Präsidium des Städtischen Nationalrates in Beuthen abgegebenen Schreibens schriftlich auf, persönlich zur Erledigung obiger Angelegenheit zu erscheinen. Trotzdem legte mir auf Antrag des erwähnten Referats für Glaubensangelegenheiten das Kollegium beim Präsidium des Städtischen Nationalrates in Beuthen mit Beschluß vom 20. 06. 52 eine Buße in Höhe von 1 500 Zł. auf, weil man mich beschuldigte, der Antrag auf Genehmigung der Prozession am 19. 05. 52 sei nach Ablauf des Termins gestellt worden.

Der Beschluß des Kollegiums beim Präsidium des Städtischen Nationalrates in Beuthen wurde vom Kollegium des Nationalrates der Woiwodschaft Kattowitz auf der Verhandlung vom 15. 09. 52 unter Nr. Sp. A. IV. 23a/969/52 bestätigt. Der Beschluß des Kollegiums beim Präsidium des Städtischen Nastionalrates in Beuthen sowie des Kollegiums des Nationalrates der Woiwodschaft in Kattowitz entbehrt der rechtlichen Grundlage und ist offenkundig falsch.

Gemäß den Verwaltungsvorschriften ist der rechtsgültige Termin für das Geschehen, das am 19. 05. stattfinden sollte, der 16. 05.; dies umso mehr, als in dem Streitfall die Sanktion durch eine Vorentscheidung des Referats für Glaubensangelegenheiten am 16. 05. 52 verhängt wurde.

Ich erhebe zudem den Vorwurf einer klaren Unverhältnismäßigkeit der Strafe im Vergleich zur fraglichen Tat, für die man wegen des geringfügigen gesellschaftlichen Schadens lediglich Art. 29, Titel 1, des oben zitierten Gesetzes über das verwaltungsstrafrechtliche Beschlußwesen hätte anwenden sollen.

Unter Vorlage obiger Beschwerde beim Präses des Ministerrates bitte ich höflich um Untersuchung der Angelegenheit und um Aufhebung des falschen Beschlusses des Kollegiums beim Städtischen Nationalrat in Beuthen. Zugleich bitte ich um die Erteilung der Anordnung, die Ausführung des Beschlusses des oben erwähnten Kollegiums bis zur Erledigung dieser Beschwerde zu suspendieren.

Wilhelm Porwoll[168]
Pfarrer

DOKUMENT Nr. 5

Wilhelm Porwoll, Pfarrer der St.-Barbara-Gemeinde in Beuthen, rekurriert in Verbindung mit seiner Amtsenthebung an das Ordinariat in Oppeln.

Wilhelm Porwoll
Pfarrer

Beuthen, 4. Juli 1954
Chełmońskiego 18

Seiner Exzellenz
dem Ordinarius des Oppelner Schlesien
Emil Kobierzycki
Oppeln

Rekurs

Am 28. Juni ds. Js. erhielt ich das Dekret des Ordinarius des Oppelner Schlesien Nr. P. P. XLI-16/54, kraft dessen ich von der von mir bislang eingenommenen Stellung eines Pfarrer der St.-Barbara-Gemeinde in Beuthen entbunden wurde.

Da ich aufgrund des Dekrets der zuständigen Erzbischöflichen Kurie in Breslau am 19. September 1939 G. K. Nr. 5816 ein unabsetzbarer Pfarrer bin, erachte ich meine Entfernung

---

[168] Wilhelm Porwoll (1894-1973) wurde 1918 in Breslau geweiht. In den Jahren 1932-1954 war er Pfarrer der St.-Barbara-Gemeinde in Beuthen. Er wurde 1954 seines Amtes enthoben (vgl. Dokument Nr. 5) und wohnte in Neiße im Altersheim für Priester. 1956 reiste er nach Deutschland aus, vgl. H. Kowol, 50 lat kościola i parafii Św. Barbary w Bytomiu (50 Jahre Kirche und Pfarrei St. Barbara in Beuthen), Bytom 1981, S. 22-23.

aus der von mir eingenommenen Stellung als mit den Vorschriften des kanonischen Rechts und der Wahrheit für unvereinbar. Daher erhebe ich gegen das betreffende Dekret bei Ihrer Exzellenz Einspruch.[169]

Eine Kopie dieses Rekurses sende ich zeitgleich zu Händen Seiner Exzellenz, Bischof Klepacz[170], in Warschau als dem Vorsitzenden der Polnischen Bischofskonferenz.

W[ilhelm] Porwoll
Pfarrer

DOKUMENTE Nr. 6

Der Geistliche Aleksander Oberc[171] wendet sich zur Aufklärung der Gründe für seine Belästigung durch politische Kräfte an den Staatsrat.

ADOp., Personalmappe, ohne AZ, Kopie.

Betrifft: eine nicht endende Verfolgung.

Staatsrat
W a r s c h a u

Ich habe Veranlassung, mich in folgender Angelegenheit an Sie zu wenden:

Mitte April erhielt ich vom Präsidium des Nationalrates der Woiwodschaft, Referat für Glaubensangelegenheiten, ein am 13. 04. 1956 datiertes Schreiben Nr. Abtl. 6/0/1/56/III, das mir gebot, innerhalb von zwei Wochen Beuthen zu verlassen und meine pastorale Tätigkeit als Aushilfe in der Beuthener Pfarrei St. Marien aufzugeben. Aufgrund meiner Eingabe wurde mir gestattet, für eine Übergangszeit am Ort zu bleiben, doch nur wegen der Art von Tätigkeit, die von dem beendet werden muß, der sie durchführte (Kinderkatechese). Die erwähnte und von mir erfüllte Tätigkeit ist die unterste in der Hierarchie kirchlicher Aufgaben. Niedriger kann man schon nicht mehr gestellt sein - das Schreiben aber interessiert sich überhaupt nicht, was aus mir werden soll. Die auf diese Weise geschaffene Situation stellt mich vor die Notwendigkeit, mich an die übergeordnete Stelle zu wenden, und zwar mit der Bitte um Veranlassung einer gründlichen Revision bezüglich meiner Person, was mir die Möglichkeit verschaffen würde, mich ruhig meinen Aufgaben zu widmen.

Falls dies nicht geschehen kann, möge man mich in der Absicht einer Prozessführung verhaften, um auf diese Weise in den Genuß der Wohltat der letzten, so weit gefassten Amnestie zu kommen.

Sollten aber die beiden genannten Weisen, mein Leben zu regulieren, eine Täuschung sein, bleibt nur noch eines: um die offizielle Erlaubnis zu bitten, in den Untergrund zu gehen.

Das oben Gesagte begründe und erläutere ich wie folgt:

Ich bin Priester der Lemberger Diözese, der sich im Frühjahr 1945 nach Befreiung aus deutscher Haft in Beuthen als erster Geistlicher polnischer Abstammung wiederfand, um nunmehr in den Wiedergewonnen Gebieten zu arbeiten. Nach ein paar Monaten seelsorglicher

---

169 Bezüglich der biographischen Daten siehe Dokument Nr. 4. Die ganze Angelegenheit hatte mit einer kirchlichen und kanonischen Prozedur nichts gemein, sie war einzig und allein eine politische Aktion, der gegenüber die kirchliche Behörde in Oppeln auch machtlos war. Bedauerlich ist, daß sie in keiner Weise ihren Standpunkt zum Ausdruck brachte und gehorsam die Auflagen der politischen Machthaber erfüllte.

170 Bischof Klepacz war nach der Verhaftung von Primas S. Wyszyński in den Jahren 1953-1956 Vorsitzender der Bischofskonferenz.

171 Aleksander Oberc (geb. 1910) wurde 1934 in Lemberg geweiht; seit 1956 Aufenthalt in der Erzdiözese Breslau.

Tätigkeit wurde ich von der frisch eingerichteten Behörde der Apostolischen Administration, übrigens gegen meinen Willen, zum Direktor des Caritasverbandes der Diözese für den Bereich des Industriegebiets mit folgender Aufgabe ernannt: Sicherung des verzweigten Netzes sozialer Einrichtungen vor den damals blühenden Stehlereien, sofortige Befassung mit der Frage der Lebensmittelversorgung der ärmeren Bevölkerung sowie Organisation der Fürsorge für verwaiste und verwahrloste Kinder, eine Aufgabe, die deswegen damals äußerst brennend war, weil das Netz staatlicher Verwaltung in diesem Stadium noch nicht in der Lage war, diese Probleme gebührend zu lösen. Im Laufe der Zeit dehnte sich meine Tätigkeit auf das ganze Oppelner Schlesien aus. Bei diesen Unternehmungen erfreute ich mich der Unterstützung der Behörden so weitgehend, daß man mir, als sie 1950 die Aktivitäten der Caritas übernahmen, die weitere Führung dieser Institution vorschlug. Damals hörte ich Worte höchsten Lobes, wie ich sie in meinem Leben noch nie gehört habe: „Wir halten Sie für einen ehrlichen und wahrhaftigen Menschen, doch wenn wir ausgerechnet mit Ihnen sprechen, dann deswegen, weil wir in Ihnen einen hervorragenden Fachmann sehen." Auch eine Revision, deren Ziele und Charakter äußerst scharf waren, erbrachte nicht die Spur irgendeines Mißbrauchs. Es gab von mir unabhängige und weit über mir stehende Gründe, warum ich diese Vorschläge nicht annehmen konnte. All das zerrte aber so sehr an meinen Nerven, daß ich von der Diözese Urlaub erhalten und mich einem langwierigen Heilungsprozess unterziehen mußte. Den Zeitraum von 1950 - 1954 füllten eine wissenschaftliche und teilweise pastorale Tätigkeit in Breslau unter rein privaten Bedingungen. In dieser Zeit befand ich mich unter ständigen Repressionen bestimmter Kräfte, die von mir eine politische Betätigung forderten, der ich aus gutem Grund nicht entsprechen konnte.

Versuche in der Zwischenzeit, mich im Gebiet anderer Diözesen (Warschau, Landsberg, Przemysl und Breslau) zu akklimatisieren, endeten mit einem Mißerfolg. Sowohl die Ordinarien als auch die weltlichen Behörden schickten mich mit der Feststellung in die Diözese Oppeln, daß ich dort nach Liquidierung der Lemberger Diözese, zu der ich ursprünglich gehörte, alle erworbenen Rechte weiterhin besitze. Dies ist der Grund, warum ich mich im Frühjahr letzten Jahres bei der Kurie des Oppelner Ordinariats mit der Bitte um Anstellung meldete. Man schickte mich nach Beuthen, in die Liebfrauen-Gemeinde, dessen nach einem Motorradunfall kranker Pfarrer Opaliński jemanden zur pastoralen Unterstützung suchte. Auf diese Weise halte ich mich seit dem 14. 07. 1955 bis zum heutigen Tag im Pfarrgebiet auf und helfe als Vikar in der Seelsorge. Die Einwilligung der Behörden sollte in angemessener Zeit erfolgen. Ehe sie jedoch seitens der Kurie eintraf, erhielt ich besagtes Schreiben, daß mir gebietet, Beuthen innerhalb von zwei Wochen zu verlassen. Dieser kurze Satz bringt jedoch Schwierigkeiten und Hindernisse mit sich, die zu überwinden ich nicht imstande bin und die mich zu diesem Schreiben veranlassen.

Ich bin selbst beim besten Willen nicht in der Lage, mit den typischen Existenzproblemen zurechtzukommen. Ich verfüge über keinerlei Mittel, um ein Leben ohne Arbeit zu führen. Aufgrund der Verfassung wie anderer Gesetze ist es mir erlaubt, jede Religion zu bekennen und ihr zu dienen. Nicht weil dies vor dem Krieg so war, bin ich heute Priester. In Erfüllung meiner Pflichten arbeite ich an der Schaffung von Werten, die nicht nur für den einzelnen wichtig sind, sondern deren Wert proportional zur Größe der Gesellschaft wächst. Die von mir bekleidete Position eines „Stellvertreters des hochwürdigsten Vikars" (ich bin 46 Jahre alt!) beweist in aller Klarheit, daß ich mich hier nicht auf der Suche nach Karriere befand. Doch ich will meine Pflichten legal erfüllen. Wird das Problem meiner Existenz nicht jetzt, bei diesem Versuch, erledigt, ja selbst wenn ich gegenwärtig meinen Platz räumen würde, dann kommt es erneut zur gleichen Erscheinung, und auch die endet mit einem neuen: „innerhalb von zwei Wochen". Zudem entsteht hier das Problem, ob eine wilde pastorale Arbeit im Interesse der Zivilbehörden liegt. Mir scheint, nicht. Daß sie bereits jetzt nahe dem Punkt liegt, von dem aus die Illegalität beginnt, scheint klar zu sein. Also kann ich eine solche

Tätigkeit nicht ohne ausdrückliche Zustimmung der Behörden aufnehmen! Das aber erfordert, daß man sich mit meinen anfangs geäußerten Wünschen befaßt und sie in Erwägung zieht.

Es ist nicht meine Sache festzustellen, welche Folgen der Hohn Böswilliger nach sich zieht, denn ohne Echo, besonders unter den Autochthonen ist es nicht, daß man den Priester Oberc „als ein sichtbares Zeichen der Ungerechtigkeit in Polen, wovon letztens viel die Rede ist, entfernt". Denn kein Mensch und selbst jene Kräfte nicht, die mir befehlen, meinen Platz zu räumen, sind in der Lage, ernstlich zu erklären, daß ich irgendwann schädlich war! Ganz abgesehen von meiner Tätigkeit, deren Früchte die Gesellschaft noch bis heute spürt, will es die Ironie des Schicksals, daß man jemanden verdammt, der für seinen Radikalismus bekannt war, und zwar vor dem Krieg, als viele, die sich heute radikalisieren, stillhalten wollten, jemanden, dem folgendes widerfuhr: Bei der Liquidierung des Ghettos in Żółkew verhalf ich 17 Juden zur Flucht. Als die Gestapo meine Wohnung durchsuchte, zum Glück in meiner Abwesenheit, fand man ein von mir gezeichnetes Buch über Leben und Werk Lenins!

In Betrachtung all dessen komme ich zu dem Schluß, daß es nützlicher gewesen wäre, gegen die Gesellschaft zu arbeiten als von Anfang an für sie, denn bei der jüngsten Amnestie hätte ich mich unter dem positiven Schutz des Rechts befunden, und mich von Ort zu Ort zu treiben, wäre einer strafwürdigen Kollision mit dem Gesetz gleichgekommen! Etwas ist hier nicht in Ordnung. Zum Glück bemühe ich mich, immer dem Gewissen zu folgen, auch wenn dies oft mit Opfern verbunden ist.

Bezüglich der jüngst gewährten Amnestie erklärte man autoritativ, daß es ihr Ziel sei, „so weit es in menschlicher Macht liegt, die Ehre wiederherzustellen und Unrecht wieder gutzumachen", das durch heute zu Recht verurteilte Entartungen und den Mißbrauch gewisser Kräfte entstanden war. Ich bin mir sehr genau über den Geist der Zeit und die Unumkehrbarkeit bestimmter Fakten im Klaren. Ich verstehe, daß für mich niemand vergangene Dinge reaktivieren wird. Aber keiner auf der ganzen Welt nennt die von mir bekleidete Stellung eines Vikarsvertreters Rehabilitation und Wiedergutmachung sowie Wiederherstellung der Ehre, die mir seinerzeit durch die Presse genommen wurde! Und selbst dieser Stellung beraubt man mich mit Gewalt.

Dieses mein Schreiben klagt absolut niemanden an und verweist nirgendwo auf schuldige Personen. Daß es allerdings eine Ansammlung von Fakten darstellt, die zu denken geben, ist nicht meine Schuld. Ich kann versichern, daß ich beim Schreiben zunehmend damit rechnete, daß man sich mit dem Inhalt befaßt.

Ich habe gelernt, vieles ohne Murren zu ertragen, aber ich bin gezwungen zu schreien, wenn das Unrecht zu weit geht: bis zur Beraubung der Existenz und der Möglichkeit einer Arbeit gemäß dem Gewissen, bis zu etwas, das sicher niemand im Staat will. Alles, was ich geschrieben habe, ist der Ausdruck eines ehrlichen Willens und ein Zeugnis meiner unbescholtenen Vergangenheit (in einer Reihe von Untersuchungen von Organen des Sicherheitsdienstes fiel niemals ein Wort der Anklage!) – es ist auch Ausdruck des Vertrauens in die Intention der Regierung. Ich wende mich an Sie mit der Bitte um eine ehrliche Revision der bezüglich meiner Person unternommenen Schritte.

Ich bin in der Lage, sämtliche in diesem Schreiben enthaltene Feststellungen zu begründen und auf erhobene Einwände zu antworten.

Oberc Aleksander
Priester

Beuthen, 1. Mai 1956
Pfarrei St. Marien, ul. Koziołka 3
Tel 36-88

DOKUMENT Nr. 7

Revision des Urteils, durch das Anton Nierobisch, Pfarrer der Heilig-Kreuz-Gemeinde in Miechowitz, am 1. 04. 1953 zu vier Jahren Haft verurteilt wurde, sowie die Begründung seiner Aufhebung.
ADOp., Personalmappe, ohne Signatur, Abschrift.
AZ II Krn. 135/57.

17. Oktober 1957

URTEIL
IM NAMEN DER VOLKSREPUBLIK POLEN

Das Oberste Gericht in Warschau hebt in nicht öffentlicher Sitzung der Strafkammer in folgender Zusammensetzung: Vorsitzender: Richter S. N. A. Pyszkowski, Richter: S. N. K. Bzowski, T. Gdowski, Fr. Korzeń, K. Cukierski, A. Bachrach, K. Bobesz (Berichterstatter), Protokollant: K. Baran unter Beteiligung des Generalstaatsanwalts, Staatsanwalt Dąbrowski, nach am 17. Oktober 1957 vorgenommener Prüfung der Sache Antoni NIEROBISZ[172], angeklagt nach Art. 24 par. I mkk, aufgrund einer vom Justizminister gegen das Urteil des Obersten Gerichts vom 3. September 1953, AZ II K. 270/53 eingelegten außerordentlichen Berufung nach Art. 394, 396, 400, 383, Pkt. 2 und 3, 388 Par. 1, 442 kpk, das Strafurteil in dem den Angeklagten Antoni Nierobisz verurteilenden Teil auf und spricht ihn von der Anklage frei. Die Kosten des Strafverfahrens in allen Instanzen gehen zu Lasten des Fiskus.

Begründung

Mit Urteil des Woiwodschaftsgerichts in Kattowitz vom 1. April 1953, AZ IV. K. 42/53, wurde der Angeklagte Antoni Nierobisz verurteilt:

1) kraft Art. 23, Par. 1 des Strafgesetzbuches zu einer Strafe von vier Jahren Gefängnis, abgemildert aufgrund der Amnestie von 1952 auf zwei Jahre und acht Monate Gefängnis, dafür, daß er in der Zeit vom 12. Juli 1946 bis zum 2. Oktober 1952 in Golschowitz, Kreis Prudnik (Neustadt), sowie in Miechowitz, Kreis Beuthen, ein Schriftstück mit dem Titel „Tagebuch aus der Zeit sowjetischer Okkupation" mit falschen Informationen, die den Interessen des polnischen Staats großen Schaden zufügen können, mit der Absicht seiner Verbreitung aufbewahrte, sowie

2) kraft Art. 24, Par. 1 des Strafgesetzbuches, zu einer Strafe von drei Jahren Gefängnis, dafür, daß er seit einem nicht näher festgestelltem Datum Ende 1951 bis zum 2. Oktober 1952 im Gebiet von Miechowitz eine Maschinenschrift mit dem Titel „Jugend in der Pfarrei" aufbewahrte, die falsche Informationen enthält, die den Interessen des polnischen Staats großen Schaden zufügen können, insgesamt zu einer Strafe von vier Jahren Gefängnis unter Anrechnung der Untersuchungshaft seit dem 2. Oktober 1952.

Das Oberste Gericht hob in Kenntnis der Sachlage infolge der Revision des Angeklagten mit Urteil vom 3. September 1953, AZ II. K. 270/53 das Urteil des Woiwodschaftsgerichts in seinem verurteilenden Teil auf und:

1) erkannte den Angeklagten für schuldig, daß er in der Zeit vom Juli 1946 bis zum 2. Oktober 1952 in Golschowitz, Kreis Prudnik (Neustadt), sowie in Miechowitz ein „Tagebuch aus der Zeit sowjetischer Okkupation aufbewahrte, das falsche Informationen enthält, die den

---

[172] Antoni Nierobisz ist die polonisierte Namensform von Anton Nierobisch (1907-1974), der 1932 in Breslau geweiht wurde und seit 1947 als Pfarrer der Heilig-Kreuz-Gemeinde in Miechowitz tätig war. Nach seiner Haftentlassung im Jahr 1954 erteilten die staatlichen Behörden nicht ihr Einverständnis für die Ausübung irgendeines pastoralen Amtes; er wohnte in Kattowitz bei den Elisabethschwestern. 1957 ermöglichte ihm Bischof F. Jop die Rückkehr nach Miechowitz, von wo er 1968 nach Deutschland ausreiste.

Interessen des polnischen Staats großen Schaden zufügen können, und verurteilt den Angeklagten dieser Tat wegen kraft Art. 24, Par. 1 des Strafgesetzbuches, zu einer Strafe von zwei Jahren Gefängnis, abgemildert aufgrund des Amnestiegesetzes von 1952 auf ein Jahr Gefängnis unter Anrechnung der Untersuchungshaft seit dem 2. Oktober 1952,

2) und sprach den Angeklagten vom Vorwurf eines auf der Aufbewahrung eines maschinenschriftlichen Referats mit dem Titel „Jugend in der Pfarrei" beruhenden Verbrechens nach Art. 24, Par. 1 des Strafgesetzbuches frei. Gegen obiges Urteil legte das Oberste Gericht auf der Basis der Vorschrift Art. 371, Pkt. 1 und 3 kpk zu Gunsten des Angeklagten eine außerordentliche Berufung ein. Der Minister der Justiz erhebt bezüglich der rechtsgültigen Verurteilung des Angeklagten Antoni Nierobisz nach Art. 24, Par. 1 des Strafgesetzbuches, dem Urteil gegenüber den Vorwurf einer falschen Bewertung der als Grundlage des Urteils dienenden faktischen Umstände, was in Konsequenz zu einer Verletzung des materialen Rechts durch fälschliche Verurteilung des Angeklagten nach Art. 24, Par. 1 des Strafgesetzbuches, führte.

Als Konklusion enthält die außerordentliche Revision den Antrag auf Aufhebung des verhängten Urteils bezüglich einer Verurteilung nach Art. 24, Par. 1 des Strafgesetzbuches, sowie auf eine Urteilsfindung bezüglich des Kerns der Sache und auf Freisprechung des Antoni Nierobisz von der ihm zugeschriebenen Tat.

Das Oberste Gericht zog folgendes in Erwägung: der Einwand der außerordentlichen Revision ist begründet. Die dem Angeklagten Antoni Nierobisz vom Obersten Gericht zugeschriebene Tat wurde als Verbrechen nach Art. 24, Par. 1 des Strafgesetzbuches, qualifiziert. In Feststellung der Schuld des Angeklagten aufgrund dieser Gesetzesvorschrift kommt das Oberste Gericht bei der Betrachtung der Motive zu dem Schluß, daß ... „sich in der Handlung des Angeklagten Charakteristika eines Verbrechens nach Art. 24, Par 1 des Strafgesetzbuches, mischen, da diese auf der Aufbewahrung eines von ihm geschriebenen Tagebuches beruht, das mehrfach falsche Informationen enthält, die dem polnischen Staat großen Schaden zufügen können." Diese Ansicht des Obersten Gerichts muß man als falsch betrachten.

Die Vorschrift Art. 24, Par. 1 des Strafgesetzbuches ist nämlich eine Ergänzung zu Art. 23 des Strafgesetzbuches, die Fälle aufzählt, wann bezüglich Art. 24 des Strafgesetzbuches die Aufbewahrung angefertigter Schriften ein Verbrechen nach dem zitierten Art. 24 des Strafgesetzbuches darstellt. Und solche verfertigten und aufbewahrten Schriften müssen, damit ihr Inhalt ein Verbrechen bildet, zur Ausführung einer Straftat aufrufen, eine solche loben oder falsche Informationen enthalten, von denen in Art. 22 des Strafgesetzbuches die Rede ist. Aus den Motiven des Obersten Gerichts ergibt sich, daß man bei der Veränderung der rechtlichen Qualifikation der Handlung des Antoni Nierobisz von Art. 23 des Strafgesetzbuches (die ihm vom Gericht in I. Instanz zugeschrieben wurde) zu Art. 24 des Strafgesetzbuches die Tatsache berücksichtigte, daß „... die Absicht des Angeklagten bezüglich des Inhalts der inkriminierten Informationen als solcher nicht nur nicht verwirklicht wurde, sondern noch bezüglich Zeit und Ort zu konkretisieren war", so daß sich in der Handlung des Angeklagten lediglich Charakteristika eines Verbrechens nach Art. 24 des Strafgesetzbuches mischen, basierend auf der Aufbewahrung des von ihm geschriebenen Tagebuchs, das mehrfach falsche Informationen enthält. Doch das Oberste Gericht konkretisiert nicht, in welchen Fragmenten das von Antoni Nierobisz in Form einer Lebenserinnerung verfaßte „Tagebuch" „mehrfach falsche Informationen" enthält.

Die Unterstellung des Obersten Gerichts, das von Antoni Nierobisz verfaßte „Tagebuch" enthalte falsche Informationen, findet im Lichte der Bewertung des Inhalts des „Tagebuchs" keinen Anhalt, da Antoni Nierobisz auf eine sehr fragmentarische Weise die beobachteten Geschehnisse der Nachkriegszeit notierte. Z.B. schrieb er am 27. April 1945: „Ich war bei einem Kranken, erstmals ging ich hinaus, im Haus war niemand." Unter dem 1.

Mai notierte er, daß fünf Leute etwas im Schweinestall suchten. Unter dem 5. Mai 1945, daß ein sowjetischer Major zusammen mit der „Feldpolizei“ Soldaten festnahm, die sich unkorrekt verhielten. Dann machte Antoni Nierobisz Notizen, welche die Willkür unverantwortlicher Elemente belegen. Von fehlender Feindschaft polnischen oder sowjetischen Organen gegenüber zeugt etwa eine Notiz vom 23. April 1945, in der er feststellt, daß die Leute, die einem Bauern die Kuh stahlen, deutsch sprachen, und in weiteren Bemerkungen (19. Oktober 1945), daß in Wohnungen polnischer Nationalität die Scheiben eingeschlagen wurden, und darüber hinaus, daß die sich mit Raub befassenden Leute von der Polnischen Armee, Funktionären der Miliz und Offizieren sowjetischer Truppen verfolgt wurden. Unter diesen Umständen und unter Berücksichtigung der Tatsache, daß der Intention des Autors die Absicht fern lag, während der Befreiung der Wiedergewonnenen Gebiete eingetretene Ereignisse mit dem Ziel feindseliger Verallgemeinerung zu notieren, die zum Schaden des polnischen Staats hätten genutzt werden können, da ja die fragmentarischen Bemerkungen von Antoni Nierobisz die Willkür derer verurteilen, die vor allem den Interessen des sich bildenden polnischen Staats schadeten, muß man zu dem Schluß kommen, daß in der Handlung des Angeklagten Antoni Nierobisz Elemente sowohl nach Art. 23, Par. 1 als auch nach Art. 24, Par. 1 des Strafgesetzbuches fehlen.

Weil die Aufhebung des vom Woiwodschaftsgericht gefällten Urteils in dem Teil, der den Angeklagten für ein Verbrechen nach Art. 23, Par. 1 des Strafgesetzbuches verurteilt, durch das Oberste Gericht richtig war, falsch dagegen die Erkennung des Angeklagten an Stelle dieser Tat für eines Verbrechens schuldig nach Art. 24, Par. 1 des Strafgesetzbuches ist, sowie die Verurteilung entsprechend dieser Vorschrift, muß man wie im Urteil verfahren.

Rundstempel
Woiwodschaftsgericht
in Kattowitz

Auf dem Original die handschriftlichen Unterschriften
für die Richtigkeit
(unleserliche Unterschrift)
Leiter des Sekretariats

für die Richtigkeit
Römisch-Katholische Pfarrei
zum Heiligen Kreuz
Beuthen-Miechowitz
Nierobisz, Pfarrer, 1. 10. 58.

4. DRAMA EINES VERTRIEBENEN – DER PRIESTER DR. JOSEF KNOSALLA

Geboren wurde er in einer bäuerlichen, kinderreichen Familie am 19. März 1878 in dem Dorf Zelazno in der Nähe von Oppeln als jüngster Sohn von Simon und Maria (geb. Pawletta) Knosalla[173]. Mit sechs Jahren besuchte er die Grundschule in Zelasno. Dort mußte er die deutsche Sprache erlernen und erwarb die elementaren Grundkenntnisse. Danach beendete er das Gymnasium in Oppeln, das Priesterseminar

---

173 In vielen Büchern und Broschüren zeichnete Dr. Josef Knosalla mit seiner deutschen Namensform. Als Radzionkau 1922 polnisch wurde, wurde sein Name in Józef Knosała umgeformt.

in Breslau und die dortigen Universitätsstudien. Während seiner Studienzeit trat er dem Polnischen Zirkel in Breslau und dem illegalen Bund Polnischer Jugend ZET bei sowie nach Beendigung seines Studiums der Wissenschaftlichen Gesellschaft Ehemaliger Polnischer Studenten. Am 21. Juni 1904 empfing er die Priesterweihe und besaß zu der Zeit bereits den Titel eines Doktors der Philosophie.

Nach Empfang der Priesterweihe erfüllte er in mehreren Pfarreien der Breslauer Diözese die Pflichten eines Vikars. In dieser Zeit machte er sich als kirchlicher Interessenvertreter, Publizist und Schriftsteller einen Namen. Die deutschen Behörden begegneten ihm mit Abneigung und nannten ihn einen „verkappten Polen". Die Kurie der Breslauer Diözese merkte dies sehr schnell, und kraft ihrer Entscheidung vom 9. 10. 1922 bekleidete er mit dem 11. 11. jenes Jahres die Stellung eines Pfarrers der Adalbert-Gemeinde in Radzionkau, wo er bereits früher schon einmal Vikar war. Hier arbeitete er bis 1946, d.h. bis zur Zeit seiner Aussiedlung nach Westdeutschland.

In Radzionkau entwickelte er eine breite gesellschaftliche, publizistische und schriftstellerische Tätigkeit, die über dreißig monographische, historische und politische Arbeiten umfaßt. In seiner Pfarrei führte er einen Vortragszyklus zur Geschichte von Radzionkau und Umgebung durch. Diese Vorträge erfreuten sich unter den Pfarrangehörigen großer Beliebtheit. Sie verstanden ihren Pfarrer bestens, der zu ihnen als Schlesier sprach und nicht aus der Position derer, die Schlesien für sich haben wollten. Gleichzeitig pflegte er eine Zusammenarbeit mit führenden Vertretern der damaligen schlesischen politischen, administrativen und kirchlichen Behörden vor Ort wie in der Region. Auf Initiative des Woiwoden M. Grażyński nimmt er sich des Denkmalschutzes an, woraus eine Artikelserie über die Geschichte sakraler Kulturgüter der schlesischen Woiwodschaft entsteht.

Gemeinsam mit dem Kreisvorsitzenden von Tarnowitz und Józef Piernikarczyk bemüht sich Dr. Josef Knosalla um die Gründung eines Regional- und eines Zechenmuseums im Raum Tarnowitz. Diese Bemühungen und die Sammlung von Exponaten unterbricht der Zweite Weltkrieg. Die erst 1954 erfolgte Realisierung dieser Vorhaben hat Dr. Knosalla nicht mehr erlebt. Die Zeit der Okkupation überlebte er in seiner Pfarrei in Radzionkau. Als Pfarrer einer Kirche, deren traditioneller Patron der Graf von Donnersmarck aus Naklo war, unterhielt er mit diesem korrekte Beziehungen, dank derer in der Radzionkauer Kirche äußerst lange von den Okkupanten Predigten in polnischer Sprache geduldet wurden. Das Pfarramt wurde von den Nazis relativ in Ruhe gelassen, was dem Pfarrer ermöglichte, bei sich von der Gestapo gesuchte politische Aktivisten zu verstecken, und dies für längere Zeit. Er half auch Mitgliedern der Untergrundbewegung, und durch ihre Vermittlung war er um die Rettung politischer Häftlinge bemüht.

Nach Beendigung des Zweiten Weltkriegs machte sich Dr. Knosalla an die Erfüllung seiner pastoralen Pflichten. Er beseitigte die Kriegsfolgen an seiner Kirche, plante weitere wissenschaftliche Arbeiten sowie eine herausgeberische Tätigkeit. Da traf ihn ein unverhoffter Schlag, und dies durch einen Einwohner von Radzionkau. In der

Zwischenkriegszeit war aus Tąpkowice ein Lehrer kommunistischer Gesinnung hierher gekommen, Edmund Duda. Eben der wurde im Raume Kattowitz Leiter einer Abteilung des Sicherheitsdienstes. Seit Anfang 1946 spann er gegen Dr. Knosalla eine Intrige, die das Ziel verfolgte, ihn nach Deutschland auszusiedeln.
Am 16. Juli 1946 erschien Herr Duda mit seiner Equipe im Pfarrhaus von Radzionkau. Sie führte eine Durchsuchung durch und versiegelte die Türen zu den einzelnen Räumen. Durch die Kirchenglocken alarmiert, versammelten sich einige Hundert Personen beim Pfarrhaus, um sich mit den Verfolgern anzulegen. Da zeigte sich der Pfarrer auf dem Balkon und wandte sich an die Versammelten mit der Bitte, Ruhe zu bewahren. Er erklärte, Herr Duda garantiere ihm persönliche Sicherheit, und bat die Versammelten nach Hause zu gehen. Die Leute blieben jedoch bis 21.00 Uhr auf dem Posten. In dieser Zeit traf eine Meldung vom Kreisamt in Tarnowitz ein, der Pfarrer habe sich dort persönlich zur Klärung bestimmter Sachverhalte einzufinden. Nichts Böses ahnend, nahm der Pfarrer seine Aktentasche und begab sich mit einem Pferdegespann nach Tarnowitz, von wo er nie wieder zurückkehrte. Er hatte nicht einmal seine Toilettensachen mitgenommen, weil er dachte, die Angelegenheit kläre sich auf der Stelle und er kehre zu den Seinen zurück.
Die Wirklichkeit erwies sich jedoch als anders. Noch am selben Tag wurde er zu einem nach Deutschland fahrenden Transport gebracht. Diese Reise währte Monate, denn wie aus der Pfarrchronik in Altena (Westfalen) hervorgeht, kam Dr. Knosalla dort erst im Juli 1946 an. Aufgrund dieser Irrfahrt, der nervlichen Anspannung sowie der Beschwerden der Reise erkrankte er schwer und wurde ins dortige Vinzenzhospital eingeliefert.
Nach seiner Gesundung blieb er als Seelsorger bis zu seinem Lebensende in diesem Krankenhaus. Todkrank und, wie es scheint, unfähig, sich mit dem erzwungenen tragischen Los eines Emigranten abzufinden, und vergeblich in Briefen an die Organe der „Volksherrschaft“ Gerechtigkeit suchend sowie ergebnislos Antwort und Rehabilitation erwartend, schrieb er ein Gedicht, das mit den Worten beginnt:

„Geliebtes Oberschlesien, meine Heimat!
Ob ich Dich noch einmal sehen werde?“

Worte, die auf das beste die Sehnsucht des Vertriebenen nach seiner einzigen Heimat wiedergeben, die er niemals wiedersah.
Dr. Knosalla starb nach langer Krankheit am 8. Januar 1951 und wurde auf dem katholischen Friedhof in Altena begraben, den zu besuchen, ich als meine Pflicht ansah.

RYSZARD WRODARCZYK
Kulturhaus in Radzionkau

V. VERBRECHEN IN RADZIONKAU UND ROJCA

Die Untersuchung umfaßt den Zeitraum eines Jahres, vom Tag des Einrückens der Roten Armee (25. Januar 1945) bis zum 31. Januar 1946. Da ich für diese Zeit über keine Daten verfügte, suchte ich nach Quellen, aus denen man die erforderlichen Informationen schöpfen kann. So wandte ich mich in erster Linie an die Direktion der Beuthengrube, also an den Betrieb, bei dem die meisten Bergleute aus dem Raum Radzionkau beschäftigt waren, die dann in die UdSSR deportiert wurden. Es erwies sich jedoch, daß weder das Personalbüro noch die beiden Gewerkschaften der Grube Verzeichnisse der in die UdSSR deportierten Bergleute besaßen. Immerhin hatte die Gewerkschaft „Solidarność" dort zwei Jahre zuvor ein Treffen mit Bergleuten, die 1945 in die UdSSR deportiert worden waren, organisiert. Aus diesem Anlaß wurde eine 45 Namen und Adressen umfassende Einladungsliste erstellt. Allerdings war diese Liste zwischenzeitlich verlorengegangen, so daß es nicht möglich war auf sie zurückzugreifen. Im Rahmen dieses Treffens hatten die Bergleute auch an einer Messfeier in der St.-Adalbert-Kirche in Radzionkau teilgenommen. Leider besaß auch der Pfarrer in Radzionkau keine Namensliste der Bergleute. Bei dieser Gelegenheit erfuhr ich, daß die wöchentlich erscheinende Gewerkschaftszeitung „Górnik" 1990 abschnittweise eine Liste in die UdSSR deportierter Bergleute publiziert hatte. In der Schlesischen Bibliothek in Kattowitz habe ich den ganzen Jahrgang dieser Zeitung durchgesehen. In den Nummern 2 bis 27 finden sich die Namen von 9 877 Personen. Von ihnen notierte ich 245 Namen, unter denen sich 119 Namen in Radzionkau und Rojca wohnhafte Bergleute befanden.

Diese Liste ist jedoch unvollständig und wenig glaubwürdig, da sie die Namen von Personen enthält, die überhaupt nicht in die UdSSR deportiert worden waren, und andererseits fehlt in ihr eine Reihe von Namen, die durch diese Hölle gegangen waren. Auf verschiedene Weise und auf verschlungenen Wegen gelangte ich zu 29 Personen, die in dieser Liste aufgeführt sind. Wie sich später zeigte, waren nur 13 Personen (also 45%) in der UdSSR gewesen. Die übrigen 16 Personen kannten die Sowjetunion nur auf dem Atlas. Dagegen fand ich für den besagten Zeitraum weitere 33 Personen, die 1945 in die UdSSR deportiert worden waren, deren Namen aber in der vom „Górnik" veröffentlichten Liste nicht erfaßt sind. Außerdem enthielt jene Liste zu wenige Daten, als daß es möglich gewesen wäre, die in ihr genannten Bergleute zu identifizieren und so zu ihnen vorzudringen. In ihr waren zwar die laufenden Nummern, Vor- und Nachnamen, Jahrgang und Wohnort angegeben, nicht aber das volle Geburtsdatum, Beruf und Straße nebst Hausnummer.

Glaubwürdiger waren Angaben, die ich direkt von Personen erhielt, welche zwar in dem vom „Górnik" publizierten Verzeichnis nicht vorkamen, aber dennoch 1945 in die UdSSR deportiert worden waren. 36 solche Personen machte ich in Radzionkau ausfindig. Davon waren 33 Personen tatsächlich in die UdSSR deportiert worden,

während man die übrigen drei ermordet hatte. In diesem Falle haben wir es mit einer vollen Glaubwürdigkeit zu tun.
Eine letzte Informationsquelle bezüglich in die UdSSR deportierter Bergleute war für mich eine 1945 vom Beuthener Verband der Kohleindustrie in Beuthen angefertigte Liste. In ihren Besitz gelangte ich am 30. 04. 1992 durch Herrn Jerzy Franiel, einen Einwohner von Radzionkau. Diese Liste umfaßt 106 Namen, davon 84 „neue"; die übrigen 22 Namen sind auch im „Górnik" verzeichnet. Von diesen 84 Namen betraf lediglich einer eine Person, die man nicht in die UdSSR deportiert hatte. Also kann sie eine weit größere Glaubwürdigkeit beanspruchen als die Liste aus dem „Górnik".

1. ANZAHL DER OPFER - ART DER VERBRECHEN - TECHNIK DER VERNICHTUNG

Den oben zitierten Quellen habe ich 253 Namen von Personen entnommen, die verschiedenen Repressionen ausgesetzt waren. Fast die Hälfte der Personen (47%) publizierte auch der „Górnik". Ich fand dort 119 Namen von Einwohnern aus Radzionkau und Rojca. Der vom Beuthener Verband der Kohleindustrie angefertigten Liste entnahm ich weitere 84 Personen, was 33,2% der Gesamtheit der Repressionen ausgesetzten Menschen ausmacht. Weitere fünfzig fand ich im eigenen Umkreis (19,8%). So hatte sich letztlich die Mühe bezahlt gemacht.
Von Mühe zu reden, ist hier umso mehr gerechtfertigt, als ich mich bei der Suche nach der historischen Wahrheit für Gespräche entschied, sei es mit den Opfern des sowjetischen Terrors, sei es mit ihren Familien oder Nachbarn. Insgesamt handelt es sich um Interviews mit 66 Personen, also mit 26% der Gesamtheit. Ich machte mir aus diesen Gesprächen Notizen, die der vollständigen Liste als Anhang beigefügt sind (Nr. 9 - Nr. 253). Zu betonen ist, daß ich 36 Gesprächspartner aufgrund zufällig erhaltener Adressen fand, die restlichen 30 - durch die im „Górnik" publizierte Liste. Leider lebt die Mehrzahl von ihnen, nämlich 51, nicht mehr, so daß diese Informationen von ihnen nahestehenden Personen stammen. Aufmerksamkeit verdienen die Berichte von 15 anderen Verfolgten, die bis zum 24. 04. 1992, als ich die letzte Notiz verfaßte, noch lebten.
Von diesen 66 Personen wurden 48 in die UdSSR deportiert. Jede dritte (15 Personen) kam dort ums Leben; der Rest (33 Personen) kehrte heim. Eine zweite, von mir untersuchte Gruppe bilden die an Ort und Stelle verhafteten und in Arbeitslager geschickten Personen. Davon gab es 10, von denen leider zwei den Tod erlitten. Eine dritte Gruppe sind die von den Sowjets - auch an Ort und Stelle - Ermordeten. Zu ergänzen bleibt, daß sich fünf Personen - erfolgreich - vor der Deportation versteckten.
Bereits mit den ersten Tagen der „Befreiung" floss das Blut unschuldiger Menschen. Drei Beispiele von an Einwohnern von Radzionkau in den ersten Tagen der

„Befreiung“ (26., 28. und 29. Januar 1945) verübten Mordtaten habe ich in meinem Beitrag beschrieben (vgl. die Notizen zu den Nr. 178, 193, 226). Es handelt sich um Erschießungen in den Straßen von Radzionkau, in einem Fall in einer Straße in Beuthen.

Dies waren die schlimmsten, wenngleich nicht die einzigen Methoden des Terrors vor Ort. Es mangelte auch nicht an mit Mißhandlungen an den Bewohnern verbundenen räuberischen Überfällen auf Privatwohnungen. (In der Regel umstellten die Banditen in Militäruniform das Haus und beluden dann einen Lastwagen mit dem gesamten Raubgut. Im benachbarten Orzech brachte man die Widerstand leistenden Bewohner kurzerhand um.)

Jeder Versuch, anhand dieser Beispiele die Größe des Verbrechens zu bemessen, ist ungemein schwierig. Eine bloße Statistik der Opfer genügt hier schließlich nicht. So muß z. B. die Information, daß jeder dritte aus Radzionkau und Rojca deportierte Bergmann in der UdSSR zu Tode geprügelt wurde, durch die Bemerkung ergänzt werden, daß es sich hier im allgemeinen um junge Menschen handelte. Ihr Durchschnittsalter betrug 38 Jahre (der Jüngste zählte 33, der Älteste 54 Jahre). Wenn so viele in so kurzer Zeit umkamen, dann scheint es unzweifelhaft, daß wir es mit einer Vernichtung der Häftlinge zu tun haben. Auch muß man bedenken, daß keiner der Überlebenden nach seiner Heimkehr aus Gründen der Krankheit und Erschöpfung arbeitstauglich war.

Man kann auch nicht an der Tatsache vorbeisehen, daß die oft mit einer größeren Zahl an unmündigen Kindern belasteten Familien der Deportierten ohne Mittel zum Lebensunterhalt sowie ohne jede Information über das Los der Männer und den Termin ihrer Rückkehr dastanden. Schlimmer noch: die hiesigen Behörden täuschten sie vor der Deportation durch die Information, daß sie nur für zwei Wochen zu Aufräumarbeiten in die Wiedergewonnenen Gebiete fahren. Mit einem Wort - das Unrecht läßt sich nicht aufrechnen.

Versuchen wir nun, die Schicksale der aus Radzionkau und Rojca in die UdSSR deportierten Bergleute zu rekonstruieren - also den Weg, den sie gingen, die Arbeit, die sie verrichten mußten, und vor allem ihre Behandlung.

Gemäß den in den Beuthener Zechen ausgehängten Plakaten (die in Radzionkau und Rojca wohnhaften Bergleute arbeiteten in Beuthen), versorgten sie sich mit Lebensmitteln für zwei Wochen sowie mit Bettzeug und meldeten sich bei ihren Zechen. Manche schnappte man sich gleich vom Grubengelände, ohne ihnen die Möglichkeit zu geben, sich von ihren Familien zu verabschieden und sich mit Proviant zu versorgen. Wer sich nicht von sich aus meldete, den holte man aus der Wohnung und führte ihn unter Bewachung zur Zeche. Von dort ging es nach Beuthen, wo sie in den nächsten Tagen auf den Weitertransport warteten. Aus der Karsten-Zentrum-Grube (später „Dymitrow“, heute „Centrum“) brachte man sie überwiegend mit der Straßenbahn nach Gleiwitz. Nach einer ersten Selektion war Laband das nächste Ziel, wo sie in einem aus Dutzenden von Einfamilienhäusern bestehenden Durchgangslager vorübergehend untergebracht wurden, nachdem zuvor die Eigentümer ihre Häuser hatten verlassen müssen, ohne auch nur das Geringste mitnehmen zu dürfen. Dieser Häuserkomplex war mit Stacheldraht umzäunt und mit hohen hölzernen Wachtürmen umgeben. Es war niemandem erlaubt, sich diesem Objekt zu nähern. Es gibt das Beispiel der Erschießung eines Mannes, als dieser sich der Umzäunung näherte. In Laband erhielten die Häftlinge nichts zu essen. Es mußte ihnen das reichen, was sie bei sich hatten. Nach einer bestimmten Wartezeit führte man sie im Konvoi zu den Bahnstationen. Meistens war dies der Bahnhof in Peiskretscham.

Dort wartete auf die Internierten ein aus gedeckten Güterwaggons bestehender Zug. Man verlud sie zu 30 bis 70 Personen in einen Waggon ohne jede Ausstattung. Es kam vor, daß es in den Waggons kleine Öfen gab, allerdings nichts zu heizen. Ihre Bedürfnisse erledigten sie in Kübeln oder einfach durch eine Bodenöffnung. Bestenfalls hatten die Internierten genügend Platz, um sich auf den Boden zu legen. Es gab Fälle, in denen die Reise stehend verbracht wurde. Die Züge hielten für gewöhnlich in einer menschenleeren Gegend, bei Teichen oder Flüssen, damit die Häftlinge aus ihnen Wasser trinken konnten. Nach dem Halt trieb man die Häftlinge mit Gewehrkolben wieder in die Waggons. Es ist ein Beispiel bekannt, daß ein auf diese Weise geschlagener Häftling starb. Wer unterwegs ohne Proviant war, der war dazu verurteilt, bei seinen Leidensgefährten oder bei Bewohnern von Ortschaften, die sie passierten, um Brot zu betteln; das war allerdings nicht leicht, denn die Begleitmannschaft ließ verlauten, daß sie SS-Männer transportieren. Oftmals starben Internierte schon während der Fahrt. Niemand nahm davon sonderlich Notiz. Man warf die Leichen einfach an Ort und Stelle aus den Waggons und sorgte sich nicht einmal darum, die Personaldaten aufzuschreiben.

Die Fahrt zum Bestimmungsort dauerte für gewöhnlich 14 Tage. Soweit sich die Internierten erinnern, waren es Ortschaften wie: Trudnoskaja, Woroszyłowsk, Piotrovka, Burmas, Woroszyłowgrad, Kipuczaja und Kinerow. Diese befanden sich im Donezbecken, nahe der Stadt STALINO; manche landeten aber auch in Sibirien oder im Ural. An Ort und Stelle brachte man sie in verschiedenen Quartieren unter, wie Schulen, Hallen, Baracken und Kirchen. Natürlich waren die Räume ungeheizt, ohne jede Ausstattung - sogar ohne Sanitäranlagen und Waschbecken. Daher waren die Internierten selbst gezwungen, sich manchmal die Pritschen zurechtzuzimmern.

Die Versorgung ließ viel zu wünschen übrig, und das nicht nur hinsichtlich der Qualität, sondern auch hinsichtlich der Menge. Wachmannschaft und Köche stahlen den Internierten von ihren bescheidenen Zuteilungen, die unter anderem aus grünen Tomaten, Weißkohl, Rüben, Kartoffeln, Pflanzenfett, Brot (zwischen 50 und 100 Gramm), dicken und langen Salzheringen bestand. Das hauptsächliche und im Grunde einzige Getränk war Wasser. Schon gut, wenn es aus einer Wasserleitung floß. Es kam nämlich auch vor, daß es aus einem Brunnen geschöpft wurde, in dem man Katzen ertränkte.

Für die Versorgung berechnete man den Häftlingen 10 Rubel pro Tag (ein Glas Tee kostete einen Rubel). Dabei gilt es zu bedenken, daß der monatliche Lohn ungefähr 300 Rubel betrug und oftmals bedeutend weniger. Um sich daher am Leben zu erhalten, mußte man seine persönlichen Dinge auf dem örtlichen Basar verkaufen, um dafür Brot erwerben zu können (eventuell Tabak, den es im Rahmen der Zuteilungen nicht gab). Es geschah, daß Wächter die Internierten erniedrigen und sich auf ihre Kosten vergnügen wollten, indem sie es für angebracht hielten, Brot in die Schlafräume zu werfen, um zu sehen, wie um jeden Brocken gekämpft wurde. Warme Speisen gab es nur zu Mittag.

Von Briefkontakten mit den Familien war keine Rede. Die Aufseher erlaubten das Briefeschreiben nicht, was nicht ohne Einfluß auf die Internierten blieb. Von ihren Familien ganz zu schweigen, die nicht einmal über den Aufenthaltsort ihrer Nächsten informiert waren. Dessen waren sich übrigens die lokalen Behörden in Polen nicht bewußt.

Fast alle arbeiteten in Gruben, die an unsere „Armenschächte" erinnern. Jede von ihnen besaß ein Dutzend Schächte mit einer Tiefe von kaum 50 Metern, in denen jeweils zwei Personen arbeiteten. Gefördert wurde mit Hilfe von Haspeln (die Anwendung von Maschinen war eine Seltenheit).

Die Mehrzahl der Schachtanlagen bestand jedoch aus sog. Schräggruben. Zu ihnen fuhren die Bergleute auf ihren Schaufeln hinab. „Ausgerüstet" waren sie nur mit Keilhauen, kurzstieligen oder auch stiellosen Schaufeln, Lampe und kurzen Holzstempeln zur Verschalung der abgeräumten Stollen. Helme, Schuhe und Schutzhandschuhe gab es keine (manche erhielten als Arbeitskleidung nur einen weißen Drillich).

In den sehr niedrigen Stollen wurde die Kohle liegend gewonnen, so daß die Bergleute am ganzen Leib zerkratzt waren. Die Kohle war hier so brüchig oder fett, daß man sie allein schon mit den Keilhauen abräumen konnte. Gesprengt wurde daher nur sporadisch. War dies der Fall, dann machten die internierten Bergleute die Sprenglöcher, doch die Anbringung des Dynamits sowie seine Entzündung wurde sowjetischen Frauen oder Burschen anvertraut. Der Transport der geförderten Kohle zum Füllort bzw. zur Oberfläche geschah in der Regel mit Hilfe von Schaufeln (Transportbänder waren hier unbekannt).

Die geförderte Kohle wurde mit Hilfe von Tragkörben in Eisenbahnwaggons verladen. Die Tagesnorm der Verladung betrug je Brigade einen Waggon mit einer Tragkraft von 20 - 30 Tonnen. Ein Erschwernis stellten dabei gedeckte Güterwagen dar.

Eine medizinische Versorgung am Arbeitsplatz gab es nicht, so daß Verletzte kaum eine Überlebenschance hatten. Hielt man es indes für angebracht, so schaffte man die Verletzten in ein Krankenhaus, wo allerdings die Internierten „entsprechend" behandelt wurden (als Beispiel der Tötung eines Verunglückten - siehe Pkt. 3, Nr. 9). Außer Betracht bleibt, daß sich die Wachmannschaft in keiner Weise um die Sicherstellung elementarster Bedingungen für die persönliche Hygiene kümmerten (ein mit etwas kaltem Wasser gefüllter Holzbottich mußte ihnen die ihnen von ihrer heimatlichen Arbeitsstelle bekannte Waschkaue ersetzen).

Die ersten Rücktransporte nach Polen gab es im Juli 1945, und dies hauptsächlich dank einer Intervention des damaligen Vizewoiwoden, Oberstleutnant Jerzy Ziętek. Und obwohl die Fahrt in diesem Falle kürzer war, so waren doch die Reisebedingungen fast identisch: also eine fürchterliche Enge in den Waggons sowie mangelnde Verpflegung und fehlende ärztliche Betreuung (in einem Fall wurden die Internierten in offenen Kohlewaggons transportiert).

Für die Ausreise aus der UdSSR gab man ihnen besondere Passierscheine. Ohne diese Papiere war es unmöglich, den Internierungsort zu verlassen. So kam es zu dem dramatischen Vorfall, daß einem von ihnen der Passierschein gestohlen wurde und er für immer in der Sowjetunion bleiben mußte, wo er auch starb. In einem anderen Fall riß sich ein Wachmann bei der Kontrolle der Passierscheine ein Stück des Papiers ab und drehte sich damit eine Zigarette, die er vor den Augen des entsetzten Häftlings entzündete, was zur Folge hatte, daß der Mann drei weitere Monate auf einen neuen Passierschein warten mußte.

Die Heimfahrt verlief nicht immer auf kürzestem Wege. Manche zog man „unterwegs" zu Erntearbeiten heran, andere brachte man zunächst in Durchgangslager, um sie aufzupäppeln, zu entlausen sowie einzukleiden und auf diese Weise die Spuren unmenschlicher Behandlung zu beseitigen.

Bei der Mehrzahl machte man sich jedoch keine solche Mühe. Sie kehrten verlaust, unrasiert, in Lumpen und oft barfuß zurück. Alle waren entkräftet und so krank, daß sie monatelang keine Arbeit aufnehmen und damit auch ihren Angehörigen nicht beistehen konnten. Dabei handelte es sich um kinderreiche Familien, die ohne jede Unterstützung und Hilfe seitens der lokalen Behörden blieben, die sie in vielen Fällen aussiedelten, auf verschiedene Weise verfolgten, gegen manche sogar mit Gewalt vorgingen (siehe Pkt. 3, Nr. 180, 186).

In meinen Gesprächen mit Internierten kehrte der Alptraum der Erinnerung an jene Monate wieder, an jeden von Hunger, Läusen, Wanzen und Ratten gezeichneten Tag, an die Erniedrigung ihrer Würde, an die sadistische Quälerei mit Stangen, Stöcken und Knüppel voller Nägel (siehe Pkt. 3, Nr. 186), bei Gelegenheit wiederholte Verhöre, an den aus grünen Tomaten, Kohl und versalzenen Heringen bestehenden Fraß, ohne die Möglichkeit, den wachsenden Durst zu stillen, und mancher von ihnen kann Kohl und Tomaten bis heute nicht sehen, geschweige denn herunterwürgen.

Am meisten jedoch schmerzt sie, daß sie nach ihrer Rückkehr nicht nur keine Entschädigung für das erlittene Unrecht erhielten, daß man sie auch nicht aufklärte oder um Verzeihung bat, sondern daß sie in den folgenden Jahren weiterhin von den polnischen Behörden als ein Volkspolen gegenüber feindliches Element verfolgt wurden; daß sie immer noch einem totalitären System ausgesetzt waren und ihre Familien von den Schikanen nicht verschont blieben, nicht einmal die Kinder, denen mitunter der Zugang zu den weiterbildenden Schulen versperrt war.

Die Aufführung all dieser Fakten von Diskriminierung und Verfolgung hat nicht nur zum Ziel, einen allgemeinen Eindruck von jener Wirklichkeit zu vermitteln, von der an anderer Stelle durch Berichte einzelner Personen die Rede ist (siehe Pkt. 3), sondern auch wenigstens zum Teil den Betroffenen Gerechtigkeit widerfahren zu lassen, was die Behörden der Volksrepublik bis zu ihrem Ende versäumten.
Es gibt noch einen besonderen Grund für mein Engagement in dieser mich tief beunruhigenden Sache. Bis heute nämlich gebrauchen jene, welche die Nachkriegsaktionen politischer Organe, des Militärs sowie der Sicherheitsdienste verteidigen, das verlogene Argument, die historische Gerechtigkeit habe dies erfordert, denn die Bewohner des Dritten Reiches, also auch die Beuthener, die bis zum Januar 1945 dazu gehörten, hätten lediglich den Terror erlebt, den das besetzte Polen und die überfallene Sowjetunion erfahren hat. Sie betonen dabei, die sowjetischen Soldaten hätten auf diese Weise ihre Wut in dem Bewußtsein abreagiert, bereits in das Reich eingedrungen zu sein, das die Schuld an den Leiden ihrer Landsleute trägt.
Die angeführten Fakten widerlegen das, denn schließlich befanden sich Radzionkau und Rojca nach dem Ersten Weltkrieg innerhalb der Grenzen Polens. Das beeinflußte jedoch in keiner Weise die Haltung nicht nur der Soldaten, sondern auch der lokalen Behörden, die doch wohl ein höheres intellektuelles Niveau besaßen als der einfache Soldat von der Wolga oder jenseits des Urals.

RYSZARD WRODARCZYK

2. Alphabetisches Verzeichnis der Repressionen in Radzionkau und Rojca

Lfd Nr.	Nr. d. offz. Verz.	Name Vorname	Geburts- datum	Wohnort	Art der Repression	Anmerkungen
1	2	3	4	5	6	7
1	135	BANASZ Józef	1890	fehlende Daten	Deport. UdSSR	„Górnik“ Nr. 2/90
2	676	BECK Karol	1907	fehlende Daten	siehe oben	„Górnik“ Nr. 4/90
3	-	BEDNARCZYK Bolesław	22.05.1902	Radzionkau ul. Artura 3	siehe oben	Liste d. Beuthener Verbandes der Kohleindustrie
4	-	EDNARCZYK Józef	11.07.1899	Radzionkau ul. Artura 3	siehe oben	siehe oben

5	692	BENDKOWSKI Jan	1909	Radzionkau fehl. Daten	siehe oben	„Górnik“ Nr. 4/90
6	693	BENDKOWSKI Jan	1905	siehe oben	siehe oben	siehe oben
7	-	BENDKOWSKI Wilhelm	5.04.1897	siehe oben	siehe oben	Liste d. Beuthener Verbandes der Kohleindustrie
8	646	BIAŁAS Hubert	1910	siehe oben	siehe oben	„Górnik“ Nr. 4/90
9	312	BLAZY Michał	11.09.1905	Radzionkau Gałczyńs- kiego 5	in UdSSR erschossen	Gesprächsnotiz Nr. 9
10	549	BREITKOPF Edmund	1909	Radzionkau-R. fehl. Daten	Arbeitslager, dort an Vergiftung verstorben	Gesprächsnotiz Nr. 10
11	-	BREITKOPF Wilhelm	10.02.1910	Radzionkau Szymała 91	10 Monate Arbeitslager in Myslowitz	Gesprächsnotiz Nr. 11
12	501	BROL Emanuel	1903	Radzionkau fehl. Daten	Deport. UdSSR	„Górnik“ Nr. 3/90
13	556	BUBALIK Wincenty	3.04.1910	Radzionkau Św. Wojciecha 87c	auf d. Deport. in d. UdSSR in Gleiwitz erschos- sen	Gesprächsnotiz Nr. 13
14	-	BUDNIK Piotr	6.06.1912	Radzionkau Św. Wojciecha 137	Deport. UdSSR	Liste d. Beuthener. Verbandes der Kohleindustrie
15	-	BUJOCZEK Stanisław	9.11.1909	Radzionkau Szymała 79	siehe oben	siehe oben
16	573	BUJOCZEK Wilhelm	23.12.1914	Radzionkau-R. Hugona 3	siehe oben	Gesprächsnotiz Nr. 16
17	571	BUJOTZEK Wincenty	1913	Radzionkau fehl. Daten	siehe oben	„Górnik“ Nr. 3/90
18	-	BULA Paweł	17.06.1909	Radzionkau Danielecka	siehe oben	Liste d. Beuthener Verbandes der Kohleindustrie
19	594	BURDA Karol	1913	Radzionkau fehl. Daten	siehe oben	„Górnik“ Nr. 3/90

20	-	BUSZKA Jerzy	9.09.1905	Radzionkau Piekarska 6	siehe oben	Liste d. Beuthener Verbandes der Kohleindustrie
21	-	CIEŚLA Augustyn	16.10.1908	Radionkau Szymała 37	siehe oben	siehe oben
22	8480	CHWOLKA Emil	1909	Radzionkau fehl. Daten	Deport. i. UdSSR dort an Erschöpfung verstorben	„Górnik" Nr. 23/90 nähere Daten fehl.
23	-	CIEŚLA Franciszek	31.03.1906	Radzionkau Rodowa 6	Deport. UdSSR	Gesprächsnotiz Nr. 22
24	8815	COGIEL Józef	1909	Radzionkau-R. fehl. Daten	siehe oben	„Górnik" Nr. 24/90. Kehrte 1945 nach Polen zurück
25	8878	CZAJA Alojzy	1899	Radzionkau fehl. Daten	Arbeitslager Myslowitz	„Górnik" Nr. 24/90
26	8876	CZAJA Antoni	1901	siehe oben	Deport. UdSSR. Kehrte 1945 zurück	siehe oben
27	-	CZERNECKI Józef	16.03.1901	Radzionkau Macieja NB	Deport. UdSSR	Liste d. Beuthener Verbandes der Kohleindustrie
28	2099	DOLIBOG Edward	6.10.1910	Radzionkau Nakielska 1	Deport. UdSSR. Kehrte 1945 zurück	Gesprächsnotiz Nr. 28
29	2098	DOLIBOG Franciszek	1908	Radzionkau fehl. Daten	Deport. UdSSR	„Górnik" Nr. 7/90
30	-	DOLIBOG Jakub	1917	siehe oben	siehe oben	Liste d. Beuthener Verbandes der Kohleindustrie
31	2291	DRAGON Jerzy	1908	siehe oben	siehe oben	„Górnik" Nr. 8/90
32	2286	DRAGON Józef	1914	siehe oben	Deport. UdSSR. Kehrte 1945 nach Polen zurück	siehe oben
33	-	DZIEMBAŁA Eryk	21.09.1909	Radzionkau Chełmska 14	Deport. UdSSR	Liste d. Beuthener Verbandes der Kohleindustrie

34	-	DZIEMBAŁA Józef	13.02.1911	Radzionkau-R. Kopalniana	siehe oben	siehe oben
35	2155	DZIUBA Jan	1908	Radzionkau fehl. Daten	siehe oben	„Górnik" Nr. 7/90
36	-	FERDYN Franciszek	2.10.1904	Radzionkau Św. Wojciecha 32	siehe oben	Liste d. Beuthener Verbandes der Kohleindustrie
37	-	FLAK Wincenty	22.01.1902	Radzionkau Św. Wojciecha 121	siehe oben	siehe oben
38	-	FRANCIK Adolf	12.08.1917	Radzionkau fehl. Daten	siehe oben	siehe oben
39	-	FRANIEL Teodor	8.11.1911	Radzionkau Norwida 33	Deport. UdSSR. Dort vor Erschöpfung verstorben	Gesprächsnotiz Nr. 39
40	8249	FRANUSIK Alfred	1914	Radzionkau fehl. Daten	Deport. UdSSR. Kehrte von dort 1945 nach Polen zurück	„Górnik" Nr. 23/90
41	8275	FREJ Józef	14.09.1905	Radzionkau Sobieskiego 20	Deport. UdSSR. Dort an Schlägen am 4.04.1945 verstorben	„Górnik" Nr. 23/90. Gesprächsnotiz Nr. 41
42	-	FRONCEK Paweł	11.02.1907	Radzionkau-R. Krzyżowa 16	Deport. UdSSR	Liste d. Beuthener Verbandes der Kohleindustrie
43	1470	GAJDA Paweł	1910	Radzionkau fehl. Daten	siehe oben	„Górnik" 6/90
44	-	GAŁUSZKA Augustyn	22.09.1919	Radzionkau Św. Wojciecha 127	siehe oben	Lite d. Beuthener Verbandes der Kohleindustrie
45	-	GARUS Edward	8.06.1922	Radzionkau 27 Stycznia	siehe oben	siehe oben
46	-	GARUS Franciszek	fehl. Daten	Radzionkau fehl. Daten	siehe oben	Angabe durch Einwohner von Radzionkau
47	-	GILGE Józef	1.05.1905	Radzionkau-R. Kopalniana 48	siehe oben	Liste d. Beuthener Verbandes der Kohleindustrie

48	1665	GILMEISTER Franciszek	19.08.1905	Radzionkau fehl. Daten	2,5 Jahre Haft	„Górnik" Nr. 6/90 Gesprächsnotiz Nr. 48
49	-	GLANC Jakub	21.07.1906	Radzionkau Długa 27	Deport. UdSSR	Liste d. Beuthener Verbandes der Kohleindustrie
50	-	GLANC Ludwig	14.08.1908	Radzionkau Św. Wojciecha 102	siehe oben	siehe oben
51	1738	GNIDA Edmund	1907	Radzionkau fehl. Daten	siehe oben	„Górnik" Nr. 6/90
52	1748	GMOTH Jan	1914	Radzionkau fehl. Daten	siehe oben	siehe oben
53	1780	GOINDA Teodor	26.02.1909	Radzionkau-R. Łąkowa 3	war nicht in der UdSSR arbeitete bei der Poln. Staatsbahn	siehe oben Gesprächsnotiz Nr. 53
54	1840	GOLUS Emil	1914	Radzionkau fehl. Daten	Deport. UdSSR	„Górnik" Nr. 7/90
55	1987	GROBORZ Richard	1905	Radzionkau fehl. Daten	siehe oben	siehe oben
56	-	HABRAJSKI Benedykt	20.03.1910	Radzionkau-R. Hugona 2	siehe oben	Liste d. Beuthener Verbandes der Kohleindustrie
57	-	HAJDA Andrzej	10.11.1911	Radzionkau Wojciecha 67	siehe oben	Gesprächsnotiz Nr. 57
58	-	HAJDA Felix	17.05.1900	Radziokau Rowowna 1	siehe oben	Liste d. Beuthener Verbandes der Kohleindustrie
59	-	HAJDA Ignacy	11.11.1912	Radzionkau Wąska 8	siehe oben	siehe oben
60	8357	HAJDA Tomasz	1910	Radzionkau fehl. Daten	siehe oben	„Górnik" Nr. 23/90
61	-	HAJDA Wilhelm	6.04.1918	Radzionkau Męcz. Oświęc. 6	siehe oben	Liste d. Beuthener Verbandes der Kohleindustrie
62	-	HAJDUK Augustyn	18.08.1916	Radzionkau Norwida 9	siehe oben	siehe oben

63	-	HANSEL Henryk	19.01.1914	Radzionkau Sobieskiego N.B.	siehe oben	siehe oben
64	-	HARTWIG Felix	30.05.1908	Radzionkau-R. Artura 1	siehe oben	siehe oben
65	8325	HAWRANEK Józef	1905	Radzionkau Danielecka	nach Rückkehr aus der UdSSR verhaftet	„Górnik" Nr. 23/90
66	-	HELFEUER Jan Rajmund	20.11.1903	Radzionkau M. Dąbrowskiej N.B.	Deport. UdSSR	Liste d. Beuthener Verbandes der Kohleindustrie
67	4	HEPA Stefan	30.08.1922	Radzionkau Miła 3	Siehe oben	Gesprächsnotiz Nr. 67
68	8552	HOLEWA Augustyn	1914	Radzionkau fehl. Daten	Siehe oben	„Górnik" Nr. 23/90
69	8514	HORZELA Józef	15.08.1899	Radzionkau fehl. Daten	verhaftet, 11/2 Jahre Arbeitslager. War nicht in der UdSSR	siehe oben Gesprächsnotiz Nr. 69
70	2536	IMIOŁCZYK Cyprian	1897	Radzionkau-R. fehl. Daten	Deport. UdSSR	„Górnik" Nr. 8/90
71	-	JANTA Ryszard	23.03.1902	Radzionkau Długa 5c	siehe oben Dort an Erschöpfung am 18.12.1945 verstorben	Gesprächsnotiz Nr. 71
72	9585	JANTA Viktor	29.09.1911	Radzionkau Kopalniana 39	Deport. UdSSR	„Górnik" Nr. 26/90
73	-	JANY Jakub	19.07.1908	Radzionkau Św. Wojciecha 96a	Siehe oben	Liste d. Beuthener Verbandes der Kohleindustrie
74	9598	JANY Antoni	1.07.1909	Radzionkau Cmentarna 3	siehe oben verstarb auf dem Rücktransport	„Górnik" Nr. 26/90
75	9614	JANY Krol	1909	Radzionkau fehl. Daten	Deport. UdSSR	siehe oben

76	4	JARZĄBEK Piotr	31.03.1903	Radzionkau Cmentarna 2	Siehe oben	Gesprächsnotiz Nr. 76
77	-	JASIOK Piotr	23.06.1902	Radzionkau Grzybowa 2	Siehe oben	Gesprächsnotiz Nr. 77
78	-	JAWOREK Franciszek	3.10.1900	Radzionkau Sobieskiego 19	Siehe oben	Gesprächsnotiz Nr. 78
79	2574	JOŃCZYK Jan	27.12.1906	Radzionkau Pietrygów 3	10 Monate im Arbeitslager. War nicht in der UdSSR	„Górnik" Nr. 8/90 Gesprächsnotiz Nr. 79
80	2577	LOŃCZYK Marcin	11.11.1912	Radzionkau Pietrygów 3	Deport. UdSSR, dort verstorben, doch weiß man nicht wo und wann	„Górnik" Nr. 8/90 Gesprächsnotiz Nr. 80
81	2688	KALKA Alfons	1907	Radzionkau-R. fehl. Daten	Deport. UdSSR	„Górnik" Nr. 9/90
82	-	KAWECKI Stanisław	16.11.1891	Radzionkau Miedziowa RR	siehe oben Dort am 13.08.1945 in Kiew verstorben	Gesprächsnotiz Nr. 82
83	-	KLICZKA Franciszek	3.10.1904	Radzionkau Wałowa	fehl. Daten	Liste d. Beuthener Verbandes der Kohleindustrie
84	-	KOLASA Ryszard	4.04.1909	Radzionkau Strzelc. Bytom 259/4	Deport. UdSSR	Gesprächsnotiz Nr. 84
85	-	KOLOCH Piotr	3.10.1897	Radzionkau Podchorążych	fehl. Daten	Liste d. Beuthener Verbandes der Kohleindustrie
86	-	KOŁODZIEJ Józef	26.10.1908	Radzionkau-R. Artura 18	Siehe oben	siehe oben
87	3470	KONIECZNY Viktor	6.05.1914	Radzionkau Lompy 8	Von der Bürgermiliz verhaftet, nach ein paar Tagen freigelassen	„Górnik" Nr. 11/90
88	3469	KONIECZNY Wilhelm	15.05.1916	Radzionkau Kopernika	Verbrachte vier Monate im Arbeitslager	Gesprächsnotiz Nr. 88

89	3468	KONOPKA Bernard	1899	Radzionkau fehl. Daten	Deport. UdSSR	„Górnik“ Nr. 11/90
90	-	KORBEL Paweł	2.04.1915	Radzionkau-R. Artura 16	Siehe oben	Liste d. Beuthener Verbandes der Kohleindustrie
91	3300	KOZUBEK Rudolf	1913	Radzionkau fehl. Daten	Siehe oben	„Górnik“ Nr. 10/90
92	3761	KRAWCZYK Jan	1907	Radzionkau fehl. Daten	Siehe oben	„Górnik“ Nr. 11/90
93	-	KRÓJ Alfons	21.09.1891	Radzionkau-R. Kopalniana	Siehe oben	Liste d. Beuthener Verbandes der Kohleindustrie
94	3859	KRUPA Szymon	1909	Radzionkau fehl. Daten	Siehe oben	„Górnik“ Nr. 12/90
95	-	KRZYKAWSKI Franciszek	2.12.1911	Radzionkau Szymała N.B.	siehe oben	Liste d. Beuthener Verbandes der Kohleindustrie
96	3906	KSIĄŻEK Alojzy	1906	Radzionkau fehl. Daten	Siehe oben	„Górnik“ Nr. 12/90
97	3974	KUDER Florian	1912	Radzionkau fehl. Daten	Siehe oben	„Górnik“ Nr. 12/90
98	4012	KULASIŃSKI Piotr	10.06.1912	Radzionkau E. Plater 2	War nicht in der UdSSR, arbeitete auf der Zeche Radzionkau	„Górnik“ Nr. 12/90 Gesprächsnotiz Nr. 98
99	-	KULIK Stanisław	24.04.1906	Radzionkau Męcz. Oświę-cimskich71	Deport. UdSSR	Liste d. Beuthener Verbandes der Kohleindustrie
100	-	KUŻAJ Antoni	3.07.1906	Radzionkau Szymały 15	Siehe oben	Liste d. Beuthener Verbandes der Kohleindustrie
101	4090	KURDA Józef	1908	Radzionkau-R. fehl. Daten	Siehe oben	„Górnik“ Nr. 12/90
102	4064	KUPKA Józef	1912	Radzionkau A. Krzywoń	Kehrte nach Polen zurück	„Górnik“ Nr. 12/90
103	4287	LANGOSZ Józef	13.03.1908	Radzionkau Kopernika	Verhaftet und sechs Monate im Arbeitslager. War nicht in der UdSSR	„Górnik“ Nr. 13/90 Gesprächsnotiz Nr. 103

104	4514	LISZCZYK Ignacy	1912	Radzionkau fehl. Daten	Deport. UdSSR	„Górnik" Nr. 13/90
105	4574	LUBOS Tomasz	1897	Radzionkau Św. Wojciecha	Siehe oben	„Górnik" Nr. 13/90
106	-	LUBOS Wilhelm	9.01.1907	Radzionkau Rowowa 22	Siehe oben	Liste d. Beuthener Verbandes der Kohleindustrie
107	-	MACIEJ Józef	9.12.1900	Radzionkau-R. Kopalniana 1	Siehe oben	siehe oben
108	5029	MACIOSZEK Józef	1902	Radzionkau Św. Wojciecha	siehe oben	„Górnik" Nr. 14/90
109	-	MAKOWSKI Paweł	22.05.1884	Radzionkau-R. Artura 8	Siehe oben	Liste d. Beuthener Verbandes der Kohleindustrie
110	4786	MALOTA Franciszek	1899	Radzionkau fehl. Daten	Siehe oben	„Górnik" Nr. 14/90
111	-	MARKUSIK Piotr	25.04.1901	Radzionkau M. Dąbrowskiej 8	Siehe oben	Liste d. Beuthener Verbandes der Kohleindustrie
112	4919	MARKUSIK Teofil	27.02.1909	Radzionkau fehl. Daten	Siehe oben	Gesprächsnotiz Nr. 112
113	-	MATEJA Vincenty	3.04.1914	Radzionkau Studzienna 1a	Siehe oben	Gesprächsnotiz Nr. 113
114	4935	MATEJCZYK Jakub	23.07.1910	Radzionkau Orzechowska 50	Deport. UdSSR, von wo er nicht heimkehrte. Man weiß nicht, wann und wo er verstarb	Gesprächsnotiz Nr. 114
115	4964	MATEJCZYK Jan	1896	Radzionkau fehl. Daten	Deport. UdSSR	„Górnik" Nr. 14/90
116	4962	MATEJCZYK Józef	12.08.1905	Radzionkau Orzechowska 50b	Verhaftet und verhört	„Górnik" Nr. 14/90 Gesprächsnotiz Nr. 116
117	4959	MATEJCZYK Paweł	1899	Radzionkau fehl. Daten	Deport. UdSSR	„Górnik" Nr. 14/90

118	4967	MATEJCZYK Paweł	10.04.1902	Radzionkau Długa 13	siehe oben	„Górnik" Nr. 14/90 Gesprächsnotiz Nr. 118
119	4961	MATEJCZYK Otto	1900	Radzionkau fehl. Daten	siehe oben	„Górnik" Nr. 14/90
120	4972	MATUSZEK Józef	1912	Radzionkau fehl. Daten	Deport. UdSSR, von wo er 1945 nach Polen zurückkehrte	„Górnik" Nr. 14/90
121	4974	MATUSIK Eryk	1913	Radzionkau fehl. Daten	Siehe oben	„Górnik" Nr. 14/90
122	4695	MAZURKIE-WICZ Karol	1906	Radzionkau fehl. Daten	Siehe oben	„Górnik" Nr. 14/90
123	-	MEISNER Ludwig	11.11.1895	Radzionkau C.K. Norwida NB	Deport. UdSSR	Liste d. Beuthener Verbandes der Kohleindustrie
124	-	MICHALSKI Teodor	18.04.1899	Radzionkau Orzechowska 58a	Deport. UdSSR. Auf dem Rückweg am 31. 07.1945 in Posen verstorben	Gesprächsnotiz Nr. 124
125	-	MICHALSKI Walentin	6.02.1897	Radzionkau Św. Wojciecha 129	Deport. UdSSR	Liste d. Beuthener Verbandes der Kohleindustrie
126	-	MICHALSKI Viktor	8.10.1908	Radzionkau Podchorążych 6a	Siehe oben	Gesprächsnotiz Nr. 126
127	-	MICHNA Augustyn	19.02.1905	Radzionkau Męcz. Oświę-cimskich 6	Siehe oben	Liste d. Beuthener Verbandes der Kohleindustrie
128	-	MICHNA Jerzy	16.04.1906	Radzionkau Zejera 3	Siehe oben	siehe oben
129	5117	MICKE Władysław	1889	Radzionkau fehl. Daten	Siehe oben	„Górnik" Nr. 15/90
130	-	MILER Herbert	5.01.1918	Radzionkau Okóln. 3	Siehe oben	Gesprächsnotiz Nr. 130
131	5121	MILER Paweł	1917	Radzionkau fehl. Daten	Siehe oben	„Górnik" Nr. 15/90

132	5152	MIODEK Emanuel	1900	Radzionkau fehl. Daten	Deport. UdSSR. Kehrte 1945 nach Polen zurück	siehe oben
133	5295	MOJZA Paweł	1898	Radzionkau fehl. Daten	Deport. UdSSR	siehe oben
134	-	MOJZDA Paweł	2.02.1910	Radzionkau C.K. Norwida 5	Siehe oben	Liste d. Beuthener Verbandes der Kohleindustrie
135	5294	MOISA Wilhelm	1908	Radzionkau Męcz. Oświęcimskich	Verhaftet und ins Arbeitslager Myslowitz eingeliefert	„Górnik" Nr. 15/90
136	-	MRUGALLA Jan	1.10.1904	Radzionkau Męcz. Oświęcimskich	Deport. UdSSR. Kehrte von dort zurück u.reiste n. Deutschland aus	Gesprächsnotiz Nr. 136. Ähnliche Erlebnisse wie L. Szaudra,Pos. 199 (mit Ausnahme des Krankenhausaufenthaltes)
137	5414	MUSIOŁ Paweł	1906	Radzionkau fehl. Daten	Deport. UdSSR. Kehrte von dort nach Polen zurück	„Górnik" Nr. 15/90
138	5534	NAWRAT Paweł	1900	Radzionkau fehl. Daten	Deport. UdSSR. Verstarb dort unter unbekannten Umständen	„Górnik" Nr. 15/90
139	5533	NAWRAT Piotr	17.02.1906	Radzionkau Pod Lipkami 9	Ein Jahr Arbeitslager. Familie blieb ohne Lebensunterhalt	„Górnik" Nr. 16/90 Gesprächsnotiz Nr. 139
140	-	NEUMANN Wiktor	1.09.1916	Radzionkau Kol. Wiktor	Deport. UdSSR	Liste d. Beuthener Verbandes der Kohleindustrie
141	5738	NEUMANN Wilhelm	1905	Radzionkau Św. Wojciecha 104	Deport. UdSSR. Kehrte von dort 1945 zurück	„Górnik" Nr. 15/90
142	5567	NIEWIADOM-SKI Felix	1906	Radzionkau Św. Wojciecha	Deport. UdSSR. Kehrte zurück	„Górnik" Nr. 16/90 Gesprächsnotiz Nr. 142

143	5663	NOWAK Augustyn	1913	Radzionkau fehl. Daten	Deport. UdSSR. Kehrte von dort nach Polen zurück	„Górnik" Nr. 16/90
144	5670	NOWAK Ignacy	1899	Radzionkau fehl. Daten	Siehe oben	„Górnik" Nr. 16/90
145	5917	OCHMAN Wilhelm	1912	Radzionkau fehl. Daten	Siehe oben	„Górnik" Nr. 16/90
146	5933	OCIEPKA Paweł	1906	Radzionkau fehl. Daten	Deport. UdSSR. Verstarb dort im Donezbecken an Erschöpfung	„Górnik" Nr. 16/90 Gesprächsnotiz Nr. 146
147	-	OGERMANN Stefan	26.12.1908	Radzionkau-R. Nowodworska	Deport. UdSSR	Liste d. Beuthener Verbandes der Kohleindustrie
148	-	PALENGA Jan	14.05.1895	Radzionkau Rowowa 16	Siehe oben	siehe oben
149	-	PALEGA Reinhold	1.06.1908	Radzionkau Słowackiego 24	6-monatige Deportation in die UdSSR	Gesprächsnotiz Nr. 149
150	-	PAPAJA Augustyn	fehl. Daten	Radzionkau fehl. Daten	Deport. UdSSR. Kehrte zusammen mit R. Szastok nach Polen zurück	vgl. Gesprächs-notiz Nr. 198
151	6100	PATOŃ Wiktor	1906	Radzionkau fehl. Daten	Deport. UdSSR. Kehrte nach Polen zurück	„Górnik" Nr. 17/90
152	-	PELKA Paweł	10.09.1898	Radzionkau-R. Krzyżowa 90	Deport. UdSSR	Liste d. Beuthener Verbandes der Kohleindustrie
153	6207	PIECH Robert	1903	Radzionkau Męcz. Oświę-cimskich	Deport. UdSSR. Kehrte 1945 zurück	„Górnik" Nr. 17/90
154	-	PIETRYGA Józef	25.02.1902	Radzionkau-R. Kopalniana 21	Deport. UdSSR	Liste d. Beuthener Verbandes der Kohleindustrie
155	6171	PIETRYGA Karol	1895	Radzionkau fehl. Daten	Siehe oben	„Górnik" Nr. 17/90
156	6170	PIETRYGA Stanisław	1891	Radzionkau fehl. Daten	Siehe oben	siehe oben

157	6169	PIETRYGA Stanislaw	1900	Radzionkau fehl. Daten	Siehe oben	siehe oben
158	-`	PIETRYGA Wilhelm	fehl. Daten	Radzionkau Sobieskiego	Siehe oben	fehl. Daten
159	6400	PLOCH Edward	1898	Radzionkau-R fehl. Daten	Siehe oben	„Górnik“ Nr. 18/90
160	6554	POSPIECH Augustyn	1898	Radzionkau-R. fehl. Daten	Deport. UdSSR. Kehrte zurück	siehe oben
161	-	POTEMPA Ludwig	7.05.1894	Radzionkau Św. Wojciecha 5	Deport. UdSSR	Liste d. Beuthener Verbandes der Kohleindustrie
162	6732	PRZEWŁOKA Wilhelm	1902	Radzionkau-R. fehl. Daten	Siehe oben	„Górnik“ Nr. 25/90
163	-	PRZYBYŁA Jan	4.08.1898	Radzionkau-R. Wandy 2	Siehe oben	Liste d. Beuthener Verbandes der Kohleindustrie
164	-	PURGOŁ Filip	30.04.1904	Radzionkau C.K. Norwid 2	Siehe oben	siehe oben
165	6321	PYREK Paweł	14.01.1913	Radzionkau-R. Artura 15/5	Verbarg sich drei Monate u. entging dadurch der schrecklichen Deportation seiner Kollegen	„Górnik“ Nr. 18/90 Gesprächsnotiz Nr. 165
166	-	PYTEL Teodor	17.02.1899	Radzionkau-R. Kopalniana 57	Deport. UdSSR	Liste d. Beuthener Verbandes der Kohleindustrie
167	6758	RABSTEIN Piotr	1904	Radzionkau Św. Wojciecha 129	Siehe oben	„Górnik“ Nr. 19/90
168	-	REICHEL Hubert	fehl. Daten	Radzionkau 27 Stycznia	Siehe oben	Name stammt von einem Bekannten; er kehrte aus der UdSSR zurück u. starb in d. 80er Jahren
170	-	RENKA Jan	3.10.1901	Radzionkau Wapienna 3	Deport. UdSSR. Verstarb dort	Gesprächsnotiz Nr. 170. Wahrscheinlich starb er 1948 an Erschöpfung

171	-	RUDZKI Bruno	2.10.1903	Radzionkau Sobieskiego 19a	Deport. UdSSR. Kehrte im August 1945 zurück	Gesprächsnotiz Nr. 171
172	-	SAPA Wojciech	22.04.1910	Radzionkau-R. Hutnicza	Deport. UdSSR	Liste d. Beuthener Verbandes der Kohleindustrie
173	-	SEGET Wilhelm	13.01.1920	Radzionkau-R. Kopalniana 54	Siehe oben	siehe oben
174	7862	SENKALLA Bernard	20.05.1909	Radzionkau Brzechwy 3	Entfloh trotz Bewachung auf dem Weg zum Zug u. verbarg sich drei Monate	Obgleich er der Deportation entging findet sich der Name im „Górnik" Nr. 22/90
175	7177	SITEK Józef	1906	Radzionkau fehl. Daten	Deport. UdSSR	„Górnik" Nr. 20/90
176	-	SKOWRONEK Wilhelm	4.12.1902	Radzionkau M. Dąbrowskiej 105	Siehe oben	Liste d. Beuthener Verbandes der Kohleindustrie
177	-	SKOWRONEK Augustyn	1914	Radzionkau Św. Wojciecha 105	Siehe oben	siehe oben
178	-	SKRZYPULEC Bronisław	24.03.1925	Radzionkau 27 Stycznia	Von zwei betrunkenen sowjetischen Soldaten umgebracht	Gesprächsnotiz Nr. 178
180	-	SOBALA Józef	11.09.1901	Radzionkau-R. Gwarków 7	Deport. UdSSR. Verstarb dort am 16.09.1945 an Erschöpfung	Gesprächsnotiz Nr. 178
181	7474	SOBALA Roman	1922	Radzionkau-R. fehl. Daten	Deport. UdSSR	„Górnik" Nr. 21/90
182	7499	SOBEK Robert	1892	Radzionkau fehl. Daten	Deport. UdSSR. Kehrte 1945 nach Polen zurück	siehe oben
183	-	SOJESKI Jan	7.02.1915	Radzionkau Zejera 4	Deport. UdSSR. Kehrte am 10.12. 1945 zurück	Name stammt von einem Bekannten. Gesprächsnotiz Nr. 183
184	4	SOLORZ Augustyn	1913	Radzionkau Nakielska 7	Deport. UdSSR. Kehrte im Juli 1945 zurück	Gesprächsnotiz Nr. 184

185	-	SZOŁTYSIK Antoni	5.04.1906	Radzionkau fehl. Daten	Deport. UdSSR	Name stammt von einem Bekannten
186	7579	SOSADZIN Paweł	25.01.1895	Radzionkau Św. Wojciecha 105	Ein Jahr Arbeitslager in Janow	„Górnik" Nr. 21/90
187	7522	SOWIŃSKI Edward	21.04.1905	Radzionkau Skryta	Deport. UdSSR. Kehrte nach Polen zurück	„Górnik" Nr. 21/90 Gesprächsnotiz Nr. 187
188	-	SOWIŃSKI Paweł	16.06.1922	Radzionkau Rowowa 15	Deport. UdSSR bis Dezember 1945	Liste d. Beuthener Verbandes der Kohleindustrie
189	-	STEMPLOW-SKI Paweł	5.05.1921	Radzionkau Norwida NB	Verhaftet, aber nicht in die UdSSR deportiert	siehe oben
190	-	STEMPLOW-SKI Ryszard	17.09.1913	Radzionkau Klasztorna 5	Deport. UdSSR	siehe oben
191	-	STRZELCZYK Jan	13.12.1906	Radzionkau fehl. Daten	Siehe oben	siehe oben
192	-	STRZELCZYK Paweł	18.09.1900	Radzionkau J. Brzechwy 5a	Ein Jahr Deport. UdSSR. Kehrte Ende 1946 zurück	Name stammt von einem Bekannten. Gesprächsnotiz Nr. 192
193	-	SUROWIEC Teofil	5.11.1891	Radzionkau Szymały 53	Erschossen von einer sowjeti-schen Militärpatrouille	Gesprächsnotiz Nr. 193
194	-	SYHER Jan	12.07.1910	Radzionkau Św. Wojciecha 96	Deport. UdSSR	Liste d. Beuthener Verbandes der Kohleindustrie
195	9481	SZCZYGAŁA Wilhelm	1911	Radzionkau fehl. Daten	Deport. UdSSR. Kehrte nach Polen zurück	„Górnik" Nr. 26/90
196	-	SZASTOK Adolf	3.08.1906	Radzionkau 27 Stycznia 12	Siehe oben	Gesprächsnotiz Nr. 196
197	-	SZASTOK Jerzy	11.08.1913	Radzionkau Cmentarna 9	War nicht in der UdSSR, sondern in einem Arbeitslager	Liste d. Beuthener Verbandes der Kohleindustrie

198	-	SZASTOK Ryszard	12.11.1913	Radzionkau Pisalskiego 3	Deport. UdSSR. Kehrte von dort nach Polen zurück	Gesprächsnotiz Nr. 198
199	-	SZAUDRA Ludwik	23.08.1909	Radzionkau Męcz. Oświę-cimskich	Deport. UdSSR. Kehrte von dort nach Polen zurück u. reiste später nach Deutschland aus	Gesprächsnotiz Nr. 199
200	9333	SZOŁTYSEK Wilhelm	1901	Radzionkau fehl. Daten	Deport. UdSSR. Kehrte von dort nach Polen zurück	„Górnik" Nr. 25/90
201	-	SZOŁTYSIK Antoni	5.04.1906	Radzionkau Norwida NB	War nicht in der UdSSR, sondern in einem Arbeitslager	Liste d. Beuthener Verbandes der Kohleindustrie
202	-	SZOŁTYSIK Józef	5.02.1902	Radzionkau M. Dąbrowskiej 19	Deport. UdSSR	siehe oben
203	-	SZPROT Jerzy	10.05.1917	Radzionkau Chełska 14	Siehe oben	siehe oben
204	9439	SZURGASZ Józef	1906	Radzionkau fehl. Daten	Deport. UdSSR. Kehrte von dort nach Polen zurück	„Górnik" Nr. 25/90
205	-	ŚCIGAŁA Emanuel	31.12.1911	Radzionkau Św. Wojciecha 96	Deport. UdSSR	Liste d. Beuthener Verbandes der Kohleindustrie
206	6853	ŚCIGAŁA Rudolf	1910	Radzionkau fehl. Daten	Deport. UdSSR. Starb nach Rück-kehr an einer sich dort zugezoge-nen Krankheit	„Górnik" Nr. 22/90
207	-	ŚLĄZOK Wiktor	1896	Radzionkau fehl. Daten	Deport. UdSSR	„Górnik" Nr. 20/90
208	7394	ŚWIENTEK Józef	20.03.1909	Radzionkau Kol. Wiktor 6	Siehe oben	Liste d. Beuthener Verbandes der Kohleindustrie

209	7075	ŚWIERC Franciszek	1902	Radzionkau fehl. Daten	Verbarg sich u. entkam d. Deport. in die UdSSR	„Górnik" Nr. 20/90
210	7933	TOBÓR Antoni	1899	Radzionkau fehl. Daten	Siehe oben	„Górnik" Nr. 22/90
211	-	TOBÓR Antoni	17.01.1908	Radzionkau Kowalska 9	Deport. UdSSR	Liste d. Beuthener Verbandes der Kohleindustrie
212	-	TOBÓR Florian	3.05.1905	Radzionkau Św. Wojciecha 69	Siehe oben	siehe oben
213	-	TOBOR Jan	21.06.1906	Radzionkau Rowoda NB	Siehe oben	siehe oben
214	-	TOBÓR Michał	21.11.1898	Radzionkau Św. Wojciecha 83	Deport. UdSSR. Starb dort in Woroszyłowsk am 27.07.1945 an Erschöpfung	Gesprächsnotiz Nr. 214
215	7939	TOBÓR Paweł	1906	Radzionkau fehl. Daten	Deport. UdSSR. kehrte von dort nach Polen zurück u. starb in den 80er Jahren	„Górnik" Nr. 22/90
216	-	TOBÓR Teodor	8.04.1908	Radzionkau E. Plater 10	Deport. UdSSR. Kehrte nach sechs Monaten nach Polen zurück	Bruder von Michał Tobór. Gesprächsnotiz Nr. 216
217	-	TOBÓR Tomasz	21.12.1907	Radzionkau Pietrygów 6a	Deport. UdSSR- Kehrte nach einem halben Jahr nach Polen zurück	Gesprächsnotiz Nr. 217
218	-	TOBÓR Wilhelm	16.04.1909	Radzionkau Studzienna 10	Deport. UdSSR	Liste d. Beuthener Verbandes der Kohleindustrie
219	-	TOBÓR Wojciech	fehl. Daten	Radzionkau fehl. Daten	Siehe oben	Name stammt von einem Bekannten
220	-	TOMCZYK Adam	24.12.1915	Radzionkau Długa 11	Siehe oben	Liste d. Beuthener Verbandes der Kohleindustrie

221	-	TOMCZYK Gabriel	2.03.1916	Radzionkau Skwer Osiedl. 2b	Deport. UdSSR. Kehrte nach Polen zurück u. lebt bis heute	Gesprächsnotiz Nr. 221
222	-	TOMCZYK Vincenty	29.03.1908	Radzionkau Św. Wojciecha 99	Deport. UdSSR	Liste d. Beuthener Verbandes der Kohleindustrie
223	7985	TREMBA-CZEWSKI Robert	1919	Radzionkau fehl. Daten	Siehe oben	„Górnik" Nr. 22/90
224	-	TREMBA-CZEWSKI Józef	6.08.1919	Radzionkau Ks. Knosały 8	Siehe oben	Liste d. Beuthener Verbandes der Kohleindustrie
225	-	TYCZKA Józef	4.07.1897	Radzionkau Św. Wojciecha 89b	Siehe oben	siehe oben
226	-	TYCZKA Kasper	2.01.1893	Radzionkau Szymały 18	Von einer sowjeti-schen Militärpatrouille ermordet	Gesprächsnotiz Nr. 226
227	8065	ULFIG Franciszek	1907	Radzionkau Św. Wojciecha	Deport. UdSSR. Kehrte nach Polen zurück	„Górnik" Nr. 22/90
228	8048	URBANIEC Franciszek	1911	Radzionkau-R. Krzyżowa	Deport. UdSSR	siehe oben
229	759	WAJDA Jerzy	1908	Radzionkau Szymały	Siehe oben	„Górnik" Nr. 4/90
230	813	WANDZIK Alojzy	21.06.1890	Radzionkau Miedziowa 2/13	Verbarg sich u. entkam der Deport. in die UdSSR. 1968 verstorben	„Górnik" Nr. 4/90 Gesprächsnotiz Nr. 230
231	744	WARZYCHA Jerzy	1907	Radzionkau-R. fehl. Daten	Deport. UdSSR. Kehrte nach Polen zurück	„Górnik" Nr. 4/90
232	848	WATOŁA Alojzy	1928	Radzionkau Św. Wojciecha 2	Deport. UdSSR. Kehrte von dort zurück	siehe oben
233	-	WIATRAK Tomasz	20.12.1901	Radzionkau M. Dąbrowskiej	Verbarg sich u. entkam der Deport.	Liste d. Beuthener Verbandes der Kohleindustrie

234	-	WIATRAK Józef	12.09.1897	Radzionkau Zejera NB	Deport. UdSSR	siehe oben
235	-	WIECZOREK Józef	fehl. Daten	Radzionkau fehl. Daten	Siehe oben	Name stammt von Bekannten
236	1130	WICZOK Alojzy	1907	Radzionkau fehl. Daten	Deport. UdSSR. Kehrte zurück	„Górnik“ Nr. 5/90
237	-	WIORA Wilhelm	6.04.1913	Radzionkau-R. Hutnicza	Siehe oben	Liste d. Beuthener Verbandes der Kohleindustrie
238	4	WIŚNIOWSKI Jerzy	5.07.1919	Radzionkau M. Dąbrowskiej	Siehe oben	siehe oben
239	1165	WODARCZYK Piotr	1899	Radzionkau fehl. Daten	Deport. UdSSR-Verstarb dort	„Górnik“ Nr. 5/90
240	-	WOJTAS Alfons	30.07.1904	Radzionkau-R. Poprzeczna 19	Verbarg sich u. entkam der Deport. in die UdSSR	Liste d. Beuthener Verbandes der Kohleindustrie
241	1205	WOJTASZEK Wincenty	1911	Radzionkau fehl. Daten	Deport. UdSSR	„Górnik“ Nr. 5/90
242	1202	WOJTASIK Wojciech	1911	Radzionkau Rowowa	Deport. UdSSR. Kehrte nach Polen zurück	siehe oben
243	-	WOŹNICA Edmund	17.10.1920	Radzionkau 27 Stycznia NB	Deport. UdSSR	Liste d. Beuthener Verbandes der Kohleindustrie
244	-	WODARCZYK Jerzy	24.11.1905	Radzionkau Norwida 38	Starb am 24.04. 1945 an Schlägen auf dem Transport in die UdSSR	Gesprächsnotiz Nr. 244
245	-	WODARCZYK Teodor	8.11.1904	Radzionkau Orzechowska 14	Deport. UdSSR. Kehrte nach Polen zurück	Gesprächsnotiz Nr. 245
246	-	WYLEŻEK Jan	fehl. Daten	Radzionkau fehl. Daten	Deport. UdSSR	Name stammt von Bekannten
247	-	ZDEBEL Stanisław	12.11.1902	Radzionkau Św. Wojciecha 105b	siehe oben	Liste d. Beuthener Verbandes der Kohleindustrie

248	9770	ZDEBEL Tomasz	1909	Radzionkau Norwida 25	Deport. UdSSR. Kehrte 1945 nach Polen zurück	„Górnik" Nr. 26/90
249	-	ZOWISŁO Alfons	3.10.1900	Radzionkau Św. Wojciecha	Nach Sibirien deportiert und nicht zurückgekehrt	Gesprächsnotiz Nr. 249
250	-	ZYSSEK Ludwik	21.08.1895	Radzionkau Dworska NB	Deport. UdSSR	Liste d. Beuthener Verbandes der Kohleindustrie
251	-	ŻUREK Piotr	fehl. Daten	fehl. Daten	Deport. UdSSR. Kehrte von dort zurück	Kehrte zusammen mit Ryszard Szastok nach Polen zurück. Vgl. Gesprächsnotiz Nr. 198
252	9797	ŻYDEK Paweł	3.05.1898	Radzionkau Św. Wojciecha 69	siehe oben	Gesprächsnotiz Nr. 252
253	-	ŻYDEK Szymon	20.12.1905	fehl. Daten	Deport. UdSSR. Kehrte im Februar 1946 zurück	Gesprächsnotiz Nr. 253

3. NOTIZEN AUS GESPRÄCHEN MIT TERROROPFERN BEZIEHUNGSWEISE MIT IHREN VERWANDTEN

Die Geschichte zu dokumentieren ist besonders dann unsere Pflicht, wenn es um Verbrechen gegen die Menschheit geht, die keiner Verjährung unterliegen. Es bedarf keines Beweises, daß wir es mit dieser Art Verbrechen zu tun haben.
Die Abrechnung mit Unrechtstaten muß jedoch exakt sein, frei von Allgemeinplätzen, die für den Aufweis von Schuld keinerlei spezifisches Gewicht besitzen. Von der zusätzlichen Motivation für meine traurige Pflicht, die Opfer sowie - falls diese nicht mehr lebten - ihre Angehörigen aufzusuchen, war bereits die Rede; und das Verzeichnis ihrer Namen verfolgte kein anderes Ziel als das eines Zeugnisses. Mir war jedoch bewußt, daß dies für die Befragten ein Auffrischen von ins Unterbewußte verdrängter grauenhafter Erlebnisse war, die noch nach so vielen Jahren Alpträume hervorrufen, daß damit vernarbte Wunden aufgerissen wurden und sich nach fast fünfzig Jahren die bohrenden Fragen erneut stellten, wie es geschehen konnte, daß die Täter bis heute straflos bleiben, ja sogar als Helden im Kampf gegen die Deutschen

oder als Hüter der Errungenschaften „der werktätigen Massen in Stadt und Land“ mit stolz erhobenem Haupt auf dieser unmenschlichen Erde einherschreiten.
Die vorgelegten Notizen von manchmal stundenlangen Gesprächen fassen die Monate an Mißhandlungen zusammen, in denen jeder Augenblick der letzte sein konnte. Ich habe sie mit möglichst genauen Personenangaben versehen - Geburtsdaten, eventuell den Todestag der Opfer, ihren Wohnort und Familienstand. Die den Namen vorangestellten Ziffern erlauben die Orientierung, wo diese im obigen alphabetischen Verzeichnis der Opfer zu finden sind.

RYSZARD WRODARCZYK

9. MICHAŁ BLAZY
geb. am 11. 09. 1905 in Radzionkau
verstorben am 22. 05. 1945 in der UdSSR.

Michał Blazy arbeitete als Bergmann in der Beuthengrube, heute Powstańców Śląskich R-1. Am 15. März 1945 wurde er von sowjetischen Soldaten von der Zeche weg verhaftet und mit anderen über Gleiwitz nach Laband gebracht, wo man ihn in ein Durchgangslager einlieferte. Zwei Tage später wurden sie mit einem Transport von dort in Güterwaggons verladen und ins Donezbecken verfrachtet. Nach der Ankunft schickte man ihn nahe der Stadt Stalino in die in der Ortschaft Trudenskaja gelegene Kohlengrube. Im Mai 1945 erlitt er in dieser Grube einen Unfall, bei dem ihm ein Bein zerquetscht wurde. Am 21. Mai 1945 besuchten ihn im Krankenhaus die Kollegen Paweł Szymik und Jerzy Michny aus Radzionkau. Der Verunglückte fühlte sich wohl, wenngleich er sich um sein zerquetschtes Bein sorgte. Tags darauf, am 22. 05. 1945, begaben sich zwei weitere Bekannte zum Krankenhaus, um sich nach dem Befinden von Michał zu erkundigen. Dort teilte man ihnen mit, der Betreffende sei verstorben. Insgeheim erfuhren sie, man habe ihn aus dem Krankenbett geholt und im Hof des Krankenhauses erschossen.
Die notarielle Bestätigung seines Todes geschah aufgrund der glaubwürdigen Zeugen Paweł Szymik und Jerzy Michny am 6. 09. 1946 durch das Kreisgericht in Tarnowitz. (Beschluß III Zg-39-46 vom 9. 08. 1956) Als Todestag wurde der 22. Mai 1945 bestimmt.
Der Verstorbene hinterließ drei unmündige Kinder sowie eine Frau ohne Lebensunterhalt.
Die Notiz wurde aufgezeichnet aufgrund einer Information der Tochter von Michał Szymik, Róża Ceglarska, wohnhaft in Radzionkau, ul. Gałczyńskiego 5.

10. EDMUND BREITKOPF
geb. 1906 in Radzionkau
verstorben in einem Arbeitslager in Myslowitz

Edmund Breitkopf wurde 1945 verhaftet und in das Arbeitslager in Myslowitz gebracht. Dort erlitt er einen Arbeitsunfall mit Beinverletzung. Eine schlechte Wundbehandlung führte zur Vergiftung, an deren Folgen er starb. Allerdings weiß man nicht, in welchem Jahr dies geschah.
Die Information erteilte Ryszard Szastok, wohnhaft in Radzionkau, ul. Pisalskiego 3.

11. WILHELM BREITKOPF
geb. am 10. 02. 1910 in Radzionkau,
verstorben am 15. 10. 1980 in Radzionkau.

Wilhelm Breitkopf arbeitete 1945 als Bergmann in der Beuthengrube (heute Powstańców Śląskich R-1). Im Laufe der ersten drei Monate wurde er von Milizianten aus dem Haus geholt, verhaftet und in das Arbeitslager in Myslowitz eingeliefert. Wenige Tage später brachte man ihn in das Arbeitslager in Czeladz. Er wurde als Bergmann eingesetzt und zu Gleisarbeiten herangezogen. Die Arbeits- und Lebensbedingungen waren geradezu unmenschlich. Er litt unter Wanzen, Kälte und Hunger. Eine Waschmöglichkeit nach getaner Arbeit gab es nicht. Im Dezember 1945 wurde er aus dem Lager entlassen. Nach seiner Heimkehr arbeitete er auf der Beuthengrube als Signalgeber. 1965 ging er in Rente und verstarb 15 Jahre später.
Das Arbeitslager in Czeladz überlebte er nur, weil ihn die Familie dreimal wöchentlich mit Lebensmitteln versorgte. Während einer dieser Reisen stahl ein sowjetischer Soldat seiner Frau Monika das Fahrrad. Ein anderes Mal wurde bei dieser Aktion seine Schwägerin von einem Lagerwächter so geschlagen, daß sie einen Schaden an der Wirbelsäule davontrug.
Die Information erteilte Elżbieta Dolibóg, Wilhelms Schwester, wohnhaft in Radzionkau, ul. Szymały 91.

13. VINCENTY BUBALIK
geb. am 3. 04. 1910 in Radzionkau
für tot erklärt am 9. 05. 1946.

Vincenty Bubalik arbeitete als Bergmann in der Karsten-Zentrum-Grube in Beuthen. Am 9. März 1945 holten ihn Milizianten aus dem Haus und brachten ihn auf die Polizeistation in Radzionkau. Tags darauf schaffte man ihn zur Karsten-Zentrum-Grube, wo er mit anderen Verhafteten im Warteraum eingesperrt wurde. Am nächsten Tag brachte man alle nach Gleiwitz. Hier pickte die Wachmannschaft drei Personen heraus: Vincenty Bubalik, Cempulik und Glanz. Auf einem Lastwagen schaffte man sie zu einem unbekannten Ziel. Wenige Minuten später waren Karabinerschüsse zu hören. Der Wagen kehrte kurz darauf leer zurück. Seit diesem Moment hat niemand Vinzenty Bubalik lebend gesehen. Man kann daher annehmen, daß diese Personen erschossen wurden.
Die Sterbeurkunde wurde vom Standesamt in Tarnowitz aufgrund eines Beschlusses des Kreisgerichts dieser Stadt ausgestellt. Nach diesem Dokument verstarb Vincenty Bubalik am 9. Mai 1946 in der UdSSR. Doch keiner hat Bubalik dort gesehen.
Die Notiz wurde aufgezeichnet aufgrund einer Information der Frau des Verstorbenen, Maria Bubalik, wohnhaft in Radzionkau, ul. Św. Wojciech 87 c.

16. WILHELM BUJOCZEK
geb. am 8. 05. 1910 in Radzionkau
verstorben in den siebziger Jahren in Trockenberg (Sucha Góra).

Wilhelm Bujoczek arbeitete als Bergmann in der Beuthengrube (heute Powstańców Śląskich R - 1). Im März 1945 schaffte man ihn von der Grube weg in die UdSSR ins Donbecken. Dort wurde er unter Tage eingesetzt. Die Kohle wurde mit Hilfe einer Haspel in Hunden aus der Tiefe gefördert. Oben kippte man sie auf die Erde, um sie dann mit Händen in Kohlewaggons zu verladen. Die Bergleute wuschen sich in Holztrögen. Unter Tage arbeiteten sie in ihrer Kleidung und in eigenem Schuhwerk. Ihre Nahrung bestand aus Brot und einer aus Kohl und

Rüben zubereiteten Suppe. Das Brot wurde nicht in einzelnen Portionen zugeteilt, sondern in den Schlafraum geworfen.
Im Juli 1945 gelang Bujoczek die Flucht aus dem Lager, und in nach Westen fahrenden Güterzügen schlug er sich bis Polen durch. Nach Hause kehrte er im Juli 1945 in verlausten Lumpen, unrasiert, mit verwildertem Haar und gänzlich abgemagert zurück. Hier nahm er wieder seine Arbeit auf der Zeche Powstańców Śląskich auf. 1965 ging er in Rente und verstarb wenige Jahre später.
Die Notiz wurde am 13. 04. 1992 aufgrund der Information von Jan Bujoczek, einem Bruder des Verstorbenen, aufgezeichnet.

22. FRANCISZEK CIEŚLA
geb. am 31. 03. 1906 in Radzionkau
1988 in Radzionkau verstorben.

Franciszek Cieśla arbeitete in der Beuthengrube (heute Powstańców Śląskich R-1). Von dort wurde er zur Zwangsarbeit in die UdSSR deportiert. Der Transport ins Donbecken fand in Güterwaggons statt, und zwar stehend und ohne Versorgung. Über die Hälfte der Internierten starb unterwegs. Ihre Leichen wurden während der Fahrt aus den Waggons geworfen. Nach Erreichen ihres Internierungsortes wurden sie zur Arbeit unter unmenschlichen Bedingungen in einer Kohlengrube mit niedrigen Stollen verpflichtet. Die Schaufeln besaßen keinen Stiel. Die Verpflegung war mehr als dürftig. Meist gab es grüne Tomaten und Speck sowie von Zeit zu Zeit Kartoffeln. Häufig aßen sie lange und dicke versalzene Heringe. Nach einer solchen Mahlzeit verschloss man für gewöhnlich die Wasserhähne. Brot bekamen sie nicht, und ihr einziges Getränk war Wasser. Nach seiner Entlassung kam er Mitte September 1945 mit einem Transport nach Posen. Wegen seines fatalen Gesundheitszustandes konnte er die Reise nicht fortsetzen. Er war an Gelbsucht und Typhus erkrankt. Zufällig erfuhr seine Familie von seinem Krankenhausaufenthalt und brachte ihn nach Hause, wo er zu seiner Gesundung ein volles Jahr benötigte. 1946 nahm er seine Arbeit in der Beuthengrube wieder auf. 1961 ging er in Rente und verstarb 17 Jahre später.
Diese Information erteilte ein engeres Familienmitglied am 14. 02. 1992.

28. EDWARD DOLIBÓG
geb. am 6. 10. 1910 in Radzionkau
lebt in Radzionkau.

Edward Dolibóg arbeitete auf der Karsten-Zentrum-Grube. Entsprechend der Anordnung auf den Plakaten meldete er sich am 26. Februar 1945 auf seiner Zeche. Dort verbrachte er mit anderen die Nacht in der Waschkaue. Am nächsten Tag brachte man sie unter militärischer Bewachung nach Gleiwitz, von dort gelangten sie nach Laband, wo man sie in einem provisorischen Lager unterbrachte. Dieses bestand aus einem Dutzend Wohnhäuser, aus denen man die Bewohner vertrieben hatte, ohne daß man ihnen erlaubt hätte, etwas mitzunehmen. Die Häuser waren mit Stacheldraht umzäunt. Als Lagerwache fungierten sowjetische Soldaten. In dieser Zeit erschossen sie einen Zivilisten, der sich unvorsichtigerweise den Drähten genaht hatte. In Gruppen von 1000 Personen brachte man alle zum Bahnhof von Peiskretscham, wo sie zu jeweils 40 Personen in Güterwaggons verladen und über Krakau und Przemysl in elf Tagen ins Donbecken gebracht wurden. Dort mußten sie in einer Steinkohlengrube arbeiten. Die Kohle wurde herausgesprengt. Die Sprenglöcher hatten die Internierten selbst vorzubereiten, die dann von einem halbwüchsigen Russen mit Dynamit gefüllt und auch von ihm gezündet wurden. Er machte dies jedoch so unfachmännisch, daß er dabei den Stollenbau

zerstörte, der dann neu erstellt werden mußte. Die Grube besaß eine Tiefe von 45 Metern. Gefördert wurde mit Hilfe einer Haspel. Oben schüttete man die Kohle auf eine hölzerne Rampe, um dann die Kohlewaggons mit „Tragbahren" zu beladen. Brennende Kohlehalden löschte man, indem die Kohle umgeschaufelt wurde.
Die Versorgung war völlig unzureichend: zum Frühstück und zu Mittag gab es Kohl mit Öl und zum Abend zwei kleine Laib Brot für fünf Personen, dazu zwei Esslöffel Kleie.
Diese Notiz wurde aufgrund einer persönlichen Information des zu dem Zeitpunkt noch lebenden Edward Dolibóg erstellt, wohnhaft in Radzionkau, ul. Nakielska 1.

39. TEODOR FRANIEL
geb. am 8. 11. 1911 in Radzionkau
verstorben am 30. 07. 1945 in der UdSSR.

Teodor Franiel arbeitete 1945 in der Beuthengrube (heute Powstańców Śląskich R-1). Von der Arbeit weg schaffte man ihn nach Laband. Dort verlud man ihn zusammen mit einigen hundert internierten Bergleuten in einen Güterzug und brachte ihn nach Piotrowka/UdSSR, nahe der Stadt Stalino, ins Donbecken, wo er in einer Steinkohlengrube arbeitete und an Erschöpfung starb. Dies bezeugen Wilhelm Ślęzok und Fronczek, beide aus Rojca. Der Tote wurde in Piotrowka beigesetzt.
Diese Information erteilte am 21. 04. 1992 der Bruder des Verstorbenen, Jerzy Franiel, wohnhaft in Radzionkau, ul. Norwida 33.

41. JÓZEF FREJ
geb. am 14. 09. 1905 in Radzionkau
verstorben in der UdSSR, wahrscheinlich am 4. 04. 1945.

Józef Frej arbeitete 1945 auf der Beuthengrube (heute Powstańców Śląskich R-1). Im März holte man ihn von der Grube weg und brachte ihn zusammen mit anderen Verhafteten unter Bewachung nach Beuthen, von dort in die UdSSR. 14 Tage später fand er sich in Burmas wieder, ungefähr 20 km von der Grenze zu Asien entfernt. Der Zug hielt alle paar Stunden an, damit sich die Gefangenen ein wenig erholen konnten, denn wegen der Enge in den Waggons mußte man die Fahrt über stehen. Nach solchen Pausen trieb man die Häftlinge unter Schlägen mit Karabinerkolben in die Waggons zurück. Infolge eines solchen Schlags verstarb Józef an einem der Haltepunkte des Zuges.
Die Todesurkunde wurde vom Standesamt in Tarnowitz aufgrund eines Beschlusses des dortigen Bezirksgerichts ausgestellt. Leider konnte mir dieses Dokument nicht zur Einsicht vorgelegt werden, weil es vom Sohn des Verstorbenen, Erwin Frej, nach Deutschland mitgenommen worden war.
Diese Angaben verdanke ich Klara Frej, der Frau des Verstorbenen. Sie gab weiter an, daß sowjetische Soldaten im Februar 1945 wahllos zehn Frauen anhielten und sie in der Absicht, sie zu erschießen, an eine Mauer stellten. Zum Glück erschien ein sowjetischer Offizier, der die Täter entwaffnete und die Frauen nach Hause schickte. Vor lauter Angst verlor Klara Frej daheim das Bewußtsein und hat seitdem einen schweren Herzfehler.
Diese Notiz wurde in der Wohnung von Klara Frej in Radzionkau, ul. Sobieskiego 20, aufgezeichnet.

48. FRANCISZEK GILMEISTER
geboren am 19. 08. 1905 in Deutsch Piekar
verstorben am 25. Mai 1978 in Radzionkau.

Franciszek Gilmeister wohnte 1945 in Radzionkau und arbeitete als Bergmann auf der Karsten-Zentrum-Grube. Im Frühjahr jenes Jahres wurde er während der Feldarbeit von zwei Milizianten in Zivil verhaftet und vor den Augen seiner Familie nach Tarnowitz zum Verhör gebracht. Anschließend lieferte man ihn in das dortige Gefängnis ein, wo man ihn bis in den Dezember 1947 festhielt. In der Haftanstalt herrschte Hunger, so daß ihn die Familie zweimal wöchentlich mit Lebensmitteln versorgte.
Nach seiner Haftentlassung arbeitete Franz Gilmeister auf der Zeche in Schomberg. 1960 ging er in Rente und verstarb 18 Jahre später.
Diese Information erteilte Rita Piksa, die Tochter des Verstorbenen.

53. TEODOR GOINDA
geb. am 26. 02. 1909 in Radzionkau
verstorben am 2. 02. 1979 in Radzionkau.

Teodor Goinda arbeitete auf dem Gräfin-Johanna-Schacht in Bobrek. Aus Angst vor einer Deportation in die UdSSR wechselte er als Arbeiter zur Polnischen Staatsbahn und arbeitete auf dem Gleisabschnitt Beuthen-Karf. Er avancierte 1969 zum Gleisaufseher. Bis zu seiner Rente blieb er bei der Polnischen Staatsbahn beschäftigt und war niemals in Rußland. Er ruht auf dem pfarreigenen Friedhof in Rojca.
Diese Notiz wurde von mir aufgezeichnet aufgrund der Information durch den Bruder des Verstorbenen, Józef Goinda, wohnhaft in Radzionkau, ul. Łąkoaj 3.

57. ANDRZEJ HAJDA
geb. am 10. 11. 1911 Radzionkau
lebt in Radzionkau.

Andrzej Hajda war als Bergmann auf der Beuthengrube (heute Powstańców Śląskich R-1) beschäftigt. 1945 verhaftete man ihn zusammen mit anderen Zechenangehörigen und trieb sie zu Fuß nach Gleiwitz. Von dort wurden sie in Güterwaggons auf einer vierzehntägigen Fahrt ins Donbecken deportiert. Während der Reise erhielten die Internierten weder Essen noch Trinken. Wer sich für eine so weite Fahrt nicht mit Nahrung versorgt hatte, der mußte unterwegs um Brot betteln. An Ort und Stelle verpflichtete man sie zur Arbeit in einer der Verkoksung dienenden Grube. Die Kohle mußte mit den Händen aus dem Flöz gewonnen werden. Zu Tage förderte man sie in Halbtonnenhunden über eine Schräge. Dort wurde sie auf die Erde geschüttet und mit Hilfe von „Tragbahren" in große Eisenbahnwaggons verladen. Jeder dieser Waggons mußte in 6 - 7 Stunden gefüllt sein. Für die Tagesverpflegung mußten 800 gr Brot und 0,5 l einer aus Karotten und Rüben gekochten Suppe reichen. Zu trinken gab es nichts. Auch bestand keine Möglichkeit zu baden, ja nicht einmal dazu, sich ordentlich zu waschen. Die Aufsicht übten Frauen aus; von ihnen wurden die Arbeiter geschlagen. Nach Polen kehrte Andrzej Hajda in einem Zug mit offenen Waggons zurück. Die Fahrt dauerte acht Tage. Verdreckt, voller Läuse und vor Hunger aufgedunsen kam er im September 1945 nach Hause.
Diese Angaben verdanke ich Andrzej Hajda persönlich. Er wohnt in Radzionkau, ul. Św. Wojciecha.

67. STEFAN HEPA
geb. am 30. 08. 1922 in Radzionkau
lebt in Radzionkau.

Stephan Hepa arbeitete als Maschinist einer E-Lok auf der Beuthengrube (heute Powstańców Śląskich R-1). Gemäß einer angeschlagenen Anordnung versorgte er sich für 14 Tage mit

Nahrung und meldete sich auf seiner Zeche. Von dort brachte man ihn zur Karsten-Zentrum-Grube nach Beuthen, dann zusammen mit anderen nach Gleiwitz. Drei Tage darauf ging es unter militärischer Bewachung nach Laband, wo man aus einer Siedlung sämtliche Bewohner vertrieben hatte, ohne ihnen zu gestatten, etwas mitzunehmen. Ihre Häuser wurden mit Stacheldraht umzäunt. An den Ecken errichtete man Wachtürme. In dieses auf solche Weise hergerichtete Lager lieferte man die gefangenen Bergleute ein, ohne daß sie dort etwas zu essen erhielten. Nach Ablauf von zwei Wochen geleitete man sie unter Bewachung zur Bahnstation in Peiskretscham. Am 10. März 1945 stellte man dort einen Güterzug zusammen, in den die Häftlinge verladen wurden - je 40 Personen in einen Waggon. Sie mußten sich selbst aus frischem Holz Pritschen zurechtmachen. In den Waggons gab es kleine Öfen, doch kein Heizmaterial. Auch fehlten Toiletten. So wurde die Notdurft in Kübeln erledigt, die man durch das Waggonfenster entleerte. Der Transport dauerte elf Tage.

Das Zugbegleitpersonal bestand aus Russen in Zivil, die bei der Durchfahrt durch polnische Städte die Lüge verbreiteten, der Transport bestehe aus deutschen SS-Männern. Also wurden (besonders in Krakau) die Waggons mit Steinen beworfen. Die Reise endete in Woroszyłowgrad im Donbecken. Von dort brachte man die 40-köpfigen Gefangenengruppen zu einer 6 km entfernten Kohlengrube. Die Kohle wurde dort mit den Händen gefördert. Einmal am Tag erschien eine Russin, welche die von den Häftlingen erstellten Sprenglöcher mit Dynamit füllte und sie zündete. Die Kohle wurde mit Schaufeln auf Ein-Tonnen-Hunden verladen, die mit Hilfe von Seil und Haspel nach oben gezogen wurden, wo man die Kohle auf eine Rampe schüttete. Von dort transportierte eine Sonderbrigade die Kohle in „Tragbahren" zu den Eisenbahnwaggons. (Täglich ein Waggon mit einer Ladung von 20 - 30 Tonnen.) Jeder Arbeiter erhielt als Kleidung einen weißen Drillich. Schuhwerk, Helme und Schutzhandschuhe gab es dagegen nicht. Wer sich von den Häftlingen eines Vergehens schuldig gemacht hatte, wurde zur Strafe mit Elektrokabeln geschlagen.

Die Tagesration bestand aus 1 kg Brot (allerdings nur theoretisch, denn in der Praxis gab es bedeutend weniger), 1 l Suppe aus grünen Tomaten, sauren Gurken sowie Kohl mit etwas Pflanzenöl. Das Bad ersetzten Holztröge mit einer bescheidenen Menge kalten Wassers, das in Kannen aus einem Brunnen herbeigeschafft wurde. Das Nachtlager befand sich in einer ungeheizten Schule, die lediglich mit Holzpritschen ohne Bettzeug ausgestattet war. Zum Schlafen hüllte man sich in die aus Polen mitgebrachten Decken. Es gab weder Radio noch Zeitungen. Gelegentlich wurde Gebäck gereicht, für das jedoch eigens ein bis zwei Rubel zu zahlen waren. Gleiches galt für Tee; hier betrug der Preis einen Rubel pro Glas.

Für die Arbeit erhielt man je nach Berechnung 159 - 200 Rubel monatlich. Doch die Tagesration kostete allein zehn Rubel. Mangelte es an Geld, dann verkauften die Häftlinge ihre persönlichen Dinge. Für ein Paar Hosen konnte man über 300 Rubel erhalten.

Im Juni 1945 wurde Stefan Hepa in ein 6 km von Kiew entfernt gelegenes Militärlager verlegt, wo die Lebensbedingungen bedeutend besser waren (der Materialverwalter war eine Kollege von ihm). Im August 1945 wurden fünf Personen aufgerufen und auf Transport nach Polen geschickt. Nach zehntägiger Fahrt in offenen Waggons wurde in Polen die Stadt Iława (Deutsch Eylau) erreicht. Dort wurden sie entladen, mit Sensen versorgt und zu Erntearbeiten herangezogen (es gab dort reichlich Hühner).

Nach sechswöchiger Arbeit in der Landwirtschaft erhielt Stefan Hepa eine Fahrkarte nach Radzionkau. Am 10. September 1945 kam er in verlausten Lumpen daheim an und nahm wieder seine Tätigkeit als Maschinist einer E-Lok auf der Beuthener Grube auf.

Seiner Ansicht nach zählte die Gruppe in die UdSSR deportierter Bergleute 1 900 Personen, von denen ungefähr 800 nach Polen zurückkehrten. Der Rest starb in der Fremde an Auszehrung. In der UdSSR arbeitete Stefan Hepa mit einigen anderen Einwohnern aus Radzionkau zusammen, u.a. mit Franciszek Tomczyk, Paweł Korbel, Jerzy Lach und Wilhelm Segiet.

Diese Notiz wurde aufgrund einer mir persönlich von Stefan Hepa gegebenen Auskunft erstellt; er lebt heute in Radzionkau, ul. Miła 3.

69. JÓZEF HORZELA

geb. am 15. 08. 1899 in Radzionkau
verstorben am 10. 05. 1987 in Radzionkau.

Józef Horzela arbeitete 1945 auf der Karsten-Zentrum-Grube in Beuthen. In der zweiten Februarhälfte des Jahres 1945 wurde er inhaftiert und in das Gefängnis in Radzionkau eingeliefert. Wenige Tage später brachte man ihn zum Sitz des Sicherheitsdienstes in Tarnowitz und von dort in das Arbeitslager in Myslowitz. Bald darauf überführte man ihn in das Arbeitslager in Wojkowice, von wo er täglich zur Arbeit auf der Zeche Czeladź gebracht wurde. Dort arbeitete er bis zum Juli 1946. Die Arbeit in der Grube war schwer und die Verpflegung völlig unzureichend. Doch die Familie versorgte ihn mit Nahrungsmitteln.

Die Information verdanke ich der in Radzionkau, ul. Obrońców Pokoju 6, wohnhaften Tochter des Verstorbenen.

71. RYSZARD JANTA

geb. am 23. 03. 1902 in Radzionkau
verstorben am 18. 12. 1945 in Woroszyłow (UdSSR).

Ryszard Janta arbeitete 1945 als Bergmann auf der Gräfin-Johanna-Schachtanlage in Bobrek. Im Februar jenes Jahres drangen zwei Milizianten in Zivil zu nächtlicher Stunde in seine Wohnung ein, um ihn festzunehmen. Da er seine Verhaftung erwartet hatte, versteckte sich Ryszard Janta in seinem Haus. Nach zwei Wochen wiederholte sich der „Besuch". Da er sich diesmal in der Wohnung aufhielt, wurde er verhaftet und ins örtliche Gefängnis eingeliefert. Tags darauf brachte man ihn mit anderen zum Sitz des Sicherheitsdienstes in Tarnowitz. Ein paar Tage später beförderte man ihn mit anderen Häftlingen ins Durchgangslager Laband. Von dort wurden alle in die UdSSR deportiert. Ryszard Janta starb am 18. 12. 1945 in Woroszyłow an Erschöpfung. Diese Angaben beziehen sich auf einen Beschluß des Kreisgerichts in Tarnowitz, Nr. III Zg 101/46 vom 4. 01. 1947. (Die Familie kennt keine Einzelheiten seines Aufenthalts in der UdSSR.)

Die Information verdanke ich der Tochter des Verstorbenen, Klara Adamczyk, wohnhaft in Radzionkau, ul. Długa 5c.

73. ANTONI JANY

geb. am 1. 07. 1909 in Radzionkau
verstorben in der UdSSR, wahrscheinlich am 28. 12. 1945.

Antoni Jany arbeitete 1945 auf der Beuthengrube (heute Powstańców Śląskich R-1). Obgleich er an Magengeschwüren litt, deportierte man ihn im März des Jahres von der Grube weg in die UdSSR. Die Familie hat nie Genaueres über seinen Aufenthalt erfahren. Sie weiß lediglich, daß er dort in einer Kohlengrube gearbeitet hat. Im Frühherbst 1945 wurde er aus dem Lager entlassen. Seine Bekannten in der Sowjetunion sahen, wie er den Zug bestieg, doch keiner, daß er ihn in Polen verlassen hat. Vermutlich ist er auf dem Transport noch vor der Ankunft in Polen gestorben, und seine Gebeine wurden einfach aus dem Waggon geworfen. Die Todesurkunde wurde vom Standesamt in Tarnowitz (Nr. 45/52) aufgrund eines Beschlusses des dortigen Kreisgerichts (Nr. III Zg 4/51 vom 5. 02. 1952) ausgestellt. Danach trat der Tod auf dem Gebiet der UdSSR am 28. 12. 1945 ein. Seine Bekannten berichteten, daß der Zug, der ihn in die UdSSR brachte, an Teichen anhielt, aus denen die Häftlinge Trinkwasser schöpften. Für die Arbeit in der Grube zahlte man ihnen 300 Rubel, doch mußte man für die Verpflegung zehn Rubel pro Tag entrichten. Wer nicht zahlte, hungerte.

Diese Information erhielt ich von der Tochter des Verstorbenen, Róża Golus, wohnhaft in Radzionkau, ul. Cmentarnej 3.

76. PIOTR JARZĄBEK
geb. am 31. 01. 1903 in Radzionkau
wohnhaft in Radzionkau ul. Cmentarna 2.

Piotr Jarząbek arbeitete 1945 auf der Beuthengrube (heute Powstańców Śląskich R-1). Am 15. März 1945 wurde er von der Grube weg ins Donbecken deportiert. Dort arbeitete er in einer kleinen Kohlengrube mit 25 Beschäftigten. Die Verpflegung bestand aus 1 kg Brot und einer Portion Wasser aus einem Teich. Mittags gab es mit einem Löffelchen Gerstengraupen „verzierte" Kohlblätter. Für die Arbeit in der Grube zahlte man ihnen 300 Rubel monatlich, doch für die „Verpflegung" waren zehn Rubel pro Tag zu entrichten. Arbeitsunfähige Kranke erhielten nur eine halbe Portion Brot. Die umliegende Bevölkerung kam mit Töpfen voller Erbsensuppe zum Lager. Eine Kelle davon kostete jedoch ein Frottierhandtuch und ein Brot - 70 Rubel. (Für eine ordentliche Hose konnte man eineinhalb Laib Brot bekommen.) Für ein Stück Papier zahlte man einen Rubel. Nur die Kranken wurden von der Arbeit freigestellt. Medikamente wurden ihnen allerdings nicht verabreicht. Wer nicht arbeitete, mußte hungern.
Ende September 1945 kehrte Piotr Jarząbek aus der UdSSR zurück. Bis zu diesem Zeitpunkt blieben seine Frau und vier unmündige Kinder ohne Lebensunterhalt.

Die Information verdanke ich Piotr Jarząbek persönlich; er wohnt in Radzionkau.

77. PIOTR JASIOK
geb. am 28. 06. 1903 in Radzionkau
verstorben am 13. 04. 1969 in Radzionkau.

Piotr Jasiok arbeitete auf der Beuthengrube (heute Powstańców Śląskich R-1). Im Februar 1945 deportierte man ihn in die UdSSR. Dort arbeitete er unter primitiven Bedingungen in einer Kohlengrube. Die Bergleute fuhren auf Schaufeln über die Schräge ein. Die Förderung schaffte man in Holztrögen nach oben. Die Verpflegung war miserabel. Dank einer Intervention des Vizewoiwoden Jerzy Ziętek kehrte Peter Jasiok am 14. August 1945 aufgedunsen, verlaust und krank nach Polen zurück. Seine Kleidung wanderte gleich in den Ofen. Nach einer Phase der Rekonvaleszenz nahm er auf der Beuthengrube seine Arbeit wieder auf. Von Staublunge und Asthma geplagt ging er als Invalide in den 60er Jahren in Rente und verstarb wenig später.

Diese Information erteilte die Tochter des Verstorbenen, Ema Jasiok, wohnhaft in Radzionkau, ul. Grzybowa 2.

78. FRANCISZEK JAWOREK
geb. am 3. 10. 1900 in der Ortschaft Wojska
verstorben am 2. 12. 1977 in Radzionkau.

Franciszek Jaworek war als Zimmerhäuer auf der Beuthengrube (heute Powstańców Śląskich R-1) beschäftigt. Von dort wurde er im März 1945 in die UdSSR deportiert. Im Donbecken arbeitete er als Bergmann in einer Kohlengrube. Die Verpflegung bestand aus Kartoffeln,

Salzheringen und Wasser. Nach einem Jahr kam er frei und kehrte abgemagert und krank in verlausten Lumpen nach Polen zurück. Nach einem Jahr Genesung arbeitete er wieder auf der Beuthener Zeche. 1958 ging er in Rente und verstarb 19 Jahre später. Während seines Aufenthalts in der UdSSR blieben seine Frau und ein Kleinkind ohne Lebensunterhalt.
Diese Information erteilte die Tochter des Verstorbenen, Hildegard Ormińska, wohnhaft in Radzionkau, ul. Sobieskiego 19.

79. JAN JOŃCZYK
geb. am 27. 12. 1906 in Radzionkau
verstorben am 30. 11. 1959 in Beuthen.

Jan Jończyk arbeitete als Bergmann auf der Karsten-Zentrum-Grube in Beuthen. Er wurde am 23. 02. 1945 um 3.00 nachts von zwei Milizianten in Zivil verhaftet und nach Tarnowitz gebracht. Von dort transportierte man ihn in das Arbeitslager Myslowitz. Nach einer Woche beorderte man ihn zur Zeche Niwka Modrzejów. Am 23. 12. 1945 wurde er nach Hause entlassen. Doch er war weiterhin Repressionen ausgesetzt: über längere Zeit entzog man ihm 25% seines Lohns und verweigerte ihm die Arbeit auf der Zeche Zentrum. Er erhielt auch keine Lebensmittelpakete von der UNRRA, und seine Kinder fanden in den normalen Schulen keine Aufnahme. (Für sie organisierte man Sonderschulen, in denen zwei oder drei Jahrgänge zusammengefasst wurden.)
Jan Jończyk starb 1959 an den Folgen eines Unfalls beim Entladen eines Baumes auf dem Platz bei der Beuthener Zeche (heute Powstańców Śląskich R-1).
Diese Information erteilte mir am 4. 04. 1992 der Sohn des Verstorbenen, Jerzy Jończyk, wohnhaft in Radzionkau, ul. Pietrygów 3.

80. MARCIN JOŃCZYK
geb. am 11. 11. 1912 in Radzionkau
verstorben in der UdSSR; Todesdatum unbekannt.

Marcin Jończyk arbeitete auf der Beuthengrube (heute Powstańców Śląskich R-1) als Schachtsignalist. Im März 1945 wurde er von der Zeche weg nach Laband gebracht und wenig später in die UdSSR deportiert. Im Donbecken arbeitete er unter Tage in einer Kohlengrube. Im Oktober 1945 kam er frei und ging auf Transport nach Polen. Bedauerlicherweise wurde ihm der Entlassungsschein für die Ausreise nach Polen gestohlen, so daß er nicht in die Heimat zurückkehren konnte, sondern weiterhin in der UdSSR unter unmenschlichen Bedingungen bis zu seinem Tod arbeiten mußte. Wann er indessen starb, weiß man nicht. Die Nachricht von seinem vermutlichen Ableben überbrachten seine Leidensgefährten. Eine offizielle Todesurkunde gibt es nicht. Trotz intensiver Bemühungen seitens seiner Familie gelang es nicht, eine amtliche Bestätigung seines Todes zu erhalten.
Diese Auskunft erhielt ich vom Neffen des Verstorbenen, Jerzy Jończyk.

82. STANISŁAW KAWECKI
geb. am 16. 11. 1891 in Radzionkau
verstorben am 13. 08. 1945 in Kojowo in der UdSSR.

Stanisław Kawecki wurde im März 1945 in die UdSSR deportiert. Er starb unter ungeklärten Umständen am 13. August 1945 in Kojowo. Seine Familie wohnt in Radzionkau, ul. Miedziowa.
Diese Information verdanke ich Ryszard Szastok, wohnhaft in Radzionkau, ul. Pisalskiego 3.

84. RYSZARD KOLASA
geb. am 4. 04. 1909 in Repten
wohnt in Stroszek.

Ryszard Kolasa arbeitete als Schlosser auf der Beuthengrube (heute Powstańców Śląskich R-1). Entsprechend der Anordnung meldete er sich am 13. März 1945 auf der Karsten-Zentrum-Grube. Von dort brachte man die Bergleute unter sowjetischer Bewachung nach Laband, wo sie in Wohnblocks eingewiesen wurden, die mit Stacheldraht umzäunt waren. Nach Fertigstellung eines Breitspurgleises wurden alle in einen Güterzug verladen. Die Waggons besaßen keinerlei Ausstattung. Alle saßen und schliefen somit auf dem nackten Boden. Auch Öfen gab es keine. Als Abtritt diente ein mit einer Abflußrinne versehenes, in den Waggonboden geschnittenes Loch.
Die Fahrt dauerte ungefähr zehn Tage und endete im Donbecken, vermutlich nahe der Stadt Woroszyłow. Nach ein paar untätigen Tagen wurden sie zur Arbeit in der örtlichen Grube verpflichtet, wo die Kohle mittels Keilhaue und Dynamit gewonnen wurde. Sie erhielten Arbeitskleidung aus weißem Drillich, allerdings ohne Helme, Schuhwerk und Schutzhandschuhe. Richard Kolasa hatte aus Polen solides Schuhwerk mitgebracht. Das wurde ihm hier jedoch gestohlen. Jeder erhielt 500 gr Brot pro Tag, doch wer über Tage arbeitete, bekam nur 300 gr. Von Zeit zu Zeit gab es ein kleines Stück amerikanischer Butter. Häufig teilte man Suppe aus, die aus grünen Tomaten, Kartoffeln sowie Zucker- und Futterrüben bestand. Doch wirkliche Suppen, zubereitet mit Pflanzenöl oder tierischen Fetten, waren für das Verwaltungspersonal und die Übersetzer bestimmt. Die Köchinnen der Lagerküche waren Rumäninnen.
Die Kohle mußte mit kurzstieligen Schaufeln gewonnen werden, denn die Flöze waren extrem niedrig (die Stützstempel besaßen eine Länge von nur 75 cm). Die Kohle wurde zum Querschacht geschaufelt und dort in Halb-Tonnen-Hunden verladen, die mit Hilfe von Seil und Haspel nach oben gezogen wurden. Bei Vergehen wurden die Internierten getreten. Für das Essen mußte man zahlen. Wie hoch es berechnet wurde, weiß Ryszard Kolasa nicht mehr. Von Zeit zu Zeit konnte man ein Glas Tee kaufen. Das Lager war mit ungefähr 600 Personen belegt. Die Sterblichkeit war sehr hoch. In der ersten Etappe reisten 80 Personen nach Polen aus. Das waren Polen. Die übrigen behielt man weiterhin im Lager. Dreimal wurden sie aufgerufen, sich für die Ausreise nach Polen fertigzumachen. Erst beim vierten Mal wurden sie in Güterwaggons verladen und nach Polen transportiert. Tagelang stand der Zug in Przemysl. Unter den Internierten verbreitete sich das Gerücht, sie würden in die Sowjetunion zurückgebracht. Ryszard beschloss mit vier anderen, auf eigene Faust nach Hause zu fahren. Sie bestiegen einen nach Schlesien fahrenden Güterzug und erreichten in zwölf Stunden Myslowitz. Von dort begaben sie sich von Hunger aufgedunsen und in verlausten Lumpen zu Fuß nach Radzionkau. Anzumerken ist, daß der in die UdSSR deportierte Ryszard Kolasa eine Frau und fünf unmündige Kinder daheim ohne Lebensunterhalt zurückließ. Nach seiner Heimkehr nahm er bis zu seiner Rente im Jahr 1971 seine Arbeit auf der Beuthengrube wieder auf.
Die Information über seinen Aufenthalt in der Sowjetunion erhielt ich von Ryszard Kolasa persönlich in seiner Wohnung in Stroszek, ul. Strzelców Bytomskich 259/4.

87. WIKTOR KONIECZNY
geb. am 6. 05. 1914 in Orzech
verstorben 1987 in Radzionkau.

Wiktor Konieczny wurde im Februar 1945 des Nachts von zwei Milizianten in Zivil verhaftet und am folgenden Tag zum Sitz des Sicherheitsdienstes in Lassowitz gebracht. Nach einem

Verhör konnte er wieder nach Hause gehen. Er war niemals in der UdSSR.
Diese Information erteilte die Frau des Verstorbenen, Agnieszka Konieczna, wohnhaft in Radzionkau, ul. Józefa Lompy 8.

88. WILHELM KONIECZNY
geb. am 15. 05. 1916 in Orzech
wohnt in Radzionkau, ul. Plebiscytowa 5.

Wilhelm Konieczny wurde Anfang Februar 1945 in den Nachtstunden von der Miliz verhaftet und am folgenden Tag zum Sitz des Sicherheitsdienstes in Tarnowitz gebracht. Nach einem Verhör wurde er zwangsweise zu Aufräumarbeiten in Beuthen herangezogen. Im Juni 1945 kam er frei und kehrte nach Hause zurück, wo er eine Arbeit auf dem Gräfin-Johanna-Schacht in Bobrek aufnahm. Er ist heute Rentner. In der UdSSR war er nicht.
Diese Information erteilte mir Wilhelm Konieczny persönlich.

98. PIOTR KULASIŃSKI
geb. am 10. 06. 1912 in Radzionkau
wohnt in Radzionkau, ul. Emilii Plater 2.

Piotr Kulasiński war zunächst als Bergmann auf dem Gräfin-Johanna-Schacht in Bobrek beschäftigt, dann seit Januar 1945 auf der Zeche Radzionkau (heute Powstańców Śląskich R-2), wo er bis 1968 arbeitete. Er wurde niemals verhaftet oder festgenommen. Warum sein Name im „Górnik" unter den Internierten auftaucht, weiß er nicht zu sagen. Diese Mitteilung hatte ihn sehr schockiert.
Diese Information erteilte mir Piotr Kulasiński persönlich.

103. JÓZEF LANGOSZ
geb. am 13. 12. 1908 in Radzionkau
verstorben am 7. 08. 1989 in Radzionkau.

Józef Langosz arbeitete auf der Beuthengrube (heute Powstańców Śląskich R-1). In den frühen Morgenstunden des 23. Februar 1945 wurde er von Milizianten aus seiner Wohnung geholt und zur Milizstation in Radzionkau gebracht. Am nächsten Tag schickte man ihn mit anderen nach Kattowitz zu Aufräumarbeiten in die städtischen Magazine. Auf dem Weg zu ihren Arbeitsstätten warfen die Kattowitzer den marschierenden Häftlingen Brotstücke zu, die sie schnell aus dem Straßendreck an sich nahmen und aßen. In den Sommermonaten erkrankte Józef Langosz an Typhus, worauf man ihn in das Lager Myslowitz überwies. Nach dort schickte ihm die Familie Lebensmittelpakete, die ihn jedoch nicht erreichten (sie wurden von der Wachmannschaft ausgeraubt). Noch krank und von Hunger aufgedunsen verpflichtete man ihn zur Arbeit in der Grube Renard bei Myslowitz. Von dort wurde er im Dezember 1945 entlassen. Nach seiner Rückkehr nach Radzionkau arbeitete er bis zu seiner Rente auf der Beuthengrube. Er war niemals in der UdSSR.
Die Information stammt von der in Radzinkau, ul. Kopernika, wohnhaften Frau des Verstorbenen.

112. TEOFIL MARKUSIK
geb. am 27. 02. 1909 in Radzionkau
verstorben am 22. 05. 1952 in Radzionkau.

Teofil Markusik arbeitete auf der Karsten-Zentrum-Grube in Beuthen. Von dort wurde er im März 1945 von sowjetischen Soldaten mit unbekanntem Ziel deportiert. Später erfuhr seine

Familie durch Zufall, daß man ihn in die UdSSR gebracht hatte, wo er unter äußerst schweren Bedingungen hinter dem Ural in einer Kohlengrube arbeitete. Im August 1945 entfloh er von dort und erreichte in einem Zug mit Eisenbahnschienen die polnische Grenze. Über Kalety wanderte er zu Fuß bis Radzionkau, wo er am 14. 08. 1945 auf der Beuthener Zeche (heute Powstańców Śląskich R-1) bis zum 15. 12. 1951 eine Arbeit als Hauer annahm. Eine Herzkrankheit machte ihm die weitere Arbeit unmöglich. An ihr starb er bereits im Jahr darauf.
Diese Auskunft verdanke ich einem Verwandten des Verstorbenen.

113. WINCENTY MATEJA
geb. am 3. 04. 1914 in Radzionkau
verstorben am 11. 04. 1947 in Radzionkau.

Wincenty Mateja arbeitete als Bergmann im Schacht der Beuthengrube (heute Powstańców Śląskich R-1). Im März 1945 meldete er sich ordnungsgemäß mit Bettzeug und Verpflegung für zwei Wochen auf seiner Zeche. Von dort wurde er in das Durchgangslager in Gleiwitz und dann nach Laband überführt. Nach einer gewissen Zeit brachte man ihn zusammen mit anderen Bergleuten zur Bahnstation in Peiskretscham, wo sie in einen Güterzug verladen und in die Sowjetunion deportiert wurden.
Über die Bedingungen, unter denen Wincenty Mateja dort arbeitete, weiß die Familie fast nichts. Aus seinen Erzählungen erinnert sie sich nur, daß er dort sehr hungrig war (um nicht Hungers zu sterben, backte er gemeinsam mit einem Kollegen Maisplätzchen). Nach einem Jahr kehrte er nach Radzionkau zurück. Er war von Hunger aufgedunsen und in verlauste Lumpen gehüllt, die gleich verbrannt wurden. Er ging wieder zu seiner Zeche, auf der er bis zu seinem Tod arbeitete. Er starb nach langem Krankenhausaufenthalt an Lungenkrebs.
Die Information stammt vom Bruder des Verstorbenen, Wojciech Mateja, wohnhaft in Radzionkau, ul. Studzienna 1a.

114. JAKUB MATEJCZYK
geb. am 23. 07. 1910,
verstorben in der UdSSR an einem unbekannten Ort.

Jakub Matejczyk arbeitete als Bergmann auf der Beuthengrube (heute Powstańców Śląskich R-1), von wo er am 13. März 1945 nach Laband geschafft wurde. Man versprach ihm, daß er nach 14 Tagen wieder nach Hause könne. In Wahrheit brachte man ihn in die UdSSR. Dort wurde er zusammen mit anderen im Donbecken zur Arbeit in einer Kohlengrube mit niedrigem Flöz verpflichtet. Die ihn zum letzten Mal sahen, erzählten später, seine Seiten und Hüften seien von der Arbeit in liegender Position völlig verschorft gewesen. Er starb in der Sowjetunion, doch die Familie besitzt hierzu keine näheren Angaben.
Diese Information erteilte mir die Schwester des Verstorbenen, Jadwiga Musiol, wohnhaft in Radzionkau, ul. Orzechowska 50.

116. JÓZEF MATEJCZYK
geb. im Dezember 1905 in Radzionkau
verstorben am 21. 07. 1958 in Radzionkau.

Józef Matejczyk arbeitete als Bergmann auf der Zeche in Radzionkau (heute Powstańców Śląskich R-2). Mitte März 1945 kamen zwei Milizianten mit Ärmelbinden in seine Wohnung in der ul. Szeroka 3 und nahmen ihn mit zur örtlichen Milizstation. Zwei Tage darauf ließ man ihn

frei. Aus Angst vor erneuter Verhaftung verbarg er sich für eine gewisse Zeit. Danach kehrte er zur Zeche in Radzionkau zurück, wo er bis zu seinem Tod beschäftigt war. Die ganze Zeit über wurde er jedoch wegen seines angeblichen Deutschtums verfolgt. (Als er vor Jahren in Polen keine Arbeit erhielt, war er genötigt gewesen, in deutschen Steinkohlengruben zu arbeiten. Dort hatte man ihm den Eintritt in die NSDAP nahegelegt. Als er dies ablehnte, wurde er in ein Walzwerk delegiert, das zu jener Zeit ein Objekt ständiger Bombardierung durch die Alliierten bildete.) Józef Matejczyk starb 13 Jahre nach Beendigung des Krieges.
Diese Information erhielt ich von der Tochter des Verstorbenen, Marta Musialik, wohnhaft in Radzionkau, ul. Orzechowska 10b.

118. PAWEŁ MATEJCZYK
geb. am 10. 06. 1902 in Radzionkau
verstorben am 15. 04. 1984 in Radzionkau.

Paweł Matejczyk arbeitete auf der Karsten-Zentrum-Grube in Beuthen unter Tage. Im Februar 1945 wurde er in die UdSSR deportiert. Ein Jahr später kehrte er von dort abgemagert, krank und verlaust zurück. Daheim brauchte er ein halbes Jahr, um wieder zu Kräften zu kommen. Nach seiner Genesung nahm er seine frühere Arbeit auf der Karsten-Zentrum-Grube in Beuthen wieder auf. 1961 ging er in Rente. Bis zu seinem Lebensabend erinnerte er sich seiner Erlebnisse in der Sowjetunion, wo er Hunger litt und von Läusen und Wanzen geplagt wurde.
Diese Information stammt vom Sohn des Verstorbenen, Rudolf Matejczyk, wohnhaft in Radzionkau, ul. Długa 13.

124. TEODOR MICHALSKI
geb. am 18. 04. 1899 in Radzionkau
verstorben am 31. 07. 1945 in Posen.

Teodor Michalski arbeitete 1945 als Bergmann auf der Beuthengrube (heute Powstańców Śląskich R-1). Entsprechend der plakatierten Anordnung meldete er sich Anfang März 1945 auf der Karsten-Zentrum-Grube, von wo er mit anderen zusammen in die UdSSR deportiert wurde. Was er dort gemacht hat und wo er arbeitete, hat die Familie nie erfahren.
Im Juli 1945 kam er frei und wurde zusammen mit anderen nach Polen zurückgeschickt. Doch sein Zuhause erreichte er nicht. Aufgrund einer schweren Magenkrankheit wurde er aus dem Transport in ein Posener Krankenhaus eingeliefert, wo er ein paar Tage später starb (Aktenvermerk seines Todes C 4248/45 Posen).
Die Information stammt vom Sohn des Verstorbenen, Jan Michalski, wohnhaft in Radzionkau, ul. Orzechowska 58a.

126. WIKTOR MICHALSKI
geb. am 8. 10. 1908 in Radzionkau
wohnt in Radzionkau, ul. Podchorążych 6a.

Wiktor Michalski arbeitete als Bergmann auf der Beuthengrube (heute Powstańców Śląskich R-1). Am 13. März 1945 wurde er zusammen mit anderen nach Laband gebracht und von dort eine Woche darauf ins Donbecken deportiert. Dort arbeitete er als Entlader in einer Kohlengrube. Die tägliche Arbeitszeit betrug acht Stunden (ein Tag in der Woche war arbeitsfrei). Monatlich wurden 300 Rubel als Lohn ausgezahlt, doch das Geld reichte kaum für die Bezahlung der Tagesverpflegung. Die Arbeitskleidung aus weißem Drillich erhielten sie

kostenlos, mußten sie aber bei Entlassung aus dem Lager wieder abgeben. Helme, Schuhwerk und Schutzhandschuhe gab es keine. Die Internierten wurden von der Wachmannschaft nicht geschlagen, mußten aber bei Übertretungen zur Strafe in einem Bunker von den Maßen 1 m mal 1 m mal 2 m einsitzen. Auf die Häftlinge tropfte von der Decke Wasser herab. Am 31. 07. 1945 kam Wiktor Michalski frei. Nach 13 Tagen kehrte er nach Hause zurück, wo er nach einer Zeit der Rekonvaleszenz zur Beuthengrube zurückkehrte. 1964 ging er in Rente. Er lebt bis heute in seinem Haus in Radzionkau.
Diese Auskunft erteilte mir Wiktor Michalski persönlich.

130. HERBERT MILER
geb. am 5. 01. 1918 in Radzionkau
wohnt in Stroszek.

Herbert Miler arbeitete auf der Beuthengrube (heute Powstańców Śląskich R-1). Am 15. März 1945 wurde er von der Zeche weg in die UdSSR deportiert. Dort verpflichtete man ihn im Donbecken in dem Dorf Kipuczaja in einer Kohlengrube (Schacht Nr. 15) zur Arbeit. Diese war schlecht organisiert, gefahrvoll und äußerst schwer. Die Verpflegung war fatal. Die Internierten wurden häufig aus nichtigen Gründen geschlagen. Nach Hause kehrte er am 6. 09. 1945 in verlausten Lumpen, von Hunger aufgedunsen und in einem bedenklichen Gesundheitszustand zurück. Er brauchte eine längere Zeit der Genesung, ehe er seine Arbeit auf der Beuthener Zeche wieder aufnehmen konnte. 1978 ging er in Rente. Die Folgen seines Aufenthalts in der Sowjetunion spürt er bis heute. Gegenwärtig befindet er sich im Städtischen Krankenhaus in Beuthen. In Stroszek besitzt er in der ul. Okólna 3 ein Häuschen.
Die Auskunft über seinen Aufenthalt in deer UdSSR erteilte mir Herbert Miler persönlich.

136. JAN MRUGALLA
geb. am 1. 10. 1904 in Radzionkau
verstorben am 6. 02. 1979 in Deutschland.

Jan Mrugalla arbeitete als Bergmann auf der Beuthengrube (heute Powstańców Śląskich R-1). Im März 1945 wurde er von der Zeche weg zusammen mit andern in Güterwaggons ohne jede Ausrüstung in die UdSSR deportiert. Nach dreiwöchiger Fahrt kamen sie in der Nähe von Stalino an, wo sie in einer Kohlengrube zur Arbeit verpflichtet wurden. Die schwere Arbeit und die miserable Ernährung bewirkten unter den Internierten häufige Todesfälle. Ende Dezember 1945 wurde Jan Mrugalla entlassen und nach Polen zurückgeschickt. Anfang 1946 kam er in verlausten Lumpen, ausgezehrt und krank nach Hause. Nach einer Zeit der Rekonvaleszenz nahm er seine Arbeit auf der Beuthengrube wieder auf. 1957 reiste er nach Deutschland aus, wo er verstarb und beerdigt wurde.
Diese Information stammt von einem Verwandten des Verstorbenen.

139. PIOTR NAWRAT
geb. am 17. 02. 1906 in Radzionkau
verstorben am 18. 12. 1986 in Radzionkau.

Piotr Nawrat arbeitete auf der Karsten-Zentrum-Grube in Beuthen. Er wurde nicht in die UdSSR deportiert, jedoch nach seiner Verhaftung im März 1945 in ein Arbeitslager eingewiesen. Die Familie blieb ohne Lebensunterhalt. In dieser Zeit erkrankte seine vierzehnjährige Tochter an Typhus. Weil das Geld für Medikamente fehlte, starb sie. Aus dem

Arbeitslager wurde er beim Sägewerk in Pludry eingesetzt, wo er bei einer Hungerration schwer arbeiten mußte. 1946 kehrte er elendig und krank nach Hause zurück. 40 Jahre später starb er.
Diese Information erteilte mir die in Radzionkau, ul. Pod Lipami 8, wohnhafte Frau des Verstorbenen.

142. FELIKS NIEWIADOMSKI
geb. 1906 in Radzionkau
verstorben 1966 in Radzionkau.

Feliks Niewiadomski arbeitete als Schießhäuer auf der Beuthengrube (heute Powstańców Śląskich R-1). Im März 1945 wurde er in die UdSSR deportiert, wo er unter harten Bedingungen in einer Kohlengrube arbeitete. Nach Hause kehrte er Ende 1945 zurück. 20 Jahre später erlitt er eine schwere Krankheit (Knochenkrebs), an deren Folgen er starb.
Diese Information erteilte mir sein Schwager, Ryszard Miodek, wohnhaft in Radzionkau, ul. Św. Wojciecha 104.

146. PAWEŁ OCIEPKA
geb. 1909 in Radzionkau
verstorben in der UdSSR (wahrscheinlich 1945).

Paweł Ociepka arbeitete auf der Beuthengrube (heute Powstańców Śląskich R-1). Im März 1945 wurde er ins Donbecken zur Arbeit in einer Kohlengrube deportiert und unter Tage zur Entladung von Grubenhölzern eingesetzt. Er litt Hunger, wollte aber nicht, wie andere, seine persönlichen Sachen verkaufen, um sich dadurch mit etwas Nahrung versorgen zu können. Die Lebensmittelration war zu gering, um am Leben zu bleiben. Er starb vor Auszehrung unter unbekannten Umständen an einem unbekannten Ort.
Diese Auskunft erhielt ich 1992 von Leidensgefährten.

149. REINHOLD JÓZEF PALENGA
geb. am 1. 06. 1908 in Radzionkau
wohnt in Radzionkau, ul. Słowackiego 24.

Reinhold Józef Palenga arbeitete als Elektriker auf der Beuthengrube (heute Powstańców Śląskich R-1). Der Anordnung entsprechend meldete er sich am 19. März 1945 auf der Karsten-Zentrum-Grube in Beuthen. Von dort wurde er unter Bewachung nach Laband transportiert. Mit anderen zusammen verlud man ihn in einen Güterzug. Nach dreiwöchiger Fahrt fand er sich im Donbecken wieder. Die Kohle war dort fett und brüchig, so daß man sie mit der Keilhaue gewinnen konnte. (Sprengmaterial benutzte man hier nur sporadisch.) Die Verpflegung war äußerst dürftig. Sie bestand aus Maisbrot, Brennesseln, grünen Tomaten, faulen Kohlblättern und Heringen. Die Bergleute besaßen weder Schutzkleidung noch Helme. Sie schliefen auf Holzpritschen. Bad und Waschgelegenheit gab es nicht. (Manchmal versorgte sie eine dort beschäftigte Russin mit kaltem Wasser.) Am 13. September 1945 kehrte er in verlausten Lumpen, von Hunger aufgedunsen, verwanzt und verdreckt nach Hause zurück. Den ganzen Transport über verbrachte er stehend, denn es gab auf dem Boden keinen Platz, sich hinzusetzen. (Er ernährte sich nur von Brotkrusten.) Wer den Waggon verließ, lief Gefahr, vom bewaffneten Begleitpersonal erschossen zu werden.
Diese Notiz wurde in seinem Haus aufgezeichnet.

165. PAWEŁ PYREK
geb. am 11. 01. 1913 in Radzionkau
verstorben am 16. 01. 1973 in Radzionkau.

Paweł Pyrek arbeitete als Bergmann auf dem Gräfin-Johanna-Schacht in Bobrek. Als der Aufruf an die Bergleute, sich auf ihrer Zeche zu melden, angeschlagen wurde und die schriftlichen Aufforderungen eingingen, versteckte seine Frau ihn im Keller eines Hauses in der ul. Kużaja, wo er sich sechs Wochen lang aufhielt. In dieser Zeit wurde er mehrfach von Angehörigen des Sicherheitsdienstes vergeblich gesucht. (Die Nachbarn verrieten sein Versteck nicht.) Im Juli 1945 traute er sich wieder nach draußen, da sich das Klima bedeutend verbessert hatte. (Wem es gelungen war, sich der Deportation zu entziehen, wurde schon nicht mehr gesucht.) Zudem beschützte ihn einer der damaligen Parteigrößen. So nahm er in der Brikettfabrik der Zeche in Radzionkau (heute Powstańców Śląskich R-2) seine Arbeit auf. Nachdem seine Frau beim Grubendirektor vorstellig geworden war, wurde Paweł Pyrek zur Arbeit unter Tage versetzt, wo die Entlohnung besser war. Wegen seines schlechten Gesundheitszustandes bezog er ab 1963 Invalidenrente und verstarb zehn Jahre später.
Diese Auskunft erhielt ich von der Frau des Verstorbenen, Anna Pyrek, wohnhaft in Radzionkau, ul. Artura 15/5.

170. JAN RENKA
geb. am 3. 10. 1901 in Radzionkau
verstorben unter unbekannten Umständen.

Jan Renka arbeitete als Bergmann auf der Beuthengrube (heute Powstańców Śląskich R-1). Am 7. März 1945 wurde er von der Zeche weg mit unbekanntem Ziel deportiert. Die Familie erfuhr davon durch einen gewissen Plotecki, der aus der UdSSR zurückkam. Jan Renka hatte mit ihm zusammen gearbeitet und ist wahrscheinlich 1948 in der Sowjetunion verstorben. Ein Ersatzdokument an Stelle der Todesurkunde stellte das Standesamt in Tarnowitz aufgrund eines Beschlusses des dortigen Kreisgerichts aus. Dieses Dokument hat Elżbieta Dzionsko, eine Nichte von Jan Renka, nach Deutschland mitgenommen, als sie 1990 dorthin ausreiste. Jan Renka hinterließ in Polen Frau und vier unmündige Kinder ohne Lebensunterhalt.
Diese Information erteilte mir die Tochter des Verstorbenen, Helena Golus, wohnhaft in Radzionkau, ul. Wapienna 3.

171. BRUNO RUDZKI
geb. am 2. 10. 1903 in Radzionkau
verstorben im Mai 1985 in Radzionkau.

Bruno Rudzki arbeitete als Bergmann auf der Beuthengrube (heute Powstańców Śląskich R-1). Wahrscheinlich wurde er im März 1945 von der Zeche weg in die UdSSR deportiert, wo man ihn im Donbecken zur Arbeit in einer Kohlengrube verpflichtete. Er befand sich dort zusammen mit anderen in einem Arbeitslager, wo es sehr wenig zu essen gab. Die Verpflegung bestand aus einem Stück Brot, Fisch und einer aus Rüben zubereiteten Suppe. Zusätzliche Nahrung wurde gestohlen, hauptsächlich Kartoffeln. Nach Polen kehrte er am 14. 08. 1945 zurück. Er meldete sich im Amt für Repatriierte in Slawa (wo er unter der Nr. 220411 registriert wurde). Von dort fuhr er nach Radzionkau weiter. Er hatte in Radzionkau seine Frau und eine unmündige Tochter ohne Lebensunterhalt zurücklassen müssen. Abgemagert und krank kehrte er in verlausten Lumpen heim. Nach einem Monat Rekonvaleszenz ging er als Maschinist auf

einer Lok in seiner Grube wieder zur Arbeit. Aufgrund seines schlechten Gesundheitszustandes ging er 1953 als Invalide in Rente und verstarb 15 Jahre später.
Diese Information verdanke ich der Tochter des Verstorbenen, Bronisława Hojka, wohnhaft in Radzionkau, ul. Sobieskiego 19a.

174. BERNARD SENKALLA
geb. am 20. 05. 1909 in Radzionkau
verstorben am 24. 10. 1987 in Radzionkau.

Bernard Senkalla arbeitete als Bergmann auf dem Gräfin-Johanna-Schacht in Bobrek. Im Februar 1945 wurde er von der Zeche weg in die UdSSR geschickt. Dort kam er jedoch nicht an. Er entfloh unterwegs und verbarg sich im Haus seines Vaters in Stillersfeld. Nach drei Monaten zeigte er sich wieder und nahm eine Arbeit auf der Zeche Hohenzollern in Beuthen an. 1965 ging er in Rente und verstarb zwölf Jahre später.
Diese Auskunft erteilte mir am 9. 04. 1992 die Frau des Verstorbenen, Gertruda Senkała, wohnhaft in Radzionkau, ul. Jana Brzechwy 3.

178. BRONISŁAW SKRZYPULEC
geb. am 24. 03. 1925 in Stahlhammer
verstorben (erschossen) am 28. 01. 1945 in Radzionkau.

Bronisław Skrzypulec wohnte in Radzionkau und ging bei einem Bäckermeister in Koslowagora in die Lehre. Am 28. 01. 1945, einem Sonntag, erfuhr man in Radzionkau von dem tragischen Vorfall, daß sein Meister Wójcik erschlagen worden war. Diese schreckliche Nachricht bewog B. Skrzypulec, nach Kosla Góra zu gehen, um sich persönlich zu vergewissern, was dort geschehen war. Um das Leben ihres Sohnes besorgt, bemühte sich seine Mutter inständig, ihn von seiner Absicht abzubringen. Bronisław machte sich jedoch nach Stahlhammer auf den Weg, wobei er der Mutter gesagt hatte, er ginge zur Vesper in die Kirche. An Ort und Stelle erfuhr er, daß sowjetische Soldaten seinen Meister aus dem Haus geholt und beim Friedhof erschossen hatten. Auf dem Rückweg wurde er von zwei sowjetischen Soldaten angehalten, als er sich bereits in Radzionkau in der ul. Św. Wojciecha, unweit der engen Viaduktunterführung, befand. Einer der Soldaten schoß ihm mit einer Kalaschnikow in den Bauch. Blutend fiel er auf die Knie und flehte die betrunkenen Banditen an, ihn am Leben zu lassen. Doch der zweite Soldat löschte sein Leben mit einem Schuß ins Kinn aus.
Dem toten Jungen zogen diese Unmenschen die Schuhe aus sowie den Ring vom Finger und brachten zudem Uhr und Hut an sich. Dann gingen sie ruhig ihrer Wege. Tags darauf holte die Familie den Leichnam nach Hause und bereitete das Begräbnis vor.
Diese Information verdanke ich dem Bruder des Erschossenen, Hubert Skrzypulec, wohnhaft in Radzionkau, ul. 27 Stycznia.

180. JÓZEF SOBALA
geb. am 11. 09. 1901 in Orzech
verstorben am 16. 09. 1945 in der UdSSR.

Józef Sobala arbeitete als Bergmann auf der Beuthengrube (heute Powstańców Śląskich R-1). Im März 1945 wurde er von der Zeche weg zusammen mit anderen nach Schwientochlowitz gebracht und dann mit anderen Internierten in einem Güterzug in die Sowjetunion deportiert.

Man weiß nicht, unter welchen Umständen er dort im Donbecken bei Woroszyłowsk am 16. 09. 1945 um 11.30 Uhr starb. In Polen hinterließ er Frau und sechs unmündige Kinder ohne Lebensunterhalt. Zu allem Unglück wurde die Familie auf bestialische Weise aus ihrer Wohnung geworfen. (Frau Wiktoria wurde übel zugerichtet: man brach ihr die Arme und ein Bein, so daß sie sich jahrelang ohne Hilfe nicht bewegen konnte und ihre letzten Lebensjahre bettlägerig war.)
Die Sterbeurkunde von Józef Sobala wurde aufgrund der Zeugenaussage von Wilhelm Stolik durch Beschluß des Kreisgerichts in Tarnowitz (Nr. III Zg 35/46) ausgestellt.
Diese Information erteilte Józefs Schwiegertochter, Aniela Sobala, wohnhaft in Radzionkau, ul. Gwarków 7.

183. JAN SOLEJSKI
geb. am 7. 02. 1915 in Radzionkau
verstorben am 23. 03. 1984 in Radzionkau.

Jan Solejski arbeitete als Bergmann auf der Beuthengrube (heute Powstańców Śląskich R-1). Im März 1945 wurde er von der Zeche weg und ohne die Familie zu unterrichten mit unbekanntem Ziel deportiert. Im Juni 1945 erfuhr die Familie von Heimkehrern aus der Sowjetunion, daß sich Jan Solejski in einem Arbeitslager im Kohlenrevier des Donbeckens befand und in einer dortigen Grube arbeitet. Im Dezember 1945 kam er frei und wurde zusammen mit anderen in einem Eisenbahntransport nach Posen gebracht. Von dort schlug er sich zu Fuß bis Radzionkau durch. Er kam am 31. 12. 1945 sauber und gut versorgt, doch krank (mit offenen Wunden an den Beinen) nach Hause. Wie er später erzählte, war die Verpflegung äußerst dürftig. An Stelle von Tabak rauchten die Häftlinge Gras. Während seiner Deportation hinterließ er in Polen Frau und zwei unmündige Kinder ohne Lebensunterhalt. Nach seiner Heimkehr kurierte er sich ein ganzes Jahr. Dann nahm er in Neuhof eine Arbeit an und wechselte später zur Zeche Radzionkau (heute Powstańców Śląskich R-2). 1972 ging er in Rente und starb zwölf Jahre später.
Diese Information erhielt ich von der Frau des Verstorbenen, Agnieszka Solejska, wohnhaft in Radzionkau, ul. Zejera 4.

184. AUGUSTYN SOLORZ
geb. 1913 in Radzionkau
wohnt in Radzionkau.

Augustyn Solorz arbeitete als Bergmann auf der Karsten-Zentrum-Grube in Beuthen. In die UdSSR wurde er auf die gleiche Weise wie Edward Dolibóg (vgl. Nr. 28) deportiert. Er arbeitete dort mit ihm zusammen und kehrte auch mit ihm (im Juli 1945) nach Polen zurück.
Die Internierten durften keine Briefe schreiben. Sie schliefen unter fatalen Bedingungen zu 200 Personen in einem Raum. Wegen des hohen Salzgehalts war das Wasser nicht trinkbar. Es plagten sie Ratten, Läuse und Hunger. Anstelle von Toiletten gab es Latrinen. Grundsätzlich wurden die Internierten nicht geschlagen, doch „vergaß" jemand, zur Arbeit zu gehen, dann trieb ihn der Kommandant persönlich unter Stockschlägen in die Grube. Im Lager herrschte eine hohe Sterblichkeit. Jeden Tag schaffte man mit einem Fuhrwerk die Leichen hinaus. Nach Hause kam Solorz in verlausten Lumpen. Er lebt in seinem Haus in Radzionkau, ul. Nakielska 7. Augustyn Solorz leidet unter Gedächtnisschwund.
Diese Auskunft erteilte als Augustyns Kollege Edward Dolibóg, wohnhaft in Radzionkau, ul. Nakielska 1.

186. PAWEŁ SOSADZIN
geb. am 25. 01. 1895 in Radzionkau,
verstorben am 9. 10. 1976 in Radzionkau.

Paweł Sosadzin arbeitete als Bergmann auf der Karsten-Zentrum-Grube in Beuthen. Am 17. Februar 1945 wurde er von Milizianten in Zivil aus dem Haus geholt. Nach mehrtägigem Arrest auf der Milizstation in Radzionkau wurde er zusammen mit einer Gruppe anderer Verhafteter zu Fuß nach Tarnowitz gebracht. Unterwegs wurden sie von der Begleitmannschaft mit nagelbesetzten Stöcken blutig geschlagen. In Tarnowitz verhörte man sie, brachte sie dann nach Myslowitz und von dort in das Arbeitslager in Janów. Von dort führte man sie täglich zur Arbeit auf der Zeche Wieczorek. Die Lagerverpflegung war äußerst bescheiden, so daß die Familie gezwungen war, Paweł einmal wöchentlich mit Essen zu versorgen, obgleich sie selbst mehrmals aus ihrer Wohnung ausgewiesen wurde und man ihr die Möbel gestohlen hatte. (Am 7. Juli 1946 saß Pauls Frau nach einem solchen Rausschmiß mit ihrem dreimonatigen Kind von 23.00 Uhr bis morgens früh auf der Treppe ihres Wohnhauses.) Um Nahrungsmittel und nötige Medikamente erwerben zu können, mußte sie ihre Kleidung verkaufen.
1946 wurde Paweł Sosadzin aus dem Lager entlassen. Nach einer Phase der Rekonvaleszenz kehrte er zur Karsten-Zentrum-Grube zurück.
Diese Notiz wurde aufgezeichnet aufgrund einer mir von der Tochter des Verstorbenen, Anna Musik, erteilten Auskunft. Frau Musik wohnt in Radzionkau, ul. Św. Wojciecha 74.

187. EDWARD SOWIŃSKI
geb. am 21. 04. 1905 in Radzionkau
verstorben am 6. 09. 1984 in Radzionkau.

In die UdSSR wurde er Mitte März 1945 von der Beuthengrube (heute Powstańców Śląskich R-1) weg in die UdSSR deportiert. Er sollte dort für zwei Wochen bleiben und kehrte erst nach vier Jahren im Dezember 1949 heim. Anfangs arbeitete er als Maurer im Donbecken in verschiedenen Kolchosen, dann bis zum Ende seines Aufenthaltes in der Sowjetunion in einer Kohlengrube. Die Verpflegung war dort äußerst dürftig. Sie bestand hauptsächlich aus Brot und Rüben. Im September 1949 wurde Sowiński entlassen. Auf dem Rückweg tauschte man den Internierten in Biała Podlaska die verlausten Lumpen gegen Gebrauchskleidung, versorgte sie gut und schickte den Transport nach Schlesien weiter (die Fahrt nach Polen war bedeutend kürzer als der Transport in die UdSSR). Nach seiner Heimkehr wohnte er in Radzionkau, ul. Skryta 5. Er lebte danach noch fast 40 Jahre.
Über seinen Aufenthalt in der UdSSR informierte mich sein im gleichen Haus wohnender Schwager.

192. PAWEŁ STRZELCZYK
geb. am 18. 09. 1900 in Stroszek
verstorben am 5. 04. 1981 in Stroszek.

Paweł Strzelczyk arbeitete als Bergmann auf der Beuthengrube (heute Powstańców Śląskich R-1). Entsprechend der Anordnung meldete er sich im März 1945 zusammen mit anderen, versorgt mit Verpflegung für 14 Tage und Bettzeug (Schlafsack), auf der Karsten-Zentrum-Grube in Beuthen. Von dort transportierte man sie in Güterwaggons ins Donbecken und lieferte sie in ein Arbeitslager ein. Dieses bestand aus Holzbaracken und war lediglich mit Holzpritschen ausgestattet. Die Verpflegung war äußerst dürftig (grüne Tomaten, Brot und

Rüben). In der Nähe befand sich ein Gefangenenlager für deutsche Offiziere. Die Lebensbedingungen waren dort bedeutend besser als in dem Lager, in dem sich Paweł Strzelczyk aufhielt. Gearbeitet wurde zur Kohlegewinnung und -förderung in den örtlichen Gruben.
Nach Polen kehrte er 1946 zurück. Zunächst hatte man die Internierten für einen Monat nach Deutschland (in die Sowjetische Besatzungszone) gebracht. Manche von ihnen blieben dort. Paweł Strzelczyk kehrte krank nach Hause zurück. Nachdem er auf der Beuthengrube seine Arbeit wieder aufgenommen hatte, mußte er krankheitsbedingt häufig aussetzten. Infolge seines schlechten Gesundheitszustandes (Asthma) ging er 1952 als Invalide in Rente. Auch in der UdSSR war er öfters krank, so daß man ihn zu einer leichteren Arbeit heranzog. Er wurde zur Bewachung in einer Kolchosegärtnerei eingesetzt, wo er die Möglichkeit hatte, sich mit Gemüse zu versorgen; dank dessen überlebte er die Lagerhölle. Als man einen Russen beim Diebstahl von Pflanzen und Gemüse erwischte, erhielt er eine Prügelstrafe. Nach seiner Heimkehr lebte er noch 30 Jahre und wurde auf dem Friedhof in Trockenberg beerdigt.
Diese Information stammt vom Bruder des Verstorbenen, Ryszard Strzelczyk, wohnhaft in Radzionkau, ul. Brzechwy 5a.

193. TEOFIL SUROWIEC

geb. am 5. 03. 1891 in Bobrowniki
verstorben (erschossen) am 26. 01. 1945 in Radzionkau.

Als Bauer war Teofil Surowiec während des Zweiten Weltkriegs Zivilangestellter des Luftschutzes. Nach der Einnahme Beuthens durch die Rote Armee im Januar 1945 kehrte er zu Fuß zu seiner in Radzionkau wohnenden Familie zurück. Auf der ul. Krzyżowa hielt ihn eine sowjetische Militärkontrolle an und tötete ihn grundlos durch einen Schuß in den Hinterkopf. Über den Mord an Surowiec setzte ein gewisser Florian Plewnia die Angehörigen in Kenntnis. Noch am gleichen Tag holte die Familie den Leichnam nach Hause. Am 28. 01. 1945, also zwei Tage später, fand das Begräbnis auf dem Friedhof in Radzionkau statt.
Diese Information verdanke ich der Tochter des Ermordeten, Maria Urbańczyk, wohnhaft in Radzionkau, ul. Szymala 6.

196. ADOLF SZASTOK

geb. am 3. 08. 1906 in Radzionkau
wohnt in Radzionkau.

Adolf Szastok arbeitete auf der Beuthengrube (heute Powstańców Śląskich R-1). Am 13. 03. 1945 wurde er zusammen mit anderen Bergleuten von der Grube weg zur Karsten-Zentrum-Grube in Beuthen gebracht und am nächsten Tag über Miechowitz in das Durchgangslager in Laband. Dort hielt man sie drei Tage fest. (Das Lager war mit Stacheldraht umzäunt und mit hölzernen Wachtürmen versehen.) Dann ging es zu Fuß zur Beuthener Bahnstation Bobrek, wo bereits ein geschlossener Güterzug auf sie wartete. In jedem Waggon wurden 50 Personen untergebracht. Unter starker Eskorte (auf jeden Waggon kam ein bewaffneter Wächter) wurden sie auf einer 17 Tage dauernden Fahrt in die UdSSR deportiert. Bei der Durchfahrt durch die Ukraine verhielt sich die Ortsbevölkerung ihnen gegenüber äußerst aggressiv. Ziel war die bereits an der Wolga gelegene Ortschaft Trudnoskaja. Hier befand sich eine Grube mit mehreren Schächten mit einer Tiefe von 50 m. Die Verpflegung war unzureichend und äußerst nachlässig zubereitet: 1 Brot für fünf Personen sowie 0,5 l Suppe aus Kohlblättern. Zu trinken gab es nur Wasser. Der Boden war fett und lehmig, das Gehen daher beschwerlich. Im

Schlafraum befanden sich dreistöckige Pritschen voller Wanzen und Läuse. Die Bewachung besorgten Russen, welche die Internierten bei den geringsten Vergehen schlugen und traten. Erste Entlassungen gab es im August 1945. Die Sterblichkeit im Lager war hoch. In der Region von Trudnoskaja gab es zwischen 4 000 und 5 000 Arbeiter. Von ihnen starben täglich an die 20 Personen.
Adolf Szastok kam im Dezember 1945 frei. Nach Hause kehrte er verlaust, in Lumpen und barfuß zurück. Zudem war er so erschöpft und krank, daß er erst nach halbjähriger Rekonvaleszenz wiederum seinem Beruf nachgehen konnte. Auf der Beuthener Zeche arbeitete er bis zu seiner Rente im Jahr 1961. Er lebt bis heute und wohnt in seinem Haus in Radzionkau, ul. 27 Stycznia 12.
Die Information erhielt ich vom Betroffenen am 16. Februar 1992 persönlich.

198. RYSZARD SZASTOK

geb. am 12. 11. 1913 in Radzionkau
lebt in Radzionkau, ul. Pisalskiego 3.

Ryszard Szastok arbeitete als Bergmann auf der Beuthengrube (heute Powstańców Śląskich R-1). Von dort wurde er am 6. Februar 1945 zusammen mit anderen mit der Straßenbahn nach Gleiwitz überführt, dann unter Militärbewachung weiter nach Laband und in das dortige provisorische Übergangslager eingewiesen. Dieses bestand aus etlichen Einfamilienhäusern, aus denen man die Zivilbevölkerung ausgewiesen hatte. Die Häuser waren mit Stacheldraht umgeben. Nach 10 Tagen wurden die Internierten zu 40 bis 70 Personen in geschlossene Güterwaggons verladen. Wegen der Enge konnten nicht alle auf dem Boden Platz finden. Zu Erledigung der Notdurft hatte man in die Waggonböden Löcher ausgehauen. Während die Internierten vom Lager zur Bahnstation geführt wurden, hatte man auch einen Bäcker, der sich den Marschzug anschaute, eingereiht. Er kam dank einer Intervention von Bäckern beim befehlshabenden sowjetischen Offizier erst wieder auf der Bahnstation frei. Die Fahrt dauerte 22 Tage. Essen und Trinken mußten sich die Internierten auf eigene Faust besorgen.
An ihrem Bestimmungsort wurden sie in eine in ein Arbeitslager umgewandelte orthodoxe Kirche eingewiesen. Die Pritschen mußten sie sich selbst anfertigen. Von dort brachte man sie täglich in eine Kohlengrube, die aus Dutzenden von Schächten mit einer Tiefe von 50 m bestand. Die Kohle wurde mit Hilfe von Sprengmaterial gewonnen, das von den Internierten selbst, ohne Bewachung, von einer anderen, 6 km entfernten Grube herbeigeschafft wurde. Die Sprenglöcher luden und zündeten Russinnen. Sie machten das jedoch so laienhaft, daß sie dabei die Verschalung vor Ort zerstörten. Es kam auch vor, daß Internierte diese Tätigkeiten ausübten. Die Arbeit wurde miserabel bezahlt. Der Monatslohn betrug zwischen 80 und 120 Rubel. Dafür kauften sich die Bergleute Brot und Tabak. Die Verpflegung bestand in der Hauptsache aus Kohl und Brot mit Wasser. (Eine Brotportion wog an die 100 gr). Wasser entnahm man der Leitung, doch wurde diese von der Grubenaufsicht häufig gesperrt. Briefe durften nicht geschrieben werden. Die Lagerbehörde verfügte häufige Kontrollen der persönlichen Habseligkeiten der Internierten. Das war für die Wachmannschaft und ihre Offiziere eine Gelegenheit, die Häftlinge zu bestehlen. Beiseite geschafft wurden auch Zuteilungen der Lagerverpflegung. Diese erreichte die Internierten nur zu einem geringen Teil. Für das geringste Vergehen wurden die Häftlinge mit Stöcken und Latten von Militärangehörigen geschlagen.
Im August 1945 fuhr der erste Transport von Bergleuten nach Polen ab, unter ihnen auch Ryszard Szastok. Die Fahrt dauerte zehn Tage. Die Verpflegung während des Transports war gut und ausreichend (es gab sogar Tabak). Nach ihrer Ankunft in Posen blieben die Internierten fünf Tage lang im Zug. Dank einer Intervention wurden sie in ein Durchgangslager

überführt, wo man sie weitere fünf Tage festhielt. Schließlich erhielten alle einen Sammelfahrschein für die Weiterfahrt zu ihrem Wohnort, dazu jeder 50 Zł, ein Stück Wurst sowie einen Laib Brot. (Zu jener Zeit kostete ein Päckchen Zigaretten 90 Zł.) Von Posen ging der Transport um Mitternacht ab. Am Morgen erreichte Richard Szastok Kreuzburg O. S.. Dort verpflegte man die Internierten und ließ sie in einen Zug nach Kattowitz umsteigen. In den Nachmittagsstunden des 1. September 1945 erreichten sie Radzionkau. Alle kehrten in verlausten Lumpen heim, wenngleich mancher unterwegs Kleidung und Schuhe wechseln konnte. Die Mehrzahl war von Hunger aufgedunsen. Gemeinsam mit Szastok kehrten nach Radzionkau zurück: Witek Mateja, Pietrek Żurek, Tomek Tobór und August Papaja. Nach einwöchiger Erholung nahm R. Szastok bei der Polnischen Staatsbahn eine Arbeit an und arbeitete auf dem Streckenabschnitt in Birkenhain. Nach drei Tagen wechselte er zu seiner früheren Arbeit auf der Beuthengrube. Seit seinem Renteneintritt lebt er in Radzionkau, wo er in seinem Haus in der ul. Pisalskiego 3 wohnt. Er ist im Vollbesitz seiner geistigen Kräfte und erfreut sich einer guten physischen Verfassung.
Diese Auskunft gab mir am 13. 04. 1992 Ryszard Szastok persönlich.

199. LUDWIK SZAUDRA
geb. am 23. 08. 1909 in Deutschland
lebt in Westfalen.

Ludwik Szaudra ließ sich in den zwanziger Jahren in Radzionkau nieder. 1945 arbeitete er als Bergmann auf der Beuthengrube (heute Powstańców Śląskich R-1). Im März wurde er von der Zeche weg in die Nähe der Stadt Stalino deportiert. Die Fahrt fand in geschlossenen Güterwaggons statt. An seinem Bestimmungsort blieb er ungefähr acht Monate. In dieser Zeit starben in seinem Lager ungefähr 300 Internierte an Hunger und Erschöpfung. Bei Übererfüllung der Norm erhielten die Internierten eine Prämie in Form von 50 gr Brot und einen Löffel Zucker. Während der gesamten Zeit des Lageraufenthalts gab es keine Bademöglichkeit.
Ende 1945 wurde er von dort entlassen. Während der Rückfahrt erhielt jeder täglich eine Scheibe Brot und 0,25 l Trinkwasser. Auf dem Transport erkrankte er schwer und wurde in Lemberg in die Klinik des Medizinischen Instituts eingeliefert, wo er vom 9. 01. 1946 bis zum 30. 04. 1946 verblieb. Nach Polen kehrte er am 20. 07. 1946 zurück und meldete sich beim Amt für Repatriierung in Tarnowitz als Rückkehrer aus der Sowjetunion. Im gleichen Jahr nahm er seine Arbeit auf der Beuthengrube wieder auf. 1957 reiste er nach Deutschland aus, wo er sich bis heute aufhält.
Die Information stammt von seinem Sohn, Georg Lendla.

214. MICHAŁ TOBÓR
geb. am 21. 03. 1898 in Radzionkau
verstorben am 27. 07. 1945 in Woroszyłowo in der UdSSR.

Michał Tobór arbeitete als Bergmann auf der Beuthengrube (heute Powstańców Śląskich R-1). Im Februar 1945 wurde er ins Donbecken deportiert. Dort arbeitete er unter schweren Bedingungen in einer Steinkohlengrube. Im Juli 1945 wurde er aus dem Lager entlassen. Wegen einer schweren Erkrankung war er jedoch nicht transportfähig. Seine Kollegen und mit ihnen sein Bruder Teodor Tobór (Nr. 216) nahmen von ihm Abschied, als er bereits im Sterben lag (Todesurkunde des Standesamtes in Beuthen Nr. 191/1949). In Polen hinterließ er Frau

und vier unmündige Kinder. Die Familie kennt den Ort seiner Bestattung nicht. Bis zu seiner Deportation wohnte er in Radzionkau, ul. Św. Wojciecha 83.
Die Auskunft stammt von Gertruda Gawron.

216. TEODOR TOBÓR

geb. am 8. 04. 1908 in Radzionkau
verstorben am 14. 11. 1987 in Radzionkau.

Teodor Tabór arbeitete als Bergmann auf der Beuthengrube (heute Powstańców Śląskich R-1). Entsprechend der Anordnung meldete er sich auf der Karsten-Zentrum-Grube in Beuthen, von wo er am 13. März 1945 über Gleiwitz und Laband in die UdSSR deportiert wurde. Im Donbecken wurde er in Woroszyłowo zur Arbeit in einer Kohlengrube verpflichtet. Die Arbeitsbedingungen waren extrem schwer, die Verpflegung fatal. Letztere bestand hauptsächlich aus grünen Tomaten, Sauergurken sowie trockenem Brot mit Wasser. Fleisch und Kartoffeln bekam man dort nicht zu Gesicht. Er arbeitete in seiner Kleidung und mit seinem Schuhwerk. Den besseren Teil seiner Garderobe hatte er gegen Brot eingetauscht. Aus nichtigen Gründen wurden die Internierten geschlagen.
Am 13. 09. 1945 kam er mit einem Transport Richtung Warschau nach Hause zurück. In Warschau erhielt er eine Identitätskarte sowie einen Eisenbahnfahrschein. Auch wurde er verpflegt. Er kehrte in verlausten Lumpen, von Hunger aufgedunsen und völlig erschöpft heim. Er bewegte sich mit Hilfe von zwei Stöcken vorwärts. Nach einem Monat Rekonvaleszenz nahm er seine Arbeit auf der Beuthengrube wieder auf. 1963 ging er in Rente und starb 24 Jahre später. In der UdSSR ließ er seinen Bruder Michał zurück, der am Tag seiner Ausreise nach Polen verstarb.
Diese Auskunft erteilte die Tochter des Verstorbenen, Elżbieta Tobór, wohnhaft in Radzionkau, ul. Emilii Plater 10. „Beglaubigung“ Nr. 5/1311 vom 28. 08. 1950. (Vereidigter Übersetzer Mgr. Ing. H. Łukasik-Wójcicka aus Zabrze, ul. K. Marksa 76a/8./, rep. 567/83.)

217. TOMASZ TOBÓR

geb. am 21. 12. 1907 in Radzionkau
lebt in Radzionkau, ul. Pietrygów 6a.

Tomasz Tobór arbeitete als Bergmann auf der Beuthengrube (heute Powstańców Śląskich R-1). Am 15. März 1945 wurde er von dort in das Durchgangslager in Laband gebracht und später zur Bahnstation in Peiskretscham. Von dort wurde er in einem Güterzug mit anderen in die UdSSR deportiert. Im Donbecken wurde er in einer Kohlengrube eingesetzt. Die Verpflegung war äußerst bescheiden. Sie bestand aus einem Stück Brot, grünen Tomaten, Kohl und salzigen Heringen. Manchmal gab es zusätzlich etwas aus UNRRA-Paketen. Zum Trinken gab es lediglich Wasser. Die Waschräume waren sehr primitiv. Man bespritzte sich dort gegenseitig mit ein wenig kaltem Wasser. Die Latrinen bestanden aus tiefen Löchern von 3 m mal 10 m. Die Sowjets trieben mit den Internierten ihren Spott, indem sie in Aussicht stellten: wenn zwei dieser Gruben gefüllt sind, könnten sie nach Hause. Auf dem Basar konnte man nur Tabak und keine Nahrungsmittel kaufen. Im August 1945 wurden die Internierten dreimal zur Bahnstation mit dem Versprechen geführt, es ginge nach Polen, doch kehrte man jedesmal wieder ins Lager zurück, weil „es dort keine Waggons gab“. Dann fuhren sie doch noch im August 1945 nach Warschau und von dort bald darauf nach Kattowitz. Tomasz kam am 15. 08. 1945 verdreckt und verlaust sowie erschöpft nach Hause. Nach kurzer Erholungspause nahm er seine Arbeit auf der Beuthener Zeche wieder auf. Er erzählte, es habe

in dem dortigen Lager nicht nur Polen, sondern auch Ukrainer und Ungarn gegeben. Es herrschte dort eine ausgesprochen hohe Sterblichkeit.
Diese Information verdanke ich Tomasz Tobór persönlich.

221. GABRIEL TOMCZYK
geb. am 2. 03. 1916 in Radzionkau
lebt bis zum heutigen Tag in Stroszek.

Gabriel Tomczyk arbeitete als Bergmann auf der Karsten-Zentrum-Grube in Beuthen. Ende Februar 1945 wurden die Bergleute durch Aushänge auf der Grube aufgefordert, sich in einem nahegelegenen Gebäude zu melden. Da Gabriel Tomczyk Verdacht schöpfte, beschloss er, nach Hause zu gehen und für ein paar Tage der Arbeit fernzubleiben. Am 4. März 1945 wurde er abends aus seinem Haus geholt und zum sowjetischen Stab in Beuthen zum Verhör gebracht. Von dort ging es nach Gleiwitz und dann nach Laband, wo er in Erwartung des Transports mit anderen zusammen in einem Keller einsaß. Zu je 40 Personen wurden sie sodann in geschlossene Güterwaggons verladen und unter Bewachung über Przemysl und Lemberg in das Donbecken deportiert.
Anfangs arbeitete Gabriel in einer Kolchosschmiede, später dann in „Schacht 10". Es handelte sich um eine Kohlengrube mit Flözen mit einer Stärke von 60 bis 80 cm. Die Ausrüstung eines jeden Bergmanns bestand in einer Keilhaue, einer sehr kurzstieligen Schaufel, einer Lampe und einem kurzen Holzstempel. Die Kohle wurde mit den Händen zu Tage gefördert. Die Tagesverpflegung eines Bergmanns umfaßte: 800 bis 1 000 gr Brot (je nach Fördermenge) sowie etwas Suppe aus grünen Tomaten oder verfaultem Kohl. Die Menschen waren von Hunger aufgedunsen und ausgezehrt. Ende August 1945 erwischte er einen Transport nach Polen. In Deutsch Eylau wurde er dann zu Erntearbeiten herangezogen. Voller Läuse und Wanzen, aufgedunsen und krank kehrte er im September 1945 heim. Nach einem einjährigen Genesungsprozess nahm er auf der Karsten-Zentrum-Grube seine Arbeit wieder auf. 1976 ging er in Rente. Er wohnt in Stroszek, Skwer Osiedlowy 2b.
Die Auskunft über seinen Aufenthalt in der Sowjetunion verdanke ich Gabriel Tomczyk persönlich.

226. KASPER TYCZKA
geb. am 2. 02. 1893 in Radzionkau
verstorben an einer Schußverletzung am 8. 02. 1945 in Tarnowitz.

1944 wurde Kasper Tyczka, beruflich als Restaurator in Radzionkau tätig, zum deutschen Luftschutz in Beuthen verpflichtet. Während der Bombenangriffe leistete er den Verletzten erste Hilfe. Anfang 1945 hielt er sich mit acht Angehörigen der Zivilverteidigung nahe des Beuthener Bahnhofs in einem Luftschutzraum auf. Dort entdeckte sie eine sowjetische Patrouille, zu der auch eine uniformierte Frau gehörte. Alle wurden aus dem Schutzraum geholt und aus Maschinenpistolen erschossen. Sieben Personen starben an Ort und Stelle, doch Kasper Tyczka gab noch ein Lebenszeichen von sich. Das bemerkte die Frau in Uniform; sie zertrümmerte ihm mit dem Gewehrkolben den Schädel, schlug ihm ein Auge aus und brach ihm das Nasenbein. Daraufhin entfernten sich die Täter in aller Ruhe, doch er lebte trotz der fünf Schußwunden immer noch. Mühsam zog er sich unter den Leichen hervor und verbrachte in dem Schutzraum noch volle sechs Tage ohne Essen und Trinken und bei frostiger Kälte. Er wurde zufällig entdeckt und am 5. Februar nach Hause gebracht, dann in das Städtische Krankenhaus in Tarnowitz, wo er am 8. Februar infolge Erfrierungen an Beinen und Nieren sowie an den Schußwunden verstarb. Er hinterließ Frau und vier unmündige Kinder. Er wohnte in der heutigen ul. Szymała 18.

Diese Information stammt von der Tochter des Verstorbenen, Felicja Szastok, wohnhaft in Radzionkau, ul. Cmentarna 1.

230. ALOJZY WANDZIK
geb. am 21. 06. 1890 in Tworog
verstorben am 7. 05. 1968 in Beuthen.

Alojzy Wandzik arbeitete als Zimmerhäuer auf der Beuthengrube (heute Powstańców Śląskich R-1). Während der gesamten Nachkriegszeit hielt er sich daheim in der ul. Gwarków 49 auf. Er war nie in der UdSSR. Aus welchem Grund sein Name im „Górnik“ auftaucht (unter Nr. 813 als von den Sowjets 1945 in die UdSSR deportiert) kann sich niemand aus der Familie erklären.

Diese Notiz wurde angefertigt aufgrund einer Information der Tochter des Verstorbenen, Emilia Wandzik, wohnhaft in Radzionkau, ul. Miedziowa 2/13.

244. JERZY WRODARCZYK
geb. am 24. 11. 1905 in Radzionkau
verstorben am 24. 04. 1945 in der UdSSR.

Jerzy Wrodarczyk wurde am 17. 02. 1945 auf der Beuthengrube (heute Powstańców Śląskich R-1) verhaftet, in das Arbeitslager in Myslowitz eingeliefert und dort gefoltert. An den Folgen der Folter starb er auf dem Transport in die Sowjetunion in der Ortschaft Kinerow. Dort wurde er auch beigesetzt. Als er zum letzten Mal das Haus verließ, befand er sich im Vollbesitz seiner physischen und psychischen Kräfte. Man hatte ihn während der Verhöre im Arbeitslager Myslowitz zugrunde gerichtet. Danach schickte man ihn halbtot auf den Transport zur Arbeit in die UdSSR.

Diese Information erteilte mir die Frau des Verstorbenen, Maria Wrodarczyk, wohnhaft in Radzionkau, ul. Norwida 38. Jerzy Wrodarczyk hinterließ Frau und vier unmündige Kinder ohne Lebensunterhalt.

245. TEODOR WRODARCZYK
geb. am 8. 11. 1904 in Radzionkau
verstorben am 21. 01. 1986 in Radzionkau.

Teodor Wrodarczyk arbeitete 1945 als Elektriker auf der Beuthengrube (heute Powstańców Śląskich R-1). Im März 1945 holte man ihn aus dem Haus und deportierte ihn ins Donbecken. Dort beschäftigte man ihn in einer Kohlengrube. Die Verpflegung war äußerst dürftig (häufig verfaulter Kohl, Gemüsesuppen und wenig Brot). Die Internierten veräußerten ihre persönlichen Sachen, um sich etwas zum Essen kaufen zu können. Im Lager herrschte allgemeiner Hunger. Bei der Arbeit unter Tage mußten sie die Norm erfüllen, ansonsten durften sie die Grube nicht verlassen. Die Flöze waren sehr niedrig. Gewonnen wurde die Kohle mit Keilhauen. Unter den Internierten herrschte eine hohe Sterblichkeit. Bei seiner Deportation in die UdSSR hinterließ er in Polen Frau und drei unmündige Kinder ohne Lebensunterhalt. Nach Polen kehrte er in verlausten Lumpen, unrasiert, verdreckt und von Hunger aufgedunsen Anfang September 1945 zurück. Er wog kaum 40 kg. Nach seiner Heimkehr nach Radzionkau konnte er erst nach einer gewissen Zeit seine Arbeit auf der

Beuthener Zeche wieder aufnehmen, anfangs als Schlepper, später als Förderkorbmaschinist. 1959 ging er in Rente und verstarb 27 Jahre später.
Diese Information verdanke ich dem Sohn des Verstorbenen, Alfons Wrodarczyk, wohnhaft in Radzionkau, ul. Orzechowska 14.

249. ALFONS ZAWISŁO
geb. am 3. 10. 1909 in Radzionkau
verstorben 1946 in der UdSSR.

Alfons Zawisło arbeitete auf der Beuthengrube (heute Powstańców Śląskich R-1). Im März 1945 wurde er von Milizianten in Zivil aus seinem Haus in der ul. Szwalenberga 4 geholt und auf die Milizstation in Radzionkau gebracht. Dort wurden die Verhafteten geschlagen. Ihr Geschrei war in den umliegenden Straßen zu hören. Eine Woche später führte man sie zu Fuß nach Tarnowitz, von wo sie nach Sibirien deportiert wurden. Von dort kehrte er nicht wieder nach Hause zurück. Nach Zeugenaussagen wurden die Häftlinge in Steinbrüchen beschäftigt. Ihre Verpflegung bestand aus Kartoffeln, grünen Heringen und unsauberem Wasser. Die sehr salzigen grünen Heringe und das unsaubere Wasser waren der Grund für Erkrankungen an Typhus, und eine medizinische Versorgung gab es im Lager nicht. 1946 starb Alfons Zawisło, ohne daß man weiß, wo, denn es war untersagt, Briefe zu schreiben. Die Familie besitzt keinerlei Dokumente über seinen Sibirienaufenthalt und Tod.
Die Information stammt von in Radzionkau, ul. Szwalenberga, wohnhaften Verwandten.

252. PAWEŁ ŻYDEK
geb. am 3. 05. 1898 in Radzionkau
verstorben am 15. 08. 1975 in Radzionkau.

Paweł Żydek arbeitete auf der Beuthengrube (heute Powstańców Śląskich R-1). Im März 1945 wurde er zusammen mit anderen von der Zeche weg in die UdSSR deportiert. Zu Hause ließ er Frau und vier unmündige Kinder ohne Lebensunterhalt zurück. Im Herbst 1945 kehrte er ausgehungert, krank und in verlausten Lumpen heim. Er war so geschwächt, daß man ihn vom Bahnhof mit einem Fuhrwerk nach Hause transportieren mußte. Nachdem er wieder zu Kräften gekommen war, nahm er seine Arbeit auf der Beuthengrube wieder auf. 1953 ging er in Rente. 22 Jahre später starb er.
Diese Auskunft erteilte mir die Tochter des Verstorbenen, Helena Szeliga, wohnhaft in Radzionkau, ul. Św. Wojciecha 69a.

253. SZYMON ŻYDEK
geb. am 20. 12. 1905 in Radzionkau

Szymon Żydek arbeitete auf der Beuthengrube als Bergmann unter Tage. Im März jenes Jahres wurde er in die UdSSR deportiert, und zwar ins Donbecken. Dort wurde er als Bergmann in einer Kohlengrube eingesetzt. Die Kohle wurde dort mit den Händen gefördert und gleichfalls mit den Händen in Eisenbahnwaggons verladen. Er ernährte sich dort von Brot, Sonnenblumenkernen und Krähen. Am 2. Februar 1946 kehrte er aufgedunsen und in verlausten Lumpen nach Polen zurück. Die Füße hatte er sich mit Lappen umwickelt.
Diese Information stammt von einem Verwandten.

VI. VERBRECHEN IN KARF

Fast nichts unterscheidet im Vergleich zu den anderen Gemeinden des einstigen Kreises Beuthen der Umstand der Internierung und Deportation von Männern aus Karf in die UdSSR. Nur daß sie es zum Sammelpunkt, zum Lager in der ul. Łużycka in Beuthen, näher hatten. Auch in diesem Fall gibt es kein vollständiges Verzeichnis der internierten Personen. Man kann lediglich eine Liste der in die UdSSR deportierten Personen erstellen. Sie wurde Mitte 1946 mit der Absicht einer Repatriierung mancher Personen angefertigt. Als Quellenmaterial zu dieser Liste diente die von den Kreisstellen des Polnischen Westverbandes vorgenommene Registrierung der in die UdSSR deportierten Personen.[174] Auf dieser Grundlage wurde ein amtliches Verzeichnis der Personen zusammengestellt, um deren Rückführung der Generalbevollmächtigte der Republik Polen für die Repatriierung nachsuchte. Diese Liste umfaßt 9 877 Namen aus ganz Schlesien. Sie wurde in Buchform herausgegeben und wird im Stadtmuseum in Hindenburg aufbewahrt.[175]
Das 391 Seiten umfassende Verzeichnis wurde in polnischer und russischer Sprache angefertigt; der russische Teil folgt dem russischen Alphabet.
Unerklärbar blieb, warum sich vor dem Titelverzeichnis die römische Ziffer I befindet. Diese Form der Nummerierung begegnet im Buch sonst nicht.[176]
Zitiert werden soll an dieser Stelle der vollständige Titel des Verzeichnisses, die untertänige Form der Einleitung sowie das Ortsverzeichnis in polnischer und deutscher (von den Sowjets verwandter) Schreibweise und auch die etwas gewundenen Bemerkungen bezüglich der Ortsnamen.[177]

„Der Generalbevöllmächtigte der Republik Polen für die Repatriierung.
I. Verzeichnis polnischer Bürger, die als Bergleute Anfang 1945 aus Oberschlesien und dem Oppelner Schlesien in die UdSSR deportiert wurden.
Die polnische Liste wurde gesetzt und gedruckt in dem unter staatlicher Verwaltung stehenden Verlag św. Wojciecha in Posen.

Das folgende Buch enthält Namen polnischer Bergleute, die gegenwärtig in der sowjetischen Industrie beschäftigt sind. Anfang 1945 wurden sie - während der Kampfhandlungen - von sowjetischen Behörden in die UdSSR evakuiert. Diese Aktion betraf Bergleute, unter anderem Polen mit früherer deutscher Staatsbürgerschaft, die sowohl in Bergwerken Oberschlesiens als auch in Gruben des wiedergewonnenen Oppelner Schlesien

---

[174] Staatsarchiv Kattowitz, Kreisamt Beuthen, Heft Nr. 12. Polnischer Westverband, Kopie eines Artikels aus dem „Dziennik Zachodni", Sonntagsausgabe vom 19. Mai 1946, Nr. 136.
[175] Die Zahl 9 877 ist im Vergleich zur Zahl der tatsächlich in die UdSSR deportierten Personen ausgesprochen niedrig. Zieht man noch in Betracht, daß sich manche Namen wiederholen, dann ist die endgültige, tatsächliche Zahl der in diesem Verzeichnis erwähnten Personen noch ein wenig niedriger. Verändert wurde hier auch die Schreibweise der Vor- und Nachnamen.
[176] Man weiß nicht, ob neben dem mit der Ziffer I versehenen Verzeichnis noch weitere Listen existieren.
[177] Manche deutschen (im polnisch-deutschen Ortsverzeichnis nicht enthaltenen) Ortsnamen besaßen im Augenblick der Internierung der Zivilpersonen aus Schlesien keine Entsprechung in den polnischen Namen, was die teilweise deutschen Bezeichnungen erklärt.

beschäftigt waren. Diese Bergleute ließen ihre Familien im Land zurück. Diese Familien besitzen die polnische Staatsbürgerschaft und warten auf die Rückkehr ihrer Ernährer.

Die sowjetischen Behörden werden um Hilfe bei der Suche und Repatriierung der in diesem Buch erwähnten polnischen Bürger ersucht.

Ersucht wird auch um die Befreiung der im Buch nicht erwähnten Bergleute - Polen, die aus dem Oppelner Schlesien stammen.

Ein Teil der Gesuchten befindet sich in der Westukraine.

Die Regierung Polens gibt der Hoffnung Ausdruck, daß sich die sowjetischen Behörden dieser Angelegenheit wohlwollend annehmen.

Bemerkung bezüglich der Ortsnamen.

In dem Verzeichnis werden manchmal Ortsnamen in deutscher Schreibweise angegeben, denn der Okkupant schrieb in allen Bescheinigungen, Dokumenten etc. die Ortsnamen in seiner Sprache.

Wir bitten die sowjetischen Behörden, welche die Suche der in diesem Buch verzeichneten polnischen Bergleute durchführen, um Schreibweise der Namen in polnischer Sprache. Als Beispiel folgende Namen in polnischer und deutscher Schreibweise:

Biskupice	- Biskupitz	Opole	- Oppeln
Byczyna	- Pitschen	Piekary	- Deutsch Piekar
Bytom	- Beuthen	Przyszowice	- Preiswitz
Gliwice	- Gleiwitz	Pszczyna	- Pless
Chorzów	- Königshütte	Pyskowice	- Preiskretscham
Grzybowice	- Pilzendorf	Rokitnica	- Martinau
Hajduki	- Bismarck-Hütte	Rozbark	- Rossberg
Kochłowi	- Kochlowitz	Stolarzowice	- Stillenfeld*
Koźle	- Cosel	Strzelce	- Gross Strehlitz
Łagiewniki	- Hohenlinde	Świerklany	- Neudeck*
Łabędy	- Laband	Szombierki	- Schomberg
Miasteczko	- Georgenberg	Szynwałd	- Schönwald
Miechowice	- Mechtal	Tarnowskie Góry	- Tarnowitz
Mikołów	- Nicolai	Toszek	- Tost
Mikulczyce	- Klausberg	Wrocław	- Breslau
Nowy Bytom	- Friedens-Hütte	Zabrze	- Hindenburg“
Olesno- Rosenberg			

Mit „*“ bezeichnete Namen sind fehlerhaft. Es muß Stillersfeld heißen und nicht Stillenfeld. Neudeck ist nicht Świerklany, sondern Świerklaniec.

Vor Wiedergabe der Liste der aus Karf stammenden Personen, um deren Repatriierung der Generalbevollbemächtigte der Republik Polen für die Repatriierung Ende 1946 nachsuchte, benötigen die Leser noch einige Erläuterungen:

Auf die Ordnungszahl folgt die Nummer entsprechend der Liste des Generalbevollmächtigten.

Mit einen „x“ sind die sich wiederholenden Namen gekennzeichnet.

Fehler in der Schreibweise der Namen gehen auf das Verzeichnis des Generalbevollmächtigten zurück.

Lfd. Nr.	Nr. d. offzl. Verzeich.	Name und Vorname	Geburts-jahr	Anmerkungen
1	2	3	4	5
1	6	ADAMEK Franciszek	1907	
2	10	ADAMEK Henryk	1903	
3	51	ANDRES Emil	1904	
4	90	BADURA Bruno	1911	
5	165	BARTYLA Robert	1897	
6	180	BARTOSZ Roman	1904	
7	184	BARTOSZEK Teodor	1908	x
8	185	BARTOSZEK Teodor	1908	
9	221	BRZOSKA Maks	1903	
10	231	BIEDA Juliusz	1896	
11	232	BIEDA Adolf	1903	
12	253	BIENIEK Ernest	1901	
13	278	BINKOWSKI Ludwik	1903	
14	319	BLACHA Józef	1904	
15	354	BLUCK Jerzy	1907	
16	358	BLUSZCZ Teodor	1915	
17	386	BOŻEK Henryk	1908	
18	410	BĄK Paweł	1906	
19	412	BĄK Robert	1906	
20	435	BORYS Alojzy	1912	
21	439	BORLIK Franciszek	1911	
22	499	BRODACKI Emil	1904	
23	505	BROL Robert	1903	
24	513	BRONDER Jerzy	1903	
25	516	BRONZEL Franciczek	1909	
26	612	BURCZYK Roman	1903	
27	662	BEBLIK Jan	1900	
28	745	WAGNER Ryszard	1916	
29	755	WARZECHA Wilhelm	1904	
30	760	WAJNERET Tomasz	1900	
31	827	WANIURA Jan	1901	
32	831	WARDAS Franciszek	1912	
33	842	WASEREK Hermann	1906	
34	860	WASZEK Roman	1903	x
35	861	WASZEK Roman	1903	
36	862	WASZEK Roman	1893	
37	868	WIĘCEK Franciszek	1898	
38	875	WIERZYN Karol	1900	
39	879	WIESZAŁA Paweł	1906	
40	910	WIECZOREK Jerzy	1897	
41	955	WYGAS Jan	1903	
42	1074	WYPŁYW Józef	1912	
43	1082	WYRWOŁ Józef	1911	
44	1172	WODNEK Maks	1904	
45	1175	WODECKI Mikołaj	1903	

46	1180	WOZNICA Józef	1882	62 Jahre
47	1214	WOJCIK Maks	1904	
48	1220	WOLNY Teofil	1900	
49	1221	WOLNY Alojzy	1909	
50	1276	WOCHLIK Paweł	1893	
51	1309	WIJASZ Jan	1903	
52	1322	WEINERT Tomasz	1900	
53	1325	WEIS Paweł	1912	
54	1326	WEIS Robert	1908	
55	1329	WEIS Hubert	1908	
56	1331	WEIS Paweł	1912	
57	1350	WENCEL Ryszard	1910	
58	1352	WENCEL Hubert	1912	
59	1524	GAMBUSZ Jan	1902	
60	1527	GAMKA Roman	1904	
61	1563	GACKI Berthold	1908	
62	1566	GACKI Walter	1911	
63	1608	GZELL Henryk	1921	
64	1641	GRZESIK Alojzy	1908	
65	1642	GRZESIK Antoni	1899	
66	1646	GRZESIK Michał	1902	
67	1647	GRZESIK Alojzy	1908	
68	1656	GRZECHCA Józef	1913	
69	1685	GLADIS Paweł	1905	x
70	1688	GLADIS Paweł	1905	
71	1719	GLUCH Antoni	1914	
72	1720	GLUCH Franciszek	1913	
73	1722	GLUCH Jerzy	1906	
74	1726	GLUCH Franciszek	1906	
75	1742	GNIDA Józef	1906	
76	1766	GRZESIK Michał	1903	
77	1829	GOŁĄB Paweł	1903	
78	1830	GOŁĄB Teodor	1899	
79	1843	GOLEC Maks	1903	
80	1867	GORA Albert	1908	
81	1872	GORAWSKI Reinhold	1927	
82	1888	GORNIOK Antoni	1903	
83	1889	GORNIOK Paweł	1900	
84	1901	GABRYEL Jerzy	1903	
85	1925	GRABOWI Stefan	1895	
86	1933	GRABOWSKI Józef	1900	
87	1936	GRABELUS Konrad	1900	
88	1938	GRAJNER Franciszek	1916	
89	1947	GRACA Maks	1912	
90	1949	GRATZKE Paweł	1907	
91	1974	GRACEK Jan	1906	
92	1975	GRYTZEK Maks	1907	
93	1998	GROS Józef	1908	
94	2017	GRUS Oskar	1907	
95	2093	GÖTZ Ernest	1897	
96	2119	DWORACZEK Ryszard	1896	

97	2130	DRZYMAŁA Franciszek	1916	
98	2135	DRZYSGA Alojzy	1909	
99	2148	DZIERZAN Augustyn	1904	
100	2150	DZIERZOK Adolf	1908	
101	2196	DYBALA Józef	1898	
102	2227	DYMARCZYK Gerhard	1913	
103	2229	DYMARCZYK Friedrich	1900	
104	2230	DYMARCZYK Fryderyk	1909	
105	2237	DYRLICH Hubert	1909	
106	2241	DYRSZKA Alfred	1895	
107	2272	DĄBROWSKI Teodor	1901	
108	2368	DUDA Franciszek	1899	
109	2381	DUDEK Wilhelm	1910	
110	2397	DUROK Henryk	1916	
111	2416	DEMARCZYK Ernest	1915	
112	2419	DEMBOWY Franciszek	1905	
113	2426	DERBER Piotr	1895	
114	2515	RZEPKA Alojzy	1902	
115	2516	RZEPKA Karol	1902	
116	2533	IMACH Alojzy	1904	
117	2670	KALUS Rudolf	1926	
118	2671	KALISZ Emanuel	1904	
119	2690	KEIL Jerzy	1905	
120	2692	KALISZ Wilhelm	1910	
121	2709	KAŁUŻA Jan	1908	
122	2713	KALIN Emil	1905	
123	2719	KALYTA Antoni	1904	
124	2729	KAMIŃSKI Fryderyk	1901	
125	2736	KAMELA Rufin	1909	
126	2745	KANDORA Bernard	1895	x
127	2769	KANDORA Bernard	1895	
128	2805	KARPIŃSKI Jerzy	1906	
129	2850	KACZMAREK Ignacy	1896	
130	2857	KACZMARCZYK Stefan	1900	
131	2930	KRZYPIEC Konrad	1910	
132	2934	KIDOLA Feliks	1902	
133	2982	KIRSZNIOK Antoni	1900	
134	3011	KISZEL Paweł	1908	
135	3050	KLEIN Horst	1911	
136	3076	KLIMZA Eryk	1928	
137	3088	KLISZCZ Jan	1914	x
138	3093	KLISZCZ Jan	1914	
139	3157	KLAPAUF Konrad	1901	
140	3172	KLASZYK Henryk	1896	
141	3177	KLAPAUF Alfons	1896	
142	3185	KNABE Brunon	1912	
143	3208	KNOP Jerzy	1904	
144	3212	KNOP Ludwik	1908	
145	3223	KNUR Antoni	1902	
146	3234	KOWARZ Karol	1912	
147	3242	KOWOLIK Walenty	1897	

148	3296	KOWOLIK Wincenty	1906	
149	3314	KOZIOŁ Oskar	1908	
150	3359	KOKOT August	1902	x
151	3369	KOKOT August	1902	
152	3386	KOLBERG Henryk	1907	
153	3408	KOLASA August	1905	
154	3476	KONIETZNY Leon	1913	
155	3478	KONTZA Alojzy	1896	
156	3578	KORTYKA Jan	1897	
157	3585	KOSEK Jan	1910	
158	3621	KOT Michał	1896	
159	3717	KOSCHELLA Wincenty	1901	
160	3722	KOSZYK Teodor	1901	
161	3724	KOSZEK Ernest	1911	
162	3732	KRAIN Antoni	1909	
163	3742	KRAWCZYK Bartłomiej	1902	
164	3768	KRAUSE Karol	1896	
165	3778	KRAWIEC Franciszek	1899	
166	3779	KRAFCZYK Józef	1905	
167	3808	KREMSER Alfred	1912	
168	3814	KREBS Jan	1896	
169	3815	KREBS Roman	1918	
170	3819	KREBS Henryk	1910	
171	3820	KREBS Józef	1909	
172	3829	KROJ Józef	1896	
173	3853	KROCEK Emanuel	1903	
174	3888	KRÓL Stanisław	1911	
175	3895	KRÓL Stanisław	1905	
176	3956	KUBICA Antoni	1911	
177	3957	KUBAN Paweł	1905	
178	3989	KUZOW Ryszard	1906	
179	3994	KUŻAJ Jan	1909	
180	4053	KUPKA Ryszard	1900	
181	4088	KUROWSKI Karol	1901	
182	4089	KURC Andrzej	1904	
183	4182	KUSZMIAN Paweł	1903	
184	4236	KERN Józef	1909	
185	4296	LANGER Stefan	1910	
186	4299	LANGER Leon	1913	
187	4312	ŁASAJ Roman	1923	
188	4342	ŁAPKA Florian	1904	
189	4344	ŁATKA Florian	1904	
190	4357	LWOWSKI Józef	1902	
191	4368	LEBEK Ignac	1895	
192	4374	LEDWIG Jan	1904	
193	4376	LEDWIG Ryszard	1907	
194	4401	LENTNER Alojzy	1909	
195	4408	LEPPICH Alojzy	1896	
196	4420	LESZ Eryk	1917	
197	4429	LIEBER Wilhelm	1903	x
198	4431	LIEBER Wilhelm	1903	

199	4447	LIDUCH Roman	1910	
200	4448	LIDUCH Paweł	1903	
201	4456	LINDEL Augustyn	1897	
202	4464	LIPOK Jan	1910	
203	4465	LIPOK Piotr	1905	
204	4529	LOMANIA Henryk	1899	
205	4577	LUBOS Maks	1912	
206	4580	LUBOS Reinhold	1914	x
207	4584	LUBOS Reinhold	1914	
208	4592	LUDWIK Józef	1904	
209	4615	LUKOSZ Robert	1906	
210	4622	LUKOSZEK Jan	1913	
211	4626	LUKOSZCZYK Alojzy	1905	
212	4671	MAGIERA Alfons	1911	
213	4725	MAINKA Paweł	1906	
214	4743	MAINKA Herbert	1926	
215	4750	MAKSARA Paweł	1905	
216	4751	MAKOWSKI Wincenty	1906	
217	4840	MANOWSKI Rudolf	1912	x
218	4848	MANOWSKI Rudolf	1912	
219	4881	MARUSZCZYK Wilhelm	1911	
220	4911	MAREK Stefan	1902	
221	4914	MAREK Erwin	1925	
222	4915	MAREK Józef	1894	
223	4917	MAREK Stefan	1902	
224	4953	MATUSZEK Ernest	1926	
225	5041	MACIUGA Henryk	1917	
226	5048	MACIOSZEK Michal	1906	
227	5049	MASZINSKI Leopold	1913	
228	5052	MIELKE Paweł	1895	
229	5055	MIEMCZYK Jerzy	1907	
230	5056	MIEMCZYK Augustyn	1906	
231	5057	MIEMCZYK Henryk	1910	
232	5068	MIETHER Alfred	1900	
233	5077	MIZDZIOŁ Ryszard	1909	
234	5095	MICKE Roman	1906	
235	5156	MIODEK Jerzy	1903	
236	5181	MICHALEK Jerzy	1916	
237	5199	MICHALCZYK Ludwik	1906	
238	5218	MICHALEK Józef	1914	
239	5253	MYRCZYK Emanuel	1907	
240	5254	MYRCZIK Augustyn	1899	
241	5275	MNICH Paweł	1907	
242	5279	MODRZIK Franciszek	1908	
243	5291	MOJ Franciszek	1904	
244	5292	MOJ Robert	1902	
245	5310	MORYS Berthold	1927	
246	5323	MORAWIEC Jan	1897	
247	5335	MOCZYGĘBA Wiktor	1903	
248	5472	MUSZALIK Augustyn	1906	
249	5476	MUSZALIK Maksymilian	1904	

250	5484	MEDLA Edward	1902	
251	5489	MEJSEL Paweł	1899	
252	5491	MEJER Franciszek	1896	
253	5512	MENDRALA Alojzy	1907	
254	5543	NAWRAT Edward	1912	
255	5560	NASZIŃSKI Eryk	1900	
256	5570	NIEWIADOMSKI Wilhelm	1920	
257	5594	NIEMCZYK Eryk	1913	
258	5685	NOWAK Paweł	1902	
259	5690	NOWAK Ryszard	1898	
260	5698	NOWAK Hubert	1905	
261	5712	NEUGEBAUER Alojzy	1908	
262	5728	NEUGEBAUER Jan	1920	
263	5739	NEUMAN Wincenty	1898	
264	5791	OGOREK Stefan	1909	
265	5838	OPIELA Paweł	1908	
266	5848	OPIOŁKA Adolf	1897	
267	5866	ORLIK Piotr	1901	
268	5898	OTLIK Józef	1914	
269	5900	OTLIK Paweł	1908	
270	5901	OTLIK Teofil	1917	
271	5902	OTLIK Rudolf	1911	
272	5951	PAWLAS Sylwester	1898	
273	5954	PAWLETA Józef	1903	x
274	5958	PAWLETA Józef	1903	
275	5983	PAWELCZYK Jan	1893	
276	5998	PADZIOR Wiktor	1904	x
277	5999	PADZIOR Wiktor	1904	
278	6030	PALUS Józef	1911	
279	6046	PANKALA Antoni	1905	
280	6056	PANEK Ludwik	1903	
281	6061	PAPON Konrad	1894	
282	6064	PAPROTNY Józef	1914	
283	6086	PASSON Tomasz	1904	x
284	6091	PASUN Tomasz	1904	
285	6103	PATEROK Jan	1901	
286	6117	PASZEK Jerzy	1909	
287	6149	PIERNIKOSZ Augustyn	1895	
288	6161	PIERSKALA Wincenty	1921	
289	6167	PIETRAS Paweł	1897	
290	6176	PIETRUCHA Józef	1911	
291	6185	PIETREK Klemens	1900	
292	6192	PIECKA Józef	1905	
293	6261	PYKA Franciszek	1903	x
294	6266	PYKA Franciszek	1903	
295	6281	PILAWA Paweł	1897	
296	6282	PILARSKI Józef	1906	
297	6296	PIONTEK Ludwik	1907	x
298	6306	PIĄTEK Ludwik	1907	
299	6322	PYREK Emanuel	1907	
300	6323	PYREK Wilhelm	1907	

301	6418	PLEWNIA Jan	1912	
302	6433	POGRZEWA Jerzy	1907	
303	6492	POLOCZEK Adolf	1903	
304	6537	PORWOL Józef	1907	
305	6542	POROMKO Jerzy	1910	
306	6555	POŚPIECH Wilhelm	1904	
307	6570	POSPIESZCZYK Jan	1908	x
308	6572	POSPIESZCZYK Jan	1908	
309	6585	POTEMPA Robert	1902	
310	6600	PRACHT Wojciech	1901	
311	6603	PRADELA Paweł	1913	
312	6640	PRUDŁO Szymon	1909	
313	6654	PRESZER Augustyn	1909	
314	6702	PRZYBICIN Jakub	1905	
315	6731	PRZEWIESLIK Emil	1906	
316	6766	RADIMERSKY Hubert	1910	
317	6803	RAUNER Maksymilian	1907	
317	6807	RACZEK Rufin	1910	
319	6834	RITTER Teodor	1899	
320	6845	RYBOSZ Adolf	1900	
321	6847	RYBOSZ Paweł	1900	
322	6849	RYDZEK Roman	1907	
323	6850	RYGIEL Franciszek	1900	
324	6870	ROGON Józef	1906	
325	6878	ROGOWSKI Jerzy	1907	
326	6886	ROZEK Tomasz	1892	
327	6901	ROSKEWITZ Jan	1898	
328	6916	ROTMAN Józef	1907	
329	6936	RUBIN Teofil	1910	
330	6972	REIMAN Karol	1913	
331	7012	RESPONDEK Teodor	1910	
332	7017	SADZIK Jerzy	1906	
333	7027	SAMOL Pius	1906	
334	7071	ŚWIERKOT Bernardyn	1916	
335	7073	ŚWIERC Antoni	1904	
336	7077	ŚWIERC Paweł	1897	
337	7100	ŚWITALLA Alfonsy	1909	x
338	7102	ŚWITAŁA Alfons	1909	
339	7145	SIRON Engelbert	1912	x
340	7156	SIRON Engelbert	1912	
341	7175	SITEK Rajnhold	1899	
342	7176	SITEK Robert	1906	
343	7179	SITEK Franciszek	1901	
344	7187	SYMA Jerzy	1906	
345	7199	SKAWRAN Teodor	1904	
346	7206	SKWARA Franciszek	1910	
347	7245	SKORZYCA Hugo	1904	
348	7246	SKORZEC Alfred	1913	
349	7247	SKOLIK Bernard	1914	
350	7256	SKOPEK Ludwik	1910	
351	7262	SKORUPA Robert	1908	

352	7287	SKUBISZ Augustyn	1904	
353	7296	SKUPIN Roman	1911	
354	7300	SKUTNIK Jan	1901	
355	7309	SKRZYPIEC Józef	1908	
356	7312	SKRZYPIEC Konrad	1910	
357	7317	SKRZYPULEC Jerzy	1898	
358	7375	SLICIO Augustyn	1911	
359	7423	SMYKAŁA Ewald	1912	
360	7432	SMOLARZ Józef	1906	
361	7471	SOBALA Janusz	1905	
362	7492	SOBOTA Karol	1896	
363	7543	SOJKA Marcin	1903	
364	7592	SOTTOR Maks	1914	
365	7649	STARZYŃSKI Jan	1891	
366	7654	STAKO Jerzy	1912	
367	7658	STANDLY Wojciech	1897	
368	7672	STANEK Bernard	1906	
369	7691	STAROSZCZYK Wilhelm	1898	
370	7743	STOREK Hubert	1913	
371	7755	STROBA Franciszek	1895	
372	7774	STRZODKA Ryszard	1910	
373	7815	STEIN Hugo	1901	
374	7838	SUCHANEK Augustyn	1908	
375	7854	SCIGIOL Emil	1911	
376	7867	SEITMAN Paweł	1903	
377	7885	TARARA Franciszek	1904	
378	7897	THIEL Wiktor	1896	
379	7898	THIEL Franciszek	1901	
380	7916	TYL Alfred	1898	
381	7917	TYCZKA Stefan	1909	
382	7938	TOBOR Leopold	1905	
383	8004	TRZENSIMIECH Florian	1900	
384	8107	FILOK Ryszard	1907	
385	8112	FIOŁA Paweł	1908	
386	8115	FISKEL Józef	1902	
387	8152	FOGEL Józef	1904	
388	8210	FOREITER Wilhelm	1905	
389	8240	FRANK Edward	1902	
390	8279	FREIER Stefan	1907	
391	8283	FREER Józef	1913	
392	8285	FREER Paweł	1911	
393	8288	FULDE Herbert	1905	
394	8290	FUNKE Gerhard	1929	15 Jahre
395	8295	FUCHS Jan	1908	x
396	8300	FUCHS Jan	1908	
397	8327	HAWEL Antoni	1907	
398	8388	HAISZ Antoni	1910	
399	8406	HALFAR Paweł	1908	
400	8465	HATLAPA Jerzy	1913	
401	8472	HACHULA Paweł	1901	
402	8493	HILDEBRAND Edmund	1908	

403	8494	HILDEBRAND Ryszard	1913	
404	8495	HILDEBRAND Paweł	1911	
405	8515	HORZELA Paweł	1916	
406	8537	HOINKAS Alojzy	1903	
407	8538	HOINTZA Józef	1898	
408	8546	HOLUSZA Henryk	1922	
409	8547	HOLUSZA Wilhelm	1906	
410	8550	HOLUSZA Adolf	1901	
411	8626	HUNGER Nikodem	1885	
412	8628	HURAS Wilhelm	1903	
413	8682	HENKEL Alfons	1911	
414	8698	HERZOG Wilhelm	1905	
415	8709	HERMAN Emil	1903	
416	8762	CIĄGAŁA Augustyn	1903	
417	8773	CICHON Augustyn	1898	
418	8775	CICHON Jerzy	1908	
419	8778	CICHON Stefan	1911	
420	8817	COLGA Paweł	1908	x
421	8819	COLGA Paweł	1908	
422	8830	CUPALA Augustyn	1897	x
423	8837	CUPAŁA August	1897	
424	8906	CZIONGALA Augustyn	1903	
425	8907	CIOSKA Jan	1899	
426	8919	CZOSTKA Paweł	1906	
427	8923	CZUPALA Ewald	1922	
428	8942	CZERWONY Jan	1899	
429	8979	SZAMOWSKI Jan	1900	
430	8982	SZARMOWSKI Jan	1900	
431	9009	SZWARC Erwin	1905	
432	9010	SZWARC Eryk	1910	
433	9056	SZELIGA Augustyn	1914	
434	9090	SZENDIOŁ Jerzy	1908	
435	9092	SZENKEL Paweł	1902	
436	9122	SZYGUŁA Robert	1908	
437	9141	SZIKORA Paweł	1908	
438	9142	SZILDER Franciszek	1901	
439	9178	SZINDLER Paweł	1900	
440	9189	SZYROKI Emil	1905	
441	9205	SZLAPA Franciszek	1906	
442	9321	SZOŁTYSEK Augustyn	1901	
443	9444	SZUFKA Franciszek	1900	
444	9484	SZCZYGIEŁ Emil	1911	
445	9499	JUGIERT Wincenty	1896	
446	9599	JANOSZKA Rufin	1905	
447	9601	JANICH Ludwik	1911	
448	9605	JANTOS Franciszek	1908	
449	9612	JANYS Ludwik	1911	
450	9634	JANOWSKI Alojzy	1906	
451	9643	JAREK Paweł	1896	
452	9668	JASIOK Engelbert	1907	
453	9726	JAWISLOK Franciszek	1913	

454	9766	ZDZIEBLIK Jerzy	1911	
455	9780	ZIELONKA Jan	1913	
456	9799	ZYDEK Paweł	1899	

JOSEF BONCZOL

II. AUFSÄTZE

JAN DRABINA

Handschriften des 16. und 17. Jahrhunderts in den Sammlungen des Oberschlesischen Museums in Beuthen

Das Oberschlesische Museum, das im Jahre 2000 sein 90jähriges Bestehen feiert, besitzt in seinen Sammlungen einen bedeutenden, den meisten Historikern völlig unbekannten Bestand an Handschriften. Sie sind in zwei Gruppen unterteilt. Die erste trägt als Signatur den Buchstaben „H" zur Kennzeichnung, daß sie zur Historischen Abteilung gehört. (Außer dieser gibt es noch die Abteilungen für Natur, Archäologie, Ethnographie und Kunst.) Sie bildet den ältesten und umfangreichsten Teil des Museums, zu dem auch noch andere Exponate zählen, darunter Plakate, Bücher, Kartenmaterial und Fahnen sowie teilweise auch Fotografien. Die Handschriften umfassen somit nur einen kleinen Teil der Historischen Abteilung. Es gibt ihrer nämlich lediglich fünf. Sie sind allesamt bezeichnenderweise nicht mit Beuthen verbunden. Auf ihren Umfang und vor allem auf ihre Entstehungszeit verweist das Kreuzburger Zunftbuch, dessen älteste Eintragungen auf das Ende des 16. Jahrhunderts datiert sind[1], sowie ein Zunftbuch mit Eintragungen aus den Jahren 1765-1799, hauptsächlich die Zunft der Schmiede betreffend, aus einer anderen, nicht identifizierten, anscheinend im Rybniker Land gelegenen Stadt.[2] Bei beiden Büchern handelt es sich um kompakte Kodizes, während sich eine dritte Einheit mit Rechnungen eines Klosters in Strzelno aus den Jahren 1759-1776 nicht zur Gänze erhalten hat und kaum das Fragment einer größeren Sammlung darstellt.[3] Auf vier Seiten sind hier alle Ausgaben für Gerätschaften, Nahrung und Bauunterhaltung registriert. Somit sind auch nicht die Maße von 10 mal 33,5 cm verwunderlich, wie sie für Bücher charakteristisch sind, welche die wirtschaftlichen und finanziellen Abläufe inventarisieren.

Während die beiden zuvor erwähnten Bücher einen Einblick in die personelle Zusammensetzung der Zünfte sowie anhand der Fälligkeitsfristen und der Anzahl der beteiligten Personen Aussagen über ihre zahlenmäßige Stärke erlauben, ermöglicht die dritte Handschrift eine Orientierung bezüglich der Art der Ausgaben und ihrer Höhe im Verlauf von 17 Jahren, somit also über die finanzielle Reserve, über die das Kloster verfügte, aber auch über die Kaufkraft des Geldes in Schlesien in der zweiten Hälfte

---

1 Handschriftenkodex mit der Signatur H 234 A.
2 Handschriftenkodex mit der Signatur H 234, Folien 1-48.
3 Handschrift mit der Signatur H 234 B.

des 18. Jahrhunderts. Nehmen wir als Beispiel einen Titel: Im Jahr 1766 betrugen die Ausgaben insgesamt 367 Złoty und 22 Groschen, doch sieben Jahre später werden für Ausbesserungen an der Kirche 1.000 Zł. veranschlagt. Für Medizinhistoriker können die Eintragungen besonders interessant sein, die den Einkauf von Arzneien für die Klosterapotheke betreffen. Dazu muß man wissen, daß in Strzelno gegen Ende des 12. Jahrhunderts ein Prämonstratenserinnenkloster gegründet wurde.[4] Diese erste Sammlung vervollständigen zwei von Brieger Ratsherren am 18. Dezember 1745 sowie am 4. Juli 1693 verfaßte Dokumente.[5]

Die Herkunft aller erwähnten fünf Archivalien ist uns nicht bekannt. Es scheint zudem unmöglich, daß das Beuthener Archiv, das in keiner Weise an einer Sammlung von Handschriften mit Beuthen nicht verbundener Ortschaften interessiert war, diese früher besessen hat. Dafür spricht ihre Einordnung unter die Gruppe „H", in der sich auch die ältesten, auf die Anfänge des Museums zurückgehenden Exponate befinden (u.a. Fotografien aus Sammlungen von Simon Macha, einem der Organisatoren der Museumssammlungen.)[6]

Die übrigen archivierten Einheiten (157 Handschriften) gehören zur Gruppe mit der Signatur „MDT – UL".[7] Sie wurden nämlich 1987 im Stadthaus der Tradition „UL", das seit etlichen Jahren zum Oberschlesischen Museum in der ul. Korfantego 34 (an der Kreuzung mit der ul. Sokoła) gehört, deponiert[8]: 62 Handschriften[9] - im März, 53 Handschriften[10] - im Mai und 95 Handschriften[11] - im November 1987. Erworben wurden sie aus Privatbesitz – direkt von einem Beuthener Bürger sowie von der Antiquariatsbuchhandlung in Hindenburg (Zabrze). Man kann jedoch die Tatsache nicht außer acht lassen, daß sich unter den auf diesem Wege erworbenen Handschriften keine in sich geschlossene Sammlung befindet.

Bislang wurde nicht untersucht, auf welchem Wege alle diese Handschriften in Privatbesitz gelangten, doch kann man als sicher annehmen, daß dazu der Zweite Weltkrieg und die unruhige Nachkriegszeit beigetragen haben. Wegen der Niederlagen an der Front und vor allem aufgrund zunehmender Bombardierungen wurde nämlich 1943 die Evakuierung von Archivalien in als sicher geltende mehr landwirtschaftliche

---

4 Wiktoria Posadzówna, W sprawie fundatora i fundacji klasztoru norbertanek w Strzelnie, „Roczniki Historyczne" 13, 1937, S. 25-37.

5 Handschriften mit der Signatur H 234 C, D.

6 Jan Drabina, Maksymilian Fleischer, Stare fotografie Bytomia z lat 1865-1922 (Alte Fotografien von Beuthen aus den Jahren 1865-1922), Bytom 1995, S. 16f.

7 Bei der Bezeichnung „MDT – UL" handelt es sich um die Abkürzung von „Miejski Dom Tradycji UL" (Stadthaus der Tradition „UL").

8 Jakub Duch, Dom Polski „UL", in: Zabytki Bytomia (Beuthens Baudenkmäler), hg. v. Jan Drabina, Bytom 1988. S. 161-167. Dieses mit einem geräumigen Speisesaal versehene Gebäude erfuhr 1897 einen weitgehenden Umbau; 1945 blieb von ihm nur ein bescheidenes Fragment. Nachdem es vierzig Jahre später an das Oberschlesische Museum überging, wurde es auf Initiative und aus Mitteln des Museums gründlich renoviert. Bis heute erinnert es als Symbol an die Tätigkeit polnischer Organisationen in den Jahren 1919-1922, als diese sich hier gern versammelten.

9 Die Handschriften mit der Signatur MDT Nr. 301-362.

10 Die Handschriften mit der Signatur MDT Nr. 595-648.

11 Die Handschriften mit der Signatur MDT Nr. 860-895.

Gebiete angeordnet. Also verpackte man zum Jahresende die wertvollsten Dokumente in dreizehn Kisten (der Rest blieb an Ort und Stelle) und brachte sie in das unweit gelegene Miedar. Entgegen den Ende des Krieges vorbereiteten Plänen gelang es nicht, sie, wie beabsichtigt, weiter nach Falkenberg (Niemodlin) zu transportieren.[12] Die Spur verlor sich. Die damals alle derartigen Unternehmungen begleitende Geheimhaltung erlaubt es bis heute nicht, das Versteck jener Zeit ausfindig zu machen.

Seit Ende Januar 1945 bis in den März übte faktisch die Rote Armee in Beuthen die Herrschaft aus. (Wie andere bis dahin zum Dritten Reich gehörende Städte unterstand auch Beuthen zu dieser Zeit der sowjetischen Militärkommandantur.)[13] In jenen Monaten vergriff man sich an dem von den Deutschen zurückgelassenen Hab und Gut, und als solches galten auch die Sammlungen des Stadtarchivs, die zudem die Neugierde der Politoffiziere wecken konnten, die überall Kriegsverbrecher und sog. Volksfeinde belastendes Material witterten. Schlimmer noch: Erste Versuche, die verstreuten Sammlungen zu erfassen, wurden erst im August 1945 unternommen, und ihre systematische Einordnung geschah erst fünfzehn Monate später. All das schuf zu jener Zeit die Gelegenheit, daß Personen, die um den Wert der Archivalien wußten, sich ihrer bemächtigten. Möglich ist auch, daß jemand das Versteck mit den Dokumenten in Miedar für sich entdeckt hat.

Aus einer flüchtigen Durchsicht dieser Museumssammlung an Handschriften kann man zu dem Schluß kommen, daß sie bis zum Ausbruch des Zweiten Weltkriegs Bestandteil der Sammlungen des Stadtarchivs waren. Das belegen vor allem die Autoren und Adressaten dieser heute im Museum befindlichen Schriften, also der Beuthener Rat und der Bürgermeister der Stadt. Auch die zahlreichen Seiten mit Zeugenaussagen der im Rathaus geführten Prozesse sowie die Protokolle der Schöffensitzungen lassen keinen Zweifel daran, daß es sich hier um Bestandteile von Gerichtsbüchern handelt. Sie mußten daher aus verständlichen Gründen in den Räumen des Rathauses deponiert gewesen sein.

Wir können somit annehmen, daß bereits seit dem Mittelalter, genauer seit dem 14. Jahrhundert, als die Stadt ihre volle Selbstverwaltung nebst Gerichtsbarkeit und Stadtrat erhielt, im Rathaus auf dem Markt, dessen mittelalterliche Fundamente man kürzlich bei archäologischen Arbeiten entdeckt hat[14], die für die Stadt und ihre Bürger bedeutsamen Dokumente gelagert wurden, höchstwahrscheinlich in den Kellerräumen. Dafür spricht auch die Tatsache, daß in den folgenden Jahrhunderten sogar alte, Beuthen betreffende Pergamentdokumente hier aufbewahrt wurden. Auch wenn sie später verloren gingen, so sind sie doch in den erhalten gebliebenen Dokumentverzeichnissen registriert. Erstmals wird das Stadtarchiv in einem Brief des

[12] Antonina Staszków, Dziejc Archiwum Miejskiego w Bytomiu (Geschichte des Stadtarchivs in Beuthen), in: Szkice z dziejów Bytomia (Skizzen aus der Geschichte Beuthens), hg. v. Jan Drabina, Bytom 1984, S. 57.

[13] Jan Drabina, Historia Bytomia (Geschichte Beuthens), Bytom1994, S. 134f.

[14] Izabella Wójcik, Bytomski rynek w świetle ostatnich badań archeologicznych (Der Beuthener Markt im Lichte jüngster archäologischer Untersuchungen), in:Bytom. Wykopaliska – zabytki –wspomnienia (Beuthen. Ausgrabungen – Baudenkmäler – Erinnerungen), hg. v. Jan Drabina, Bytom 1997, S. 10-35.

Bürgermeisters und des Stadtrats an den Magistrat in Tarnowitz (Tarnowskie Góry) vom 21. Oktober 1688 erwähnt. In ihm ist die Rede von in Unordnung befindlichen Dokumenten und Büchern im Rathausarchiv. Die an diesem Ort deponierten Schriften belegen, daß es hier an Pergamenten aus der ersten Hälfte des 14. Jahrhunderts nicht mangelte.

Auf die Verlagerung des Beuthener Archivs in den späteren Jahrhunderten soll hier nicht weiter eingegangen werden, doch läßt sich nicht übersehen, daß das Archiv seit Ende der zwanziger Jahre unseres Jahrhunderts die Keimzelle des Stadtmuseums bildete. Daraus läßt sich allerdings nicht der fälschliche Schluß ziehen, daß die sich heute im Besitz des Museums befindlichen Handschriften bereits damals zu seinem Bestand gehörten, denn als 1937 das Museum den Status eines „Oberschlesischen Landesmuseums" erhielt, unterstand es unmittelbar der oberschlesischen Provinzregierung in Oppeln, wobei man das Archiv ausgliederte, der Städtischen Kulturabteilung zuordnete und in den Räumen der einstigen Gartenstraße (heute ul. Powstańców Warszawskich) unterbrachte. Der damalige Archivleiter, Dr. Georg Glowik, unternahm viel, um die Sammlungen zu ordnen, zu sichern und zu ergänzen. Anzumerken ist an dieser Stelle gleichfalls, daß noch vor wenigen Jahren das einen Teil des Stadtarchivs der Woiwodschaft Kattowitz bildende Stadtarchiv zum Bedauern der örtlichen Historiker und Archivare liquidiert wurde. Ein Bestand wurde nach Kattowitz verlegt und im dortigen Staatsarchiv, ul. Józefowska 104, deponiert.

Es bleibt noch die Lösung des Problems der Herkunft jener Handschriften mit der Signatur MDT – UL, die heute zum Bestand des Oberschlesischen Museums zählen; sie sollen hier – wegen ihrer großen Zahl – für künftige Forscher kurz charakterisiert werden. Die in der Regel eine Seite umfassenden Handschriften sind im Unterschied zu den zuvor erwähnten mit der Stadt Beuthen und ihrer Umgebung verbunden, genauer mit der damaligen Herrschaft der Grafen Henckel von Donnersmarck, deren Regiment sich mit der Entstehungszeit eben dieser Handschriften deckt (manche entstammen ihrer Feder).[15] Sie gehen überwiegend auf das 17. Jahrhundert zurück. Von den bislang durchgesehenen 78 Dokumenten entfallen auf die Jahre 1596, 1603, 1619, 1628, 1639, 1640, 1644, 1649, 1650, 1651, 1653, 1661 – jeweils ein Dokument, auf die Jahre 1654 und 1656 – zwei, auf die Jahre 1647 und 1669 – vier, auf das Jahr 1655 – sechs, auf das Jahr 1664 – zwölf, auf das Jahr 1668 – vierzehn und auf das Jahr 1662 – neunzehn (vom 12.IV., 5., 19. und 28.V., 21.VI., 21.VII. [zwei], 1.VIII., 3., 4., 20.X., 8. [zwei], 9., 30.XI., 3., 16.XII. sowie zwei ohne Tagesangabe). Diese Zusammenstellung ermöglicht die Orientierung, welche Zeit anhand der Handschriften des Museums am besten rekonstruiert werden kann. Es sind dies zweifellos die Jahre 1662-1668, also die Zeit nach dem Dreißigjährigen Krieg und der schwedischen „Sintflut", die – wenngleich sie die Ereignisse in Schlesien nicht direkt betrafen – wegen der Nähe zum durch schwedische Überfälle zerstörten Polen die

[15] Handschriften und Signatur: MDT – UL, 316, 600, 647 (v. 20.X. und 9.XI.1662 sowie v. 20.IX.1664).

Lebensverhältnisse der Beuthener Bürger beeinflussen mußten. Hinweise auf Diebstahl und Raub sowie Bitten um Hilfe bei der Durchsetzung von Recht und Gerechtigkeit als Gegenstand von Klagen vor dem Beuthener Schulzengericht verwundern daher nicht.[16]

Am Ende sei noch auf die in diesen Handschriften verwendete Sprache aufmerksam gemacht. Nur wenige wurden lateinisch bzw. deutsch abgefaßt, mehrere in Tschechisch, doch die überwiegende Mehrzahl in Polnisch. Zu den letzteren zählen auch die beiden oben erwähnten Zunftbücher sowie die Registrierung der Ausgaben in Schützenhain (Strzelno). Diese Informationen sind angesichts der anhaltenden und lebhaft geführten Diskussion um die nationale Zusammensetzung der Beuthener Bevölkerung und ganz Oberschlesiens in jenen Jahrhunderten der Erinnerung wert. Aus demselben Grund wäre es angebracht, jede dieser Handschriften unter dem Aspekt der Schreibweise der in ihnen begegnenden Vor- und Nachnamen, insbesondere der der Mitglieder der Zünfte und der Beuthener Ratsherren und Schöffen[17], einer Analyse zu unterziehen und auf dieser Basis bezüglich der uns interessierenden Frage Vermutungen anzustellen.

Natürlich treten die im Museum deponierten Handschriften hinsichtlich ihrer Anzahl hinter den Handschriftenabstand des Archivs zurück. Doch ohne sie wäre das Bild von der Vergangenheit Beuthens gewiß unvollständig.

Übersetzung aus dem Polnischen: Theo Mechtenberg

---

[16] Jan Drabina, Bytomianie i ich sprawy codzienne w świetle rękopisów Muzeum Górnośląskiego w Bytomiu z lat 1662-1669, in: Bytom. Wykopaliska ..., a.a.O., S. 114-124.

[17] Henryk Borek, Urszula Szumska, Nazwiska mieszkańców od końca XVI wieku do roku 1740 (Namen von Beuthener Bürgern vom Ende des 16. Jahrhunderts bis zum Jahr 1740), Warszawa-Wroclaw 1976. Die Autoren greifen in ihren Analysen nicht auf die Handschriften aus dem Oberschlesischen Museum zurück, sondern begnügen sich mit archivalischen und kirchlichen Handschriften.

LUDWIG IGÁLFFY VON IGÁLY

Schlesische Erinnerungen: Von der Liegnitzer Ritterakademie zu Gerhart Hauptmanns Wohnsitz in Agnetendorf

Man muß nicht immer eigene Erinnerungen zu Papier bringen. Mein Freund Falk Baron von Gagern, Sohn des bekannten Jagdschriftstellers Friedrich von Gagern, war einst Zögling der von Kaiser Josef I. 1708 auf dem Schloß in Liegnitz paritätisch für Katholiken und Protestanten ins Leben gerufenen Ritterakademie[1]. Vorläufer[2] war eine von Herzog Georg Rudolf von Liegnitz, Brieg und Wohlau (1612-1653) im Jahre 1646 bei der evangelischen Hofkirche zu St. Johannes auch Katholiken offen stehende errichtete Schulstiftung, die, mit Landgütern und Hausbesitz reich ausgestattet, noch des Herzogs fürstliche Bibliothek von 9.000 Bänden bekam, und der er vor seinem Ableben weitere Schenkungen vermachte, die bis zum Erlöschen seines Hauses 1675 unangetastet blieben. Kaiser Leopold I., der die Herzogtümer als erledigte böhmische Lehen einzog, vertrieb zwar die Prediger und Schüler nicht, verwendete aber das eingezogene Vermögen des St. Johannesstiftes als Fond für den Türkenkrieg und für Stipendien an katholische Studenten im Sinne der Gegenreformation, letztlich gab er 1699 die St. Johanniskirche den dortigen Jesuiten, die an die Kirche ein Kolleg bauten und hofften, dort bald eine höhere Schule eröffnen zu können. Dies kam durch den Zug Karls XII. von Schweden, der König August II. nicht nur in Polen, sondern auch in Sachsen bekriegen wollte und sich zum Fürsprecher der bedrängten Protestanten Schlesiens machte, durch den Abschluß der Altranstädter Konvention vom 01.09.1707 nicht zur Durchführung. Kaiser Josef I. gab in der Folge 121 Kirchen in den drei oben genannten Fürstentümern und im Fürstentum Oels an die Protestanten zurück, samt Besitz und Einkünften, so daß auch das Vermögen des St. Johannisstifts – mit Ausnahme der an die Jesuiten 1699 übergebenen Kirche – denselben restituiert

---

[1] Die einzige verläßliche Quelle – wenn man von diversen falsch gelesenen Familiennamen von Zöglingen absieht – ist die von Prof. Dr. E. Pfudel 1908 als Privatdruck in Liegnitz hgg. Geschichte der Königl. Ritter-Akademie zu Liegnitz (47 S.), mit einigen Abb. im Text, als Neuauflage der Geschichte der ... von Dr. Georg Wendt, Liegnitz Ostern 1893, die im Anschluß ein Schülerverz. Von 1708 bis 1810 (mit Lücken) enthielt, wogegen dann Pfudel 1909 im Anschluß ein Abiturientenverzeichnis von 1811 bis 1908 als Schulprogramm nachfolgen ließ (RR! Liegt mir leider nicht vor). Pfudels Geschichte wurde von Karl-Christoph Graf von Rothkirch-Trach im Dez. 1971 als Reprint in Hinnenburg (Kr. Höxter, BRD) für die noch lebenden Angehörigen der Akademie in beschränkter Zahl von neuem herausgebracht, leider ohne die oben genannte Abiturientenliste.

[2] Vor diesem sog. Johannesstift, das bis 1945 die nichtadeligen Schüler besuchten, gab es an der St. Peterskirche daselbst (der spätere Dom St. Peter und Paul, protest., wo sich die berühmte Leichenpredigtsammlung befand, die Dr. Richard Wende bei Geßner herausgegeben hat) schon früh eine höhere Schule, die Bischof Heinrich I. (v. Würben, 1302-1319) d.d. Breslau 31.12.1308 von allen Beschränkungen befreite und besonders privilegierte (Schl.Reg. Nr. 3022). Mit der Erlaubnis für gramm., logische und medizin. Studien (zusätzlich) kam das fast einer Universitätsgründung gleich (darüber vgl. auch Kraffert, Gesch. d. evang. Gymn. zu L., und Ziegler, Die Peter-Pauls Kirche).

wurde.[3] So kam es nach dem Vorbild der niederösterreichischen Landschaftsakademie in Wien, über die ich schon mehrfach berichtet habe[4], zur Gründung einer Ritterakademie in Liegnitz, zu der der Kaiser im Einvernehmen mit den protestantischen Ständen das Vermögen des Johanniterstiftes zur Verfügung stellte, so daß die Eröffnung und Einweihung schon am 11.11.1708 erfolgen konnte. Für die zwölf gestifteten Freiplätze (sieben für Protestanten, fünf für Katholiken) konnten sich Adelsgeschlechter aus dem Fürstentum Liegnitz, in zweiter Linie aus den Fürstentümern Brieg und Wohlau, in dritter Linie aus dem übrigen Schlesien bewerben.[5]

Das Besondere an dieser Bildungsanstalt war, daß sie beiderlei Konfessionen ungehindert offenstand und daß für den Adel die Akademie, später ab 1809 für Bürgersöhne der Stadt und Umgebung das Johannesstift zur Verfügung stand, letzteres natürlich ohne Reiten und sonstige adelige Exerzitien. Es gab zwölf Stiftsplätze für weniger bemittelte Adelige, Fundatisten genannt. Die Akademisten trugen zu einer nicht näher bekannten Galauniform mit Zweispitz (Farbe mangels Bildern unbekannt) einen Degen, durften auch Pistolen haben, hatten freie Wahl der Vorlesungen und Exerzitien, was sich auch in preußischer Zeit bis 1774 kaum änderte, bis Friedrich II. auf diverse Beschwerden hin die Anstalt drastisch reglementierte und einer dauernden Inspektion unterwarf. Das Eintrittsalter wurde von 16 auf zwölf Jahre herabgesetzt und so eine Art Schulbetrieb (ab 1792 mit Latein) eingerichtet; die älteren Zöglinge

---

[3] Diese „Rudolphina" genannte Bibliothek befand sich über dem Reitsaal, also im 2. Stock, und war über die Turmstiege erreichbar. In ihr befanden sich zwei Säle mit großen Tischen und einem Stehpult, an welchem etwa ab 1925 der mit der Obsorge betraute Prof. Dr. Ludwig zu arbeiten pflegte. Er schrieb u.a. einen Beitrag „Zur Geschichte des Ritterguts Tschirne" in ‚Die Heimat', Görlitz 1935, S. 120-122. Im Jahre 1945/46 kam die Bibl. Rud. zum Teil nach Breslau, z.T. nach Warschau, fünf Bücher blieben im Liegnitzer Museum zur Ansicht. Neben der Bibliothek befanden sich der Festsaal (Königssaal) mit farbigen Glasfenstern, einem Bilde Josefs I. und einem später (nach 1894) angebrachten Bild Wilhelms II. (beide verschwunden) und der Zeichensaal. Auch das im ehemaligen Speisesaal befindliche Ölgemälde, darstellend die Gründung der Akademie durch Kaiser Josef I., ist nicht mehr vorhanden. Im Hof vor dem Rentamt (links vom Turmeingang) standen zwei Linden und zwei Ulmen mit einem Denkmal für die im Kampf gegen Napoleon und die 1866 gefallenen Akademisten (fehlt) und weiter links ein ruhender Löwe (vorhanden), doch wurden die Namen der gefallenen Professoren und Akademisten abgeschliffen. Die Statuen zweier Lippizaner sind erhalten, stehen aber nicht mehr im Hof vor der Reithalle. Das Archiv der Akademie, einst in der Bibliothek, ist verschwunden, ebenso alle Hohenzollernbilder und Portraits von 46 Akademisten aus den Gängen und der Aula. Gemäß Pfudel S. 45 stammte das älteste Abiturientenportrait von Franz Josef Fhn. v. Larisch u. Nimsdorf, geb. 1689 Gr.-Stein a.d. Oder, + Tost 23.4.1748, Akad. 1709-12, Herr auf Alt-Stubendorf, Benkwitz etc. in O.S. und 3 halben Stillfried'schen Dörfern im Glatzischen, das zweitälteste von Joh. Josef Rabel Fhn. v. Lilienegg aus Zaumgarten, geb. 1705, Akad. 1724-26.

[4] Vgl. „Ritterakademien und Ritterlichkeit", J.ber.d.Theres. Akademie, Wien 1986/87, S. 15-18, ferner „Modelle der Welt", in Zeitschr. ‚Adler', 20. Bd., Wien 1999, S. 42-43; ferner Anton Mayer in „Blätter d.Ver. f.n.ö. Landeskunde", 22. Bd., Wien 1888, S. 325ff.

[5] Es wurden zu den bestehenden Quartieren des Johannisstiftes noch 19 Bürgerhäuser dazugekauft, so daß sie einen Block bildeten, dann baute man als erstes eine Reitschule 1709 und erst 1728 bis 1738 nach den Plänen des Akad. Prof. Chr. G. Hertel das neue Akademiegebäude mit der Front zur Haynauerstraße, mit einem Architraph im Mitteltrakt. Was die meist kath. Zöglinge aus Oberschlesien (inklusive Hztm. Troppau) in der Zeit von 1708 bis 1741 betrifft, so finden sich ein oder mehrere Vertreter aus folg. Adelsfamilien: Blank, Blumencron, Bock, Brix, Donat, Dzirdzanowsky, Engelhardt, Falkenhayn, Fragstein, Frankenberg, Frobel, Gaschin, Gellhorn, Haugwitz, Henn, Hentschel, Heugel, Jarotzky, Jokay, Kalinowsky (aus Kamionka), Kaminsky, Koschenbar, Kottulinsky, Larisch, Lichnowsky, Mattincloit, Matuschka, Nimptsch, Paczensky Paschasius, Pino, Roy (unbekannt! aus Halbensdorf), Schindel, Spens, Tetzler, Troilo, Troyer, Wentzky, Willerith, Wlczek, Wrochen, Würtz u. Burg, Zinn v. Zinnenburg.

konnten vier bis sechs Monate bei einem preußischen Regiment exerzieren lernen und so der Anstalt fernbleiben. Weil somit so gut wie keine Vorbereitung auf ein Universitätsstudium gegeben war, wollte Minister v. Massow 1805 das Bildungsziel auf die Vorbereitung zum Landwirte- und Offiziersberuf einschränken, wogegen das Lehrerkollegium mit Berufung auf die Stiftungsurkunde protestierte. Im Jahre 1807 gab es in der Anstalt sieben Zöglinge, dagegen elf Lehrer und 16 Bedienstete, Rentmeister, Köche u.a. in ungenannter Zahl, die vom Stiftsvermögen lebten. Diesem unwirtschaftlichen Betriebe wurde durch die Rentenreform des Geh. Staatsrats Wilhelm von Humboldt, der 1808-1810 das preußische Unterrichtswesen unter sich hatte, durch Angleichung an die Struktur der Gymnasien und die oben erwähnte Zulassung des Bürgertums (1809, Entgelt 18 Taler im Halbjahr) sowie Neuregelung des Abiturs (1812, Öff.recht) ein Ende gemacht, was steigende Akademisten- und Frequentistenzahlen zur Folge hatte, auch eine Vermehrung der Stiftsplätze auf 18 (1836) und auf 24 (1867). Dies führte zu einem Neubau des Unterrichtstraktes und der Reitschule und der darüber liegenden Räume, wo nun die Bibliothek ihren neuen Platz fand (vgl. Abb. und Anm. 3). Der ehrwürdig aussehende Turm führte ursprünglich auf den Trockenboden für naßgewordenes Reitzeug, erst unter Kurator Kospoth (1897-1907) zum neu etablierten Königssaale rechts vom Mittelgang, der durch Türen mit den Haupttrakten verbunden wurde, um einen Zugang zu Toiletten zu ermöglichen.

Die Uniformierung der Akademisten war schon bei der Gründung als eine nicht militärische festgelegt worden (langer Rock mit Spitzenbesatz).[6] Unter Friedrich II. und danach trugen sie preußisch-rote Röcke über einer weißen Weste, rote Beinkleider mit weißen Gamaschen, aber doch schon Grenadiermützen und Patronentaschen, etwas später auch goldene Epauletten, zum Reiten hatten sie eigene Reitjacken.

Da die roten Uniformen nach dem Abitur für nichts anderes taugten, verzichtete man ab 1811 auf sie, doch wurde durch eine Kabinettsorder vom 3.11.1842 neuerlich eine Uniform für die Akademisten zwingend vorgeschrieben: Ein blauer Waffenrock mit gelbem Kragen und gelben Knöpfen, mit goldenen Litzen für die beiden oberen Klassen und goldenen Tressen für die oberste Klasse, graue Hosen und eine Mütze mit gelbem Band und schwarz-weißer Rosette, der Teller blau (preußischblau).[7] Von 1811 bis 1838 und dann wieder von 1853 bis 1905 bestand das Direktorium der Akademie aus Kurator und Studiendirektor, wobei letzterer den Kurator bei Abwesenheit zu vertreten hatte. Als zwischen 1894 und 1899 die Zahl der Akademisten und der Stadtschüler auf 60 plus 206 angewachsen war und der Staat schon 10.000 RM zuschießen mußte, begannen Verhandlungen zwischen dem seit 1.4.1897 amtierenden Kurator August Graf von Kospoth und der preußischen Regierung, die am 1.4.1901

---

[6] Vgl. Mayer wie in Anm. 4; Eugen Guglia, Das Theresianum, Wien bei Schroll 1912, S. 34 und 41.

[7] Dieses besondere Blau kann bei diversen Darstellungen preußischer Uniformröcke in „Der bunte Rock", von Paul Martin u. Hans-Joachim Ullrich, Franckh'sche Verlagshandlung Stuttgart 1963, auf S. 13, 109, 152 unten, eingesehen werden. Vgl. hierzu auch Peter Mainka, Die Erziehung der adeligen Jugend in Brandenburg-Preußen, Curriculare Anweisungen Karl Abraham v. Zedlitz und Leipe für die Ritterakademie zu Liegnitz, Würzburg 1997.

zur Übernahme der beiden Anstalten durch den Staat führten.[8] Kaum hatte Graf Kospoth am 3.5.1897 die Geschäfte eines Kurators übernommen, traf am 16.6. Kaiser Wilhelm II. erstmalig zu Besuch ein. Bei einem späteren Besuch äußerte er u.a. den Wunsch, daß die Akademisten oberhalb der schwarz-weißen brandenburgischen eine schwarz-weiß-rote Reichskokarde auf der Mütze tragen sollten. Die Liegnitzer Bürger waren aber gut brandenburgisch eingestellt und rissen den Akademisten beim Verlassen des Doms nach dem Gottesdienst die neuen Kokarden herunter, was nicht ohne eine große Prügelei abging. Kospoth fiel in Ungnade und trat 1907 zurück. Graf Kospoth selbst mußte eine vom Kaiser ganz neu für sein Amt als Kurator erfundene Uniform tragen (s. Abb.), die es sonst in ganz Preußen nicht gab. Seine Gattin kommentierte das Foto mit dem Zusatz „Der Gebieter als Kurator".[9] Er war von Natur gütig und trotz Differenzen beim Kaiser gern gesehen. Ein Bild zeigt ihn vor dem Jagdzelt des Kaisers, wo er als einziger ohne Hofjagduniform erschienen war und sich mit „So bin ich eben, so geh' ich immer auf die Winterjagd" entschuldigte, worauf der Kaiser einem Fotografen befahl, sie beide zu fotografieren.
Graf Augusts Tochter Ruth (21.3.1880-12.3.1914) heiratete in zweiter Ehe am 9.11.1911 den später als Jagdschriftsteller berühmen Friedrich Freiherrn von Gagern auf Mokritz (Krain)[10], aus welcher Ehe mein Freund Falk Fhr. v. Gagern stammt, der auf dem uralten Kospoth'schen Stiftsplatz in der Akademie studieren durfte. Von ihm erfuhr ich vieles über dieses Haus und auch über die seit Kaiser Wilhelm und auch in der Republik verwendeten Uniformen: Sie waren in den Farben an das in Oels stationierte 8. Dragoner-Regiment (der Kronprinzessinn Cäcilie) angeglichen, demnach königsblau mit goldgelben Aufschlägen, acht Knöpfe vorne, je zwei am Ärmel, sechs rückwärts, dazu passend die Mütze (wie oben), weißer Kragen mit schwarzer Binde, die Hosen schwarz, mit Leiste gestrafft. Innerhalb der Akademie

---

[8] Die neun Paragraphen des Vertrages (vgl. Pfudel S.38-39) sehen vor, daß der seit 1897 amtierende 1. Militärgouverneur (es gab schon seit 1746 Mil.inspektoren) die vom Direktor geführte finanzielle Verwaltung übernahm, daß die Stiftung nun an den Staat 46.000 RM zu zahlen und weiterhin die Stiftsgebäude zu erhalten hatte. ferner, daß 61 Alumnen kostenlos, weitere aber kostenpflichtig studieren konnten. Das Gymnasium übernahm alle Lehrbehelfe.

[9] Er wurde am 22.10.1836 in Briese (s. Abb.) geboren und starb ebd. Am 21.3.1928, Wappen u. Fam.gesch. vgl. Gotha 1903 u. GHdA Bd. V., 1967. Graf August versöhnte sich nach dem Tode seiner Frau Nora geb. v. Klitzing, + 6.5.1908, von der die Notiz am Foto stammte und die auch bei Hof wegen einer Indiskretion bzgl. einer Hohenzollernschen Familienaffäre in Ungnade gefallen war, mit dem Kaiser, der ihn später während des Krieges nochmals zum Kurator ernannte, wie auch auf seiner im Speisesaale der Akademie aufgestellten Büste vermerkt war. Die Kuratorenuniform war dunkel violett-blau mit rotem Kragen und silbernen und goldenen agréments, dazu ein violett-blauer rot ausgeschlagener Mantel und ein ebensolcher Zweispitz mit goldener Verbrämung, eine Aufmachung, die daheim für viel Heiterkeit sorgte („Zirkusdirektor").

[10] Ein Foto der beiden befindet sich in Falk Gagerns Buch „Mokric", bei Paul Parey, Hamburg und Berlin 1962, S. 209. Sie schenkte 1914 noch einem Sohn das Leben, starb aber an einer Thrombose kurz danach. Sie hatte auch Nachkommen aus ihrer 1. Ehe mit einem Garderittmeister Gf. v. Venningen in Potsdam, ließ sich aber 1908 scheiden, als dieser infolge seiner Wittelsbacherabkunft immer seltsamer wurde (2 Söhne). Ihr Tod und die beiden Geburten spielten sich in Schloß Schönbriese (bei Briese, Kr. Oels, s. Abb.) ab. Falk Freiherr v. Gagern, geb. 23.8.1912, verbrachte seine Jugend auf dem Majorat in Schönbriese, das die Grafen v. Kospoth (aus Sachsen-Thüringen) 1724 dort errichtet, aber infolge Absterbens der fhl. Linie aus Schilbach im Vogtland hinterlassen hatten, die 1776 den preußischen Grafenstand erlangte (Carl Christian, der selbst 1754-56 die Akademie besucht und später die zwei Kospoth'schen Stiftsplätze errichtet hatte). Falk Gagern trat zu Ostern 1926 in die Untertertia der Akademie ein.

Schloß Schönbriese, Kr. Oels

Baron Falk von Gagern

Graf August von Kospoth

Kaiser Wilhelm II. mit dem
Grafen August von Kospoth

wurde die preußische graue Litewka getragen, eine Art Zwillich, den vor Zeiten die Polen von den Litauern übernommen hatten. Diese Uniform blieb auch im 2. Deutschen Reich unangetastet, an sich ein interessantes Curiosum. Der militärische Drill unterschied sich ebenso wenig von dem der Kaiserzeit.
Falk Gagern, der am 23.8.1912 auf Schloß Schönbriese[11] geboren war, hatte im Jahre 1928 zusammen mit zwei anderen Akademisten, einem Posadowsky aus Blottnitz und einem Pückler aus Schedlau, eine seltsame Erscheinung. Sie standen in einer Fensternische im 2. Stock, als sie von der zum Dachboden führenden Treppe – oben befand sich ein mit Schloß und Kette gesichertes Gittertor – Schritte vernahmen. Eine altertümlich gekleidete Gestalt schritt an ihnen vorbei und ging die Treppe zur Aula hinunter, wo sich eine zweite von unten her kommende zur ersteren gesellte und beide um die Ecke bogen. Da in der Aula nur eine einzige Türe vorhanden war, die zur Wohnung des Akademiedirektors Bosse führte, dieser aber gerade als Meister vom Stuhl in der Loge beim Haynauer Tor weilte, erhob sich die Frage, wohin die beiden Gestalten gegangen waren. In der Aula gab es eine Wand, die einen früheren Durchgang vermuten ließ und die man daraufhin aufbrach. Dahinter war ein leerer Raum und eine breite Bohlentreppe, die zur Haynauerstraße hinabführte und unter derselben in einer Verschüttung endete. Die beiden, die sich schon mehrmals gezeigt hatten, waren vielleicht die Opfer jenes Duelles von 1718, das sich im Hause abgespielt hatte und die Relegierung von vier Zöglingen zur Folge hatte.[12]
Prof. Dr. Ludwig pflegte im Herbst jeden einzelnen Schüler zu fragen, welches gute Buch er über den Sommer gelesen hätte. Gagern wußte keines, über das er Auskunft geben könnte, und sagte ganz einfach: Die Bibel. Der Professor prüfte ihn der Länge und Breite nach, aber Gagern erwies sich als bibelfest. Das war der Anfang einer einzigartigen Vertrauensstellung. So wurde er der einzige, der in die Bibliothek mitgehen durfte. Dr. Ludwig war als Historiker und Germanist vielseitig interessiert und arbeitete dort mit großem Eifer an einem Thema über Gerhart Hauptmann[13]. Wenn es ihm eilig war, schickte Dr. Ludwig die Manuskriptbögen nicht per Post, sondern mit Hilfe Falk Gagerns nach Agnetendorf zwecks Durchsicht. Gagern schilderte mir seine erste Fahrt dorthin. Er war sehr sportlich und sparte das Fahrgeld, indem er sein Fahrrad nahm, radelte und sich hinter Bolkenhain an einen Lastwagen anhängte, der über Merzdorf nach Hirschberg fuhr. Dann ging es noch halbwegs gut, doch ab Bad

---

[11] Es gibt in Schlesien zahlreiche Orte Briese und Briesen, ferner Bresa, Breesen und ähnliche. Britzen im Ölsnischen hat seinen Namen vom Hl. Briccius, auf den auch St. Brixen bei Kostenthal im Kr. Cosel zurückgeht. Dieser aus Dänemark stammende Heilige starb beim Alpenübergang und wurde in Heiligenblut bestattet, daher so viele Brixen-Orte in Österreich. Mittelhochdeutsch: Brise = (Ein)schnürung bei Kleidung und Schuhwerk und poln. Bryze = bunte Nähte, Verzierungen wären als Erklärung zu weit hergeholt. Es gab zwar beim Wallfahrtsort Langenwiese ein aus der Zeit von König Matthias Corvinus herrührendes Kro(a)tendorf, wo die seinerzeit zum Schutz der Straße von Oels nach Breslau angesiedelten Kroaten mit ihren alten Trachten lebten (noch 1940), doch erklärt das nicht die Vielzahl solcher Ort auf Bri-, um 1400 alle auf Bre-, worauf man nach 1945 alle in Brze- (Birken-) Orte umgewandelt hat.

[12] Pfudel (wie oben Anm. 1), S. 10.

[13] Mir ist nicht bekannt, ob das Buch erschienen ist. Von ihm erschien ein Beitrag „Zur Geschichte vom Rittergut Tschirne“ in ‚Die Heimat’, Görlitz 1935, S. 121-122, und ein Vortrag „Ehrfurcht vor dem gedruckten Wort“, Jahresgabe des Verlags Wilhelm Herzog (vor 1954).

Warmbrunn mußte er oft das Rad schleppen, weil der Weg neben dem Schneegrubenwasser steil bergauf ging[14]. Als er oberhalb des Dorfes beim Hause „Wiesenstein" anlangte, war der Gesuchte nicht zu Hause. So fuhr er quer durch den Wald nach Schreiberhau, wo am Sonntag vormittags gerade eine Verkaufsausstellung der gfl. Schaffgotschen Glashütte mit Buffet stattfand. Freundlich aufgenommen und gelabt kehrte er zum Wiesengrund zurück und kam gerade zurecht, als Gerhart Hauptmann dem Wagen eines Breslauer Arztes und Klinikbesitzers, Prof. Dr. Erkelens, entstieg. Der Dichter nahm ihn mit großer Freundlichkeit auf, zeigte ihm alle Räume des Hauses und stellte ihm dann einen Schwarm junger Leute vor, die auf der Terrasse zu den Klängen eines Grammophons tanzten. Als Gagern auf besonderes Zureden des Dichters bis zum Abendessen dort geblieben war, erreichte er, obwohl es nun bergab ging, den letzten Zug nach Hirschberg nicht mehr. Nach zwei weiteren Stunden auf dem Rad mußte er aufgeben und entschlief sogleich auf einem Heuhaufen. Die helle Sonne weckte ihn am Morgen, doch zur Schule kam er reichlich spät. – Was sich im Jahre 1946 nach dem Tode des Schriftstellers am Wiesenstein abspielte, darüber berichtete die Frankfurter Allgemeine Zeitung in ihrer Beilage „Bilder und Zeiten", Nr. 146 vom 27.06.1998, in einem Artikel von Thomas Rietschel: Schlesische Visionen.

Als Gagern die Liegnitzer Ritterakademie verlassen hatte, wandte er sich der Ökonomie und der Pferdezucht zu und machte so nebenbei bei Motorradrennen erste Preise. Doch bald kam der Nationalsozialismus und mit ihm viel Unheilvolles, die Aufteilung der Schlesier in vier Volkslisten, die sinnlose Eindeutschung slawischer Ortsnamen, die Bespitzelung schlesischer Gutsbesitzer, die Verfolgung der Juden und deren stille Enteignung und Vertreibung, die Ausschaltung politischer Parteien und die Schuldentilgung für all jene, die sich dem korrupten System zuwandten. Ein Erlebnis in dieser angespannten Zeit möchte ich noch hinzufügen.

Der frühere König von Sachsen besaß nahe bei Briese das Gut Sybillenort, Loischwitz, Peuke, Süßwinkel und noch 15 Güter im Oelsnischen, wo er sich gerne mit seinen drei hübschen Töchtern diverser Provenienz aufhielt. Als nach dem Tode des Königs in Sybillenort am 18.02.1932 ein gewisser Hans Merensky aus Pommern das Gut Süßwinkel kaufte, nahm man ihn gesellschaftlich kaum zur Kenntnis, es war daher mehr ein Zufall, daß Gagern und ein Frl. von Loitsch ihn bei einer Tennispartie kennenlernten. Merensky war als unverheirateter Pastor in das britische Mandatsgebiet Südwestafrika gezogen, entdeckte im benachbarten Südafrika Diamantenfelder und Goldminen, letztlich auch in Südwestafrika Sulfatlager, wodurch er Multimillionär wurde. Er schätzte Hitler über alles und brachte einen großen Teil seines Reichtums mit nach Europa. Er war sozial fortschrittlich denkend und baute seinen Arbeitern Häuser mit Bad und Garten. Als nun Gagern und besagtes Fräulein ihm einen Gegenbesuch in Süßwinkel machten, führte er die beiden zu einem Zimmer, sperrte es

---

[14] Vgl. Sonderkarte in Andrees Handatlas, Wien 1909, S. 47, oder „Zwischen Oder und Riesengebirge", A.H. Konrad, Weißenhorn 1987, S. 97 (Wegekarte 1924).

auf und zeigte ihnen ein ganzes Lager von Gold- und Platinbarren und viele Schüsseln, angefüllt mit Rohdiamanten. Er schenkte diesen unermeßlichen Schatz kurz danach Adolf Hitler zum Zwecke der Aufrüstung Deutschlands. Gagern machte sich einen Reim darauf und wußte nun, daß ein Krieg in Vorbereitung war. Es dauerte nicht lange und auch Gagern wurde, da er einen österreichischen Paß hatte, von Herren in Ledermänteln bespitzelt, u.a. weil er in einem noch jüdischen Hause in Breslau des Studiums halber wohnte. Eines Tages, als er sich in einer Gaststätte ein Abendessen kaufte, trat ein ihm Fremder ein, ging auf ihn zu und fragte ihn, ob er Baron Gagern sei. Er sagte ihm, daß die Gestapo vor dem Lokal auf ihn wartete. Der Mann war ein Breslauer Jude, der zu ihm sagte: „Ich habe nichts zu verlieren. Nehmen Sie meinen Mantel und Hut und versuchen Sie zu entkommen. Wir treffen uns dann (dort und dort...)“. Gagern entkam und floh nach Mokric unweit von Laibach, wo er sich dann bis zum Einmarsch Hitlers in Österreich aufhielt. Das Majorat Briese wurde 1937 aufgelöst, Gagern sah es nie wieder.

Leider starb Falk Freiherr v. Gagern am 5. Juni 2000 in seinem Haus in A 1990 Wien, Chimanistr. 31, nach kurzem Leiden im Beisein seiner Tochter Dundy verw. Frn. v. Erb. Falk Gagerns Persönlichkeit war von Lauterkeit und Güte geprägt. Sein Gedächtnis und Wissen um die deutsche Geschichte waren phänomenal, seine Bibliothek war erlesen, seine Publikationen gründlichst recherchiert. R.i.p.!

HANS-LUDWIG ABMEIER

Grafschafter und Beuthener: Studienrat Dr. theol. Paul Reinelt

In den ersten 50 Jahren des 20. Jahrhunderts gehörte Dr. Paul Reinelt zu den bedeutendsten Persönlichkeiten des Beuthener geistigen Lebens.[1] Er stammte freilich weder aus Beuthen noch überhaupt aus Oberschlesien, was aber am eben Gesagten nichts ändert, sondern es eher, angesichts der Tatsache, daß er in der oberschlesischen Industriestadt blieb und nicht etwa um eine Ortsveränderung bemüht war, noch akzentuiert.

Reinelt war ein echtes Kind der schönen Grafschaft Glatz, in der er am 6. April 1877 als Ältestes von neun Kindern des Stellenbesitzers (Bauern) Ernst Reinelt und seiner Ehefrau Anna, geb. Karger, zu Neuweistritz, Kreis Habelschwerdt, das Licht der Welt erblickte. Seine Kindheit scheint von Sonne bestrahlt gewesen zu sein, wurde jedoch von den sieben Volksschuljahren mit strenger Disziplin und dem Tod der heiß geliebten Mutter, bei dem er wohl 14 Jahre alt war, getrübt. Zeitlich verspätet bezog er erst 1890 das traditionsreiche im Zuge der Gegenreformation von Jesuiten gegründete Königliche katholische Gymnasium in Glatz und wohnte damals wahrscheinlich in dem mit der Anstalt verbundenen Konvikt. Zu seinen Lehrern gehörte der ehemalige Direktor des Gymnasiums zu Beuthen O.-S. Dr. Wilhelm Schulte, der 1897 das Direktorenamt in Glatz antrat, später das Franziskanergewand nahm (Pater Lambertus) und als verdienstreicher Erforscher der schlesischen Geschichte bekannt wurde.

Nach der Ablegung des Abiturs im Jahre 1899 studierte Reinelt in Breslau katholische Theologie, wurde Mitglied im Kartellverband katholischer deutscher Studentenvereine (KV), empfing am 20. Juni 1903 aus den Händen von Georg Kardinal Kopp in Breslau die Priesterweihe und war Kleriker des Erzbistums Prag, zu dem die deutsche Grafschaft Glatz kirchlich gehörte.

Seinen historischen Neigungen folgend, ließ Reinelt sich anschließend für ein halbes Jahr beurlauben, um als erster Schüler seines Habelschwerdter Landsmannes Professor

---

[1] Autobiographisch: Dr. Paul Reinelt, Studienrat in Beuthen OS. In: Guda Obend! 10, 1920, im Kalendarium. – Der Schriftsteller Paul Reinelt. Selbstbiographie. In: Wilhelm Müller-Rüdersdorf [Hg.]: Die Grafschaft Glatz. Das Buch des Landes und Volkes. Breslau (1924), S. 270-272. - - Literatur: Am besten: Karl Schindler, Paul Reinelt aus Neuweistritz. Ein Dichtertheologe zwischen Fremde und Heimat. 1877-1959. In: Karl Schindler, So war ihr Leben. Bedeutende Grafschafter aus vier Jahrhunderten. Leimen/Heidelberg o.J. [1975], S. 142-155. – A[dolf] Knakrick, Msgr.Dr. Paul Reinelt gestorben. In: Gleiwitzer – Beuthener – Tarnowitzer Heimatblatt 9, 1959. Heft 8, August, S. 37. – Zum Gedenken an Monsignore Prof. Dr. Paul Reinelt. Ebd. 10,1960, Heft 5, Mai, S. 18. – Hermann Hoffmann, Prälat Dr. theol. Paul Reinelt <1877-1959>. In: Mitteilungen des Beuthener Geschichts- und Museumsvereins, Heft 25/26, 1963/64, S. 226-227. – Joseph Gottschalk, Paul Reinelt <1877-1959>. In: Schlesische Priesterbilder, Band 5. Hg. von Joseph Gottschalk. Aalen/Württ. (1967), S. 127-130. – Wachsmann, Dr. theol. Paul Reinelt. In: Sie gehören zu uns. Von Glatzer Heimatpriestern. Hg. von Leo Christoph (Reinbek 1969), S.100-101. - Karl Schindler, In memoriam Dr. theol. Paul Reinelt. Dreißig Jahre wirkte er am Hindenburg-Gymnasium in Beuthen O/S. In: Der Neue Oberschlesische Wanderer 16, 1977, Nr. 7 v. 1. April, S. 5-6. – Paul Reinelt. In: Das Katholische Deutschland. Biographisch-bibliographisches Lexikon von Wilhelm Kosch. 3. Band. Augsburg o.J., Spalte 3869. – Heiduk, wie Anm. 23, S. 11-12.

Dr. Augustin Nürnberger (1854-1910) zu dissertieren. Die Doktorarbeit trägt den Titel „Studien über die Briefe des hl. Paulinus von Nola“[2] und brachte ihm am 4. Dezember 1903 den theologischen Doktorhut. Drei Tage nach der Promotion begann Reinelt den Dienst als Kaplan in Gabersdorf, „einem der abgelegensten, aber schönsten Dörfer der Grafschaft Glatz“, in dem er anderthalb Jahre blieb, sich an seiner schon damals ansehnlichen Bücherei erfreute, eifrig die Kirchenväter studierte, gelegentlich eine Erzählung, ein Märchen oder einen Sonntagsartikel für eine Zeitung schrieb[3] und die ersten kleinen Schriften zum Druck brachte. Bereits am 21. Januar 1904 legte er das Staatsexamen in Religion, Hebräisch und Latein ab, amtierte dann vom 1. Juni 1905 bis Ende Dezember d. .J. als Religionslehrer am Katholischen Lehrerseminar zu Frankenstein, hierbei die Grenze vom Erzbistum Prag zum Fürstbistum Breslau überschreitend und wohl nicht ahnend, daß er niemals mehr in seiner Grafschaft wohnhaft werden würde.

Am 1. Januar 1906 übernahm er die kommissarische Verwaltung einer Ober- und Religionslehrerstelle am Königlichen katholischen Gymnasium zu Beuthen (Oberschlesien), die ihm am 1. Oktober 1906 definitiv übertragen wurde.[4] Das Beuthener Gymnasium blieb 33 Jahre lang der Mittelpunkt seiner beruflichen Tätigkeit, bis zur am 31. März 1939 erfolgten Pensionierung.[5] Offensichtlich zählte Reinelt zu den tüchtigen und beliebten Pädagogen, wobei man auch an die allgemein in Oberschlesien den Priestern entgegengebrachte Wertschätzung zu denken haben wird. Sein ehemaliger Schüler Karl Schindler schreibt: „Nicht oft war das Urteil über einen Pädagogen so einhellig wie über Paul Reinelt. Tausende von Schülern bezeugen es, wenn sie von ihrem ‚Paulek‘, wie sein Spitzname war, zu erzählen beginnen. Es sind mannigfache Gründe für seine Beliebtheit bei ihnen und ihre Anhänglichkeit an ihn angegeben worden. Gewiß mögen sie richtig sein, die tiefste Ursache aber liegt wie so oft im verstandesmäßig nicht Faßbaren, im Irrationalen: er hatte das in Worten nicht zu erklärende Charisma der pädagogischen Persönlichkeit; das zeigte sich vor allem in der hohen erzieherischen Kunst, mit der er Schwächen der Schüler überlegen meisterte. Sein leicht ironischer Humor konnte etwas Entwaffnendes haben.“[6] Heute würden wir sagen: „Die Chemie stimmte.“

Eine Beuthener Zeitung würdigte im Jahre 1930 Reinelt mit einem überzogenen Artikel, in dem es u.a. heißt, er übe „sein überrragendes Erziehungswerk“ aus, „zu

---

[2] Breslauer Kath.-theol. Dissertation. Gedruckt 1903 bei Nischkowsky in Breslau; erneut gedruckt 1904 bei Aderholz in Breslau. Im Historischen Jahrbuch der Görres-Gesellschaft, XXV. Band, 1904, befindet sich eine ausführlich referierende Besprechung „dieser soliden Arbeit“ durch den Münchener Altphilologen Carl (Karl) Weyman auf S. 269.

[3] Selbstbiographie, wie Anm. 1, S. 271.

[4] Vierzigster Jahresbericht des Königlichen Gymnasiums zu Beuthen O.-S. über das Schuljahr 1906-1907. Beuthen O.-S. 1907, S. 22. Hier sei angemerkt, daß der Druck dieses Schulprogramms von der jüdischen Firma Immerwahr vorgenommen wurde.

[5] Gottschalk, wie Anm. 1, S. 127. – Anders Schindler, Leben, wie Anm. 1, S. 145: „Nach seiner Pensionierung als Oberstudienrat zum 1. April 1936, nach 39jähriger Tätigkeit am Königlichen, dann Staatlichen Hindenburg-Gymnasium...“ Bei 39 handelt es sich wohl um einen Druckfehler (statt: 30). Eine Bestätigung dafür, daß Reinelt Oberstudienrat war, sah ich nicht.

[6] Schindler, Leben, S. 145-146.

Dr. Paul Reinelt

dem er seine Kraft aus der heiligen Schrift schöpft. Ein Jugend- und Volkserzieher im besten Sinne des Wortes, ist er wie keiner berufen, der lernenden Jugend den rechten Weg zu zeigen und zu ebnen. Was er auf diesem Gebiet bisher geleistet hat, ist zu bekannt. Neben seiner regen Tätigkeit als Volkserzieher fand der Unermüdliche noch Zeit, um sich stark im öffentlichen Leben zu betätigen. Überall dort, wo es galt, für die hohen Ideale der christlichen Lehre, für Deutschtum und Gerechtigkeit die Klinge zu kreuzen, war er der unermüdliche Kämpfer in vorderster Front. Seine überzeugende Sachkenntnis, die Macht seiner Persönlichkeit, ließen ihn manchen Sieg im harten Strauß erringen." Im Abstimmungskampfe sei er unerschrocken auch als Redner für Deutschland eingetreten.[7]
Durch die außerschulische Tätigkeit erlangte Reinelt eine noch größere Bekanntheit und Wertschätzung, als er diese infolge seines langjährigen Wirkens am Beuthener Gymnasium, das zum Hindenburg-Gymnasium geworden war, bereits besaß. Er verfügte über große rhetorische Fähigkeiten, war ein beliebter Kanzel- und Vortragsredner, sprach – hier seien einige Beispiele aus den Jahren 1929 und 1930 herausgegriffen – sehr wahrscheinlich am 21. Oktober 1929 vor dem Deutschen Katechetenverein Beuthen O/S im Schulkloster über „Der englische Katechismus"[8], am 2. April 1930 bei dem vom Katholisch-Deutschen Frauenbund für ganz Deutschland vorgeschriebenen Ehetag vor der Ortsgruppe Beuthen über „Die katholische Ehe"[9] und am 8. April 1930 (wohl) bei dem von der Literarischen Vereinigung Königshütte veranstalteten Passionsabend über die Verehrung des Kreuzes in Spanien, dabei eigene Erlebnisse zugrunde legend[10]. „Besonders beliebt waren seine Fastenpredigten, seine Predigten bei den Jahresschlußandachten und den kirchlichen Veranstaltungen des kath. Frauenbundes."[11]
Seine Aktivitäten in anderen kirchlichen Vereinen zeigten sich dadurch, daß er seit dem 13. Januar 1918 als Präses des Katholischen kaufmännischen Vereins weiblicher Angestellter und Beamtinnen amtierte und 1925 als Vorsitzender des Bundes katholischer Akademiker für Beuthen und Umgebung nachgewiesen ist.[12] Zumindest zeitweilig stand Reinelt in der Führungsriege der Ortsgruppe Beuthen des Glatzer Gebirgs-Vereins, die ihn im Januar 1913 zu ihrem 2. Vorsitzenden wählte (anscheinend Wiederwahl) und im Februar 1915 (für 1915) erneut mit diesem Amt betraute.[13] Der G.G.V. war damals ein recht stattlicher Zusammenschluß von Männern aus dem örtlichen Bürgertum und aus dem der Umgebung, hatte zu Beginn des Jahres

---

[7] Studienrat Dr. Reinelt 25 Jahre Religionslehrer. In: Ostdeutsche Morgenpost, Nr. 155 v. 5. Juni 1930. Diese führende Wirtschaftszeitung gehörte zur gemäßigten Rechten, in Nachbarschaft zur Deutschen Volkspartei. Vgl.: Bernhard Gröschel, Die Presse Oberschlesiens von den Anfängen bis zum Jahre 1945. Dokumentation und Strukturbeschreibung. Berlin 1993, S. 49. (Schriften der Stiftung Haus Oberschlesien. Landeskundliche Reihe. Bd. 4)
[8] Katholische Schulzeitung für Norddeutschland 46, 1929, S. 838 (Nr. 42 v. 16. Oktober).
[9] Ostdt. Morgenpost, Nr. 93 v. 3. April 1930.
[10] Ebd., Nr. 95 v. 5. April 1930.
[11] Zum Gedenken, wie Anm. 1.
[12] Handbuch für die Katholiken von Beuthen O/S. und Roßberg. Hg. von Paul Reinelt. Beuthen (1925), S. 153 u. 151.
[13] Die Grafschaft Glatz 8, 1913, S. 25; 10, 1915, S. 11.

1911 126 Mitglieder, konnte diese Zahl auf 234 am Anfang des Jahres 1912 nahezu verdoppeln und bis etwa Mitte 1913 auf 305 steigern.[14]

Als sich Anfang November 1925 im Beuthener Hotel „Kaiserhof" „eine erlesene Gesellschaft von hervorragenden Männern des öffentlichen und Geisteslebens aus allen Teilen Oberschlesiens zur Gründung einer oberschlesischen Gruppe der Deutschen Akademie zur wissenschaftlichen Erforschung des Deutschtums" versammelte, war Reinelt dabei.[15] Professor Dr.-Ing. Tafel[16] von der Technischen Hochschule in Breslau, Vorstandsmitglied der Schlesischen Gruppe der Deutschen Akademie, legte die Ziele „der Gesellschaft als Untergruppe des in München ins Leben gerufenen wissenschaftlichen Instituts der Deutschen Akademie dar. Er bezeichnete drei Hauptgebiete, auf die sich die Arbeit der neuen Einrichtung besonders erstrecken sollte: Die Werbung im Inland für den deutschen Gedanken, die Sorge für das Auslandsdeutschtum und die wissenschaftliche und kulturelle Arbeit im Innern."[17] Anschließend sprach der hoch angesehene Breslauer Germanist Prof. Dr. Koch[18] über „Richard Wagner und die Bedeutung des Festspielgedankens", worauf die Gründung der oberschlesischen Gruppe erfolgte. Dem 15köpfigen Vorstand gehörten u.a. Oberpräsident Dr. Proske[19], Landeshauptmann Piontek[20], Professor Dr.-Ing. Feuerstein (Beuthen)[21], Rektor Günther (Gleiwitz)[22], Chefredakteur Schadewaldt (Beuthen)[23], Syndicus v. Stoephasius (Oppeln)[24] und Reinelt an. Man wird aus der Zielsetzung und der Einbeziehung rechtsgerichteter Männer angesichts der Beteiligung der Zentrumsleute Proske und Piontek nicht gleich auf eine extremistische Orientierung schließen dürfen. Doch recht national klang das schon, und Reinelt gehörte sicherlich nicht zu den Anhängern der politischen Linken, was bei einem Priester (jener Zeit)

---

[14] Ebd. 7, 1912, S. 20; 18, 1913, S. 45-47. Vgl. die Anlage!
[15] Ostdt. Morgenpost, Nr. 310 v. 8. November 1925.
[16] Prof. Dr.-Ing. Victor E. Tafel, geb.1881 in Adrianopel.
[17] Wie Anm. 15.
[18] Prof. Dr. Max Koch, geb. 1855 in München, gest. 1931 in Breslau.
[19] Dr. Alfons Proske, geb. 1881 in Ratibor, gest. 1950 in Freiburg/Breisgau; 1923-1929 Oberpräsident von Oberschlesien, dann Kurator der Universität Bonn. – Hans-Ludwig Abmeier, Alfons Proske. In: Neue Deutsche Biographie 20, 2001, S. 743-744.
[20] Hans Piontek, geb. 1876 in Polnisch Neukirch (Groß Neukirch), Kreis Cosel, gest. 1930 in Ratibor; 1924-1930 Landeshauptmann von Oberschlesien. – Hans-Ludwig Abmeier, Hans Piontek. In: Neue Deutsche Biographie 20, 2001, S. 462.
[21] Prof. Dr.-Ing. Theodor Feuerstein, geb. 1869 in Dresden, gest. 1928 in Beuthen OS; politisch aktiv in der Deutschnationalen Volkspartei. – A(lfons) Perlick, Prof. Dr.-Ing. Theodor Feuerstein (1869-1928). Oberstudiendirektor, Leiter d. Staatl. Baugewerkschule i. Kattowitz u. Beuthen OS. In: Mitt. d. Beuthener Gesch.-u. Museumsver., Heft 34/35, 1972/73, S. 218-221.
[22] Heinrich Günther, Stadtverordneter der DNVP in Gleiwitz.
[23] Hans Schadewaldt, geb. 1894 zu Golzow im Oderbruch, gest. 1965 zu Tübingen; Chefredakteur der Ostdeutschen Morgenpost. – Franz Heiduk, Oberschlesisches Literatur-Lexikon. Biographisch-bibliographisches Handbuch. Teil 3. Q-Z. Heidelberg 2000, S. 43.
[24] Walther Oscar Eduard Adolf v. Stoephasius, geb. 1874 in Metz, gest. 1938 in Berlin. Landgerichtsrat, Syndicus der Industrie- und Handelskammer für die Provinz Oberschlesien in Oppeln; sehr aktiv im Abstimmungskampf um Preußisch-Oberschlesien. – Karl Sczodrok, Walter von Stoephasius. In: Zeitschrift des Vereins für Geschichte Schlesiens 72, 1938, S. 393-395.

auch sehr verwunderlich gewesen wäre, und wohl eher zur rechten Mitte, vielleicht mit einem Auge nach halbrechts.

Eine besondere Hervorhebung verdient die überaus eifrige schriftstellerische Arbeit von Reinelt, die aus der in diesem Band der „Mitteilungen" enthaltenen Übersicht seiner Veröffentlichungen ersichtlich ist und deshalb hier nicht in aller Breite berücksichtigt werden muß. Ihm scheint das Schreiben und das Mitteilen seiner Forschungsergebnisse, vieler seiner gedanklichen Überlegungen und auch des Versenkens in die Welt der Phantasie Bedürfnis und wichtiges Anliegen gewesen zu sein.

Am Anfang stehen nach der Dissertation die Schriften „Passionsbilder" und „Die Maria-Hilf-Kapelle in Voigtsdorf" – beide 1904 und 1905 erschienen, daneben heute wohl kaum mehr zu ermittelnde Artikel. Ein großer Wurf gelang mit dem auf gründlichem, zeitaufwendigem Studium beruhenden fast 500 Seiten umfassenden Buch „Christliche Erziehungslehre in Zitaten", das im (auch) damals sehr geschätzten katholischen Herder-Verlag im Jahre 1909 erschien. Ein Jahr danach folgte das ebenfalls sehr umfangreiche Buch „Heilige Frauen und Jungfrauen". Reinelt gedachte, in Beuthen angestellt, immer wieder der Glatzer Heimat, schrieb Märchen, Geschichten, Aufsätze für das Jahrbuch „Guda Obend!" und die Zeitschrift des Glatzer Gebirgs-Vereins, „Die Grafschaft Glatz", von denen manche dann Aufnahme in seine einschlägigen Sammelbände fanden. Er dachte nach und publizierte über die Erneuerung der Predigt, betrachtete die Berge als Gottes Throne, schrieb die Tragödie „Iluscha" (1923 im Beuthener Theater zu seiner großen Freude viermal aufgeführt).

Als Beispiele von Rezensionen seiner Schriften seien hier einige Stimmen zum Büchlein „Aus den Glatzer Bergen" (1912) angeführt. „Ein kleines, von warmer Heimatliebe getragenes, in hübscher, zum Teil poetischer Sprache flott geschriebenes Buch, das allen und besonders den Freunden der lieblichen Grafschaft aufs beste empfohlen wird."[25] „Als flotter und anregender Erzähler erweist sich P. Reinelt in seinen Sprachkultur zeigenden Skizzen und Erzählungen ... – gute Heimatliteratur."[26] „Ein schönes Büchlein, das echte Heimatkunst bietet. Doch braucht sich sein Landkreis nicht auf die Bewohner der Grafschaft Glatz oder Schlesiens zu beschränken. Sowohl die Erzählungen wie auch die Skizzen zeugen von gründlicher Kenntnis und dichterischer Intuition und Kraft und werden überall gern gelesen werden."[27] Leiser, gemischter, ist die in zwei weiteren Rezensionen gezollte Anerkennung. So heißt es im Berliner Zentrumsorgan „Germania": Dr. Paul Reinelt hat ein Büchlein Skizzen und Erzählungen geschrieben -, das zunächst für Schlesier von Interesse ist. Aber auch der Fernerstehende, der an der Eigenart des Landes nicht in gleicher Weise interessiert ist, wird dem Verfasser ganz gern einmal zuhören, da er nicht schlecht erzählt."[28]

---

[25] Monatsblätter für den katholischen Religionsunterricht an höheren Lehranstalten 14, 1913, S. 157.
[26] Literarischer Ratgeber für die Katholiken Deutschlands 11, 1912, S. 19.
[27] Literarischer Handweiser zunächst für alle Katholiken deutscher Zunge 51, 1913, S. 58.
[28] Germania, Nr. 280, 6. Dezember 1912, 2. Beilage; zit. nach: Guda Obend! 5, 1915, S. 134 (Verlagsanzeige).

Und in der Jesuitenzeitschrift „Stimmen aus Maria Laach“ ist zu lesen: „Es ist ja alles recht einfach geschrieben, was Reinelt von der Grafschaft erzählt, aber wie da Geschichte, Natur und Volkstum des reizenden Ländchens dem Verfasser sichtlich Herzenssache geworden sind, das wirkt auch auf den Nichtschlesier erquickend und – unter Umständen –gesundend.“[29]
In der Folgezeit arbeitete Reinelt weiter sehr fleißig mit der Feder, schrieb u.a. für Grafschafter Periodica, „Sanctificatio nostra“ (auch die in dieser religiösen Zeitschrift für den katholischen Klerus enthaltenden mit P.R. gezeichneten lateinischen Gedichte stammen hochwahrscheinlich von ihm), „Katholisches Sonntagsblatt der Erzdiözese Breslau“, „Oberschlesisches Katholisches Sonntagsblatt“ (?) und „Ostdeutsches Pastoralblatt“; über St. Barbara, die Patronin der Bergleute, über Beuthener Kirchen und einzelne Beuthener Priester und über vorbildliche katholische Männer und Frauen des In- und Auslandes.
Im Jahre 1925 kamen zwei für das Publizieren von Reinelt typische Bücher aus der Presse, die auch heute noch der Vorstellung wert sind. Das erste unter dem Titel „Pfeffer und Salz der frumbden Christenheit in Stadt und Land in die sonntägliche Predigtkost gestreut vom Bruder Bernhard. Herausgegeben von Dr. Paul Reinelt“,[30] also praktisch unter einem später gelüfteten Pseudonym. Im Vorwort des Herausgebers heißt es u.a.: „Ein unbekannt gebliebener Verfasser schrieb als ‚Bruder Bernhard’ in den Jahren 1922/23 in der Oberschlesischen Zeitung zu Beuthen Sonntagsartikel. In der grobkörnigen Sprache des Abraham a Sancta Clara sagte er allen ungefragt und ungeschminkt die Wahrheit, den Städtern zuerst, dann aber auch den Landleuten, den Männern und noch mehr den Frauen, den Laien und selbst den Mitbrüdern. Freilich schonte er sich selbst auch nicht. Gegenstand seiner Angriffe sind die allgemein menschlichen Schwächen. Er tadelt an den Städtern den Stolz und Unglauben, die Vereinsmeierei und den törichten neuzeitlichen Aberglauben. ... Seine ganze Liebe gilt freilich dem Dorfe. Ihn jammert das Landvolk. Die frühere Anhänglichkeit an die Scholle ist immer mehr geschwunden. Haus und Feld werden als Ware an die Gütermetzger verschachert. Die Poesie und Ruhe des Sonntags gehen im Lärm unter, seitdem sich der Strom der Ausflügler auf das Dorf ergießt. Die alten Feste mit ihrem patriarchalischen Gepräge sind für immer dahin. Die Originale, wie der alte Kirchvater, sterben aus. Volksfeinde haben das Landvolk revolutioniert.“[31] Aus dem Vorwort und den 41 Kapiteln nachdenklichen, religiösen, spöttelnden und zum Schmunzeln einladenden Inhaltes lassen sich Rückschlüsse auf Lebenseinstellung und Ansichten Reinelts ziehen, so auf seine große Skepsis gegen die räumliche und geistige Verstädterung und manches als Fortschritt Gepriesene. Einige Artikelüberschriften deuten nicht nur auf den Inhalt hin, sondern auch auf die sich bei manchen Lesern aktivierenden Ärgerkapazitäten: „Wenn man den Leuten die Wahrheit sagt“, „Der Pharisäer“, „Wehe den Kümmelbrüdern!“, „Wehe der

---

[29] Stimmen aus Maria Laach, 84. Bd., 1913, S. 473.
[30] Freiburg i. Brsg. 1925.
[31] Ebd., S. III-IV.

Weiberherrschaft!“, „Wehe den Grundstücksspekulanten!“ und „Der Angorakatzen-Schutzverein“. Reinelt wollte „ridendo dicere verum“, [32] lachend die Wahrheit sagen, brachte manchen Freude, anderen aber das Gegenteil.

Bei Schindler heißt es 1975: „Bekanntlich war Paul Reinelt jede Schönfärberei zuwider. Dies kommt besonders zum Ausdruck in seinem aus anonym in der ‚Oberschlesischen Zeitung' erschienen Artikeln entstandenen Buch ... In ihm geht er mutig-überzeugt gegen Übel des damaligen Zeitgeistes ... an. Die Aufsatzreihe in der genannten Zeitung hatte ein lebhaftes Für und Wider und heftige Diskussionen ausgelöst; schließlich mußte sie abgebrochen werden. ... Über die verbissenen Gegner der freimütigen, aber im Grunde liebenswerten Kritik Paul Reinelts können wir heute nur noch den Kopf schütteln.“[33].

Wenn Reinelt seine Artikel trotz des Abbruchs der Zeitungsserie zusammenfaßte und in Buchform erscheinen ließ, dann zeugt das von Selbstvertrauen und Courage, und daß dieses Buch vom Herder-Verlag herausgebracht wurde und dort ein Jahr später, 1926, die zweite und dritte Auflage erlebte, zeigt die seinem Werk gegebene Beachtung und Zustimmung.

Bei Reinelts zweitem im Jahre 1925 veröffentlichten Buch handelt es sich um eine ganz andere Schrift, um Sachliteratur. Es ist das – gerade nach den schwerwiegenden Änderungen im Gefolge des Zweiten Weltkrieges mit der politischen Umwälzung – vor allem für die Kirchen- und Kulturgeschichte Beuthens wichtige „Handbuch für die Katholiken von Beuthen O/S. und Roßberg“,[34] eine von der Vergangenheit ausgehende Übersicht über das kirchlich-katholische Leben in der ostdeutschen Industriestadt in der Mitte der zwanziger Jahre des 20. Jahrhunderts, als Reichskanzler Dr. Gustav Stresemann eine gefährliche Krise im Reiche gemeistert hatte und die politischen und kirchlichen Verhältnisse Oberschlesiens (1925 Gründung der Diözese Kattowitz in Polen) einer Klärung zustrebten. Reinelt war Herausgeber dieses Buches, steuerte viele Beiträge zu ihm bei, besaß sachkundige Ko-Autoren[35] und schuf ein bei der ernsten Beschäftigung mit der Historie Beuthens nicht zu übersehendes Werk, das auch für überörtliche Arbeiten wertvolle Informationen anbietet.

Für Reinelts weiten geistigen, über Deutschland hinaus reichenden Horizont sprechen – außer anderem, etwa seinen Auslandsreisen – seine Übersetzungen (1929 und 1931 erschienen) zweier Bücher aus dem Englischen und Französischen.

Während der Jahre der nationalsozialistischen Herrschaft blieb Reinelt anscheinend zumindest weitgehend unbehelligt. In einem 1958 erschienenen Artikel des bis 1933 amtierenden Beuthener Oberbürgermeisters Dr. Knakrick heißt es allerdings: „Sein Büchlein ‚Brombeeren' wurde von der Gestapo eingestampft, hat also offenbar den

---

[32] Ebd., S. V.

[33] Schindler, Leben, wie Anm. 1, S. 147.

[34] Beuthen O/S (1925).

[35] U.a. Alfons Perlick (Geschichte der Stadt Beuthen OS), Regierungs- und Baurat Reck aus Oppeln (Die Ausmalung der St. Marienkirche in Beuthen OS), Rektor Leo Altaner (Das Berufs- und Fachschulwesen), Studienrat Robert Lieson (Kirche und Hospiz zum Heiligen Geist in Beuthen OS.) und Studienrat Alfred Hoffmann (Das Katholische Fürsorgewerk Oberschlesien).

besonderen Unwillen der Machthaber des 3. Reiches erregt."[36] Da diese Schrift schon 1928 herauskam,[37] kann es sich nur um Restbestände gehandelt haben. Zur Skepsis stimmt (auch) der sich anschließende unrichtige Satz Knakricks: „Das Büchlein ‚Pfeffer und Salz', das 1937, also auch schon in der Nazizeit erschien, blieb ungeschoren."[38] De facto erschien es aber 1925 erstmals und 1926 erneut.

Für 1937 und 1938 wurden Ankündigungshinweise auf einige Ansprachen Reinelts im Rahmen der christlichen Morgenfeiern des 1925 ins Leben gerufenen Senders Gleiwitz gefunden.[39]

Unternimmt man den Versuch, Reinelts Publikationen nach Gruppen zu ordnen, dann wird man, ohne scharfe Grenzmarkierungen anzubringen und dabei bedenkend, daß manches nicht nur einer Kategorie zugeordnet zu werden vermag, einteilen dürfen: 1. Theologisch-wissenschaftliches, 2. Predigten, Ansprachen und religiöse Betrachtungen, 3 über die Grafschaft Glatz und über Glatzer Leute, 4. über Kirchen, kirchliches Leben und Priester in Beuthen, 5. Ausländisches. Die Texte der letzten Gruppe erwuchsen großenteils aus den von ihm sehr geliebten und damals alles andere als alltäglichen großen Auslandsreisen, etwa nach Schottland und Spanien, wo er u.a. den berühmten Wallfahrtsort Santiago de Compostela und das uralte Toledo besuchte und in der Krypta des Escorial an den Gräbern der spanischen Könige stand.[40]

Die Marienverehrung lag Reinelt sehr am Herzen. Und so widmete er eines seiner Bücher „Maria der Wegbereiterin und Führerin zu edlem Mädchentum",[41] schrieb einfühlsam über sie[42] und zeigte seine Verehrung der Mutter Gottes sicherlich auch im gesprochenen Wort, auch im Unterricht.[43] Heutigen Leserinnen und Lesern wird vieles bei der Themen- und Wortwahl Reinelts als fremd bis sehr fremd erscheinen: als zu gefühlsbetont, erbaulich und von der Realität entfernt.

Kann man ihm aber vorwerfen, daß die Sprache und die religiöse Blickrichtung sich seit dem Zweiten Weltkrieg hierzulande massiv veränderten? Verschwand nicht auch viel von gottbezogener Innerlichkeit, an „Seele"?

---

[36] Knakrick, Die „Grafschaft" und „Beuthen" sind beide ihm Heimat. In: Gleiwitzer und Beuthener Heimatblat 8, 1958. Heft 2, S. 24-25, hier S. 25. – Dr. jur. Adolf Knakrick (1886-1959) war ein „doppelter Landsmann" Reinelts: zwar nicht in der Grafschaft Glatz geboren, aber dort aufgewachsen und 1925-1933 (Absetzung durch die Nationalsozialisten) als Erster Bürgermeister bzw. Oberbürgermeister von Beuthen. – H.-L. Abmeier, Adolf Knakrick. In: Ostdeutsche Gedenktage 1986 (Bonn 1985), S. 151-153.

[37] Das katholische Deutschland, wie Anm. 1.

[38] Knakrick, wie Anm. 36.

[39] Feier am 7. Februar 1937: Thema der Ansprache „Christus – Lehrer des Gebetes", Mitwirkung von Chordirektor (Erich) Lokay aus Beuthen. Oberschlesisches Katholisches Kirchenblatt 2, 1937, S. 66 (Nr. 6 vom 7. Februar); Feier am 3. Oktober 1937: Thema „Erntedank". Ebd., Nr. 40 v. 3. Oktober; Feier am 17. April 1938: Thema „Osterfreude", Mitwirkung von Musikdirektor Franz Kauf aus Gleiwitz. Ebd., 3, 1938, Nr. 13 v. 17. April.

[40] Paul Reinelt, Spanien, wie ich es sah. In: Arnestus-Kalender 5, 1928, S. 104-108.

[41] Paul Reinelt, Edles Mädchentum in Beruf und Leben. Wiesbaden 1930.

[42] Z.B.: Paul Reinelt, St. Maria in Weiden. In: Katholisches Sonntagsblatt der Diöcese Breslau 27, 1921, S. 114-115 (Nr. 15 v. 10. April); ders., Das Ave Maria als Spiegel unseres Lebens. Ebd., S. 346-347.

[43] Dr. med. Leo Abmeier (1918-2000), mein Bruder, der im Beuthener Hindenburg-Gymnasium zu Reinelts Schülern gehörte, sagte mir von dessen Marienverehrung.

Mancher Ton im literarischen Schaffen von Paul Reinelt (und darüber hinaus), klingt nach Joseph Wittig.[44] Zum Beispiel veröffentlichte Wittig 1925 erstmals sein „Leben Jesu in Palästina, Schlesien und anderswo“ und Reinelt 1926 seine „Chronika“. Wie das liebe Jesuskind im Glatzer Lande geboren wurde“. Kurze Zeit bevor sich die Tore der katholischen Kirche langsam und für Jahrzehnte vor Wittig zu schließen begannen, verteidigte Reinelt im Rahmen eines Aufsatzes seinen Grafschafter Landsmann, dabei kritisch Anzumerkendes nicht aussparend.[45]

Wie war Reinelts Einstellung zum Glatzer Land, in dem er geboren wurde, und zu Beuthen O/S, wo er lebte? Während sich die erste Frage leicht beantworten läßt, weil seine Texte der Gruppe 3 von Glatzer Luft durchströmt sind und der Liebe zur Glatzer Heimat ihr Entstehen verdanken, ist das bei der zweiten Frage nicht so rasch möglich, obschon aus den Texten der Gruppe 4 zum Teil erspürbar. Lassen wir zu beiden Fragen den Schriftsteller-Theologen selber sprechen, der im Jahre 1924 schrieb: „Am 1. Januar 1906 trat ich meine Stelle als Oberlehrer an dem Gymnasium zu Beuthen an. Wiewohl Beuthen die schönste unter den Städten Oberschlesiens ist, strebte doch damals jeder danach, aus der Gegend der Schlote und Fördertürme möglichst schnell wieder wegzukommen. Ich klage nicht, daß ich schon fast zwanzig Jahre fern von den grünen Bergen der Heimat im äußersten Winkel Schlesiens sitze; ja, ich möchte es jetzt auch nicht mehr anders wünschen. Hier bin ich festgewurzelt und habe einen liebgewordenen Wirkungskreis, und die Glatzer Heimat ist in dieser Zeit eine andere geworden. Schön und großartig ist ihre Natur, wie kaum eine andere Landschaft Deutschlands; die Menschen dagegen sind mir fremd geworden. Zahlreiche Reisen während der Ferien haben mir die Augen für die Schönheit der Heimat, aber auch für ihre Fehler geöffnet. Doch begraben möchte ich in ihr sein, denn sie ist meine größte Wohltäterin!“[46] – Es besteht keinerlei Veranlassung zu der Annahme, seine Liebe zum Glatzer Land und die Verbundenheit mit Beuthen seien bis zur Vertreibung geringer geworden. Die Letztere konnte freilich „im Exil“ ab 1948 umständehalber nicht mehr so sichtbar werden.

Um 1920 erhielt Reinelt den Titel Studienrat, 1930 verlieh ihm Adolf Kardinal Bertram in Anerkennung seiner Erziehungstätigkeit den Titel Geistlicher Rat[47], und 1939 wurde er Päpstlicher Geheimkämmerer.[48] Seine Wohnung hatte er in der Piekarerstr. 59, die von den Nationalsozialisten in Poststr. umbenannt wurde, im St. Josephshaus der „Töchter der christlichen Liebe vom hl. Vinzenz von Paul.“ Als pfarrlich zu St. Trinitas gehörender Pensionär half er in der Seelsorge aus.

---

[44] Universitäts-Professor Dr. theol. Joseph Wittig (1879-1949); 1925 Indizierung einiger seiner Schriften; 1926 exkommuniziert, 1946 rekonziliiert.

[45] Paul Reinelt, Von der Grafschaft, den Grafschaftern und Joseph Wittig. In: Wilhelm Müller-Rüdersdorf [Hg.], Die Grafschaft Glatz. Das Buch des Landes und Volkes. Breslau (1924), S. 166-170.

[46] Der Schriftsteller Paul Reinelt. Selbstbiographie. In: D. Grafsch. Glatz, wie Anm. 45, S. 270-272, hier S.271.

[47] Ostdeutsche Morgenpost, Nr. 148 v. 29. Mai 1930. – Unrichtig ist das Jahr der Ernennung von Schindler (Leben, wie Anm. 1, S. 145) angegeben: 1931.

[48] Oberschles. Kath. Kirchenbl. 4, 1939, Nr. 34 v. 27. August. – Schindlers Angabe, diese Ernennung sei 1937 erfolgt (wie Anm. 47), trifft also nicht zu.

Am 8. Oktober 1948 endete Reinelts fast 43 Jahre umspannende Beuthener Zeit. Während er im Josephshaus das Staffelgebet der hl. Messe verrichtete, verhaftete ihn polnische Miliz; er wurde in das Lager Leobschütz abgeschoben, „landete“ in der sowjetischen Besatzungszone Deutschlands, wirkte als Kaplan in Magdeburg-Buckau und ab April 1952 als Hausgeistlicher in einem Kinderheim zu Harbke, ca. 50 km von Magdeburg, wo 1953 sein Goldenes Priesterjubiläum gefeiert werden konnte.[49] Es erschien noch einiges, Altes und Neues, aus seiner Feder, doch eine kleine Kirchengeschichte gelangte nicht zum Druck. 1956 erfolgte die Übersiedlung des kranken Priesters in das Altersheim der Herz-Jesu-Schwestern zu Andernach.

In Andernach starb Monsignore Dr. theol. Paul Reinelt am 13. Juli 1959 im Alter von 82 Jahren. Wiederholt hatte er den Wunsch geäußert, in seiner Heimat bzw. seinem Heimatdorfe begraben zu werden,[50] und bei einem Besuche in Neuweistritz schenkte ihm die Kirchengemeinde eine bevorzugte Grabstelle.[51] Doch Wünschen und Planen gingen nicht in Erfüllung. Nicht in der Grafschafter Heimat, sondern im rheinischen Andernach erfolgte am 16. Juli 1959 die Beerdigung von Reinelt, bei der Ehrenerzpriester Wilhelm Porwoll,der 1954 (widerrechtlich?) seines Amtes als Pfarrer an St. Barbara enthoben worden war, das Requiem zelebrierte und am Grabe sprach. Im Namen der Grafschaft Glatzer Landsleute sagte Dr. Wimmer aus Voigtsdorf, Kreis Habelschwerdt, den Abschiedsgruß für den hochverdienten Mann, der immer Priester des Erzbistums Prag geblieben war.

Anlage:

Mitgliederverzeichnis der Ortsgruppe Beuthen OS. des Glatzer Gebirgsvereins 1912/13

Vorstand.

1. Seminardirektor Dr. N i c k e l, Vorsitzender; 2. Tuchkaufmann F r i e m e l, stellvertr. Vorsitzender; 3. Handschuhmacher Jos. S c h m i d t, 1. Kassierer; 4. Oberzollaufseher a.D. R i s c h e r, 2. Kassierer; 5. Bergsekretär Rob. T a u c h e, 1. Schriftführer; 6. Lehrer Emil G ü t t l e r (Friedenshütte), 2. Schriftführer; 7. Gemeinderendant Georg B e r n h a r d t (Bobrek), 8. Gastwirt Jos. D u t t k e (Schomberg), 9. Materialienverwalter W. F r a n z (Gotthardschacht b. Orzegow), 10. Lehrer Paul F r i e b e n (Königshütte), 11. Landgerichtsdirektor K l e i n w ä c h t e r, 12. Lehrer Max K u b e (Lipine), 13. Oberlehrer Dr. R e i n e l t, 14. Bürovorsteher Karl T a u c h e (Bobrek), 15. Steiger W e n g e r e k (Scharley), Auschußmitglieder.

---

[49] Schindler, Leben, wie Anm. 1, S. 152-153.

[50] Wie Anm. 46. – Vier Jahre vorher, also 1920 (bzw. 1919, als Jahr, in dem der btr. Kalender gedruckt sein dürfte, klang es so: „Ich habe nur einen Wunsch: M ö g e d a s G l a t z e r L a n d g l ü c k l i c h w e r d e n! Und wenn ich einst gestorben bin, begrabt mich in meinem Heimatdorfe.“ Sperrung im Original.

[51] Zum Gedenken, wie Anm. 1. Vielleicht erfolgte die Schenkung in Verbindung mit seiner wohl 1927 gehaltenen „Festpredigt anläßlich des 200jährigen Bestehens der Dorfkirche zu Neuweistritz bei Habelschwerdt“, o.O. u.J.

A. Mitglieder.

1. Obermeister Josef Adler, Bobrek
2. Lehrer Karl Ansorge, Zaborze
3. Landgerichtsdirektor Arttelt, Beuthen
4. Baumeister Aßmann, Antonienhütte
5. Lehrer Josef Aust, Bielschowitz
6. Hüttenmeister Hermann Bansen, Bobrek
7. Assistent Konrad Bansen, Bobrek
8. Gemeinderendant Banaszkiewiecz, Orzegow
9. 1. Lehrer Georg Basler, Friedenshütte
10. Lehrer Becke, Miechowitz
11. Grubensteiger Louis Beck, Königshütte
12. Lehrer Beerscht, Schwientochlowitz
13. Oberpostsekretär Benemann, Beuthen
14. Gemeindekassenrendant Georg Bernhardi, Bobrek
15. Lehrer Bienert, Beuthen
16. Wiegemeister Josef Bittner, Karf
17. Lehrer Karl Bittner, Beuthen
18. Kaufmann Paul Bittner, Königshütte
19. Hauptkassenrendant Blaschnitzky, Beuthen
20. Gastwirt Bobrek, Beuthen
21. Maschinensteiger Richard Boksch, Hohenzollerngrube
22. Ingenieur Hermann Beck, Buchatz OS
23. Tiefbauunternehmer Adolf Braedel, Beuthen
24. Magistratssekretär Anton Bregulla, Beuthen
25. Lehrerin Else von Brixen, Beuthen
26. Schneidermeister Heinrich Broll, Beuthen
27. Lehrer Bokisch, Hohenlinde
28. Lehrerin Hedwig Bucksch, Beuthen
29. Lehrer Bytomski, Bobrek
30. Lehrer Emanuel Chrczaczcz, Hohenlinde
31. Malermeister Otto Chudalla, Beuthen
32. Knappschafts-Obersekretär A. Corvin, Tarnowitz
33. Magistratsassistent Hermann Danszyk, Beuthen
34. Betriebssekretär Oskar Dowerg, Friedenshütte
35. Steiger Konrad Dörner, Königshütte
36. Prakt. Arzt Dr. Drischel, Deutsch Piekar
37. Gastwirt Josef Duttke, Schomberg
38. Lehrer Paul Engelbert, Eintrachthütte
39. Gerichtsaktuar Ernst, Königshütte
40. Lehrer Hermann Ertel, Friedenshütte
41. Ingenieur Eugen Fara, Bobrek

42. Amtssekretär Felgenhauer, Roßberg
43. Prod. Verwalter-Assistent Josef Fietzek, Schomberg
44. Prokurist Adolf Franke, Scharley
45. Materialienverwalter Wendelin Franz, Gotthardschacht bei Orzegow OS
46. Lehrer Paul Frieben, Königshütte
47. Werkmeister Rudolf Friedrich, Hohenzollerngrube
48. Tuchkaufmann Adolf Friemel, Beuthen OS.
49. Lehrerin Elisabeth Friemel, Karf
50. Bürovorsteher Karl Fuchs, Beuthen
51. Kaplan Gabyrsch, Bobrek
52. Gemeindekassenrendant Franz Gaida, Roßberg
53. Buchdruckereibesitzer Gaida
54. Lehrer Ganschinietz, beide in Beuthen
55. Bauführer Walter Gallaschik, Hohenzollerngrube
56. Rechtsanwalt Galluschke, Beuthen
57. Rendant W. Gawlik, Bobrek
58 Milch- pp. Geschäft Julius Gierga, Beuthen
59. Rentier Anton Giolda, Orzegow
60. Oberinspektor J. Gebauer, Bobrek
61. Grubensteiger Robert Golenia, Schomberg
62. Obermeister Graetz, Bobrek.
63. Direktor a.D. Großmann, Beuthen
64. Lehrer Franz Großmann, Neu-Heiduk
65. Häuserverwalter Robert Grittner, Hohenzollerngrube
66. Oberlehrer a.D. Grützner, Kattowitz
67. Steuerkassenrendant E. Gründel, Beuthen
68. Lehrer Emil Güttler, Friedenshütte
69. Königl. Steiger Josef Güttler, Bielschowitz
70. Lehrer Gürtler, Lipine
71. Ofensetzmeister Johann Gowik jr., Beuthen
72. Königl. Kreisschulinspektor Adolf Hahnel, Putzig, Westpr.
73 Lehrer Paul Hanke, Miechowitz
74. Lehrer Hanschmann, Beuthen [richtig wohl: Hantschmann, Gustav]
75 Hüttentechniker Alfred Hamme, Friedenshütte
76. Lehrerin Hildegard Harazim, Godullahütte
77. Lehrer Hawlitschka, Bobrek
78. Postsekretär Otto Hawlitzka, Rybnik OS
79. Hüttenmeister Konrad Heer, Thurzo Kolonie, Post Friedrichsdorf
80. Lehrer Richard Hellmann, Bielschowitz
81. Obersteiger August Helwig, Friedenshütte
82. Korrespondent A. Herzig, Bobrek
83. Schornsteinfegermeister Herde, Friedenshütte

84. Obersteiger Heiderich, Königshütte
85. Hausbesitzer Simon Herzberg, Bobrek
86. Lehrer Alfons Himmel, Friedenshütte
87. Lehrer Otto Hillmann, Bittkow bei Laurahütte
88. Lehrer Bruno Hoffmann, Beuthen
89. Produktenverwalter Konstantin Holetzko, Orzegow
90. Kontrolleur Josef Hoppe, Schomberg
91. Glasermeister Julius Hoppek
92. Zivilingenieur Ernst Hupka, beide in Beuthen
93. Lehrer Ilgner, Bielschowitz
94. Kaufmann Max Immerwahr, Beuthen
95. Obermeister Jacksch, Friedenshütte
96. Juwelier Oskar Zander,
97. Bankbeamter Albert Januschowsky
98. Lehrer A. Jockisch
99. Cafetier Karl Jusczyk, sämtlich in Beuthen
100. Lehrer Josef Jüttner, Friedenshütte
101. Kaufmann Heinrich Kaller, Beuthen
102. Kaufmann Paul Kaller, Bobrek
103. Schichtmeister Anton Kappatsch, Beuthen
104. Prakt. Arzt Dr. Katz, Beuthen
105. Lehrer Berthold Katzer, Friedenshütte
106. Lehrer R. Käser, Bobrek
107. Obersteiger Max Kempe, Hohenzollerngrube
108. Photograph Kessel
109. Landgerichtsdirektor Kleinwächter, beide in Beuthen
110. Chemiker Moritz Klimke, Zabrze
111. Kaufmann Franz Knauer, Beuthen
112. Fleischermeister Josef Kolano, Bobrek
113. Lehrer Kopaczek, Schlesiengrube
114. Lehrer Karl Korzonek, Lipine
115. Rechtsanwalt Edmund Koziol, Beuthen
116. Ingenieur Köster, Bismarckhütte
117. Maschinenmeister Nikodemus Krafczyk, Gotthardschacht bei Orzegow
118. Lehrer Krasky, Hohenlinde
119. Eisenhändler Otto R. Krause, Beuthen
120. Lehrer Karl Kraut, Zaborze
121. Ingenieur Krichler, Gräfin Johanna-Schacht bei Bobrek
122. Bahnhofvorsteher Franz Kreisel, Karf
123. Hotelier Max Krug
124. Lehrer Josef Krüger, beide in Bobrek
125. Hallenmeister Krüger, Königshütte

126. Lehrer Max Kube, Lipine.
127. Pfarrer Josef Kubis, Bobrek
128. Kanzleibeamter Kuhnert, Königshütte
129. Maschinensteiger Louis Labesius, Myslowitz
130. Braumeister Oskar Lange
131. Kaufmann Paul Langer, beide in Beuthen
132. Lehrer Wilhelm Larisch, Bielschowitz
133. Revisor Latton, Antonienhütte
134. Kürschnermeister Johann Lazar, Beuthen
135. Ingenieur Jakob Ledermann, Bobrek
136. Lehrer Richard Leguttke, Bielschowitz
137. Oberbahnassistent Adolf Lesch, Beuthen
138. Hauptlehrer Josef Lompa, Bobrek
139. Kaufmann Paul Lubecki, Beuthen
140. Lehrerin Helene Lucyga, Bobrek
141. Restaurateur A. Ludwig, Beuthen
142. Bürovorsteher Josef Lux, Friedenshütte
143. Grubenkassenrendant Robert Lukosz
144. Gerichtssekretär Lorek
145. Lehrer Fritz Mai
146. Rechnungsführer Eduart Matheika, sämtlich in Beuthen
147. Knappschaftskalkulator Karl Mattukat, Tarnowitz
148. Sanitätsrat Dr. Marzodko, Godullahütte
149. Korrespondent Maaß, Friedenshütte
150. Lehrer Meier, Beuthen
151. Gasthausbesitzer Karl Menzel, Koslowagora bei Neudeck OS
152. Hauptlehrer Robert Melzig, Königshütte
153. Schneidermeister Anton Mletzko, Beuthen
154. Lazarettverwalter Michallik, Bobrek
155. Gerichtsaktuar Günther Mieruch, Beuthen
156. Lehrer Bruno Mierzowsky
157. Grubensteiger Otto Mierzowski, beide in Schomberg
158. Lehrer Otto Mittmann, Ruda
159. Schneidermeister Eduard Mischok, Beuthen
160. Grubensekretär Johann Moses, Orzegow
161. Lehrer Stanislaus Mroß, Beuthen
162. Verwaltungssekretär Julius Müller, Friedenshütte
163. Schichtmeister Georg Nawrath, Lipine
164. Seminardirektor Dr. Nickel, Beuthen
165. Grubensteiger Friedrich Niemczyk, Bobrek
166. Hotelier Franz Niestroj, Beuthen
167. Lehrer Viktor Nowak, Schomberg

168. Oberrealschullehrer Artur Olbrich
169. Schneidermeister Vinzent Ottmann
170. Schneidermeister Joef Pansder, sämtlich in Beuthen
171. Maurermeister Richard Pauly
172. Lehrer und Organist Konstantin Pazulla, beide in Schomberg
173. Lehrer Georg Pelz, Miechowitz
174. Lehrer Robert Peschke, Roßberg
175. Bergverwalter Preuß, Lythandragrube Stadtkreis Beuthen
176. Lehrer Preiß, Königshütte
177. Gemeindesekretär Theodor Peterek, Bobrek
178. Grubensteiger Pohl, Hugogrube, Post Friedrichsdorf
179. Lehrer Pohl, Bobrek
180. Lehrer Podlesny, Miechowitz
181. Schlafhausverwalter Joseph Pollatzek, Bismarckhütte.
182. Lehrer Franz Poremba, Karf
183. Lehrer Richard Plewig, Schomberg
184. Amtsgerichtssekretär Plewnia, Königshütte
185. Gastwirt Viktor Pika, Orzegow
186. Lehrer Ernst Przybilla, Beuthen
187. Lehrer Max Przybilla, Zawodzie
188. Wettersteiger Josef Piossetzki, Schomberg
189. Kaufmann Oswald Rabel, Kattowitz
190. Maschinenwerkmeister Ramser, Lipine
191. Schneidermeister Fritz Reecke
192. Magistratssekretär Paul Renczikowski, beide in Beuthen
193. Malermeister Jakob Renka, Schomberg
194. Kürschnermeister Josef Reichel
195. Oberlehrer Dr. Reinelt, beide in Beuthen
196. Lehrer Emil Richter, Bielschowitz
197. Obermeister Gerhard Richter, Friedenshütte
198. Lehrer Richtarsky, Bobrek
199. Lehrer Heinrich Riedel, Gleiwitz
200. Lehrer Rieger, Bobrek
201. Lehrer Ring, Josephsdorf bei Kattowitz
202. Rechtsanwalt Dr. Riesenfeld, Beuthen
203. Obersteueraufseher a.D. Franz Rischer, Beuthen
204. Lehrer Erich Rinnbauer, Miechowitz
205. Lehrer Georg Rinke, Königshütte
206. Schichtmeister Viktor Rohner, Beuthen
207. Lehrer Max Rother, Friedenshütte
208. Materialverwalter Rothmann, Lipine
209. Eisenbahnobersekretär a.D. Hugo Römer, Bobrek

210. Schlosser Karl Rupprecht, Schomberg
211. Rechnungsführer M. Rother, Bobrek
212. Obersteiger Paul Scherner, Scharley
213. Steiger Julius Schigulski, Schomberg,
214. Lehrer Franz Schindler
215. Handschuhmacher Joseph Schmidt, beide in Beuthen
216. Lehrer Schmolke, Königshütte
217. Platzmeister Friedrich Schmeiduch
218. Materialienverwalter Anton Schopka, beide in Bobrek
219. Lehrer Eduard Scholz, Königshütte
220. Lehrer Heinrich Scholz, Zaborze
221. Lehrerin Marie Schopka, Bobrek
222. Produktenverwalterassistent Johann Schoppa, Schomberg
223. Lehrer Bernhard Schöler, Königshütte
224. Maschinenwerkmeister Josef Schröer, Beuthen
225. Schornsteinfegermeister Schwellung, Bobrek
226. Lehrer August Schwertner, Groß-Zyglin bei Georgenberg OS
227. Lehrer Rudolf Schweter, Schomberg
228. Lehrer Richard Seiffert, Panewnik OS
229. Lehrer Karl Skupin, Beuthen
230. Buchhändler Soika, Friedenshütte
231. Hauptlehrer a.D. Spata, Brynow bei Kattowitz
232. Lagerhalter Karl Spatzek, Morgenroth
233. Tischlermeister Wilhelm Srowik, Beuthen
234. Lehrer Julius Stenzel, Miechowitz
235. Tiefbauunternehmer Hermann Steiner
236. Landrichter Dr. Stern, beide in Beuthen
237. Steiger Paul Stollarz, Gotthardschacht bei Orzegow
238. Fabrikbesitzer Hans Stephan, Scharley
239. Königlicher Markscheider Max Stiebler, Königshütte
240. Lehrer Engelbert Strzybni, Bobrek
241. Ingenieur Erich Suchlik,
242. Lehrer Konrad Sogalla, beide in Königshütte
243. Bürovorsteher Karl Tauche, Bobrek
244. Bergsekretär Robert Tauche, Hohenzollerngrube
245. Buchhändler Hugo Tautz
246. Lehrer Paul Tannhäuser, beide in Königshütte
247. Oberlehrer Tommek, Neisse
248. Lehrer Eduard Tschöke, Bielschowitz
249. Lehrerin Philomena Turinsky, Lipine
250. Lehrer Tautz, Domb
251. Lehrer Hermann Urban, Bielschowitz

252. Lehrer Alois Vogel, Beuthen
253. Oberlehrer August Volkmer, Pilchowitz
254. Lehrer Franz Wagner, Scharley
255. Photograph Max Wagner, Beuthen
256. Gastwirt August Wagner, Königshütte
257. Bauingenieur Kurt Wagner
258. Schlosser Wilhelm Walocha, beide in Bobrek
259. Sekretär Wawrzyk, Friedenshütte
260. Bibliothekar Ferdinand Weber, Bobrek
261. Steiger Wengerek, Scharley
262. Lehrer Johann Wieczorke, Schomberg
263. Bauführer Bruno Wilde
264. Lehrer Theodor Weiß, beide Beuthen
265. Lehrer Heinrich Winkler, Schomberg
266. Ingenieur Heinrich Witt, Bobrek
267. Lehrer August Wohkittel, Karf
268. Bäckermeister Josef Wous, Friedenshütte
269. Spediteur August Wolf
270. Magistratssekretär Heinrich Wolf, beide in Beuthen
271. Lehrer Karl Wustmann
272. Frau Fleischermeister Johanna Wypczyk
273. Werkmeister A. Zoeller, sämtlich in Bobrek
274. Gemeindesekretär Paul Zoglowek, Schomberg
275. Lehrer Robert Zur, Ruda
276. Polizeisekretär Heinrich Zwiener, Friedenshütte
277. Polizeisergeant Franz Zylla, Schomberg
278. Zigarrenkaufmann Robert Gohl, Beuthen

B. Nachtrag.

279. Schilderfabrikant Hugo Frühling, Beuthen
280. Stationsschlosser Fritz Frieben, Brieg, Bez. Breslau
281. Lehrer Max Frieben, Schlesiengrube OS
282. Knappschaftssekretär Gottschlich, Beuthen OS
283. Lagerhalter Walter Heer, Schomberg
284. Baugewerksmeister Josef Hoffmann, Beuthen OS
285. Prakt. Arzt Dr. Hertwig, Friedenshütte
286. Kassenassistent Georg Körner, Bobrek
287. Obermaschinensteiger Max Kempe, Hohenzollerngrube
288. Bademeister Josef Klossek, Schomberg
289. Schichtmeisterassistent Karl Leschik, Roßberg
290. Lehrer Oskar Maier, Beuthen OS
291. Hausbesitzer Josef Pieloth, Groß Zyglin

292. Lehrer Podlesny, Miechowitz
293. Maschinentechniker Robert Pospiech, Beuthen OS
294. Bauunternehmer Max Piontek, Beuthen OS
295. Schlafhausverwalter Albert Römer
296. Schneidermeister Julius Rothkegel, beide in Miechowitz
297. Lehrer Sockel, Georgenberg
298. Hauptmann d.R. Schaumkell, Scharley
299. Lehrer Heinrich Scholz, Zaborze
300. Grubensteiger Julius Schigulski, Schomberg
301. Hotelbesitzer Wieczorek, Georgenberg
302. Schichtmeisterassistent Viktor Weselski
303. Friseur Josef Welzel, beide in Schomberg
304. Lehrer Adolf Welzel, Hohenlinde
305. Gemeindesekretär Paul Zoglowek, Schomberg

(Aus: Die Grafschaft Glatz 8, 1913, S. 45-47)

III. MISZELLEN

GERHARD RADEMACHER

Verlusterfahrungen auf dem Prüfstand

Zwei Untersuchungen zur Thematik „Flucht und Vertreibung“ in beispielhafter deutschsprachiger Literatur und Kinder- und Jugendliteratur

I

Der Eklat während des Schlesier-Treffens im Juli 2001 belegt einmal mehr, daß die Auseinandersetzung mit dem Thema „Flucht und Vertreibung“ aus den ehemals deutschen Ostgebieten immer noch nicht emotionsfrei geführt werden kann. Von Belang ist in diesem Zusammenhang das Trauma „Flucht und Vertreibung“ auf beiden Seiten, nämlich bei Polen und Deutschen. Hierzu kommt gerade dem wissenschaftlichen Diskurs über die derzeitigen National- und Staatsgrenzen hinweg sehr viel mehr Bedeutung zu, als ein allgemeines Verständnis bzw. Selbstverständnis wahrhaben will.

Wenn man feststellt, daß die deutsche Literaturwissenschaft immer noch nur marginal und dann auch meist abseits der sog. Mainstream-Zeitschriften und –Verlage bereit ist, eine von sowohl rechtsradikalen als auch linksradikalen Vorurteilen bzw. Mißdeutungen belastete Problematik im Hinblick auf die einschlägige ästhetische/belletristische Literatur vor und nach 1945 zu diskutieren, sieht man das hochgelobte Paradigma ‚Aufklärung' wieder einmal nur lückenhaft umgesetzt.

Dabei liegt seit 1988 – und jetzt immerhin in dritter Auflage! – eine problemorientierte Untersuchung des Auslandsgermanisten (USA) Louis Ferdinand Helbig vor. Unter dem Titel „Der ungeheure Verlust“[1] nimmt der Autor eine Bestandsaufnahme von „Flucht und Vertreibung in der deutschsprachigen Belletristik der Nachkriegszeit“ vor. Zum Teil eingehende Analysen ergänzen und vertiefen einen Befund, dem jede Art von expliziter oder impliziter Unterstellung chauvinistischer und revanchistischer Positionen abgeht. Obwohl Helbig weitestgehend die gesamte Bandbreite der Belletristik – altmodisch gefaßt: von der Unterhaltung aufwärts bis zur Dichtung – berücksichtigt, verzichtet er keineswegs darauf, über die gesellschaftlichen Wertungen hinaus ästhetische zu akzentuieren.[2]

Gerade wegen des oben festgestellten Desiderats ist eine Untersuchung zu begrüßen, die Ewelina Kaminska – eine junge polnische Germanistin aus Stettin – als

---

[1] Helbig, Louis Ferdinand: Der ungeheure Verlust. Flucht und Vertreibung in der deutschsprachigen Belletristik der Nachkriegszeit. 3. Auflage. Hier: 1. Auflage. Wiesbaden 1988. (Studien der FOME, Uni Do, Band 3)

[2] Helbig, Louis Ferdinand: a.a.O. Besonders: Zweiter Teil, S. 101ff.

Dissertation in deutscher Sprache vorgelegt hat. In dieser Arbeit setzt sich die Autorin mit „Polnische[n] Motive[n] im deutschen Kinder- und Jugendbuch nach 1945" auseinander.[3] Sie strukturiert ihre Ausführungen in sieben Kapiteln: Nach eher grundsätzlichen Überlegungen, die sich u.a. auf die Zielsetzung und methodische Vorgehensweise sowie auf exemplarische Definitionen zum Heimatbegriff (Kap. 1 und 2) beziehen, wird in einem umfassenderen Teil-Referat „Jugendliteratur in historischer Betrachtung" (Kap. 3, S. 29-57) vorgestellt. Anschließend bietet die Autorin Perspektiven zur ‚Vermessung' und Bewertung des Genres im Horizont des gesellschaftlichen, literarischen und pädagogischen Bezugsfeldes (Kap. 4, S.59-81) an, ehe sie sich auf die Thematik im engeren Sinne – nämlich „Flucht und Vertreibung" – einläßt (Kap. 5, S.83-150).

E. Kaminska differenziert hier sinnvollerweise nach thematischen Teilaspekten, wenn sie u.a. die Schilderung polnischer Zwangsarbeiter und Häftlinge, Kindersuchaktionen als Motiv und den „Neubeginn im Westen" im Kinder- und Jugendbuch belegt und erörtert. Die berücksichtigten Titel stammen sowohl von bekannten Autoren (wie z.B. Willi Fährmann, Elfie Donelly, Peter Härtling, Ursula Höntsch oder Irina Korschunow) als auch von weniger renommierten, womit ähnlich wie bei Helbig – der weite Literaturbegriff zu Grunde gelegt wird.

Kinder als „Helden" in der Vertreibungsliteratur für Erwachsene sieht man im nächsten Kapitel (6, S. 151-190) am Beispiel u.a. von Arno Surminskis „Jokehnen" und Kudenow" in den Vordergrund der Analyse gerückt. Ergänzend versucht die Autorin, eine Abgrenzung zwischen der Literatur für Erwachsene und Jugendliche vorzunehmen.

Schließlich konstruiert E. Kamińska noch einmal so etwas wie das Grundkonzept der Behandlung von der Thematik im Kinder- und Jugendbuch, wenn sie den Fragen zum Bild der ehemaligen preußischen Ostgebiete, Polen als Reiseziel, den deutsch-polnischen Begegnungen sowie grundsätzlich den deutsch-polnischen Beziehungen nachgeht (Kap. 7, S. 191-264).

Was läßt sich als Ertrag der Untersuchung verbuchen? Soweit feststellbar und von der Autorin auch angesprochen, gibt es in der polnischen Germanistik keinen intensiven Diskurs im Hinblick auf die deutsche Kinder- und Jugendliteratur, weder generell noch bezogen auf die spezielle Thematik „Flucht und Vertreibung". Das legitimiert die Autorin, eine aus dem Blickwinkel der deutschen Literaturwissenschaft zu umfassende Darstellung grundsätzlicher Positionen anzubieten. Ähnlich muß auch gewürdigt werden, daß es eine Revue zahlreicher Titel mit ausführlichen Inhaltsanalysen gibt, (die der deutsche Leser lieber in knappen Notaten mit eher stichprobenartigen Erläuterungen vermerkt sähe!).

E. Kamińska kann gerade durch ihre zentral und speziell stark inhalts- und aussagebezogene Vorgehensweise dazu anregen, einerseits den wichtigen Stellenwert

---

[3] Kamińska, Ewelina: Polnische Motive im deutschen Kinder- und Jugendbuch nach 1945. Dortmund 2001. (Veröffentlichungen der Forschungsstelle Ostmitteleuropa, Universität Dortmund, Reihe B, Band 67. Hrsg. von Johannes Hoffmann)

des Kinder- und Jugendbuchs bei der Auseinandersetzung mit der grenzüberschreitenden Problematik „Flucht und Vertreibung“ zu erkennen, andererseits über die nachhaltige Primärlektüre hinaus deren Reflexion einzuüben.
Gesellschaftspolitisch gesehen, vermittelt die Untersuchung die Einsicht, daß deutsche Kinder- und Jugendbuchautoren in der Mehrzahl nicht die Propaganda der ‚Rückhol-Politiker' vertreten, sondern beispielhaft ihren Protagonisten und deren ‚Leben' für ein grenzübergreifendes aktives Miteinander eintreten.
Weil Dissertationen in der Regel als Einstieg in den wissenschaftlichen Diskurs erst einmal als Talentprobe gelten, bleiben für den genauen Leser noch ‚weiße Flecken' bzw. ‚Flächen': Ähnlich wie in nicht wenigen Untersuchungen zur KJL in der deutschen Literaturwissenschaft hätte man sich ein gezielteres Eingehen auf Strukturen (z.B. Erzählweisen, Stil) gewünscht, außerdem die Einbettung in den Diskurs der derzeitigen Literatur.
Ausgehend von einem Konzept des Helden bzw. Protagonisten in KJL, hätte sich die Auseinandersetzung mit der Thematik insgesamt organisieren lassen. Eine weitere Untersuchungsmöglichkeit hätte sich über elaboriertere soziologische bzw. literatursoziologische Perspektiven angeboten.
Der oft eilige Benutzer von Literatur – z-B. Lehrer – wäre mit einem Stichwortregister gut bedient gewesen.
Insgesamt muß die Dissertation als ein wichtiger ‚Baustein' für weitere Vermessungen des Feldes KJL – nicht nur mit der Thematik Flucht und Vertreibung – anerkannt werden.

II

Im Unterschied zu E. Kamińska untersucht der in Australien lehrende Auslandsgermanist Hermann Ernst Beyersdorf das ehemals deutsche Ostpreußen als „erinnerte Heimat“[4] exemplarisch im Hinblick auf das Erzählwerk Arno Surminskis (Jahrgang 1934), das auf eine bedeutsame Publikumsresonanz verweisen kann, von der Literaturwissenschaft allerdings bisher nur peripher wahrgenommen wurde.
Beyersdorf basiert seine Zielsetzung und seinen methodischen Ansatz in unmittelbarem Anschluß an Louis Ferdinand Helbig, dessen sechs Ausgangsthesen er mutatis mundis auf Surminskis ostbezogene Werke anwendet:
„Erste These: Es existiert ein umfangreicher Korpus von teilweise erstrangigen belletristischen Werken aller Genres zum Thema ‚Flucht und Vertreibung'...
Zweite These: Flucht- und Vertreibungserlebnisse sind von der deutschsprachigen Literatur nicht nur dargestellt, sondern in hohem Maße moralisch bewältigt worden...
Dritte These: Bei bedeutenden wie weniger bedeutenden Autoren der Vertreibung spielen die nicht-deutschen Opfer eine wichtige, oft entscheidende Rolle...

[4] Beyersdorf, Hermann Ernst: Erinnerte Heimat. Ostpreußen im literarischen Werk von Arno Surminski. Wiesbaden 1999. (Veröffentlichungen der Forschungsstelle Ostmitteleuropa, Universität Dortmund, Reihe B, Band 24, Hrsg. von Johannes Hoffmann)

Vierte These: Werke, in denen sich die Wiederbegegnung oder Erstbegegnung mit den alten Heimaten niederschlägt, stellen inhaltlich einen neuen Prosa- und Lyriktyp dar...
Fünfte These: Völkische oder nationalistische Tendenzen sind in der Vertreibungsliteratur nicht feststellbar...
Sechste These: Das Erlebnis von Flucht und Vertreibung hat in der deutschsprachigen Belletristik der zweiten Jahrhunderthälfte eine eindrucksvolle Zahl bedeutender Autoren angezogen und durchaus völkerverbindende Wirkungen gezeitigt...“[5]
Beyersdorf setzt sich kritisch von den Einschätzungen bezüglich der Erwählwerke Surminskis ab, die – wie z.B. Helbig[6] oder auch Wolfgang Schneiß[7] - u.a. bloß Nostalgisches und – ästhetisch gesehen – die Verwendung konventioneller Sprache und herkömmlicher Erzählweisen konstatieren. Dem Autor geht es in einer Korrektur solcher Rückmeldungen darum, „... die Bedeutung Surminskis vor allem auf dem Gebiet der Vertreibungsliteratur unter Beweis zu stellen.“[8]
Dieser Zielsetzung versucht er einerseits durch einen stark aussage- und problemorientierten Ansatz (s. Helbig) gerecht zu werden, andererseits durch eine gedankliche Gesamtdisposition seiner Arbeit, die – durchaus nachvollziehbar – eher lange in der Literaturwissenschaft eingeübten Perspektiven folgt.
Er stellt denn auch insofern konsequent in acht übersichtlich strukturierten und im Fachjargon sparsam formulierten Kapiteln auf die Biographie des Autors „im Spiegel seines Schaffens“ (Kap. 2) ab, auf die „literarische Bewältigung einer traumatischen Autobiographie“ in bezug auf den Roman „Jokehnen oder Wie lange fährt man von Ostpreußen nach Deutschland“ (1974), auf die „Chronik des Flüchtlingsschicksals in der Nachkriegszeit“ oder auf „deutsche Vergangenheit und polnische Gegenwart im ‚masurischen Paradies‘ in „Polninken oder Eine deutsche Liebe“ (1984).
Der Autor bezieht auch die Kurzgeschichtenbände und mit „Damals in Poggenwald“ (1983) sogar „ostpreußische Idylle“ als Kinderbuch mit in seine Vorstellung und Erörterung ein (Kap. 4). In den folgenden Kapiteln 5-7 nimmt er einerseits eine Bestandsaufnahme der kritischen Rezeption „im Spiegel der Presse“ vor, andererseits gibt er dem Leser Gelegenheit, zwei Gespräche, die Beyersdorf mit Surminski 1995 bzw. 1997 geführt hat, mit gebührendem Nachdenken aufmerksam zu verfolgen.
Man sollte bei der abschließenden Bewertung dieser genau dokumentierenden und behutsam abwägenden Untersuchung berücksichtigen, daß Beyersdorf gewiß als Rezipienten ‚seine‘ Studierenden maßgeblich im Blickfeld hat, die sich in die deutsche Sprache und Literatur als ‚Fremde‘ mit einiger Anstrengung hineinfinden müssen. Der Autor verfolgt keinen strikten ideologiekritischen Ansatz; für den Ertrag wäre es sicher – alternativ gesehen – von Vorteil gewesen, wenn die Rezensionen aus der

---

[5] Helbig, Louis Ferdinand: Der ungeheure Verlust. 3. ergänzte Auflage. Wiesbaden 1996 (Veröffentlichungen der Forschungsstelle Ostmitteleuropa, Universität Dortmund, Reihe B, Band 3, Hrsg. von Johannes Hoffmann)
[6] Helbig, Louis Ferdinand: Der ungeheure Verlust, a.a.O., S. 134.
[7] Schneiß, Wolfgang: Flucht, Vertreibung und verlorene Heimat im früheren Ostdeutschland. Beispiele literarischer Bearbeitung. Frankfurt a.M. 1996, S. 204.
[8] Beyersdorf, Hermann Ernst: Erinnerte Heimat, a.a.O., S. 22.

Presse und die Gespräche mit Surminski fortlaufend in den diskurtiven Text eingearbeitet worden wären. Das hätte das reflexive Niveau erweitert und differenziert. Beyersdorf hat mit seiner Abhandlung nicht zuletzt die hochschuldidaktische Hilfestellung gegeben, die Thematik „Flucht und Vertreibung“ im Rahmen eines leicht verständlichen literarischen Werkes wie dem des ‚Publikumsautors’ Arno Surminski mit einiger Aussicht auf sachlichen und pädagogischen Erfolg zu berücksichtigen.

Ergänzende Titel zur Thematik:

Clever, Werner: Germanen, Slawen und Deutsche in Ostmittel- und Osteuropa (2.Jh. v. Chr. – 16. Jh.). Zur Darstellung ihrer Beziehungsgeschichte in Schulgeschichtsbüchern der nationalsozialistischen Zeit. Dortmund 2000. (Veröffentlichungen der Forschungsstelle Ostmitteleuropa an der Universität Dortmund. Hrsg.: Johannes Hoffmann. Reihe B, Band 65)

Helbig, Louis Ferdinand / Hoffmann, Johannes / Kraemer, Doris: Verlorene Heimaten – neue Fremden. Literarische Texte zu Krieg, Flucht, Vertreibung, Nachkriegszeit. Dortmund 1995 (Veröffentlichungen der Forschungsstelle Ostmitteleuropa an der Universität Dortmund. Reihe B, Band 53)

Rademacher, Gerhard: „Flucht und Vertreibung versus Emigration oder Flucht und Vertreibung = Emigration? Zu Gedichten mit einer kontroversen Thematik“ in: Rademacher, Gerhard: Von Eichendorff bis Bienek. Schlesien als offene literarische ‚Provinz’. Studien zur Lyrik schlesischer Autoren des 19. und 20. Jahrhunderts im transregionalen Kontext. Wiesbaden 1993. (Studien der Forschungsstelle Ostmitteleuropa an der Universität Dortmund. Hrsg.: Johannes Hoffmann. Band 9) S. 207-231)

LUDWIG IGÁLFFY VON IGÁLY

Die Schmackostern, ein nicht bloß schlesisches Brauchtum

Die Angaben, die sich über dieses Brauchtum im 15. Bande des Grimm'schen Wörterbuches, S. 900, und bei W. Mannhardt, Wald- und Feldkulte, Berlin 1875, Bd. 1, S. 258-60, finden, sind beinahe erschöpfend, doch möchte ich als Etymologe mich näher mit dem Begriff des Schmackens auseinandersetzen.

Wie kommt das mittelhochdeutsche „smakken", d.h. essen, kosten, spüren, zur Bedeutung des „Schlagens"? Das Concise Ref. Book of the English Language von Hayward und Sparkes, Orbis Verlag, München 1990, gibt mit Erwähnung des dänischen „smäkke" und des schwedischen „smacka" an, daß „to smack" im Englischen einen kurzen heftigen Schlag mit der Hand oder einem Gegenstand zu geben bedeutet, auch einen heftigen Kuß. Dies bedeutet, daß das Schmacken im west-, nord- und osteuropäischen Raum verbreitet war und mit dem Verspüren von Gefühlen zu tun hatte. Wenn es im 15. Jhdt. im steirischen Raum von einem Ritter heißt, „er schmeckte des Türken Säbel", bzw. er fiel im Kampfe gegen die Türken, so gehört das in das gleiche Kapitel der Schmerzempfindung. In G. Samuel Bandtkes polnisch-deutschem Wörterbuch, Breslau 1806 bei G. Korn, S. 1364-65, finden wir „smagam", d.h. peitschen, ebenso „smagne", woraus sich der polnische Ausdruck „smigurt" für die Schmackostern erklärt.

Die Peitschen waren an ihren Enden mit Bändern verziert, weshalb das Ende als die „Schmicke" bezeichnet wurde, weil im schlesischen Idiom „i" statt „ü" gesprochen wurde. Wenn die Kinder, von denen eines als Bär verkleidet war, am Palmsonntag in die Häuser des Adels und der Ratspersonen kamen, so sangen sie:

„Der Herr is scheen, die Kinder sind wie Engel...", und weiter zum Schluß: „Der Herr, der hat die rote Mitze am Kopfe voll Dukate sitze."

Die Kinder bekamen wohl hie und da einen Dukaten, aber auf alle Fälle gute Naschereien aus schlesischen Herrschaftsküchen. Abgesehen von leichten Peitschenschlägen bespritzte man sich mit Wasser, was ohne Zweifel von Fruchtbarkeitskulten aus grauer Vorzeit herrührte.

Ein weiteres „Schmacken" spielte sich am Ostermontag ab, wenn sich Burschen und Mädchen, angeblich wegen Verschlafens an einem Feiertage, gegenseitig aus den Betten holten, anschütteten oder gar Tröge warfen, und dabei mit geschmückten Ruten schlugen, wobei das Küssen sicher auch seinen Platz hatte. Die „Schmackostern" hatten also ihren Namen nicht vom guten Essen!

IV. JUBILARE, EHRUNGEN

Prof. Dr. Leo Scheffczyk zum 80. Geburtstag

Er ist einer der wissenschaftlich bedeutendsten katholischen Theologen Deutschlands, der Oberschlesier Prof. Dr. theol. Leo Scheffczyk. Er wurde vor nunmehr 80 Jahren, am 21. Februar 1920, in Beuthen geboren und absolvierte das dortige Hindenburg-Gymnasium. Zur Grundorientierung seines Lebens trug die Mitgliedschaft im katholischen Jugendbund „Neudeutschland" wesentlich bei, dem er sich schon als Sextaner anschloß und später, bis zur vom nationalsozialistischen Staat verfügten Auflösung des Bundes im Jahre 1937, als „Gauführer" des Oberschlesiengaues diente. Nach dem 1938 abgelegten Abitur begann Scheffczyk das Theologiestudium in Breslau, mußte dann aber Soldat werden und konnte deshalb erst 1947 die Priesterweihe empfangen. 1950 wurde er aufgrund einer bei dem früheren Breslauer und nach der Vertreibung in München lehrenden Kirchengeschichtler Franz Xaver Seppelt angefertigten Dissertation zum Dr. theol. promoviert. Beruflich wirkte Scheffczyk als Subregens im Priesterseminar zu Königstein/Taunus, dann als Dozent an der Königsteiner Philosophisch-Theologischen Hochschule und schließlich – nach der bei dem damals berühmten Münchener Dogmatiker Michael Schmaus erfolgten Habilitation – seit 1957 ebendort als Professor. Es folgten 1959 die Berufung als Ordinarius für Systematische Theologie nach Tübingen und 1965 als Nachfolger von Schmaus nach München, wo er bis zu seiner Emeritierung ein hochangesehener akademischer Lehrer vieler Priesteramtskandidaten und Laientheologen war.

Zumindest gleichrangig neben der universitären Lehrtätigkeit steht bei Scheffczyk die Forschung, insbesondere die Dogmengeschichte, dabei immer in Kontakt mit der Exegese. Er weiß um „die täglich wechselnden Ergebnisse der historischen Forschung und ihrer stets irrtumsfähigen Interpreten", arbeitet deshalb um so sorgfältiger und geht ad fontes, zu den Quellen, was zu vielen fundierten Veröffentlichungen führte, bei denen auch das Fragen nach dem Verhältnis der Theologie zu Philosophie und Naturwissenschaft nicht ausgespart blieb. Einblick in die Richtung und Spannweite seines Forschens mögen einige Titel seiner Bücher geben: „Der moderne Mensch vor dem biblischen Menschenbild" (1964), „Von der Heilsmacht des Wortes" (1966), „Die Welt als Schöpfung Gottes" (1968), „Neue Impulse zur Marienverehrung" (1974), „Auferstehung. Prinzip des christlichen Glaubens" (1976). Der Gründlichkeit seiner Werke entspricht die sehr große Zahl der Veröffentlichungen. Die anläßlich seines 65. Geburtstages und der Emeritierung erschienene dickleibige Festschrift enthält auch ein Verzeichnis seiner Publikationen, in dem 484 Titel von selbständigen Schriften und Aufsätzen aus der Feder des schreibtischeifrigen Gelehrten genannt sind, ferner 40 Lexika-Artikel und 373 Rezensionen. Inzwischen kam vieles hinzu. Scheffczyk ist

Mitherausgeber des Handbuches der Dogmengeschichte, des Marienlexikons und der Zeitschrift „Forum Katholische Theologie".
Von einigen seiner zahlreichen Bücher erschienen Übersetzungen: ins Französische, Englische, Italienische, Spanische und Portugiesische, woraus ersichtlich ist, daß er nicht nur im Inland, sondern auch im Ausland in Fachkreisen und bei weiteren religiös Interessierten Resonanz fand. An der Festschrift, die 1985 unter dem Titel „Veritate Catholicae" herauskam, arbeiteten auch Wissenschaftler aus den Niederlanden, Polen, der Schweiz und Spanien mit. Zu den deutschen „Beiträgern" gehörte der spätere Bischof der Diözese Rottenburg-Stuttgart, Prof. Dr. Walter Kasper.
Theologisch gehört der Münchener Professor nicht zu den Vertretern oder Mitläufern eines wirklichen oder vermeintlichen Zeitgeistes, und wenn er bei Auseinandersetzungen um die Wahrheit diese ernstlich bedroht sah und eine Verwässerung und Auszehrung des Glaubens befürchtete, griff er warnend in aktuelle Diskussionen ein. So wurde er mit seiner Schrift „Aufbruch oder Abbruch des Glaubens?" (1976) zu einem der scharfsinnigsten Kritiker seines einflußreichen und sehr produktiven Professorenkollegen Hans Küng.
Scheffczyk ist seit 1980 Mitglied der „Bayerischen Akademie der Wissenschaften" und seit 1982 der „Päpstlichen theologischen Akademie".

Hans-Ludwig Abmeier
(Kulturpolitische Korrespondenz 1102 vom 15. Februar 2000)

Papst Johannes Paul II., der am 18. Mai 1920 zu Wadowice in Galizien geborene Pole, erhob am 21. Februar anno 2001 den drei Monate älteren oberschlesischen Deutschen zum Kardinal der römisch-katholischen Weltkirche. Am 30. September 2001 hielt Scheffczyk eine Gastrede bei der Theologischen Fakultät der Universität Oppeln. Im Dezember 2001 weilte der neue Kardinal wieder in seiner oberschlesischen Heimat und zelebrierte zusammen mit dem Bischof der Diözese Gleiwitz, Jan Wieczorek, in der Beuthener St. Hyacinth-Kirche eine hl. Messe. Es ist die Kirche seiner Taufe. HLA

Franz-Christian Jarczyk 80 Jahre

Zu den verdienstvollen Bewahrern und Förderern der schlesischen Kultur gehört in der Bundesrepublik Deutschland der nun 80 Jahre gewordene Diplom-Ingenieur Franz-Christian Jarczyk. Für das ehemalige Neisser Bistumsland ist er die erste und wichtigste Adresse.

F.-C. Jarczyk wurde am 15. November 1919 in Neisse, der kulturträchtigen alten bischöflichen Residenzstadt, geboren, besuchte dort von 1926-1930 die katholische Volksschule und trat dann 1930 in die Sexta des Staatlichen katholischen Gymnasiums Carolinum ein, an dem sein Vater als Studienrat unterrichtete. Nach der Ablegung des Abiturs im Jahre 1938 begann er in demselben Jahre mit dem Studium der Elektrotechnik an der Technischen Hochschule in Breslau und wirkte dort zeitweilig als Assistent am Lehrstuhl für Theoretische Elektrotechnik und Meßtechnik. Während seiner Tätigkeit am Entwicklungslaboratorium der Rheinmetall-Borsig A.G. in Breslau-Hundsfeld (1942-1945) legte er 1944 das Hauptexamen zum „Diplom-Ingenieur" ab. Weil die katholischen akademischen Studentenvereinigungen von den Nationalsozialisten unterdrückt waren, konnte sich Jarczyk einer solchen damals nicht anschließen. Doch holte er das nach dem Kriege durch den Beitritt in die dem Kartellverband katholischer deutscher Studentenvereine (KV) angehörende Normannia-Greifswald-Mainz nach.

Von 1946-1947 arbeitete Jarczyk im Entwicklungslaboratorium des Südwestfunks Baden-Baden, von 1947-1949 im Rundfunktechnischen Institut zu Bad Homburg vor der Höhe und von 1949-1955 in der Chemiefabrik Anorgana zu Gendorf/Oberbayern. Danach stand er für über zwei Jahrzehnte, von 1956-1979, im Dienste der BASF Ludwigshafen: in Gendorf und Ludwigshafen als Leiter der Tonbandfabrikation, in Ludwigshafen danach innerhalb des Bereichs Anwendungstechnik Kunststoffe, später als Handlungsbevollmächtigter. Er schrieb auch Beiträge für Fachzeitschriften und befindet sich seit 1980 im Ruhestand.

Kurz vor Eintritt in denselben begann Jarczyk mit dem Geschichtsstudium an der Universität Mannheim, das ihn generell anzog und zugleich eine Folge seines großen Interesses für die Geschichte Schlesiens und da besonders seiner Neisser Heimat war, als deren Früchte er bis damals bereits eine Reihe von Artikeln im „Neisser Heimatblatt" veröffentlichen konnte. Auch hatte er 1974 zusammen mit Karl-Alexander Hellfaier das wichtige Buch „Gymnasium Carolinum zu Neisse 1624-1974" herausgegeben, in dem einige Beiträge aus seiner Feder enthalten sind.

Diesen heimatbezogenen Arbeiten vermochte sich Jarczyk, der seit 1975 im Bundesvorstand des Neisser Kultur- und Heimatbundes (Sitz in Hildesheim) für die kulturelle Arbeit und für das Museum in Hildesheim, der Patenstadt von Neisse, zuständig ist, als Ruheständler noch mehr zu widmen. Bienenfleißig sammelte er auf seine Vaterstadt bezogene Texte und Gegenstände und erforschte die Geschichte des Neisser Landes. Mit Erfolg! 1982 erschien sein von großer Sachkunde und Sorgfalt

gespeistes Werk „Die Dörfer des Kreises Neisse“, in demselben Jahre brachte er Grete Hoffmanns „Die Straßen meiner Kindheit“ als Büchlein heraus – Erinnerungen und Betrachtungen der Neisser Stadtarchivarin. 1986 folgte das Buch „Neisse um 1900 auf alten Ansichtskarten“, 1987 die zweite Auflage von „Neisse. Ein Gang durch die Stadt in Bildern“ (Erstauflage 1978), 1989 „Ziegenhals und das Altvaterland auf alten Ansichtskarten“. 1994 erschienen gleich zwei Werke: „Neisse. Kleine Stadtgeschichte in Bildern“ und – von Jarczyk herausgegeben – Anna Bernards „Was mein einst war“, ein Neudruck des Textes von 1926. Als bislang letztes Werk sind die von ihm zusammengestellten „Sagen aus dem Neisser Land“ (1998) zu nennen.
Neben dem Blick auf diese Schriften darf nicht übersehen werden, daß der von Werner Bein und Vera und Ulrich Schmilewski bearbeitete stattliche Band „Neisse. Das Schlesische Rom im Wandel der Jahrhunderte“, ein Ausstellungskatalog, ohne Jarczyks Mitarbeit wohl weniger gut gediehen wäre. Übersehen werden darf auch nicht die weitere Mitarbeit am „Neisser Heimatblatt“.
Seit 1989 gehört Jarczyk dem Kuratorium der Stiftung Kulturwerk Schlesien an, deren Jahrestagungen im Kloster Himmelspforten in Würzburg er regelmäßig besucht. 1990 wurde er mit dem Kulturpreis des Neisser Kultur- und Heimatbundes ausgezeichnet und 1996 zum Ehrenmitglied des Vereins für Geschichte Schlesiens ernannt. Anläßlich seines 80. Geburtstages erschien unter dem Titel „Der Heimat verpflichtet“ in der Patenstadt Hildesheim eine umfangreiche, vornehmlich auf Neisse und Hildesheim bezogene Texte enthaltende Festschrift (leider ohne Vita des Geehrten). Jarczyk „ist“ das „Auskunftsbüro“ über das Neisser Land von gestern und die deutschen Neisser heute – mit einem seitlichen Ausblick auf die Gegenwart im Osten.

Hans-Ludwig Abmeier

Hohe Ehrungen für Akademischen Oberrat Johannes Hoffmann

Am 17. Dezember 1999 wurde dem wissenschaftlichen Leiter der Forschungsstelle Ostmitteleuropa und Akademischen Oberrat am Historischen Institut der Universität Dortmund, Herrn Johannes Hoffmann, auf Beschluß des polnischen Staatspräsidenten Aleksander Kwasniewski in einer Feierstunde in der Dependance der Polnischen Botschaft in Köln das Kavalierkreuz des Verdienstordens der Republik Polen verliehen.

Die Auszeichnung aus der Hand des Leiters der Außenstelle der Botschaft, Herrn Botschaftsrat Dr. Krzystof Miszczak, in Anwesenheit vieler Persönlichkeiten erfolgte aufgrund, wie es in der Verleihungsurkunde heißt, der „Verdienste um die polnisch-deutsche Versöhnung und Verständigung" von Johannes Hoffmann.

Eine weitere hohe Ehrung wurde Johannes Hoffmann am 26. April 2001 durch den Bundespräsidenten der Bundesrepublik Deutschland, Herrn Dr. h.c. Johannes Rau, zuteil, der Herrn AOR Hoffmann in „Anerkennung der um Volk und Staat erworbenen besonderen Verdienste" das Verdienstkreuz am Bande des Verdienstordens der Bundesrepublik Deutschland verlieh.

Diese Auszeichnung erhielt er aus der Hand des Oberbürgermeisters der Stadt Dortmund, Herrn Dr. Gerhard Langemeyer, der in seiner Laudatio im Rathaus der Stadt Dortmund Johannes Hoffmanns engagierte Arbeit mit den Worten würdigte: „Durch die vorbildliche Arbeit von Herrn Hoffmann wurden Vorurteile abgebaut und die Verständigung und die Beziehungen zu unseren östlichen Nachbarn gefördert und unterstützt."

Johannes Hoffmann wurde am 9. August 1937 in Ziegenhals, Kreis Neisse/Oberschlesien, geboren. Nach der Vertreibung und der Ablegung des Abiturs in seiner neuen Heimatstadt Dortmund studierte er Geschichte, Latein, Geographie, Philosophie und Pädagogik in Freiburg i.Br., Berlin (FU) und Münster. Nach den Staatsexamina trat er in den höheren Schuldienst des Landes Nordrhein-Westfalen ein und unterrichtete von 1965 bis zum Jahre 1972 als Studienrat / Oberstudienrat an einem Dortmunder Gymnasium.

Im Jahre 1973 übernahm der aufgrund von Herkunft und Bildung mit der Geschichte und Kultur Ostmitteleuropas bestens vertraute, mittlerweile dem Historischen Institut zugehörige Akademische Oberrat Hoffmann die wissenschaftliche Leitung der Forschungsstelle Ostmitteleuropa an der seinerzeitigen Pädagogischen Hochschule Ruhr, der jetzigen Universität Dortmund.

Unter der Ägide Hoffmanns entwickelte sich die Forschungsstelle Ostmitteleuropa, nicht zuletzt dank bestehender Kontakte ihres Leiters zu Personen und Institutionen in mittel- und osteuropäischen Staaten, zu einer Einrichtung mit internationaler Reputation. Hoffmanns Talent und Fähigkeit, bestehende Kontakte auszubauen, sie zu pflegen und grenzüberschreitend Menschen für seine Ideen zu begeistern und in seine

Pläne einzubeziehen, ist ein mitentscheidender Faktor für den hohen Stellenwert der Forschungsstelle Ostmitteleuropa.
Ausweislich der Aufgabenstellung der Forschungsstelle Ostmitteleuropa „Pflege, Vermittlung und Weiterentwicklung der Kultur der historischen deutschen Ostgebiete sowie der deutschen Siedlungsgebiete in Ostmitteleuropa im Rahmen wissenschaftlicher Forschung“ werden von ihm als Herausgeber in fünf Publikationsreihen neuere Forschungsergebnisse zur Geschichte, Kultur, Sozial- und Wirtschaftsgeschichte Ostmitteleuropas veröffentlicht. Ebenso werden wissenschaftsrelevante Publikationen aus slawischen Sprachen ins Deutsche übersetzt und damit der deutschsprachigen Forschung zugänglich gemacht. Ein bedeutender Teil der Veröffentlichungsergebnisse kam nur aufgrund von Hoffmanns grenzüberschreitender Zusammenarbeit mit Wissenschaftlern aus Ost- und Ostmitteleuropa zustande, so insbesondere mit Historikern, Germanisten und Sozialwissenschaftlern aus Polen, Tschechien und Rußland.
Insgesamt wurden unter seiner Herausgeberschaft mehr als 100 Buchpublikationen veröffentlicht. Außerdem organisierte er im Rahmen von Lehrerfortbildungs-veranstaltungen des Landes Nordrhein-Westfalen Studienfahrten nach Ostmitteleuropa. Auf Tagungen und wissenschaftlichen Kolloquien referiert er zum deutsch-slawischen Verhältnis, hier insbesondere zur deutsch-polnischen Beziehungsgeschichte und Stereotypen- und Vorurteilsforschung.
Seit nunmehr 26 Jahren engagiert sich Hoffmann neben seinen beruflichen Aufgaben ehrenamtlich bei der Rheinisch-Westfälischen Auslandsgesellschaft in Dortmund. Zusammen mit Herrn Prof. (em.) Dr. Rudolf Schridde, dem ehemaligen Rektor der Pädagogischen Hochschule Dortmund und Prorektor der Universität Dortmund, begründete er den Deutsch-Polnischen Länderkreis, dem er seit Jahren vorsteht.
Im Sommer des Jahres 2002 stehen Johannes Hoffmanns Pensionierung und Ausscheiden als Forschungsstellenleiter an. Es bleibt zu hoffen, daß er auch über diesen Zeitpunkt hinaus der Forschungsstelle Ostmitteleuropa mit Rat und Tat zur Verfügung stehen wird, um seinen reichen Erfahrungsschatz einzubringen.

Werner Clever

AOR Johannes Hoffmann (links) und der bevollmächtigte Botschaftsrat Dr. Krzysztof Miszczak anlässlich der Ordensverleihung in Köln.

V. NEKROLOGE

Oberstudienrat Heinrich Grüger (1922-1999)

Heinrich Grüger, der jetzt unerwartet verstorben ist, gehörte zu den besten und zuverlässigsten über Schlesien arbeitenden Historikern unserer Zeit. Er wurde am 20. Oktober 1922 in Nieder Kunzendorf/Kreis Münsterberg geboren und kam 1934 nach Glogau, wo er im Erzbischöflichen Knabenkonvikt wohnte und das humanistische Gymnasium Fridericianum mit großem Erfolg besuchte, das 1942 dem bereits als Soldat Dienenden die Reife zuerkannte. Nach dem Kriege studierte der 1943 in Breslau als Theologe Immatrikulierte in Fulda, Salzburg, Neuzelle und Frankfurt/Main Philosophie, Theologie, dann auch Philologie und legte das Staatsexamen in Latein, katholischer Religion und Geschichte ab. Von 1954 bis zur 1983 als Oberstudienrat erfolgten Pensionierung unterrichtete er in Fulda, Hünfeld und Trier.

Neben der beruflichen Arbeit und im „Ruhestand" widmete sich Heinrich Grüger mit großer Intensität, strenger Sachlichkeit und Gründlichkeit und mit viel Liebe zur Sache der Erforschung schlesischer und darüber hinaus reichender Geschichtsthemen, beginnend mit der Siedlungsgeschichte der heimatlichen Umgebung von Münsterberg und Frankenstein, dann die Klöster Heinrichau und Kamenz betrachtend und schließlich den Blick auf die Geschichte der schlesischen Zisterzienser und dann auch anderer in Schlesien wirkender Mönchsorden erweiternd. Zuletzt bezog er auch weite Teile des nichtschlesischen Raumes in seine kirchengeschichtlichen Forschungen ein, und so wurde er zu einem nicht nur in Deutschland, sondern auch in den Nachbarländern anerkannten Experten.

Als Frucht seiner unermüdlichen, durch umfangreiche Quellenstudien (so im Breslauer Diözesanarchiv) und souveräne Literaturkenntnis gekennzeichneten Arbeit legte Grüger 1978 das Buch „Heinrichau. Geschichte eines schlesischen Zisterzienserklosters 1227-1977" vor – ein allseits gerühmtes Standardwerk, als dessen Patin jene Dorfschullehrerin angesehen werden kann, die einst in ihrem Schüler das Interesse an dieser Abtei geweckt hatte. 1986 veröffentlichte er das Trebnitzer Rechnungsbuch von 1523-1524 und andere Quellen zur Besitzgeschichte des Klosters der hl. Hedwig. Außerdem erschien eine große Zahl von ihm verfaßter Aufsätze, vor allem in so renommierten Organen wie dem „Archiv für schlesische Kirchengeschichte" (seit 1963), der „Zeitschrift für Ostforschung" (seit 1970), die jetzt „Zeitschrift für Ostmitteleuropa-Forschung" heißt, dem „Jahrbuch der Schlesischen Friedrich-Wilhelms-Universität zu Breslau" (seit 1980) und den „Annalen des Historischen Vereins für den Niederrhein", darüber hinaus in österreichischen, italienischen, polnischen, belgischen und nordamerikanischen Publikationen. Zu der anläßlich des 25jährigen Bestehens der Apostolischen Visitatur Breslau im Jahre 1997

unter dem Titel „De Ecclesia Silesiae“ erschienenen Festschrift steuerte er den Aufsatz „Die schlesischen Ordensgeistlichen bei der Säkularisation der Klöster (1810)“ bei. Einige Aufsätze galten dem Glogauer Gymnasium, von dem er 1939 wegen katholischer Jugendarbeit (Konflikt mit der Gestapo!) beinahe verwiesen worden wäre, und gern reiste er zu Schul- und Klassentreffen; Treue war einer seiner Wesenszüge.
Aufgrund seiner hervorragenden Kenntnisse und der Fähigkeit, diese in klaren Worten zu vermitteln, war Grüger ein sehr gesuchter Referent für Fachtagungen im In- und Ausland, so beim „Institut für ostdeutsche Kirchen- und Kulturgeschichte“ und der „Stiftung Kulturwerk Schlesien“, denen er sich eng verbunden fühlte. Seine auf breitem und tiefem historischen und kunsthistorischen Wissen beruhenden Diskussionsbeiträge, die er ruhig, argumentativ, mit geschliffenen Formulierungen, verbindlich, aber auch in der Sache beharrlich vortrug, bereicherten so manche Tagung und wurden hoch geschätzt. Als Ausdruck der Anerkennung wählte die „Historische Kommission für Schlesien“ Heinrich Grüger 1983 zum Mitglied, zum 70. Geburtstag wurde ihm 1992 der Jubiläumsband 50 des „Archivs für schlesische Kirchengeschichte“ gewidmet, der „Verein für Geschichte Schlesiens“ ernannte ihn zum Ehrenmitglied, und die „Künstlergilde Esslingen“ zeichnete ihn 1996 mit der Ehrengabe des „Georg-Dehio-Preises“ aus. Eine andere im wahrsten Sinne des Wortes verdiente Ehrung blieb aus: das Ehrendoktorat einer deutschen Universität; doch dort stehen ja oft politische Faktoren im Vordergrund.
Im Mittelpunkt seines Forschens stand in den beiden letzten Dezennien die Arbeit am „Schlesischen Klosterbuch“, in dem alle schlesischen Männer- und Frauenklöster behandelt werden sollen. Er war die treibende Kraft des groß angelegten Unternehmens und schrieb die meisten der seit 1980 im Jahrbuch der Universität Breslau erschienenen 36 „Vorabdrucke“, u.a. über die oberschlesischen Abteien der Zisterzienser in Rauden und Himmelwitz und über das Prämonstratenserinnen-Kloster Czarnowanz. Bis kurz vor seinem Tod hat er an der Fertigstellung des ersten Bandes gearbeitet und diesen ganz oder fast ganz zur Druckreife gebracht.
Heinrich Grüger, der Pädagoge, Wissenschaftler, Christ und Vater von neun Kindern, starb am 23. Mai 1999, am Pfingstsonntag, in Mainz.

Hans-Ludwig Abmeier
(Kulturpolitische Korrespondenz, Bonn, 1083 v. 25. Juli 1999)

Landesmedizinaldirektor Dr. Heinrich Menz (1919-2000)

Die oberschlesische Stadt Kreuzburg und der Familienname Menz sind eng verbunden durch drei Männer, die sich besondere Verdienste um die Stadt Gustav Freytags, in der auch sie geboren wurden, erwarben:.

Prof. Dr. phil. Gerhard Menz, 2. Studienrat Dr. phil. Heinrich Menz senior, 3. Landesmedizinaldirektor Dr. med. Heinrich Menz junior.

1. Gerhard Menz (1885-1954) führte ein sehr bewegtes Leben, wurde 1910 in Breslau zum Dr. phil. promoviert, war Herausgeber einer Zeitung im seinerzeit deutschen Tsingtau, Leiter einer Schule in Shanghai und schließlich Professor der Handelshochschule in Leipzig. Neben den vielen von ihm verfaßten Büchern steht eine Reihe von Abhandlungen über seine Kreuzburger Heimat.
2. Heinrich Paul Wilhelm Menz sr. (1887-1964), sein jüngerer Bruder, erwarb 1911 in Greifswald den philosophischen Doktorgrad, wurde 1919 am Kreuzburger Gymnasium angestellt, unterrichtete dort u.a. evangelische Religion, gründete und leitete 1920 die Zeitung „Kreuzburger Nachrichten", stand an der Spitze des deutschen Plebiszitkommissariats für Kreuzburg und Namslau, wurde, obwohl er das Eiserne Kreuz I. Klasse besaß, im Jahre 1934 von den Nationalsozialisten an die staatliche Oberschule für Jungen „Horst Wessel-Schule" in Beuthen O/S strafversetzt, 1946 in der Sowjetischen Besatzungszone Deutschlands eingesperrt, 1950 zu acht Jahren Gefängnis verurteilt und 1952 amnestiert.
3. Heinrich Menz jr., dem dieser Nachruf gilt, kam am 10. September 1919 als Sohn des eben genannten Studienrates in Kreuzburg zur Welt, besuchte hier das staatliche Gymnasium „Gustav Freytag-Schule", studierte Medizin und zuerst auch Philologie in Breslau, München und Tübingen, wurde 1944 in der schwäbischen Universitätsstadt zum Dr. med. promoviert, arbeitete nach der Entlassung aus der Kriegsgefangenschaft an der Nervenklinik zu Bernburg an der Saale und dann in Greifswald, bis er 1953 zum Oberarzt und stellvertretenden Direktor in Mühlhausen (Thüringen) ernannt wurde. Aber auch er geriet – wie vorher sein Vater – in die Mühlen der Justiz der kommunistischen Machthaber und wurde 1958 verhaftet und zu 18 Monaten Gefängnis verurteilt. Zum Glück gelang ihm 1959 die Flucht aus dem neuen Zwangsstaat auf deutschem Boden in die Bundesrepublik, wo der Nervenfacharzt ab 1960 am Oldenburgischen Landeskrankenhaus Wehnen, seit 1963 als Medizinalrat, wirkte. 1972 kam er an das Westfälische Landeskrankenhaus Benninghausen, Krs. Lippstadt, wurde Landesmedizinaldirektor.

War Heinrich Menz jr. beruflich aus der Reihe seiner als Pädagogen tätigen Vorfahren ausgeschert, so trat er in anderer Hinsicht ganz klar in die väterlichen Fußstapfen. Als sich der 1953 gegründete Heimatkreis-Verband Kreuzburg O/S im Jahre 1954 den ersten Vorstand wählte, erhielt Dr. Heinrich Menz sr. das Amt des Ehrenvorsitzenden, und 1955 trat eine nach ihm benannte Stiftung ins Leben, die in Not geratenen Landsleuten helfen sollte und vielen von diesen, mochten sie im freien Teile Deutschlands oder in der DDR ansässig geworden sein, zum Wohle diente. Vier Jahre nach dem Tod des Seniors wurde der Junior im Verlaufe des in der Patenstadt Göttingen abgehaltenen 16. Kreuzburger Heimattreffens zum Ersten Vorsitzenden gewählt, und er übte das Amt zwanzig Jahre lang aus, bis 1988, als ihn Dr. Wilfried v. Watzdorf ablöste, und er – wie einst sein Vater – Ehrenvorsitzender wurde. Sein Vater hat zweimal, er selbst dreimal (1972, 1974 u. 1978) bei den Kreuzburger Heimattreffen die Festansprache gehalten.

Viele ehemalige Schüler und Schülerinnen von in den Vertreibungsgebieten gelegenen Unterrichtsanstalten trafen sich nach 1945 zu großen Begegnungen des Wiedersehens und zu Klassentreffen, und manche Ehemalige erarbeiteten Schriften, in denen die Geschichte ihrer Schule dargestellt und dokumentiert wird. Konnten da für das Kreuzburger Gymnasium bzw. seine Folgeformen viele berufener sein als Dr. Menz jr., der ebenso wie sein Onkel und sein Vater hier maturierte und dessen Vater an der Anstalt als Studienrat gewirkt hatte? Wohl kaum, obwohl man natürlich (auch) an den hervorragenden Historiker Professor Dr. Horst Fuhrmann denken muß. Menz arbeitete über zwei Jahre über das Thema, mit Liebe zur Sache, mit Freude über das Zusammengebrachte (fern der Heimat und ohne Zugang zu den dort vielleicht noch lagernden Quellen) und mit – so sah er es selbst – sich vollauf lohnender Mühe. Im Jahre 1974 konnte er das Buch „Zur Geschichte der ‚Gustav-Freytag-Schule' zu Kreuzburg/OS. Festschrift zum 100. Geburtstag dieser Schule" vorlegen, von ihm herausgegeben und weitgehend von ihm erarbeitet, den Weg von der Höheren Bürgerschule über das Gymnasium zur Deutschen Oberschule für Jungen beschreibend.

Auch an dem sehr gut gelungenen und schönen Buch „Kreuzburg. Stadt und Kreis in Oberschlesien. Geschichte und Erinnerung", das 1990 erschien, hat Menz in sehr beachtlichem Maße mitgewirkt. Er befand sich nun im Ruhestand und wohnte in Oldenburg i.O. Nachdem bei ihm eine schwere Krankheit diagnostiziert worden war, schrieb der evangelische Christ im Juli 1999 einen Dankesbrief an seinen Freundeskreis, in dem es u.a. heißt: „Mögen Sie alle Gott befohlen sein. Ich bin dankbar für das erfüllte Leben und sehe dem Tod entgegen im Glauben, daß Gott der Herr es gut mit mir meint. Unserem Herrn Jesus Christus vertraue ich mich an. Er wird mich auch über die kommende schwere Zeit nicht im Stich lassen."

Am 12. Mai 2000 starb Landesmedizinaldirektor a.D. Dr. med. Heinrich Menz an seinem Wohnort.

Menz war einer der „Freunde und Förderer der Stiftung Kulturwerk Schlesien" und Mitglied im „Verein für schlesische Kirchengeschichte". Im Jahre 1988 wurde ihm das Bundesverdienstkreuz am Bande der Bundesrepublik Deutschland überreicht.

+++++++

Meine Gedanken sind
nicht eure Gedanken, und
eure Wege sind nicht meine
Wege, spricht der Herr.
Jes. 55, 8

Wir nehmen in Dankbarkeit Abschied von

Landesmedizinaldirektor a.D.

Dr. med. Heinrich Menz

* 10. September 1919 + 12. Mai 2000

In stiller Trauer:

Nanni Menz
Sabine Tabke geb. Menz und Heinz
Hannelore Menz
Barbara Menz
Heiner Menz
Dr. Elisabeth Leckel geb. Menz
Florian Tabke

26127 Oldenburg, Milanweg 22

Die Trauerandacht zur Einäscherung hat im engsten Familienkreise stattgefunden.

Statt Kränze und Blumen wären wir dankbar für eine Spende für das Hospiz St. Peter, Konto-Nr. 116 2769 200, BLZ 280 200 50, bei der Oldenburgischen Landesbank.

Von Beileidsbesuchen bitten wir abzusehen.

Angaben über Person und Werk dieser drei Mitglieder der Familie Menz in: Franz Heiduk, Oberschlesisches Literatur-Lexikon. Teil 2, I-P, Berlin (1993), S. 136-137. – Das Zitat ist entnommen aus: Frieder Tempel, „Es ist bestimmt in Gottes Rat...", in: Kreuzburger Nachrichten, 82. Jg., 2000, Nr. 6, Juni, S. 1-2.

Hans-Ludwig Abmeier

Dr. Elmar Seidl (1939-2001)

„Media vita in morte sumus“ – mit diesen eindrucksvollen Worten beginnt eine Sequenz, die man, zumindest früher, dem als Benediktiner des Klosters St. Gallen im Jahre 912 gestorbenen Notker Balbulus (der Stammler) zugeschrieben hat. Als „Mitten in dem Leben sind wir vom Tod umfangen“ hielt sie Einzug in kirchliche Gesangbücher, und so wird auch Elmar Seidl sie gesungen haben, dessen Leben plötzlich endete.

Geboren wurde Seidl am 29. März 1939 als Sohn des Textilingenieurs Matthias Seidl und seiner Ehefrau Klara, geb. Král z Dobré Vody, einer Textiltechnikerin, zu Wigstadtl im Bezirk Troppau, wo seine Mutter und deren Vorfahren beheimatet waren. Hier konnte er nur die ersten sechs Jahre seiner Kindheit erleben, weil auch seine Familie bei der 1945/46 erfolgten Vertreibung der gesamten bodenständigen Bevölkerung zu den Betroffenen gehörte. Die damals seiner Seele geschlagenen und mit dem Heranwachsen und Älterwerden anscheinend zunehmend schmerzhafter empfundenen Wunden verheilten nie. Die Trauer um den Verlust der Heimat im schönen Land der Oppa-Flüsse – der Weißen Oppa, der Schwarzen Oppa und der Goldoppa – grub sich tief in sein Herz ein. Alt-Österreich lebte in ihm.

Mit der Vertreibung begann die Odyssee der Familie Seidl, nichts Ungewöhnliches, sondern in einer barbarischen Zeit in mehr oder minder großer Intensität das Schicksal von Millionen, und schließlich in das Hessische führend. Nach der Volksschule besuchte Elmar Seidl bis 1956 das Gymnasium in Limburg an der Lahn, an dem er im Jahre 1959 die Reifeprüfung ablegte, nach welcher er sich in Würzburg und Regensburg dem Studium der Pädagogik widmete, das er drei Jahre später mit dem Staatsexamen für das Lehramt an Volksschulen beendete.

Er trat nun in den Dienst des Freistaates Bayern, unterrichtete Kinder, ging 1963 für ein Jahr als Sprachassistent nach Schweden, kehrte nach Bayern zurück, gehörte zu den „strebend sich Bemühenden“, studierte 1968/69 in München Sonderpädagogik, legte das entsprechende Examen ab, unterrichtete, studierte dann von 1972 bis 1974 Germanistik, Geographie und Geschichte und erwarb die Befähigung zum Unterrichten an Realschulen. Insgesamt wird es eine sehr unruhige Zeit gewesen sein, auch durch die vielen Orts- und Schulwechsel.

Nach etwa zwanzigjährigem Schuldienst ließ sich Seidl, der zuletzt in Aschaffenburg tätig war, im Jahre 1983 „vorzeitig“ pensionieren, studierte Geographie an der Universität Frankfurt a.M. und legte dort das Staatsexamen in diesem Fach ab. Aus tiefer innerer Verbundenheit mit seiner Troppauer Heimat

widmete er sich nun der Erforschung dieses Raumes, dabei den Schwerpunkt auf die Besiedlung setzend. Der Gefahr, sich zu verzetteln, entgehend, wartete er geduldig das Ausreifen der Früchte seiner nimmermüden Arbeit ab, bei der ihm seine doppelte Befähigung und Ausbildung zum Historiker und zum Geographen sehr nützlich war, die in vielen Statistiken und historisch-geographischen Karten ihren Niederschlag erfuhr.
Seine Veröffentlichungen sind größtenteils mit dem Namen der Stiftung Haus Oberschlesien in Ratingen-Hösel verbunden: mit dem in deren Auftrag herausgegebenen „Oberschlesischen Jahrbuch" und mit deren „Landeskundlicher Reihe" der „Schriften". Seidl erfuhr v. a. durch Projektförderung die Unterstützung dieser Stiftung und dankte es ihr mit bemerkenswerten Publikationen. Bereits vor der Dissertation erschien 1987 im Oberschlesischen Jahrbuch sein Aufsatz „700 Jahre Auchwitz", dann 1989 im „Jahrbuch der Schlesischen Friedrich-Wilhelms-Universität zu Breslau" ein weiterer Aufsatz und schließlich 1992 sein Buch „Das Troppauer Land zwischen den fünf Südgrenzen Schlesiens", das man vielleicht schon als Meisterstück ansehen kann. Ein Jahr später wurde Seidl aufgrund der Dissertation „Die Entwicklung der mittelalterlichen Kulturlandschaft im Troppauer Schlesien und im angrenzenden Nordostmähren" von der Universität Frankfurt a.M., Fachbereich Geographie, zum Dr. phil. promoviert. Der wissenschaftliche Durchbruch war geschafft, und 1994 wählte ihn die „Historische Kommission für Schlesien" zum Mitglied.
Frei von dienstlichen Pflichten und sich verdienter Anerkennung erfreuend, arbeitete Seidl – quasi auf der Aufholspur – mit geballter Produktivität und profilierte sich als einer der besten deutschen Kenner der Geschichte und Geographie des Troppauer Schlesien. Den Höhepunkt seines immensen Fleißes und seiner bewundernswerten Schaffenskraft stellt die leider erst nach seinem Tode erschienene überarbeitete Fassung seiner Dissertation dar: das fast 700 Seiten umfassende Buch „Die Besiedlung des Troppauer Landes und des angrenzenden Nordostmährens im 13. und 14. Jahrhundert", in dessen Vorwort er Wichtiges über die Motivation und Intention zu seinen Forschungen geschrieben hat. „Vor allem persönliche Gründe haben mich dazu motiviert, dieses umfangreiche Werk über eine Landschaft zu schreiben, die ich nach dem Naturrecht als meine Heimat ansehe, bzw. als das angestammte Land der Bevölkerungsgruppe, der ich mich zugehörig und verbunden fühle. In meinem Geburtsort Wigstadl bei Troppau, der Heimat meiner Mutter und deren Eltern auf dem östlichen Gesenkeplateau, habe ich zwar nur insgesamt sechs Jahre als Kind gelebt ... Durch die farbigen Erzählungen meiner Angehörigen und deren Bekannten sowie auch aus den Resten der eigenen Erinnerung bewahrte ich ein

Dr. Elmar Seidl

lebendiges Bild des verlorengegangenen Lebensraumes und seiner Gesellschaft. ... Da ich unwiderruflich zur letzten Generation der deutschsprachigen bodenständigen Bevölkerung dieses Landes gehöre, die eine noch einigermaßen lebendige Erinnerung an die alten Strukturen bewahrt hat und vor allen Dingen auch noch mit dem in Jahrhunderten gewachsenen deutschen topographischen Namenschatz vertraut ist, sah ich es geradezu als Verpflichtung an, eine wissenschaftliche Arbeit dieser Art meiner Heimat zu widmen.“ (S. XIV) - - -
Am 15. April 2001 starb Dr. Elmar Seidl, der zuletzt in Kahl am Main, im Unterfränkischen, wohnte, überraschend in Aschaffenburg, 62 Jahre alt. Er hinterläßt ein nach der Anzahl der Titel schmales, umfangmäßig größeres und inhaltlich gewichtiges wissenschaftliches Lebenswerk. Der gläubige Katholik – das gehört zu seinem Persönlichkeitsbild – stand neomodernistischen Bestrebungen zur Distanzierung von Rom und zur Verwässerung des Glaubens ablehnend gegenüber. Am Todestag feierte seine Kirche die Auferstehungsliturgie: Es war der Ostersonntag.

Die wichtigsten Veröffentlichungen von Elmar Seidl:

700 Jahre Auchwitz. Zur Siedlungsgeschichte im südlichen Teil des Kreises Leobschütz.
In: Oberschlesisches Jahrbuch 3, 1987, S.1-21.

Das österreichisch-schlesische Oppaland im älteren Kartenbild.
In: Jahrbuch der Schlesischen Friedrich-Wilhelms-Universität zu Breslau 30, 1989, S. 255-292.

Das Troppauer Land zwischen den fünf Südgrenzen Schlesiens. Grundzüge der politischen und territorialen Geschichte bis zur Mitte des 19. Jahrhunderts. Berlin: Mann (1992), 228 S., viele Statistiken u. Tabellen; 85 Abb., 7 Karten (Schriften der Stiftung Haus Oberschlesien. Landeskundliche Reihe. Bd. 1) – 2. Aufl. Ulm: Hess 1996, 288 S.

Die Entwicklung der mittelalterlichen Kulturlandschaft im Troppauer Schlesien und im angrenzenden Nordostmähren. 3 Bde. Phil. Diss., Frankfurt a.M. 1993.
1. Textband: 24 u. 469 S., 1993
2. Beilagenband 1: 460 S., 1993
3. Beilagenband 2: 14 Ktn., 1993

Die Landschaft im Quellgebiet der Oder zur Zeit der Francisceischen Landesaufnahme.
In: Oberschlesisches Jahrbuch 10, 1994, S. 51-88.

Forschungen zur Kulturlandschaftsgenese mit Hilfe der Francisceischen Landesaufnahme – dargestellt am Beispiel der Siedlungsformen.
Ebd. 11, 1995, S. 97-136. Dazu die Karte nach S. 136.

Die Entwicklung der mittelalterlichen Kulturlandschaft im Quellgebiet der Oder.
Ebd. 12, 1996, S. 11-51. – „Gewidmet Herrn Professor Dr. Wilhelm Lutz, Frankfurt am Main, zum 65. Geburtstag"

Die spätmittelalterliche Siedlungskrise im Troppauer Land und im angrenzenden Nordostmähren.
In: Jahrb. d. Schles. Friedr.-Wilhelms-Univ. zu Breslau 38/39, 1997/1998, Stuttgart 1998, S. 67-159; mit 2 farb. Karten nach S. 144 (Opuscula Silesiaca. Festschrift für Josef Joachim Menzel zum 65. Geburtstag.)

Die Besiedlung des Troppauer Landes und des angrenzenden Nordostmährens im 13. und 14. Jahrhundert.
Heidelberg: Palatina 2001. XVI, 669 S., einschl. 44 Abb. u. 15 Karten. (Schriften d. Stiftung Haus Oberschlesien. Landeskundliche Reihe. Bd. 11) – Überarbeitete Fassung seiner Dissertation, post mortem erschienen.

Hans-Ludwig Abmeier

Pater Dr. Ambrosius Rose OSB (1911-2002)

Am 7. Juni 2002 verstarb der schlesische Kirchenhistoriker Pater Dr. Ambrosius Rose in Altshausen, Kreis Ravensburg, im Alter von 91 Jahren.
Georg Rose wurde am 29. Januar 1911 in Thorn geboren, kam bereits als Kind nach Görlitz, besuchte dort das Gymnasium Augustum, bestand 1930 die Reifeprüfung und trat in Grüssau in den Benediktinerorden ein, in dem er den Namen Ambrosius erhielt und 1931 die Ordensgelübde ablegte. Die im lieblichen Ziedertal auf altem Zisterzienserboden von aus Prag ausgewiesenen deutschen Mönchen wiedergegründete Abtei entwickelte sich zu einem Mittelpunkt des geistig-religiösen Lebens katholischer Prägung mit besonderer volksliturgischer Ausstrahlung.
Hier trat Ambrosius Rose ein Philosophiestudium an, dem folgten theologische Studien in Trier und Breslau, erweitert durch Geschichte, Altphilologie und Kunstgeschichte (bei Günther Grundmann). Im Jahre 1936 empfing er in Breslau die Priesterweihe, und 1942, mitten im Zweiten Weltkrieg, wurde er aufgrund einer Dissertation über „Idee und Gestalt der Kirche beim hl. Ambrosius" beim im Ermland geborenen Dogmatiker Bernhard Poschmann zum Dr. theol. promoviert. Anschließend war der Pater als Religionslehrer und als Pfarrer der Pfarrei Grüssau tätig. Das beschlagnahmte Kloster diente seit 1940 als Übergangslager vor allem für deutsche Umsiedler aus Südosteuropa, die Gemeinde und der Konvent wurden am 12. Mai 1946 vertrieben.
Nach überaus schwieriger Suche fand der Konvent eine neue Bleibe im alten Ritterstift St. Peter zu Bad Wimpfen. Hier leitete Ambrosius Rose als Prior die Neubesiedlung im Jahre 1947 und wirkte bis Ende 1966 im Priorat. Da er sich nicht aus der Verpflichtung als Grüssauer Pfarrer entlassen fühlte, widmete er sich mit großem Eifer der geistlichen und geistigen Betreuung der verstreuten Gemeindemitglieder und gab den „Grüssauer Rundbrief" heraus.
Bedeutendes leistete Pater Ambrosius als getreuer Nachlaßverwalter, geistiger Erbe und bewußter Weiterführer der Forschungen von Pater Nikolaus von Lutterotti, der sich als Historiker einen Namen gemacht hatte und, da er als Südtiroler die italienische Staatsbürgerschaft besaß, 1946 der Vertreibung aus Grüssau entging. Bei vielen seiner zahlreichen Publikationen konnte sich Pater Ambrosius auf Lutterottis Nachlaß stützen, und so wurde er - verstärkt nach Beginn der Tätigkeit als Spiritual der Benediktinerinnen in Kellenried – zum anerkannten Chronisten Grüssaus und einem der besten Experten zum Thema schlesische Zisterzienser und Benediktiner. 1957 brachte er das Buch „Hirtenliebe und Heimattreue" zum Gedächtnis an Lutterotti heraus, dessen Titel beide Patres kennzeichnet, 1960 eine Schrift über „Abt Bernardus Rosa von Grüssau", 1962 die 3. Auflage von Lutterottis Buch „Vom unbekannten Grüssau", 1974 das Standardwerk „Kloster Grüssau" und 1990 das „Profeßbuch von Grüssau". Aufsätze und Artikel erschienen u.a. im „Archiv für schlesische

Kirchengeschichte“, in der Vierteljahresschrift „Schlesien“ und im „Schlesischen Gebirgsboten“.
Zu seinen letzten Veröffentlichungen gehören zwei Beiträge in Sammelwerken: das literarische Denkmal für seinen Mitbruder Justinus Vitus Albrecht (1992) und ein Text über den Abschied des Konvents vom Kloster Grüssau (1997 in „De Ecclesia Silesiae“). Mit einem anderen bewährten Zisterzienserforscher, dem weiter ausgreifenden Heinrich Grüger, gab es bemerkenswerten wissenschaftlichen Dissens, in dem sich Pater Ambrosius nicht als Ireniker zeigte.
Pater Rose war Träger der Goldenen Ehrennadel und des Schlesierschildes und praktizierte gesunden Patriotismus. Er ging einen weiten Weg: vom Weichselstrom an die Neiße, dann zur Zieder und schließlich an den Neckarstrand; in einem langen Leben und in Treue zum „Gesetz“, nach dem er angetreten war: als Priester, als Mönch, als Historiker.

Hans-Ludwig Abmeier
(Kulturpolitische Korrespondenz, 1152 v. 10. Juli 2002)

Für die „Mitt. d. Beuthener Gesch.- u. Museumsver.“ schrieb P. Ambrosius über seinen Mitbruder Pater Leander Drewniak (42/44, 1980/1982).

VI. BIBLIOGRAPHIEN

HANS-LUDWIG ABMEIER

Veröffentlichungen von Dr. theol. Paul Reinelt

Dr. Paul Reinelt wurde am 6. April 1877 in Neuweistritz, Kreis Habelschwerdt, geboren, unterrichtete über 30 Jahre am Gymnasium zu Beuthen (Oberschlesien), gehörte zu den im kirchlichen und kulturellen Leben der Stadt profilierten Persönlichkeiten und starb, nach der Vertreibung, am 13. Juli 1959 in Andernach. Aus seiner Feder stammen viele Veröffentlichungen. Man vergleiche den im vorliegenden Band der „Mitteilungen" enthaltenen Aufsatz über ihn.

Personalbibliographische Arbeiten sind generell meist in jeder Hinsicht sehr aufwendig – wenn man sich nicht auf das Abschreiben und Zusammenstellen aus anderen Bibliographien beschränkt. Bei dieser Bibliographie gilt das in besonderer Weise wegen der nicht nur 1945 eingetretenen sehr großen Verluste an schlesischer Literatur; vieles ist nur sehr schwer einsehbar, manches gar nicht (mehr). Erfreulicherweise erschienen nicht wenige Bände Bücher und Periodica aus der Grafschaft Glatz als Reproduktionen.

Die „Oberschlesische Zeitung" und die „Ostdeutsche Morgenpost", die in Beuthen erschienen, dürften manchen hier nicht genannten Artikel Reinelts enthalten. Beide Organe sind für die einschlägige Zeit nur sehr lückenhaft vorhanden. (Vgl.: Bernhard Gröschel, Die Presse Oberschlesiens von den Anfängen bis zum Jahre 1945. Berlin 1993)

1903

1. Studien über die Briefe des hl. Paulinus von Nola. Breslau: Nischkowsky 1903, 103 S.
   Breslauer Kath.-theol. Dissertation vom 4. Dezember.

1904

2. Passionsbilder. Als Ergänzung des hl. Kreuzweges und für die Betrachtung aus den Schriften der Kirchenväter zusammengestellt. Habelschwerdt: Frankes Buchhandlung 1904.
3. Predigt, anläßlich der Trockenheit und Dürre gehalten. 1904. – 2. Aufl. 1904
4. Studien über die Briefe des hl. Paulinus von Nola. Breslau: Aderholz 1904, V, 103 S. – „Sr. Hochwürden dem fürsterzbischöflichen Vikar

und Großdechanten der Grafschaft Glatz Herrn Dr. theol. Wilhelm Hohaus, Archidiakonus, Ehrendomherr an der Kathedrale zu Breslau, Fürsterzbischöflicher Konsistorialrat und Notar, Pfarrer zu Habelschwerdt in Dankbarkeit und Verehrung gewidmet vom Verfasser." – Rezension in: Historisches Jahrbuch 25, 1904, S. 269 (C.W.) [das ist Carl Weyman].

1905

5. Die Maria-Hilf-Kapelle in Voigtsdorf bei Habelschwerdt. Mit einleitenden Bemerkungen über die Bedeutung der Berge in der hl. Schrift. Habelschwerdt: Frankes Buchhandlung, J. Wolf 1905, 19 S.

1908

6. Was sagt die hl. Schrift vom Weine und von der Abstinenz? Materialien für die Mäßigkeitsbewegung. Hamm i. Wstf.: Breer & Thiemann 1908, 42 S.

1909

7. Christliche Erziehungslehre in Zitaten. Aus den Väterschriften gesammelt. Freiburg im Breisgau: Herder 1909, XI, 485 S. – Enthält Texte von Klemens v. Alexandrien, Cyprian, Gregor v. Nazianz, Gregor v. Nyssa, Laktanz, Origines, Tertullian, Athanasius, Ambrosius, Augustinus u.a.

1910

8. Heilige Frauen und Jungfrauen. Ein Gedenkbuch für alle Tage des Jahres. Steyl: Missionsdruckerei 1910, 410 S.

1912

9. Aus den Glatzer Bergen. Skizzen und Erzählungen. Mittelwalde: A. Walzel (1912), 88 S. – „Nachdruck": Karlsruhe: E. Aug. Herbst, o.J. – Enthält: Die Grafschaft Glatz; Aus alter Zeit; Trollius europaeus. Die Glatzer Rose; Maria Schnee; Ein verstecktes Heiligtum; G.G.-V.; Iluscha; Der verlorene Sohn; Memento mori. (Fragment aus einem Briefe).
10. Geisteserneuerung. Sechs Vorträge. 1912.
11. Ein Märchen aus der Grafschaft.
In: Die Grafschaft Glatz. Illustrierte Monatsschrift des Glatzer Gebirgsvereins. 7, 1912, S. 30-32; Nr. 3, März.
12. Wie ein Märchenland entstand. Ein Märchen aus der Grafschaft Glatz.
Ebd., S. 85-86; Nr. 7, Juli. – Nachdruck: siehe 1924 und 2001.

1913

Trollius europaeus. Die Glatzer Rose.
In: Die Grafschaft Glatz 8, 1913, S. 1-2; Nr. 1, Januar. – Nachdr. aus Nr. 9.

13. Das Elfengrab auf dem Schneeberge. Ein Wintermärchen.
Ebd., S.18-19; Nr. 2, Februar.
14. Rosmarin und Myrte. Ein Sommermärchen.
Ebd., S. 68-69; Nr. 5, Juli.
Maria Schnee.
Ebd., S. 107-108; Nr. 8, November. – Nachdr. Aus Nr. 9.

1915

15. Zur Erinnerung an den Empfang der ersten hl. Kommunion am Feste Christi Himmelfahrt im Kriegsjahre 1915.
Sonderabdruck aus der „Oberschlesischen Zeitung", Beuthen OS.
16. Schnee und Hagel. Ein altes Grafschafter Volksmärchen.
In: Die Grafschaft Glatz. 10, Glatz 1915, S. 21-22; Nr. 2 v. 20. Juni.
17. Der steinerne Mann von Hüttengut. Ein Maiennachtsmärchen.
In: Guda Obend! Heimatliches Jahrbuch für die Grafschaft und ihre Nachbargebiete. 5. Jg., Mittelwalde 1915, S. 45-46.

1916

18. Lil, die Königin der Nacht. Die Sagengeschichte der Seefelder.
Ebd. 6, 1916, S. 86-90.
Die Rettung des Moses. Beuthen: Rudolph 1921. – Biblisches Schauspiel in 3 Bildern.

1917

19. (Hrsg.:) Jahrbuch des Vereins der Marienkinder Josephshaus Beuthen OS.
20. Rhoes und Cyana. Ein Glatzer Märchen.
Guda Obend 7, 1917, S. 79-84

1918

21. Das Höllental. Ein düsteres Bild aus der Urzeit.
Ebd. 8, 1918, S. 53-57. – Zwischen Altheide und Walddorf gelegen.
22. Die Erneuerung der Predigt.
In: Schlesisches Pastoralblatt 39, 1918, S. 79-81, 88-89 u. 100-102.

1919

23. Eine Handvoll junger Märchen aus dem Glatzer Lande.
Dresden-Weinböhla 1919, 91 S.
24. Studienassessor Paul Hanke. (Un Tt. An.) Eine Trauerstunde an seinem Geburtstage.
In: Akademische Monatsblätter 31, 1918/19, S. 103; Nr. 10 v. 25. Juli 1919. – Zeitschrift des KV (Kartellverband katholischer deutscher Studentenvereine).

25. Maria, die Morgenröte, der Schatten am Mittag und der Abendstern. (Zu Mariä Geburt)
In: Katholisches Sonntagsblatt der Diöcese Breslau 25, 1919, S. 217-219; Nr. 36 v. 7. September.

1920

26. Die heilige Hedwig. Patronin von Schlesien. Ein Vortrag. Mit einem Holzschnitt von Franz Hoffmann. Beuthen O.-S.: Oskar Waeldner's Buchhandlung /Gerhard Gawenda 1920, 8 ungez. S.
27. Fünf schlichte Märchen aus der Grafschaft Glatz. Mit Buchschmuck von Franz Hoffmann. Beuthen O.-S.: Oskar Waeldner / Gerhard Gawenda 1920, 56 S. – 2. Aufl., ebd. 1921, 56 S. – Enthält: Valeska, die Zauberin; Gna, die Glückssucherin; Des Dichters Tod und Unsterblichkeit; Die Windsbraut. Ein Sommermärchen; Das Pfingströschen. Ein Kindermärchen. Enthält auch: Widmung an A.G. – Der Name ließ sich nicht ermitteln.
28. Valeska, die Zauberin. Eine Festungssage.
In: D. Grafsch. Glatz 15, 1920, S. 7-8. – Vgl. Nr. 27!
29. Dr. Paul Reinelt, Studienrat in Beuthen OS.
In: Guda Obend! 10, 1920, im Kalendarium. – Autobiographisch.
30. Dr. Melchiors Traum.
Ebd., S. 37-47. – Erster Platz bei dem Preisausschreiben dieses Jahrbuches i.J. 1919.
31. U.L. Frau vom Fichtenstamme.
In: Kath. Sonntagsblatt Breslau 26, 1920,S. 315-316; Nr. 41 v. 10. Oktober

1921

32. Wie dem Eschenberg sein Recht wurde.
In: Die Grafschaft Glatz 16, 1921, S. 47; Nr. 5/6 v. 15. Juli.
Die Windsbraut. Ein Sommermärchen.
In: Guda Obend! 11, 1921, S. 30-31. – Aus: Fünf schlichte Märchen, siehe Nr. 27.
34. Carl Floeckner.
In: Der Oberschlesier 3, 1921, S. 810-812, 826-828 u. 843-845.
Prof. Dr. theol. C. F. (Karl Flöckner) lebte von 1842-1910 und war Religionslehrer am Gymnasium in Beuthen.
35. St. Maria in Weiden.
In: Kath. Sonntagsbl. Breslau 27, 1921, S. 114-115; Nr. 15 v. 10. April
36. Das Ave Maria als Spiegel unseres Lebens.
Ebd., S. 346-347.

1922

37. Emanuel Buchwald, Geistl. Rat, Erzpriester und Pfarrer bei St. Maria in Beuthen OS. Ein Schattenriß seines Lebens, geb. 17.4.1856, + 22.12.1921. Beuthen: Oberschlesische Zeitung 1922, 42 S.
38. Iluscha. Eine Tragödie in 4 Aufzügen. Habelschwerdt: Frankes Buchh. 1922, 64 S.
39. Die Berge sind Gottes Throne. Skizze.
    In: D. Grafsch. Glatz 17, 1922, S. 24-25.

1923

40. Ein Besuch beim Einödpfarer.
    In: Arnestus-Kalender 2, 1923, S. 58 u. 60.
41. Die Herzenswaage.
    In: D. Grafsch. Glatz 18, 1923, S. 14. – Ein Märchen.

1924

Wie ein Märchenland entstand.
In: Wilhelm Müller-Rüdersdorf (Hg.): Die Grafschaft Glatz. Das Buch des Landes und Volkes. Breslau (1924), S. 11-14. – Aus: Eine Handvoll, wie Nr. 23.

42. Von der Grafschaft, den Grafschaftern und Joseph Wittig.
    Ebd., S. 166-170
    Die Windsbraut.
    Ebd., S. 213-215. – Aus: Fünf schlichte Märchen, wie Nr. 27.
43. Arnestus von Pardubitz, der Gottesmann.
    Ebd., S. 231-236.
44. Der Schriftsteller Paul Reinelt. Selbstbiographie.
    Ebd., S. 270-272.
    (Nach Reinelt:) Die Sage vom St. Annaberge in Oberschlesien.
    In: Oberschlesien 1, Berlin 1924, S. 22.

1925

45. Handbuch für die Katholiken von Beuthen O/S. und Roßberg.
    Beuthen: Oberschlesische Zeitung (1925), II, 168, IV S.
    Darin von Reinelt:
46. Dem Büchlein zum Geleit
47. Kirche und Pfarrei St. Maria, S. 14-20.
48. Die Pfarrkirche St. Trinitas, S. 29-31.
49. Die St. Hyazinthkirche, S. 34-36. – Aus: E. Buchwald, s. Nr. 37.
50. Die Kirche St. Margareth, S. 40-42.
51. Die Friedhofskapelle Mater dolorosa, S. 43-44.
52. Die Minoritenkirche St. Nikolaus, jetzt evang. Kirche, S. 45-46.

53. Die Laurentius-Schrotholzkirche im Stadtpark, S. 47-48.
54. Staatliches Hindenburg-Gymnasium. Gymnasialstraße Nr. 5, S. 67-70.
55. St. Josephshaus, Piekarer Straße 59, S. 129-130.
56. Pfeffer und Salz der frumbden Christenheit in Stadt und Land in die sonntägliche Predigtkost gestreut vom Bruder Bernhard. Hg. v. Paul Reinelt. Freiburg i. Brsg.: Herder 1926, 150 S. – 2. u. 3. Aufl., 4.-6. Tsd., ebd. (1926), 150 S. – Die einzelnen Geschichten, deren Verfasser Reinelt ist, erschienen zuerst in den Jahren 1922 u. 1923 in der Oberschlesischen Zeitung zu Beuthen.
57. Königreich Heimat.
    In: Grofschoaftersch Tonkelstonde 1, Glatz 1925, S. 19.

1926

58. Chronika, Wie das liebe Jesuskind im Glatzer Land geboren wurde. Erzählung. Freiburg i. Brsg.: Herder 1926, 132 S.
59. Die Fahrt nach dem heiligen Berge.
    In: Arnestus-Kalender 3, 1926, S. 114-117. – Przibram in Böhmen.
    Arnestus von Pardubitz. Studie.
    In: Rübezahlkalender 4, 1926, S. 105-109. – Wohl Nachdruck von Nr. 43.
60. Die Volksschule in Spanien.
    In: Katholische Schulzeitung für Norddeutschland 43, Breslau 1926, S. 1045-1050; Nr. 52 v. 29. Dezember

1927

61. Festpredigt anläßlich des 200-jährigen Bestehens der Dorfkirche zu Neuweistritz bei Habelschwerdt. O.O. u. J. (wohl 1927), 6 ungez. S.

1928

62. Brombeeren von Bruder Bernhard.
63. Spanien, wie ich es sah.
    In: Arnestus-Kalender 5, 1928, S. 104-108.
64. Preisausschreiben der Gemeinschaft jungoberschlesischer Dichter.
    In: Der Oberschlesier 10, 1928, S. 578.

1929

65. Die Kirchen von Beuthen.
    In: Beuthen OS. Hg. i.A. des Magistrats Beuthen von (Albert) Stütz. Berlin-Halensee 1929, S. 22-27. (Deutschlands Städtebau)
66. Schneider - Kirchlein.
    In: D. Grafsch. Glatz 24, 1929, S. 57 – Ober-Voigtsdorf; Franz Prause.
67. Unsere Dorfkirche.
    Ebd., S. 59 – Neuweistritz.

68. Neuweistritz.
Ebd., S. 61.
69. Der Freibauer von Neuweistritz.
Ebd., S. 62.
70. Blumenspiele: Eine Forderung Oberschlesiens.
In: Oberschlesischer Heimat-Kalender, 1929, S. 24
71. Holteis Grafenorter Briefe.
In: Der Oberschlesier 11, 1929, S. 184-190.
72. Katechismusreform in Birmingham.
In: Kath. Schulztg. f. Norddtschld. 46, 1929, S. 845-847; Nr. 43 v. 23. Oktober

1930

73. Edles Mädchentum in Beruf und Leben. 1.-3. Tsd. Wiesbaden: Hermann Rauch, 295 S. – „Maria der Wegbereiterin und Führerin zu edlem Mädchentum gewidmet" – Kurze Rez.: Ostdeutsches Pastoralblatt 2, 1931, S. 312. (J[oseph] Engelbert).
74. Guido de Fontgalland. Der frische, fromme Knabe. Leutesdorf a. Rh.: Johannesbund 1930, 31 S. (Große Menschen in kleiner Welt. 1)
75. Therese Higginson. Die gottbegnadete Lehrerin. Leutesdorf a. Rh.: Johannesbund 1930, 31 S. (Gr. Menschen in kleiner Welt. 2) – Engländerin; 1844-1905.
76. Margret Sinclair. (1900-1925) Erwerbstätig und von der Welt unbefleckt. Ebd. 1930, 31 S. (Gr. Menschen in kl. Welt. 3)
77. St. Barbara, die Schutzpatronin der Bergleute.
In: Festschrift zum 40jährigen Bestehen des Vereins technischer Bergbeamter Oberschlesiens den Vereinsmitgliedern gewidmet von den Verfassern. Berlin: Phönix-Verlag Carl Siwinna (1930), Sp. 338-354.
78. Der Malta-Konflikt. Britische Staatsgewalt und vatikanische Kirchenmacht.
In: Ostdeutsche Morgenpost, Beuthen O.-S., 12. Jg., Nr. 196 v. 17. Juli 1930
79. Der heilige Joh. Bapt. Vianney, Patron der Seelsorgepriester.
In: Sanctificatio nostra. Religiöse Monatsschrift für den katholischen Klerus. 1, 1930, S. 72-80.
80. L'abbé Fouque. Ein Riese der Caritas und des Gottvertrauens.
Ebd. 1, 1930, S. 551-555 u. Jg. 2, 1931, S. 25-29.

1931

81. Franz Boden. Der Photograph und Almosenspender. Leutesdorf: Johannesbund 1931, 31 S. (Gr. Menschen in kl. Welt. 4)
82. 700 Jahrfeier der St. Marienkirche Beuthen O.-S. Beuthen OS.: Pfarramt St. Maria 1931, 47 S.
83. Maria von Padua. Eine zarte Mädchenblüte. Leutesdorf: Johannesbund 1931, 31 S. (Gr. Menschen in kl. Welt. 5)

84. Der Streit der Jahreszeiten.
In: Guda Obend! 21, 1931, S. 50-52.
85. Joseph Turmel excommunicatus, vitandus und degradiert. Eine bittere Betrachtung für uns Priester.
In: Sanctificatio nostra 2, 1931, S. 37-39.

1932

86. Vikar Fouqué. Der Riese der Karitas und des Gottvertrauens. Leutesdorf: Johannesbund 1932, 16 S. (Gr. Menschen in kl. Welt, 7)
87. Priesterkonvent.
In: Sanctificatio nostra 3, 1932, S. 399-402.
88. Die Erziehungskrise in französischer Beleuchtung.
In: Kath. Schulztg. f. Norddtschld. 49, 1932, S. 716-717; Nr. 44 v. 2. November
89. Machet euch dieser Welt nicht gleichförmig! (Röm. 12.2)
In: Kath. Sonntagsbl. d. Erzdiözese Breslau 38, 1932, S. 18; Nr. 2 v. 10. Januar. – Auch: Hafenstädte.
90. Christi Blut, ein Himmelschlüssel.
Ebd., S. 162; Nr. 11 v. 13. März.
91. Die Feierlichkeiten am Grabe des heiligen Franz Xaver.
Ebd., S. 235; Nr. 15 v. 10. April. – In Goa.
92. Mild wie die Nachmittagssonne
Ebd., S. 290, Nr. 19 v. 8. Mai. – Zu 1 Petrus 4, 7-11.
93. Die Verehrung Mariens wird bestraft.
Ebd., S. 344-345; Nr. 22 v. 29. Mai. – In Spanien, vor dem Bürgerkrieg.
94. Großstadt-Versuchungen (1. Kor. 10, 6-13).
Ebd., S. 450; Nr. 29 v. 17. Juli. – Zur Sonntagsepistel.
95. Fünf notwendige Punkte.
Ebd., S. 611-612; Nr. 39 v. 25. September. - Zu Epheser 4, 23-28 (Sonntagsepistel).
96. St. Mary's Abbey in Buckfast.
Ebd., S. 631-632; Nr. 40 v. 2. Oktober. – Überblick über die Geschichte der alten Abtei und Bericht über die Einweihung der neuerstandenen Abtei am 25. August 1932.
97. Unser ganzes Leben muß auf Christus bezogen sein.
Ebd., S. 706; Nr. 45 v. 6. November. – Zu Kolosser 3, 12-17

1933

98. Birke und Tanne. Ein Nikolausmärchen.
In: Grofschoftersch Feierobend, 1933, S. 72-73
99. Priester-Exerzitien.
In: Sanctificatio nostra 4, 1933, S. 307-308.
100. Dabei sein – geladen sein.

In: Kath. Sonntagsbl. d. Erzdiöz. Breslau 39, 1933, S. 34; Nr. 3 v. 15. Januar. - Joh. 2, 1-11 (Hochzeit zu Kanaa), v.a. 1. u. 2. Vers.

101. Der unheimliche Gast.
Ebd., S. 178; Nr. 12 v. 19. März. – Der Teufel.

1935

102. Christus auf den Bergen. 7 Fastenpredigten. Breslau: Franke 1935, 79 S.

1936

103. St. Trinitas Beuthen OS. feiert das goldene Jubiläum. Beuthen OS: Pfarrkanzlei Str. Trinitas, 85 S. – Rez.: Archiv für schlesische Kirchengeschichte 2, 1937, S. 257-258 (Hermann Hoffmann): „Eine quellenmäßig gearbeitete Festschrift, die dauernden Wert beanspruchen darf. Sie ist reich bebildert. ... Auch die Geschichte der von Trinitas abgezweigten Pfarreien Orzegow, Schomberg, Städtisch Dombrowa, Herz Jesu und Heilig Kreuz in Beuthen, der Kapellen und kirchlichen Anstalten wird dargestellt. Wertvoll ist das Verzeichnis von 34 Priestern, die aus der Pfarrei stammen und in der Jubelkirche Primiz feierten."

104. Kreuzerhöhung.
In: Schlesisches Bonifatiusvereins-Blatt 77, 1936, S. 251-252.

1937

105. Die Heilig Kreuzkirche. Ein Denkmal glaubenstreuer Gesinnung der Katholiken von Beuthen OS. Beuthen OS.: Pfarrkanzlei der Heilig Kreuzkirche (1937), 47 S. – Rez.: Arch. f. schles. Kirchengesch. 3, 1938 (Gotthard Münch); ZVGS 72, 1938, S. 627 (Oswald Völkel).

106. Die Bischofstage in Beuthen.
In: Oberschlesisches Katholisches Kirchenblatt 2, 1937, S. 203; Nr. 18 v. 2. Mai. Verfasser: „Dr. P.R." (R. unsicher); es dürfte Reinelt sein. – Firmung durch Adolf Kardinal Bertram und Weihbischof Valentin Wojciech.

107. Lebendige Seelsorge. Zugleich eine Buchbesprechung.
In: Ostdt. Pastoralbl. 8, 1937, S. 145-151.

1938

108. Erzpriester Franz Strzybny. Breslau: Otto Borgmeyer 1938, 24 S. (Schlesische Priester. Hg. Von Hermann Hoffmann. 3) – Strzybny (1878-1936) war Pfarrer von St. Hyazinth in Beuthen-Roßberg und starb am Tage des 25. Jubiläums seiner Kirche. – Rez. : Arch. f. schles. Kirchengesch. 4, 1939, S. 346 (Kurt Engelbert); ZVGS 73, 1939, S. 564-565 (Paul Klemenz).

109. Unseres Herrn Feldmesse. Gedanken zu dem Evangelium von der wunderbaren Brotvermehrung.

In: Bistumsblatt Erzdiözese Breslau 44, 1938, S. 406-40; Nr. 29 v. 17. Juli.

110. Bibel und Jugend.
In: Ostdt. Pastoralbl. 9, 1938, S. 109-110.

1939

111. Fastenpredigten über sieben Wunder Jesu. Freiburg i. Br.: Herder 1939, 97 S.
112. Der heilige Johannes von Nepomuk. Breslau: Franke 1939, 36 S. (Katholische Christen. Hg. von Hermann Hoffmann. 4)
113. Prälat Reinhold Schirmeisen. Breslau: Otto Borgmeyer 1939, 24 S. (Schles. Priester. 5) – Rez.: Arch. f. schles. Kirchengesch. 4, 1939, S. 346 (K. Engelbert); ZVGS 73, 1939, S. 564-565 (P. Klemenz). – Schirmeisen (1842-1912) war Pfarrer von St. Trinitas in Beuthen OS. und lehnte geplante Berufungen zum Erzbischof von Posen und zum Armeebischof ab.
114. Eindrucksvolle Messfeiern.
In. Bistumsbl. Erzdiöz. Breslau 45, 1939, S. 19-21; Nr. 2 v. 8. Januar. – Auf See.

1940

115. Heiliger Antonius von Padua. Breslau: Franke, Otto Borgmeyer 1940, 43 S. (Kath. Christen. 10)
116. Das religiöse Brauchtum in Oberschlesien.
In: Ostdt. Pastoralbl. 11, 1940, S. 105-111.

1949

117. Bischof Kaller ist ein Sohn Oberschlesiens. Erinnerungen an Herrn Bischof Maximilian Kaller.
In: Heimat und Glaube 1949, Heft 3, S. 9. – Max(imilian) Josef Johannes Kaller, geb. am 10. Oktober 1880 in Beuthen (Oberschl.), 1930 Bischof von Ermland, gest. am 7. Juli 1947 in Frankfurt a.M.
118. Allerseelen in der Fremde.
Ebd., H. 7, S. 6.

1950

119. Pfeffer und Salz. Nächtliches Gespräch.
Ebd. 2, 1950, H. 2, Februar, S. 12-13.
120. Oster-Erlebnis.
Ebd., H. 4, April, S. 7-8.
121. Der vergrabene Rosenkranz.
Ebd., H. 5, Mai, S. 12.
122. Das Handzeichen. Eine weihnachtliche Erzählung.
Ebd., H. 12, Dezember, S. 13.

1952

123. Der hl. Norbert, Erzbischof von Magdeburg. Zum 6. Juni.
In: Tag des Herrn 2, 1952, S. 83; Nr. 21/22 v. 24. Mai.

Der Blumenbittgang zum Herrgott.
In: Grafschaft Glatzer Heimatblätter 4, 1952, S. 284-286. – Aus Nr. 58.

1954

124. Maria und der Islam.
Ebd. 6, 1954, Nr. 3, März, S. 2.

1957

Fliegenfangen.
Ebd. 9, 1957, Nr. 6, Juni, S. 11.
Aus: Pfeffer und Salz (wie Nr. 56).

1958

Die Windsbraut. Ein Sommermärchen.
In: Ostdeutsche Heimat. Grofschoaftersch Häämtebärnla 10, 1958, S. 91-93. – Aus Nr. 27.

1959

Das Handzeichen.
Ebd. 11, 1959, S. 99. – Vgl. Nr. 122!

1972

Arnestus von Pardubitz, der Gottesmann.
In: Arnestus von Pardubitz. Leimen/Heidelberg 1972, S. 5-14. – Nachdr. v. Nr. 43.

2001

Wie ein Märchenland entstand.
In: Schlesien heute 3, Görlitz 2001, [Heft] 12, [Dezember], S. 54. – Nachdr. von Nr. 12.

HANS-LUDWIG ABMEIER

Ergänzungen zum Verzeichnis der Veröffentlichungen von Gerhard Webersinn

Das „Verzeichnis der Veröffentlichungen von Gerhard Webersinn" erschien in Band 49, 1989, S. 187-241, und umfaßt 684 Titel. Hier sei eine Reihe von Ergänzungen mitgeteilt.*

Der verdienstvolle Jurist und Historiker Gerhard Webersinn wurde am 25. April 1904 in Münsterberg geboren und starb am 19. Februar 1993 in Münster i.W. (Vgl. den Nachruf in: Oberschlesisches Jahrbuch 9, 1993, S. 324-327!)

1953

Zu 1. Auch in: Grafschaft Glatzer Heimatkunde. Beilage zum Grafschafter Boten. 1953/8; S. 57-58.

1963

685. Max Sdralek – ein Sohn Oberschlesiens. Vor 75 Jahren war der Kirchenhistoriker Rektor der Hochschule in Münster.
In: Unser Oberschlesien 13, 1963, Nr. 5 vom 7. März, S. 3.

686. Prof. Dr. Joh. Nikel zum Gedenken.
Ebd., Nr. 24 vom 17. Dezember, S. 5.

1967

Zu 202: Nachdruck unter dem Titel „Kulturwerk Schlesien und akademische Jugend tagten. Achte wissenschaftliche Arbeitstagung schlesischer Studenten in Würzburg. Beiträge zur Geschichte Schlesiens im 19. und 20. Jahrhundert" in: Schlesischer Kulturspiegel, Jg. 1967, Folge 7-9, S. 1-2.

1968

687. Bbr. [Bundesbruder] Pfarrer Paul Skobel zum Gedenken.
In: Die Bastei. Winfridenblätter. 56, 1968, Heft 2, S. 13-16.

---

* Herrn Oberregierungsrat a.D. Manfred Schmidt (Münster i.W.) danke ich für auf die Zeitschrift „Die Bastei" bezogene Hinweise und Kopien.

Geb. am 24. März 1878 in Glogau; Pfarrer von Kamenz, Kr. Frankenstein; Verfolgter des NS-Regimes; gest. am 17. Juli 1952 in Görlitz-Rauschwalde.

1969

688. Dichterlesung von Alfons Teuber.
In: Volksbote, München, 21, 1969, 1. November.

1971

Zu 325. An Bauerwitz erinnert. Oberschlesische Ortsgründung bayerischer Siedler.
In: Volksbote 23, 1971, 16. Juli

689. Zum Polentum gezwungen. Oberschlesien im Warschauer Verifizierungsverfahren vor 25 Jahren.
In: Heimat und Glaube, Lippstadt, 23, 1971, Nr. 8, August, S. 6.

1973

690. Die juristische Fakultät der Universität Breslau.
In: Die Bastei 61, 1973, Heft 1, S. 27-29.

691. AH [Alter Herr] Prälat Karl Ulitzka. 24. September 1873 – 13. Oktober 1953.
Ebd., Heft 2, S. 21-22.

1974

Zu 483. Auch in: Der Ratiborer, Nr. 239, April 1974, S. 6.

692. Winfriden und die deutschen Katholikentage.
In: Die Bastei 62, 1974, Heft 1, S. 7-11.

1976

693. Bbr. Reichskanzler Dr. Wilhelm Cuno zum 100. Geburtstag.
In: Die Bastei 64, 1976, Heft 1, S. 6-7.

694. AHx [Altherrensenior] Prälat Joseph Glowatzki zum Gedenken.
Ebd., Heft 2, S. 25-27.

695. LS-Kreisgruppe Münster 25 Jahre.
In: Der Schlesier 28, 1976, Nr. 22 vom 28. Mai, S.7.
Kreisgruppe der Landsmannschaft Schlesien.

696. Altbischof D. Ernst Hornig verstorben.
Ebd., Nr. 52-53 vom 24. Dezember, S. 2.

1977

697. Emanuel Zimmer – Pfarrer, Heimatforscher und Theatermann.
In: Die Bastei 65, 1977, Heft 1, S. 1-3.

1978

Zu 624: Wesentlich kürzer: Zum 70. Geburtstag von Dr. Robert Samulski.
In: Unser Oberschlesien 28, 1978, Nr. 6 v. 16. März, S. 4.

698. Georg von Sachsen – vom Kronprinzen zum Jesuiten.
In: Die Bastei 66, 1978, Heft 1, S. 18-20.

699. Bbr. Paul Ganse.
Ebd., Heft 2, S. 25.
Geboren am 24. März 1863 in Kreuzburg O/S; Erzpriester, Ehrendomherr des Bistums Breslau. Gestorben am 11. Juni 1928 in Waldenburg.

700. Zum Gedenken an Karl Schodrok – verstorben am 24. Februar 1978 -.
In: Unser Oberschlesien 28, 1978, Nr. 6 vom 16. März, S. 3.

701. Geist des Neisser Heimgartens. Zur 50. Wiederkehr des Todestages von Prof. Klemens Neumann.
Ebd., Nr. 14 vom 20. Juli, S. 4.

1979

702. Dr. Hans Jessen zum Gedenken. Mit Herz und Geist Schlesien verbunden.
In: Der Schlesier 31, 1979, Nr. 44 vom 2. November, S. 11.

1980

Zu 652. [Ausführlicher:] Geistlicher Rat Pfarrer Hugo Jendrzejczyk.
In: Die Bastei 68, 1980, Heft 1, S. 46-48.

703. Helmuth James Graf von Moltke. – Zur 35. Wiederkehr seines Todestages.
In: Der Schlesier 32, 1980, Nr. 3 vom 18. Januar, S. 6.

1981

704. Generalvikar Prälat Dr. Ferdinand Speil. Winfridias Gründungssenior.
In: Die Bastei 69, 1981, Heft 1, S. 2-3.
Geb. am 18. April 1835 in Ratibor,
gest. am 30. März 1907 in Breslau.

705. Prof. Dr. Siegfried Sudhof.
Ebd., S. 37-38.
Geb. am 17. August 1927 in Wanne-Eickel; Germanist;
gest. am 25. September 1980 in Florianopolis (Brasilien).

706. Otto Schütz.
Ebd., S. 38-39.
Geb. am 6. Oktober 1902 in Lubichow, Kreis Preußisch Stargard; Apotheker;
gest. am 20. November 1980 in Bochum.

707. Dr. rer. pol. Eduard Gröger .
Ebd., Heft 2, S. 68-69.
Geb. am 28. Mai 1898 in Breslau,
gest. am 7. Mai 1981 (in Münster i.W. ?)

708. Hans Poelzigs Breslauer Jahre. Der Bauherr der Jahrhundert-Ausstellungsbauten von 1913.
In: Der Schlesier 33, 1981, Nr. 31 vom 31. Juli, S. 7.

1982

709. Franz Dittert. Generalvikar der Grafschaft Glatz.
In: Die Bastei 70, 1982, Heft 1, S. 2-3.
Geb. am 10. Dezember 1857 in Wölfelsdorf (Grafschaft Glatz),
gest. am 18. Dezember 1937 in Mittelwalde (Grafschaft Glatz).

710. Romuald Proske. Pfarrer von Lewin 1889-1927.
Ebd., S. 4-5.
Geb. am 8. März 1841 in Neudorf, Kreis Leobschütz, gest. nicht 1927, wie Webersinn schrieb, sondern (laut Hermann Hoffmann, In memoriam. Die seit 1887 verstorbenen Priester des Erzbistums Breslau, Breslau 1935, S. 8) am 3. Januar 1928.

HANS-LUDWIG ABMEIER

Ergänzungen zum Verzeichnis der Veröffentlichungen von Dr. phil. Karl Schindler

Das in Band 51 dieser „Mitteilungen", 1997, auf den Seiten 243 bis 312 veröffentlichte Verzeichnis umfaßt 677 Titel. Hier und jetzt können einige Ergänzungen genannt werden.
Es ist erstaunlich und verdient Hervorhebung, daß Karl Schindler bereits im Alter von 17 oder 18 Jahren in einem großen Sammelband mit drei eigenen Beiträgen vertreten war und drei Jahre später zu den Mitarbeitern eines weiteren stattlichen Sammelbandes gehörte. Er blieb dem Lesen und dem Schreiben zeitlebens treu, als ein echter l'homme de lettres.

1924

678. Der Böhmische Winkel.
In: Die Grafschaft Glatz. Das Buch des Landes und Volkes hg. von Wilhelm Müller-Rüdersdorf. Breslau (1924), S. 95-99.

679. Habelschwerdter Bereich.
Ebd., S. 108-112.

680. Anna Bernard, die Erzählerin.
Ebd., S. 265-268.

1927

681. Die Gemeinde Bad Kudowa mit ihrer näheren Umgebung. <Der Böhmische Winkel.>
In: Die Grafschaft Glatz. Ein Buch von ihren Städten, Gemeinden und Bädern. Hg. von Ludwig, [Bruno] Salomon u. Erwin Stein. (Monographien deutscher Städte. Bd. XIX) Berlin-Friedenau 1927, S. 108-113.

1938

682. Ein vergessenes Gedicht auf die historische Begegnung von 1769.
In: Der Oberschlesier 20, 1938, S. 192-197.
Begegnung Friedrichs d. Gr. mit Joseph II. in Neisse.
683. Der Dichterin Anna Bernard zum Gedenken.
Ebd., S. 718-721.

1951

684. Zu Gast bei Karl Schindler. Zugleich ein kurzes Verweilen im Glatzer Konvikt, in Habelschwerdt und Kudowa, aber auch bei Anna Bernard, Julius Stephan und anderen.
In: Grafsch. Glatzer Heimatblätter 3, 1951, S. 178-181.

685. Am Turm der Pfarrkirche von Tscherbeney.
Ebd., S. 215-216.

1952

686. Dr. Paul Reinelt zum 75. Geburtstag.
In: Grafschaft Glatzer Heimatblätter 4, 1952, S. 81-82.

1954

687. Unser Glatzer Land in Gustav Freytags Roman „Aus einer kleinen Stadt".
Ebd., 6. Jg., Nr. 10, 79. Gesamtfolge, 15. Mai 1954, S. 146-147 u. Nr. 11, 1. Juni 1954, S. 165-166.

1967

Der als Nr. 255 genannte Artikel ist zu streichen. Dafür:

255. Glatzer Abiturienten als berühmte Theologen.
In: Grafschafter Bote 18, 1967, Nr. 9, S. 9.

1972

Zu Nr. 360: Siehe auch: Heimat u. Glaube 24, 1972, Nr. 6, S. 7.

1973

688. Des Dichters Otto von Taube schlesisches Jahr.
In: Schlesien 18, 1973, S. 156-159.

1984

Zu 624: Auch in: Schule zum Heiligen Geist in Breslau. Gegründet 1538. Ein Rückblick nach 450 Jahren. Hg. vom Verein „Alter Heiliger Geister" zu Breslau. (Hagen) [1988]. S. 123-126.

VII. REZENSIONEN

Engel, Walter/Honsza, Norbert (Hg.): Kulturraum Schlesien. Ein europäisches Phänomen. Interdisziplinäre Konferenz Wrocław/Breslau 18.-20. Oktober 1999, Wrocław (2001), 312 S.

Seit nunmehr vier Jahren stellt das Polnische Institut Düsseldorf in Zusammenarbeit mit hiesigen und mit polnischen Partnern dem Publikum in Nordrhein-Westfalen alljährlich eine bedeutende Stadt Polens vor. Nach Danzig, Stettin und Krakau fiel im Jahr 2001 die Wahl auf Breslau, das kulturelle Gravitationszentrum Schlesiens. Im Rahmen des vielgestaltigen Veranstaltungsprogramms wurde auch der vorliegende Sammelband mit Beiträgen eines interdisziplinären Symposiums vorgestellt, an dem in Breslau seinerzeit mehr als zwanzig namhafte Wissenschaftler aus Deutschland, Polen und Tschechien teilgenommen haben. Aufgrund der Kooperation zwischen der Stiftung „Gerhart-Hauptmann-Haus, Deutsch-osteuropäisches Forum" und der Universität Breslau kam die Mehrheit der Referenten von der Heinrich-Heine-Universität in Düsseldorf und von der Universität Breslau. Durch die Vielfalt der Themen in unterschiedlichen Zeitabschnitten und durch ein Aufgreifen polnischer, deutscher, böhmischer und jüdischer Aspekte der reichhaltigen und wechselvollen schlesischen Kulturgeschichte und Gegenwart ist der Versuch unternommen worden, ein perspektivenreiches Bild des Kulturraums Schlesien zu vermitteln. Dieses Ziel kann – dies als Vorbemerkung – durchaus als erreicht gelten, wenn man die historischen, literatur- und sprachwissenschaftlichen, kulturhistorischen und kulturpolitischen Beiträge des vorliegenden Sammelbandes rezipiert.
Den Auftakt bildet ein Beitrag von Hans-Georg Pott, in dem die spannungsgeladene gesellschaftliche und anthropologische Beziehungsstruktur zwischen ‚Globalisierung und nationaler Identität' analysiert wird. In einem zweiten Aufsatz mit konstituierendem und programmatischem Charakter widmet sich Hans Hecker dem Phänomen „Schlesien als Region in Europa". Der Düsseldorfer Historiker konstatiert, daß wesentliche Strukturelemente der europäischen Geschichtsentwicklung wie z.B. Ungenauigkeit der Abgrenzung nach außen und die Zersplitterung im Innern sich im Erscheinungsbild Schlesiens prägnant widerspiegeln. Im Anschluß an die beiden Eröffnungsbeiträge, die quasi den Rahmen der weiterführenden Ausführungen abheben, folgt ein Block literaturwissenschaftlicher Aufsätze. Den Reigen eröffnen Gertrude Cepl-Kaufmann und Antje Johanning, die mittels eines komparatistischen Ansatzes ‚Rhein und Annaberg als mythische Orte' einer literarischen Grenzproblematik untersuchen. Mirosława Czarnecka widmet sich den kulturellen und kommunikativen deutsch-polnischen Wechselbeziehungen im Schlesien des 17. Jahrhunderts. Besonders hervorgehoben werden im Kontext der dialogischen Regionalität der wirtschaftlichen Verbindungen zwischen deutschen und polnischen

Eliten die polonophilen Interessen der schlesischen Literaten. Grażyna Barbara Szewczyk geht in ihren Ausführungen den ‚stereotypen Bildern über Oberschlesien im deutschen und polnischen Schrifttum' nach, wobei ihr besonderes Augenmerk den inhaltlichen und formalen Veränderungen der Stereotype und deren Funktion im politischen und öffentlichen Leben insbesondere in der Zeit nach der Volksabstimmung gilt. Marcin Worbs behandelt „Die Bedeutung der katholischen Jugendbewegung Quickborn für die Erneuerung des kulturellen und religiösen Lebens in Schlesien" für den Zeitraum von 1909 bis 1939 und kommt zu dem Schluß, daß die Quickborn-Bewegung wichtige innovative Impulse für die schlesische Kultur- und Kirchengeschichte zu setzen vermochte. Eberhard Hilscher legt seine Forschungsergebnisse über den ‚schlesischen Europäer Johann Christian Günther' vor. Der Autor rechnet den Literaten zu den interessantesten und aktuellsten Schriftstellern aus der ersten Hälfte des 18. Jahrhunderts. Yvonne-Patricia Alefeld analysiert Eichendorffs Novelle ‚Das Marmorbild' unter Berücksichtigung der Aspekte klassische Mythologie und christliche Romantisierung. Heidi Hein untersucht die zentrale funktionale und didaktische Rolle Breslaus als Gegenpol zum russisch-polnischen Shtetl im jiddischen Aufklärungsroman „dos shterntikhl" von Yisroel Aksenfeld. Gerhard Kosellek widmet sich der Beziehungsstruktur zwischen dem Werk Karl von Holteis und diversen polnischen Persönlichkeiten und der polnischen Mentalität im allgemeinen, ein Aspekt, der nach Ansicht Koselleks in Holteis literarischem Werk durchaus einen manifesten Niederschlag gefunden hat. Jens Stüben behandelt Oskar Jerschkes Festspiel zur Breslauer Jahrhundertfeier 1913, einem Konkurrenzwerk zu Gerhart Hauptmanns „Festspiel in deutschen Reimen". Jerschke sei es nach Ansicht des Autors im Gegensatz zu Hauptmann gelungen, ein farbiges, getreues Abbild der Geschehnisse des März 1813 zu zeichnen. Allerdings dürfe dieser Aspekt nicht darüber hinwegtäuschen, daß Jerschkes Werk grundsätzlich einen fragwürdigen Geist übersteigerter nationalistischer und militaristischer Gesinnung atme, ein Punkt, der sicherlich eine kritische Gesamtwürdigung ratsam erscheinen läßt. Hans-Joachim Althaus schließlich widmet sich den literarischen wie wissenschaftlichen Bestimmungen schlesischer Identität im Gedankenhorizont Will-Erich Peuckerts.

Im Anschluß an die literaturwissenschaftlichen Ausführungen folgen zwei sprachwissenschaftliche Beiträge: zum einen legt Peter Chmiel seine Forschungsergebnisse zu den sprachlichen Verhältnissen in Oberschlesien in Geschichte und Gegenwart dar. Der Mitarbeiter der in Ratingen-Hösel ansässigen Stiftung Haus Oberschlesien skizziert diesbezüglich u. a. die Funktion der oberschlesischen Mundart aus sprachlich-kommunikativer und aus soziolinguistischer Sicht. Des weiteren werden Struktur der oberschlesischen Mundart und Sprache als Instrument nationalpolitischer Gegensätze in Chmiels Beitrag kompakt und transparent vermittelt. Für den zweiten sprachwissenschaftlichen Beitrag im vorliegenden konzeptionellen Arrangement zeichnet der in Münster und Bochum lehrende Linguist Ilpo Tapani Piirainen verantwortlich. Er stellt einige fachsprachliche Handschriften aus schlesischen Archiven (u.a. Sachsenspiegel aus Oppeln, das zweisprachige Vogtbuch von Oppeln) vor, die einen Einblick in die Rechts-, Kultur- und Sprachgeschichte Schlesiens des 14.-18. Jahrhunderts ermöglichen.

Schließlich runden wissenschafts- und kulturhistorische sowie gegenwartsbezogene kulturpolitische Ausführungen das Bild ab. Jan Papiór widmet sich der spannungsgeladenen bildungsgeschichtlichen Spannungskonstellation des Universitätsdreiecks Krakau-Prag-Wien im Kontext des 15. und 16. Jahrhunderts. Insbesondere wird die reformorientierte Rolle des Humanismus mit den Auswirkungen auf den schlesischen Raum eingehend beleuchtet. Stefan Folaron befaßt sich mit Bewertung und Charakteristik der Personen, die im biographischen Wörterbuch ‚Prosopographiae melicae millenaria tria' des Breslauer Gelehrten Caspar Cunradus (1571-1633) aufgeführt sind. Der Autor vertritt die Ansicht, daß sich anhand von Bewertungen und Beschreibungen der Personen ein Bild der schlesischen Kultur um 1600 rekonstruieren läßt, welches wiederum Rückschlüsse auf die Struktur der im damaligen gesellschaftlichen Leben vorherrschenden Moralnormen zuläßt. Einen universitätsgeschichtlichen Beitrag über den Breslauer Frühgermanisten und Bibliothekar Friedrich Heinrich von der Hagen, der sich als Förderer des kulturellen Lebens in Schlesien zu Beginn des 19. Jahrhunderts profilierte, präsentiert der Breslauer Germanist Marek Hałub.

Wojciech Kunicki, dessen wissenschaftliches Profil im Mitarbeiterverzeichnis merkwürdigerweise nicht aufzufinden ist, analysiert verschiedene Aspekte der identitätsstiftenden Rolle des Zobtenbergs als nationale Kult- und Gedächtnisstätte. Der Autor bemerkt, daß erst im Zuge nationalsozialistischer Modernisierungsbestrebungen der regionale Mythos demontiert worden ist. Miroslava Kyselá setzt sich mit der Bedeutung des deutschsprachigen Theaters in Teschen, Troppau und Mährisch-Ostrau in der Zeit zwischen den Weltkriegen auseinander. Sie betont das hohe Niveau der schauspielerischen Aktivitäten der Ensembles im Rahmen einer kulturell fruchtbaren deutsch-tschechischen Konkurrenzsituation.

Einen gegenwartsorientierten Zugriff eröffnet Jürgen Joachimsthaler, der sich mit dem Aspekt der problematischen Wahrnehmungsstruktur Schlesiens im Denkhorizont der westdeutschen Nachkriegsgeneration vor 1989 beschäftigt. Er analysiert das vielfältige Ursachengeflecht, das zu einer Verdrängung Schlesiens im Geschichtsbewußtsein der jungen Generation nach dem Zweiten Weltkrieg geführt hat. Bemerkenswert ist sicher seine Überlegung, daß der lange Abschied von Schlesien schon mit der wilhelminischen Germanisierungspolitik insofern eingesetzt habe, als im vorherrschenden Denkhorizont der Schlesier eine Engführung des Kulturraums Schlesien auf eine nationalistisch-deutsche Perspektive zu einer Verzerrung der bestehenden kulturellen Vielfalt geführt habe.

Den Abschluß des vorliegenden Bandes bildet ein zukunftsorientierter Ausblick von Theo Mechtenberg: Der Autor skizziert die ‚Funktion der Stiftung Kreisau im Kulturraum Schlesien', wobei er kompakt und instruktiv die Initiative des Breslauer Gelehrten Karol Jonca als treibende Kraft für den Aufbau Kreisaus als Ort einer

Europäischen Verständigung herausstellt. Mechtenberg erinnert an die ideologischen Problemkonstellationen, die diese Initiative bis zur europäischen Wende von 1989 vereitelten. Erst die Kooperation auf höchster politischer Ebene habe wegweisende Impulse zur Gründung der Stiftung Kreisau für Europäische Verständigung zu setzten vermocht. Das beeindruckende Spektrum an kulturellen Aktivitäten im Bereich der Jugendbegegnung, der Erwachsenenbildung und der wissenschaftlichen Forschung versteht der Autor als Herausforderung an die Zukunft, den eingeschlagenen Weg der Versöhnung und der Rückerinnerung an den einst blühenden supranationalen Kulturraum Schlesien intensiviert zu beschreiten.
Abgerundet wird der vorliegende Tagungsband mit einem Mitarbeiterverzeichnis und einem Namensregister. Die Aufführung eines Sachregisters und eine mehrsprachige Zusammenfassung der einzelnen Beiträge wäre vielleicht noch wünschenswert gewesen.
In summa ein gelungenes Werk mit vielen Facetten, das auch eine selektive Lektüre als lohnenswert und diskussionsanregend erscheinen läßt.

Andreas Gayda

Matthias Weber/Carsten Rabe (Hg.): Silesiographia. Stand und Perspektiven der historischen Schlesienforschung. Festschrift für Norbert Conrads zum 60. Geburtstag, Würzburg 1998 (= Wissenschaftliche Schriften des Vereins für Geschichte Schlesiens, Bd. 4), 580 S.

Norbert Conrads zählt in seiner Eigenschaft als spiritus rector des Projektbereiches Schlesische Geschichte am Historischen Institut der Universität Stuttgart ohne Zweifel zu den innovativsten Gelehrten im Bereich der Silesiographie. Er hat jenseits eines polemisch und ideologisch manipulierten Gegeneinanders der nationalpolitischen Instrumentalisierung von Geschichte aktiv und inspirativ den grenzüberschreitenden Forschungsdiskurs der Schlesienforschung vorangetrieben. Diesen Aspekt berücksichtigend, haben die beiden Historiker Carsten Rabe (Stuttgart) und Matthias Weber (Oldenburg) es sich zur Aufgabe gemacht, eine Festschrift anläßlich des sechzigsten Geburtstages des Stuttgarter Historikers zu konzipieren, deren Aufbau und Gestaltungsform sich am innovativen Aktionsprofil von Norbert Conrads orientiert.
Zu den wesentlichen Charakteristika des wissenschaftlichen Profils des aus Breslau stammenden Jubilars zählt im Anschluß an den entsprechenden Handlungsimpuls, den seinerzeit Walter Schlesinger gesetzt hat, ein Interesse an der Gestaltung transnationaler Forschungsansätze. Folglich sind am vorliegenden Projekt namhafte Historiker aus Polen, Tschechien und Deutschland beteiligt. Des weiteren wird bei der Lektüre der vorliegenden Festschrift deutlich, daß keineswegs eine epochale Engführung der Beiträge auf den Bereich der frühen Neuzeit mit ihren für das schlesische Bewußtsein identitätsstiftenden kulturellen Entwicklungen und

Akzentsetzungen zu verzeichnen ist. Zur Vermeidung eines selektiven Geschichtsbewußtseins, das im Prinzip jeder Regionalgeschichtsschreibung tendenziell innewohnt, werden auch Themata der Zeitgeschichte beleuchtet, denen keineswegs eine unterschwellig chauvinistische Glorifizierung eigentümlich ist. Schließlich vermeiden die Autoren jedwede Anlehnung an aktuelle Strömungen, denen gegenwärtig die Interpretation der Geschichte Schlesiens unterworfen ist. Diese Linienführung entspricht dem Anliegen von Norbert Conrads, historische Analysen nicht politischen Wunschvorstellungen unterzuordnen. Die grundsätzliche Zielvorstellung, die vor diesem konzeptionellen Hintergrund von den Herausgebern anvisiert wird, ist es nun, „ansatzweise den Stand der Wissenschaft und die Perspektiven zukünftiger historischer Schlesienforschung aufzuzeigen". (S. 24) Zur Entfaltung diese Zielvorstellung erfolgt ein viergliedriger Aufbau des vorliegenden Werkes.

Im ersten Teil („Schlesische Historiographie und schlesische Historiker") stehen einzelne Wissenschaftler mit ihrem regionalgeschichtlich ausgerichteten Werk und die Geschichte dieses Forschungszweiges im Mittelpunkt der Betrachtung. Der geneigte Leser wird informiert über das Lebenswerk der Glatzer Chronisten Georg Älurius und Pankratz Scholtz (Arno Herzig), weiterhin werden Werk und Leben von Colmar Grünhagen (Peter Baumgart), Jan Kapras (Joachim Bahlcke), Leopold Lucas (Margret Heitmann), Ewa Maleczyńska (Krystyn Matwijowski), Władysław Czapliński (Bogdan Rok), Józef Leszczyński (Józef Andrzej Gierowski) und Stefan Inglot (Zbigniew Kwaśny) beleuchtet. Im Rahmen einer vergleichenden Gruppenuntersuchung wird in einem Beitrag von Rainer Bendel die Forschungsleistung von Kurt Engelbert, Franz Xaver Seppelt und Alfred Sabisch gewürdigt. Wojciech Wrzesiński beendet den ersten Themenblock, indem er im Rahmen eines instruktiven Überblicks über die Geschichte der Schlesienforschung perspektivenreich für eine vollständige Abhandlung der Geschichte Schlesiens unter multilateralen Vorzeichen plädiert. Dieses Unterfangen solle seiner Ansicht nach im Rahmen einer Gesamtdarstellung erfolgen, die unbeeinflußt von ideologischen und politischen Vorgaben auch die vorliegenden Ergebnisse der zahlreich vorhandenen Detailstudien rezipieren solle. „Eine neue Synthese der Geschichte Schlesiens müsste durch polnisch-deutsche Arbeits- und Diskussionstagungen vorbereitet werden, auf welchen strittige Probleme besprochen und die durch detaillierte Quellenforschungen auszufüllenden Leerstellen festgelegt werden." (S. 179) Diesbezüglich seien seiner Ansicht nach jenseits einer deskriptiven und faktographischen Darstellungsweise in erster Linie quantitative Methoden und soziologische Arbeitsweisen forschungstechnisch zu forcieren.

In einem zweiten Themenblock („Historische Schlesienforschung – Stand und Perspektiven") finden sowohl Fachleute als auch interessierte Laien gezielte Studien zum jeweiligen Forschungsstand in speziellen Bereichen der Silesiographie. Im besonderen werden bedeutende Persönlichkeiten der schlesischen Geschichte (Ulrich Schmilewski: Vom ‚kindlichen' Herzog zum Bewahrer landesherrlicher Rechte? Zur

Person und zur Politik von Herzog Boleslaus II. von Liegnitz (+ 1278); Karen Lambrecht: Zur Forschungslage über den schlesischen Schulreformer Johann Ignaz von Felbiger (1742-1788) in den Ländern Ostmitteleuropas; Dagmar Ruzicka: Friedrich Wilhelm Graf von Haugwitz (1702-1765). Anmerkungen zur Rezeptionsgeschichte), Primärquellenbestände (Kazimierz Bobowski: Zum Bearbeitungsstand von mittelalterlichen Handschriften- und Bibliotheksbeständen schlesischer Zisterzienserklöster; Angelika Marsch: Zur Bedeutung historischer Ansichten und Pläne für die schlesische Geschichtsforschung), epochale Zäsuren (Joachim Köhler: Reformationsgeschichte – eine Herausforderung an den Kirchenhistoriker ? Überlegungen anhand schlesischer Fakten; Radek Fukala: Die Zeit vor der Schlacht am Weißen Berg und dem 30jährigen Krieg in der schlesischen Geschichtsschreibung; Jerzy Maroń: Der 30jährige Krieg ins Schlesien. Stand und Perspektiven der Forschung), sozialgeschichtliche Gruppierungen (Kazimierz Orzechowski: Forschungen über das schlesische Ständewesen. Überblick und Forschungsbedarf; Udo Arnold, Georg Cox: Der Deutsche Orden in Österreichisch-Schlesien. Stand und Aufgaben der Forschung; Isabell Sprenger: Schlesische Juden am Ende des Zweiten Weltkrieges – Wohin gingen die Überlebenden des Holocaust ? Stand und Perspektiven der Forschung), kunstgeschichtliche Perspektiven (Beate Störtkuhl, Jakub Kostowski: „Das gemeinsame Kulturerbe/Wspólne dziedzictwo kultury“. Der Arbeitskreis deutscher und polnischer Kunsthistoriker), Historische Hilfswissenschaften (Karel Müller: Heraldik und Sphragistik im ehemaligen Österreichisch-Schlesien. Stand der Forschung und künftige Aufgaben) und die Region Oberschlesien näherhin beleuchtet. Letztgenannter Aspekt verdient im vorliegenden Publikationsorgan sicherlich nähere Betrachtung.

In seinem Beitrag ‚Neue Forschungen zur Geschichte Oberschlesiens' konstatiert Peter Chmiel, daß in den Forschungen zur Geschichte Oberschlesiens im 20. Jahrhundert anstelle eines polemischen und ideologisch manipulierten Gegeneinanders allmählich ein zunehmend fruchtbares Miteinander polnischer, tschechischer und deutscher Geschichtsforscher getreten sei. Letztgenannte Tendenz unterstreicht eine Darstellung der Forschungssituation vierer Aspekte der oberschlesischen Geschichte, die vor nicht allzu langer Zeit noch Gegenstand einer nationalpolitischen Instrumentalisierung gewesen sind: 1. die konfessionellen Verhältnisse unter angemessener Berücksichtigung des Judentums; 2. die Teilung Oberschlesiens 1922 und ihre Folgen aus polnischer und deutscher Sicht; 3. das Gebiet des ehemaligen Herzogtums Teschen im Spannungsfeld zwischen Polen und der Tschechoslowakei (1918-1938); 4. die Ereignisse nach dem Einmarsch der Roten Armee im Januar 1945. Chmiel bemerkt, daß die weiterreichende Zusammenarbeit der Historiker und Forschungsinstitute noch nicht reibungslos funktioniere und dringend der Förderung bedürfe. Zudem sei es erforderlich, daß eine Intensivierung der Grundlagenforschung auch im Bereich des Bundesarchivs in Koblenz anzuvisieren sei. Des weiteren wäre es ertragreicher, wenn zunehmend soziologische Forschungsmethoden und Fragestellungen in den Reflektionsprozeß einbezogen wären. Schließlich fordert der Autor die verstärkte

Konzeption von komparatistischen Studien. So gelte es aufgrund der Ähnlichkeit der Struktur vergleichende Forschungen zu den regionalen Bezugszentren Oberschlesien und Ruhrgebiet anzuregen.
Chmiels Ausführungen zur geschichtlichen Forschungslandschaft werden nun perspektivisch ergänzt durch einen Beitrag von Detlef Haberland, der sich kritisch-konstruktiv mit Versuchen auseinandersetzt, eine topographisch-geistige Bestimmung Oberschlesiens als literaturbestimmende Konstante festzulegen. Es werden die Positionen u.a. von Alois-Maria Kosler, Emil Brzoska, Hans Enden, Werner Milch, Hans Heckel, Hans-Georg Pott und Franz Heiduk referiert und hinsichtlich ihrer argumentativen Substanz beleuchtet. Haberland moniert, daß bei den genannten Versuchen einer literaturhistorischen Perspektivenbestimmung stets ein Realismus der Darstellung der regionalen Spezifik eingefordert werde, der aus seiner Sicht von den genannten Autoren zu wenig als literarisch-ästethetisches Element aufgefaßt werde; eine provokative These, die sicherlich Raum für Diskussionen eröffnen wird.
Abgerundet wird der 2. Teil des vorliegenden Werkes mit einer kritischen Sichtung der „Geschichten der niederschlesischen Städte" des Historischen Instituts der Universität Breslau von Marek Czapliński. Der Autor skizziert und reflektiert Gliederungsaspekte, Autorenauswahl und Qualität der Darstellungen, die zwischen 1986 und 1996 von Institutsmitarbeitern zu den Städten Landeshut, Glogau, Waldenburg, Schweidnitz, Trebnitz, Hirschberg und Lüben angefertigt worden sind. Diesbezüglich lobt er als grundlegende Tendenz die Qualität der Primärquellenarbeit, insbesondere im Pressewesen. Negativ stellt er die Tendenz zur Disproportionalität in der Darstellung von deutscher und polnischer Geschichte der jeweiligen Stadt heraus.
Im Teil III „Einzelstudien – Desiderate der historischen Schlesienforschung" werden beispielhaft bislang vernachlässigte Aspekte der schlesischen Regionalforschung aufgegriffen und ausgearbeitet, wobei der Schwerpunkt auf die Erforschung der Frühen Neuzeit und der Geschichte des 20. Jahrhunderts gelegt wird. Beleuchtet werden neben der Politikgeschichte (Marian J. Ptak: Die Konföderation von Mannen und Städten des Herzogtums Liegnitz im Jahre 1506. Zum politischen Leben der schlesischen Stände) die Bildungsgeschichte (Claudia Zonta: Schlesische Studenten an den europäischen Universitäten der frühen Neuzeit. Das Beispiel Italien; Bernhart Jähnig: Ein möglicher Beitrag des Herzogtums Preußen zur Bildungsgeschichte Schlesiens in der frühen Neuzeit), die Sozial- und Wirtschaftsgeschichte (Konrad Fuchs: Zum wirtschaftlich-sozialen Beziehungsgeflecht zwischen den preußischen Provinzen Schlesien und Posen vom 19. Jahrhundert bis zum Ausbruch des Ersten Weltkrieges), die Kirchengeschichte (Karol Jonca: Schlesiens evangelische Kirche im Umbruch (1932-1934)) und die Parteiengeschichte (Marek Maciejewski: Zur Entstehung und Entwicklung der NSDAP in Schlesien bis 1933). Spannendes Neuland wird von Andrzej Małkiewicz und Krzysztof Ruchniewicz mit dem Beitrag „Das niederschlesische Echo des Juniaufstandes in der DDR von 1953" betreten. Die Autoren konstatieren auf der Grundlage eines Zufallsfundes (Dokumente des Breslauer Woiwodschaftsamtes für Öffentliche Sicherheit) den Kontrast zwischen

regierungsamtlich offizieller Darstellung und geheimdienstlich realistischer Wahrnehmung des Reaktionsspektrums der deutschen Minderheit in Niederschlesien auf die Aufstandsereignisse im Nachbarland. Insbesondere wird von den Autoren die systemdestabilisierende Auswirkung von Gerüchten hervorgehoben, die im Zuge der damaligen Ereignisse als bemerkenswerter Ausdruck des vorherrschenden politischen Bewußtseins der deutschen Minderheit interpretiert werden kann. So kommen Małkiewicz und Ruchniewicz zu den Schluß, daß der überreizte Zustand des polnischen Parteiapparates insofern einen realistischen Anhaltspunkt aufzuweisen hatte, als bruchstückhafte und verzerrte Informationen sowohl die Deutschen in Niederschlesien als auch weite Teile der polnischen Bevölkerung erreichten. „Diese wurden mit Interesse empfangen und zumindest ein Teil der polnischen Gesellschaft begleitete den Kampf der Menschen in der DDR mit Sympathie.“ (S. 477)

Teil IV der vorliegenden Publikation widmet sich der Erschließung neuer Quellen zur schlesischen Geschichte. So stellt Carsten Rabe in seinem Beitrag ‚Alma Mater Leopoldina. Neue Befunde zur ersten schlesischen Universität' verschiedene Repertoiren der Breslauer Säkularisierungsbehörde aus dem Jahre 1818 vor, die den Inhalt der Archivalien in Regestenform wiedergeben, und bestimmt deren substantiellen Wert für die schlesische Bildungsgeschichte im allgemeinen. Jaroslav Pánek beschäftigt sich mit der Korrespondenz des Olmützer Bischofs Stanislaus Pavlovský (1579-1598), dessen Ausführungen als außerordentlicher Botschafter Kaiser Rudolfs II. in Polen Einblicke in die gesellschaftliche Situation Schlesiens gegen Ende des 16. Jahrhunderts eröffnen. Folglich können die Briefe sowohl für faktographische und prosopographische Studien im engeren Sinn als auch für die Untersuchung der Beziehungen innerhalb der ständischen Gesellschaft sowie der gegenseitigen Beziehungen der Länder der Böhmischen Krone zueinander ausgewertet werden. Jörg Deventer setzt sich in seinem Beitrag mit einer sozialhistorisch relevanten Quelle (‚Die chronikalischen Aufzeichnungen des Bäckermeisters Balthasar Isler') auseinander, die Einblicke in die Strategien und Mechanismen habsburgischer Rekatholisierungspolitik gewährt und unterschiedliche Reaktionsformen der Bevölkerung der Stadt Schweidnitz auf den Glaubensdruck dokumentiert. Einen weiteren regionalen Bezugspunkt der habsburgischen Rekatholisierungspolitik, der im Zusammenhang noch nicht analysiert worden ist, wählt Christine van Eickels im Rahmen ihrer Forschungstätigkeit, gemeint ist Oberschlesien, das mit Ausnahme von Teschen und Bielitz ein weitestgehend katholisches Gebiet war. (‚Zur Rekatholisierung der oberschlesischen Territorien im 17. Jahrhundert. Quellen in Archiven außerhalb Oberschlesiens') Als problematisches Unterfangen erweist sich bei diesem Forschungsvorhaben die Archivlage, befinden sich doch die relevanten Quellenbestände regional verstreut in einer Vielzahl von Archiven. Zudem ergebe sich als Problem, daß die Inhomogenität des Quellenmaterials eine äußerst kritische Interpretation erfordere. Einen ersten Anhaltspunkt für eine historische Analyse bilden zweifelsohne die Visitationsprotokolle, die nach van Eickels eine Fülle von Informationen zur

Baugeschichte der Kirchen, über deren Ausstattung, Einkünfte und Stiftungen, über die Patronatsverhältnisse, über die Konfessionsverhältnisse in den Pfarreien und das sakrale Leben der Gemeinden, über den Lebenswandel, die Ausbildung und den beruflichen Werdegang der Pfarrer sowie über die Sprachverhältnisse innerhalb der Pfarreien bieten. Winfried Irgang befaßt sich auf der Grundlage einer Leichenpredigt auf den verstorbenen Hochmeisters Johann Casper von Ampringen, die vom Ordenspriester und Mergentheimer Seminardirektor Johann Caspar Venator am 25. Oktober 1684 gehalten worden ist, mit dem Wirken dieser Persönlichkeit des Deutschen Ordens im regionalen Bezugsfeld Schlesien. Der Autor zeichnet Persönlichkeitsprofil und Aktionsfelder des Hochmeisters nach, wobei insbesondere dessen Rolle als Oberlandeshauptmann von Schlesien beleuchtet wird. Joseph Walk schließlich stellt in seinen sehr persönlich gehaltenen Ausführungen den zionistischen Lebensalltag in Breslau zwischen 1914 und 1936 dar, ein Beitrag, der sicherlich als Impuls für weiterreichende religions- und sozialgeschichtliche Untersuchungen dienlich sein kann.

Abgerundet wird dieses instruktive Werk, dessen Lektüre auch für interessierte Laien durchaus empfehlenswert ist, durch ein Personenverzeichnis und ein Verzeichnis resp. eine Konkordanz der Ortsnamen. Eine Mitgliedschaft im Verein für Geschichte Schlesiens erweist sich insofern als sinnvoll, als das vorliegende Werk in diesem Fall deutlich günstiger erworben werden kann.

Andreas Gayda

WERNER CLEVER: GERMANEN, SLAWEN UND DEUTSCHE IN OSTMITTEL- UND OSTEUROPA (2. Jh. v. Chr. – 16. Jh.). Zur Darstellung ihrer Beziehungsgeschichte in Schulgeschichtsbüchern der nationalsozialistischen Zeit. Dortmund 2000. 197 S. (Veröffentlichungen der Forschungsstelle Ostmitteleuropa an der Universität Dortmund. Reihe B, Bd. 65)[1]

Die hier besprochene Arbeit Werner Clevers verdient als bisher erste Analyse deutscher Schulgeschichtsbücher der Jahre 1933-1945 betr. die deutsch-slawische Beziehungsgeschichte (vgl. Clever, Germanen, Slawen..., S.177) Aufmerksamkeit, weil sie in besonderer Weise die in jener Epoche vermittelten historischen Bilder von Germanen, Slawen und Deutschen sowie die gegenseitigen nachbarschaftlichen Beziehungen berücksichtigt: „Die Untersuchung soll durch Aufhellung der Genese von Klischeevorstellungen im Umfeld der deutsch-slawischen Beziehungsgeschichte einen Beitrag zu ihrem Abbau leisten und mittels der beschreibend-analysierenden

---

[1] Gekürzte Zusammenfassung der von Frank M. Grelka M.A. ins Deutsche übersetzten polnischsprachigen Rezension von Alina Kowalcyk „Słowanie, Germanie i Niemcy w podręcznikach historii", in: Zbliżenia. Annäherungen, Polska – Niemcy, Polen – Deutschland, 1 (28) 2001 (Pismo Uniwersytetu Wrocławskiego), S. 167-169.

Form der Darstellung der Schulbuchinhalte und Bildmaterialien nachweisen, wie ein den Totalitarismus anstrebendes System die Vorstellungswelt der diesem Unterworfenen in volkspädagogischer Richtung formt“ (Clever, S. 16).
Clever fügt zur einschlägigen Literatur Texte aus Schulgeschichtsbüchern für Volks- und Mittelschulen sowie Gymnasien bei, hinzu kommen eine Untersuchung der wissenschaftlichen Publizistik aus dem Kreise von Historikern aus Ostmitteleuropa, u.a. aus Danzig, Königsberg und Breslau der Jahre 1933-1945 sowie neuere Nachkriegsstudien betr. die Beziehungen der Slawen, Germanen und Deutschen. Der Autor bietet eine Inhaltsanalyse der Schulgeschichtsbücher im Nationalsozialismus und vergleicht diese mit wissenschaftlichen Schriften deutscher Historiker aus dieser Epoche:
„Der Zeitraum von der germanischen Landnahme bis zum Niedergang des Deutschen Ordens wurde von der Ostforschung der Jahre 1918-1945 als geschichtswissenschaftliches Arbeitsfeld für die Darstellung eines deutsch-dominierten Ostmitteleuropas und als Basis für die Legitimation des Rechtsanspruchs der Deutschen auf diese Regionen ausgewiesen.“ (Clever, S. 164.)
Eine Verifizierung oder eventuelle Falsifizierung des oben angeführten Materials findet auf Grundlage zeitgenössischer, neuerer Resultate der Forschungen deutscher, polnischer, russischer und tschechischer Wissenschaftler statt:
„Zusammenfassend kann gesagt werden, daß die Anwesenheit slawischer Völker in Ostmitteleuropa im genannten Zeitraum [2. Jhdt. v. Chr. – 1. Jhdt. n. Chr.] entweder verneint bzw. lediglich als den Germanen nachfolgend geschildert wird“ (Clever, S. 80). Neuere deutsche archäologische Forschungen und Monographien scheinen aber auch an einem Mangel an Eindeutigkeit zu leiden, was sich in der Existenz verschiedenartiger, in Inhalt und Ausdruck, Empfehlungen bezüglich der Abhandlung der aktuellen deutsch-polnischen Geschichte in aktuellen Schulbüchern niederschlägt: „Während die ‚Empfehlungen für Geschichte und Geographie...’ das Vorhandensein verschiedener Hypothesen bezüglich Urheimat und Wanderungen der indogermanischen Völkerschaften konstatieren, betonen die von Menzel, Stribrny und Völker verfaßten ‚Alternativ-Empfehlungen’, daß die Slawen keine Ureinwohner im Oder- und Ostseegebiet sind, sondern Zuwanderer wie vor ihnen die Ostgermanen und nach ihnen die Deutschen“ (Empfehlungen für die Schulbücher der Geschichte und Geographie ... und Alternativ-Empfehlungen zur Behandlung der deutsch-polnischen Geschichte... (vgl. Clever, S. 81).
Parallel zur Präsentation der Vorstellungen über Slawen, Germanen und Deutsche in Schulbüchern, in pseudowissenschaftlichem Schrifttum und in der wissenschaftlichen Publizistik des Nationalsozialismus bezieht sich die Arbeit zudem auf die langjährige Tradition der internationalen Schulbuchforschung, initiiert u.a. durch Georg Eckert (Georg-Eckert-Institut für Internationale Schulbuchforschung in Braunschweig).
Berücksichtigt man die Erfahrungen der Internationalen Schulbuchkommission in bezug auf die die nationalen Vorurteile verfestigenden Inhalte, betont der Autor die Nützlichkeit der in dieser Kommission hauptsächlichen, allgemein angewandten

Bewertungsmethoden von Schulbüchern. Die praktische Dimension seiner Arbeit besteht in hilfreichen Empfehlungen, die der Autor bezüglich einer Optimierung methodischen Vorgehens und der Eingrenzung auf einige besondere Forschungsmethoden für analytische Studien wie die seine vorgibt. Der Einfluß der Sprache im Schulbuch auf die Verfestigung von Überzeugungen und Vorstellungen über bestimmte ethnische Gruppen manifestiert sich auch in Zitaten von Personen, deren Ausbildung sich auf das didaktische Material der Jahre 1933-1945 stützte.

„Analog der Sichtweise und Deutungsstrategien der deutschen Ostmitteleuropa-Historiker waren demzufolge die Jahrhunderte von der germanischen Siedlung bis zum Niedergang des Deutschen Ordens auch für die nationalsozialistischen Schulgeschichtsbuchautoren und –illustratoren ein bevorzugtes Betätigungsfeld, um den Schülern die historisch gewachsene Vormachtstellung der Deutschen vor Augen zu führen. Dabei wurden geschichtliche Prozesse literarisch aufbereitet und im Sinne der nationalsozialistischen Rassenlehre personalisiert" (Clever, S. 164-165).

Die Publikation bietet eine Bewertung des didaktischen Materials des „Dritten Reichs" und kann somit einen wesentlichen Beitrag nicht nur für die Arbeit von Geschichtslehrern bei der Vermittlung von nationalen Stereotypen in nachbarschaftlichen Beziehungen darstellen. Sie ist darüber hinaus eine wertvolle Lektüre aus der pädagogisch-erzieherischen und soziologischen Perspektive und wird zweifellos auch alle an Sprache in Schulbüchern wissenschaftlich Engagierten interessieren. Einer weiteren Interpretation bedürfen die an einigen Stellen zu sparsam gehaltenen Kommentare zu angeführten Textfragmenten aus Schulbüchern und der zitierten Literatur, was erschwert, entsprechende – von der Studie intendierte – Schlüsse zu ziehen, besonders für Leser, die erstmalig mit der besprochenen Thematik konfrontiert werden.

Geschichtslehrer und Historiker werden mit Sicherheit die Klarheit und Übersichtlichkeit in der Darstellung zu schätzen wissen, die wiederum zu einem Nachdenken auch über Stil und Inhalt verschiedener Handbücher, die die Entwicklung der deutsch-slawischen Beziehungsgeschichte zum Inhalt haben, anregt.

EDWARD DŁUGAJCZYK, GRUPY Z I N. Polskie przygotowania dywersji wojskowej w Niemczech w latach 1921-1925 [Die Gruppen Z und N. Polnische Vorbereitungen zur militärischen Diversion in Deutschland in den Jahren 1921-1925], 5 Karten, 108 Seiten, (Instytut Śląski) Opole 1997

Im November 1925 überraschte die „Schlesische Landeswacht" auf ihrer Titelseite mit dem Aufmacher „Polenputsch auf OS" das ohnehin angespannte deutsch-polnische Verhältnis. Seit einigen Jahren, stand dort zu lesen, würde die polnische Seite Anschläge auf Fabriken im Deutschen Reich, vor allem in Oberschlesien, vorbereiten.

Außerdem seien mehrere geheime Waffendepots im Kreis Tost-Gleiwitz angelegt worden.

Aufmerksam auf diese heute wenig bekannten Vorgänge in der Zwischenkriegszeit wurde Edward Długajczyk durch ein bereits 1989 veröffentlichtes Buch von Zyta Zarzycka, der Direktorin des Aufständischen-Museums am Annaberg, die die polnischen konspirativen und paramilitärischen Aktivitäten in Oberschlesien in den Jahren 1919 bis 1921 schilderte und mutmaßte, daß diese auch nach der Teilung im deutschen Teil der Region fortbestanden haben könnten. Trotz dieser für die damalige Zeit „aufsehenerregenden Enthüllung", so der Historiker, habe sich niemand mit dieser Thematik weiter beschäftigt. Drei Jahre später wies Henryk Chałupczak in seinem Buch (II Rzeczpospolita a mniejszość polska w Niemczech, Poznań 1992) darauf hin, daß die polnischen Nachrichtendienste das Milieu der polnischen Vereine und Verbände in Deutschland zu durchdringen versuchten. Nun ist es Długajczyk gelungen, jüngst zugänglich gemachte Archivalien im Zentralarchiv der polnischen Armee in Warschau-Rembertów einzusehen und in das Dunkel der Vergangenheit etwas mehr Licht zu bringen.

In der zweiten Hälfte des Jahres 1920 - etwa ein halbes Jahr vor dem alles entscheidenden Plebiszit - legte die 2. Abteilung des Generalstabs der polnischen Armee eine Denkschrift vor, in der sie technische und strategische Fragen für Sabotagetätigkeiten „in Friedens- und Kriegszeit" im Reichsgebiet ansprach. Sie blieb keineswegs folgenlos, denn in der Nacht auf den 3. Mai 1921 - der Dritte Schlesische Aufstand war ausgebrochen - gelang es polnischen Untergrundgruppen, im Hinterland der Gegenseite mehrere Brücken zu sprengen. Diese Aktion „Mosty" („Brücken") galt allgemein als erfolgreiches Unternehmen und ging auf die vom polnischen Militär gesteuerte konspirative Tätigkeit im Abstimmungsgebiet zurück. Die unbefriedigende Teilung der Region ließ schließlich Vorstellungen der militärischen Führung konkretisieren, in den „nicht befreiten Grenzgebieten" paramilitärische Gruppen zu bilden, die die deutsche Administration nach dem Vorbild der irischen Freiheitsbewegung bekämpfen sollten, wie sich Michał Grażyński in seinem am 22. Februar 1923 verfaßten „Memorandum zur Bildung militärischer Organisationen im deutschen Teil Oberschlesiens" ausdrückte. Die militärischen Kreise in Polen waren der Überzeugung, daß Deutschland seine Gebietsverluste nicht respektieren würde, ebenso Polen nicht akzeptieren könne, daß 600.000 Polen in den deutschen Grenzgebieten „unbefreit" leben müßten. Ein deutsch-polnischer Krieg sei somit kurzfristig unvermeidbar. Noch vor der vollzogenen Teilung im Juni 1922 kam es deshalb zur Gründung der Geheimorganisation „Przygotowanie Rezerw u Niemca" („Vorbereitung der Reserve bei den Deutschen"), die dem Militär direkt unterstellt war und deren fünfköpfiger Führungsebene allein drei Armeeoffiziere angehörten. Diese Organisation sollte heimlich die Sokół- und andere Sportvereine im bei Deutschland verbliebenen Teil Oberschlesiens steuern, da man diese als natürliche Reserve für die „Militärarbeit" („wojskowa robota") ansah.

Zudem organisierte das Militär im Oktober 1921 eine erste Diversionsgruppe, die ab Sommer 1922 die Bezeichnung „Zygmunt" („Z") führte. Ihr folgte im November 1921 der Aufbau einer weiteren Gruppe „Niemcy" („N"), deren Aktionsradius ganz Deutschland überziehen sollte. Das im August 1922 in West-Oberschlesien gegründete „Obywatelski Komitet Obrony" („Bürgerverteidigungskomitee") unterstand der Gruppe „Z". Ihm oblagen Spionagetätigkeiten in allen politischen und wirtschaftlichen Bereichen der jungen Provinz. Zu den Aufgaben der einzelnen und voneinander unabhängigen Zellen der Gruppen „Z" und „N" gehörte die Informationsbeschaffung von wichtigen Industriebetrieben, Verkehrswegen und Brückenanlagen. Von ihnen war eine Auswahl von Objekten vorzunehmen, die sich für Sabotageakte geeignet zeigten. Im Januar 1923 endlich legte die Gruppe „Z" dem Generalstab in Kattowitz detailliert ausgearbeitete Pläne vor über die Zerstörung von Betriebsteilen des Borsigwerkes in Biskupitz und des Oberschlesischen Eletrizitätswerkes in Zaborze. Dazu wurden in geheimen Depots in Ruda, Rudahammer und Königshütte immerhin 137 Revolver mit 137000 Schuß Munition, 325 französische Granaten sowie 730 Kilogramm Sprengstoff gehortet. Ein zusätzliches Waffenlager befand sich in der Kaserne des 75. Infanterieregimentes in Lublinitz. Die Sprengstoffabrik in Kruppamühle im Kreis Groß Strehlitz war ein weiteres Zielobjekt.

Den staatsfeindlichen Organisationen im Untergrund gehörten führende Vertreter der polnischen Minderheit in West-Oberschlesien an, beispielsweise Arkadiusz Bożek, Mitbegründer des Oppelner Bezirksverbandes des „Bundes der Polen in Deutschland" und späterer Abgeordneter des Provinziallandtages in Ratibor, Wacław Jankowski, Chefredakteur des Oppelner „Nowiny Codzienne", einer der führenden polnischen Minderheitenzeitungen, und Stanisław Weber, Sekretär des Polnischen Schulvereins. Sie wurden von Emissären aus Kattowitz, die beim Generalstab im Sold standen, instruiert. Für die Mitglieder wurden für ihren Einsatz vom Militär angesetzte Schulungen in Polen durchgeführt. Aber auch aus dem Verband der schlesischen Aufständischen in der Woiwodschaft Schlesien konnten zahlreiche Aktive rekrutiert werden.

1924 folgte ein erster Einschnitt für die Untergrundarbeit, als die deutsche Abwehr 160 Angehörige polnischer Minderheitenvereine wegen staatsfeindlicher Tätigkeit verhaftete. Ein vorläufiges Ende fanden die Aktivitäten der Gruppen offenbar zunächst mit dem Aufsatz der o.g. Breslauer Zeitung, die nach Ansicht des Autors recht ausführlich über die polnischen Tätigkeiten zu berichten wußte. Es wird vermutet, daß eine „ranghohe" polnische Persönlichkeit aus Ost-Oberschlesien der Wochenzeitung genaue Hinweise gab, um der Abwehrstelle in Breslau zuvorzukommen, die offenbar vom sowjetischen Geheimdienst über die polnischen Bestrebungen detailliert in

Kenntnis gesetzt worden war. Trotz der Ereignisse im Sommer 1925 existierte zumindest die Gruppe „Z“ bis zum Kriegsausbruch 1939 weiter und unterhielt ein eigenes Schulungszentrum in Sosnowitz.

Mit dieser Arbeit scheint sich anzudeuten, daß der Mythos vom „deutschen Terror“ gegen die polnische Minderheit in den ersten Jahren nach der Abstimmung, der auch in neuesten Publikationen gepflegt wird, einiges an Schrecken zu verlieren droht. Hier sei Józef Kansy als Beispiel angeführt, der Mitte der 20er Jahre wegen des Vorwurfs geheimdienstlicher Tätigkeit juristisch verfolgt worden ist. U. a. wurde ihm vorgeworfen, seinen Sohn auf eine polnische Landwirtschaftsschule geschickt zu haben, bis ihm 1927 angeblich nachgewiesen werden konnte, daß es sich dabei um eine vom polnischen Militär als „Agentenreservoir“ benutzte Einrichtung handelte. Bislang wurde diese Geschichte um Kansy exemplarisch für eine unhaltbare Situation der Polen in Deutschland dargestellt, wobei in der vorliegenden Arbeit jedoch eben dieser Kansy als Aktivist des Untergrunds aufgeführt wird. Somit ist zu vermuten, daß Verhaftungswellen und manches strikte Vorgehen seitens der deutschen Behörden gegen Minderheitenvereine und Personen nicht immer ganz grundlos waren und keineswegs ausschließlich einer minderheitenfeindlichen Politik zuzuschreiben sind.

Auf einige Irrtümer in der Arbeit sei noch hingewiesen, nämlich daß Czechowice (S. 29) Schechowitz hieß und nicht Böhmswalde (erst ab 1936). Falsch geschrieben werden Huldschinsky (S. 19) und die Grube Karsten-Centrum (S. 42), ausgerechnet in der deutschsprachigen Zusammenfassung wird aus Biskupice (Biskupitz) mit dortigem Borsigwerk Bischdorf im Kreis Rosenberg (S. 108). Bei der Beschreibung der beim Objekt Kruppamühle (S. 24) zur Zerstörung vorgesehenen Magazine etc. nennt der Autor zwar die zugeordneten Lageangaben „im Lageplan“, welcher auch beigeheftet ist, jedoch von 1937 stammt und wo von „L5, 8, 12 und L13“ nichts zu finden ist. Leider fehlt ein Register.

Długajczyk versucht in sieben Kapiteln das vorgefundene Archivmaterial für den Zeitraum von 1920 bis 1925 chronologisch darzustellen. Dabei handelt es sich um eine fragmentarisch erhaltene und ungeordnete Dokumentensammlung, die letztendlich viele Fragen unbeantwortet läßt. Begrüßenswert ist die Aufnahme der Dokumente im Anhang (S. 73 - 106). Es ist zu hoffen, daß das vorliegende Buch zu einer kritischeren Sicht auf die politische Rolle der polnischen Minderheit beitragen wird und detaillierte Forschungen zu dieser interessanten Thematik anregt, die die staatsfeindlichen Tätigkeiten bis 1939 unvoreingenommen behandeln und deutsche Archivbestände ausreichend berücksichtigen werden.

Arnulf Hein

MATTHIAS KNEIP, DIE DEUTSCHE SPRACHE IN OBERSCHLESIEN. Untersuchungen zur politischen Rolle der deutschen Sprache als Minderheitensprache in den Jahren 1921-1998, 331 Seiten, Dortmund 1999 (Veröffentlichungen der Forschungsstelle Ostmitteleuropa an der Universität Dortmund, Reihe B, Band 62)

Die Sprachenverhältnisse in Oberschlesien haben in den Zeiten der politischen Auseinandersetzung um diese Region in nicht geringem Maße zur Entstehung neuer Mythen und Stereotypen beigetragen, die sich bis heute in der deutschen und polnischen Literatur wiederfinden. Die im letzten Drittel des 19. Jahrhunderts entstandenen nationalpolitischen Ambitionen - verknüpft mit der Sozialen Frage und konfessionellen Unterschieden - haben auf beiden Seiten zu selektiven Geschichtsbildern geführt, ging es den Interpreten der oberschlesischen Verhältnisse doch nicht zuletzt darum, die sprachlich heterogene oberschlesische Bevölkerung ohne Rücksicht auf deren Eigenheiten national zu vereinnahmen. Von großer Bedeutung war und ist dabei die Stellung der polnisch-oberschlesischen Mundarten mit all ihren Variationen, aber auch das Verhältnis ihrer Sprecher zur deutschen Sprache, die bis heute in den Gebieten der Woiwodschaften Oppeln und Schlesien (Kattowitz), wo noch die einheimische Bevölkerung ansässig ist, gesprochen wird, wenn auch in viel geringerem Maße als noch vor 1945. Während die polnische Forschung bis kurzem einer übergeordneten Staatsräson unterlag, aus die sie sich erst langsam zu befreien vermag, hat die deutsche Seite bislang aufgrund mangelnder polnischer Sprachkenntnisse allzu oft ältere deutsche Literatur unkritisch rezipieren müssen.

Nun liegt eine umfangreiche deutschsprachige Dissertation vor, die 1999 von der Philosophischen Fakultät der Universität Regensburg angenommen und unter dem Titel „Die deutsche Sprache in Oberschlesien“ veröffentlicht wurde. Im Mittelpunkt steht „die politische Rolle der deutschen Sprache als Minderheitensprache in den Jahren 1921 bis 1998“, wobei sie geographisch auf das oberschlesische Abstimmungsgebiet begrenzt ist, jenem Oberschlesien also, wo überwiegend polnisch-oberschlesische Mundarten gesprochen wurden und werden. Das Mährisch-Lachische, das vom Autor als „Böhmisch“ eingestuft wird und einst in Teilen der Kreise Leobschütz und Ratibor gesprochen wurde, findet keinerlei Berücksichtigung.

Der Autor gliedert seine Arbeit in vier Zeitabschnitte, in der die deutsche Sprache als Handlungsobjekt politischen Änderungen unterworfen war. Ihnen vorangestellt ist das Kapitel „Historische Voraussetzungen für die Sprachverhältnisse in Oberschlesien“ (S. 23-53), in dem einleitend Sprachanteile, die Kontroversen um die polnische Hochsprache und die „Sprachverschiebung“ zugunsten des Deutschen als Mutter- und vor allem als Umgangssprache infolge von preußischer Schulpolitik und Industrialisierung beschrieben werden.
Daß Sprache und nationales Zugehörigkeitsbewußtsein nicht identisch sein mußten, zeigte die Volksabstimmung 1921, bei der sich immerhin fast 40 Prozent der polnisch-

oberschlesischsprachigen Bevölkerung für die Zugehörigkeit zu Deutschland entschieden haben. Einen tiefen Einschnitt bedeutete die Teilung der Region; während im Westteil Oberschlesiens weiterhin Bilingualität vorherrschte, gewann die polnische Hochsprache in der neuen Woiwodschaft Schlesien als Amts- und Schriftsprache naturgemäß an beherrschenden Einfluß. Deutsch wurde nun zu einer Minderheitensprache, deren Entwicklung in der Zwischenkriegszeit im umfangreichsten Kapitel (S. 54-144) behandelt wird. Nach Kneips Ansicht sei zwar die deutsche Sprache in der Praxis zunehmend zurückgedrängt worden, wozu auch die kontroverse Schulpolitik und die Polonisierungskampagne ab 1926 beigetragen habe, letztendlich hätte sie sich aber bis 1939 als ein passives Instrument halten können. Zwischen der nationalsozialistischen Politik (S. 145-155) und der polnischen Nachkriegspolitik der Behörden (S. 156-248), die die deutsche Sprache zu eliminieren versuchte und eine Gegenreaktion auf die Erfahrungen der Okkupationszeit dargestellt habe, stellt der Verfasser auffällige „Ähnlichkeiten“ fest. Zudem sei 1945 insofern eine Zäsur erfolgt, da erstmals administrative Maßnahmen gegen eine der beiden Hochsprachen bis in den privaten Bereich hinein reichten. Die „Folgen der polnischen Sprachpolitik nach 1945 für die Sprachlandschaft Oberschlesiens am Ende der 1980er Jahre“ (S. 248-255) zeigten eklatante Ergebnisse. Für die nach 1945 aufgewachsenen Generationen war Deutsch nur noch eine Fremdsprache, wenn sie auch durch familiäre und ökonomische Kontakte nach Deutschland mit hohem Prestige versehen war. Die „Wiederbelebung“ des Deutschen nach 1990 (S. 256-283) stellte somit das dringlichste Ziel der zugelassenen Minderheitenorganisationen dar, wenn auch ihr ehrgeiziges Ziel, eine deutsche Muttersprache in Oberschlesien zu reaktivieren, auf große Schwierigkeiten stößt.

Matthias Kneip konnte für seine Arbeit auf bislang teils unveröffentlichtes Material aus Kattowitzer und Oppelner Archiven zurückgreifen. Sein Buch hebt sich aus der Masse der vorliegenden deutschen Literatur nicht nur wegen der umfangreich benutzten polnischen Sekundärliteratur heraus, über weite Strecken gelingt es ihm, die Sachverhalte trotz der Komplexität des Handlungsobjektes weitgehend objektiv darzustellen, auch wenn nicht alle Schlußfolgerungen des Autors geteilt werden können. Manches fällt zu pauschal aus, etwa Kneips Vermutung, daß in den 1980er Jahren „nicht wenige“ Aussiedler ehemalige Aufständische gewesen sein sollen, wenn das Durchschnittsalter eines Aufständischen im Jahr 1921 auf 22 Jahre geschätzt wird (nach T. Falęcki); in den 80er Jahren hat es kaum 80jährige Aussiedler gegeben. Zu kurz gegriffen ist, die mangelnde Beherrschung der polnisch-oberschlesischen Mundart bei den Jugendlichen bei Kriegsende auf die „ehemals obligatorische Teilnahme in den nationalsozialistischen Jugendorganisationen“ zurückzuführen. Zeichnet hier nicht vor allem das Elternhaus und die gesellschaftliche Umgebung verantwortlich? Es wäre auch zu fragen, ob nicht bereits der Pfingstsonntag 1921 eine Zäsur für viele oberschlesische Familien darstellte, die sich nun national - und somit auch hochsprachlich - zu entscheiden glaubten und die NS-Zeit dabei mit ihren Druckmechanismen hier lediglich als Katalysator diente.

Angesprochen seien noch kleinere Irrtümer: bei der Volkszählung im Jahre 1910 gaben in Kattowitz nicht 50,6 Prozent der Einwohner Deutsch als Muttersprache an, sondern 86,5 Prozent. Josef Wagner war Gauleiter ganz Schlesiens, einen „Regierungsbezirk Oberschlesien" gab es nicht. Verifizierte Oberschlesier konnten erst ab April 1946 eine Namensänderung beantragen, nicht bereits im November 1945. Ortsnamen wie Grottkau und Neisse werden durchgängig falsch geschrieben; Nowy Bytom ist zu deutsch nicht „Neubeuthen", sondern Friedenshütte, ebenso wie die alte Bergbaustadt Tarnowitz polnisch Tarnowskie Gory und nicht Tarnowiec heißt. Für Falkenberg verwendet der Autor in der Regel den polnischen Namen Niemodlin. Zumindest der Verweis 690 auf S. 198 scheint nicht in den beschriebenen oberschlesischen Kontext zu passen, da die Quelle den Sachverhalt in Bad Kudowa lokalisiert. Wünschenswert wäre ein Register gewesen.

Zweifelsohne hat Matthias Kneip ein Buch vorgelegt, auf das zurückgegriffen werden sollte, will man sich mit der ureigenen oberschlesischen Welt auseinandersetzen, die nicht zuletzt von sprachenpolitischen Auseinandersetzungen geprägt worden ist. Interessant sind Kneips Hinweise, bei manchen historischen Bewertungen neu anzusetzen, wie im Fall des Oppelner Administrators Boleslaw Kominek, der durch neue Archivfunde zumindest auf den ersten Blick in neuem Licht erscheint.

Arnulf Hein

BERNARD LINEK, „ODNIEMCZANIE" województwa śląskiego w latach 1945-1950 (w świetle materiałów wojewódzkich) [Die „Entdeutschung" der Woiwodschaft Schlesien in den Jahren 1945-1950 (auf der Basis von Dokumenten der Woiwodschaft)], 148 S., (Instytut Śląski) Opole 1997

Der Autor hat die verdienstvolle Aufgabe auf sich genommen, einen wesentlichen Aspekt zum Verständnis der oberschlesischen Nachkriegsgeschichte zu bearbeiten, der bis zur Veröffentlichung der vorliegenden Publikation nur unvollkommen behandelt worden ist. Bei dem hier zu besprechenden Buch handelt es sich um Ergebnisse von Studien und Überlegungen, die der Autor im Rahmen seiner Dissertation an der Universität Breslau angestellt hat. Gegenstand der Arbeit sind die administrativen Maßnahmen auf Woiwodschafts- und Kreisebene, die in der Woiwodschaft Schlesien von 1945 bis 1950 unter dem Begriff „Entdeutschung" („odniemczanie") durchgeführt wurden, und die dazu angelegt waren, Oberschlesien von jeglichen deutschen Spuren „zu befreien". Der Verfasser konnte dabei auf umfangreiches Material der Staatlichen Archive in Kattowitz und Oppeln zurückgreifen, vor allem auf Bestände des

Woiwodschaftsnationalrates und der Woiwodschaftsverwaltung sowie mehrerer Kreisverwaltungen und der Stadtverwaltung Oppeln.

In fünf Kapiteln versucht Bernard Linek die Durchführung der Aktion „Entdeutschung“ bis 1950 anhand von Instruktionen, Dekreten und Berichten zu beschreiben. Im ersten Kapitel (S. 22-21) unternimmt er zunächst eine begrüßenswerte terminologische und räumliche Bestimmung, in der - für polnische Arbeiten ungewöhnlich genug - Begriffsbestimmungen abgelehnt werden, die automatisch mit etwas Polnischem identifiziert oder mit dem Adjektiv „polnisch“ verbunden werden. Als Beispiel wird die Bezeichnung „(polska) ludnosc autochtoniczna“ („Autochthone“) angeführt, die vom piastischen Mythos geprägt sei.

Die „Entdeutschungspolitik“ beinhaltete die Zielsetzung, Deutsche auszusiedeln und Elemente deutscher Kultur und Sprache zu eliminieren sowie bei jenem Teil der oberschlesischen Bevölkerung, der als polnisch verifiziert wurde, Haltungen zu bekämpfen, die die Obrigkeit als Ausdruck des Deutschtums interpretierte. Unter dem Begriff „Repolonisierung“, die nach Ansicht des Verfassers de facto eine „Polonisierung“ war, seien alle Maßnahmen zu verstehen, die auf das Zugehörigkeitsbewußtsein und die Identität der Oberschlesier, die den „Mythos der Wiedergewonnenen Gebiete“ personifizierten, einzuwirken versuchten. Hierzu gehörte auch die Ansiedlung von polnischen Gruppen, um „aus zwei biologisch verschiedenen Gruppen eine einheitliche (polnische) Gesellschaft“ zu formen, wie es im November 1945 Józef Dubiel während einer Sitzung des Woiwodschaftsnationalrates formulierte. Somit besaß die Vertreibung von fast 500.000 als Deutsche eingestuften Personen in den ersten beiden Nachkriegsjahren Priorität, wobei die Aussiedlungen in der Zeit vor der Potsdamer Konferenz mit besonderer Intensität verfolgt wurden, um rechtzeitig vollendete Tatsachen zu schaffen. Um die verbliebene „deutsche“ von der „polnischen“ oberschlesischen Bevölkerung zu trennen, führten Maßnahmen im Sommer 1945 u.a. von der Einrichtung von Arbeitslagern über die Gettoisierung in einigen Städten bis hin zu einem Heiratsverbot. Gleichzeitig wurde Deutschen zunächst das Wohnen in Ost-Oberschlesien verboten, das im September 1945 auf Beuthen, Gleiwitz und Hindenburg ausgeweitet wurde.

Nach der ausführlichen Darlegung des behördlichen Vorgehens anhand eines umfassenden Programmes in den Jahren 1945 und 1946 (S. 22-63) folgt die Beschreibung der „Nationalitätensituation“ (sytuacja narodowościowa) im Jahr 1947 (S. 64-79), die allen politischen Erwartungen widersprach. Einen neuen Höhepunkt in der „Entdeutschungspolitik“ stellen deshalb zwei Rundschreiben vom 19. August 1947 dar, in welchen der Kattowitzer Woiwode Aleksander Zawadzki Kreisverwaltungen und gesellschaftlichen Organisationen ein energischeres Vorgehen ankündigt, um einer befürchteten „Rückkehr des Deutschtums“ entgegenzuwirken. Es folgten neue und strengere Instruktionen, die bis 1950 Gegenstand des umfangreichsten Abschnitts (S. 80-132) bilden.

Im Januar 1949 war der Woiwodschaftnationalrat vom Erfolg seiner „Entdeutschungspolitik“ überzeugt. Dagegen bewertet Linek (S. 133-139) das Ergebnis nur als „Teilerfolg“. Berichte sprächen auch 1949 noch davon, daß die deutsche Sprache „weit verbreitet“ gewesen sei. Erfolgreich war nach Ansicht des Verfassers die „mechanische“ Liquidierung äußerer deutscher Spuren (wie Aufschriften) und die Beseitigung eines „öffentlichen“ Deutschseins. Dagegen sei die innere Haltung, mit dem Deutschtum verbunden zu sein, bei einem Teil der Bevölkerung vertieft und die antipolnische Haltung verstärkt worden. Abschließend sucht Linek nach einer Antwort auf die Frage, ob es eine Alternative zur gewaltsamen Nachkriegspolitik hätte geben können, die bis in die regionale und historisch gewachsene Volkskultur eingriff. Dabei verweist er auf den während der deutschen Okkupationszeit gewachsenen Haß bei den Polen und lenkt den Blick zusätzlich auf die Sprachen- und Nationalitätenpolitik während der Regierungszeit des Kattowitzer Woiwoden Michal Grażynski, die nach 1945 eine gewaltsame Fortsetzung gefunden habe, nicht zuletzt dank einer gewissen Kontinuität beim regionalen Führungspersonal (z.B. Jerzy Ziętek) und in manchen Bereichen der Verwaltungsstrukturen.

Die vorliegende Arbeit ist die bislang dichteste und anspruchsvollste Darstellung dieses dunklen Kapitels der Nachkriegspolitik in Oberschlesien. Der aufgearbeitete Quellenbestand und der gründliche, zuweilen vorsichtige Umgang mit ihm sowie mehr als 600 sehr ausführliche Quellenverweise zeugen von der Aufgeschlossenheit und der Detailfreudigkeit des Autors. Der Wert des Buches dürfte evident sein. Eine baldige Übersetzung ist wünschenswert, um ihm die gebührende Beachtung auch im deutschsprachigen Raum zu verschaffen.

Arnulf Hein

DE ECCLESIA SILESIAE. FESTSCHRIFT zum 25jährigen Bestehen der Apostolischen Visitatur Breslau. Im Auftrag des Konsistoriums und Pastoralrats des Apostolischen Visitators Breslau sowie des Heimatwerks Schlesischer Katholiken. Hg. von Hubert Unverricht u. Gundolf Keil. Sigmaringen: Thorbecke 1997. XXVI, 306 S.

Als Folge der politischen Veränderungen im Osten und nach dem Abschluß der Ostverträge vollzog auch der Vatikan im Jahre 1972 eine Neuorientierung. „Die Bistümer jenseits von Oder und Neiße wurden aus dem Verband der deutschen Gesamtkirche gelöst, neu umschrieben und in die polnische Kirche eingegliedert. Diese Neuordnung kam für die deutschen Katholiken überraschend, für die katholischen Heimatvertriebenen war sie bestürzend und überaus schmerzlich. Sie löste bei ihnen nicht nur Trauer aus, sondern zugleich auch Erregung und Empörung." Rom reagierte klug und mit Verständnis und ernannte Hubert Thienel, von dem die zitierten Sätze stammen, im Oktober 1972 zum ersten Apostolischen Visitator für die Priester und Gläubigen aus dem Erzbistum Breslau, mit allen Vollmachten, die residierenden Bischöfen rechtlich zustehen. Nachfolger Thienels – mit leider seit 1984 eingeschränkten Befugnissen – wurde 1983 Winfried König, dem dieses Buch zum 65. Geburtstag gewidmet ist.

Zum 25jährigen Bestehen der Apostolischen Visitatur erschien die vorliegende und schon äußerlich stattliche Festschrift, herausgegeben von zwei hochangesehenen schlesischen Forschern und textlich begonnen mit vier Grußworten: 1. vom Vorsitzenden der Deutschen Bischofskonferenz Bischof (jetzt auch Kardinal) Karl Lehmann, 2. vom Beauftragten der Deutschen Bischofskonferenz für Flüchtlings- und Vertriebenenseelsorge, Weihbischof Gerhard Pieschl, 3. vom Kölner Erzbischof Joachim Kardinal Meisner, 4. von der Vereinigung Katholischer Edelleute Schlesiens durch Wolfram Freiherr v. Strachwitz und Edmund Fürst v. Hatzfeldt.

Der beeindruckenden Tabula gratulatoria folgen 27 Beiträge von 28 Verfassern, eingeteilt in fünf Themenbereiche: Entstehung und Aufgaben der Apostolischen Visitatur; Seelsorge; Aus der Arbeit des Heimatwerks: Vertriebene und Aussiedler. Anliegen – Probleme – Lösungsansätze; Schlesien heute; Historisches. – Hier sollen nicht alle Aufsätze vorgestellt werden, sondern nur eine Reihe von ihnen, wobei die stark auf Oberschlesien bezogenen fokussiert sind.

Unter Zugrundelegung von verschiedenen Ausführungen des (verstorbenen) Konsistorialdekans Emil Brzoska schreibt dessen Amtsnachfolger Werner Marschall (beide ihrer Herkunft nach Ratibor bzw. Oppeln „vertretend") über „Die Apostolische Visitatur Breslau", Paul Mai über „Die Apostolischen Visitatoren für Priester und Gläubige aus der Erzdiözese Breslau und das Institut für Ostdeutsche Kirchen- und Kulturgeschichte", das er leitet, und Johannes Gröger über den Apostolischen Visitator Winfried König. Wolfgang Grocholl thematisiert seinen Amtsbereich: „Die Kanonische Visitatur Branitz. Ihr kulturgeschichtlicher Auftrag" – zeitlich weit ausholend und sich dann auf Joseph Martin Nathan und dessen segensreiches caritatives Wirken, über das er 1990 eine Schrift vorlegte, konzentrierend. Josef Joachim Menzel gibt einen historischen Überblick über „Muttersprachliche Seelsorge im Bistum Breslau", Eckart Kleins gediegene Abhandlung „Völkerrechtliche Aspekte des deutsch-polnischen Verhältnisses" ist der Text eines 1992 gehaltenen Vortrages, und bei Hubert Unverrichts Beitrag „Flucht – Vertreibung – ethnische Säuberung" handelt es sich um die Überarbeitung eines 1996 gehaltenen Referates.

Dem Moraltheologen Joachim Piegsa ist der Aufsatz „»Die Wahrheit wird euch befreien« (Joh. 8, 32). Die schwierige Versöhnung zwischen Polen und Deutschen" zu verdanken, in dem der Autor nicht – wie oft hierzulande – euphemistisch-oberflächlich die Problematik anspricht, sondern diese auf theologisch-philosophischer Folie beleuchtet. Lob zollt er u.a. Veröffentlichungen der Kulturstiftung der deutschen Vertriebenen und dem im Auftrag der „Stiftung Haus Oberschlesien" seit 1985

publizierten „Oberschlesischen Jahrbuch". Bischof Alfons Nossol bemüht sich seit Jahren in vorbildlicher Weise um eine auf Gerechtigkeit basierende Versöhnung beider Völker und den Schutz der deutschen Minderheit in Oberschlesien, und seine Ausführungen über „Die Rolle der Kirche bei der Integration in Schlesien nach der Wende 1989" verdienen besondere Beachtung, ebenso Peter Barons hier abgedruckter Vortrag (1996) „Zur Identität der deutschen Volksgruppe in Schlesien".
Im Abschnitt „Historisches" veröffentlicht der 1999 verstorbene Heinrich Grüger zwei hochinteressante Quellen aus dem Erzbischöflichen Archiv zu Breslau: „Die schlesischen Ordensgeistlichen bei der Säkularisation der Klöster (1810)". Sie enthalten – vereinigt – die Namen vieler (nicht aller) damaligen Kleriker der preußisch-schlesischen Ordensniederlassungen, auch von solchen auf dem Annaberg, in Ratibor, Rauden, Himmelwitz, Leobschütz, Oppeln, Neustadt O/S, Cosel, Oberglogau, Beuthen O/S, Gleiwitz, Neisse und Loslau und zeigen manchen großen Schatten auf – „vestigium non facit monachum" („nicht das Gewand macht den Mönch") - ‚was aber nicht den staatlichen Diebstahl des Jahres 1810, den es freilich vorher auch in „katholischen Ländern" gab, entschuldigt. Auch kann nicht ausgeschlossen werden, daß die Ordensoberen in den an das Breslauer General-Vikariatsamt geschickten Personenbeurteilungen, aus welchen Gründen auch immer, das Negative zu sehr betonten. – Rudolf Walter informiert über „Die «Vesperae chorales» des Neisser Kreuzherrn Joseph Latzel und ihre historische Einordnung", und Werner Marschall steuert seinen 1995 bei der Schlesischen Priestertagung gehaltenen Vortrag „Adolf Kardinal Bertram und der nationalsozialistische Staat. Zur Diskussion über die Haltung des Breslauer Erzbischofs in den Jahren 1933-1945" bei. Der verdienstvolle Pater Ambrosius Rose O.S.B. erinnert mit „Unser Pontifikal-Abschied von Kloster Grüssau" an die einstmals ausstrahlende und heute bei Vertriebenen noch sehr beliebte Abtei im Tale der Zieder.
Die Register erwecken den Eindruck der gründlichen Erarbeitung. Das erste trüge statt der Überschrift „Orte" besser die Bezeichnung „Geographisches Register", um Eintragungen wie „Oder", „Mittelost-Europa", „Nordamerika" u.a. gerecht zu werden; manche Orte hätten genauer bestimmt werden sollen, etwa durch Angabe des Kreises. Für das Personenregister hätte sich z.B. der Vorname des Reichskirchenministers Kerrl ermitteln lassen. Summa summarum handelt es sich um eine gute, informative Festschrift, die Empfehlung verdient.

Hans-Ludwig Abmeier

ERNST KOMAREK, DIE INDUSTRIALISIERUNG OBERSCHLESIENS. Zur Entwicklung der Montanindustrie im überregionalen Vergleich. (Bonn:) Kulturstiftung der deutschen Vertriebenen (1998). 371 S. (Historische Forschungen)

Dem Buch liegt die im Seniorenstudium der Geschichte an der Kölner Universität bei Professor Dr. Manfred Alexander angefertigte zweite Dissertation des Verfassers zugrunde. Sie reicht zeitlich vom 18. bis zum Ende des 19. Jahrhunderts, ist schwerpunktmäßig auf die oberschlesische Industrie im Vergleich vor allem mit dem Gebiet an Rhein und Ruhr bezogen und berücksichtigt stark statistische Unterlagen. Komarek beklagt die mangelnde Beachtung der „Ergebnisse der umfangreichen polnischen Forschung über die Industrialisierung Oberschlesiens“ (S. 20), schreibt recht forsch gegen Angaben und Ansichten auch von bekannten Professoren und erweist sich besonders in technischen Dingen als beschlagen, da er aus dem Ingenieurwesen kommt. Ob er bei seinem emsigen Bemühen, lange und oft verbreitete „Legenden“ zu widerlegen, immer auf der richtigen Seite steht, muß in speziellen Untersuchungen geklärt werden.
Das Wirken von Heinitz und v. Reden würdigt der Verfasser als verdienstvoll, meint jedoch: „In den meisten der behandelten deutschen Nachkriegsveröffentlichungen zur Wirtschafts- und Industriegeschichte Oberschlesiens sind Aufbau und Errungenschaften der oberschlesischen Montanindustrie überhöht dargestellt. Überzeichnet wurden vor allem die Pionierleistungen des Staates, das Wirken von Heinitz und Reden und die Erfolge der fiskalischen Hüttenbetriebe.“ (S. 335) Weder die erste in Oberschlesien gebaute Dampfmaschine noch der erste dort errichtete Hochofen seien die ersten des europäischen Kontinents gewesen.
Das materialreiche und sicherlich nicht unumstrittene Buch verfügt auch über rund 1450 Anmerkungen (!), weist aber im begrüßenswerterweise breit angelegten Index durch die Vagheit bei den Personennamen (Fehlen der Vornamen) erhebliche Mängel auf, z.B. läßt sich mit dem schlichten Hinweis „Einsiedel, Graf“ nicht viel anfangen. Bei „Chorzow / Chorzów“ (S. 358) fehlt der Hinweis auf Königshütte; zu lesen ist: Dembiohammer (S. 66 u. 359), Ziekursch (S. 76 zweimal falsch). Die Schreibung des Namens der Grafen Colonna als Collona (S. 41, 326 u. 358) ist unkorrekt. Im umfangreichen Literaturverzeichnis (S. 341-356) fehlen manche Seitenangaben der Periodica.

Hans-Ludwig Abmeier

Ślęzak, Władysława: Bytom za rządów Hohenzollernów i Henckłów von Donnersmarck 1532 – 1742. Dzieje i zabytki. Bytom: Towarzystwo Opieki nad Zabytkami (2000), 156 Seiten

Die im Jahre 2000 viel zu früh verstorbene Autorin zeichnete sich durch ein vielfältiges Engagement im Bereich der Erforschung der Beuthener Stadtgeschichte aus. In ihrer Eigenschaft als Vorsitzende der Gesellschaft für Denkmalspflege (Zweigstelle Beuthen O/S) publizierte die pensionierte Pädagogin eine Reihe von

Untersuchungen zur Stadt- und Kirchengeschichte der oberschlesischen Metropole. Diesbezüglich ist ihr Anliegen hervorzuheben, nicht nur Fachleute und Kenner der Beuthener Stadtgeschichte als Leserschaft ihrer Forschungstätigkeit anzusprechen, sondern auch breite Kreise mit den Spezifika der oberschlesischen Entwicklung vertraut zu machen. Insbesondere die Förderung des Geschichtsbewußtseins der jüngeren Generation war ihr eindringliches Anliegen, so daß der geneigte Leser mit einem ausgesprochen rezipientenfreundlichen Schreibstil konfrontiert wird. Als besondere Herausforderung für ihre Forschungsvorhaben interpretierte Władysława Ślęzak die politische Wende von 1989, in deren Folge sie unter Ausnutzung der veränderten Archivlage eine intensivierte Publikationstätigkeit entwickelte. In diesem Zusammenhang kooperierte sie mit zahlreichen Forschungsinstitutionen und renommierten Forschern der oberschlesischen Regionalgeschichte in der Bundesrepublik.

Im vorliegenden Werk skizziert Władysława Ślęzak eine Phase der Beuthener Stadtgeschichte, die im Rahmen der oberschlesischen Regionalgeschichte in den letzten Jahren weniger im Mittelpunkt gestanden hat: die Zeit zwischen 1532 und 1742, geprägt durch die Herrschaft der Hohenzollerndynastie (1532 - 1623) und die machtpolitische Dominanz der Familie Henckel von Donnersmarck (1623 - 1742). Zweifelsohne war diese Phase der Beuthener Stadtentwicklung von vielerlei krisenhaften Erscheinungen geprägt, auf deren Grundlage sich eine Reihe von historischen Strukturen herausbildeten. Deren Kenntnis ist freilich zum Verständnis der spezifischen Stadtentwicklung der oberschlesischen Stadt von nicht unerheblicher Relevanz, so daß eine Lektüre derselben sicherlich ihren eigenen Reiz besitzt, bildet doch die Krise einer Stadtgesellschaft neben den Aspekten des Niedergangs zugleich den Keim für zukunftsverheißende Entwicklungen. Bezogen auf die geschichtliche Entwicklung Beuthens bilden die Stadtgründung von Tarnowitz verbunden mit der Erschließung der dort ansässigen Bodenschätze und die Standortverlagerung der Zentrale des neu erstehenden Bergbaus an die Nordgrenze des erzreichen Beckens, die Anreicherung der gesellschaftlichen Privilegien der Beuthener Handwerkerschaft und die Einführung der Reformation wegweisende Impulse der gut hundertjährigen Hohenzollerndynastie im Kontext einer von ökonomischer Rezession, Seuchen, Feuersbrünsten und religionspolitischer Konfrontation geprägten Epoche. Letztgenannter Aspekt - genauer das Engagement des Hohenzollernherzogs Johann Georg für die Belange des Protestantismus in der Anfangsphase des Dreißigjährigen Krieges - bewirkte infolge der massiv einsetzenden Rekatholisierungspolitik einen wegweisenden Herrschaftswechsel im Beuthener Raum insofern, als der Habsburgerkaiser Ferdinand II. den unliebsam gewordenen evangelisch-lutherischen Hohenzollerndynasten seiner Herrschaftsrechte beraubte und die Herrschaft Beuthen und Oderberg einem aus Ungarn stammenden Günstling zunächst als Pfandbesitz verlieh: Lazarus I. Henckel von Donnersmarck. Mit machtpolitisch zielsicherem Instinkt gelang es dessen Nachfahren, stets die finanzielle Zwangslage der Habsburgerkaiser ausnutzend, die Herrschaftsrechte kontinuierlich auszubauen (1629

Erwerb des erblichen Eigentumsrecht, 1697 Erhebung zur freien Standesherrschaft). Weniger Geschick bewiesen die frühen Dynasten der Henckel von Donnersmarckdynastie im Umgang mit den städtischen Eliten der Beuthener Stadtgesellschaft. Władysława Ślęzak schildert ausführlich und prägnant die Konfrontationslinie, die Lazarus II., Elias, Leo Ferdinand und Karl Josef gegenüber Handwerkerschaft und Ratsherrenstand einschlugen – angesichts der gesellschaftlichen Auswirkungen des Dreißigjährigen Krieges auf das Geschick der Stadt sicherlich keine historisch besonders sinnvolle Handlungsperspektive des aufstrebenden Herrschaftsgeschlechts.

Nach Darstellung der wesentlichen Entwicklungen der politischen Herrschaftsgeschichte wendet die Autorin sich in einem zweiten Teil gezielt einzelnen historischen Strukturaspekten der Beuthener Geschichte im skizzierten Zeitabschnitt zwischen 1532 und 1742 zu. Diesbezüglich befaßt sie sich zunächst mit dem Bereich der Wirtschafts- und Sozialgeschichte, wobei eine ausführliche Auseinandersetzung mit der Rolle der Beuthener Handwerkerschaft erfolgt. Insbesondere die Organisationsstruktur und der Alltagshorizont der Beuthener Zünfte werden präzise und kompakt dargestellt. Für den weiteren Verlauf der Beuthener Stadtgeschichte war es sicher nicht unerheblich, daß die politischen und administrativen Funktionseliten der Kommune sich schon damals ausschließlich aus den lokalen Zünften rekrutierten. Folglich verfügte Beuthen als gewachsene Stadt mit mittelalterlichen und frühneuzeitlichen Traditionen über ein beträchtliches demographisches Reservoir zur Bildung von Eliten, die im Rahmen der Industrialisierung ein qualifiziertes Humankapital bilden sollten.

Einen weiteren Schwerpunkt der vorliegenden strukturgeschichtlichen Betrachtung bildet die Darstellung der architektonischen Impulse, die im beleuchteten Zeitraum von den Herrschern aus den Häusern Hohenzollern und Henckel von Donnersmarck insbesondere im Bereich des Kirchenbaus gesetzt worden sind. Mit großer Sachkenntnis vermittelt die Vorsitzende der Beuthener Gesellschaft für Denkmalpflege die Entstehungs- und Entwicklungsgeschichte der zahlreichen Kirchen- und Profanbauten der Stadt, wobei es ihr gelingt, jenseits einer rein kunsthistorischen Perspektive auch sozialgeschichtliche Aspekte einfließen zu lassen, so daß die Lektüre zur kurzweiligen Unterhaltung geraten kann.

Neben diesen Schwerpunktthemata werden allerdings auch Fragen der Frauen-, Schul- und Sportgeschichte beleuchtet, alles in allem Felder der historischen Betrachtung, die sicherlich noch der näheren Analyse bedürfen. Schließlich sei auf die kurzbiographische Darstellung dreier Persönlichkeiten der Beuthener Stadtgeschichte hingewiesen, die bisher weniger im Licht des Forschungsinteresses gestanden haben. Gemeint sind der religiöse Reformator Alexander Vitrelinus, der Komponist Gregor Gervasius Gorczycki und der Kaufmann Jan Markowicz.

Formal abgerundet wird die vorliegende Publikation mit einer Genealogie der Dynastie der Henckel von Donnersmarck, einer Bibliographie und einer deutschsprachigen Zusammenfassung.

In summa ist der geneigten Leserschaft ein interessantes Werk präsentiert worden, das seinen Platz in der oberschlesischen Forschungsgeschichte finden wird. Sicherlich wäre es einer Überlegung wert, einer breiteren deutschsprachigen Leserschaft das Buch zugänglich zu machen.

Andreas Gayda

FRANZ-CHRISTIAN JARCZYK (Hg.): SAGEN AUS DEM NEISSER LAND. Hildesheim: Neisser Kultur- und Heimatbund 1998. 91 S.

„Wie gern erzählen die Oberschlesier Geschichten! Und wo findet man in deutschen Landen einen Volksschlag, der ein ebenso reiches Sagengut aufzuweisen hat? Trotz liebevoller Sammelarbeit ist davon erst ein bescheidener Teil aufgezeichnet, und es ist noch nirgends der Versuch gemacht – und er hätte bisher auch zu keinem Ergebnisse führen können – Herkunft und Volkstumsgehalt dieser Sagenwelt zu prüfen. Noch fehlen dazu die Ansatzstellen in der oberschlesischen Vergangenheit." So schrieb der ausgezeichnete Sachkenner Professor Dr. Joseph Klapper im Jahre 1927. Tatsächlich überragt der Sagenreichtum Oberschlesiens, was stark mit der katholischen Prägung der überwiegenden Mehrheit seiner Bewohner zusammenhängt, den Sagenfundus des bis zur Vertreibung evangelisch orientierten Niederschlesien erheblich. Schätze müssen immer wieder gehoben bzw. zur Schau gestellt werden.

Daher ist es (schon) vom Ansatz her sehr zu begrüßen, daß der Neisse-Fachmann Fr.-Chr. Jarczyk sich der verdienstlichen Mühe unterzog, eine Auswahl von Sagen des über Jahrhunderte kulturträchtigen Neisser Landes zusammenzustellen und vorzulegen, wobei er vor allem auf den einst von August Kastner, Philo vom Walde und Bernhard Ruffert herausgegebenen Sammlungen basiert. Das Büchlein enthält insgesamt 86 Sagen ganz verschiedenen Umfanges, von wenigen Zeilen bis zu fünf Seiten (Nr. 7: Der Totentanz von Neisse) reichend, von denen sich 22, also ein Viertel, auf die Stadt Neisse beziehen. Es folgen fünf Sagen der Stadt Patschkau und drei der Stadt Ziegenhals, an die sich – nach Ortschaften alphabetisch geordnet – 51 Sagen aus dem Kreis Neisse anschließen. Fünf Texte aus dem Altvaterland beenden den Reigen. Als Beispiele seien genannt: Das Haus zu den sieben Galgen, Das Bärengespenst, Der Teufel in Neisse, Die Schatzgräber im Pelkeberg, Das versunkene Schloß (in Ziegenhals), Vom schlesischen Streuselkuchen und von den Fenismännchen, Die Wallfahrtskirche Heidebrünnel.

Zu jeder Sage gehört eine Anmerkung, in der die Quellen angegeben sind und manchmal Erläuterndes angefügt ist. Zehn Abbildungen, jeweils auf einer Seite, illustrieren einzelne Texte und zeigen z.B. das Fleischerdenkmal auf dem Altstädter Platz zu Neisse, den Schönen Brunnen ebenda und die Teufelskanzel im Ziegenhalser Bieletal.

Da die letzten Sammlungen Neisser Sagen 1918 erschienen, war eine neue Zusammenstellung überfällig. Das Ergebnis ist das vorliegende schöne, schmucke und sehr empfehlenswerte Büchlein Jarczyks. Seiner Gestaltung und dem Herausgeber verdankt der Rezensent nützliche Anregungen für sein Buch „Sagen, Geschichten, Erzählungen aus dem Glogauer Lande“ (2000).

Hans-Ludwig Abmeier

RICHARD PAWELITZKI, MEINE HEIMAT IST OBERSCHLESIEN. Tragik einer Generation zwischen zwei Weltkriegen. Dülmen: Laumann 2000. 279 S., 38 Abb.

Soll der Buchtitel lediglich die Region der Geburt benennen? Oder ist er mehr, ist er ein Bekenntnis? Letzteres trifft zu, wie sich aus den ersten Sätzen des Buches ergibt, die da lauten: „Meine Heimat ist Oberschlesien. Ich sage das ohne Einschränkung, obwohl mein Vater aus Breslau kam und meine Mutter eine rechte Hessin war. Es gehörte zu den Merkwürdigkeiten meiner Heimat, daß schon meine Eltern, die erst als junge Leute nach Oberschlesien kamen, Wert darauf legten, Oberschlesier zu sein, obwohl die herbe Industrielandschaft wahrlich nicht zu den Bilderbuchgegenden Deutschlands zählt. Gewiß, die Industrieregion ist umgeben von einem weiten Kranz von Wäldern ...“ (S. 9) Das Bekenntnis ist umso bemerkenswerter, als der Autor Oberschlesien bereits lange vor dem Jahr 1945 verließ.

Pawelitzki wurde 1909 in Gleiwitz geboren, in einer zur evangelisch-bürgerlichen Führungsschicht Preußisch-Oberschlesiens gehörenden wohlhabenden Familie, einer Elite, deren wirtschaftliche und politische Macht viel größer war, als sich das angesichts des nur geringen evangelischen Anteils an der Gesamtbevölkerung des Gebietes eigentlich vermuten ließ. Im Buch erzählt er erfreulich ausführlich von der umhegten und sorglosen Kindheit, den auf dem Gleiwitzer humanistischen Gymnasium verbrachten Jahren und seinem Studentenleben in Breslau und Kiel und der Tätigkeit nach Ablegung des juristischen Examens. 1933 wurde er zum Doktor der Jurisprudenz promoviert, verließ ein Jahr später die Heimat und war seit der Machtergreifung der Nationalsozialisten, über die er sich in diesem Buch immer wieder recht kritisch äußert, doch auf mancherlei Weise in das neue System eingebunden, nicht selten durch Aktivitäten von Menschen, die ihm das berufliche Vorankommen erleichtern wollten. Das Urteil, besser: die Beurteilung dieses Verstricktseins mag der Leser – wenn er das tun will – nach den je eigenen Grundsätzen und Maßstäben vornehmen.

Auf jeden Fall hat es der Autor verstanden, einen sehr gut geschriebenen subjektiven Bericht, der auch viel Wissen über die oberschlesische Geschichte, besonders Erfahrungswissen, enthält, vorzulegen. Leider endet der Bericht bereits in der frühen Nachkriegszeit, als Pawelitzki einen neuen Weg einschlug und evangelischer Geistlicher wurde. Aus einem von anderer Seite verfaßten „Nachtrag“ erfährt der

Leser einiges über das weitere Leben des Autors, das am 11. Juni 1999, wenige Wochen vor seinem 90. Geburtstag, endete. Vielen Oberschlesiern stand und steht Pawelitzki vor Augen als bei Heimattreffen mitwirkende hochgewachsene Persönlichkeit und als Freudebringer durch sein köstliches „Oberschlesisches Schmunzelbuch". Auch das hier besprochene Werk mit den schönen Abbildungen verdient Empfehlung, wenn auch manch einer meinen mag, es sei das seinerzeitige Denken und Erleben Pawelitzkis etwas stark mit der späteren Bewertung konterkariert und befrachtet worden: mit dem Besserwissen in der doppelten Bedeutung und in einem dem Ernst der Sache und der NS-Zeit nicht so recht angemessenen grandseigneurhaften Ton des Darüberstehens.
In Band 49, 1989, der „Mitt. d. Beuthener Gesch.- u. Museumsver." erschien eine Würdigung Pawelitzkis zum 80. Geburtstag aus der Feder des Rezensenten, den „Unser Oberschlesien" zehn Jahre später (!) ohne Hinweis auf den Erstdruck unverändert und ohne Absprache mit mir unter der Überschrift „Richard Pawelitzki 90 Jahre" erneut abdruckte. Die Verantwortung trage also nicht ich. Auf meinen an den (damaligen) Redakteur gerichteten Brief erhielt ich keine Antwort, und die von mir gewünschte Erklärung scheint in dem oben genannten Organ nicht erschienen zu sein.

Hans-Ludwig Abmeier

EUGENIUSZ KLIN: HANS SCHELLBACH ALS SCHRIFTSTELLER UND ZEITKRITIKER. Mit einer Auswahl von Briefen aus dem Nachlaß. Frankfurt am Main u.a.: Peter Lang (2000). 174 S.
Das Buch ist die Frucht eines Projektes der Stiftung Haus Oberschlesien und verdient Beachtung und Anerkennung. Sein Verfasser wurde ebenso wie Hans Scheliga, der sich dann Schellbach nannte, in Karf geboren, der eine 1931, der andere 1925, und diese landsmannschaftliche und örtliche Gemeinsamkeit wird wesentlich dazu beigetragen haben, daß sich der an der Grünberger Pädagogischen Hochschule lehrende Germanistik-Professor mit großem Einfühlungsvermögen und Sachverstand dem schriftstellerischen Lebenswerk Schellbachs, der auch Schauspieler war und u.a. im Wiener Burgtheater und in vielen Fernsehsendungen auftrat, widmete.
Diese erste Monographie über Schellbach basiert auf dem umfangreichen Nachlaß des 1990 im Alter von 64 Jahren in Sandesneben bei Lauenburg verstorbenen Autors, ist gründlich erarbeitet und gut geschrieben. Sie soll „das liebevolle Eingehen der Leser auf Schellbach als oberschlesischen Zeitzeugen und Zeitkritiker erleichtern und begründen" (S. 12), zeigt ihn uns zuerst als Schauspieler und Schriftsteller und enthält dann eine inhaltliche Vorstellung seiner neunbändigen Romanserie aus dem oberschlesischen Grenzland, begonnen mit Band 1 „Pieron, wo bist du...?" und endend mit Band 9 „Du Deutsch? – Raus!". Es folgen die Kapitel „Wertung und Wirkung der Romane", „Andere literarische Werke und Projekte" und „Literaturwissenschaftliche Zuordnung".

Für Klein gehören Schellbachs Romane zweifellos zur oberschlesischen Regionalliteratur, tragen den Charakter einer Familiensaga und sind ohne Kenntnis der historischen Landschaft Oberschlesiens nicht verständlich. Sie besäßen einen hohen Realitätsgehalt und zählten nicht zur Trivialliteratur. Bei aller positiven Einschätzung übersieht der Germanist nicht die stilistischen Mängel und erzählerischen Schwächen des Autors, der den zehnten Band seines Werkes zwar planen, aber nicht zu Papier bringen konnte, weil der Tod dazwischentrat.

Den begrüßenswerten Abschluß des Buches, dem man die Beigabe eines Bildes von Schellbach gewünscht hätte, bilden 31 größtenteils an den Schriftsteller gerichtete Briefe, u.a. von Professor Werner Ciba, Dr. Alois Maria Kosler, Dr. Ernst Josef Krzywon, Leonhardt Maniura, Eberhard Pautsch und Barbara Suchner.

Über die literarische Bedeutung des Werkes von Schellbach werden die Ansichten sicherlich auseinandergehen. Im übrigen sei hier auf den Aufsatz „Hans Schellbachs Beschreibung oberschlesischer Menschen in seinem Romanzyklus“ von Eugeniusz Klin im „Oberschlesischen Jahrbuch“ 7, 1991, S. 241-248 (mit Porträt von Sch.) verwiesen.

Hans-Ludwig Abmeier

VII. HINWEISE

EINE HANDSCHRIFTLICHE DARSTELLUNG DER GESCHICHTE DES BISTUMS BRESLAU.

Im Archiv des Bistums Görlitz befindet sich eine handgeschriebene Geschichte des Bistums Breslau aus dem Jahre 1902. Der Verfasser ist Dr. theol. Ewald Freiherr von Kleist (1872-1928), Studienrat und Religionslehrer am Matthias-Gymnasium in Breslau. Die Schrift umfaßt 245 Seiten und trägt den Titel „Das Bisthum Breslau in kirchlicher und politischer Beziehung"; sie beginnt mit der Gründung des Bistums und dem ersten Bischof Johannes und endet mit den Ereignissen in der Amtszeit des Fürstbischofs Heinrich Förster (1853-1881). Die letzten Seiten fehlen.

Nach Angaben auf dem Titelblatt fußt die Arbeit auf der „Geschichte Schlesiens" von Colmar Grünhagen, auf dem „Schematismus des Bisthums Breslau und den an den betreffenden Stellen in Bezug genommenen anderen Werken".

Manche Einzelheiten sind natürlich von der Forschung überholt, aber das Werk gehört sicherlich in die Reihe der Gesamtdarstellungen der Breslauer Bistumsgeschichte und kann als Dokument der Diözesangeschichtsschreibung am Beginn des 20. Jahrhunderts gewertet werden. Die Arbeit ist in sauberer deutscher Schreibschrift abgefaßt und ist – bis auf einige Stellen – verhältnismäßig leicht lesbar. Auch der Stil ist gefällig und leicht verständlich.

Eine Drucklegung dieser Schrift ist aus verlegerischen und Kostengründen nicht geplant; Kopien dieses Buches können aber ausgeliehen werden beim Bistumsarchiv Görlitz, 02814 Görlitz, Postfach 300943.

Werner Marschall

HINWEISE AUF BÜCHER

DIE STIFTUNG HAUS OBERSCHLESIEN in 4083 Ratingen-Hösel, Bahnhofstr. 71, hat – trotz nicht geringer finanzieller Schwierigkeiten – viele weitere beachtenswerte Veröffentlichungen über Oberschlesien vorgelegt.

OBERSCHLESISCHES JAHRBUCH:

Band 12, 1996. Im Auftrag der Stiftung Haus Oberschlesien herausgegeben von Hans-Ludwig Abmeier, Peter Chmiel, Nikolaus Gussone, Gerhard Kosellek, Thomas Wünsch u. Waldemar Zylla. Berlin: Mann (1997). 347 Seiten (mit Abb.). – Enthält : 7 Aufsätze; 2 Texte „Aus aktuellem Anlaß", 26 Rezensionen deutscher, polnischer, lateinischer und französischer Werke sowie die Sammelbesprechung „Ausgewählte polnische Neuerscheinungen im Überblick"; 11 Berichte; 7 Nachrufe; Chronik; Register; englische und deutsche Zusammenfassungen; Liste der 31 Mitarbeiter.

Band 13, 1997. I.A. d. Stiftung hrsg. von H.-L. Abmeier, P. Chmiel, N. Gussone, G. Kosellek, Horst Pötzsch, Josef G. Stanzel u. W. Zylla. Heidelberg: Palatina (1999). 288 S. (mit Abb.). – Neuerung: Oberschlesische Bibliographie, hier für 1996.
Band 14/15, 1998/1999. Hrsg. wie bei Bd. 13. Heidelberg: Palatina (2000). 423 S. (mit Abb.)

SCHRIFTEN DER STIFTUNG HAUS OBERSCHLESIEN. LANDESKUNDLICHE REIHE:
Band 2,2: OSTSCHLESISCHE PORTRÄTS. Biographisch-bibliographisches Lexikon von Österreichisch-Ostschlesien. Bearbeitet von Karl Walter Neumann unter Mitwirkung von Peter Andraschke, Erich Fussek, Herbert Patzelt, Janusz Spyra R. u.a. Teil 2. E.-H. Berlin: Mann (1996). XVI, 266 S. (mit 177 Abb.)
Band 8: VIKTOR CLARISS CZAJANEK. Hg. von Peter Andraschke. Berlin: Mann (1996). 132 S., Abb. – 1876-1952, Komponist u. Musikpädagoge.
Band 9: THEOPHIL KONIETZNY, BAUSTEINE ZUR OBERSCHLESISCHEN LANDESKUNDE. Hg. von Hans-Ludwig Abmeier. Berlin: Mann (1997). 288 S. (mit Abb.) - Neudruck von 52 größtenteils heute nur noch sehr schwer erreichbaren Texten des 1946 verstorbenen Autors. Dazu: Biographie Konietznys und Verzeichnis seiner Veröffentlichungen. Betrifft primär die oberschlesischen Kreise Neustadt und Cosel.
Band 10: DER SACHSENSPIEGEL AUS OPPELN UND KRAKAU. Hg. von Ilpo Tapani Piirainen u. Winfried Waßer. Berlin: Mann (1996). 518 S. – Edierung und sprachliche Untersuchung zweier Sachsenspiegel-Handschriften des Spätmittelalters, die sich in der Universitätsbibliothek Krakau befinden, durch den finnischen Germanisten und seinen Mitarbeiter.
Band 11: ELMAR SEIDL, DIE BESIEDLUNG DES TROPPAUER LANDES UND DES ANGRENZENDEN NORDOSTMÄHRENS IM 13. UND 14. JAHRHUNDERT. Heidelberg: Palatina (2001). XVI, 671 S., mit 44 Abb. u. vielen Karten. – Überarbeitete Dissertation des tüchtigen Historikers und Geographen aus dem Troppauer Lande, der das Erscheinen dieses Buches leider nicht mehr erlebte. Vgl. den Nachruf in diesem Band der „Mitt.“!
Band 12: THOMAS WARDENGA, HÄUSERBUCH DER STADT RATIBOR. (18. und 19. Jahrhundert) Berlin: Mann (1995). LXIII, 483 S., 2 Karten. – Vorwort von Prof. Dr. Peter Johanek.

SCHRIFTEN DER STIFTUNG HAUS OBERSCHLESIEN. LITERATURWISSENSCHAFTLICHE REIHE:
Band 1,3: FRANZ HEIDUK, OBERSCHLESISCHES LITERATUR-LEXIKON. Biographisch-bibliographisches Handbuch. Teil 3. Q-Z mit Berichtigungen, Ergänzungen und Nachträgen zu Band 1 und 2. (Heidelberg:) Palatina (2000). XVI, 357 S. – Der lange erhoffte Abschluß des in seiner Bedeutung für die Forschung kaum hoch genug zu veranschlagenden Werkes enthält fast 1000 Artikel zu Autoren mit den

Anfangsbuchstaben Q-Z und beinahe 600 Nachtragsartikel zu den Buchstaben A-P, ferner Berichtigungen und Ergänzungen sowie eine Liste der Pseudonyme. Dem unermüdlich schaffenden und von Idealismus angetriebenen Würzburger Wissenschaftler, der Dr. Herbert Czaja dieses Buch widmete, gebührt großer Dank.
Band 4,3: GUSTAV FREYTAGS BRIEFE AN DIE VERLEGERFAMILIE HIRZEL. Hg. von Margret Galler u. Jürgen Matoni. Teil 3. 1877-1895. Heidelberg: Palatina (2000). 512 S. – Der abschließende Teilband dieser umfangreichen Edition, dem Kurzbiographien der in den Briefen erwähnten Personen und ein Verzeichnis der in den Briefen genannten Zeitungen, Zeitschriften und Bücher beigegeben sind.
Band 5: SCHUMMELS REISE DURCH SCHLESIEN IM JULIUS UND AUGUST 1791. Hg. u. kommentiert von Wojciech Kunicki. Berlin: Mann (1995). 581 S., ca. 20 ungez. S. - Johann Gottlieb Schummels Buch erschien 1792 in Breslau und liegt hier in einer von dem polnischen Germanisten mit einem ausführlichen „Nachwort“ und Anmerkungen zum Text versehenen Neuausgabe vor.

TAGUNGSREIHE DER STIFTUNG HAUS OBERSCHLESIEN:
Band 5: STADTGESCHICHTE OBERSCHLESIENS. Studien zur städtischen Entwicklung und Kultur einer ostmitteleuropäischen Region vom Mittelalter bis zum Vorabend der Industrialisierung. Hg. von Thomas Wünsch. Berlin: Mann 1995. 336 S.
Band 6: „DIE GROSSSTADT RAUSCHT GESPENSTISCH FERN UND NAH.“ Literarischer Expressionismus zwischen Neisse und Berlin. Hg. von Detlef Haberland. Berlin: Mann 1995. 175 S. – Die Texte betreffen u.a. Alfred Hein, Franz Jung, August Scholtis, Max Herrmann-Neisse u. Mechthilde Fürstin Lichnowsky.
Band 7: DIE ANFÄNGE DES SCHRIFTTUMS IN OBERSCHLESIEN BIS ZUM FRÜHHUMANISMUS. Hg. von Gerhard Kosellek. (Frankfurt a.M.:) Peter Lang (1997). 363 S., einige Abb.
Band 8: OBERSCHLESISCHE DICHTER UND GELEHRTE VOM HUMANISMUS BIS ZUM BAROCK. Hg. von Gerhard Kosellek. Bielefeld: Aisthesis 2000.582 S., einige Abb. – 25 Mitarbeiter aus Deutschland, Polen, Ungarn und Tschechien. – Enthält auch die Bibliographie „Oberschlesische Autoren 1450-1620“ von Klaus-Peter Möller (S. 487-547).
Band 9: DIE KONFESSIONELLEN VERHÄLTNISSE IM TESCHENER SCHLESIEN VOM MITTELALTER BIS ZUR GEGENWART. STOSUNKI WYZNANIOWE NA ŚLĄSKU CIESZYŃSKIM OD ŚREDNIOWIECZA DO WSPÓŁCZESNOŚCI. Hg. von Peter Chmiel u. Jan Drabina. Ratingen: Stiftung Haus Oberschlesien 2000. 362 S. – „Der vorliegende Band stellt das Ergebnis einer grenzüberschreitenden Zusammenarbeit polnischer, deutscher und tschechischer Wissenschaftler dar und ist zugleich die erste zweisprachige Publikation der Stiftung Haus Oberschlesien.“ (S. 9)

Band 10: „EIN SYMBOLISCHES LEBEN.“ Beiträge anläßlich des 100. Geburtstages von Max Tau (1897-1976). Hg. von Detlef Haberland (Heidelberg:) Palatina (2000). 330 S., 1 Abb. – Beiträge deutscher, norwegischer und dänischer Autoren. Enthält auch: „Bibliographie der Werke von und über Max Tau 1917-2000“ von Detlef Haberland und Edgar Ytteborg (S. 277-317), unter Verwendung von Alfons Perlicks einschlägiger Bibliographie in Heft 23, 1961, (Ergänzungen im Heft 25/26) der „Mitt. d. Beuthener Gesch.- u. Museumsver.“.

ARCHIVREIHE DER STIFTUNG HAUS OBERSCHLESIEN:
Band II: HANS RUDI VITT, HANS NIEKRAWIETZ. Nachlaßverzeichnis, Bibliographie, Materialien. Berlin: Mann (1997). 210 S. – Der schriftliche Nachlaß des oberschlesischen Schriftstellers, der von 1896 bis 1983 lebte, ist sehr umfangreich und wurde 1992 von der Stiftung Haus Oberschlesien erworben. – Ein sorgfältig erstelltes Buch eines Fachmannes.
Band III: MARTIN HOLLENDER, BIBLIOGRAPHIE HEINZ PIONTEK. Bielefeld: Aisthesis 2000. 450 S.
Band IV: HANS RUDI VITT, EGON H. RAKETTE. Nachlaßverzeichnis, Bibliographie, Materialien. (Heidelberg:) Palatina (2000). 172 S. – Auch der Nachlaß von Rakette (1909-1991) ist umfangreich und befindet sich im Literaturarchiv der Stiftung Haus Oberschlesien.
Band V: WOJCIECH MROZOWICZ, MITTELALTERLICHE HANDSCHRIFTEN OBERSCHLESISCHER AUTOREN IN DER UNIVERSITÄTSBIBLIOTHEK BRESLAU / WROCŁAW. Heidelberg:) Palatina (2000). 112 S.

----- ----- -----

KRZYSZTOF WACHOWSKI, SCHLESIEN IN VORPIASTISCHER ZEIT. Aus dem Polnischen übersetzt von Urszula Bonter, durchgesehen von Winfried Irgang. Dortmund 2000. 166 S. davon 78 S. Abb. (Veröffentlichungen der Forschungsstelle Ostmitteleuropa. Herausgeber: Johannes Hoffmann. Reihe B. Bd. 66) – Die polnische Originalausgabe erschien 1979 unter dem Titel: Śląsk w dobie przedpiastowskiej, Studium archeologiczne.

HELGA OESTERREICH, BEVOR ALLE SPUREN VERWEHEN... DAS SÄGEWERK G. OESTERREICH IN OPPELN O/S. Eine oberschlesische Firmen- und Familiengeschichte. Münster: Aschendorff (2000). III, 92 S. - Ein trotz des schmalen Umfanges sehr bemerkenswertes und quellenbasiertes Werk.

RYSZARD KINCEL, LISTY AUGUSTYNA WELTZLA DO VINCENCA PRASKA 1875-1897. Briefe Augustin Weltzels an Vincenz Prasek 1876-1897. Racibórz: Urząd

Miasta Racibórz 1999. 261 S., 114 Abb. – Das Buch enthält eine polnische Lebensbeschreibung des als oberschlesischer Geschichtsschreiber hochverdienten Pfarrers von Tworkau, eine Einleitung "An den deutschen Leser" und vor allem Weltzels Briefe an den tschechischen Gymnasial-Direktor Prasek, die Kincel, der Leiter der Ratiborer Stadtbibliothek, in Troppau entdeckte und jetzt im deutschen Originaltext und in polnischer Übersetzung vorlegt. Hinzu kommen eine Liste der auf Oberschlesien bezogenen Veröffentlichungen Weltzels, ein Abkürzungsverzeichnis und ausführliche Register.

DIETER VELDTRUP, FRAUEN UM HERZOG LADISLAUS (+ 1401). Oppelner Herzoginnen in der dynastischen Politik zwischen Ungarn, Polen und dem Reich. Warendorf: Fahlbusch 1999. XI, 385 S., 11 Abb., 2 Karten, 13 Stammtafeln. (Studien zu den Luxemburgern und ihrer Zeit. Hg. von Friedrich Bernward Fahlbusch u.Peter Johanek. Bd. 8) – Es handelt sich hier um den zweiten Teil der Ergebnisse eines von Professor Dr. Peter Johanek, der auch das Vorwort dieses Buches schrieb, geleiteten Forschungsprojektes der Stiftung Haus Oberschlesien, das der mit Veröffentlichungen über die Luxemburger und über Oberschlesien hervorgetretene Verfasser vorlegt. Veldtrup sieht in Herzog Ladislaus eines der bedeutenden politischen Talente des 14. Jahrhunderts, dem bis jetzt noch keine Biographie in deutscher Sprache gewidmet wurde, er konstatiert die Dürftigkeit der Quellen für sein Thema, betätigt den eigenen Spürsinn, bringt auch etliche Urkunden zum Druck und hofft, mit seinen Überlegungen zumindest der Forschung dienliche Anstöße gegeben zu haben. Ein nicht zuletzt dank der Anmerkungen, des Quellen- und Literaturverzeichnisses und des Index der Orts- und Personennamen von Gründlichkeit zeugendes Werk!

KONRAD FUCHS, GESTALTUNGSKRÄFTE IN DER GESCHICHTE OBERSCHLESIENS, NIEDERSCHLESIENS UND SUDETENSCHLESIENS. Dortmund 2001. 353 S. (Veröffentlichungen der Forschungsstelle Ostmitteleuropa an der Universität Dortmund. Reihe A. Bd. 52) – Der neueste Sammelband mit Aufsätzen des bekannten Mainzer Historikers ist Waldemar Zylla (geb. 1931 in Ruderswald, Kr. Ratibor) gewidmet, der sich große Verdienste um Oberschlesien erworben hat, u.a. als Bundeskulturreferent der Landsmannschaft der Oberschlesier und als Mitherausgeber des „Oberschlesischen Jahrbuchs". Von den zwölf Abhandlungen wurden acht bereits früher publiziert. Auf Oberschlesien bezogen sind etliche, darunter: „Die Industrialisierung Oberschlesiens. Aspekte ihrer Entwicklung und Bedeutung" (S. 29-46), „Zur sozialen Frage in Oberschlesien seit der 2. Hälfte des 19. Jahrhunderts" (S. 99-111) und „Oberschlesien und das Rhein-Ruhrrevier. Ein historischer Vergleich" (S. 145-153). Umfangreiches Literaturverzeichnis S. 326-352!

ZBIGNIEW KWAŚNY, DIE ENTWICKLUNG DER OBERSCHLESISCHEN INDUSTRIE IN DER ERSTEN HÄLFTE DES 19. JAHRHUNDERTS. Dortmund 1998. XIV, 287 S. Aus dem Polnischen übersetzt von Jacek Rzeszotnik u. Theo Mechtenberg. (Veröffentlichungen der Forschungsstelle Ostmitteleuropa. Reihe B. Bd. 61) - Geleitwort von Klaus Tenfelde (Ruhr-Universität Bochum). - Archivalisch auf Bestände in Freiberg (Sachsen), Merseburg, Breslau, Oppeln und Kattowitz gestützt. Ohne Personen- und Ortsregister.

GERHARD RADEMACHER, BRÜCKENSCHLAG. ‚Andere' Literatur im Deutschunterricht der Sekundarstufe I und II. Autoren und Texte in und aus Ostmitteleuropa, den ehemals deutschen Ostgebieten, in transregionaler Sicht. Dortmund 2001. X, 203 S. (Veröffentlichungen der Forschungsstelle Ostmitteleuropa. Reihe B. Bd. 68) – Eine Sammlung von Originalbeiträgen, Vorträgen etc. des Dortmunder Professors.

PAWEL NEWERLA, KOŚCIÓŁ ŚW. KRZYŻA W PIETROWICACH WIELKICH. DIE KREUZKIRCHE IN GR.-PETERWITZ. Mit einer Zusammenfassung in Deutsch von Paul Kletzka. Pietrowice Wielkie 2000, 79 S. – Das Büchlein des Ratiborer Rechtsanwaltes ist auf Kunstdruckpapier gedruckt, wodurch die zahlreichen, zum Teil farbigen, Abb. gut gelangen.

Hans-Ludwig Abmeier

NACHTRAG ZU „DIE SCHICK VON LENKE" IN BAND 51 DIESER REIHE

Einzuschalten auf S. 69, an Stelle des ersten Satzes des untersten Absatzes:
Die nun folgenden Schwestern Catharina und Maria Josefa geb. v. Schick v. Lenk sind nachweisbar (und außer Wilhelm nur diese beiden) als Mündel des Johann Kaspar zu betrachten. Catharina heiratete einen Carl Schmeskal von Domanowitz, was aus dem Testament des Fräuleins Maria Josefa Sch. v. L., d.d. Teschen 1.10.1765, publ. 14.10., klar hervorgeht (lt. Orig. im Archiv zu Cieszyn, Sign. KC 1886). Dieser Carl war kaiserlicher Forstpräfekt in Jablunkau an der ungarischen Grenze und lebte noch 1761, wie aus der Inventur nach Georg Larisch v. Nimsdorf, + in Grendzin 1761 (seinem Halbbruder) hervorgeht und wird auch (wie oben) 1765 nicht als tot bezeichnet.
Seine Herkunft war wie folgt:
Johann Friedrich Larisch auf Jakubowitz und Militsch, + ebd. 15.10.1749, war mit Anna Katharina Holly v. Ponientzitz (1697-1775), Tochter des Johann Georg H. und der Anna Rosina Welczek v. Gr.-Dubensko, verheiratet (6 Kinder), die nachher den

Carl Bernhard Franz Schmeskal (Zmieskal etc.) nahm, der ab 1732 (1740 nicht mehr) Cissowka besaß, das im 17. Jhdt. ein Teil des Fragsteinischen Gutes Unter-Jastrzam gewesen war und dessen Äcker an die des Gutes Marklowitz im Ftm. Teschen grenzten. Aus der 2., etwa 1712/13 geschlossenen Ehe stammten 3 Kinder: 1) Anna verh. mit Heinrich v. Holly, erw. 1761, vgl. oben, 2) Therese vermählt mit dem Sobeck'schen Wirtsch.Insp. Bartka in Koschentin, erw. 1761, 3) Carl Friedrich. Letzterer hatte mit Katharina v. Schick 5 Kinder, dann starb Katharina beim 6. in Jablunkau am 10.12.1751 geborenen Kind Eva Agnes, worauf Carl am 7.2.1752 Anna Maria v. Po(d)górska, To. d. Christoph, heiratete. Katharina war 1724 noch unversorgt (vgl. S. 59 oben) und sehr jung und dürfte um 1732/33 Carl v. Schmeskal geheiratet haben. Sie lebten in Mosty nahe bei Jablunkau. Maria Josefa verteilte ihr „geringes Vermögen" von 600 fl. im Testament 1765 so, daß 200 fl. für Begräbnis und Messen dem Pater Kruppa und dem Dominikanerkonvent, 400 fl. ihren 3 Nichten und 2 Neffen zufielen. Sie zählt sie wohl nach ihrem Alter auf: 1) Johanna, vermählt 1752 mit Alexander v. Pongrácz aus Vadicsov in Ungarn, Pate der obgen. Eva Agnes 1751, 2) Katharina verm. Kischka und 3) Charlotte verm. Tirch, beide in Jablunkau verh. und wohnhaft, dann die jungen Herren Franz und George, die nur je 50 fl. erhielten (ihre Schwestern je 100). Von Franz wissen wir aus der Matrik das Geburtsdatum: Er wurde am 4.10.1748 auf „Franz Josef" in Jablunkau getauft. Was aus den beiden geworden ist, konnte ich nicht finden. Es mag sein, daß sie nach Ungarn zogen, wo seit 1548 die Familie „Zmeskal" in den Komitaten Árva und Hont sich so verbreitete, daß Nagy Iván im XII. Band seines Werkes ihr 19 Seiten widmet (401-420), dort auch die Podhorsky im IX. Bd., S. 327.
Es ist daher unwahrscheinlich, daß Anna Barbara dazugehört, die ...

Ludwig Igálffy von Igály

IX. VERZEICHNIS DER MITARBEITER

A b m e i e r, Hans-Ludwig, Dr. phil. et Lic. theol.,
Bonhoefferstr. 22, 49477 Ibbenbüren

C h m i e l, Peter, Dr. phil.,
Kösliner Weg 1, 40670 Meerbusch

C l e v e r, Werner, Dr. phil.,
Erlenstr. 23, 44795 Bochum

D r a b i n a, Jan, Professor Dr. phil.,
ul. Czestochowska 14, PL 41-506 Chorzów

G a y d a, Andreas, Oberstudienrat,
Heckenweg 9, 45721 Haltern

G r e l k a, Frank, M.A.,
Straße der Jugend 80, 03046 Cottbus

H e i n, Arnulf, Dipl.-Ing.,
Scherfeder Str. 20, 33100 Paderborn

I g á l f f y v. I g á l y, Ludwig, Professor Dr. phil.,
Brodschekhof 7, A-1222 Wien

K o w a l c z y k, Alina,
ul. Powstańców sl. 13, PL 48-340 Głuchołozy

M a r s c h a l l, Werner, Professor Dr. theol.,
Klarastr. 18, 79106 Freiburg/Brsg.

M e c h t e n b e r g, Theo, Dr. phil.,
Tempelhofer Weg 2, 32547 Bad Oeynhausen

R a d e m a c h e r, Gerhard, Professor Dr. phil.,
Schlehenweg 3, 59425 Unna-Uelzen